RESPONSABILIDADE DO GESTOR NA ADMINISTRAÇÃO PÚBLICA

IMPROBIDADE E TEMAS ESPECIAIS

JOSÉ MAURÍCIO CONTI
THIAGO MARRARA
SABRINA NUNES IOCKEN
ANDRÉ CASTRO CARVALHO

Coordenadores

RESPONSABILIDADE DO GESTOR NA ADMINISTRAÇÃO PÚBLICA

IMPROBIDADE E TEMAS ESPECIAIS

Volume 3

Belo Horizonte

2022

© 2022 Editora Fórum Ltda.

É proibida a reprodução total ou parcial desta obra, por qualquer meio eletrônico, inclusive por processos xerográficos, sem autorização expressa do Editor.

Conselho Editorial

Adilson Abreu Dallari	Floriano de Azevedo Marques Neto
Alécia Paolucci Nogueira Bicalho	Gustavo Justino de Oliveira
Alexandre Coutinho Pagliarini	Inês Virgínia Prado Soares
André Ramos Tavares	Jorge Ulisses Jacoby Fernandes
Carlos Ayres Britto	Juarez Freitas
Carlos Mário da Silva Velloso	Luciano Ferraz
Cármen Lúcia Antunes Rocha	Lúcio Delfino
Cesar Augusto Guimarães Pereira	Marcia Carla Pereira Ribeiro
Clovis Beznos	Márcio Cammarosano
Cristiana Fortini	Marcos Ehrhardt Jr.
Dinorá Adelaide Musetti Grotti	Maria Sylvia Zanella Di Pietro
Diogo de Figueiredo Moreira Neto (*in memoriam*)	Ney José de Freitas
Egon Bockmann Moreira	Oswaldo Othon de Pontes Saraiva Filho
Emerson Gabardo	Paulo Modesto
Fabrício Motta	Romeu Felipe Bacellar Filho
Fernando Rossi	Sérgio Guerra
Flávio Henrique Unes Pereira	Walber de Moura Agra

Luís Cláudio Rodrigues Ferreira
Presidente e Editor

Apoio: Associação dos Magistrados Brasileiros

Coordenação editorial: Leonardo Eustáquio Siqueira Araújo
Aline Sobreira de Oliveira

Rua Paulo Ribeiro Bastos, 211 – Jardim Atlântico – CEP 31710-430
Belo Horizonte – Minas Gerais – Tel.: (31) 2121.4900
www.editoraforum.com.br – editoraforum@editoraforum.com.br

Técnica. Empenho. Zelo. Esses foram alguns dos cuidados aplicados na edição desta obra. No entanto, podem ocorrer erros de impressão, digitação ou mesmo restar alguma dúvida conceitual. Caso se constate algo assim, solicitamos a gentileza de nos comunicar através do *e-mail* editorial@editoraforum.com.br para que possamos esclarecer, no que couber. A sua contribuição é muito importante para mantermos a excelência editorial. A Editora Fórum agradece a sua contribuição.

Dados Internacionais de Catalogação na Publicação (CIP) de acordo com ISBD

R434　　Responsabilidade do gestor na Administração Pública: improbidade e temas especiais / José Maurício Conti ... [et al.]. - Belo Horizonte : Fórum, 2022.

377p. ; 17cm x 24cm. – (v.3)

ISBN: 978-65-5518-413-6

1. Direito. 2. Direito Administrativo. 3. Direito Financeiro. 4. Direito Público. 5. Administração Pública. I. Conti, José Maurício. II. Marrara, Thiago. III. Iocken, Sabrina Nunes. IV. Carvalho, André Castro. V. Título.

CDD: 341.3
CDU: 342.9

2022-1641

Elaborado por Vagner Rodolfo da Silva - CRB-8/9410

Informação bibliográfica deste livro, conforme a NBR 6023:2018 da Associação Brasileira de Normas Técnicas (ABNT):

CONTI, José Maurício; MARRARA, Thiago; IOCKEN, Sabrina Nunes; CARVALHO, André Castro (coord.). *Responsabilidade do gestor na Administração Pública*: improbidade e temas especiais. Belo Horizonte: Fórum, 2022. 377p. ISBN 978-65-5518-413-6. v.3

SUMÁRIO

APRESENTAÇÃO 13

APONTAMENTOS SOBRE A LEI Nº 14.230/2021 E A RESPONSABILIDADE POR IMPROBIDADE ADMINISTRATIVA
Valdir Moysés Simão, Gustavo Marinho de Carvalho 15

1	Introdução 15
2	As alterações no art. 9º, *caput*, e inciso VII 16
3	Alterações no art. 11, *caput* 18
4	Prescrição da pretensão punitiva (art. 23)...20
4.1	Breves considerações sobre a segurança jurídica do termo inicial de contagem dos prazos prescricionais...21
4.2	Prescrição e prescrição intercorrente no art. 23...22
5	Eficácia retroativa da Lei nº 14.230/21 23
6	Conclusão...25
	Referências 26

RESPONSABILIDADE DE AGENTES PÚBLICOS E O SISTEMA DE IMPROBIDADE ADMINISTRATIVA. INVOLUÇÕES DA LEI Nº 14.230/2021
José Roberto Pimenta Oliveira, Dinorá Adelaide Musetti Grotti............................29

1	Introdução...29
2	A improbidade como sistema de responsabilização, de obrigatória formalização por lei nacional...31
3	A improbidade como sistema normativo próprio do Direito Administrativo Sancionador...38
4	A autonomia da improbidade em face do sistema de responsabilização penal..........46
5	Estrutura do sistema de responsabilização da improbidade administrativa, em face da Lei nº 14.230/2021 49
5.1	Bem jurídico protegido 50
5.2	Tipificação de condutas ilícitas...54
5.3	Sanções redefinidas 56
5.4	Processo coletivo..57
6	Conclusões...60
	Referências 61

DA RETROATIVIDADE DA NOVA LEI DE IMPROBIDADE ADMINISTRATIVA E SEUS REFLEXOS PROCESSUAIS NAS AÇÕES DE RESPONSABILIDADE DOS GESTORES PÚBLICOS PROPOSTAS NO REGIME JURÍDICO ANTERIOR

José Ernesto Furtado de Oliveira...65

1 Introdução..65
2 Princípios do Direito Administrativo Sancionador...66
3 Reforma da lei de improbidade administrativa: da aplicação imediata das normas de conteúdo material e processual 69
4 Dos meios processuais de alegação da retroatividade 71
5 Decisões colegiadas do Tribunal de Justiça do Estado de São Paulo reconhecendo a retroatividade absoluta da lei de improbidade administrativa mais benéfica...................72
6 Da prescrição da ação judicial de ressarcimento ao erário quando prescrita a conduta ímproba...77
7 Da inexistência do dano presumido na decretação cautelar de indisponibilidade de bens sem a demonstração do perigo de dano irreparável ou do risco ao resultado útil do processo 78
8 Da possibilidade ao uso de ação revisional de decisão judicial condenatória por improbidade administrativa após o transcurso do prazo decadencial da ação rescisória 80
9 Conclusões 81
Referências..81

RESPONSABILIDADE CIVIL DO SERVIDOR. UM ENSAIO SOBRE LEITURAS CONSTITUCIONAIS DO ART. 28 DA LINDB

Alexandre Jorge Carneiro da Cunha Filho..83

1 Introdução..83
2 Servidor como órgão do Estado e a excepcionalidade/impossibilidade de sua responsabilização pessoal frente ao particular por atos realizados no exercício da função pública 84
3 Hipóteses de responsabilidade pessoal do servidor perante a Administração e o art. 28 da LINDB 86
3.1 Responsabilidade patrimonial por dano causado a terceiro (art. 37, §6º, da Constituição) 87
3.2 Responsabilidade patrimonial por dano causado só à Administração 90
3.3 Reponsabilidade por descumprimento de regras e instruções............................91
4 Reinventando o controle em prol da boa administração: consequencialismo, empatia com o gestor, erro grosseiro e processo 94
5 Conclusão..96
Referências..97

RESPONSABILIZAÇÃO CIVIL E ADMINISTRATIVA DE AGENTES PÚBLICOS NO BRASIL CONTEMPORÂNEO

Flávio de Azambuja Berti 101

1 Introdução..101
2 A prática de atos ilegais de gestão e o controle externo no âmbito dos Tribunais de Contas 102

3	Execução fundada em acórdão de Tribunal de Contas para ressarcimento de dano ao Erário e sua modulação na jurisprudência do STF	105
4	Barreira temporal e a prescritibilidade do ressarcimento de dano ao Erário	106
4.1	A modulação feita pelo Supremo Tribunal Federal	107
4.2	Advento da Medida Provisória nº 966/20, suas repercussões e reflexos, a LINDB e a imputação de responsabilidade a agentes públicos	109
4.3	A posição de alguns Estados-membros e do TCU quanto às barreiras temporais para efeito de atribuição de responsabilidade dos agentes públicos	110
5	Considerações finais	111
	Referências	112

RESPONSABILIDADE POR IMPROBIDADE ADMINISTRATIVA E SUAS SANÇÕES
Wallace Paiva Martins Junior 115

1	Introdução	115
2	Sanções gerais contra a improbidade administrativa	116
3	Sanções específicas da Lei nº 8.429/92	117
3.1	Dimensão subjetiva	118
3.2	Transmissibilidade limitada	120
3.3	Dimensão temporal	121
3.4	Unificação	121
4	Comunicação ou não de instâncias diferentes de responsabilidade	122
5	Aplicação e dosimetria das sanções	123
6	Ressarcimento do dano	126
7	Perda da função pública	128
8	Perda de bens	130
9	Suspensão temporária dos direitos políticos	131
10	Pagamento de multa civil	132
11	Proibição temporária de contratação com o Poder Público ou de recebimento de benefícios ou incentivos fiscais ou creditícios	133
	Referências	134

PROCESSO ADMINISTRATIVO DISCIPLINAR: REFLEXÕES SOBRE O MODELO INSTITUCIONAL, GESTÃO PÚBLICA E PRÁTICAS PARA A MELHORIA DO EXERCÍCIO DA FUNÇÃO DISCIPLINAR
Paulo Henrique Macera 137

1	Introdução	137
2	Reformas institucionais, profissionalização da gestão pública e o processo administrativo disciplinar	138
3	Princípios do processo administrativo disciplinar	144
4	Algumas reflexões para o aprimoramento do processo administrativo disciplinar	149
5	Conclusão	153
	Referências	154

LIBERDADE ECONÔMICA E SEUS REFLEXOS SOBRE A ADMINISTRAÇÃO
ORDENADORA AMBIENTAL

Carlos Sérgio Gurgel da Silva, Georges Louis Hage Humbert..155

1   Introdução...155
2   Garantia fundamental à liberdade econômica, inclusive em matéria ambiental:
     pressupostos e consequências..156
3   Análise tópica das inovações e delimitações jurídicas da lei de liberdade econômica
     para a Administração Pública ordenadora ambiental..158
4   Conclusão..164
     Referências 165

RESPONSABILIDADE DE ADMINISTRADORES NAS EMPRESAS ESTATAIS E
BUSINESS JUDGMENT RULE

Luciano Ferraz..167

1   Regime jurídico híbrido nas empresas estatais e a Lei nº 13.303/16.................................167
2   Governança corporativa nas empresas estatais e a Lei nº 13.303/16 168
3   Regime de responsabilidade dos administradores nas empresas estatais........................169
4   *Business judgment rule*..171
     Referências..173

RESPONSABILIDADE PESSOAL DOS ADMINISTRADORES DAS EMPRESAS
ESTATAIS: O NECESSÁRIO DIÁLOGO DA *BUSINESS JUDGMENT RULE* COM
AS DISPOSIÇÕES DA LINDB

Marcelo Zenkner, Gabriel Ene Garcia 175

1   Considerações iniciais...175
2   A posição dos administradores na manifestação volitiva da companhia 177
3   Gestão de uma empresa estatal e suas responsabilidades 180
4   Os deveres gerais dos administradores...181
5   A inovação como elemento inerente à atividade corporativa..183
6   A teoria da *business judgment rule*..184
7   A responsabilidade do administrador na qualidade de agente público:
     os contributos da LINDB..187
8   Considerações finais..191
     Referências..192

O REGIME JURÍDICO DE RESPONSABILIDADE DOS DIRIGENTES DE
EMPRESAS PRIVADAS COM PARTICIPAÇÃO ESTATAL: O QUE MUDA COM A
ENTRADA DO ESTADO NO CAPITAL SOCIAL DE EMPRESAS PRIVADAS?

Paulo Vinicius Liebl Fernandes 195

1   Introdução...195
2   O conceito e as modalidades de empresas privadas com participação estatal.................196
3   O regime jurídico aplicável às empresas privadas com participação estatal 202
4   Os mecanismos de controle incidentes sobre as empresas privadas com participação
     estatal e os seus reflexos sobre o regime jurídico de responsabilidade dos seus dirigentes ...205

5   Conclusão..211

Referências..212

SUPERVISÃO E FISCALIZAÇÃO SISTEMÁTICA DA ENTIDADE DE PREVIDÊNCIA COMPLEMENTAR PELO PATROCINADOR PÚBLICO: DIRETRIZES PARA O SEU EXERCÍCIO

Fábio Zambitte Ibrahim, Mateus Assis Nascimento..213

1   Introdução..213
2   Breves considerações sobre a previdência complementar..................................214
3   O patrocínio público na previdência complementar..217
4   O patrocinador público na supervisão e fiscalização do regime de previdência complementar fechado 219
5   Diretrizes para supervisão e fiscalização sistemática das atividades das EFPC pelos patrocinadores públicos 224
6   Conclusão...228

Referências..229

SEGURANÇA JURÍDICA NA EXECUÇÃO DOS ACORDOS DE LENIÊNCIA: FUNDAMENTOS E LIMITES À REVISÃO DE SUAS CLÁUSULAS

Juliana Bonacorsi de Palma..231

1   Introdução..231
2   Observância da pactuação original nos acordos de leniência e sua legítima relativização...233
3   Dever de negociação dos acordos de leniência 237
4   Dinâmica de renegociação dos acordos de leniência 239
5   Considerações finais...241

Referências..242

MEDIDAS CAUTELARES ADMINISTRATIVAS NOS PROCESSOS DE RESPONSABILIZAÇÃO DE AGENTES PÚBLICOS: USOS E ABUSOS

Flávio Garcia Cabral...243

1   Introdução..243
2   Breves considerações sobre a cautelaridade administrativa 244
3   As medidas cautelares administrativas na Lei nº 8.112/90................................245
4   Medidas cautelares administrativas no âmbito do Tribunal de Contas da União (TCU)...249
5   Conclusões 255

Referências..256

WHISTLEBLOWER PARA AMPLIAÇÃO DA INTEGRIDADE: NECESSIDADE DE REGULAMENTAÇÃO PARA SUA PLENA EFICÁCIA

Milene Dias da Cunha...259

1   Introdução..259
2   Programas de integridade no Brasil: breve histórico 260
3   *Whistleblower*: o informante do bem...262

4	Normativos de incentivo à denúncia no Brasil	263
5	Considerações finais	267
	Referências	269

PROTEÇÃO À IDENTIDADE DO *WHISTLEBLOWER* PELA ADMINISTRAÇÃO PÚBLICA E O PAPEL DA PROTEÇÃO DE DADOS PESSOAIS

Daniel Falcão, Kelvin Peroli 271

1	Introdução	271
2	Edward Snowden blew the whistle?	272
3	*Whistleblowing* a partir da Lei nº 13.694/2019	275
4	A proteção à identidade do *whistleblower* a partir da Lei Federal nº 13.694/2019	276
5	Proteção de dados pessoais do *whistleblower*	277
6	Considerações finais	281
	Referências	282

ACORDO DE NÃO PERSECUÇÃO CÍVEL NA LEI DE IMPROBIDADE ADMINISTRATIVA: A ORIENTAÇÃO DO MPF E A REFORMA DA LEI Nº 14.230/2021

Raphael de Matos Cardoso 285

1	A evolução do Direito Administrativo e a consensualização	285
2	A consensualização na improbidade administrativa	290
2.1	Acordo de não persecução cível, termo de ajustamento de conduta e acordo de leniência	292
3	Análise das alterações promovidas na Lei de Improbidade Administrativa e da Orientação nº 10 do Ministério Público Federal	294
4	Efeitos da celebração do acordo de não persecução cível	300
	Conclusão	300
	Referências	301

COMPLIANCE E A RESPONSABILIDADE DOS ADMINISTRADORES PELOS RISCOS À INTEGRIDADE

Cesar Augusto Marx 303

1	Introdução	303
2	*Compliance*, integridade pública e o interesse público	303
3	Os programas de integridade pública	305
4	A gestão de riscos à integridade como eixo fundamental do programa de integridade	307
5	Responsabilidade dos administradores pelos riscos à integridade	309
6	A fragilidade dos planos de integridade em relação à gestão dos riscos à integridade	311
7	Conclusão	312
	Referências	313

ELEMENTOS JURÍDICOS E GERENCIAIS PARA A ESTRUTURAÇÃO DE UMA CORREGEDORIA NO PODER EXECUTIVO MUNICIPAL

Óthon Castrequini Piccini 315

| 1 | Introdução | 315 |

2	Aspectos regulamentares e procedimentais	316
2.1	Noções iniciais: o referencial processual para a correição municipal	316
2.2	A centralização da atividade correcional em órgão especializado	318
2.3	O modelo correcional do Poder Executivo Federal: estatuto e regulamentos	319
3	Aspectos organizacionais	323
4	Conclusão	326
	Referências	327

O RELACIONAMENTO ENTRE O CONTROLE INTERNO E O CONTROLE EXTERNO NA LEI Nº 14.133/2021

Christianne de Carvalho Stroppa 331

1	Introdução	331
2	O controle da Administração Pública	333
3	O sistema de controle interno	334
4	O sistema de controle externo	334
5	O modelo das linhas de defesa	338
6	O papel dos órgãos de controle na Lei nº 14.133/2021	340
7	Conclusão	342
	Referências	342

A RESPONSABILIZAÇÃO DOS ÁRBITROS EM ARBITRAGENS PÚBLICO-PRIVADAS

Gustavo Henrique Justino de Oliveira, José Marinho Séves Santos 345

1	Introdução	345
2	Premissa: a consolidação da arbitragem e a necessária mudança de foco nos debates acadêmicos	346
3	A natureza da relação entre árbitros e partes	348
4	As diferentes formas de responsabilização dos árbitros	349
4.1	Responsabilidade penal	349
4.2	Responsabilidade civil por violação de dever legal	350
4.3	Responsabilização por violação de dever contratual	351
4.4	Árbitros e a Lei de Improbidade Administrativa	352
5	Existe um regime diferenciado de responsabilização dos árbitros em arbitragens público-privadas?	353
6	Conclusões	354
	Referências	354

ACCOUNTABILITY E OPORTUNISMO LEGISLATIVO

André Pascoal da Silva 357

1	Introdução	357
2	Democracia e improbidade	358
3	Sistema de *accountability*	360
3.1	Ministério Público	361
3.2	Mídia	363
3.3	Poder Judiciário	364

4	Contrarreação	365
5	Conclusão	368
	Referências	370

SOBRE OS AUTORES 373

APRESENTAÇÃO

Por longo tempo, a doutrina especializada concentrou sua atenção sobre a responsabilidade do Estado na ordem interna ou internacional. Esse tema clássico de tantos ramos de Direito Público, como o Internacional, o Administrativo e o Financeiro, é frequentemente apontado como sinônimo da própria teoria da responsabilidade. Nos cursos e manuais de Direito Administrativo, isso fica evidente, pois, de maneira geral, que o tratamento da responsabilidade centra-se em debates acerca da responsabilidade extracontratual das pessoas jurídicas em exercício de funções públicas.

Ao longo dos anos, porém, percebeu-se que a responsabilização institucional do Estado não é suficiente para dissuadir práticas ilícitas nas mais diversas esferas. É preciso ir além para inibir as pessoas físicas que movem as pessoas jurídicas no sentido do ilícito. É preciso dedicar mais atenção e normas à responsabilização das pessoas físicas, principalmente as que exercem função de gestão com poderes decisórios.

Essa percepção explica, nas últimas décadas, o fenômeno da multiplicação das esferas de responsabilidade, lastreado na edição de leis que estipulam infrações e sanções aos gestores não apenas de entidades estatais, como também de entidades não estatais que atuam perante o Estado, seja na qualidade de contratadas, seja como delegatárias de suas funções, seja como destinatárias da regulação e de outros poderes estatais.

Forma-se, assim, um conjunto de normas jurídicas que atribuem, com crescente intensidade, mais deveres e responsabilidades tanto aos que tomam decisões finais quanto aos que auxiliam de maneira decisiva na sua preparação, a exemplo dos agentes de assessoramento e de consultoria.

No plano legislativo, a multiplicação das normas de responsabilização ocasionou a superação da tríade repetida tradicionalmente. Novas esferas surgiram, extrapolando a clássica divisão das responsabilidades penal, civil e administrativa. Para além dessas esferas, fala-se igualmente de responsabilidade política, de responsabilidade financeira, de responsabilidades híbridas, a exemplo da regida pela lei de improbidade e pelas leis dos crimes de responsabilidade, além de responsabilidades administrativas especiais, como a dos gestores de empresas estatais, entre outras.

A multiplicação das esferas de responsabilidade, agora igualmente voltadas a coibir comportamentos do gestor, não veio acompanhada, porém, de um regramento geral, de um corpo de normas básicas, capaz de promover a necessária articulação processual e decisória, de assentar pilares fundamentais ao exercício do poder fiscalizatório e punitivo do Estado.

As esferas de responsabilidade passaram a se somar de modo relativamente caótico, gerando, entre outras distorções, conflitos positivos de competência, conflitos negativos, abusos punitivos, violações do *bis in idem*, desrespeito a garantias processuais fundamentais vinculadas à ampla defesa e ao contraditório, violações ao princípio da intranscendência, entre outros.

Os problemas não param por aí. Paralelamente à constituição de novas formas de responsabilização, um movimento de consensualização passou a caracterizar o Direito

Público brasileiro e a afetar os processos sancionatórios ao oferecer ferramentas dialógicas, como os acordos de leniência (para cooperação instrutória) e os ajustamentos de conduta. Ocorre que a consensualização tampouco veio acompanhada de normas gerais. Seus institutos emergiram pontualmente em uma ou outra lei específica, criando um regime assimétrico, seletivo e marcado por um grau precário de articulação.

Esses e outros problemas derivados da expansão nem sempre prudente e planejada do Direito Positivo ocasionam um risco fatal: o de reduzir ainda mais a legitimidade do Estado no exercício de seus poderes punitivos e de, em vez de incrementar o Direito Sancionador, contribuir para seu enfraquecimento e sua derrocada. Em certa medida, essas forças de reação à expansão irrefletida do Direito Público Sancionador, sobretudo em detrimento dos gestores, já se sentem no Brasil. Exemplo disso é a Lei Federal nº 14.230/21, editada pelo Congresso para modificar a Lei de Improbidade com o objetivo evidente de coibir a vulgarização dessa esfera de responsabilização e controlar excessos punitivos.

Atento a esses fenômenos instituiu-se, no programa de pós-graduação *stricto sensu* da Faculdade de Direito da USP, uma disciplina de mestrado e doutorado exclusivamente voltada ao tratamento da responsabilidade do administrador. De início, seu foco recaiu sobre a responsabilidade dos agentes públicos como gestores, principalmente aqueles em função decisória ou em funções de assessoramento, fundamentais à tomada das decisões. Aos poucos, porém, mostrou-se essencial cuidar igualmente do regime dos gestores de pessoas não estatais, mas que interagem com o Estado e submetem-se ao seu poder punitivo, como os gestores de empresas acusadas no âmbito da Lei de Defesa da Concorrência, da Lei de Improbidade ou da Lei Anticorrupção.

Em repetidas edições, a disciplina ensejou a realização de inúmeros eventos, disponíveis à comunidade jurídica em plataformas digitais. Promoveu, ainda, o diálogo dos mestrandos e doutorandos com grandes especialistas no tema e gerou um corpo robusto de reflexões teóricas sobre a responsabilidade dos gestores na e perante a Administração. A série de livros que ora se traz ao público reflete os debates conduzidos em proporção à importância que o tema ganhou no mundo jurídico.

Para apresentar essas reflexões de forma minimamente sistematizada aos leitores, optou-se por repartir a obra em volumes temáticos. O volume I cuida de aspectos gerais da teoria da responsabilidade. O volume II dedica-se a temas novos, como o da responsabilidade financeira e fiscal, entre outros. O volume III trata da improbidade administrativa, cujo regime jurídico foi objeto de amplas reformas recentes, além de outros assuntos relacionados à responsabilidade administrativa.

Com essa iniciativa, espera-se contribuir com o avanço da ciência jurídica no tratamento de um tema tão relevante ao gestor, aos entes responsáveis pela execução de políticas públicas, aos órgãos de controle e às empresas. Aos coautores, nosso agradecimento pelo tempo dedicado às reflexões, à participação nos debates e à redação dos textos que agora compõem esta coletânea.

Os coordenadores
Maurício Conti, Thiago Marrara, Sabrina Iocken
e André de Castro Carvalho

APONTAMENTOS SOBRE A LEI Nº 14.230/2021 E A RESPONSABILIDADE POR IMPROBIDADE ADMINISTRATIVA

VALDIR MOYSÉS SIMÃO

GUSTAVO MARINHO DE CARVALHO

1 Introdução

O honroso convite que recebemos para participarmos desta primorosa obra chegou poucos dias antes da alteração mais profunda da Lei de Improbidade desde a sua edição, em 1992, promovida pela Lei nº 14.230, de 25 de outubro de 2021. Obviamente, por ter-nos sido incumbido o desafio de escrevermos algumas linhas sobre a responsabilidade dos administradores públicos e improbidade administrativa, não poderíamos deixar de considerar as novas e impactantes disposições de uma das leis mais importantes para o Direito Administrativo Sancionador.

É evidente, também, que não temos a pretensão de analisar e esgotar todas as modificações introduzidas pela Lei nº 14.230/21. Essa é tarefa para obras dedicadas exclusivamente ao tema e que já começam a ser publicadas. Mas uma coisa é certa: *cada estudo sobre as alterações promovidas contribuirá para o longo percurso que teremos de trilhar até que tenhamos a dimensão exata das consequências de todas essas alterações*, especialmente porque muitas questões terão de ser *estabilizadas* pelo Poder Judiciário, dadas as calorosas discussões que já se observam em artigos especializados.

Em virtude deste cenário novo e desafiador, selecionamos alguns pontos, a nosso ver relevantes aos administradores públicos – mas também aos particulares (pessoas jurídicas e físicas), que vez por outra integram o polo passivo de ações de improbidade – e que precisam começar a ser analisados com toda a cautela e lisura (honestidade) intelectual. Neste artigo, voltaremos nossas atenções para os seguintes temas:

a) Alterações no art. 9º, *caput* e inciso VII;

b) Alterações no art. 11, *caput*;

c) Prescrição da pretensão punitiva (art. 23);

d) Retroeficácia da Lei nº 14.230/21.

Mas antes de começarmos a analisar estas mudanças introduzidas nos dispositivos legais listados, algumas ponderações sobre as razões pelas quais uma mudança tão acentuada foi implementada pelo legislador ordinário precisam ser registradas.

Como bem observa o Professor Rodrigo Valgas dos Santos, em sua obra *Direito Administrativo do Medo*,[1] há uma infinidade de casos em que as ações civis públicas por ato de improbidade administrativa são propostas de maneira, digamos, irresponsável. Não raras vezes, as alegações apresentadas na petição inicial, diante da falta de concretude dos supostos indícios levantados, tratam-se, em verdade, de meras presunções ou mesmo suposições e que levam à condenação indevida de pessoas honestas. Daí por que o legislador, para evitar abusos e arbitrariedade, afastou o máximo possível o uso de presunções (art. 17-C, inciso I).

Era muito comum também – *usemos o pretérito imperfeito como prenúncio para dias alvissareiros* – nas ações de improbidade administrativa nos depararmos com intepretações *superlativas* que qualificam atos ilícitos como atos de improbidade administrativa. Agora, por exemplo, divergência interpretativa extravagante baseada na jurisprudência não deve configurar ato de improbidade administrativa (art. 1º, §8º).

Neste cenário, o constrangimento e até mesmo o medo de ser réu em ações de improbidade *era* uma realidade muito próxima dos administradores públicos, ainda mais porque se admitia, a nosso ver de maneira equivocada, a modalidade culposa de improbidade administrativa, o que não é mais permitido (art. 1º, §§1º e 3º; art. 9º, *caput*; art. 10, *caput*, art. 11, *caput*; art. 17-C, §1º). Daí por que a doutrina especializada acertadamente dizia que *viviamos* em uma época marcada pela *crise de ineficiência pelo controle*.[2]

De fato, o agente público literalmente *tinha* medo de decidir, *tinha* receio de ser réu em longevas e custosas ações de improbidade administrativa, até então sem qualquer apoio jurídico para a sua defesa, o que foi acertadamente corrigido em alguns casos (art. 17-C, §20).

Que as alterações promovidas pela Lei nº 14.230/21, com a devida parcimônia, traga-nos um cenário em que o controle rígido e eficiente da Administração Pública continue e se aprimore (art. 23-A), pois desejamos a probidade administrativa, mas sem os excessos constatados em muitas ações de improbidade administrativa. Nesse cenário, espera-se também que os administradores públicos desempenhem suas funções sem medo ou receio de responsabilização injusta, bem como que assumam suas responsabilidades legais e prestem contas de suas decisões, cientes de que seus atos administrativos serão escrutinados por um sistema de controle maduro o suficiente para distinguir o dolo da culpa e do erro grosseiro.

Passemos, pois, a analisar os dispositivos legais apontados anteriormente.

2 As alterações no art. 9º, *caput*, e inciso VII

Como dito, para que possamos escrever um artigo sobre improbidade administrativa após a Lei nº 14.230/21, exige-se que sejamos seletivos no objeto de nossa análise.

---

[1] *Direito Administrativo do Medo*. São Paulo: Revista dos Tribunais, 2021.

[2] VALGAS DOS SANTOS, Rodrigo. *Direito Administrativo do Medo*. São Paulo: Revista dos Tribunais, 2021, p. 41; GUIMARÃES, Fernando Vergalha. *Op. cit.*

Iremos analisar nas linhas seguintes as alterações implementadas no art. 9º, *caput* e inciso VII, nos casos de improbidade que importam enriquecimento ilícito.

Para melhor visualizar o nosso objeto de estudo, comparemos a redação anterior e vigente da hipótese de incidência destes dispositivos legais:

Redação anterior	Redação vigente
Art. 9º Constitui ato de improbidade administrativa importando enriquecimento ilícito auferir qualquer tipo de vantagem patrimonial indevida em razão do exercício de cargo, mandato, função, emprego ou atividades nas entidades mencionadas no art. 1º desta lei, e notadamente:	Art. 9º Constitui ato de improbidade administrativa importando em enriquecimento ilícito auferir, *mediante a prática de ato doloso*, qualquer tipo de vantagem patrimonial indevida em razão do exercício de cargo, de mandato, de função, de emprego ou de atividade nas entidades referidas no art. 1º desta Lei, e notadamente:
VII - adquirir, para si ou para outrem, no exercício de mandato, cargo, emprego ou função pública, bens de qualquer natureza cujo valor seja desproporcional à evolução do patrimônio ou à renda do agente público;	VII - adquirir, para si ou para outrem, no exercício de mandato, de cargo, de emprego ou de função pública, *e em razão deles*, bens de qualquer natureza, *decorrentes dos atos descritos no caput deste artigo*, cujo valor seja desproporcional à evolução do patrimônio ou à renda do agente público, *assegurada a demonstração pelo agente da licitude da origem dessa evolução*;

Como adiantado na introdução a este artigo, uma das mudanças mais relevantes introduzidas pela Lei nº 14.230/21 foi a ênfase na exigência de conduta dolosa para se qualificar um ato ilícito como improbidade administrativa. Os artigos 1º, §§1º e 3º; 9º, *caput*; 10, *caput*, 11; *caput* e 17-C, §1º, da Lei de Improbidade, após a sua reforma, comprovam esta mudança de percurso.

De fato, a doutrina e a jurisprudência sempre refutaram a modalidade culposa para as hipóteses do art. 9º, e a referência do *caput* apenas confirma isso. A ideia de culpa, registremos, é (e sempre foi) incompatível com a noção de improbidade administrativa.

Foquemos no inciso VII do art. 9º, cuja mudança merece nossas atenções, já que se trata de um dos incisos mais aplicados em casos de improbidade administrativa, o que significa dizer que a sua nova redação mudará significativamente a análise de inúmeros casos.

A nova redação do inciso VII passou a exigir, para a sua incidência, que a aquisição de bens desproporcionais ao patrimônio e renda do agente público se dê em razão do exercício do seu cargo (= "e em razão deles"). Trocando em miúdos: se a aquisição não estiver relacionada a uma determinada atividade do agente público, se não se estabelecer uma relação entre o cargo, seu exercício, e o bem adquirido, não é o caso de aplicação do inciso VII.

O art. 9º, inciso VII, passou a exigir, portanto, uma *relação de causalidade* entre a aquisição do bem e o exercício da função pública, o que não se exigia na redação anterior. E essa relação de causalidade, obviamente, passou a ser ônus probatório da acusação, o que certamente dificultará o enquadramento de determinada conduta na hipótese de incidência do inciso VII.

Os Professores Luiz Manoel Gomes e Rogério Favreto, ao comentar o inciso VII, confirmam o que se acaba de afirmar:

> Dito de outro modo, terá que ser apontado e demonstrado nos autos que a aquisição é decorrente da atuação como agente público, aqui em seu sentido lato. Altera a presunção de improbidade pelo simples apontamento de aumento de renda ou patrimônio do agente público, para exigir a efetiva demonstração da origem ilícita dos bens que ocasionaram essa alteração desproporcional.
>
> (...)
>
> Para a caracterização do ato de improbidade tem-se como necessários os seguintes elementos: a-) aquisição pelo agente ou em favor de outrem de bens desproporcionais à evolução do seu patrimônio ou da sua renda; b-) que referido ato seja realizado no exercício de mandato, cargo, emprego ou função pública e a prova de que a aquisição decorra de tal exercício de cargo ou função pública, ambos em sentido lato; e c-) consciência da ilicitude (dolo).

> Registre-se, por oportuno, que o legislador ordinário reforçou ainda mais esta obrigação de *relação de causalidade* do inciso VII ao estabelecer o seguinte comando, aplicável a todos os tipos de improbidade administrativa, nos §§1º e 2º do art. 11:

> §1º Nos termos da Convenção das Nações Unidas contra a Corrupção, promulgada pelo *Decreto nº 5.687, de 31 de janeiro de 2006, somente haverá improbidade administrativa,* na aplicação deste artigo, *quando for comprovado na conduta funcional do agente público o fim de obter proveito ou benefício indevido para si ou para outra pessoa ou entidade.*
>
> *§2º Aplica-se o disposto no §1º deste artigo a quaisquer atos de improbidade administrativa tipificados nesta Lei* e em leis especiais e a quaisquer outros tipos especiais de improbidade administrativa instituídos por lei.

A aquisição de bens desproporcionais a si mesmo ou a terceiros é o início da análise da conduta do agente público, que para ser qualificada como improbidade administrativa precisará, sob pena de não se preencher a hipótese de incidência do art. 9º, inciso VII, ser provada a relação entre o cargo do agente público e a sua utilização *dolosa* para obter bens que a princípio não seriam compatíveis com a sua evolução patrimonial e a renda.

Este ônus da prova que passa a ser do Ministério Público, único titular da ação de improbidade administrativa (art. 17, *caput*), extrai-se não apenas do texto do inciso VII, mas também do inciso II, §19, do art. 17: "Não se aplicam na ação de improbidade: (...) II – a imposição de ônus da prova ao réu, na forma dos §§1º e 2º do art. 373 da Lei nº 13.015, de 16 de março de 2015 (Código de Processo Civil)".

3 Alterações no art. 11, *caput*

Seguindo a mesma sistemática adotada no item anterior, para melhor visualizar o nosso objeto de estudo, comparemos a redação anterior e a vigente da hipótese de incidência do *caput* do art. 11, nos casos de improbidade administrativa que atentam contra os princípios da Administração Pública:

Redação anterior	Redação vigente
Art. 11. Constitui ato de improbidade administrativa que atenta contra os princípios da administração pública qualquer ação ou omissão que viole os deveres de honestidade, imparcialidade, legalidade, e lealdade às instituições e notadamente:	Art. 11. Constitui ato de improbidade administrativa que atenta contra os princípios da administração pública a ação ou omissão *dolosa* que viole os deveres de honestidade, de imparcialidade e de legalidade, *caracterizada por uma das seguintes condutas*:

A primeira mudança a ser observada é a inclusão do vocábulo *dolosa* no texto do *caput* do art. 11. Mais uma vez, o legislador infraconstitucional desejou consignar expressamente que o elemento subjetivo *doloso* é condição necessária para enquadrar a conduta de alguém no art. 11.

Apesar de ter havido divergência no passado sobre a possibilidade ou não da modalidade culposa nas condutas do art. 11, o Superior Tribunal de Justiça, desde 2010, havia pacificado o entendimento de que não é possível utilizar-se a *culpa* para a tipificação do ato como improbidade administrativa pelo art. 11 (STJ | Embargos de Divergência no Resp nº 875.163-RS | relator Ministro Mauro Campbell Marques). Desta forma, a inserção do dolo no *caput* do art. 11 apenas positiva o entendimento que prevalecia a respeito. Contudo, não se pode ignorar a importância desta alteração, dada a enorme quantidade de aplicadores do Direito que nem sempre são fiéis aos precedentes de nossas cortes superiores.

Mas a mudança mais relevante do *caput* do art. 11 está em sua parte final: "caracterizada por uma das seguintes condutas:". A alteração foi significativa, pois densificou-se (positivou-se, tipificou-se) o que se deve entender por ato contra os princípios da Administração Pública e violadores dos deveres de honestidade, imparcialidade e legalidade, para fins da Lei de Improbidade Administrativa. A partir de agora, as condutas não tipificadas em um dos incisos do art. 11, que passou a ser *numerus clausus*, não podem ser qualificadas como improbidade administrativa.

Esta interpretação acaba de ser confirmada pelo Tribunal Regional Federal da 3ª Região, em julgamento ocorrido em 17.12.2021, cujo trecho mais relevante segue:

6. O artigo 11 da Lei de Improbidade Administrativa deixou de conter, atualmente, tipo aberto, não mais admitindo, para tipificação, qualquer ação ou omissão que violasse princípios da administração pública, a exemplo das figuras elencadas nos respectivos incisos, que constituíam rol apenas exemplificativo. Na atual redação, mais benéfica aos réus, a caracterização da violação aos princípios administrativos deve decorrer necessariamente de condutas elencadas nos respectivos incisos, tornando, pois, exaustivo e taxativo o rol. Na espécie, a imputação do MPF fundada exclusivamente no *caput* do artigo 11 não mais se sustenta, sendo vedado ao julgador alterar o tipo indicado na inicial (v. artigo 17, "§10-F, da Lei 8.942/1992). Ainda que a alteração do tipo imputado não se confunda com a alteração da capitulação legal indicada (MS 17.151, Rel. Min. REGINA HELENA COSTA, DJe 11.03.2019), é inequívoco que as condutas imputadas à ré na inicial da presente ação não se subsomem em nenhuma daquelas taxativamente previstas na atual redação do artigo 11. 7. Considerado todo o contexto fático e probatório dos autos, constata-se que não restou demonstrado que a servidora ré tenha auferido, para si, vantagem patrimonial indevida em razão de benefícios previdenciários irregularmente concedidos. (ApCiv 5000547-79.2018.4.03.6118 | 3ª Turma | Rel. Des. Fed. Luis Carlos Hiroki Muta | julgado em 17.12.2021 | DJe 14.01.2022)

Em resumo, a partir da Lei nº 14.230/21, tal como registrado no julgado citado, não se pode mais qualificar uma conduta como improbidade administrativa apenas com base no *caput* do art. 11, será necessário (*conditio sine qua non*) que o Ministério Público consiga provar (art. 17, §19, II) a subsunção do caso concreto a um dos incisos do art. 11.

4 Prescrição da pretensão punitiva (art. 23)

A Lei nº 14.230/21 fez alterações substanciais no art. 23 da Lei de Improbidade Administrativa, que trata da prescrição da pretensão punitiva.

Apenas para registro, como sabemos, prescrição, nas palavras de Antônio Luís da Câmara Leal:[3] "(...) é a extinção de uma ação ajuizável, em virtude da inércia de seu titular durante um certo lapso de tempo, na ausência de causas preclusivas de seu curso".

Partindo-se da conceituação de Câmara Leal, e ainda à luz de suas lições, é possível extrairmos os dois fundamentos do instituto da prescrição: (i) castigo à inércia do titular do direito violado (*dormientibus non sucurrit ius*) e (ii) estabilização das relações sociais regradas pelo Direito (*ne in incerto esset*).

Busca-se, em resumo, a segurança jurídica das relações através de sua estabilização temporal. Isto porque não é da essência humana viver em um estado constante de incertezas e instabilidade; de vigilância constante sobre os seus atos e, principalmente, em relação aos atos de seus pares e do Estado. O homem não compadece com uma vida cheia de desalentos. O homem busca estabilidade e segurança.

E uma das formas de se assegurar a estabilidade e a segurança das relações sociais dá-se justamente pela fixação temporal do exercício de uma pretensão judicial (= prescrição). A razão é demasiadamente singela: nenhuma sociedade minimamente civilizada conseguiria desenvolver-se se a qualquer instante cada um de seus partícipes pudesse ser demandado por fatos ocorridos no passado.[4]

O legislador infraconstitucional, atento a estas balizas do Direito brasileiro, alterou, de uma só vez, o termo inicial da contagem do prazo e o prazo em si, ampliando-o. Eis a redação do novo artigo 23:

> Art. 23. A ação para a aplicação das sanções previstas nesta Lei *prescreve em 8 (oito) anos, contados a partir da ocorrência do fato ou, no caso de infrações permanentes, do dia em que cessou a permanência.*

A nosso ver, a alteração mais relevante é a do termo inicial e, por isso, gostaríamos de registrar algumas considerações críticas, de certa forma, à redação anterior e a leis que não utilizam o mesmo termo inicial. O aumento do prazo de cinco para oito tem efeitos mais práticos do que teóricos, por isso abriremos um breve parêntese para registrarmos nossa visão sobre o tema.

---

[3] *Da Prescrição e da Decadência.* 2. ed. Rio de Janeiro: Saraiva, 1959, p. 26.

[4] Fernando Sainz Moreno, em excelente artigo dedicado ao tema, anota que o princípio da segurança jurídica impõe certas condições ao exercício do Poder Público, dentre eles "(...) e) La prescripción de las acciones, infracciones y sanciones administrativas es una exigencia de la seguridad jurídica (SSTC 147/1986; 215/1989; 157/1990)" (Seguridad Jurídica. *Revista Trimestral de Direito Público*, São Paulo, n. 55, p. 17-21).

4.1 Breves considerações sobre a segurança jurídica do termo inicial de contagem dos prazos prescricionais

A identificação do termo inicial da contagem do prazo prescricional é tema que desperta debates acalorados na doutrina e jurisprudência nacionais, visto que, em muitos casos, o termo inicial é o elemento decisivo para se concluir se determinada pretensão (sancionatória ou ressarcitória) está ou não prescrita.

Como sabemos, em matéria sancionatória não vigora, ao menos no ordenamento jurídico brasileiro, a tese da imprescritibilidade[5] da pretensão *punitiva*, salvo quando se estiver diante de duas únicas hipóteses: *art. 5º, incisos XLII (prática de racismo) e XLIV (ação de grupos armados contra a ordem constitucional e o Estado Democrático), ambos da Constituição Federal.*

Da constatação feita no parágrafo anterior extrai-se que a regra é a prescrição; eventuais exceções a esta regra só podem estar contempladas na Constituição Federal, haja vista que a prescrição é uma das densificações do *sobreprincípio* da segurança jurídica, cujo *status* é constitucional.[6]

Todavia, não é raro encontrarmos no ordenamento jurídico brasileiro dispositivos que estabelecem como termo inicial da contagem do prazo prescricional da pretensão punitiva do Estado a *data da ciência da ilicitude* (*v.g.*, art. 142, §1º, da Lei nº 8.112/1990; art. 25, Lei nº 12.846/2013; redação anterior do art. 23, II, da Lei nº 8.429/21). Permitir que o termo inicial se dê na data em que se tomou conhecimento do fato e não quando o fato efetivamente ocorreu (*actio nata*) significa, em última instância, criar uma nova hipótese de *imprescritibilidade* no Direito brasileiro.

Esta visão, aliás, não é nova, mas infelizmente ignorada diversas vezes. A sufragar a linha de raciocínio exposta, são valiosas as palavras de Mauro Roberto Gomes de Mattos e do saudoso Prof. José Cretella Júnior, respectivamente:

> Não se pode concordar com a redação do parágrafo primeiro, do art. 142 em questão, pois ela fere o próprio princípio da prescrição, que é possibilitar a segurança jurídica e a paz social. Isto porque a instabilidade do *dies a quo* do prazo prescricional não é admitido pelo direito, tendo em vista que a regra geral é a da prescrição e não a da sua interrupção ou suspensão indefinitivamente. Pelo contrário, o direito sancionatório traz no postulado da segurança jurídica o seu ponto basilar, sendo defeso a eternização de acusações ou de processos administrativos disciplinares. O jus puniendi do Estado decorre da prática do ato ilícito do servidor público, não sendo contudo ilimitado o exercício do poder punitivo, que encontra limites temporais como consequências da necessidade de não se aviltar o princípio da segurança jurídica, que tanto preconizam os países que estabeleceram em suas normas fundamentais o Estado Democrático de Direito.[7]

***

---

[5] Entretanto, o Supremo Tribunal Federal reconheceu a imprescritibilidade para as ações de ressarcimento decorrentes de ato doloso de improbidade administrativa (RE 852.475).

[6] BANDEIRA DE MELLO, Celso Antônio. *Curso de Direito Administrativo*. 33. ed. São Paulo: Malheiros Editores, 2017, p. 217.

[7] MATTOS, Mauro Roberto Gomes de. *Lei nº 8.112/90 interpretada e comentada*. 3. ed. Rio de Janeiro: América Jurídica, 2006, p. 880-881.

Em suma, dada a extrema gravidade da pena de demissão, não há a menor dúvida de que se deve dar às disposições estatutárias pertinentes interpretação extensiva, a fim de que o agente beneficie-se com as regras penais da prescrição "a partir do fato" e jamais "a partir da ciência do fato". Do contrário, chegaríamos ao absurdo, repetimos, de ser beneficiado com a regra da prescrição penal o agente público que cometeu crime contra a Administração ao qual o Estatuto comina a pena de demissão e de ser prejudicado com a regra da prescrição estatutária o funcionário que cometeu puro ilícito administrativo, ao qual, também, a pena cominada é a demissão.[8]

A nova redação do art. 23 da Lei de Improbidade filia-se definitivamente a um entendimento compatível com o princípio da segurança jurídica e se alinha ao art. 1º da Lei nº 9.873/1999, que também estabelece como termo inicial a data da prática do ato ou da cessação da infração permanente ou continuada.[9]

Aos críticos a esta interpretação do termo inicial, o legislador deu uma resposta contundente: alteração quantitativa do prazo. É melhor convivermos com prazos prescricionais maiores do que com termos iniciais de prazos que não se sabe ao certo quando começam a ser contados.

4.2 Prescrição e prescrição intercorrente no art. 23

Como vimos, o art. 23 da Lei de Improbidade Administrativa possui uma redação em sintonia com o princípio da segurança jurídica (= termo inicial) e um prazo maior do que o da lei anterior. Antes, o prazo era de cinco anos, agora o prazo é de oito, o que revela que o novo dispositivo é mais rigoroso do que o anterior.

Outras inserções relevantes e que tornaram muito mais clara e segura a aplicação da prescrição na Lei de Improbidade são as hipóteses de *suspensão* e *interrupção* da contagem. De acordo com o novo art. 23, a contagem do prazo *suspende-se* pelo prazo máximo de 180 (cento e oitenta) dias corridos (§1º), contados da data de instauração de inquérito civil ou processo administrativo. Ultrapassado este prazo, a contagem paralisada é retomada pelo prazo remanescente.

A *interrupção* da contagem do prazo prescricional, com a sua retomada desde o início, foi disciplinada no §4º, que contempla as seguintes hipóteses:

I - pelo ajuizamento da ação de improbidade administrativa;

II - pela publicação da sentença condenatória;

III - pela publicação de decisão ou acórdão do Tribunal de Justiça ou Tribunal Regional Federal que confirma sentença condenatória ou que reforma sentença de improcedência;

IV - pela publicação de decisão ou acórdão do Superior Tribunal de Justiça que confirma acórdão condenatório ou que reforma acórdão de improcedência;

V - pela publicação de decisão ou acórdão do Supremo Tribunal Federal que confirma acórdão condenatório ou que reforma acórdão de improcedência.

---

[8] CRETELLA JR., José. Prescrição Administrativa. *Revista dos Tribunais*, v. 544, p. 12.

[9] Art. 1º Prescreve em cinco anos a ação punitiva da Administração Pública Federal, direta e indireta, no exercício do poder de polícia, objetivando apurar infração à legislação em vigor, contados da data da prática do ato ou, no caso de infração permanente ou continuada, do dia em que tiver cessado.

Contudo, estas hipóteses de interrupção não seguem o prazo de oito anos previsto no *caput*. Chamada de *prescrição intercorrente* pelo art. 23, §8º, o prazo para cada um dos marcos temporais interruptivos é de quatro anos (§5º), metade do prazo para o ajuizamento da ação de improbidade. Além disso, o legislador consignou expressamente o dever do Poder Judiciário (§8º) em reconhecer a prescrição (e decretá-la) de ofício ou mediante requerimento da parte, sempre com a oitiva prévia do Ministério Público, quando não for ele quem requeira o reconhecimento da prescrição.

Por fim, registre-se que o legislador estabeleceu a extensão subjetiva e objetiva da decretação da prescrição (*caput* ou §5º). Mesmo aqueles que não a requereram ou não estejam em uma determinada fase processual (*v.g.*, falta de interesse recursal ou perda do prazo), assim como os atos de improbidade conexos (§§6º e 7º), são afetados pelo reconhecimento da prescrição.

5 Eficácia retroativa da Lei nº 14.230/21

Sempre que surge uma nova lei que altera significativamente, total ou parcialmente, a sua antecessora, questões relacionadas ao Direito Intertemporal começam a ser suscitadas. Os novos comandos têm eficácia imediata apenas para fatos novos ou devem retroagir?[10]

O Direito Intertemporal é o designativo dado ao conjunto de regras e princípios jurídicos voltados ao estudo do tempo jurídico, ou seja, à análise do *conflito de eficácia de leis no tempo* e também com as questões referentes à *sucessão normativa*.

O *conflito eficacial* de normas ocorre pelo simples fato de existirem duas normas jurídicas consecutivas que disputam entre si o controle de um determinado fato da vida. Ou seja, um mesmo fato do mundo fenomênico é valorado por duas normas jurídicas consecutivas, ocasionando dúvidas acerca de qual delas (a substituída ou a substituta) regerá aquele fato. É o que se denomina *intertemporalidade conflitual*, justamente o que ocorre entre a Lei nº 14.230/21 e a Lei nº 8.429/92.

A nosso ver, os novos comandos introduzidos pela nova lei, por serem mais benéficos, devem retroagir (= *norma sancionadora benéfica*) tal como estabelece o art. 5º, XL, da Constituição Federal, que, apesar de redigido para o Direito Penal, aplica-se indubidosamente ao Direito Administrativo Sancionador (art. 1º, §4º, Lei de Improbidade). Os dispositivos legais analisados neste artigo (art. 9º, *caput*, inciso, VII, art. 11, *caput*, art. 23) devem, portanto, ser aplicados às ações em curso (retroeficácia) e não apenas aos novos fatos (eficácia imediata).

O Superior Tribunal de Justiça já reconhecia, mesmo antes da alteração legislativa, que a norma administrativa que deixa de sancionar determinado comportamento é dotada de eficácia retroativa:

> (...). 3. A norma administrativa mais benéfica, no que deixa de sancionar determinado comportamento, é dotada de eficácia retroativa. Precedente: REsp 1.153.083/MT, Rel. p/ Acórdão Ministra Regina Helena Costa, Primeira Turma, DJe 19.11.2014). 4. Nesse norte, incensurável se revela o acórdão recorrido no passo em que, ao conceder a segurança

---

[10] Para Paul Roubier "A base fundamental da ciência do conflito das leis no tempo é a distinção entre o efeito retroativo e o efeito imediato da lei" (*Le Droit Transitore* (conflits des lois dans le temps). 2. ed. Paris : Dalloz et Sirey, 1960, p. 177).

pleiteada no presente *writ* preventivo, ordenou à autoridade coatora que se abstenha de impor penalidade contra as empresas integrantes das categorias econômicas representadas pelos sindicatos impetrantes, na hipótese de concessão de descontos para compras efetuadas mediante dinheiro ou cheque, sem extensão de tal vantagem às transações realizadas mediante cartão de crédito. 5. Recurso especial não provido. (REsp 1402893/MG, Rel. Ministro SÉRGIO KUKINA, PRIMEIRA TURMA, julgado em 11.04.2019, DJe 22.04.2019).[11]

Edilson Pereira Nobre Júnior[12] também sustenta há um bom tempo a retroatividade das normas sancionatórias administrativas que beneficiam o réu. Eis suas precisas palavras:

> A Constituição em vigor não deixa dúvida a respeito. O seu art. 5º, XL, é expresso em proclamar que a lei penal não retroagirá, salvo se para beneficiar o réu. Implica dizer, em outras palavras, ser a retroatividade um mandamento quando houver benefício para o acusado, franquia que o legislador não poderá coartar, pena de incidir em inconstitucionalidade. O dispositivo sobranceiro, com carradas de razão frisara RÉGIS FERNANDES DE OLNEIRA, quando ainda vigente o art. 153, §16, da Constituição pretérita, não tem o seu conteúdo limitado a albergar o fato criminal, abrangendo também o administrativo.

Mais recentemente, o Ministério Público Federal, em parecer apresentado nos autos do REsp 1.966.002/SP, reconheceu a *retroatividade* e aplicabilidade das alterações promovidas pela Lei nº 14.230/21 na Lei nº 8.429/92 quanto ao prazo prescricional do art. 23, *caput*:

> RECURSO ESPECIAL. AÇÃO DE IMPROBIDADE ADMINISTRATIVA. DIREITO SANCIONADOR. PRESCRIÇÃO. SUPERVENIÊNCIA DE LEI MAIS BENÉFICA. RETROATIVIDADE. EXTINÇÃO DA AÇÃO. RECURSO PREJUDICADO. 1. A Lei nº 8.429/92, que dispõe sobre as sanções aplicáveis em virtude da prática de atos de improbidade administrativa, foi substancialmente alterada pela Lei nº 14.320/2021, sobretudo quanto a normas que, sendo mais favoráveis ao acusado, devem retroagir, por imperativo constitucional. 2. A persecução referente a improbidade administrativa se insere no âmbito do Direito Sancionador e, por coerência sistêmica, a exemplo do que ocorre com os mecanismos de persecução criminal, deve nortear-se pelo postulado da retroatividade da norma mais favorável ao réu, nos termos do art. 5º, XL, da CF. 3. A nova redação do art. 23 da Lei nº 8.429/92 veicula expressiva modificação no regime de prescrição, com a inclusão de seguintes marcos interruptivos, após a data dos fatos: (i) ajuizamento da ação civil pública; (ii) publicação da sentença condenatória; e (iii) publicação dos acórdãos dos Tribunais de Apelação e Superiores que confirmem a condenação ou reformem a decisão de improcedência. 4. Não é dado à instância especial revolver fatos e provas (Súmula n. 7/STJ). Todavia, no caso, dentro dos contornos expressamente delineados no acórdão, é possível verificar que entre a data dos fatos (2006) e o ajuizamento das ações (2016) transcorreu o prazo de prescrição, que, por ser matéria de ordem pública, deve ser reconhecida de ofício, por qualquer Juízo ou Tribunal, ex vi do art. 23, caput, §§1º e 4º, I, e 8º da Lei nº 8.429/92, com a redação dada pela Lei nº 14.230/2021. 5. Parecer pela extinção do processo, ante a ocorrência da Prescrição, em face da incidência retroativa da norma mais favorável; prejudicado o exame do recurso especial.

---

[11] É o que ocorreu, a nosso ver, com o art. 9º, VII, na medida em que o novo legislador restringiu (mas não eliminou) a sua hipótese de incidência.

[12] NOBRE JUNIOR, Edilson Pereira. Sanções Administrativas e Princípios de Direito Penal. *Revista do Instituto de Pesquisas e Estudos*. Divisão Jurídica. Instituição Toledo de Ensino. Bauru/SP. Abril a junho de 2001, p. 122-124.

No mesmo julgado que utilizamos anteriormente para confirmar as mudanças introduzidas no art. 11, *caput*, também se aplicou, porquanto mais benéfica, a prescrição intercorrente (art. 23, §§5º e 8º):

> DIREITO PROCESSUAL CIVIL. CONSTITUCIONAL. ADMINISTRATIVO. AÇÃO CIVIL PÚBLICA POR ATO DE IMPROBIDADE ADMINISTRATIVA. CONCESSÃO INDEVIDA DE BENEFÍCIOS PREVIDENCIÁRIOS. LEI 8.429/1992. FATO NOVO. ALTERAÇÕES PROMOVIDAS PELA LEI 14.230/2021. RETROATIVIDADE DA LEI MAIS BENÉFICA. PRESCRIÇÃO INTERCORRENTE. RECONHECIMENTO DE OFÍCIO. RESSARCIMENTO DO DANO AO ERÁRIO. IMPRESCRITIBILIDADE. FAVORECIMENTO DOLOSO DE TERCEIROS. ARTIGO 10, VII, DA LEI 8.942/1992. ATO ÍMPROBO CONFIGURADO. SENTENÇA PENAL ABSOLUTÓRIA. COMUNICAÇÃO DOS FUNDAMENTOS. REQUISITOS NÃO PREENCHIDOS. REDUÇÃO DA CONDENAÇÃO AO PREJUÍZO PATRIMONIAL EFETIVAMENTE CAUSADO À AUTARQUIA PREVIDENCIÁRIA.
>
> 1. Consolidada a jurisprudência no sentido de que se aplica ao direito administrativo sancionador os princípios fundamentais do direito penal, dentre os quais o da retroatividade da lei mais benigna ao réu, previsto no artigo 5º, XL, CF: "a lei penal não retroagirá, salvo para beneficiar o réu".
>
> 2. Em decorrência de tal extensão de princípios reguladores, o advento da Lei 14.230/2021, no que instituiu novo regramento mais favorável ao réu imputado ímprobo, deve ser considerado no exame de pretensões formuladas em ações civis públicas de improbidade administrativa, ainda que ajuizadas anteriormente à vigência da nova legislação.
>
> (...)
>
> 4. No caso, ocorridos os fatos entre setembro e outubro de 2000, instaurado contra a ré processo administrativo disciplinar em 10/06/2006 e proposta a ação civil pública de improbidade administrativa em 08/10/2008, resta evidenciado que, entre tais datas, não houve o decurso do prazo prescricional de oito anos. *A sentença foi proferida em 18/04/2017 e publicada no diário oficial em 19/07/2017, mais de quatro anos depois do ajuizamento da ação civil pública de improbidade administrativa, em 08/10/2008, acarretando, nos termos e com esteio no artigo 23, caput, §§4º, I e II, 5º e 8º, da Lei 8.429/1992, com alterações da Lei 14.230/2021, a consumação da prescrição intercorrente da pretensão sancionadora, salvo no tocante ao ressarcimento ao erário.* (TRF3 | Ap. 5000547-79.2018.4.03.6118 | Rel. Des. Fed. Luis Carlos Hiroki Muta | 3ª Turma | julgado em 17.12.2021 | DJe 14.01.2022)

Como se pode perceber, a Lei nº 14.230/21 introduziu mudanças relevantes na Lei de Improbidade, muitas delas (mas não todas) benéficas aos réus e, por esta razão, devem induvidosamente ser aplicadas retroativamente, por força do art. 5º, XL, da Constituição Federal.

6 Conclusão

A Lei nº 14.230/21 sem dúvida alguma foi a norma que alterou com maior profundidade a Lei de Improbidade Administrativa, cuja utilização exagerada, a nosso ver, culminou nesta grande reforma.

Neste artigo, voltado à análise da improbidade administrativa para os administradores públicos, focamos em quatro alterações que julgamos relevantes para este grupo de pessoas:

a) Alterações no art. 9º, *caput* e inciso VII, nos casos de improbidade administrativa que importam enriquecimento ilícito;

b) Alterações no art. 11, *caput*, nos atos de improbidade administrativa que atentam contra os princípios da Administração Pública;
c) Prescrição da pretensão punitiva (art. 23);
d) Retroeficácia da Lei nº 14.230/21.

O artigo 9º, *caput*, contempla expressamente a necessidade de se provar a presença do elemento subjetivo doloso. O inciso VI passou a ser mais restritivo na medida em que passou a exigir, com ônus da prova ao Ministério Publico, aquisição de bens desproporcionais ao patrimônio e renda do agente público, que se dê em razão do exercício do seu cargo (= "e em razão deles").

O art. 11, *caput*, também passou a exigir a presença e a prova do elemento subjetivo doloso. Além disso, deixou de ser *numerus apertus* e passou a *ser numerus clausus*, ou seja, as condutas não tipificadas em um de seus incisos não podem ser qualificadas como improbidade administrativa.

O art. 23 também sofreu mudanças significativas. Além do termo inicial, que passou a ser o da data dos fatos ou de quando o ato ilícito permanente se encerrou, o prazo passou de cinco para oito anos. Outro destaque é a previsão da prescrição intercorrente faseada e com prazo de quatro anos. As hipóteses de suspensão e de interrupção, não previstas no texto anterior, também são pontos positivos das mudanças da Lei nº 14.230/21.

Abordamos, ainda que brevemente, o conflito de eficácia de leis no tempo entre a Lei de Improbidade e a Lei nº 14.230/21. Partilhamos o posicionamento, a nosso ver majoritário na doutrina e jurisprudência nacional, de que as disposições mais benéficas devem retroagir. É dizer: devem ser aplicadas para as ações de improbidade em tramitação, cujos fatos são anteriores à Lei nº 14.230/21.

Saliente-se que as alterações na Lei de Improbidade têm ampla repercussão na vida e nos processos sancionatórios dos administradores públicos e merecem ser amplamente estudadas por todos os que militam no Direito Administrativo.

Por fim, as alterações introduzidas pela Lei nº 14.230/21 não devem ser percebidas como um abrandamento do sistema sancionador a que se submetem os administradores públicos. Ao contrário, trata-se de aperfeiçoamento da disciplina de responsabilização administrativa aplicável àqueles que assumem posições de gerência em organizações governamentais.

Espera-se, portanto, que as mudanças legais introduzidas na Lei de Improbidade Administrativa, por um lado, garantam aos bons gestores públicos a segurança jurídica necessária para bem desempenharem suas funções em prol da sociedade e, por outro lado, estimulem o aperfeiçoamento do sistema de proteção do Estado para que os maus administradores sejam responsabilizados com rigidez e celeridade. Probidade e resultado são pilares fundamentais da boa gestão pública.

Referências

BANDEIRA DE MELLO, Celso Antônio. *Curso de Direito Administrativo*. 33. ed. São Paulo: Malheiros Editores, 2017.

CÂMARA LEAL, Antônio Luís. *Da Prescrição e da Decadência*. 2. ed. Rio de Janeiro: Saraiva, 1959.

CRETELLA JR., José. Prescrição Administrativa. *Revista dos Tribunais*, v. 544.

FERREIRA DA ROCHA, Silvio Luís. *Manual de Direito Administrativo*. São Paulo: Malheiros, 2013.

GUIMARÃES, Fernando Vergalha. *O Direito Administrativo do Medo*: a crise da ineficiência pelo controle. Publicado no site Direito do Estado: http://www.direitodoestado.com.br/colunistas/fernando-vernalha-guimaraes/o-direito-administrativo-do-medo-a-crise-da-ineficiencia-pelo-controle.

MATTOS, Mauro Roberto Gomes de. *Lei nº 8.112/90 interpretada e comentada*. 3. ed. Rio de Janeiro: América Jurídica, 2006.

NOBRE JUNIOR, Edilson Pereira. *Sanções Administrativas e Princípios de Direito Penal*. Revista do Instituto de Pesquisas e Estudos. Divisão Jurídica. Instituição Toledo de Ensino. Bauru/SP. Abril a junho de 2001

SAINZ MORENO, Fernando. Seguridad Jurídica. *Revista Trimestral de Direito Público*, São Paulo, n. 55.

SANTOS, Rodrigo Valgas dos. *Direito Administrativo do Medo*. São Paulo: Revista dos Tribunais, 2021.

ROUBIER, Paul. *Le Droit Transitore* (conflits des lois dans le temps). 2. ed. Paris: Dalloz et Sirey, 1960.

Informação bibliográfica deste texto, conforme a NBR 6023:2018 da Associação Brasileira de Normas Técnicas (ABNT):

SIMÃO, Valdir Moysés; CARVALHO, Gustavo Marinho de. Apontamentos sobre a Lei nº 14.230/2021 e a responsabilidade por improbidade administrativa. *In*: CONTI, José Maurício; MARRARA, Thiago; IOCKEN, Sabrina Nunes; CARVALHO, André Castro (coord.). *Responsabilidade do gestor na Administração Pública*: improbidade e temas especiais. Belo Horizonte: Fórum, 2022. p. 15-27. ISBN 978-65-5518-413-6. v.3.

RESPONSABILIDADE DE AGENTES PÚBLICOS E O SISTEMA DE IMPROBIDADE ADMINISTRATIVA. INVOLUÇÕES DA LEI Nº 14.230/2021

JOSÉ ROBERTO PIMENTA OLIVEIRA

DINORÁ ADELAIDE MUSETTI GROTTI

1 Introdução

A responsabilidade dos agentes públicos constitui uma das mais relevantes para a efetividade do princípio republicano que sustenta o edifício de nosso Estado Democrático de Direito. Mencionar república é indicar e invocar, de forma necessária e imediata, o conceito de responsabilidade, cujos mecanismos jurídico-institucionais são fixados por normas jurídicas, no quadro do princípio igualmente estruturante do Estado de Direito.[1] No caso brasileiro, esta responsabilidade encontra-se amplamente difundida e disciplinada, em seus traços nucleares, pela Constituição Federal em vigor.

O Direito brasileiro ostenta um sistema constitucional geral de responsabilidade dos agentes públicos, que, por sua vez, está alinhavado em torno de nove sistemas de responsabilização, assim designados: (i) sistema de responsabilização patrimonial (ou civil), (ii) sistema de responsabilização penal comum, (iii) sistema de responsabilização por irregularidades formais e materiais de contas; (iv) sistema de responsabilização eleitoral; (v) sistema de responsabilização pela prática de atos de improbidade administrativa; (vi) sistema de responsabilização político-constitucional; (vii) sistema de responsabilização político-legislativo; (viii) sistema de responsabilização administrativa; (ix) sistema de responsabilização por discriminação atentatória dos direitos e liberdades fundamentais.[2]

Este trabalho concentra-se no sistema geral e autônomo da responsabilização pela prática de atos de improbidade administrativa, previsto no artigo 37, §4º, da Constituição

---

[1] ATALIBA, Geraldo. *República e Constituição*. 2. ed. Atualizadora Rosoléa Miranda Folgosi. São Paulo: Malheiros, 1998.

[2] OLIVEIRA, José Roberto Pimenta. *Improbidade administrativa e sua autonomia constitucional*. Belo Horizonte: Fórum, 2009.

Federal, que está no centro do Sistema Brasileiro Anticorrupção, na prevenção, dissuasão e repressão de atos que ofendem a probidade na organização do Estado (atos de corrupção, em sentido amplo), cuja lei nacional originária é a Lei nº 8.429/1992, recentemente alterada pela Lei nº 14.230/2021, que promoveu diversas alterações legislativas.

Pretende-se destacar os elementos fundamentais deste sistema de responsabilização, à luz das exigências da Constituição Federal, sublinhando aspectos relevantes de desconformidade com normas constitucionais, verificadas na Lei nº 14.230/2021.

A perspectiva adotada insere-se no Direito Administrativo Sancionador (DAS), terreno normativo a que se vincula a improbidade administrativa, como expressamente reconhecida pela lei da recente reforma (artigo 1º, §4º), o que implica uma compreensão cuidadosa da forma como se aplicam princípios constitucionais na atividade sancionatória estatal, já que não se deve resvalar para uma aplicação automática e inapropriada de direitos e garantias fundamentais penais, positivados na CF, notadamente, em seu artigo 5º, no campo do DAS.[3]

A responsabilização por improbidade não tem caráter penal ou criminal, como se estabelece no artigo 37, §4º, *in fine*, e este dado de direito positivo não pode ser ignorado, superado ou contornado pela doutrina, através de projeção descriteriosa da dogmática penal para este terreno específico do DAS. As novas disposições da Lei nº 14.230/2021 apresentam claro intento de atribuir ao sistema de improbidade matizes criminais, que o Texto Maior desde sempre vem refutando, o que também foi reconhecido e corroborado pela jurisprudência de Tribunais Superiores (STF[4] e STJ[5]), ao longo dos 29 anos da Lei nº 8.429. O Direito Penal tem muito a contribuir para o desenvolvimento e aperfeiçoamento do DAS, mas não lhe cabe suprimir a identidade própria da atividade sancionadora não penal, disciplinada por este último.

Para tanto, adota-se o seguinte percurso na esteira deste capítulo introdutório. No segundo capítulo, apresentam-se os pilares da improbidade como sistema de responsabilização, de obrigatória formalização por lei nacional. No terceiro, destaca-se o pertencimento da improbidade à seara do Direito Administrativo Sancionador. No quarto, ressalta-se a autonomia da improbidade, sobremodo em face do sistema de responsabilização penal. No quinto capítulo, são apresentadas as estruturas do sistema, e sua situação com o advento da Lei nº 14.230/2021, que se afasta do modelo constitu-

---

[3] Destacando a submissão das infrações e sanções administrativas a princípios constitucionais, conferir: BANDEIRA DE MELLO, Celso Antônio. *Curso de direito administrativo*. 35. ed. São Paulo: Malheiros-Juspodivm, 2021. O Professor incluiu em seu clássico Curso de Direito Administrativo (16ª edição, em 2003) capítulo próprio para tratar das "Infrações e Sanções Administrativas". Nele se observa a defesa rigorosa da inexistência de distinção ontológica ou substancial entre os campos administrativo e penal; a categórica rejeição de que a sanção administrativa é um castigo, porque a finalidade dela é desestimular a prática das infrações; a admissibilidade de excludentes que revelam a ausência de voluntariedade na conduta infracional; a configuração do regime administrativo sancionador a partir de princípios fundamentais (legalidade, anterioridade, tipicidade, exigência de voluntariedade, proporcionalidade, devido processo legal e motivação); a distinção categorial entre as sanções e as providências acautelatórias de interesses públicos; e, por fim, a aplicabilidade do princípio da insignificância, nos casos de lesividade ínfima ou desprezível.

[4] BRASIL. Supremo Tribunal Federal. ADI nº 2.797-DF, Rel. Min. Sepúlveda Pertence, Tribunal Pleno, j. 15.09.2005, DJ 19.12.12006.

[5] BRASIL. Superior Tribunal de Justiça. Jurisprudência em Teses. Volume 40 – Improbidade Administrativa II. Brasília: STJ, 2015. Vale registrar que, nesta publicação, o STJ indica posição favorável, em pretendida consonância com a jurisprudência do STF, à exclusão do Presidente da República e dos Ministros do Supremo Tribunal Federal do elenco de agentes públicos passíveis de ser responsabilizados no regime da improbidade administrativa, tese que não merece acolhida, porquanto não amparada na CF.

cional perfilhado para a improbidade administrativa. Por fim, reúnem-se conclusões, com as principais referências bibliográficas utilizadas.

2 A improbidade como sistema de responsabilização, de obrigatória formalização por lei nacional

Conforme o artigo 37, §4º, da CF, "os atos de improbidade administrativa importarão a suspensão dos direitos políticos, a perda da função pública, a indisponibilidade dos bens e o ressarcimento ao erário, na forma e gradação previstas em lei, sem prejuízo da ação penal cabível".

Ao longo desses 33 anos de vigência da Lei Fundamental atual, este artigo tem sido objeto de persistente controvérsia doutrinária, sobre diversos aspectos da norma. No entanto, pode-se afirmar que já está consolidada a ideia de que a improbidade administrativa é um sistema de responsabilização autônomo, em face das demais instâncias que são aplicáveis a fatos ilícitos imputados a agentes públicos, no Direito brasileiro.[6]

Por força exclusiva da normatividade do tipo constitucional inscrito no artigo 37, §4º, tem-se que:

(i) o sistema normativo de que se trata visa a tutela da probidade na organização do Estado, bem jurídico-público cuja dimensão ou conformação jurídica deve partir do arcabouço ético-normativo desenhado pela própria Constituição, e não meramente pelo legislador, ao nível infraconstitucional;[7]

(ii) o sistema normativo de que se trata volta-se a uma ilicitude constitucionalmente qualificada e verificável no plano amplo da organização do Estado (atividades e funções), e imputável a quaisquer agentes públicos e terceiros envolvidos nos fatos ilícitos (pessoas físicas e jurídicas), delimitada como ato de improbidade administrativa;[8]

(iii) o sistema normativo de que se trata, reconhecendo a gravidade da prática de atos corruptivos objeto de reprovação constitucional, imputa aos responsáveis sanções igualmente severas sob a perspectiva do Estado Democrático de Direito, incluindo sanções constitucionais expressas (perda da função pública e suspensão de direitos políticos) e implícitas (perdimento de bens acrescidos ilicitamente), autorizando outros provimentos sancionatórios por lei;[9]

(iv) o sistema normativo de que se trata é posto em movimento perante o Poder Judiciário, no exercício de jurisdição civil, através de ação civil pública

---

[6] No mesmo sentido: GARCIA, Mônica Nicida. *Responsabilidade dos agentes públicos*. Belo Horizonte: Fórum, 2004.

[7] O conceito jurídico-dogmático de bem jurídico na órbita de sistemas repressivos tem sido bastante desenvolvido no Direito Penal. Conferir: PRADO, Luiz Regis. *Bem jurídico-penal e Constituição*. São Paulo: RT, 2003. No campo científico, concorda-se com a concepção ampla do bem jurídico protegido pelo sistema de improbidade, vislumbrado por Rogério Gesta Leal. Conferir: LEAL, Rogério Gesta. Os bens jurídicos tutelados na Lei de Improbidade Administrativa e o dever de correspondência dos agentes públicos em face das responsabilidades jurídicas consectárias. *In: A&C – Revista de Direito Administrativo & Constitucional*, Belo Horizonte, ano 13, n. 53, p. 75-103, jul./set. 2013.

[8] OLIVEIRA, José Roberto Pimenta. Sujeitos ativos dos atos de improbidade administrativa. *In: Cem perguntas e respostas sobre Improbidade Administrativa*. 2. ed. Brasília: ESMPU – Escola Superior do Ministério Público da União, 2013, p. 31- 38.

[9] Conferir: FREITAS, Juarez. O princípio jurídico da moralidade e a lei de improbidade administrativa. *Fórum Administrativo*, Belo Horizonte, ano 5, n. 48, p. 5075-5092, fev. 2005.

singularizada pelo seu escopo sancionatório, com legitimação constitucional assegurada ao Ministério Público (artigo 129, inciso III, da CF), inclusive com previsão de medida cautelar constitucional grave (indisponibilidade de bens), aos quais se juntam o inexorável ressarcimento de danos causados pela improbidade ao Erário Público, dado o princípio constitucional da indisponibilidade dos interesses públicos.[10]

Em rigor, estes quatro elementos (bens jurídicos, ilícitos, sanções e processo) são os fatores constitutivos da categoria lógico-dogmática do "sistema de responsabilização", o que tradicionalmente é representado pelo difundido conceito de "instância". Sobre este aspecto, a improbidade administrativa, desde 1988, vem frontalmente desafiar a manutenção da difundida submissão de agentes públicos à trilogia da "responsabilidade civil, penal e administrativa", demonstrando que esta temática se tornou complexa, com a inauguração do Estado Democrático de Direito, após o longo período de ditadura militar no Brasil (1964-1985).[11]

Dispor sobre o sistema de improbidade administrativa está no raio de competência legislativa da União Federal, o que se extrai da interpretação do artigo 37, §4º, da Constituição Federal.[12] Em outros termos, os demais entes federativos (Estados, Municípios e Distrito Federal) estão constitucionalmente desautorizados a regulamentar este sistema de responsabilização. Com efeito, o dispositivo:

(i) confirma que competências legislativas privativas são outorgadas à União, ao longo do Texto Constitucional, com remissão à "lei", para além das hipóteses do artigo 22 da CF; o relevante é a abrangência nacional da matéria tratada;[13]

(ii) a matéria disciplinada abarca a responsabilidade de agentes públicos (e terceiros) pela prática de ilícitos funcionais, sem limitação por categorias ou classes de agentes públicos,[14] tal como ocorre no artigo 37, §6º, no tratamento da responsabilidade patrimonial do Estado, o que oferece substrato geral e nacional ao interesse público tutelado pelo dispositivo;

(iii) a competência legislativa é nacional, considerando que o dispositivo está inserido no artigo 37, dedicado ao regime da Administração Pública, aplicável a todos os entes federativos, no contexto da Organização do Estado, conforme Seção I, Capítulo VII, Título III, da Constituição Federal;

---

[10] FARIA, Luzardo. O *princípio constitucional da indisponibilidade do interesse público e a consensualidade no Direito Administrativo*. Belo Horizonte: Fórum, 2022.

[11] Por reputar que o tratamento colhido no Texto Maior em vigor dispensa regulação complexa do tema, levando em conta os quatro critérios citados, não se torna mais possível acolher a classificação tricotômica tradicional (responsabilidade penal, civil e administrativa, nesta abrangida a político-administrativa), havendo necessidade de novas definições estipulatórias, mais adequadas ao fim de melhor descrever a estática e a dinâmica do sistema constitucional de responsabilidade dos agentes públicos, na presente quadra histórica. Os deveres e proibições impostos aos agentes públicos encontram-se em níveis mais complexos que aqueles que embasaram a distinção tradicional tricotômica (responsabilidade civil, penal e administrativa).

[12] No mesmo sentido: CUNHA, Sérgio Sérvulo da. Responsabilidade do administrador público. *Revista Trimestral de Direito Público*, São Paulo, n. 31, p. 79-89, 2000.

[13] ALMEIDA, Fernanda Dias Menezes de. *Competências na Constituição de 1988*. 3. ed. São Paulo: Atlas, 2005.

[14] Desde a Lei nº 8.429/1992, o sistema de improbidade tem adotado uma concepção ampla de "agentes públicos", na aplicação de suas normas. Qualquer pessoa física, mantendo vínculos com os sujeitos passivos, pode responder pela improbidade, verificada sua autoria ou participação no ilícito, independentemente da existência e da natureza do vínculo formalizado ou juridicamente qualificado no caso concreto.

(iv) a competência legislativa é nacional, observando que, dentro das consequências jurídicas irrogadas aos atos de improbidade, encontra-se ostensivamente matéria eleitoral, processual civil e civil, que está reservada à União Federal (artigo 22, inciso I);

A inovação institucional de 1988 – cristalizada pela criação de sistema judicial de tutela sancionatória da probidade – justifica-se pelas limitações existentes nos modelos constitucionais anteriores (Constituição de 1946 e Cartas de 1967 e 1969), aliada a ostensiva ausência de efetividade dos sistemas de responsabilização penal, civil, administrativo e "político-administrativo" (crimes de responsabilidade), no enfrentamento de práticas de corrupção, que há muito se tornaram sistêmicas, endêmicas, transversais no aparelho do Estado brasileiro, nos seus diversos níveis federativos, com o agravamento de que, no período anterior a 1988, o patrimonialismo ocorreu nas sombras do autoritarismo.[15]

O déficit de efetividade das formas institucionais anteriores é bem revelado pelo afastamento da improbidade do sistema de Direito Penal – revelado no artigo 37, §6º, *in fine* – que há muito tutela a probidade, com destaque para os crimes praticados por funcionários contra a Administração Pública, inscritos no Capítulo I, do Título XI, do Código Penal, e outros crimes funcionais próprios em legislação penal extravagante.

Cabe referir-se ao artigo 37, §6º, como indiscutível tipo constitucional basilar da improbidade administrativa,[16] na medida em que o próprio dispositivo traz os elementos essenciais a partir dos quais o legislador deverá construir as normas de Direito Material e de Direito Processual que devem alinhavar a identidade, organização, processualização e aplicação do sistema de responsabilização. A competência legislativa nacional não pode ignorar ou afastar-se da normatividade inscrita e depreendida do conteúdo prescritivo do aludido preceito constitucional, sob pena de inconstitucionalidade.

Para além de consagrá-lo como tipo constitucional basilar de responsabilização autônoma é possível cogitar que o artigo 37, §6º, constitui mandamento constitucional obrigatório de reprovação normativa de atos de improbidade administrativa, por parte do legislador federal (através de normas nacionais aprovadas pelo Congresso Nacional). Esta ideia está inspirada na análise teórica dos mandamentos constitucionais e obrigatórios de criminalização, que se desenvolveu na dogmática do Direito Penal.[17]

Com os olhos no sistema de responsabilização da improbidade e de sua autonomia, trata-se de mandamento de reprovação explícito. O tipo constitucional basilar é claro, ao impor a formalização de causalidade jurídica necessária no ordenamento brasileiro: atos de improbidade importarão sanções graves, já indicadas na Constituição, com espaço de conformação originária no plano legal competente. Mas não é dado ao legislativo deixar de tipificar e sancionar regularmente atos de improbidade, sob pena de afronta direta à Constituição. E não haverá como a obra legislativa retirar de forma absoluta a indeterminação do ilícito censurado, porque está versado em conceito jurídico

---

[15] FAORO, Raymundo. *Os Donos do Poder*. Volume I e 2. São Paulo: Publifolha/Globo, 2000.

[16] OLIVEIRA, José Roberto Pimenta. *Improbidade administrativa e sua autonomia constitucional. Op. cit.*, p. 213.

[17] Conferir: FELDENS, Luciano. *A constituição penal*: a dupla face da proporcionalidade no controle de normas penais. Porto Alegre: Livraria do Advogado, 2005; GONÇALVES, Luiz Carlos dos Santos. *Mandados expressos de criminalização e a proteção de direitos fundamentais na Constituição brasileira de 1988*. Belo Horizonte: Fórum, 2007; MORAES, Alexandre Rocha Almeida de. A teoria dos mandados de criminalização e o combate efetivo à corrupção. *In: Revista Jurídica*, Escola Superior do MP-SP, São Paulo, vol. 5, p. 43-68, 2014; ANDRADE, Carlos Gustavo Coelho de. *Mandados Implícitos de Criminalização*. Rio de Janeiro: Lumen Juris, 2019.

indeterminado para colher as ofensas valorativas graves entabuladas pelo programa constitucional.

Esta qualificação como mandamento obrigatório dirigido ao legislador competente é relevante para assegurar a integridade estrutural do sistema de responsabilização previsto no arcabouço republicano da CF. Como ele também se dirige à atuação funcional dos parlamentares, como agentes públicos, isto impede a inércia ou deficiência legislativa que podem surgir de obras legislativas que se afastam da plenitude da tutela jurisdicional civil autônoma da probidade. Recorde-se que a moralidade administrativa é bem jurídico tutelado pelo Direito e garantia fundamental da ação popular,[18] de modo que a proteção tratada no artigo 37, §4º, se mostra um desdobramento obrigatório do dever do Estado em promover a sua defesa ou tutela pelas vias sancionatórias instituídas no Texto Constitucional.

A obrigatoriedade de reprovação legislativa, extraída do artigo 37, §4º, indica que, ao longo do processo de concretização constitucional ou de realização da vontade constitucional,[19] o legislador está rigorosamente atrelado à produção de legislação (material e processual) adequada, necessária e proporcional para a tutela da probidade, no campo da improbidade. Esta integra a política anticorrupção de Estado da República Federativa do Brasil. Por um lado, não lhe cabe legislar com excessos punitivos desarrazoados ou desproporcionais.[20] Por outro lado, também não se legitima regime jurídico que ofereça proteção deficiente do bem jurídico constitucionalmente tutelado. Na mesma direção, não se pode opor a liberdade de conformação legislativa, em prejuízo do cumprimento do mandado, que deflui do dispositivo constitucional. Estas ilações devem ser observadas não apenas na regulamentação originária e geral do artigo 37, §4º, mas em qualquer outra disciplina legal fundada no tipo constitucional, à luz da realidade do fenômeno da corrupção.

O mandado encontra-se estabelecido na Constituição, mas não se pode negar que foi fortalecido pelas bases inscritas nas Convenções Internacionais contra a Corrupção, internalizadas no Direito brasileiro como normas de Direito Internacional compatíveis com a Lei Maior, no plano doméstico.

Com efeito, com o avanço irrefreável da globalização após a Queda do Muro de Berlim (1989), houve uma crescente demanda e análise na comunidade internacional das consequências da expansão desenfreada da corrupção, em nível nacional, regional, sub-regional e internacional. Este movimento se traduziu na aprovação de diversas Convenções Internacionais contra a Corrupção. Dentre elas, o Brasil é signatário da Convenção Anticorrupção da OCDE (Decreto nº 3.678/2000), da OEA (Decreto nº 4.410/2002) e da Convenção da ONU contra a Corrupção (Decreto nº 5.687/2006). Relevante também a Convenção da ONU contra o crime organizado transnacional (Decreto nº 5.015/2004).

---

[18] SILVA, José Afonso da. *Ação popular constitucional*. 2. ed. São Paulo: Malheiros, 2007.

[19] HESSE, Konrad. *A força normativa da constituição*. Tradução de Gilmar Ferreira Mendes. Porto Alegre: Sérgio Antônio Fabris Editor, 1991.

[20] OLIVEIRA, José Roberto Pimenta. As exigências de razoabilidade e proporcionalidade inerentes ao devido processo legal substantivo e a improbidade administrativa. In: *Improbidade administrativa* – 10 anos da Lei n. 8429/92. 1. ed. Belo Horizonte: Del Rey, 2002, p. 295-334.

A valorização da atividade estatal anticorrupção entremostra-se nas razões constitutivas do preâmbulo da última, a mais relevante, Convenção de Mérida (ONU).[21]

Os Estados reconheceram a gravidade dos problemas e as ameaças decorrentes da corrupção, "para a estabilidade e a segurança das sociedades, ao enfraquecer as instituições e os valores da democracia, da ética e da justiça e ao comprometer o desenvolvimento sustentável e o Estado de Direito". Registraram como são atuais os "vínculos entre a corrupção e outras formas de delinquência, em particular o crime organizado e a corrupção econômica, incluindo a lavagem de dinheiro". Salientaram a disseminação de suas formas patológicas no mundo atual, pontuando "casos de corrupção que penetram diversos setores da sociedade, os quais podem comprometer uma proporção importante dos recursos dos Estados e que ameaçam a estabilidade política e o desenvolvimento sustentável dos mesmos".

Como alude Mérida, no início do século XXI, a corrupção definitivamente "deixou de ser um problema local para converter-se em um fenômeno transnacional que afeta todas as sociedades e economias", do que resulta "a necessária cooperação internacional para preveni-la e lutar contra ela". Por outro lado, dada a sua complexidade, os Estados consagraram a necessidade de "um enfoque amplo e multidisciplinar para prevenir e combater eficazmente a corrupção". Mesmo não reduzida a esta forma específica, "o enriquecimento pessoal ilícito" foi qualificado como "particularmente nocivo para as instituições democráticas, as economias nacionais e o Estado de Direito". A globalização da corrupção exige dos Estados atividade organizada e permanente de "prevenir, detectar e dissuadir com maior eficácia as transferências internacionais de ativos adquiridos ilicitamente", incluindo o fortalecimento da "cooperação internacional para a recuperação destes ativos".

O enfrentamento da corrupção é paradigmaticamente visto como responsabilidade "de todos os Estados", a exigir "que estes devem cooperar entre si, com o apoio e a participação de pessoas e grupos que não pertencem ao setor público, como a sociedade civil, as organizações não governamentais e as organizações de base comunitárias, para que seus esforços neste âmbito sejam eficazes".

O preâmbulo, por fim, destacou a intrínseca correlação entre práticas de corrupção e descumprimento de "princípios de devida gestão dos assuntos e dos bens públicos, equidade, responsabilidade e igualdade perante a lei", bem como entre práticas corruptivas e a permanência de condições institucionais, sociais, econômicas, políticas e culturais, contrárias à salvaguarda da integridade e ao fomento de uma cultura de rechaço à corrupção, e favoráveis à sua disseminação.

Este diagnóstico da realidade mundial atual, em termos de causas e efeitos de práticas de corrupção (pública e privada), preconiza o fortalecimento de todos os sistemas institucionalizados no ordenamento brasileiro de responsabilidade de agentes públicos, em especial, os que são especificamente arquitetados para prevenção e repressão de desvios corruptivos, o que alcança o sistema de improbidade administrativa.

Já não bastasse a Constituição Brasileira, as normas internacionais anticorrupção supralegais em vigor confirmam a indispensabilidade do dever obrigatório de conformação legislativa do sistema judicial civil da improbidade administrativa, que

---

[21] UNITED NATIONS OFFICE ON DRUGS AND CRIME. State of implementation of the United Nations Convention against Corruption. Criminalization, law enforcement and international cooperation. 2. ed. Viena: ONU, 2017.

se mostre dotado de funcionalidade, ao mesmo tempo em que preserve direitos e garantias individuais dos responsáveis, albergados pelo tecido do Estado Democrático.

Estas convenções internacionais anticorrupção devem ser consideradas, para os efeitos do artigo 5º e seus parágrafos 1º ao 3º da CF, como "convenções sobre direitos humanos". Já é hora de reconhecer, no Direito Internacional e no Direito brasileiro, a valoração destacada que merecem os sistemas estatais institucionalizados na prevenção e repressão da corrupção como faceta do direito fundamental ao exercício de funções públicas sem corrupção.[22]

Relativamente aos dispositivos citados, inseridos no artigo 5º da CF, mesmo após a EC nº 45/2004, há controvérsia doutrinária e jurisprudencial sobre as características que devem ser exigidas para que determinado tratado ou convenção internacional receba aludido rótulo ou qualificação especial, bem como sobre a própria hierarquia formal e material das normas convencionais de direitos humanos no ordenamento brasileiro.[23]

Em nosso parecer, o aspecto determinante desta tipologia de norma de Direito Internacional Público está na investigação do objeto principal das convenções ou tratados internacionais, e sua relação indissociável ou preponderante com a proteção da dignidade humana e da cidadania no Estado Democrático de Direito (artigo 1º, incisos II e III, da CF), que estão na base dos direitos e garantias fundamentais. Com este conteúdo, uma vez regularmente internalizado, legitima-se o reconhecimento do tratado ou convenção como norma constitucional de direitos humanos, de caráter infraconstitucional e supralegal (acima da legislação ordinária). Terá, outrossim, força formal de emenda constitucional, se observada a formalidade processual prevista no artigo 5º, §3º, da CF.

Sobre esta perspectiva, as Convenções Anticorrupção dispõem efetivamente sobre direitos humanos, destacadamente o direito fundamental à moralidade administrativa, protegido nos termos da garantia fundamental da ação popular (artigo 5º, inciso LXXIII), porquanto a patologia (em todas as suas formas) avilta o direito ao desenvolvimento[24] e o direito fundamental à boa administração pública.[25] Com efeito, práticas de corrupção são transgressões graves aos princípios e regras que juridicamente corporificam ou ancoram a Ética Constitucional, que deve nortear todas as atividades, funções e relações jurídicas, na arena pública no seio do Estado Democrático. Implicam ofensa a parâmetros de dignidade humana, na convivência cívica dentro da sociedade política organizada, gerando trágicas consequências ao desenvolvimento institucional, social, econômico, político e cultural da formação social comunitária e de seus membros. Molda-se, nestes termos, o interesse público anticorrupção, cuja proteção deve ser capitaneada pelo Estado.[26]

---

[22] MURRAY, Mathew; SPALDIN, Andrew. Freedom from Official Corruption as a Human Right. *In: Governance Studies*. Washington (EUA): The Brookings Institution, 2015. Disponível em: https://www.brookings.edu/wp-content/uploads/2016/06/murray-and-spalding_v06.pdf. Acesso: 14 jan. 2022.

[23] Conferir: PIOVESAN, Flávia. Hierarquia dos tratados internacionais de proteção dos direitos humanos: jurisprudência do STF. *In: Revista do Instituto de Hermenêutica Jurídica*, v. 6, p. 105-130, 2008.

[24] Conferir: MONTEIRO FILHO, Augusto César; PIOVESAN, Flávia. O combate à corrupção globalizada e a proteção dos direitos humanos. *In: Revista Brasileira de Direitos Fundamentais & Justiça*, Porto Alegre, Pontifícia Universidade Católica do Rio Grande do Sul – PUCRS, vol. 14, n. 43, p. 215-258.

[25] Conferir: FREITAS, Juarez. Políticas Públicas, Avaliação de Impactos e o Direito Fundamental à Boa Administração. *In: Sequência*, v. 36, p. 115-133, 2015; FREITAS, Juarez. *Direito Fundamental à Boa Administração Pública*. 3. ed. São Paulo: Malheiros, 2014.

[26] OLIVEIRA, José Roberto Pimenta. Razoabilidade, proporcionalidade e probidade administrativa. Tutela adequada do interesse público anticorrupção *In*: MARRARA, Thiago (coord.). *Princípios de Direito Administrativo*. 2. ed. Belo Horizonte: Fórum, 2021, v. 1, p. 227-284.

Esta relação indissociável entre corrupção e direitos humanos está sendo afirmada de forma progressiva.[27][28] Supera-se a ideia de tratar a violação de direitos humanos em razão de práticas corruptivas como um custo meramente inadvertido.[29] Não se trata apenas de que a configuração de prática corruptiva na implementação de determinada política pública resultará em inevitáveis e inestimáveis prejuízos à sua regular concretização. Tem-se que, sob todos os aspectos, a prática funcional ilícita por corrupção revela, *per se*, um atentado a direito fundamental, de caráter político. No século XXI, sob a exigência de transparência e governança pública da sociedade democrática, o desenvolvimento pressupõe a republicanização do Estado, com redução substancial de práticas de corrupção.

Merecem registro, sobre estes dois aspectos indissociáveis, a Resolução nº 1, de 2017, da Comissão Interamericana de Direitos Humanos (CIDH), tendo como tema "Derechos humanos y lucha contra la impunidad y la corrupción"; a Resolução nº 1, de 2018, da mesma Comissão sobre "Corrupción y derechos humanos", bem como o Relatório "Corrupción y derechos humanos: Estándares interamericanos", aprovado pela CIDH em 06.12.2019.

Assim, imperioso que qualquer legislação aprovada pelo Congresso Nacional sobre improbidade administrativa esteja em perfeita sintonia com a Constituição Federal e Convenções Internacionais Anticorrupção (de que o Brasil é parte signatária, regularmente internalizada), oferecendo disciplina adequada, necessária e proporcional para a tutela da probidade na organização do Estado, em cumprimento ao mandamento de reprovação legislativa obrigatória de atos de improbidade, conferindo efetividade à organização do sistema de responsabilização autônomo da improbidade, cujas estruturas normativas integram o Direito Administrativo Sancionador (e não o Direito Penal), aplicado no exercício de função jurisdicional civil, através do devido processo legal coletivo.

Esta ideia basilar é um pressuposto para que se compreenda a crítica a ser lançada (mais adiante) sobre a Lei nº 14.230/2021, que alterou significativamente a Lei Geral de Improbidade Administrativa (Lei nº 8.429/1992). Adiante-se que, em nosso parecer, o legislador reformador descumpriu ostensivamente o mandamento constitucional e o tipo constitucional, que são depreendidos a partir do artigo 37, §4º, da CF, bem como das Convenções Internacionais da OCDE, OEA e ONU.

---

[27] "[...] la finalidad principal de las convenciones de lucha contra la corrupción es la protección y garantía de la dignidad humana y desarrollo de la ciudadanía de los Estados parte a través de la prevención y sanción de los actos de corrupción [...]" (CURICH, Yvana Lucía Novoa. ¿Son las convenciones de lucha contra la corrupción tratados de derechos humanos? *In: THĒMIS-Revista de Derecho*, Lima-Peru, Pontifícia Universidade Católica do Peru, vol. 69, p. 301-314, 2016.

[28] "[...] Corruption and human rights are interconnected. The only difference is that we fight against corruption and for human rights. But this is a same struggle [...]" (KREGAR, JOSIP; DŽIMBEG KATARINA, Croatia. Corruption and the Concept of Human Rights. *In: Cuadernos Constitucionales de la Cátedra Fadrique Furió Ceriol*, Valencia-Espanha, Universidade de Valencia, n. 62/63, p. 187-196, 2008).

[29] Conferir: CARDONA, Luz Ángela; ORTIZ, Horacio; VÁZQUEZ, Luis Daniel. Violación de derechos humanos en México. Un costo poco advertido de la corrupción. *In: Política y Gobierno*, México, vol. xxv, n. 1, p. 153-184, 2018.

3 A improbidade como sistema normativo próprio do Direito Administrativo Sancionador

Classicamente, o Direito Administrativo Sancionador Brasileiro (DAS) tem compreendido o estudo das denominadas infrações administrativas e sanções administrativas, impostas conforme o devido processo administrativo sancionador, por órgãos ou entidades da Administração Direta ou Indireta, de todos os Poderes, no âmbito da União, dos Estados, dos Municípios e do Distrito Federal. Com este critério orgânico, em outras palavras, seu campo de abrangência normativa repousaria na atividade sancionadora própria a órgãos ou entidades no exercício de função administrativa, mesmo que não integrados ao Poder Executivo, podendo ser produzida pelo Poder Legislativo e Poder Judiciário, no exercício de função administrativa.

Nesta visão, a potestade sancionadora administrativa estará presente como forma de conferir efetividade ao cumprimento de obrigações, deveres e sujeições nas relações jurídico-administrativas, como instrumento de tutela face a comportamentos juridicamente censuráveis, que, uma vez praticados, fazem irromper a necessária repressão administrativa. Com efeito, a vastidão do universo administrativo, em países com regime jurídico-administrativo, exige o reconhecimento da legitimidade da outorga desta forma de poder extroverso,[30] como modo de assegurar a proteção de interesses públicos, cuja guarda e concretização são confiadas por lei a órgãos ou entidades da Administração Pública.

Este critério subjetivo ou orgânico foi construído ao longo do século XIX, e disseminado e mantido ao longo da segunda metade do século XX, seja no ordenamento brasileiro, seja mesmo em outros ordenamentos estrangeiros. O vínculo entre ato sancionador e aparelho administrativo advém do exercício da atividade clássica de polícia administrativa, como atividade típica de órgãos e entidades da Administração Pública, no campo da imposição de sanções administrativas.

O fenômeno do agigantamento da atividade administrativa no marco do Estado Social e Democrático de Direito, ao longo do século XX, corroborou esta forma de conferir, sob o ângulo subjetivo-formal, identidade ao Direito Administrativo Sancionador, que tem crescente relevância dentro do contexto de atividades estatais sancionatórias. O agigantamento ocorreu em quantidade e qualidade, de modo que o desempenho de atividades administrativas torna-se cada vez mais complexo, extraindo-se desta complexidade também a significativa heterogeneidade de competências administrativas sancionadoras, na tutela de diversificados interesses públicos, nos mais diversos e segmentados setores da atividade social.

Esta expansão conduziu à formulação teórica mais ampla da atividade sancionadora nos quadrantes do Direito Administrativo, que fez surgir o Direito Administrativo Sancionador, denominação crescentemente absorvida em diversos países europeus,

---

[30] ALESSI, Renato.

destaque para Espanha,[31] mas no que se incluem Portugal,[32] França,[33] Itália e Alemanha,[34] e também adotada em países latino-americanos, como México,[35] Argentina,[36] Chile,[37] Colômbia[38] e Peru,[39] dentre outros.

Este processo de lenta consolidação e decantação da atividade sancionadora pelas linhas do Direito Administrativo Sancionador também se manifestou no Direito Administrativo brasileiro.

É interessante registrar que o DAS foi elastecendo seus domínios, tendo como contraponto e referência a atividade do Direito Penal. Infrações administrativas *v.* ilícitos criminais, sanções administrativas *v.* penas criminais, tornaram-se as dicotomias essenciais para a compreensão do DAS. Em diversos países europeus, a expansão do DAS seguiu a lógica do processo de despenalização (transferência de ilícitos do campo penal para a seara extrapenal), ao lado de diversos outros fatores, mas predominando uma visão restritiva de atos sancionadores, do ponto de vista institucional, restringindo o DAS a típicos atos administrativos sancionadores. Por este motivo, também é comum designações como Direito Repressivo Administrativo, Direito Penal Administrativo, Direito Administrativo Penal, Direito Repressivo Não Penal. Todavia, estas expressões não acantonam, de forma adequada, o objeto a que visam esclarecer.

Este critério subjetivo ou orgânico, que lastreia a identidade do Direito Administrativo Sancionador, foi o inicialmente recepcionado e reconhecido (senão

---

[31] PÉREZ, Adolfo Carretero; SÁNCHEZ, Adolfo Carretero. *Derecho Administrativo Sancionador*. 2. ed. Madri: Editoriales de Derecho Reunidas, 1995; NIETO, Alejandro. *Derecho administrativo sancionador*. 5. ed. Madri: Tecnos, 2017.

[32] AMARAL, Diogo Freitas do. O poder sancionatório da Administração Pública. *In*: Estudos comemorativos dos 10 anos da Faculdade de Direito da Universidade Nova de Lisboa. Coimbra: Almedina, 2012; NUNO, Brandão. O direito contra-ordenacional económico na era da regulação. *In*: LOUREIRO, Flávia Noversa (coord.). *A proteção dos direitos humanos face à criminalidade económica globalizada*: atas da Conferência Internacional. Centro de Investigação Interdisciplinar em Direitos Humanos – Universidade do Minho (Portugal), 2017; PAULINO, Pedro. O direito das contra-ordenações e a atividade sancionatória das autoridades reguladoras independentes. *Revista de Direito Administrativo*, Lisboa, vol. 3, set./dez. 2018.

[33] MOURGEON, Jacques. La répression administrative. Paris : LGDJ, 1967, Bibliothèque de droit public, T. LXXV; DELMAS-MARTY, Mireille; TEITGEN-COLLY, Catherine. Punir sans juger; de la répression administrative ao droit administratif penal. Paris: Economica, 1992; MODERNE, Franck. Sanctions administratives et justice constitutionnelle. Paris: Economica, 1993; GUYOMAR, Mattias. *Les sanctions administratives*. Paris: LGDJ, 2014; CONSÉIL D'ÉTAT. *Les dossiers thématiques du Conseil d'État*. Le juge administratif et les sanctions administratives. Paris: Conséil d'État, 2017.

[34] MAURER, Hartmut. *Droit Administratif Allemand*. Tradução de Michel Fromont. Paris : LGDJ, 1994.

[35] Conferir: SANABRIA PEDRAZA, Arturo Heriberto. (2018). Presunción de inocencia en materia de procedimiento administrativo sancionador. Matices y modulaciones. *In*: Derecho Global. Estudios sobre Derecho y Justicia, Universidad de Guadalajara, México, año 4, n. 10, nov. 2018/feb. 2019, p. 51-76; BÉJAR RIVERA, Luis José. *Curso de Derecho Administrativo*. 3ª reimpr. México: Oxford, 2009.

[36] GARCÍA PULLÉS, Fernando. Potestad sancionatoria y facultad correctiva en la contratación administrativa en la republica argentina. *A&C – Revista de Direito Administrativo & Constitucional*, Belo Horizonte, ano 14, n. 56, p. 13-33, abr./jun. 2014.

[37] DELGADO, Pablo Soto. Sanciones administrativas como medidas de cumplimiento del Derecho: un enfoque funcional y responsivo aplicado al régimen sancionatorio ambiental. *In*: *Revista Ius et Praxis*, Universidad de Talca, Talca (Chile), año 22, n. 2, p. 189-226, 2016; VEGA, Luis Cordero. El derecho administrativo sancionador y los sectores de referencia en el sistema institucional chileno. *In*: *Revista Ius et Praxis*, Universidad de Talca, año 26, n. 1, p. 240-265, 2020.

[38] RAMÍREZ-TORRADO, María Lourdes; ANÍBAL-BENDEK, Hernando V. Sanción administrativa en Colombia, *In*: *Vniversitas*, Bogotá (Colombia), n. 131, p. 107-148, jul./dic. 2015.

[39] ONETO, Víctor Sebastián Baca. El principio de culpabilidad en el derecho administrativo sancionador, con especial mirada al caso peruano. *In*: *Revista digital de derecho administrativo*, Universidad Externado de Colombia, n. 21, p. 313-344, 2019.

difundido) após a promulgação da CF de 1988. Isto pode ser bem evidenciado no pensamento de Regis Fernandes de Oliveira,[40] Eduardo Rocha Dias,[41] Edílson Nobre Pereira Júnior,[42] Daniel Ferreira,[43] Heraldo Garcia Vitta,[44] Rafael Munhoz de Mello[45] e Celso Antônio Bandeira de Mello.[46]

O DAS é então delimitado inicialmente pelo seu objeto específico, constituído ao redor das sanções administrativas, como típicos atos administrativos, produzidos pela Administração Pública, sob o regime de Direito Administrativo. Neste cenário, o critério subjetivo ou orgânico (focado no sujeito) atrai o critério formal (regime jurídico), afastando-se do DAS qualquer atividade sancionatória formalizada sem estes caracteres. Trata-se de corrente doutrinária majoritária no Brasil, recordando que, no Direito brasileiro, não há jurisdição administrativa, de modo que, necessariamente, quando produzida por órgãos e entes exercentes de função administrativa, haverá submissão ao seu regime típico.

No Brasil, coube a Fábio Medina Osório, em artigo doutrinário, a proposta inicial de extensão do campo do Direito Administrativo Sancionador para nele agasalhar atividade estatal sancionadora não aderente ao critério orgânico-formal assinalado, tendo em vista destacadamente a improbidade administrativa,[47] o que restou aprofundado em seu consagrado Direito Administrativo Sancionador,[48] e, posteriormente, em sua Teoria da Improbidade Administrativa.[49]

Na visão do autor, a improbidade administrativa integra-se ao campo normativo do Direito Administrativo Sancionador, utilizando-se critério material para sustentar este tratamento dogmático. Preconiza o autor um "novo conceito de sanção administrativa", que redunda na legitimidade de que atividades sancionadoras assimiladas pela jurisdição (desde que não penal) possam e devam ser abrangidas pelo estudo do DAS.

Fábio Medina Osório acerta neste enquadramento metodológico e tratamento dogmático. A atividade estatal sancionadora extrapenal, nos quadrantes do Estado Democrático inaugurado pela CF em 1988, vai além das clássicas sanções administrativas. No exercício de suas atividades finalísticas, outros atores institucionais foram incumbidos de exercê-la, com destaque no Direito brasileiro para os Tribunais de Contas e para o próprio Poder Judiciário (jurisdição civil, jurisdição eleitoral), como se verifica na improbidade.[50]

---

[40] OLIVEIRA, Régis Fernandes de. *Infrações e sanções administrativas.* São Paulo: RT, 1985.

[41] DIAS, Eduardo Rocha. *Sanções administrativas aplicáveis a licitantes e contratados.* São Paulo: Dialética, 1997.

[42] NOBRE JÚNIOR, Edílson Pereira. Sanções Administrativas e princípios de direito penal. *In: Revista de Direito Administrativo,* Rio de Janeiro, vol. 219, p. 127-151, jan./mar. 2000.

[43] FERREIRA, Daniel. *Sanções Administrativas.* São Paulo: Malheiros, 2001.

[44] VITTA, Heraldo Garcia. *A Sanção no Direito Administrativo.* São Paulo: Malheiros, 2003.

[45] MELLO, Rafael Munhoz de. *Princípios constitucionais de Direito Administrativo Sancionador.* As sanções administrativas à luz da Constituição Federal de 1988. São Paulo: Malheiros, 2007.

[46] BANDEIRA DE MELLO, Celso Antônio. *Curso de Direito Administrativo.* Capítulo 15. 35. ed. São Paulo: Malheiros, 2021.

[47] MEDINA OSÓRIO, Fábio. Corrupción y mala gestión de la "res publica": el problema de la improbidad administrativa y su tratamiento en el derecho administrativo sancionador brasileño. *Revista de Administración Pública,* Madrid, v. 149, p. 487-522, 1999.

[48] MEDINA OSÓRIO, Fábio. *Direito Administrativo Sancionador.* 1. ed. São Paulo: Revista dos Tribunais, 2000. A obra está em sua 7ª edição (2020).

[49] MEDINA OSÓRIO, Fábio. *Teoria da Improbidade Administrativa:* má gestão pública, corrupção, ineficiência. 1. ed. São Paulo: Revista dos Tribunais, 2007. A obra está em sua 5ª edição (2020).

[50] OLIVEIRA, José Roberto Pimenta; GROTTI, Dinorá Adelaide Musetti. Direito Administrativo Sancionador. Breve evolução Identidade. Abrangência e Funcionalidades. *In: Interesse Público,* Porto Alegre, v. 22, p. 83-126, 2020; OLIVEIRA, José Roberto Pimenta. *Direito Administrativo Sancionador.* Estudos em homenagem ao Prof. Emérito da PUC-SP Celso Antônio Bandeira de Mello. São Paulo: Editora Malheiros, 2019.

A legítima inserção de sanções judiciais no bojo do DAS não se transforma em exercício de "jurisdição administrativa especializada", mas implica a necessidade de tratamento teórico adequado aos caracteres da função jurisdicional, que se movimenta pelo devido processo judicial, do qual resultará a imposição do ato sancionador, mediante a regular condenação judicial (sentença ou acórdão). As hipóteses de judicialização do DAS corroboram a complexidade do fenômeno sancionador *sub judice*, inclusive pela abordagem contextualizada que deve atentar para não desembocar na translação acrítica do regime incidente no exercício da jurisdição penal para a jurisdição civil.

No Estado Democrático de Direito em vigor, a produção jurídica da atividade estatal submete-se ao controle de legalidade do Poder Judiciário, de modo que sanções administrativas do DAS seguem o mesmo caminho (devido processo administrativo), sujeitando-se à garantia da tutela judicial efetiva, prevista como garantia fundamental, no artigo 5º, inciso XXXV, da CF. De igual modo, sanções judiciais do DAS, em sendo editadas pelo Poder Judiciário, também percorrem as diversas instâncias, conforme as normas processuais aplicáveis (devido processo judicial).

Importante, todavia, não assimilar o controle que incide sobre a produção jurídica de agentes públicos ao controle ao redor do seu exercício funcional. No primeiro, é o campo teórico de exame da perfeição, validade e eficácia de quaisquer provimentos; no segundo, é a sede da responsabilização pessoal (de pessoas físicas ou jurídicas). As sanções administrativas e judiciais do DAS se mantêm no segundo plano, embora resultantes de vias institucionais diversas.

Em sua versão originária, a Lei nº 8.429/1992 não se debruçava sobre o setor repressivo de que fazia parte. A inovação constitucional produziu inúmeros trabalhos monográficos memoráveis por autores em diversos campos do Direito Público,[51] desde o Direito Processual Civil,[52] Direito Processual Penal, Direito Penal,[53] Direito Administrativo,[54] até o Direito Constitucional.[55] A difundida trilogia no tratamento da responsabilidade dos agentes públicos, fundada na responsabilidade civil, penal e administrativa, não contribuía para conferir maior precisão sobre o campo repressivo inaugurado. Somente após a consolidação da autonomia dogmática da improbidade (que se respalda no artigo 37, §4º, da CF, e no artigo 12 da Lei nº 8.429/1992), frente à citada trilogia, por obra de doutrina e jurisprudência (destacadamente, a do Superior Tribunal de Justiça), abriu-se caminho para bem alocar a improbidade no DAS.

O maior obstáculo à sua integração ao DAS está em que as sanções de improbidade são impostas unilateralmente pelo Poder Judiciário, mediante condenação judicial.[56]

---

[51] BUENO, Cassio Scarpinella; PORTO FILHO, Pedro Paulo. *Improbidade Administrativa* – Questões Polêmicas e Atuais. São Paulo: Malheiros, 2001.

[52] NEIVA, José Antônio Lisboa. *Improbidade administrativa*. Niterói: Editora Impetus, 2009.

[53] CAPEZ, Fernando. *Limites Constitucionais à Lei de Improbidade*. 1. ed. São Paulo: Saraiva, 2010.

[54] MARTINS JUNIOR, Wallace Paiva. *Probidade Administrativa*. 4. ed. São Paulo: Saraiva, 2009.

[55] FIGUEIREDO, Marcelo. *Probidade Administrativa* – Comentários à Lei 8.429/02 e Legislação Complementar. 6. ed. São Paulo: Malheiros, 2009.

[56] Desde a Lei nº 13.964/2019, a Lei nº 8.429/1992 já agasalhava forma de imposição consensualizada de sanções por improbidade administrativa, por efeito da celebração do acordo de não persecução cível. Além desta modalidade de acordo, o sistema de improbidade também foi afetado pela celebração de acordos de leniência, por conta do artigo 16 da Lei nº 12.846/2013, que igualmente legitima a imposição consensualizada de sanções. Com a Lei nº 14.230/2021, o ANPC se submete a obrigatória homologação judicial, permanecendo o acordo de leniência sem este condicionamento legal para sua validade e eficácia.

É necessário resgatar, revisitar e revalorizar a situação em que ilícitos que tutelam bens jurídicos públicos (no caso, a probidade na organização do Estado) – configuráveis pela atuação em descompasso com princípios e regras publicistas – são reprimidos por sanções editadas pelo Poder Judiciário, fora da jurisdição criminal, e introduzi-los no DAS, sob o critério funcional (ou teleológico). Havendo prevenção, dissuasão e repressão de ilícitos com o fim precípuo de defesa ou tutela de interesses públicos, erigidos e colhidos da ordem republicana e democrática, seja na órbita administrativa, seja na órbita judicial civil, o regime administrativo publicista entra em cena para governar a atividade sancionadora.

Registre-se que a qualificação de certa ilicitude como ilícito criminal ou ilícito sob a égide do DAS não se obtém mediante uma separação material ou ontológica de condutas censuradas *in abstrato* e *a priori*. A constituição dos domínios punitivos (e sistemas de responsabilização atrelados a eles) é fundamentalmente uma operação presidida por critérios jurídico-formais, ou seja, a partir do fenômeno da positivação jurídica. No Estado Democrático, há mandados constitucionais de obrigatório sancionamento, envolvendo a jurisdição criminal e a jurisdição não criminal (como visto na improbidade). Mesmo assim é significativo o campo da liberdade de conformação legislativa no tema. Dentro dos parâmetros constitucionais, o ordenamento estabelece os regimes jurídico-formais que regem a atividade sancionatória estatal.

A Lei nº 14.230/2021 expressamente submete o sistema de responsabilização pela prática de atos de improbidade administrativa ao Direito Administrativo Sancionador, conforme o novo artigo 1º, §4º, da LIA, já preconizado pela doutrina.[57]

Com o expresso tratamento legal, restou superada a tese de que a improbidade administrativa está acantonada ao Direito Processual Civil, muito embora a ação civil pública de improbidade administrativa constitua explícita garantia constitucional processual fundamental, regida por normas processuais civis, gerais (CPC) e especiais (LACP e LIA).

Da mesma forma, restou esclarecido que a improbidade administrativa também não é um sistema de responsabilidade inserido no objeto de estudo do Direito Constitucional, muito embora seja incontestável o fundamento constitucional deste sistema – como ocorre com os sistemas de responsabilização político-constitucional e político-legislativo –, mas para cuja configuração plena há necessidade de conformação legislativa (normas nacionais) a balizar sua arquitetura e aplicação.

Também não deve alocar a improbidade administrativa nos denominados Direitos Difusos e Coletivos,[58] muito embora seja inegável que a probidade administrativa constitua bem jurídico público e bem jurídico metaindividual, cuja proteção pode ser levada a efeito por normas aplicáveis à tutela de direitos coletivos ou à tutela coletiva de direitos.[59]

---

[57] SALGADO, Eneida Desiree; VIANA, Ana Cristina Aguillar. As infrações administrativas na lei brasileira de improbidade. *In*: RODRIGUEZ-ARANA MUÑOZ, Jaime; DELPIAZZO, Carlos; HERNÁNDEZ, Miguel; ELIZALDE JALIL, Marco; RODRÍGUEZ MARTÍN-RETORTILLO, María del Cármen (Org.). *Régimen Administrativo Sancionatorio*. 1. ed. Guayaquil: FIDA, 2018, v. 1, p. 31-47.

[58] MANCUSO, Rodolfo de Camargo. *Interesses difusos*: conceito e legitimação para agir. 9. ed. São Paulo: Revista dos Tribunais, 2019.

[59] ZAVASCKI, Teori Albino. *Processo coletivo*: tutela de direitos coletivos e tutela coletiva de direitos. 3. ed. São Paulo: RT, 2008; MAZZILLI, Hugo Nigri. *A defesa dos interesses difusos em juízo*: meio ambiente, consumidor, patrimônio cultural, patrimônio público e outros interesses. 32. ed. São Paulo: Juspodivm, 2021.

A pertinência ao Direito Administrativo Sancionador é uma consequência direta da natureza não penal do sistema da improbidade, por expressa exigência constitucional, o que também deslegitima sua consideração como possível objeto do denominado Direito de Intervenção, aqui vislumbrado como possível domínio penal singular, ou domínio próprio e intermediário entre o Direito Administrativo Sancionador clássico e o Direito Penal.[60]

Descabe a abertura de uma terceira via, sob o ponto de vista metodológico e epistemológico, para a compreensão adequada da improbidade administrativa, na medida em que sanções aplicadas pela jurisdição civil comum – preordenadas a tutela de interesses públicos perseguidos pelo cumprimento de deveres funcionais perfilhados pelo Direito Administrativo – podem e devem ser estudadas sob a lente do Direito Administrativo Sancionador, a partir de princípios e regras comuns.

A necessidade de construção do Direito Administrativo Sancionador tem origem na singularidade da atividade sancionatória estatal utilizada como técnica de conformação de potestades públicas, na tutela de interesses públicos. Esta necessidade há muito ultrapassa o campo da atividade de polícia administrativa, na medida em que institutos sancionatórios de DAS estão presentes no vastíssimo campo heterogêneo de atividades administrativas (restritivas e ampliativas, internas e externas), na contemporaneidade, no Estado Pós-Moderno, abrangendo todas as relações jurídicas gerais ou especiais de que o Estado participe.

As características desta atividade singularizada conduzem ao invariável exame e observância de direitos e garantias fundamentais, no processo de produção jurídica de atos sancionatórios. O desenvolvimento desta irremissível projeção de direitos e garantias fundamentais a quaisquer atuações sancionadoras do Estado, para além do seu *jus puniendi criminal*, exige uma dogmática administrativa especializada, que ofereça, descreva e esclareça as condições de legitimidade para sua utilização, de modo a alcançar e cumprir a funcionalidade ou teleologia perseguida com a sua existência normativa, no plano institucional.

A Constituição Federal instituiu inédito sistema judicial civil de tutela sancionatória da probidade na organização do Estado, inconfundível com os sistemas então existentes no Direito brasileiro, até 1988. Inseriu-o, topograficamente, no capítulo dedicado ao regime jurídico da Administração Pública (artigo 37).

Constituiu tal sistema como forma de responsabilização pessoal de quem, no exercício de mister público, tem o dever jurídico de se submeter à moralidade constitucionalmente delineada para reger as relações entre Estado-Sociedade. O grau nefasto de percepção, prática e impunidade de formas de atuação ímproba, na formação social brasileira, ao longo de todas as suas fases históricas, torna explicável a assunção, pelo Poder Judiciário, da atribuição constitucional de reprimir atos de improbidade. O que também explica a assunção da potestade de fiscalização, apuração e acusação desta modalidade de ilícito ao Ministério Público, com instituição autônoma, relativa a todos os Poderes (artigo 129, inciso III, da CF).

Compõe o Direito Administrativo o plexo de normas jurídicas que regem o exercício de quaisquer funções públicas, incluindo os parâmetros de responsabilidade

---

[60] Sobre o Direito de Intervenção, conferir: OLIVEIRA, Ana Carolina Costa de. *Hassemer e o Direito penal brasileiro*: direito de intervenção, sanção penal e administrativa. 1. ed. São Paulo: Instituto Brasileiro de Ciências Criminais, 2013.

ensejada pela prática de ilicitude imputável aos seus exercentes. Como ramo próprio e comum no Direito Público, cabe-lhe explicar e delimitar não apenas a responsabilidade do Estado, mas sobremodo a responsabilidade de agentes públicos, quer isto acarrete a imposição de sanções por órgãos e entidades no exercício de função administrativa, quer isto enseje sanções por órgãos jurisdicionais, no exercício de jurisdição civil. A responsabilização não penal de agentes públicos é, por conseguinte, matéria típica do Direito Administrativo, e, acarretando o manuseio de potestades sancionadoras, aloca-se no Direito Administrativo Sancionador.

O fato de que houve o reconhecimento da pertinência da improbidade administrativa ao terreno do Direito Administrativo Sancionador implica inúmeros desafios, na interpretação e aplicação da potestade sancionatória estatal. Utilizando uma expressão de Eduardo García de Enterría, o mais relevante problema é o de "articulação técnico-jurídica das sanções administrativas" e diz respeito à "matização dos princípios jurídico-penais", que progressivamente foram sendo aplicados ao campo do Direito Administrativo Sancionador como forma de superação do "direito repressivo pré-beccariano", em que este se encontrava até o advento do paradigma do Estado Democrático.[61]

Esta extensão, operada de forma automática, sem balizas, já foi duramente criticada por Alejandro Nieto, que professa um "novo Direito Administrativo Sancionador", que "não deve ser construído com materiais e técnicas do Direito Penal senão a partir do próprio Direito Administrativo, de quem obviamente é parte integrante e desde a matriz constitucional e do Direito Público estatal".[62]

Seria possível afirmar que o definitivo ingresso da improbidade administrativa no Direito Administrativo Sancionador brasileiro é marca incontestável do processo de evolução do seu regime. Representa uma linha clara e avançada de "substantivização" do DAS, da afirmação de sua "administrativização", para utilizar um rótulo clássico de Alejandro Nieto, observando que este terreno normativo está umbilicalmente relacionado com o regime administrativo de tutela do interesse público (e não com a tutela criminal de bens jurídicos penalmente relevantes), o que não significa que o Estado possa se demitir do dever de promover uma política repressiva integrada e eficaz, ao moldar suas potestades sancionadoras.[63]

A Lei nº 14.230/2021 perdeu uma oportunidade ímpar em aperfeiçoar a submissão da improbidade administrativa ao DAS, deixando de elencar quais pautas principiológicas e seu respectivo conteúdo basilar foram consideradas pelos novos dispositivos incluídos na Lei nº 8.429/1992. Como o DAS brasileiro não possui uma lei geral sobre suas estruturas materiais e processuais, uma reforma útil da LIA mereceria concentrar-se nesta tarefa de dissecação, visando conferir maior consistência, coesão e segurança ao regime sancionador, à luz das normas que lhe são superiores, e com as demais normas, com as quais convive a LIA no seio do Sistema Brasileiro Anticorrupção.[64]

---

[61] GARCÍA DE ENTERRÍA, Eduardo; FERNÁNDEZ, Tomás-Ramón. *Curso de Direito Administrativo*. Tomo II. Revisor Técnico Carlos Ari Sundfeld. São Paulo: RT – Thomson Reuters, 2014, p. 187-228.

[62] NIETO, Alejandro. *Derecho Administrativo Sancionador*. 5. ed. Madri : Tecnos, 2011, p. 30.

[63] COSTA, Helena Regina Lobo da. Direito Administrativo Sancionador e Direito Penal: a necessidade de desenvolvimento de uma política sancionadora integrada. *In*: BLAZECK, Luiz Maurício Souza; MARZAGÃO JÚNIOR, Laerte I. (Org.). *Direito Administrativo Sancionador*. 1. ed. São Paulo: Quartier Latin, 2014, p. 107-118.

[64] OLIVEIRA, Rafael Carvalho Rezende; NEVES, Daniel Amorim Assumpção. O sistema brasileiro de combate à corrupção e a Lei nº 12.846/2013 (Lei Anticorrupção). *Revista Brasileira de Direito Público – RBDP*, Belo Horizonte, ano 12, n. 44, p. 9-21, jan./mar. 2014.

No ordenamento brasileiro, destacam-se os seguintes princípios constitucionais atinentes ao Direito Administrativo Sancionador. São princípios materiais, vez que incidem diretamente na relação jurídica sancionadora: eficiência, legalidade, tipicidade, irretroatividade de norma mais prejudicial, retroatividade da norma mais favorável, imputação adequada (responsabilidade subjetiva, como regra, e responsabilidade objetiva, como exceção), pessoalidade, proporcionalidade e razoabilidade, prescritibilidade e *non bis in idem*. São princípios processuais, vez que incidem na relação jurídico-processual que objetiva a produção do ato sancionador: devido processo legal, imparcialidade, contraditório, ampla defesa, presunção de inocência, garantia da não autorresponsabilização, inadmissibilidade de provas ilícitas, recorribilidade, definição *a priori* da competência sancionadora, recorribilidade, motivação e duração razoável do processo. Cada pauta exige um tratamento próprio, modulações singulares à luz da eficiência, eficácia e efetividade que se pretende com o modelo administrativo sancionador.

Esta pauta axiológica é construída a partir dos valores democráticos e republicanos gizados pela Constituição Federal, sendo que há divergência doutrinária sobre a sua composição. Acrescente-se que sequer a Lei Federal de Processo Administrativo (Lei nº 9.784/1999), com o rol de princípios insculpidos no seu artigo 2º, é capaz de fornecer maior precisão sobre os princípios basilares do DAS, na medida em que o escopo da legislação é geral e processual.[65]

Na ausência de quadro geral e uniforme sobre as estruturas principiológicas do DAS no Brasil, com o âmbito normativo que lhe é reservado, a Lei nº 14.230/2021 deixou de consignar as linhas necessárias para a sua compreensão e demarcação, no campo material da improbidade administrativa. Em rigor, esta omissão é ofensiva à segurança jurídica, porque ataca a previsibilidade dos fundamentos valorativos (e seus possíveis critérios de aplicação). Não basta à lei singelamente se referir ao Direito Administrativo Sancionador.

Por outro lado, o detalhamento da pauta principiológica do DAS, para efeito da improbidade, torna-se mais urgente, considerando que a temática está (e segue) disciplinada em duas legislações gerais: a Lei nº 8.429/1992 (Lei Geral de Improbidade Administrativa) e a Lei nº 12.846/2013 (Lei de Improbidade de Pessoas Jurídicas). Com a Lei nº 14.230/2021, houve o devido reconhecimento de que ambas as legislações se encontram na mesma esfera sancionatória anticorrupção de responsabilização, *ex vi* os novos artigos 3º, §2º, e 12, §7º, da LIA.[66]

---

[65] Cabe, todavia, destacar as seguintes legislações gerais estaduais de processo administrativo na Administração Pública, as quais contêm capítulos próprios para o processo administrativo sancionador, nos seguintes Estados: (...).

[66] Em termos de desenvolvimento legislativo, houve significativos avanços na improbidade administrativa no período de 1992-2013. A expansão normativa do sistema foi progressiva. Ocorreu de vários modos: (i) seja através da sua expressa referência normativa para robustecer disciplinas legais relevantes – o que ocorreu no art. 73 da Lei de Responsabilidade Fiscal – LC nº 101/2000; (ii) seja através da incorporação irrefletida de novos tipos gerais de improbidade administrativa inseridas na própria Lei Geral de Improbidade Administrativa – artigo 10-A instituído casuisticamente pela Lei Complementar nº 157/2016 (revogado pela Lei nº 14.230/2021); (iii) seja através de acréscimos de novos tipos específicos na Lei Geral de Improbidade Administrativa – incisos XIV e XV do artigo 10 pela Lei de Consórcios Públicos – Lei nº 11.107/2005, incisos XVI ao XXI do artigo 10, e inciso VIII do artigo 11, pela Lei de Parcerias com Organizações da Sociedade Civil, Lei nº 13.019/2014 (com alterações da Lei nº 13.204/2015)1, inciso IX do art. 11, pela Lei Brasileira de Inclusão da Pessoa com Deficiência – Lei 13.146/2015, e inciso X do art. 11, pela Lei nº 13.650/2018, relacionada com entidades beneficentes de assistência social, na área de saúde; (iv) seja pela positivação de tipos (ou referências) isolados em leis específicas (artigo 30, parágrafo único, da Lei Geral de Telecomunicações – Lei nº 9.472/1997; artigo 59, parágrafo único, da Lei da

Todavia, a doutrina majoritariamente considera a responsabilidade por improbidade na LGIA fundada na técnica subjetivadora (reforçada ao extremo na Lei nº 14.230), ao passo que a responsabilidade da pessoa jurídica na LIPJ está construída sob a vertente objetivadora (artigo 2º). Não bastasse isto, LGIA e LIPJ continuam a oferecer tratamento aparentemente diverso aos programas de integridade e aos acordos de leniência. E, após a Lei nº 14.230/2021, a LGIA passou a contemplar regulamentação legal mais detalhada do Acordo de Não Persecução Cível e regime próprio para atos de improbidade de menor lesividade, o que não foi aparentemente replicado na LIPJ, que não foi alterada ou revogada, em nenhum de seus dispositivos, destacando-se o seu artigo 30, inciso I. Diz-se "aparentemente" porque há urgente necessidade de interpretação sistemática e integradora nestes aspectos do regime.

A manutenção de regimes repressivos legalmente diferenciados para atos de improbidade na LGIA e na LIPJ exigiria da Lei nº 14.230/2021 tratamento com maior densidade e clareza ao tema dos princípios do DAS a serem aplicados. A ausência de tratamento legal específico sobre a retroatividade de normas materiais mais favoráveis, critérios de culpabilidade de pessoas jurídicas responsáveis, descrições típicas desencontradas, fatores de dosimetria de sanções, sanções com conteúdos diversos, os acordos de leniência, os efeitos legais de programas de integridade, regimes prescricionais, regimes processuais diferenciados etc., tudo demonstra esta deficiência legislativa, que não se tolera mais em normas de Direito Administrativo Sancionador, considerando o grau e evolução do conhecimento dogmático sobre a matéria, bem como exigência de segurança jurídica a demandar mínima racionalidade interna.

4 A autonomia da improbidade em face do sistema de responsabilização penal

A autonomia da improbidade administrativa, em face do sistema de responsabilização penal, foi constitucionalmente estabelecida (artigo 37, §4º, *in fine*, da CF), o que estava recepcionado no *caput* do artigo 12 da Lei nº 8.429/1992. Esta autonomia significa que os sistemas de responsabilização referidos se movimentam, de forma independente, cabendo exclusivamente à lei federal (haja vista a competência legislativa exclusiva para dispor sobre Direito Penal, Direito Processual Penal e Civil, e sobre improbidade administrativa) tratar de modulações necessárias e excepcionais para conferir racionalidade às duas formas de repressão estatal, por conta do mandamento do Estado de Direito, e considerando que está em jogo o exercício possível de jurisdição penal e jurisdição não penal sobre os mesmos fatos.

Este juízo constitucional bem reflete a tradição do Direito brasileiro, em sedimentar o denominado "princípio da independência das instâncias", que, fundamentalmente,

---

ANTT/ANTAQ – Lei nº 10.233/2001); e no artigo 29, §2º, do Estatuto das Empresas Estatais – Lei 13.303/2016; (v) seja pela criação de sistemas especiais de atos de improbidade administrativa em domínios relevantes da atuação estatal (artigo 73, §7º, da Lei das Eleições – Lei nº 9.504/1997, artigo 52 do Estatuto da Cidade – Lei nº 10.257/2001, artigo 32 da Lei de Acesso à Informação Pública – Lei nº 12.527/2011, artigo 12 da Lei de Conflitos de Interesses – Lei nº 12.813/20132; art. 20 do Estatuto da Metrópole – Lei nº 13.089/2015 (esse dispositivo revogado pela Lei nº 13.683/2018, por controvérsias federativas). A Lei nº 12.846/2013 e a Lei nº 14.230/2021 foram as duas últimas alterações mais significativas na matéria, sendo que esta última reconhece expressamente o tratamento em "leis especiais" (novo artigo 1º, §1º, da LIA). Sobre responsabilidade financeira e fiscal, conferir: CONTI, José Maurício. *Direito Financeiro e Direito Econômico*. 1. ed. São Paulo: IPAM, 2020.

inscreve a autonomia entre jurisdição penal, jurisdições não penais e julgamentos administrativos sobre os mesmos fatos ilícitos, como base no processo de múltipla responsabilização, assegurando todas as vias institucionais (e suas capacidades ou aptidões) cabíveis para perseguir e obter sua efetividade, negando qualquer possibilidade de inércia institucional em face de atos ilícitos a gerar impunidade e descrédito na observância do ordenamento jurídico, em detrimento do Estado de Direito.

Em termos de improbidade administrativa, este princípio foi arranhado pelo julgamento da Reclamação nº 2.138-DF, pelo STF, que concluiu pela impossibilidade de cumulatividade de responsabilidade por ato de improbidade (artigo 37, §4º) e por crime de responsabilidade (artigo 85), no caso de agentes políticos, especificamente Ministros de Estado. Posteriormente, na PET nº 3.240 Ag/DF, o Supremo Tribunal Federal posicionou-se pela autonomia crime de responsabilidade-improbidade. Da mesma forma, na ADI nº 2.797, o STF chancelou a natureza jurídica civil da ação de improbidade, extirpando qualquer possibilidade constitucional de extensão de foro criminal por prerrogativa de função, ainda presentes no Texto Maior, consolidando a autonomia crime comum-improbidade.

Até a Lei nº 14.230/2021, a modulação desta autonomia era desenhada pelos arts. 65, 66 e 67 do Código de Processo Penal. Reconhecimento categórico da existência ou inexistência da materialidade e autoria do fato delituoso não pode ser ignorado ou afastado pela jurisdição civil. Arquivamento de investigações, extinção de punibilidade penal e juízo de atipicidade penal não impedem ações civis. Reconhecida causa excludente de antijuridicidade, afasta-se a configuração do ilícito penal e, logo, de ilícito civil (artigo 188, inciso I, do Código Civil). Esta forma de interação *crime-improbidade* implicava a extensão de efeitos de sentenças penais absolutórias, tão somente quando amparadas no artigo 386, incisos I e IV, do Código de Processo Penal.

A Lei nº 14.230/2021 estabelece, no novo artigo 21, §4º, da LIA, que a absolvição criminal em ação que discuta os mesmos fatos, confirmada por decisão colegiada (logo, em sede de Tribunal), impede o trâmite da ação de improbidade, "havendo comunicação com todos os fundamentos de absolvição previstos no art. 386" do CPP.

O novo artigo 21, §4º, da LIA é inconstitucional, (1) ao estabelecer a comunicabilidade automática entre qualquer sentença penal absolutória e o sistema de responsabilização pela prática de atos de improbidade administrativa, por ofensa direta ao artigo 37, §4º, *in fine*, da CF, (2) ao preconizar a aplicação automática entre os parâmetros probatórios fundantes de qualquer sentença penal absolutória e os parâmetros probatórios do sistema de responsabilização pela prática de atos de improbidade administrativa, que pertence ao Direito Administrativo Sancionador, por ofensa direta ao artigo 37, §4º, *in fine*, da CF, e violação ao devido processo legal adjetivo (artigo 5º, inciso LIV).

Também sua inconstitucionalidade é manifesta, (3) ao fixar que absolvição criminal confirmada ou proferida por órgão colegiado (em Tribunais Regionais Federais ou Tribunais de Justiça Estaduais ou Tribunais Superiores) constitui fato extintivo de ação civil pública de improbidade administrativa, em curso na jurisdição cível federal ou estadual em todas as instâncias, independentemente das circunstâncias processuais e do grau de jurisdição em que tramita, porque implica a submissão da jurisdição cível, em qualquer grau de jurisdição, a acórdão criminal prolatado em jurisdição criminal, por órgão colegiado, violando a autonomia de órgãos do Poder Judiciário no exercício de sua função jurisdicional, o devido processo legal, com possível ofensa ao ato jurídico perfeito ou coisa julgada.

A autonomia das instâncias está desenhada a partir do Texto Constitucional, refletindo o grau de amadurecimento institucional da organização política do Estado, no exercício de suas competências repressoras. Por esta razão, não se pode invocar normas constitucionais que supostamente seriam contrariadas pelo reconhecimento de sua existência e aplicabilidade, como se faz no recurso ao princípio da segurança jurídica, e ao seu subprincípio do *non bis in idem*, com sua projeção material, e uma dimensão formal. A segurança jurídica de sujeitos passíveis de responsabilização não é valor constitucional superior à missão conferida às instituições que desencadeiam ou promovem a responsabilização de agentes públicos.

Este é um campo normativo que também entremostra as diferenças de funcionalidade entre o DAS e o DP, sendo imperioso interpretar e aplicar o *non bis in idem*, respeitando a identidade ou singularidade do universo normativo no qual gravita a potestade sancionadora analisada. Há relevantes contribuições teóricas de estudiosos do Direito Penal sobre o *non bis in idem*,[67] mas a dogmática administrativista ainda carece de debate, aprofundamento e aperfeiçoamento na matéria.

No DAS, a repercussão de fatos ilícitos como agressão ou ameaça de agressão a bens jurídicos-públicos merece tratamento próprio, em face da multiplicidade considerável de órgãos, entidades ou instituições, que desempenham competências sancionadoras, deflagradas face a determinados eventos ou circunstâncias fáticas. Fatos enquadráveis como improbidade administrativa são excelentes exemplos para demonstrar como funcionava esta pluralidade administrativo-sancionadora, agasalhada pelo ordenamento do DAS.

No interior do próprio Direito Administrativo Sancionador brasileiro, a sua especificidade estrutural – diretamente atrelada à composição ou fisionomia institucional da República, da Federação e seu Estado Democrático – também exige uma análise cuidadosa na apreensão do conteúdo e alcance do princípio do *non bis in idem*, porque, como já dito, este campo normativo inclui o exercício de potestades administrativas *stricto sensu* largamente heterogêneas, de competências jurisdicionais (integradas em diversos segmentos do Poder Judiciário), e não se pode olvidar o exercício de "jurisdição de contas" (terminologia constitucional), sem prejuízo de outras. Este panorama torna complexa a análise da identidade de sujeito, bem jurídico e de fatos, como elementos conformadores de uma teoria funcionalmente adequada.

Entre Direito Penal e DAS, tenta-se expandir a normatividade do princípio do *non bis in idem*, através da teoria unitária do *jus puniendi* estatal.[68] Todavia, não é possível extrair da Constituição[69] a existência de um escalão normativo superior – que seria o direito punitivo estatal, fundado e derivado do *jus puniendi* estatal, pois não se encontra dispositivo que indique sua positividade no bojo do Estado Democrático. O que existem são diversas atividades estatais sancionatórias e valores constitucionalmente consagrados, vertidos em princípios e regras na Lei Maior, não raro endereçados ao

---

[67] Conferir: SABOYA, Keity. *Ne bis in idem*: história, teoria e perspectivas. 1. ed. Rio de Janeiro: Lumen Juris, 2014.

[68] ARÊDES, Sirlene Nunes. *Ne bis in idem*: direito fundamental constitucional aplicável na relação entre as esferas penal e administrativa geral no direito brasileiro. *In:* Direito, Estado e Sociedade, Pontifícia Universidade Católica do Rio de Janeiro – PUC Rio, v. 52, p. 204-240, 2018.

[69] Situação distinta ocorre em outros ordenamentos, como no Direito espanhol. Conferir: RAMÍREZ TORRADO, María Lourdes. El criterio de interpretación del principio *non bis in idem* previsto en el artículo 45.3 de la Constitución Española. *In: Revista Ius et Praxis*, Universidad de Talca, Talca (Chile), año 16, n. 1, p. 287-302, 2010.

Direito Penal, episodicamente envolvendo campo sancionador extrapenal, mas que devem ser modulados e desenhados em cada campo sancionador, à luz da sua funcionalidade própria. A contribuição do Direito Penal para o DAS deve ser contextualizada, sob pena de desvirtuar as funcionalidades dos domínios repressivos.[70]

Ofende o princípio da proporcionalidade e do devido processo legal (artigo 5º, inciso LIV, da CF), bem como a autonomia do sistema de improbidade administrativa (artigo 37, §4º, da CF) no DAS, interpretação que conduza a comunicabilidade automática de sentença penal ou acórdão criminal absolutório, de que trata o artigo 21, §4º, da LIA, fundada no artigo 386, incisos II, V e VII, do CPP (prova insuficiente para condenação criminal), no âmbito do sistema de improbidade administrativa.

Nestas causas, a absolvição somente se legitima à luz da aplicação de normas penais, materiais e processuais, inseridas no Direito Penal e no Direito Processual Penal, fundadas no princípio *in dubio pro reo*, na tutela do *jus libertatis*, o que não se reproduz na improbidade administrativa, no terreno do DAS, que, de forma excepcionalíssima, admite sanção administrativa restritiva de liberdade (no DAS Militar) e se preordena a tutela da probidade na organização do Estado (e bens jurídicos decompostos desta matriz fundamental), à luz do artigo 37, §4º, da CF, e do próprio artigo 1º, *caput* e seu §4º da LIA. A insuficiência de provas no processo criminal não pode automaticamente interferir no julgamento em processos sob o DAS, que não reproduzem o mesmo conjunto probatório sobre elementos objetivos e subjetivos de tipos, perseguindo outras finalidades.

Também ofende o princípio da proporcionalidade e do devido processo legal (artigo 5º, inciso LIV, da CF), e a autonomia do sistema de improbidade administrativa no DAS (artigo 37, §4º, da CF), a aplicação automática do artigo 386, inciso III, do Código de Processo Penal (não constituir o fato infração penal), de que trata o artigo 21, §4º, da LIA. O aludido juízo de atipicidade (e consequente absolvição de réus) somente se legitima à luz da aplicação ou subsunção de tipos penais materiais, inseridos no Direito Penal, o que não se reproduz na improbidade administrativa, cuja lei possui tipos gerais e especiais próprios (artigos 9º, 10 e 11).

5 Estrutura do sistema de responsabilização da improbidade administrativa, em face da Lei nº 14.230/2021

Muito embora ostensivamente direcionada a restringir as balizas do sistema de improbidade administrativa, tal como preconizado pela Constituição – com o perfil estabelecido na Lei nº 8.429/1992 –, a Lei nº 14.230/2021 não tem a força de desconstruir as estruturas do sistema, que segue alicerçado em quatro categorias fundamentais: bem jurídico, ilícito, sanção e processo. Ao redor destes elementos, figuram as formas consensuais de concretização da tutela da probidade (mediante o Acordo de Não Persecução Cível e o Acordo de Leniência), não olvidando a medida cautelar constitucional da indisponibilidade de bens.

O caráter autônomo e geral da improbidade possui fundamento explícito constitucional, de modo que toda a legislação infraconstitucional deve ser interpretada a partir

---

[70] MEDEIROS, Alice Bernardo Voronoff de. *Direito Administrativo Sancionador no Brasil*: justificação, interpretação e aplicação. 1. ed. Belo Horizonte: Fórum, 2018.

desta exigência constitucional, o que é corroborado pelos compromissos assumidos pelo Brasil nas Convenções Internacionais (OCDE, OEA e ONU).

5.1 Bem jurídico protegido

O sistema visa a tutela sancionatória da probidade no exercício de quaisquer funções públicas, bem como por todas as pessoas físicas e jurídicas (de fato e de direito) envolvidas na prática de improbidade, em relações jurídicas com a organização do Estado. O conceito amplo de probidade no ordenamento brasileiro corresponde ao conceito amplo de integridade pública no bojo da Convenção de Mérida (sinalizado pela inclusão do abuso de função pública na tipologia de corrupção). A Constituição exige tutela ampla da probidade, pelo que não é possível restringir este sistema institucionalizado e produzir normas que conduzam a uma defesa deficiente do bem jurídico.

Permanece em vigor a decantação do bem jurídico matriz em três vertentes, o que conduz à manutenção de três categorias de atos de improbidade administrativa: (i) atos de improbidade administrativa que importam enriquecimento ilícito (artigo 9º); (ii) atos de improbidade administrativa que causam prejuízo ao erário (artigo 10), e (iii) atos de improbidade administrativa que atentam contra os princípios da Administração Pública. A trilogia acompanha o processo de depuração tripartite do bem jurídico constitucional. Na primeira, relevo dado à honorabilidade funcional; na segunda, a ênfase ao zelo e diligência devidos ao patrimônio público; na terceira, a tutela da própria legalidade, em situação de ofensa à honestidade (revelada pela veracidade) e imparcialidade.[71] [72]

É preciso compreender a função outorgada ao bem jurídico na estruturação de sistemas sancionatórios. Ele existe para funcionalizar a defesa adequada, necessária e proporcional de valores constitucionais, em suas vertentes positivadas, que moldam a persecução e concretização de interesses públicos. Daí que é impossível cogitar da possibilidade legal de taxatividade na descrição analítica de condutas ímprobas, visto que está presente a indeterminação do próprio bem jurídico e sua aplicação geral em todos os domínios da organização do Estado. A proteção do bem jurídico exige formulação de tipos gerais e especiais, sendo que, no processo de enquadramento de ilícitos, isto será aferido e observado na correta aplicação da lei.

Os bens jurídicos protegidos pelos artigos 9º, 10 e 11 da LIA – mesmo após a Lei nº 14.230/2021, não foram substantivamente alterados. A partir disto, pode-se afirmar que, para serem compatíveis com a Constituição, a alteração do artigo 9º, inciso VII, não pode ser interpretada como novo tipo mais restritivo de enfrentamento ao tema do "enriquecimento injustificado" (tratados pelas Convenções da OEA e da ONU). Do mesmo modo, revela-se apressado concluir que, em razão da exclusão da previsão

---

[71] A exclusão da "lealdade às instituições" pela Lei nº 14.230, presente na redação originária do artigo 11 da LIA, não promove nenhuma redução axiológica, na medida em que a lealdade é reconduzível ao conceito de imparcialidade, que, por sua vez, está constitucionalmente inserido no campo material da "probidade" na organização do Estado. Com efeito, não há exercício de atribuição, atividade, função, cargo, emprego etc. na "organização do Estado" que possa se afastar do mandamento de imparcialidade, na exata medida em que a ética republicana e democrática reconhece que os seus exercentes somente estão legitimados a atuar, de forma imparcial, na concretização de interesses públicos.

[72] Uma análise cuidadosa entre o modelo de tipificação vigente antes e depois da Lei nº 14.230/2021 oferece bases amplas para o reconhecimento da continuidade típica de condutas ímprobas enquadradas nos tipos anteriormente vigentes à reforma, de modo que não cabe suscitar a ocorrência de quaisquer formas de *abolitio*, no sistema de improbidade.

da "culpa" no *caput* do artigo 10, isto conduz a uma invariável extinção de formas culposas graves na tutela do erário público, desguarnecendo a defesa do bem jurídico. Do mesmo modo, a manutenção da "legalidade, honestidade e imparcialidade" na identificação dos princípios ofendidos pelos atos ímprobos, de que trata o artigo 11, é suficiente para demonstrar o descabimento de leitura não só restritiva de atos nesta categoria como também extintiva da capacidade de subsunção do tipo geral do *caput*.

A proteção do bem jurídico se perfaz de forma racional e razoável, o que é uma exigência do Estado de Direito. De modo que não é dado ao legislador descrever condutas típicas dentro de categoria que ostensivamente deve ser alocada em outra modalidade de ato ímprobo, bem como negar tipicidade para situações jurídicas abrangidas pelo sistema. A Lei nº 14.230 traz este vício ao tratar de dano ao erário em contratações de propaganda institucional no artigo 11 e ao negar injustificadamente sua aplicação na gestão de recursos públicos por partidos políticos (artigo 23-C).

A tutela adequada, necessária e proporcional dos bens jurídicos também nos oferece a interpretação compatível com a Constituição do rol de sanções estabelecidas pelo novo artigo 12, da LIA, nos termos da Lei nº 14.230/2021. Primeiro, mostra-se injustificado o aumento simbólico do prazo das penalidades de suspensão de direitos políticos e de interdição de direitos (de 10 anos para 14 anos), acompanhado de redução relevante da multa civil, no caso de atos ímprobos enquadrados no artigo 9º. Segundo, de igual modo, mostra-se injustificado o aumento simbólico do prazo das penalidades de suspensão de direitos políticos e de interdição de direitos (de 8/5 anos para 12 anos), acompanhado de redução relevante da multa civil, no caso de atos ímprobos enquadrados no artigo 10º. Terceiro, reputa-se afrontosamente inconstitucional a exclusão das sanções constitucionais expressas de perda da função pública e de suspensão de direitos políticos, para as hipóteses ímprobas agasalhadas no artigo 11, que foi acompanhada de redução substancial de teto da multa civil com aumento insignificante do prazo de interdição de direitos (de 3 para 4 anos).

Somente ocorrerá proteção adequada, necessária e proporcional quando a legislação competente desenhar a reação sancionatória, com adequada capacidade de prevenção, dissuasão e repressão. Com a Lei nº 14.230/2021, o legislador enfraqueceu a resposta sancionatória a atos ímprobos gravíssimos (descritos no artigo 11), criando uma inaceitável improbidade de segunda categoria.

Também é preciso compreender que o devido processo legal coletivo próprio da ação civil pública de improbidade administrativa deve ostentar uma estrutura processual idônea a instrumentalizar a tutela judicial efetiva e eficiente do bem jurídico protegido. Trata-se da projeção processual do bem jurídico.

Sob esta perspectiva, a Lei nº 14.230/2021 vai de encontro à consolidada qualificação da ação (de que trata o artigo 37, §4º) como ação civil pública, nos termos do novo artigo 17-D. O fato de veicular forma de repressão sistemática ao bem jurídico não desqualifica a ação de improbidade como ação civil pública. A improbidade impõe-se como tutela sancionatória de direito coletivo e, logo, não tem como se desgarrar de normas processuais gerais na matéria (LACP e CPC).

Dentro deste contexto, injustificável a exclusão da legitimação ativa de entes públicos e governamentais lesados pela prática de improbidade administrativa, para a propositura da competente ação civil pública, situação inclusive destoante do tratamento preconizado na Lei nº 12.846/2013 (artigo 19), concentrando-se a legitimação no Ministério Público competente, como titular exclusivo da pretensão acusatória, no novo artigo 17, *caput*, da LIA. Esta medida juridicamente desbaratada só causa embaraço e tumulto em ações civis públicas em andamento, revelando incontestável abuso de poder legislativo na produção da medida legislativa.

Da mesma forma, o procedimento seguido na tramitação da ação civil pública não está legitimado a suscitar fases processuais que somente tumultuem ou restrinjam, de forma injustificada, o exercício independente da jurisdição, incluindo o exercício da postulação acusatória em face de determinados atos ímprobos, o que ocorreu com a previsão de uma "fase de estabilização da acusação", inscrita no novo artigo 17, §10-C.

Tal como no Direito Penal e Direito Processual Penal – que inclusive expressamente disciplinam a *emendatio libelli* e *mutatio libelli* –, é próprio de sistemas sancionatórios no DAS que os responsáveis se defendam sobre os fatos ilícitos subjacentes à pretensão acusatória, e não sobre a qualificação jurídica que possa recair sobre estes, sendo certo, todavia, que a alteração no enquadramento jurídico pressupõe a observância do princípio processual da não surpresa, e demais corolários do devido processo legal adjetivo. A disciplina constante do artigo 17, §10-C, traz medida processual em total descompasso com a proteção do bem jurídico, revelando-se disfuncional, sob todos os aspectos.

A tramitação processual não pode ser objeto de "prescrição intercorrente", com prazo e termos que não encontrem justificativa objetiva, destoando da realidade do sistema judicial de improbidade administrativa, tal como operante no Direito brasileiro. Isto também não é observado pela Lei nº 14.230, no novo artigo 23, §§4º ao 8º, com as suas regras sobre prescrição intercorrente, manifestamente desproporcionais.

O sistema de improbidade administrativa, desde a Lei nº 8.429/1992 – seguindo linha estruturante da Lei da Ação Popular (Lei nº 4.717/1965) – está organizado de modo que são indicadas na lei as pessoas jurídicas de direito público e de direito privado, integrantes ou não da Administração, que são tuteladas ("sujeitos passivos") e ocupando a posição de entes lesados pela improbidade administrativa. Identificado o sujeito passivo, o sistema exige que seja apurada a condição de pessoas físicas (agentes públicos ou não) e jurídicas, envolvidas nas práticas corruptivas, qualificadas como "sujeitos ativos". Os artigos iniciais da Lei nº 8.429/1992 – artigo 1º ao 3º, versão originária – disciplinavam a matéria.

Com a Lei nº 14.230/2021, não foi alterada a técnica legislativa, mas houve injustificada blindagem subjetiva, na disciplina dos "sujeitos ativos". Esta blindagem é incompatível com a tutela ampla da improbidade, tal como exigida pelo artigo 37, §4º. Ocorreu, fundamentalmente, da seguinte forma: (i) houve a exclusão da conduta de beneficiar-se de atos ímprobos, restringindo a tipificação de atos de terceiros à conduta de "induzir ou concorrer, de forma dolosa", fragilizando a responsabilização de pessoas físicas e, sobretudo, pessoas jurídicas envolvidas na improbidade; (ii) houve, simultaneamente, a restrição de responsabilidade de pessoas físicas relacionadas com pessoas jurídicas envolvidas na ilicitude (sócios, cotistas, diretores e colaboradores), exigindo-se comprovação de "participação e benefícios diretos", no contexto da ilicitude.

Diferentemente do Direito Penal, o Direito Administrativo Sancionador há muito agasalha a responsabilidade de pessoas jurídicas pela prática de atos ilícitos por ele censurados.[73] Não é diferente no campo da improbidade administrativa. Cabe à legalidade

---

[73] GÓMEZ TOMILLO, Manuel. La culpabilidad de las personas jurídicas por la comisión de infracciones administrativas: especial referencia a los programas de cumplimiento. *In: Revista de Administración Pública*, Madri (Espanha), n. 203, p. 57-88, mayo/ago. 2017.

estabelecer a técnica adequada, necessária e proporcional para assegurar funcionalidade ao regime sancionador. No contexto contemporâneo, é de amplo conhecimento que a prática de ilícitos de DAS se perfaz pela interferência de pessoas jurídicas, o que acaba por tornar mais complexo o processo de apuração e de responsabilização na tutela de bens jurídico-públicos. Não raro a pessoa jurídica infratora, inclusive, é utilizada para ocultar outras pessoas físicas ou jurídicas responsáveis pelo ilícito.

Este é o contexto de sistemas de responsabilização que são ativados pela ocorrência de ilícitos, subjacentes a diversas formas de corrupção. Depreende-se do artigo 37, §4º, que todos os envolvidos na configuração da improbidade devem responder nos termos da lei nacional, que não pode criar zonas de blindagem ou de imunidade, seja no segmento amplo dos agentes públicos, seja nos terceiros autores, partícipes e beneficiários. O tipo constitucional basilar é amplo e não admite reduções legislativas arbitrárias.

Não bastasse o dispositivo constitucional, todas as convenções internacionais anticorrupção (OCDE, OEA, ONU) são explícitas no mandamento de repressão, com destaque ao regime de responsabilidade aplicável às pessoas jurídicas. Pelo Tratado da OCDE, "cada Parte deverá tomar todas as medidas necessárias ao estabelecimento das responsabilidades de pessoas jurídicas pela corrupção de funcionário público estrangeiro, de acordo com seus princípios jurídicos" (artigo 2º). O Tratado da OEA dispõe sobre a responsabilidade de empresas em seu artigo VIII, dedicado ao suborno transnacional.

A Convenção de Mérida oferece norma específica sobre o vínculo do regime sancionador aplicável às pessoas jurídicas e sua indispensabilidade na tutela da probidade. Conforme artigo 26, "cada Estado Parte adotará as medidas que sejam necessárias, em consonância com seus princípios jurídicos, a fim de estabelecer a responsabilidade de pessoas jurídicas por sua participação nos delitos qualificados de acordo com a presente Convenção", de modo que "cada Estado Parte velará em particular para que se imponham sanções penais ou não penais eficazes, proporcionadas e dissuasivas, incluídas sanções monetárias, às pessoas jurídicas consideradas responsáveis de acordo com o presente Artigo".

Confrontando-se o conteúdo do novo artigo 3º da LIA, Constituição e Convenção de Mérida, infere-se que o novo regime aplicável às pessoas jurídicas na seara da improbidade não oferece condições efetivas de dissuasão, prevenção e repressão de práticas ímprobas imputáveis a pessoas jurídicas, produzindo imunização e blindagem no regime sancionador, contrariando os princípios do DAS, comprometendo a funcionalidade perseguida pelo modelo.

A responsabilidade subjetiva de pessoas jurídicas consagrada expressamente pela Lei nº 14.230, nos moldes ora positivados na LIA, insurge-se contra as exigências das convenções citadas, mostrando-se deficiente na proteção dos bens jurídicos.

A Lei nº 14.230/2021 expressamente recepciona o sistema em torno da proteção de bens jurídicos, exigindo inclusive – e de forma correta – ofensa relevante a estes como pressuposto de tipificação material de atos ímprobos (artigo 11, §4º).[74]

---

[74] ALMEIDA, Pedro Luiz Ferreira de. *Improbidade Administrativa e o Princípio da Insignificância*. 1. ed. Rio de Janeiro: Lumen Juris, 2020.

5.2 Tipificação de condutas ilícitas

A responsabilidade pela prática de improbidade administrativa exige a subsunção formal e material de condutas ilícitas às formas típicas descritas nos artigos 9º, 10 e 11 da LIA, que, a seu turno, operam como tipos gerais ou especiais de improbidade, sem prejuízo de tipificações constantes em leis federais especiais.

O artigo 9º trata de condutas que importam enriquecimento ilícito, sancionado na esfera cível, o que vem da tradição do Direito Público brasileiro, pelo menos, desde a Lei nº 3.164/1957 (Lei Pitombo Godói Ilha) e Lei nº 3.502/1958, ambas revogadas pela Lei nº 8.429/1992. Trata-se de inúmeras formas de obtenção de vantagem econômica indevida, para si ou para outrem, em razão do vínculo com a entidade lesada pela improbidade.

Todavia, o artigo também traz norma geral de enriquecimento ilícito por aquisição de patrimônio "desproporcional à evolução do patrimônio ou à renda do agente público" (artigo 9º, inciso VII), tipologia esta de corrupção tratada expressamente nas Convenções da OEA (artigo IX) e da ONU (artigo 20). Houve alteração do inciso, pela Lei nº 14.230/2021, que merece interpretação sistemática.

Contraria a Constituição e os tratados anticorrupção extrair da nova redação que o "enriquecimento ilícito por evolução patrimonial desproporcional" teria sido excluído do sistema de improbidade ou que teria sido condicionado à prova de relação entre o "enriquecimento ilícito" combatido e o vínculo do agente com o ente lesado, visto que isto já está em todos os demais incisos do artigo 9º. A melhor hermenêutica está em que, desde a Lei nº 14.230, o tipo geral tornou-se mais severo no enquadramento da conduta ilícita, exigindo prova de dois fatos jurídicos, que podem ou não possuir vinculação direta: o fato subjacente ao enriquecimento patrimonial desproporcional mais o fato subjacente à prática de um ilícito funcional. Disso decorre a impossibilidade de sua retroatividade, tendo sido mantida a continuidade típica da conduta ilícita anterior.

A Convenção da ONU assegura aos acusados o direito de provar ingressos legítimos que podem ser razoavelmente justificados pelo agente público. Na nova redação da Lei nº 14.230, está "assegurada a demonstração pelo agente da licitude da origem dessa evolução". O dispositivo merece ser aplicado em harmonia com a convenção da ONU, que traz parâmetro mais favorável. De todo modo, a evolução de patrimônios descobertos sem justificativa razoável enseja ofensa à honorabilidade patrimonial de agentes públicos.

O artigo 10 continua a proteger o Erário Público de atos ímprobos que lhe causam prejuízo, ensejando, de um lado, perda patrimonial, desvio, malbaratamento ou dilapidação, e, de outro lado, produzindo apropriação pelo agente público e enriquecimento ilícito de terceiros.

A revogação da culpa no *caput* do artigo 10, promovida pela Lei nº 14.230, exige cuidadosa hermenêutica. Ninguém desconhece a responsabilidade patrimonial de agentes públicos, por atos ilícitos, por condutas dolosas ou culposas, bem firmada no artigo 37, §6º, da CF. Também não se desconhece a garantia fundamental da ação popular (artigo 5º, inciso LXXIII, CF), que tutela o patrimônio público, sendo que a Lei nº 4.717/1965 não exige comprovação de dolo ou culpa na ilegalidade para a procedência da ação. A incontestável existência de outras vias de proteção do Erário não justifica menosprezar condutas ilícitas culposas que agridem o Erário Público, e que revelam ofensa relevante à probidade, pelo grau singular de deszelo, imprudência, negligência e imperícia, no trato com o Erário. Isto vale tanto para atuações que só gerem perdas patrimoniais quanto para atuações que geram enriquecimento ilícito de terceiros.

Disso resulta que, após a Lei nº 14.230, a admissão de condutas culposas deve ser perquirida à luz de cada tipo geral ou especial constante do elenco do artigo 10. Na medida da abertura tipológica, constatada a relevância da ofensa à probidade, com o resultado danoso ao erário, deve ser reconhecida a aplicação correta da lei, conforme o caso. Esta observação é, deveras, valiosa para o adequado enquadramento de condutas ímprobas nos incisos VIII, IX e XII do artigo 10.

O artigo 11 da LIA foi o mais afetado pela lei de reforma, que pretendeu diretamente reduzir o seu escopo abrangente, reconhecido por jurisprudência anterior consolidada. A intenção do legislador foi esvaziar o conteúdo normativo do *caput* e limitar o rol de condutas ilícitas à taxatividade, cristalizadas nos incisos.

Ocorre que a categoria de atos de improbidade (que não importam enriquecimento e que não acarretam prejuízos ao Erário) não é fruto da obra legislativa. Vem de plano normativo superior, com respaldo no artigo 37, §4º, que invariavelmente alcança todos os graves abalos à probidade no seio da organização do Estado. Como se nota no rol aprovado pela Lei nº 14.230/2021, resta patente que é inviável pretender esgotar hipoteticamente este tipo de ilicitude. Isto significa que a nova redação do artigo 37, §4º, deve ocorrer à luz do sistema em que a norma está inserida, e não a partir de uma vontade do legislador já sepultado pelo tempo. Donde, inafastável o conteúdo normativo do *caput*, sob pena de atentado à Constituição.

Esta observação conduz a outra conclusão. A nova redação do *caput*, do artigo 11, mantém a continuidade típica de atos ímprobos enquadrados em fragmentos da norma anterior, que foram retirados do Texto, ou incisos revogados. De sorte que condutas ímprobas praticadas anteriormente seguem sob a mesma rotulação típica, encaixandose no tipo basilar constitucional.

A revogação do artigo 11, inciso I – tipificando o desvio de finalidade –, é uma demonstração patente de abuso do Poder Legislativo. Trata-se de vício que contamina o pressuposto teleológico ou finalístico de atos e condutas (comissivas ou omissivas) de agentes públicos, traindo os fins de interesse público indicados pelo ordenamento jurídico, forma de extravasamento da competência pública. Não raro para atender interesses privados, de diversificada índole, pois quando praticado para atender outro interesse público não há como catalogá-lo na LIA. Revogado o artigo 11, inciso I, o desvio de finalidade continua como ato ímprobo, depreendido do *caput* do artigo 11.

A tipificação subjetiva também está estampada na LIA. O enquadramento de condutas no artigo 9º, 10 e 11 governa-se pela configuração de condutas dolosas, parâmetro que também é aplicável à responsabilização de condutas de terceiros. De forma excepcional, a conduta culposa ainda permanece em tipos do artigo 10, mas é absolutamente excluída dos demais tipos, conforme jurisprudência consolidada.

A Lei nº 14.230/2021, em seu artigo 1º, §§1º e 2º, faz referência ao dolo, indicando-o como "vontade livre e consciente de alcançar o resultado ilícito tipificado nos arts. 9º, 10 e 11 desta Lei, não bastando a voluntariedade do agente". Certamente, a norma não pode conduzir a exigência de comprovação radical do estado psicológico dos responsáveis, com a dimensão alargada que estipula, sob pena de impedir ou inviabilizar a tutela da probidade, na medida já sabida de que práticas de corrupção ocorrem na clandestinidade, pautam-se pela ocultação e fraude no *modus procedendi*, e pela eliminação de vestígios, indícios e provas, e não são confessadas em público.

O dispositivo não eliminou o denominado "dolo genérico" na tipificação subjetiva de atos de improbidade (conforme jurisprudência consolidada), porque há dispositivos consagrando "dolos específicos" como elementos subjetivos do tipo (*v.g.* artigo 9º, incisos II, III, V, VI, IX e X; artigo 11, incisos V e VI).

Da mesma forma, não se deve considerar os parágrafos 1º e 2º do artigo 11 ("o fim de obter proveito ou benefício indevido para si ou para outra pessoa ou entidade") como exigência de "dolo específico" nas condutas reprovadas, sob pena de incorrer na mesma *prova diabólica*, como ônus desproporcional, suscitado pelo artigo 1º, §2º. Exigir comprovação do estado anímico de que a ação ímproba visa gerar proveito ou benefício indevido, seja de agentes públicos, seja de seus beneficiários, implica grau desproporcional de exigência de tipificação subjetiva que desampara a proteção da probidade e desconsidera injustificadamente o tipo de ilicitude que o sistema de responsabilização visa prevenir, reprimir e dissuadir.

Esta exigência desproporcional opera em desfavor da funcionalidade perseguida, blindando e incentivando agentes públicos e terceiros à prática das mais diversas e sempre criativas e inovadoras formas de atentar contra os valores republicanos e democráticos do Estado Constitucional, aumentando consideravelmente a expectativa de impunidade de atos ímprobos.

5.3 Sanções redefinidas

O sistema de improbidade administrativa fixa as seguintes sanções constitucionais (artigo 37, §4º, CF); (i) perda da função pública; (ii) suspensão dos direitos políticos; (iii) perdimento de acréscimos patrimoniais ilicitamente obtidos com a improbidade. Ao que se somam as seguintes sanções fixadas no plano legal, desde a Lei nº 8.429/1992 (art. 12): (iv) multa civil; (v) proibição de contratar com o Poder Público ou de receber benefícios ou incentivos fiscais ou creditícios, direta ou indiretamente, ainda que por intermédio de pessoa jurídica da qual seja sócio majoritário. Ao lado destas consequências sancionatórias de atos ímprobos, a Constituição também estipula o dever de ressarcimento ao Erário, quando a improbidade causa dano ao patrimônio público, o que também se reproduz em diversos dispositivos da Lei nº 8.429.

A Lei nº 14.230 trouxe alterações significativas, que exigem interpretação atenta à possível desarmonia com os princípios constitucionais.

A perda da função pública está restrita ao vínculo de "mesma qualidade ou natureza" do agente público, na época do cometimento da infração, tendo sido conferida ao juiz competente a possibilidade de estendê-la para outros vínculos, "consideradas as circunstâncias do caso e a gravidade da infração" (novo artigo 12, §1º, da LIA). Este regramento viola o princípio da legalidade sancionatória, pois a lei nacional deixa de fixar as hipóteses de cabimento da sanção. Não pode o cabimento da sanção ficar dependente do juízo no sabor das "circunstâncias do caso concreto". Também viola a razoabilidade e proporcionalidade, pois até mesmo esta modulação só foi desenhada para os atos ímprobos do artigo 9º, desprotegendo situações próprias do artigo 10 e 11. Neste último caso, a penalidade constitucional foi abolida, afrontando o programa constitucional.

No tocante à suspensão dos direitos políticos, houve redefinição de prazos, nos incisos I (até 14 anos) e II (até 12 anos), e abolição no inciso III do artigo 12. Não se vislumbram elementos objetivos, senão simbólicos, a justificar o aumento da carga punitiva. Da mesma forma, não há motivação que ampare a extinção geral da sanção, em face da categoria total de atos do artigo 11, que não raro são capitaneados e praticados por exercentes de cargos políticos, como a listagem de descrições típicas demonstra. Houve, assim, violação concomitante à proibição de excesso e à proibição de deficiência. Eleva-se em categorias carentes da alteração. Atenua-se em categorias exigentes de reação sancionadora inalterada.

Como visto, os valores máximos da multa civil foram reduzidos (no artigo 12, incisos I, II e III) e, ao mesmo tempo, foi permitido ao juiz competente dobrar o valor quando a sanção se revelar "ineficaz para reprovação e prevenção do ato de improbidade". Sabe-se que a multa é sanção de DAS, com elevado teor de prevenção e dissuasão. Mesmo com os atuais parâmetros, a multa foi significativamente reduzida no sistema de improbidade administrativa, considerando atos ímprobos subsumidos na redação anterior do artigo 9º (até três vezes) e artigo 11 (até cem vezes). Entende-se que, no caso do artigo 11, há manifesta violação do princípio da proporcionalidade, abalando-se a funcionalidade da multa no sistema.

Relativamente à interdição de direitos, vislumbra-se igual vício de inconstitucionalidade, por ofensa à legalidade do DAS, já que a lei deixou de fixar a sanção, delegando esta definição *a priori* ao juiz competente. De fato, "em caráter excepcional e por motivos relevantes devidamente justificados", a proibição de contratação com o poder público "pode extrapolar o ente público lesado pelo ato de improbidade", conforme novo artigo 12, §4º. Há intolerável indefinição legal.

Também merece registro que a Lei nº 14.230 institui uma categoria de "atos de improbidade de menor ofensividade", que devem ser reprimidos somente com a sanção de multa, e, conforme o caso, ressarcimento de dano e perdimento de valores ilicitamente recebidos (novo artigo 12, §5º). O dispositivo contraria a legalidade sancionatória, pois não trouxe definição mínima sobre critérios de "menor ofensividade", como também a proporcionalidade sancionatória, porque não indica a forma de fixação qualificada da multa, que ostente nexo de correlação com a menor ofensividade.

Outra disposição que viola o princípio da proporcionalidade (devido processo legal substantivo) está no novo artigo 12, §9º, quando impõe o trânsito em julgado da sentença/acórdão condenatórios como condição de execução das sanções, excluindo a possibilidade de cumprimento provisório de sentença que reconhece a exigibilidade de obrigação de pagar quantia certa (artigo 520 do CPC), no caso, valores devidos a título de multa civil, ressarcimento de danos e perdimento de bens ilicitamente acrescidos ao patrimônio.

5.4 Processo coletivo

O sistema de improbidade administrativa exige a judicialização da forma de imposição unilateral e consensual das sanções previstas em lei, tal como se infere do artigo 37, §4º, da CF, pela severidade das sanções e medida cautelar anunciadas pelo Texto Constitucional. Trata-se de típica ação civil pública, com legitimação reconhecida ao Ministério Público competente (artigo 129, inciso III) e ente público ou governamental lesado (artigo 37, *caput*).

Esta legitimação concorrente foi agasalhada na Lei nº 8.429/1992, tendo sido extinta a legitimação dos entes lesados, por força da Lei nº 14.230/2021. A medida contraria a

Constituição, na medida em que, mesmo com escopo sancionatório, a ação civil pública de improbidade visar tutelar ofensa perpetrada aos entes públicos e governamentais, dentro do raio subjetivo do artigo 37, *caput*.

Se a medida foi aprovada com o fim de impedir pretensões acusatórias arbitrárias, a medida é objetivamente desproporcional, pois existem outros meios para atingir este fim, que não colocam em xeque a legitimação ativa dos entes vitimados pelos atos ímprobos. Cabe ao juízo competente impedir o processamento desse tipo de demanda. Por outro lado, se a medida foi tomada em razão da notória desestruturação de advocacias públicas no Brasil, também é inadequada, pois o meio não tem nenhuma relação com o fim de impulsionar a correção destas deficiências historicamente constituídas.

É insuficiente a legitimidade ativa remanescente, prevista no novo artigo 18, §2º, pela qual a pessoa jurídica prejudicada, após o trânsito em julgado, pode promover a liquidação da sentença condenatória, restrita ao ressarcimento do dano e perdimento de bens ilicitamente acrescidos com a improbidade. No mesmo sentido, a mera oitiva da pessoa jurídica lesada pelo dano advindo de atos ímprobos, para fins de celebração de acordo de não persecução (novo artigo 17-B, §1º, inciso I), também não se harmoniza com as atribuições plenas da advocacia pública, que constitucionalmente ostenta legitimação para tomar todas as providências judiciais cabíveis na representação judicial e extrajudicial dos entes da Administração Pública, inclusive medidas acautelatórias como o afastamento de agentes públicos, nos termos do artigo 20, que não traz nenhuma restrição no tema da legitimação ativa.

A ação de improbidade administrativa (artigo 37, §4º) é uma espécie de ação civil pública (artigo 129, inciso III e §1º), e o legislador não pode negar esta qualificação constitucional, que já está sedimentada no âmbito do STF e do STJ. O fato de integrar o DAS (como visto, o ordenamento francês utiliza a expressão repressão administrativa ou direito repressivo não penal) não justifica a desnaturação pretendida pelo novo artigo 17-D, que contém uma contradição: mesmo reconhecida a finalidade constitucional do sistema (novo artigo 1º da LIA), o dispositivo em cena expulsa a AIA do universo da ACP, que tutela o patrimônio público e social.

Em verdade, o artigo 17-D necessita de interpretação sistemática. Ele deve conduzir ao reconhecimento de que o manuseio da AIA gravita em torno do seu fim de responsabilização pessoal, por ilícitos (ações ou omissões) ocorridos, na perspectiva prospectiva de que sejam criadas condições institucionais de resguardo da ordem jurídica de sua não reiteração. Com este perfil, pretensões fundadas exclusivamente na AIA não podem veicular pedidos de tutela jurisdicional com escopo diverso, que necessita de amparo na Lei nº 7.347/1985 e no CPC. Esta é a mensagem deôntica essencial do artigo 17-D. Impede o uso da AIA como instrumento desvirtuado de controle de legalidade, como meio de coerção indireta na busca do seu resultado.

O artigo 17-D não impede o ajuizamento concomitante de AIA e ACP em face de determinadas circunstâncias. Todavia, cada instrumento processual seguirá com sua identidade, o que conduzirá ao aperfeiçoamento da forma de utilização de cada qual, pelos entes legitimados a propô-las. O Direito Administrativo brasileiro tem assistido a evolução significativa do exercício da função de controle, seja na perspectiva do controle administrativo interno,[75] seja na perspectiva do controle externo.

---

[75] CONTI, José Maurício; CARVALHO, André Castro. O controle interno na Administração Pública brasileira: qualidade do gasto público e responsabilidade fiscal. *In: Direito Público*, Porto Alegre, v. 37, p. 201-220, 2011.

Merece atenção o novo artigo 17-C e seus incisos, que trazem normas de julgamento a serem observadas pelo juízo competente (em todas as instâncias) na AIA. Submete-o às exigências do art. 489 do CPC. Subordina-o, explicitamente, ao princípio da motivação (inciso I), que deve tratar das "consequências práticas da decisão" (inciso II), de "critérios objetivos que justifiquem a imposição da sanção" (no caso de ofensa a princípios) (inciso VII), e considerar "os obstáculos e as dificuldades reais do gestor", o que inclui "as circunstâncias práticas que houverem imposto, limitado ou condicionado a ação do agente" (inciso III). Suscita a observância do princípio da proporcionalidade e da razoabilidade (inciso IV, alínea "a"). Desdobra, exemplificativamente, critérios de dosimetria de sanções, como "a natureza, a gravidade e o impacto da infração cometida" (alínea "b"); "a extensão do dano causado" (alínea "c"); "o proveito patrimonial obtido pelo agente" (alínea "d"); "as circunstâncias agravantes ou atenuantes" (alínea "e"); "a atuação do agente em minorar os prejuízos e as consequências advindas de sua conduta omissiva ou comissiva" (alínea "f"); e "os antecedentes do agente" (alínea "g"). Tais fatores se somam à "personalidade do agente, a natureza, as circunstâncias, a gravidade e a repercussão social do ato de improbidade", referidos no artigo 17-B, §2º. Quanto mais precisa, suficiente, consistente e congruente a motivação do julgamento da AIA, melhor se realiza a finalidade do exercício da jurisdição no Estado Democrático.

Também merece destaque o dever do juiz competente em "considerar na aplicação das sanções a dosimetria das sanções relativas ao mesmo fato já aplicadas ao agente" (artigo 17-C, inciso V). Este dispositivo promove a necessária avaliação judicial de outras sanções estatais definitivamente aplicadas (conforme as normas do pertinente sistema de responsabilização) ao réu "relativas ao mesmo fato", quando ocorre o julgamento da AIA. O inciso também está inspirado na Lei nº 13.655/2018 (que alterou a LINDB), que oferece a regra hermenêutica no sentido de que "as sanções aplicadas ao agente serão levadas em conta na dosimetria das demais sanções de mesma natureza e relativas ao mesmo fato" (artigo 22, §3º). O inciso V não é uma norma derivada do princípio constitucional do *non bis in idem*, mas um corolário do princípio da proporcionalidade.

A Lei nº 14.230/2021 inovou no processo judicial de cumprimento da sentença condenatória de ações de improbidade. O novo artigo 18-A refere-se à unificação de sanções. A existência do dispositivo demonstra a efetividade do sistema de improbidade nos seus 29 anos e serve de comprovação de que, no plano da realidade fática, o ordenamento brasileiro convive com situações ímprobas cuja gravidade se manteve ao longo de todo o período, a ponto de exigir tratamento específico para este aspecto do regime disciplinado: a prática de atos ímprobos em concurso material e em "continuidade de ilícito" pelos mesmos sujeitos condenados em diversos processos judiciais.

Como qualquer regime sancionatório, a prática de diversos atos ilícitos tipificados pelo mesmo sujeito infrator merece o adequado tratamento legal, o que inclui uma disciplina menos severa para situações de continuidade ("mais benéfico ao réu"). Assim ocorre no Direito Penal (artigos 69 a 71 do CP), e nele claramente inspirado se percebe o fundamento do novo artigo 18-A da LIA.

É importante destacar que as normas de "unificação" devem reger não só processos distintos em curso no mesmo Juízo competente, mas impõem-se como parâmetro de aplicação das sanções em face das mesmas circunstâncias, quando já abrangido na causa de pedir da AIA no próprio processo de cognição, muito embora seja silente o artigo 17-C a respeito.

Por fim, a homologação da celebração de Acordo de Não Persecução Cível ao longo do processo judicial, detalhando os seus pressupostos e efeitos no sistema de improbidade, constitui igualmente medida aperfeiçoadora, conforme o novo artigo 17-B. Exsurge como potestade consensualizada, que tem sido admitida e difundida no Direito Administrativo Sancionador brasileiro,[76] instituída pela Lei nº 13.964/2019, inaugurando uma nova fase de modalidades diversas de responsabilização (potestade unilateral e potestades consensualizadas), a exigir aprofundamento teórico para o correto balizamento do novo instituto.[77]

6 Conclusões

1. Os agentes públicos no ordenamento brasileiro estão submetidos aos seguintes sistemas de responsabilização, postos em movimento pela prática de atos ilícitos no seu exercício funcional: (i) sistema de responsabilização patrimonial (ou civil), (ii) sistema de responsabilização penal comum, (iii) sistema de responsabilização por irregularidades formais e materiais de contas; (iv) sistema de responsabilização eleitoral; (v) sistema de responsabilização pela prática de atos de improbidade administrativa; (vi) sistema de responsabilização político-constitucional; (vii) sistema de responsabilização político-legislativo; (viii) sistema de responsabilização administrativa; (ix) sistema de responsabilização por discriminação atentatória dos direitos e liberdades fundamentais.

2. O sistema de responsabilização de agentes públicos pela prática de atos de improbidade administrativa constitui sistema geral e autônomo, com fundamento expresso na Constituição Federal (artigo 37, §4º), regulamentado originariamente pela Lei nº 8.429/1992, ocupando a centralidade do sistema brasileiro anticorrupção, no campo da jurisdição civil, integrado ao Direito Administrativo Sancionador.

3. A título de legislação geral, o sistema de improbidade administrativa está regulamentado pela Lei nº 8.429/1992 (Lei Geral de Improbidade Administrativa) e Lei nº 12.846/2013 (Lei de Improbidade das Pessoas Jurídicas), ao lado de diversas leis específicas.

4. Esta legislação nacional está submetida ao império de tratados internacionais anticorrupção, internalizados no ordenamento brasileiro, destacadamente a Convenção Anticorrupção da OCDE, OEA e da ONU (Convenção de Mérida).

5. O sistema de improbidade sofreu significativas alterações pela Lei nº 14.230/2021, afetando, ao mesmo tempo, a sua autonomia constitucional e a sua característica não penal. Quaisquer dispositivos que as fragilizam devem ser reputadas inconstitucionais.

6. A Lei nº 14.230/2021 alterou o sistema de improbidade administrativa, em seus diversos elementos constitutivos: bem jurídico, ilícito, sanção e processo. Todavia, quaisquer alterações legislativas, por força de legislação federal exclusiva, devem estar em consonância com o tipo constitucional basilar da improbidade administrativa.

---

[76] OLIVEIRA, José Roberto Pimenta; GROTTI, Dinorá Adelaide Musetti. Consensualidade no Direito Administrativo Sancionador. Breve análise do Ajustamento Disciplinar *In: Direito Administrativo Sancionador Disciplinar*. 1. ed. Rio de Janeiro: CEEJ, 2021, v. 1, p. 273-350.

[77] OLIVEIRA, José Roberto Pimenta; GROTTI, Dinorá Adelaide Musetti. Consensualidade no Direito Administrativo Sancionador. Breve análise do Acordo de Não Persecução Cível, na Orientação Normativa nº 10/2020, da 5ª CCR-MPF. *In:* SALGADO, Daniel de Resende; QUEIROZ, Ronaldo Pinheiro de; KIRCHER, Luís Felipe Schneider. *Justiça consensual*: acordos penais, cíveis e administrativos. 1. ed. Salvador: Juspodivm, 2022, p. 001-049.

7. O legislador federal está vinculado a cumprir o mandamento de obrigatória reprovação explícita de atos de improbidade administrativa, com conformação adequada, necessária e proporcional do sistema de responsabilização, de forma a cumprir a funcionalidade perseguida pela sua consagração no regime republicano e democrático do Estado, desenhado na Constituição Federal.

Referências

ALMEIDA, Fernanda Dias Menezes de. *Competências na Constituição de 1988*. 3. ed. São Paulo: Atlas, 2005.

AMARAL, Diogo Freitas do. O poder sancionatório da Administração Pública. *In: Estudos comemorativos dos 10 anos da Faculdade de Direito da Universidade Nova de Lisboa*. Coimbra: Almedina, 2012.

ANDRADE, Carlos Gustavo Coelho de. *Mandados Implícitos de Criminalização*. Rio de Janeiro: Lumen Juris, 2019.

ARÊDES, Sirlene Nunes. *Ne bis in idem*: direito fundamental constitucional aplicável na relação entre as esferas penal e administrativa geral no direito brasileiro. *In: Direito, Estado e Sociedade*, Pontifícia Universidade Católica do Rio de Janeiro – PUC-RJ, v. 52, p. 204-240, 2018.

ATALIBA, Geraldo. *República e Constituição*. 2. ed. Atualizadora Roсоléa Miranda Folgosi. São Paulo: Malheiros, 1998.

BANDEIRA DE MELLO, Celso Antônio. *Curso de direito administrativo*. 35. ed. São Paulo: Malheiros-Juspodivm, 2021.

BÉJAR RIVERA, Luis José. *Curso de Derecho Administrativo*. 3ª reimpr. México: Oxford, 2009.

BUENO, Cassio Scarpinella; PORTO FILHO, Pedro Paulo. *Improbidade Administrativa* – Questões Polêmicas e Atuais. São Paulo: Malheiros, 2001.

CARDONA, Luz Ángela; ORTIZ, Horácio; VÁZQUEZ, Luis Daniel. Violación de derechos humanos en México. Un costo poco advertido de la corrupción. *In: Política y Gobierno, México*, vol. xxv, n. 1, p. 153-184, 2018.

CARRETERO PEREZ, Adolfo; CARRETERO SÁNCHEZ, Adolfo. *Derecho Administrativo Sancionador*. 2. ed. Madri: Editoriales de Derecho Reunidas, 1995.

CONSÉIL D'ÉTAT. *Les dossiers thématiques du Conseil d'État*. Le juge administratif et les sanctions administratives. Paris: Conséil d'État, 2017.

CONTI, José Maurício; CARVALHO, André Castro. O controle interno na Administração Pública brasileira: qualidade do gasto público e responsabilidade fiscal. *In: Direito Público*, Porto Alegre, v. 37, p. 201-220, 2011.

CONTI, José Maurício. *Direito Financeiro e Direito Econômico*. 1. ed. São Paulo: IPAM, 2020.

COSTA, Helena Regina Lobo da. Direito Administrativo Sancionador e Direito Penal: a necessidade de desenvolvimento de uma política sancionadora integrada. *In*: BLAZECK, Luiz Maurício Souza; MARZAGÃO JÚNIOR, Laerte I. (Org.). *Direito Administrativo Sancionador*. 1ed. São Paulo: Quartier Latin, 2014, p. 107-118.

CUNHA, Sérgio Sérvulo da. Responsabilidade do administrador público. *In: Revista Trimestral de Direito Público*, São Paulo, n. 31, p. 79-89, 2000.

CURICH, Yvana Lucía Novoa. ¿Son las convenciones de lucha contra la corrupción tratados de derechos humanos? *In: THĒMIS-Revista de Derecho*, Lima-Perú, vol. 69, p. 301-314, 2016.

DELGADO, Pablo Soto. Sanciones administrativas como medidas de cumplimiento del Derecho: un enfoque funcional y responsivo aplicado al régimen sancionatorio ambiental. *In: Revista Ius et Praxis*, Universidade de Talca, Talca (Chile), ano 22, n. 2, p. 189-226, 2016.

DELMAS-MARTY, Mireille; TEITGEN-COLLY, Catherine. *Punir sans juger*; de la répression administrative ao droit administratif pénal. Paris: Economica, 1992.

DIAS, Eduardo Rocha. *Sanções administrativas aplicáveis a licitantes e contratados*. São Paulo: Dialética, 1997.

FAORO, Raymundo. *Os Donos do Poder*. Volume I e 2. São Paulo: Publifolha/Globo, 2000.

FARIA, Luzardo. *O princípio constitucional da indisponibilidade do interesse público e a consensualidade no Direito Administrativo.* Belo Horizonte: Fórum, 2022.

FELDENS, Luciano. *A constituição penal:* a dupla face da proporcionalidade no controle de normas penais. Porto Alegre: Livraria do Advogado, 2005.

FERREIRA, Daniel. *Sanções Administrativas.* São Paulo: Malheiros, 2001.

FREITAS, Juarez. O princípio jurídico da moralidade e a lei de improbidade administrativa. Fórum Administrativo, Belo Horizonte, ano 5, n. 48, p. 5075-5092, 2005.

FREITAS, Juarez. *Direito Fundamental à Boa Administração Pública.* 3. ed. São Paulo: Malheiros, 2014.

FREITAS, Juarez. Políticas Públicas, Avaliação de Impactos e o Direito Fundamental à Boa Administração. *In: Sequência,* v. 36, p. 115-133, 2015.

GARCÍA DE ENTERRÍA, Eduardo; FERNÁNDEZ, Tomás-Ramón. *Curso de Direito Administrativo.* Tomo II. Revisor Técnico Carlos Ari Sundfeld. São Paulo; RT – Thomson Reuters, 2014.

GARCÍA PULLÉS, Fernando. Potestad sancionatoria y facultad correctiva en la contratación administrativa en la republica argentina. *In: A&C – Revista de Direito Administrativo & Constitucional,* Belo Horizonte, ano 14, n. 56, p. 13-33, abr./jun. 2014.

GARCIA, Mônica Nicida. *Responsabilidade dos agentes públicos.* Belo Horizonte: Fórum, 2004.

GÓMEZ TOMILLO, Manuel. La culpabilidad de las personas jurídicas por la comisión de infracciones administrativas: especial referencia a los programas de cumplimiento. *In: Revista de Administración Pública,* Madri (Espanha), n. 203, p. 57-88, 2017.

GONÇALVES, Luiz Carlos dos Santos. *Mandados expressos de criminalização e a proteção de direitos fundamentais na Constituição brasileira de 1988.* Belo Horizonte: Fórum, 2007.

GUYOMAR, Mattias. *Les sanctions administratives.* Paris: LGDJ, 2014.

HESSE, Konrad. *A força normativa da constituição.* Tradução de Gilmar Ferreira Mendes. Porto Alegre: Sérgio Antônio Fabris Editor, 1991.

KREGAR, Josip; DŽIMBEG KATARINA, Croatia. Corruption and the Concept of Human Rights. *In: Cuadernos Constitucionales de la Cátedra Fadrique Furió Ceriol,* Valencia-Espanha, Universidad de Valencia, n. 62/63, p. 187-196, 2008.

LEAL, Rogério Gesta. Os bens jurídicos tutelados na Lei de Improbidade Administrativa e o dever de correspondência dos agentes públicos em face das responsabilidades jurídicas consectárias. *In: A&C – Revista de Direito Administrativo & Constitucional,* Belo Horizonte, ano 13, n. 53, p. 75-103, jul./set. 2013.

MANCUSO, Rodolfo de Camargo. *Interesses difusos:* conceito e legitimação para agir. 9. ed. São Paulo: Revista dos Tribunais, 2019.

MAURER, Hartmut. *Droit Administratif Allemand.* Tradução de Michel Fromont. Paris : LGDJ, 1994.

MAZZILLI, Hugo Nigri. *A defesa dos interesses difusos em juízo:* meio ambiente, consumidor, patrimônio cultural, patrimônio público e outros interesses. 32. ed. São Paulo: Juspodivm, 2021.

MEDEIROS, Alice Bernardo Voronoff de. *Direito Administrativo Sancionador no Brasil:* justificação, interpretação e aplicação. 1. ed. Belo Horizonte: Fórum, 2018.

MEDINA OSÓRIO, Fábio. Corrupción y mala gestión de la "res publica": el problema de la improbidad administrativa y su tratamiento en el derecho administrativo sancionador brasileño. *Revista de Administración Publica,* Madrid, v. 149, p. 487-522, 1999.

MEDINA OSÓRIO, Fábio. *Direito Administrativo Sancionador.* 1. ed. São Paulo: Revista dos Tribunais, 2000.

MEDINA OSÓRIO, Fábio. *Teoria da Improbidade Administrativa:* má gestão pública, corrupção, ineficiência. 1. ed. São Paulo: Revista dos Tribunais, 2007.

MELLO, Rafael Munhoz de. *Princípios constitucionais de Direito Administrativo Sancionador.* As sanções administrativas à luz da Constituição Federal de 1988. São Paulo: Malheiros, 2007.

MODERNE, Franck. *Sanctions administratives et justice constitutionnelle.* Paris: Economica, 1993.

MONTEIRO FILHO, Augusto César; PIOVESAN, Flávia. O combate à corrupção globalizada e a proteção dos direitos humanos. *In: Revista Brasileira de Direitos Fundamentais & Justiça*, Porto Alegre, Pontifícia Universidade Católica do Rio Grande do Sul – PUCRS, vol. 14, n. 43, p. 215-258.

MORAES, Alexandre Rocha Almeida de. A teoria dos mandados de criminalização e o combate efetivo à corrupção. *In: Revista Jurídica*, Escola Superior do MP-SP, São Paulo, vol. 5, p. 43-68, 2014.

MOURGEON, Jacques. *La répression administrative*. Paris : LGDJ, 1967, Bibliothèque de droit public, T. LXXV.

MURRAY, Mathew; SPALDIN, Andrew. Freedom from Official Corruption as a Human Right. *In: Governance Studies*. Washington (EUA): The Brookings Institution, 2015.

NIETO, Alejandro. *Derecho administrativo sancionador*. 5. ed. Madrid: Tecnos, 2017.

NOBRE Júnior, Edílson Pereira. Sanções Administrativas e princípios de direito penal. *In: Revista de Direito Administrativo*. Rio de Janeiro, vol. 219, p. 127-151, jan./mar. 2000.

NUNO, Brandão. O direito contra-ordenacional económico na era da regulação. *In*: LOUREIRO, Flávia Noversa (coord.). *A proteção dos direitos humanos face à criminalidade económica globalizada*: atas da Conferência Internacional. Centro de Investigação Interdisciplinar em Direitos Humanos – Universidade do Minho (Portugal), 2017.

OLIVEIRA, Ana Carolina Costa de. *Hassemer e o Direito penal brasileiro*: direito de intervenção, sanção penal e administrativa. 1. ed. São Paulo: Instituto Brasileiro de Ciências Criminais, 2013.

OLIVEIRA, José Roberto Pimenta. As exigências de razoabilidade e proporcionalidade inerentes ao devido processo legal substantivo e a improbidade administrativa. *In: Improbidade administrativa* – 10 anos da Lei n. 8429/92. 1. ed. Belo Horizonte: Del Rey, 2002, p. 295-334.

OLIVEIRA, José Roberto Pimenta. *Improbidade administrativa e sua autonomia constitucional*. Belo Horizonte: Fórum, 2009.

OLIVEIRA, José Roberto Pimenta. Sujeitos ativos dos atos de improbidade administrativa. *In*: ESMPU – Escola Superior do Ministério Público da União. *Cem perguntas e respostas sobre Improbidade Administrativa*. 2. ed. Brasília: ESMPU, 2013, p. 31- 38.

OLIVEIRA, José Roberto Pimenta (coord.). *Direito Administrativo Sancionador*. Estudos em homenagem ao Prof. Emérito da PUC-SP Celso Antônio Bandeira de Mello. São Paulo: Malheiros, 2019.

OLIVEIRA, José Roberto Pimenta; GROTTI, Dinorá Adelaide Musetti. Direito Administrativo Sancionador. Breve evolução Identidade. Abrangência e Funcionalidades. *In: Interesse Público*, Porto Alegre, v. 22, p.83-126, 2020.

OLIVEIRA, José Roberto Pimenta; GROTTI, Dinorá Adelaide Musetti. Consensualidade no Direito Administrativo Sancionador. Breve análise do Ajustamento Disciplinar *In: Direito Administrativo Sancionador Disciplinar*. 1. ed. Rio de Janeiro: CEEJ, 2021, p. 273-350.

OLIVEIRA, José Roberto Pimenta; GROTTI, Dinorá Adelaide Musetti. Consensualidade no Direito Administrativo Sancionador. Breve análise do Acordo de Não Persecução Cível, na Orientação Normativa nº 10/2020, da 5ª CCR-MPF. *In*: SALGADO, Daniel de Resende; QUEIROZ, Ronaldo Pinheiro de; KIRCHER, Luís Felipe Schneider. *Justiça consensual*: acordos penais, cíveis e administrativos. 1. ed. Salvador: Juspodivm, 2022, p. 1-49.

OLIVEIRA, Rafael Carvalho Rezende; NEVES, Daniel Amorim Assumpção. O sistema brasileiro de combate à corrupção e a Lei nº 12.846/2013 (Lei Anticorrupção). *Revista Brasileira de Direito Público – RBDP*, Belo Horizonte, ano 12, n. 44, p. 9-21, jan./mar. 2014.

OLIVEIRA, Régis Fernandes de. *Infrações e sanções administrativas*. São Paulo: RT, 1985.

ONETO, Víctor Sebastián Baca. El principio de culpabilidad en el derecho administrativo sancionador, con especial mirada al caso peruano. *In: Revista digital de Derecho Administrativo*, Universidad Externado de Colombia, n. 21, p. 313-344, 2019.

PAULINO, Pedro. O direito das contra-ordenações e a atividade sancionatória das autoridades reguladoras independentes. *Revista de Direito Administrativo*, Lisboa, vol. 3, 2018.

PIOVESAN, Flávia. Hierarquia dos tratados internacionais de proteção dos direitos humanos: jurisprudência do STF. *In: Revista do Instituto de Hermenêutica Jurídica*, v. 6, p. 105-130, 2008.

RAMÍREZ-TORRADO, María Lourdes; ANÍBAL-BENDEK, Hernando V. Sanción administrativa en Colombia. *In: Vniversitas. Bogotá* (Colombia), n. 131, p. 107-148, jul./dic. 2015.

SABOYA, Keity. *Ne bis in idem*: história, teoria e perspectivas. 1. ed. Rio de Janeiro: Lumen Juris, 2014.

SALGADO, Eneida Desiree; VIANA, Ana Cristina Aguillar. As infrações administrativas na lei brasileira de improbidade. *In*: RODRIGUEZ-ARANA MUÑOZ, Jaime; DELPIAZZO, Carlos; HERNÁNDEZ, Miguel; ELIZALDE JALIL, Marco; RODRÍGUEZ MARTÍN-RETORTILLO, María del Carmen (org.). *Régimen Administrativo Sancionatorio*. 1. ed. Guayaquil: FIDA, vol. 1, 2018. p. 31-47.

SANABRIA PEDRAZA, Arturo Heriberto (2018). Presunción de inocencia en materia de procedimiento administrativo sancionador. Matices y modulaciones. *In: Derecho Global*. Estudios sobre Derecho y Justicia, Universidad de Guadalajara, México, año 4, n. 10, p. 51-76, 2019.

SILVA, José Afonso da. *Ação popular constitucional*. 2. ed. São Paulo: Malheiros, 2007.

TORRADO, María Lourdes Ramírez. El criterio de interpretación del principio non bis in idem previsto en el artículo 45.3 de la Constitución Española. *In: Revista Ius et Praxis*, Universidad de Talca, Talca (Chile), año 16, n. 1, p. 287-302, 2010.

UNITED NATIONS OFFICE ON DRUGS AND CRIME. State of implementation of the United Nations Convention against Corruption. Criminalization, law enforcement and international cooperation. 2. ed. Viena: ONU, 2017.

VEGA, Luis Cordero. El derecho administrativo sancionador y los sectores de referencia en el sistema institucional chileno. *In: Revista Ius et Praxis*, Universidad de Talca, año 26, n. 1, p. 240-265, 2020.

VITTA, Heraldo Garcia. *A Sanção no Direito Administrativo*. São Paulo: Malheiros, 2003.

ZAVASCKI, Teori Albino. *Processo coletivo*: tutela de direitos coletivos e tutela coletiva de direitos. 3. ed. São Paulo: RT, 2008.

Informação bibliográfica deste texto, conforme a NBR 6023:2018 da Associação Brasileira de Normas Técnicas (ABNT):

OLIVEIRA, José Roberto Pimenta; GROTTI, Dinorá Adelaide Musetti. Responsabilidade de agentes públicos e o sistema de improbidade administrativa. Involuções da Lei nº 14.230/2021. *In*: CONTI, José Maurício; MARRARA, Thiago; IOCKEN, Sabrina Nunes; CARVALHO, André Castro (coord.). *Responsabilidade do gestor na Administração Pública*: improbidade e temas especiais. Belo Horizonte: Fórum, 2022. p. 29-64. ISBN 978-65-5518-413-6. v.3.

DA RETROATIVIDADE DA NOVA LEI DE IMPROBIDADE ADMINISTRATIVA E SEUS REFLEXOS PROCESSUAIS NAS AÇÕES DE RESPONSABILIDADE DOS GESTORES PÚBLICOS PROPOSTAS NO REGIME JURÍDICO ANTERIOR

JOSÉ ERNESTO FURTADO DE OLIVEIRA

1 Introdução

Com a entrada em vigor da Lei nº 14.230, de 25 de outubro 2021, não mais se discute a possibilidade da *retroatividade absoluta* das novas disposições e seu impacto no sistema legal de repressão à improbidade do administrador público.

Esse diploma normativo, além de alterar substancialmente a Lei nº 8.429, de 2 de junho de 1992 (Lei da Improbidade Administrativa), inovou ao positivar os princípios constitucionais do Direito Sancionador e determinar sua aplicação ao microssistema da Lei de Improbidade.[1]

A lei vigente, sem elencar nem definir quais seriam os princípios constitucionais do Direito Sancionador, não excluiu nenhuma das garantias constitucionais da retro-atividade da lei mais benéfica e dos respectivos instrumentos processuais do Direito Penal e do Direito Administrativo Sancionador.[2]

---

[1] Art. 1º O sistema de responsabilização por atos de improbidade administrativa tutelará a probidade na organização do Estado e no exercício de suas funções, como forma de assegurar a integridade do patrimônio público e social, nos termos desta lei.
(...)
§4º Aplicam-se ao sistema da improbidade disciplinado nesta lei os princípios constitucionais do direito administrativo sancionador.

[2] "No caso, o sistema da Improbidade Administrativa adotou expressamente os princípios do *direito administrativo sancionador* como uma forma de *limitar* o poder persecutório estatal, conferindo mais garantias aos acusados, pois não há como negar que os denunciados da maioria dos tipos administrativos dos estatutos disciplinares são extremamente abertos, o que exige do aplicador (intérprete) especial atenção e cuidado com aspectos fáticos dos ilícitos ali elencados, *para se evitar que a extensão conceitual de determinadas figuras jurídicas possuam o condão de ampliar os seus contornos*, ao ponto de neles interpretarem que cabem condutas que não expressam infrações graves à ordem administrativa e que por isso *não devem ser classificados como infração administrativa disciplinar*, mas

Hoje não há mais espaço para celeumas doutrinárias sobre a natureza jurídica da ação judicial de improbidade, vez que essa modalidade processual não é *civil*[3].

A legislação e a jurisprudência ao reconhecerem a existência de um direito sancionador como superprincípio do Direito a abranger o Direito Penal, o Direito Administrativo e outros correlatos, adotou em todos os casos, os princípios constitucionais da retroatividade da lei mais benéfica em razão de sua similaridade ontológica e de regime jurídico do conceito de ilícito e de sanção na esfera penal e administrativa[4].

2 Princípios do Direito Administrativo Sancionador

Não é recente que a doutrina especializada e prestigiada pela jurisprudência vem exigindo do legislador regras claras sobre o Direito Administrativo Sancionador. Esse sub-ramo do Direito Administrativo adota os mesmos princípios do Direito Penal a fim de trazer maior segurança jurídica aos gestores públicos, que, não sem razão, têm lutado contra o arbítrio das autoridades de controle, ante a ausência de um parâmetro normativo objetivo de gestão que melhor se aproxime à realidade da Administração Pública atual.

Nesse sentido, inclusive, o Superior Tribunal de Justiça (STJ) já reconheceu a necessária comunicação íntima entre os dois ramos do Direito.[5]

Na verdade, segundo a lição de *João Trindade Cavalcante Filho*,[6] o Direito Administrativo Sancionador adota muitos princípios do Direito Penal, inclusive como forma de trazer mais garantia ao cidadão e evitar o abuso do poder punitivo da Administração Pública. Para a teoria que defende a unidade do conceito de ilícito, a partir de uma visão integrada do Direito Público Sancionador, essa unidade dogmática entre o Direito Penal e o Direito Administrativo Sancionador é ainda mais íntima, pelo fato de ambos derivarem de um só tronco comum de garantias.

Especificamente em relação à aplicação dos princípios do Direito Sancionador ao microssistema da Lei de Improbidade e do Direito Administrativo disciplinar, já há muitos julgados do Superior Tribunal de Justiça (STJ) que reconhecem:

> ... o objeto próprio da ação de improbidade é a aplicação de penalidades ao infrator, penalidades essas substancialmente semelhantes às infrações penais. Ora, *todos os sistemas punitivos estão sujeitos a princípios constitucionais semelhantes, e isso tem reflexos diretos no*

---

sim meras irregularidades indiferentes ao Direito Sancionador. (Mauro Roberto Gomes de Mattos – "Aplicação retroativa da Lei n. 14.230/2021 (Lei de Improbidade Administrativa) e as ações distribuídas pela lei anterior (Lei nº 8.429/92) e demais normas de Direito Administrativo Sancionador". Disponível em: https://gomesmattos.jus.com.br/publicacoes.

[3] Art. 17- D – "A ação por improbidade administrativa é repressiva, de caráter sancionatório, destinada à aplicação de sanções de caráter pessoal previstas nesta lei, e *não constitui ação civil, vedado seu ajuizamento para o controle de legalidade de políticas públicas e para a proteção do patrimônio público e social, do meio ambiente e de outros interesses difusos, coletivos e individuais homogêneos*".

[4] Essa aplicação dos princípios do Direito Administrativo Sancionador já era reconhecida, porém, por exemplo, em julgados do Supremo Tribunal Federal (STF), tais como: STF, Segunda Turma, Reclamação nº 41.557/SP, Relator Ministro Gilmar Mendes, DJe de 09.03.2021.

[5] STJ, Segunda Turma, Recurso Especial – REsp n. 1.086.994/SP, Relator para o acórdão Ministro Mauro Campbell Marques, DJe de 12.3.2014 – "apud":" Retroatividade da Reforma da Lei de Improbidade Administrativa (Lei nº 14.230, de 25 de outubro de 2021) – João Trindade Cavalcante Filho – Núcleo de Estudos e Pesquisas da Consultoria Legislativa do Senado Federal – www.senado.leg.br/estudos.

[6] Núcleo de Estudos e Pesquisas da Consultoria Legislativa do Senado Federal – www.senado.leg.br/estudos.

regime processual. É evidente, assim – a exemplo do que ocorre, no plano material, entre a Lei de Improbidade e o direito penal –, a atração, pela ação de improbidade, de princípios típicos do processo penal.[7]

DIREITO ADMINISTRATIVO. PROCESSUAL CIVIL. RECURSO EM MANDADO DE SEGURANÇA. PROCESSO ADMINISTRATIVO DISCIPLINAR. PRINCÍPIO DA RETROATIVIDADE DA LEI MAIS BENÉFICA AO ACUSADO. APLICABILIDADE. EFEITOS PATRIMONIAIS. PERÍODO ANTERIOR À IMPETRAÇÃO. IMPOSSIBILIDADE. SÚMULAS 269 E 271 DO STF. CÓDIGO DE PROCESSO CIVIL DE 1973. APLICABILIDADE.

I - Consoante o decidido pelo Plenário desta Corte na sessão realizada em 09.03.2016, o regime recursal será determinado pela data da publicação do provimento jurisdicional impugnado. *In casu*, aplica-se o Código de Processo Civil de 1973.

II - As condutas atribuídas ao Recorrente, apuradas no PAD que culminou na imposição da pena de demissão, ocorreram entre 03.11.2000 e 29.04.2003, ainda sob a vigência da Lei Municipal n. 8.979/79. Por outro lado, a sanção foi aplicada em 04.03.2008 (fls. 40/41e), quando já vigente a Lei Municipal n. 13.530/03, a qual prevê causas atenuantes de pena, não observadas na punição.

III - Tratando-se de diploma legal mais favorável ao acusado, de rigor a aplicação da Lei Municipal n. 13.530/03, porquanto o princípio da retroatividade da lei penal mais benéfica, insculpido no art. 5º, XL, da Constituição da República, alcança as leis que disciplinam o direito administrativo sancionador. Precedente.

IV - Dessarte, cumpre à Administração Pública do Município de São Paulo rever a dosimetria da sanção, observando a legislação mais benéfica ao Recorrente, mantendo-se indenes os demais atos processuais.

V - A pretensão relativa à percepção de vencimentos e vantagens funcionais em período anterior ao manejo deste mandado de segurança deve ser postulada na via ordinária, consoante inteligência dos enunciados das Súmulas n. 269 e 271 do Supremo Tribunal Federal. Precedentes.

VI - Recurso em Mandado de Segurança parcialmente provido.

(RMS 37.031/SP, Rel. Ministra REGINA HELENA COSTA, PRIMEIRA TURMA, julgado em 08.02.2018, DJe 20.02.2018) (g.n.).

Em idêntico sentido, podem ser citadas decisões monocráticas e colegiadas do Supremo Tribunal Federal (STF), tais como a admissão de repercussão geral no Agravo em Recurso Extraordinário (ARE) 1.175.650/PR.[8]

No referido estudo do autor mencionado, especificamente sobre o princípio da retroatividade da lei sancionatória mais benéfica, como verdadeira decorrência da legalidade (na modalidade *lei prévia*), verifica-se que há predominância na doutrina e na jurisprudência por seu reconhecimento como preceito intrínseco ao plexo de normas do Direito Administrativo Sancionador (não apenas penal).

---

[7] STJ, Primeira Turma, REsp n. 885.836/MG, Relator Ministro Teori Albino Zavascki, j. 26.06.2007 – original sem grifos.

[8] Voto do Ministro Alexandre de Moraes, que *expressamente admitiu a aplicação do direito administrativa sancionador nas ações de improbidade.*

Da mesma visão, por exemplo, *Fábio Medina Osório* defende que:

> Não há dúvidas de que, na órbita penal, vige, em sua plenitude, o princípio da retroatividade da norma benéfica ou descriminalizante, em homenagem a garantias constitucionais expressas e uma razoável e racional política jurídica de proteger valores socialmente relevantes, como a estabilidade institucional e a segurança jurídica das relações punitivas. Se esta é a política do Direito Penal, não haverá de ser outra a orientação do Direito Punitivo em geral, notadamente do Direito Administrativo Sancionador, dentro do devido processo legal. Se há uma mudança de padrões valorativos da sociedade, nada mais razoável do que estender essa mudança ao passado, reconhecendo uma evolução do padrão axiológico, preservando-se, assim, o princípio constitucional da igualdade e os valores relacionados à justiça e à atualização das normas jurídicas que resguardam direitos fundamentais. O engessamento das normas defasadas e injustas não traria vantagem alguma social. A retroatividade decorre de um imperativo ético de atualização do Direito Punitivo, em face dos efeitos da isonomia.[9]

Em sentido idêntico, podem ser citadas as lições de vários doutrinadores, conforme o extenso levantamento realizado por *Péricles Ferreira de Almeida*.[10]

Em continuidade ao estudo do tema por parte do citado autor, sob o influxo da Convenção Americana de Direitos Humanos (*Pacto de San José da Costa Rica*), defende que "(...) prevalece no Direito Administrativo Sancionador o princípio da retroatividade da norma mais benéfica, com configuração fundamentalmente idêntica à do Direito Penal".[11] É também, em suma, o entendimento de *Rebeca Féo*.[12]

Na jurisprudência, especialmente do Superior Tribunal de Justiça (STJ), a tendência amplamente dominante é de reconhecer a retroatividade da *"lex mellius"*, conforme se colhe dos seguintes julgados, listados a título meramente exemplificativo:

> O art. 5º, XL, da Constituição da República prevê a possibilidade de retroatividade da lei penal, sendo cabível extrair-se do dispositivo constitucional princípio implícito do Direito Sancionatório, segundo o qual a lei mais benéfica retroage no caso de sanções menos graves, como a administrativa.[13]
>
> A norma administrativa mais benéfica, no que deixa de sancionar determinado comportamento, é dotada de eficácia retroativa.[14]

Deste modo, o legislador, ao determinar que no sistema da improbidade administrativa sejam aplicados os *princípios constitucionais do Direito Administrativo Sancionador*, destacou especial atenção para o princípio da legalidade, corporificado na tipicidade

---

9   OSÓRIO, Fábio Medina. *Direito Administrativo Sancionador*. São Paulo: Revista dos Tribunais, 2020, p. 300.

10   ALMEIDA, Péricles Ferreira de. O princípio da Retroatividade da Norma mais benéfica no Direito Administrativo Sancionador. *In:* OLIVEIRA, José Roberto Pimenta (org.). *Direito Administrativo Sancionador*. Estudos em Homenagem ao professor emérito da PUC-SP Celso Antônio Bandeira de Mello. São Paulo: Malheiros, 2019, p. 148-149.

11   ALMEIDA, Péricles Ferreira de. *Op. cit.*, p. 154.

12   FÉO, Rebecca. *Direito Administrativo Sancionador e os Princípios Constitucionais Penais*. São Paulo: Lumen Juris, p. 102 e 106.

13   STJ, Primeira Turma, Agravo Interno (AgInt) no REsp n. 1602122/RS, Relatora Ministra Regina Helena Costa, j. 07.08.2018.

14   STJ, Primeira Turma, REsp n. 1402893/MG, Relator Ministro Sérgio Kukina, j. 11.04.2019.

(arts. 5º, II e XXXIX, e 37 *caput*, da CF);[15] os princípios do devido processo legal, do contraditório e da ampla defesa (art. 5º, LIII, LIV e LV, CF); os princípios da segurança jurídica e retroatividade da lei benéfica (art. 5º, *caput*, XXXIX e XL, CF); o princípio da individualização da sanção (art. 5º, XLVI); e os princípios da razoabilidade e da proporcionalidade (arts. 1º e 5º, LIV).

3 Reforma da lei de improbidade administrativa: da aplicação imediata das normas de conteúdo material e processual

Em decorrência do Direito Público Sancionador e da interpretação majoritária da doutrina, as regras novas e benéficas ao réu contidas na Lei nº 14.230, de 2021 devem ser aplicadas retroativamente, tendo em vista os princípios de Direito Penal que foram aderidos às ações de improbidade administrativa, em especial o princípio segundo o qual a lei não retroagirá salvo para beneficiar o réu (art. 5º, XL, da Constituição Republicana).

Os pressupostos para a aplicação retroativa são os seguintes.[16]

Em primeiro lugar, é preciso que a norma seja de direito material, já que as normas (puramente) processuais têm aplicação imediata, mesmo aos processos em andamento, mas ordinariamente não significam a desconstituição de atos processuais passados. Assim, por exemplo, a extinção da etapa da defesa preliminar (nova redação do art. 17) não se aplica de forma retroativa, desconstituindo tal espécie de manifestação defensiva já apresentada, uma vez que se trata de modificação meramente processual; aplica-se, contudo, de forma imediata, mesmo aos processos instaurados antes da Lei nº 14.230, de 2021.

Em segundo lugar, é preciso que a norma nova trate não apenas de direito material, mas de sanção. Assim, por exemplo, têm eficácia retroativa normas que definem os tipos de forma mais fechada, que abrandam sanções, mas não quaisquer regras de ressarcimento ao Erário: é que essa medida não tem natureza sancionatória, mas sim de recomposição patrimonial do Estado (indenização); não sendo sanção, regras novas, ainda que para flexibilização do ressarcimento, não significam devolução de valores recolhidos/devolvidos aos cofres públicos.[17] Perceba-se que, mesmo na esfera penal, eventual *abolitio criminis* não desconstitui os efeitos penais extrapenais (civis, inclusive pretensão de ressarcimento) da condenação (art. 2º *caput*, *in fine*, do Código Penal). Por outro lado, as regras novas (e favoráveis) sobre multa civil, aplicam-se retroativamente, justamente pelo caráter punitivo da medida. Resta saber se medidas cautelares – por sua natureza mista, processual-material – podem ter aplicação retroativa, como, por

---

[15] Quanto ao princípio da legalidade, sob o viés da tipicidade, *é uma consequência que a acusação seja certa, objetiva, circunstanciada e o fato imputado ao agente público subsumido em um tipo legalmente previsto na lei de improbidade. A acusação genérica, vaga e aberta não possui mais espaço no cenário do Direito Administrativo Sancionador.* (cf.: "Aplicação retroativa da Lei 14.230/2021 (Lei de Improbidade Administrativa) e as ações distribuídas pela lei anterior (Lei nº 8.429/92) e demais normas de Direito Administrativo Sancionador" – Mauro Roberto Gomes de Mattos (https://gomesdemattos.jus.com.br/publicacoes) publicado em 11/2021. Elaborado em 10/2021.

[16] Transcrição integral de texto extraído do Núcleo de Estudos e Pesquisas – Consultoria Legislativa – Senado Federal – ISSN 1983-0645 – João Trindade Cavalcante Filho – Retroatividade da Reforma da Lei de Improbidade Administrativa (Lei nº 14.230, de 25 de outubro de 2015).

[17] Cf., sobre a distinção entre ressarcimento ao Erário (recomposição de dano) e sanções administrativas (punição), PUCCETTI, Renata Fiori. A Perspectiva da Culpabilidade na Improbidade Administrativa. *In*: OLIVEIRA, José Roberto Pimenta (org.). *Op. cit.*, p. 514-516.

exemplo, em relação às exigências de individualização para a indisponibilidade de bens (parece-me que a resposta é afirmativa).

Em terceiro lugar, para a aplicação retroativa, é preciso que a sanção não se tenha exaurido, com sua execução por completo. Nesses casos de situações exauridas, não há que se falar em retroatividade,[18] de modo que a condenação e a execução da sanção completadas antes da entrada em vigor da Lei nº 14.230, em 25 de outubro de 2021, não geram direito a qualquer pretensão de ressarcimento contra o Estado. Note-se, porém, que a questão relevante aqui não é o trânsito em julgado – que, na esfera punitiva penal, não é nem nunca foi óbice à aplicação da *"novatio legis in mellius"* (cf. art. 2º, parágrafo único, do Código Penal) –, mas sim o exaurimento de aplicação da própria sanção (multa civil já paga, suspensão dos direitos políticos cujo prazo já transcorreu por inteiro etc.). Se a sanção ainda está sendo executada, é possível a aplicação retroativa, sem pretensão de indenização contra o Estado.

Finalmente, *em quarto lugar*, é preciso que a norma nova seja benéfica ao acusado. Dessa maneira, regras que criam tipos novos de improbidade (especialmente no art. 11) não podem ser aplicadas a fatos passados. Exceção seja feita ao caso em que o réu foi acusado ou condenado com base na aplicação autônoma do *caput* do art. 11 (algo que, como se verá, não é mais possível na lei nova), mas por uma conduta que passou a ser especificada nos novos incisos do mesmo dispositivo: a rigor, nesse caso não há que se falar em *abolitio* ou mesmo em lei nova benéfica, mas apenas em mudança topográfica da imputação. Também não se verifica *abolitio* em relação à revogação do art. 10-A da Lei nº 8.429, de 1992 (que havia sido incluído pela Lei Complementar nº 157, de 2016): a rigor, houve apenas uma reorganização topológica da lei, de modo que o que constituía uma espécie nova de improbidade passou a ser uma modalidade de dano ao erário, com o deslocamento do art. 10-A para o inciso XXII do art. 10.

Feito esse elenco de condições para a retroatividade, saltam aos olhos dois casos em que se promoveu uma verdadeira *abolitio,* e que deve gerar a absolvição.

Uma primeira situação à "improbidade culposa" do art. 10 (dano ao Erário), ora revogada. Quem eventualmente estava sendo processado por esse fundamento exclusivo deve ser absolvido (decisão extintiva do processo com resolução do mérito, em qualquer grau no qual o processo se encontre); se tiver havido trânsito em julgado, deve ser desconstituída a coisa julgada (preferencialmente por meio de ação rescisória ou subsidiariamente por *"querela nullitatis"*[19]).

Há outro caso, porém. Quem foi condenado com base na aplicação autônoma do *caput* do art. 11 da lei antiga (que previa um rol exemplificativo de atos de improbidade por violação a princípios) agora deve ser absolvido (mediante decisão extintiva do processo com resolução de mérito, em qualquer grau no qual o processo se encontre) – *exceto se o fato tiver sido descrito num dos novos incisos do art. 11*. A mesma solução jurídica se impõe para quem foi acusado ou condenado com base nos *incisos I e II do art. 11, revogados* pela *Lei nº 14.230, de 2021.*

---

[18] ALMEIDA, Péricles Ferreira de. *Op. cit.,* p. 155.

[19] A *ação rescisória* destina-se a suprir eventual vício de validade, dentre as hipóteses previstas em lei, desconstituindo a coisa julgada. Por sua vez, a *"querela nullitatis"* objetiva desconstituir vício *transrescisório*, no plano da inexistência, sendo *imprescritível*.

Nesse sentido, por exemplo, *Fábio Medina Osório* sustenta que

> (...) na nova redação dada ao artigo 11, as condutas possíveis de enquadramento típico agora são *"numerus clausus"*, não mais se tratando os incisos de meras exemplificações de condutas ímprobas definidas no *caput*, pois suprimida a conjunção aditiva "e" e substituído o termo *"notadamente"*, da anterior redação, por *"caracterizada por uma das seguintes condutas"*, o que significa não haver mais um somatório da definição do *caput* com os exemplos dos incisos.
>
> (...) Logo, não mais caracterizado como ato de improbidade administrativa a conduta de retardar ou deixar de praticar, indevidamente, ato de ofício, anteriormente prevista no inciso II do art. 11 da Lei 8.429/92, *além de limitarem-se às hipóteses expressas contidas nos incisos remanescentes, não subsistindo a incidência isolada do caput.*[20]

Dessa maneira, com a *abolitio* das formas culposas de improbidade do *art. 10*, de alguns dos incisos do *art. 11* e da possibilidade de condenação com base exclusiva no *caput* do *art. 11*, todas essas situações devem ser aplicadas retroativamente – gerando a absolvição de eventuais acusados, exceto se já exaurida por completo a sanção, em virtude de seu cumprimento total.

4 Dos meios processuais de alegação da retroatividade [21]

Diante da conclusão do exposto – de aplicação retroativa da exclusão das modalidades culposas de improbidade do *art. 10*, bem como da revogação de alguns incisos do *art. 11* e da impossibilidade de condenação lastreada exclusivamente no *caput* desse dispositivo –, resta saber qual o mecanismo processual adequado para se alegar essa questão.

Se a ação de improbidade ainda estiver em curso, entendemos que deve ser feita petição inominada para requerer a extinção do processo com resolução do mérito e absolvição do acusado – em qualquer grau e perante qualquer juízo em que se encontre o feito.

Se já tiver havido trânsito em julgado, pode o pedido ser realizado diretamente ao juízo de execução, por aplicação analógica à Súmula nº 611 do STF:

> Transitada em julgado a sentença condenatória, compete ao juízo das execuções a aplicação de lei mais benigna.

Alternativamente, pode ser ajuizada *ação rescisória*, por violação a norma jurídica (superveniente), nos termos do *art. 966, V*, do Código de Processo Civil. Finalmente, se já esgotado o prazo da rescisória, entendemos ser o caso de ajuizamento de *"querella nullitatis"*.[22]

---

[20] OSÓRIO, Fabio Medina. Retroatividade da Nova Lei de Improbidade Administrativa. *In: Migalhas,* 01.11.2021. Disponível: https://www.migalhas.com.br/depeso/354112/retroatividade-da-nova-lei-de-improbidade-administrativa. Acesso em: 15 nov. 2021.

[21] Disponível: www.senado.leg.br/estudos – ISSN 1983-0645.

[22] A *"querela nullitatis"* objetiva desconstituir vício *transrescisório*, no plano da inexistência, sendo _imprescritível_.

Nesse sentido:

A orientação poderá alcançar os casos já julgados, inclusive com a possibilidade de reversão das sanções aplicadas, a exemplo da perda de cargos ou da suspensão dos direitos políticos. A questão poderá ser ventilada por meio de embargos à execução ou impugnação ao cumprimento de sentença, a depender da fase processual que o feito se encontre, por inexequibilidade do título ou inexigibilidade da obrigação (artigos 525, §1º, III, 535, III, e 917, I, todos do CPC), ou mediante ajuizamento de ação rescisória por violação da norma jurídica (artigo 966, V, do CPC), dentro do prazo decadencial de dois anos após o trânsito em julgado da decisão de mérito, em uma interpretação mais conservadora e estritamente processual. Contudo, temos de ir além. Entendemos ser o caso de haver dispensa do ajuizamento da ação rescisória, bastando manifestação, com o contraditório do Ministério Público, com futura decisão. A regra mais benéfica deve ser aplicada e aqui prevalece até sobre a coisa julgada. Há realidade normativa mais benéfica que deve ser obrigatoriamente considerada, sob pena de violação aos postulados da proporcionalidade, razoabilidade e o da igualdade.[23]

De toda forma, sendo uma questão de ordem pública, a *abolitio* pode ser reconhecida de ofício pelo juízo, ainda que não provocado, ou se provocado por meio processual inadequado. Trata-se de uma questão de primazia do *direito material* sobre o *direito processual*.

5 Decisões colegiadas do Tribunal de Justiça do Estado de São Paulo reconhecendo a retroatividade absoluta da lei de improbidade administrativa mais benéfica

I) APELAÇÃO – AÇÃO CIVIL POR ATO DE IMPROBIDADE ADMINISTRATIVA – DANO AO ERÁRIO E VIOLAÇÃO AOS PRINCÍPIOS DA ADMINISTRAÇÃO PÚBLICA – Os agentes da Administração Pública e seus contratados, no exercício das atribuições que lhes são próprias, devem guardar a mais lídima probidade, a fim de preservar o interesse último dos atos praticados, qual seja, o bem comum – CONTRATAÇÃO DE SERVIÇOS PELA ADMINISTRAÇÃO PÚBLICA COM DISPENSA DE LICITAÇÃO – em regra, os contratos celebrados pela Administração Pública dependem de prévio procedimento licitatório, pelo qual se assegure a observância do princípio constitucional da isonomia, a seleção da proposta mais vantajosa para a administração e a promoção do desenvolvimento nacional sustentável (art. 3º, da LF nº 8.666/93 e art. 11, da LF nº 14.133/2021) – excepcionalmente, a própria legislação de regência estabelece hipóteses em que o procedimento formal é dispensado, dispensável ou inexigível, podendo haver a chamada "contratação direta" - elementos fático-probatórios dos autos que não evidenciam o alegado prejuízo ao Erário ou mesmo a conduta atentatória à legalidade da Administração – contratação de empresa para prestação de serviços gráficos e fornecimento de materiais – valor individual das contratações apontadas como irregulares pelo "parquet" que não superou o limite quantitativo estabelecido como teto para a dispensabilidade da licitação (art. 24, inciso II, da LF nº 8.666/93, vigente à época dos fatos) – inocorrência de superfaturamento ou de sobrepreço, o que afasta o alegado prejuízo ao Erário – efetiva execução das obrigações

---

[23] GOMES JÚNIOR, Luiz Manoel; LIMA, Diogo de Araújo; FAVRETO, Rogério. O Direito Intertemporal e a Nova Lei de Improbidade Administrativa. *In: Conjur*, 18.10.2021. Disponível em: https://www.conjur.com.br/2021 – out – 18/ opinião-direito-intertemporal-lei-improbidade. Acesso em: 4 nov. 2021.

contratuais pela empresa-contratada – singelas irregularidades formais (ausência de parecer jurídico – art. 38, inciso VI, da LF nº 8.666/93) que não têm o condão de evidenciar o dolo do agente público, assim considerada a vontade livre e consciente de alcançar o resultado ilícito (art. 1º, §2º cc. art. 11, §§1º e 4º, da LF nº 8.429/92, com a redação atribuída pela LF nº 14.230/2021) – não comprovação da suposta afronta ao princípio da impessoalidade (contratação direcionada) – sentença de improcedência da demanda mantida. Recurso do Ministério Público desprovido.

(TJSP; Apelação Cível 1000554-80.2019.8.26.0638; Relator: Paulo Barcellos Gatti; Órgão Julgador: 4ª Câmara de Direito Público; N/A - N/A; Data do Julgamento: 03/12/2021; Data de Registro: 03/12/2021).

II) AGRAVO DE INSTRUMENTO – AÇÃO POR ATOS DE IMPROBIDADE ADMINISTRATIVA – INDISPONIBILIDADE DE BENS – MULTA CIVIL. Ação Civil Pública proposta pelo Ministério Público visando à condenação do ora agravante bem como de outros requeridos por atos de improbidade administrativa na modalidade dano ao erário – Afirma o representante ministerial que, por meio de oitivas de investigados, teria restado delineada alegada fraude em certame licitatório, implicando em gasto de R$ 152.810,00 para o Município de Campos do Jordão. O Ministério Público requereu decretação de medida de indisponibilidade de bens do recorrente no montante de R$ 152.810,00 alcançando a multa civil cominada no art. 12, inciso II, da Lei 8429/92. Decisão, ora recorrida, determinou a indisponibilidade de bens dos réus até a monta de R$ 152.810,00. NOVA LEGISLAÇÃO – IMPROBIDADE ADMINISTRATIVA – Necessário ressaltar a assunção da Lei 14.230, de 25/10/2021, a qual alterou substancialmente a Lei 8429/92, que dispõe sobre as sanções aplicáveis em virtude da prática de atos de improbidade administrativa, entrando em vigor na data de sua publicação, conforme descrito em seu art. 5º. INDISPONIBILIDADE DE BENS – TUTELA DE URGÊNCIA – DEMONSTRAÇÃO DO FUMUS BONI IURIS E DO PERICULUM IN MORA – A novel legislação abandonou a jurisprudência, outrora veiculada pelo C. STJ, a qual tratava a medida de indisponibilidade de bens como tutela da evidência ao dispensar a prova da urgência – A nova lei deixa explícito que para que seja decretada a medida de indisponibilidade de bens deve haver a demonstração no caso concreto de perigo de dano irreparável ou de risco ao resultado útil do processo, desde que o juiz se convença da probabilidade da ocorrência dos atos descritos na petição inicial com fundamento nos respectivos elementos de instrução – Inteligência do art. 16, §3º, da LIA – Inclusive, o §8º, do mesmo dispositivo, aponta que deve ser aplicada à medida de indisponibilidade de bens, no que couber, a disciplina da tutela provisória de urgência – Assim, é indispensável para que haja o bloqueio de bens regulado pela Lei 8429/92 (LIA) a configuração não somente do fumus boni iuris, mas também do periculum in mora. AUSÊNCIA DOS REQUISITOS AUTORIZADORES PARA DECRETAÇÃO DA MEDIDA DE INDISPONIBILIDADE DE BENS – Conforme se observa da exordial, o MP não narra a existência de nenhuma circunstância concreta que configure fumus boni iuris, tampouco periculum in mora aptos a autorizar a decretação da medida de indisponibilidade de bens – A alegada simulação de procedimento licitatório não está denotada por nenhum elemento probatório, havendo tão somente declarações prestadas por pessoas em sede de inquérito civil, as quais possuem interesse no desfecho da causa, uma vez que também são rés – Assim, a medida de indisponibilidade de bens decretada não pode subsistir. MEDIDA DE INDISPONIBILIDADE DE BENS GENÉRICA – Não houve na decisão individualização da conduta dos réus para consequente individualização da medida de indisponibilidade, o que implicou em determinação de medida de bloqueio de bens genérica – Ora, trata-se de mais um indício de que não há nos autos elementos suficientes a comprovarem o fumus boni iuris acerca dos alegados atos de improbidade administrativa apurados – Desta feita, trata-se de vício que corrobora a não pode subsistência da medida de bloqueio de bens. BENS A SEREM BLOQUEADOS – Não houve na decretação da medida de indisponibilidade qualquer disposição acerca de quais bens poderiam ser bloqueados ou qual a ordem deveria ser seguida – Inteligência dos §§11, 12, 13 e 14, do art. 16, da LIA. SUBSTITUIÇÃO DA MEDIDA DE INDISPONIBILIDADE DE BENS – Não foi possibilitado ao réu a fixação de outras modalidades que garantam eventual ressarcimento ao erário, mas causem ao alegado devedor o menor prejuízo – Inteligência do art. 16, §6º, da LIA. MULTA CIVIL – Impossibilidade de englobar a multa civil na quantia a ser bloqueada – O art. 16, §10 vedou que a medida de indisponibilidade recaia sobre valor a título de multa a ser eventualmente aplicada. Necessário acolhimento ao recurso para levantar a medida de indisponibilidade determinado pelo juízo a quo, para assim obedecer aos dispositivos da nova Lei 14.230, de 25/10/2021, a qual alterou substancialmente a Lei 8429/92 (LIA). Decisão reformada. Recurso provido.

(TJSP; Agravo de Instrumento 2029132-39.2021.8.26.0000; Relator: Leonel Costa; Órgão Julgador: 8ª Câmara de Direito Público; Foro de Campos do Jordão – 1ª Vara; Data do Julgamento: 24/11/2021; Data de Registro: 30/11/2021).

III) APELAÇÃO CÍVEL. Ação civil pública. Pretensão direcionada a ex-prefeito do Município de Nipoã. 1. Improbidade administrativa. Gastos excessivos com combustível nos exercícios de 2014 e 2015 e falhas nas licitações realizadas para a aquisição do produto no referido período. Sentença de parcial procedência. 2. Processo licitatório realizado no ano de 2014 que não observou pesquisa de preços. Pregão Presencial efetivado no ano de 2015, cuja cotação preliminar de preços ocorreu em dia anterior à sessão pública. Prejuízo ao erário no gasto excessivo, não se falando em superfaturamento de preços. Pregões que foram regularmente publicados, havendo competição entre os interessados. Dolo não configurado sob esse aspecto. Comportamento negligente, mas ausência de má-fé com relação às discrepâncias apontadas. 3. Excesso de gastos com combustíveis nos anos de 2014 e 2015 comprovados. Ao menos não justificadas com fatos novos ou supervenientes. Significativa elevação de consumo que corresponde no ano de 2013 a R$438.252,16 e passou a R$706.140,22 em 2014 e R$909.874,92 no ano de 2015. Alegação no sentido de que houve aumento da frota, o que justificaria a elevação dos gastos. Inocorrência. Municipalidade que possuía 41 veículos no ano de 2014 e passou a ter 44 veículos em 2015, quantia insuficiente para justificar o consumo excessivo no importe de R$98.317,82. Situação que foi identificada pelo Tribunal de Contas, que alertou o ex-Prefeito em diversas oportunidades acerca do gasto desordenado com combustível. 4. Controle de percurso e quilometragem de parte da frota que vinha sendo realizado e que poderia ter sido observado com relação aos demais veículos públicos. Laudo elaborado pelo CAEX que apontou ausência no controle de abastecimentos, de quilometragem e horas de uso. 5. Desvio de finalidade evidenciada. Dever indissociável da função pública exercida, que nasce da própria Carta Constitucional, das Leis nº 8.429/92 e 4.320/64. Responsabilidade que recai sobre o gestor da Municipalidade que tem o dever de zelar pelo dinheiro público, inerente à sua função o controle e fiscalização das contas desembolsadas sob o seu mandato. Negligência configurada no trato do dinheiro público. Despreparo na condução da faina do cargo. 6. Violação ao artigo 10, inciso X, da Lei nº 8.429/92. Ato de improbidade administrativa caracterizado de forma culposa. Redação originária. 7. Superveniência da Lei n. 14.203/2021 que, em seu artigo 1º, §4º, estabelece ao sistema de improbidade a aplicação dos princípios constitucionais do Direito Administrativo Sancionador. Retroatividade da norma mais benéfica, por disposição específica da mesma (art. 1º, §4º). Supressão das modalidades culposas. Atos de improbidade administrativa somente dolosos, não verificados na espécie. Ausência de má-fé no trato com o dinheiro público ou obtenção de vantagem. Negligência durante a gestão. 8. Sentença reformada. Decreto de improcedência da ação. Recurso provido.

(TJSP; Apelação Cível 1001594-31.2019.8.26.0369; Relator: Oswaldo Luiz Palu; Órgão Julgador: 9ª Câmara de Direito Público; Foro de Monte Aprazível – 2ª Vara; Data do Julgamento: 10/11/2021; Data de Registro: 10/11/2021).

IV) AÇÃO CIVIL PÚBLICA Improbidade administrativa – Município de Vargem – Contratação de serviço de manutenção de veículos com fornecimento de peças – Pregão

– Registro de preços – Formação do preço de referência – Irregularidades – Dolo e dano ao erário – Não demonstrados – Presença de apenas um licitante – Vedação legal – Inexistência – Cumprimento do contrato administrativo pelos preços licitados – Superfaturamento e dolo – Não demonstrados – Sentença de improcedência – Reforma – Impossibilidade: – Ausente prova de dolo e de dano ao erário, não configura improbidade administrativa a fixação do preço de referência da licitação por meio de consulta a empresas relacionadas entre si. – Inexiste óbice legal para o prosseguimento do pregão presencial com apenas um licitante. – O estrito cumprimento do contrato administrativo, firmado após regular licitação, não configura improbidade administrativa. – A comprovação do dolo é imprescindível para a configuração do ato de improbidade administrativa.
(TJSP; Apelação Cível 1009601-46.2019.8.26.0099; Relatora: Teresa Ramos Marques; Órgão Julgador: 10ª Câmara de Direito Público; Foro de Bragança Paulista – 4ª Vara Cível; Data do Julgamento: 16/11/2021; Data de Registro: 16/11/2021).

V) PROCESSO CIVIL – Entrada em vigor da Lei 14.230/21 – Aplicação das ações em andamento – Inteligência de seu artigo 1º, §4º – Direito Administrativo Sancionador. AÇÃO CIVIL PÚBLICA – Improbidade Administrativa – Contas desaprovadas pelo TCE no período compreendido entre 2000 e 2005 - Repasse de duodécimos ao Legislativo além do limite permitido e inexistência de segregação contábil do FUSSBE que, embora constituam irregularidades administrativas não são condutas aptas a justificar a aplicação da LIA – Ausência de dolo – Artigo 1º, §1º da Lei 14.230/01 – Improbidade administrativa não configurada – Precedentes – R. sentença mantida. Recurso improvido.
(TJSP; Apelação Cível 0005734-58.2010.8.26.0655; Relator: Carlos Eduardo Pachi; Órgão Julgador: 9ª Câmara de Direito Público; Foro de Várzea Paulista – 1ª Vara; Data do Julgamento: 17/12/2021; Data de Registro: 17/12/2021).

VI) APELAÇÃO CÍVEL – AÇÃO CIVIL PÚBLICA – ATO DE IMPROBIDADE ADMINISTATIVA – Dispensa de licitação– Contratações diretas realizadas no exercício de 2006 pela EMDHAP em favor de diversas empresas, que atingiram o total de R$ 1.007.934,65 – Montante negociado que ultrapassa em muito o limite permitido dos incisos I e II do art. 24 da lei nº 8.666/93 – Dispensa de licitação indevida – Dano ao erário presumido – Inteligência do artigo 10 inciso VIII da Lei nº 8.429/92 – Superveniência da Lei n. 14.203/2021 que, em seu artigo 1º §4º determina a aplicação, no sistema de improbidade, dos princípios constitucionais do Direito Administrativo Sancionador – Retroatividade da norma mais benéfica – Supressão do dano presumido constante na antiga redação do citado artigo 10 inciso VIII da Lei nº 8.429/92 – Sentença reformada para julgar improcedente o pedido inicial – Recurso provido.
(TJSP; Apelação Cível 3010759-26.2013.8.26.0451; Relator: José Luiz Gavião de Almeida; Órgão Julgador: 3ª Câmara de Direito Público; Foro de Piracicaba – 1ª Vara da Fazenda Pública; Data do Julgamento: 15/12/2021; Data de Registro: 15/12/2021).

VII) Apelação Cível n. 1008176-11.2017.8.26.0048:

... quanto às normas de direito material, ressalvando entendimento contrário, tenho que igualmente devem observar a retroação da lei mais benéfica em favor do acusado.

Isto porque, tanto o direito penal quanto o direito administrativo sancionador, constituem expressões do poder punitivo estatal. Disso decorre a identidade entre seus princípios fundamentais garantidores, constantes da Constituição Federal.

Apesar de possuírem regimes jurídicos distintos, o direito administrativo sancionador e o direito penal são submetidos às mesmas garantias fundamentais constitucionais: devido processo legal, contraditório, ampla defesa, legalidade, tipicidade, culpabilidade, pessoalidade das penas, individualização das penas, razoabilidade, proporcionalidade e, como não poderia deixar de ser, da retroatividade da lei mais benéfica (artigo 5º, incisos II, XXXIX, XLV, XLVI, XL, LIV, LV e artigo 37, 'caput', todos da constituição Federal).

Se a sociedade brasileira, cuja vontade expressa pelos seus governantes, decidiu que determinadas condutas deveriam ter tratamento mais brando, fere a proporcionalidade, a igualdade e a isonomia restringir as consequências mais benéficas apenas àqueles sobre os quais recairá a punição em momento posterior a edição da norma. Nesse sentido, estabelece o artigo 5º, inciso XL, da Constituição Federal:

Artigo 5º – Todos são iguais perante a lei, sem distinção de qualquer natureza, garantindo-se aos brasileiros e aos estrangeiros residentes no país a inviolabilidade do direito à vida, à liberdade, à igualdade, à segurança e à propriedade, nos termos seguintes: (...)

XL – A lei penal não retroagirá, salvo para beneficiar o réu;

Há, pois, verdadeiro dever de coerência a nortear o 'jus puniendi' estatal que *afasta distinções arbitrárias entre situações semelhantes. Não pode o Estado manter gravame que ele próprio já considerou exagerado, desproporcional.*

Disso se conclui que, ao caso, se aplica a Lei de Improbidade Administrativa, com as modificações introduzidas pela Lei Federal n. 14.230, naquilo que é mais benéfica ao acusado. (destaque no original)

VIII) Agravo de Instrumento n. 2252253- 15.2021.8.26.0000:

AGRAVO DE INSTRUMENTO – AÇÃO CIVIL PÚBLICA – IMPROBIDADE ADMINISTRATIVA – RECEBIMENTO DA INICIAL – VIOLAÇÃO DE PRINCÍPIOS – DANO AO ERÁRIO PÚBLICO.

Recurso interposto por réu contra decisão que determinou o recebimento da inicial – Ação civil pública, proposta em 20/02/2017, pelo Ministério Público do Estado de São Paulo para apuração de alegados atos de improbidade administrativa.

NOVA LEGISLAÇÃO – IMPROBIDADE ADMINISTRATIVA – Necessário ressaltar a assunção da Lei 14.230, de 25/10/2021, a qual alterou substancialmente a Lei 8492/92, que dispõe sobre as sanções aplicáveis em virtude da prática de atos de improbidade administrativa, entrando em vigor na data de sua publicação, conforme descrito em seu artigo 5º – Aplicabilidade imediata de[24] normas processuais – Inteligência dos artigos 14, do CPC e, por analogia, do artigo 2º, do CPP.

Aplicabilidade imediata e retroativa das normas materiais mais benéficas ao agente, nos termos do artigo 5º, inciso XL, da Constituição Federal: "XL – a lei penal não retroagirá, *salvo para beneficiar o réu*" – "Lei penal" deve ser interpretada em sentido 'lato' como sendo todo o 'jus puniendi' estatal – Direito Administrativo sancionador compartilha com o Direito Penal as garantias constitucionais fundamentais, tais como o devido processo legal, o contraditório, a ampla defesa, os princípios da legalidade, da tipicidade, da culpabilidade, da pessoalidade das penas, da individualização da sanção, da razoabilidade e da proporcionalidade e, como não poderia deixar de ser, da retroatividade da lei mais benéfica (destaque no original).

IX) Apelação Cível n. 0000866-91.2016.8.26.8.26.0666:

APELAÇÃO – AÇÃO CIVIL PÚBLICA – IMPROBIDADE ADMINISTRATIVA – PRESCRIÇÃO.

Ação proposta pelo Ministério Público, na data de 11/05/2016, objetivando a condenação dos réus por suposta prática de ato de improbidade administrativa, nos idos de 2008, consistente em frustrar licitação ao direcionar contrato de limpeza e jardinagem dolosamente, violando o princípio da impessoalidade.

Sentença de improcedência proferida em 23/03/2021.

NOVA LEGISLAÇÃO – IMPROBIDADE ADMINISTRATIVA – Necessário ressaltar a assunção da Lei 14.230, de 25/10/2021, a qual alterou substancialmente a Lei 8429/92, que dispõe sobre as sanções aplicáveis em virtude da prática de atos de improbidade

---

[24] Transcrição integral de texto extraído do Núcleo de Estudos e Pesquisas – Consultoria Legislativa – Senado Federal – ISSN 1983-0645 – João Trindade Cavalcante Filho – "Retroatividade da Reforma da Lei de Improbidade Administrativa (Lei nº 14.230, de 25 de outubro de 2015)".

administrativa, entrando em vigor na data de sua publicação, conforme descrito em seu art. 5º - Aplicabilidade imediata de normas processuais – Inteligência dos artigos 14, do CPC e, por analogia, do artigo 2º, do CPP.

Aplicabilidade imediata e retroativa das *normas materiais mais benéficas* ao agente, nos termos do artigo 5º, inciso XL, da Constituição Federal: "XL – a lei penal não retroagirá, salvo para beneficiar o réu" – "Lei penal" deve ser interpretada em sentido 'lato' como sendo todo o 'jus puniendi' estatal – Direito Administrativo sancionador compartilha com o Direito Penal as garantias constitucionais fundamentais, tais como o devido processo legal, o contraditório, a ampla defesa, os princípios da legalidade, da tipicidade, da culpabilidade, da pessoalidade das penas, da individualização da sanção, da razoabilidade e da proporcionalidade e, como não poderia deixar de ser, da retroatividade da lei benéfica. CONVERSÃO DO JULGAMENTO EM DILIGÊNCIA – MANIFESTAÇÃO – PRESCRIÇÃO – Necessidade de conversão de julgamento em diligência para que o Ministério Público e os réus se manifestem sobre a prescrição da demanda, nos termos do artigo 23, §8º, da Lei de Improbidade Administrativa e dos artigos 487, parágrafo único, 9º e 10, todos do CPC – Inteligência do artigo 938, §§3º e 4º, do CPC (destaque no original).

(TJSP; Agravo de Instrumento 2029132-39.2021.8.26.0000; Relator: Leonel Costa; Órgão Julgador: 8ª Câmara de Direito Público; Foro de Campos do Jordão – 1ª Vara; Data do Julgamento: 24/11/2021; Data de Registro: 30/11/2021).

6 Da prescrição da ação judicial de ressarcimento ao erário quando prescrita a conduta ímproba

A respeito da *prescrição da pretensão de ressarcimento ao erário*, o *Supremo Tribunal Federal (STF)* entendeu ser *prescritível* a ação de reparação de danos à Fazenda Pública decorrente de *ilícito civil*, no Julgamento do *Tema 666*, confira-se:

EMENTA: CONSTITUCIONAL E CIVIL. RESSARCIMENTO AO ERÁRIO. IMPRESCRITIBILIDADE. SENTIDO E ALCANCE DO ART. 37, §5º, DA CONSTITUIÇÃO. *É PRESCRITÍVEL A AÇÃO DE REPARAÇÃO DE DANOS À FAZENDA PÚBLICA DECORRENTE DE ILÍCITO CIVIL.*

Em recente julgado do Superior Tribunal de Justiça (STJ), datado de 20 de abril de 2020 – ARESP 1569465, reconheceu-se a *pretensão prescricional* inclusive para ações de ressarcimento ao erário por ato de improbidade administrativa, a saber:

AGRAVO EM RECURSO ESPECIAL Nº 1.569.465 – MS (2019/0249623-6) I – DIREITO SANCIONADOR. ARESP. ACP POR ELEGADA CONDUTA ÍMPROBA. RECURSO ESPECIAL DO ÓRGÃO ACUSADOR CONTRA ARESTO DO TJ/MS QUE, EM AGRAVO DE INSTRUMENTO, PROVEU RECURSO, FRENTE À RECONHECIDA FLUÊNCIA DE PRAZO PRESCRICIONAL QUINQUENAL. [...] III – PRETENSÃO DE RESSARCIMENTO DO DANO AO ERÁRIO. IMPOSSIBILIDADE DE CONTINUIDADE DA DEMANDA APÓS A PRONÚNCIA DA PRESCRIÇÃO ÍMPROBA, UMA VEZ QUE O PEDIDO DE RESTITUIÇÃO DEPENDE DA CONDENAÇÃO PRÉVIA ÀS SANÇÕES TÍPICAS DA LEI DE IMPROBIDADE (AGINT NO RESP. 1.517.438/PR, REL. MIN. BENEDITO GONÇALVES, DJE 24.4.2018). INOCORRÊNCIA DE VIOLAÇÃO DO ART. 12 DA LEI DE IMPROBIDADE ADMINISTRATIVA. IV – AUSÊNCIA DE JUSTA CAUSA. AINDA QUE FOSSE POSSÍVEL A CONTINUIDADE DA DEMANDA RESSARCITÓRIA, A CORTE ESTADUAL REGISTROU A AUSÊNCIA

DE ELEMENTOS MÍNIMOS INDICIÁRIOS DA PRÁTICA DE CONDUTA ÍMPROBA, AO ASSINALAR A PARCA FUNDAMENTAÇÃO DA DECISÃO DE PRIMEIRO GRAU PARA A ADMISSÃO DA LIDE, PROCLAMANDO A FALTA DE JUSTA CAUSA DA CONDUTA. DE FATO, SEM JUSTA CAUSA, AÇÃO ALGUMA PODE SER PROCESSADA, SOBRETUDO AQUELAS COM VOCAÇÃO PARA IMPOSIÇÃO DE SANÇÕES. VIOLAÇÃO DO ART. 17, §8º. DA LEI DE IMPROBIDADE ADMINISTRATIVA INEXISTENTE. [...]

De fato, a imprescritibilidade da ação de ressarcimento do dano depende do reconhecimento do ato de improbidade que o originou, em ação própria. Inexistindo tal declaração do caráter de improbidade administrativa do ilícito causador do dano, a prescrição incidirá conforme as regras ordinárias relativas à matéria, qual seja, o Decreto 20.910/1932 (prescrição quinquenal) (AgInt no REsp. 1.517.438/PR, Rel. Min. BENEDITO GONÇALVES, DJe 24.4.2018). Esta compreensão foi emitida em reprise por esta douta Primeira Turma do STJ): PROCESSUAL CIVIL E ADMINISTRATIVO. AÇÃO DE RESSARCIMENTO DE DANO AO ERÁRIO. *PRESCRIÇÃO QUINQUENAL*. OCORRÊNCIA. [...]

Ademais, no remoto cenário hipotético de admissão da continuidade da pretensão de ressarcimento do dano ao Erário, ainda quando prescrito o pedido condenatório às sanções por improbidade administrativa, assinala-se que a Corte local considerou que a decisão de origem não apresentou fundamento suficiente para que a lide prosseguisse nesse afã, isto é, entendeu ausente a justa causa para eventual pedido ressarcitório. [...]

Sem justa causa, ação alguma pode ser processada, sobretudo aquelas com vocação para impor sanções. É claro que a pretensão sancionadora é um evento sempre indesejável, porém, forçoso é reconhecer que a insistência estatal na aplicação de punição prescrita também se manifesta como conduta que não se pode abonar, porque evidencia uma pretensão injurídica, submetendo a pessoa do acionado a constrangimento indevido, com ofensa ao princípio da dignidade humana. O Estado, como se sabe, deve respeito e proteção às pessoas, evitando que sejam expostas a situações aflitivas, sem que se vislumbre, sequer remotamente, a possibilidade de êxito de sua iniciativa.

A meu ver, essa orientação deve permear todas as instâncias judiciais, de modo que a efetividade da proteção jurídica não se reduza a uma voz inócua ou demande, por parte da pessoa que a merece, esforços e custos elevados, quando já se sabe que a pretensão não se enquadra entre aquelas que podem receber tutela do Direito. E o Tribunal de origem, com base na moldura fático-processual que se represou no aresto, reputou ausente a necessária fundamentação para o processamento da demanda por ressarcimento, razão pela qual incorreu violação do art. 17, §8º da Lei de Improbidade, uma vez que a disciplina da Lei é por rejeitar-se o curso da lide quando inexistentes os indícios mínimos da prática de ato ímprobo.

O aresto não merece reproche algum.

Mercê do exposto, nega-se provimento ao Agravo em Recurso Especial do Parquet Estadual.

Publique-se. Brasília (DF), 13 de abril de 2020.

NAPOLEÃO NUNES MAIA FILHO – MINISTRO RELATOR.

7 Da inexistência do dano presumido na decretação cautelar de indisponibilidade de bens sem a demonstração do perigo de dano irreparável ou do risco ao resultado útil do processo

Hoje, para se cumprir o comando constitucional contido no art. 5º, inciso LIV, da Constituição Federal e do art. 16, §8º, da nova Lei da Improbidade Administrativa, não há como desprezar o novo paradigma previsto na legislação processual em vigor que determina a obediência dos requisitos mínimos contidos nos art. 300, 305 e 311, inciso II, do Código de Processo Civil, para se tornar factível o decreto de indisponibilidade de bens.

Nesse sentido:

I) NOVA LEGISLAÇÃO – IMPROBIDADE ADMINISTRATIVA – Necessário ressaltar a assunção da Lei 14.230, de 25/10/2021, a qual alterou substancialmente a Lei 8429/92, que dispõe sobre as sanções aplicáveis em virtude da prática de atos de improbidade administrativa, entrando em vigor na data de sua publicação, conforme descrito em seu art. 5º. *INDISPONIBILIDADE DE BENS – TUTELA DE URGÊNCIA – DEMONSTRAÇÃO DO FUMUS BONI IURIS E DO PERICULUM IN MORA* – A novel legislação abandonou a jurisprudência, outrora veiculada pelo C. STJ, a qual tratava a medida de indisponibilidade de bens como tutela da evidência ao dispensar a prova da urgência – A nova lei deixa explícito que para que seja decretada a medida de indisponibilidade de bens deve haver a demonstração no caso concreto de perigo de dano irreparável ou de risco ao resultado útil do processo, desde que o juiz se convença da probabilidade da ocorrência dos atos descritos na petição inicial com fundamento nos respectivos elementos de instrução – Inteligência do art. 16, §3º, da LIA – Inclusive, o §8º, do mesmo dispositivo, aponta que deve ser aplicada à medida de indisponibilidade de bens, no que couber, a disciplina da tutela provisória de urgência – Assim, é indispensável para que haja o bloqueio de bens regulado pela Lei 8429/92 (LIA) a configuração não somente do fumus boni iuris, mas também do periculum in mora. AUSÊNCIA DOS REQUISITOS AUTORIZADORES PARA DECRETAÇÃO DA MEDIDA DE INDISPONIBILIDADE DE BENS.

(TJSP; Agravo de Instrumento 2029132-39.2021.8.26.0000; Relator: Leonel Costa; Órgão Julgador: 8ª Câmara de Direito Público; Foro de Campos do Jordão - 1ª Vara; Data do Julgamento: 24/11/2021; Data de Registro: 30/11/2021).

II) AGRAVO DE INSTRUMENTO – IMPROBIDADE ADMINISTRATIVA – INDISPONIBILIDADE DE BENS – Decisão que deferiu, em parte, a medida de indisponibilidade de bens, com base, apenas, no valor da multa civil – Inexistência de alegação de superfaturamento, sobrepreço, efetiva desnecessidade ou não prestação dos serviços contratados – Simples alegação de "dano presumido" – Impossibilidade, nessas condições, do deferimento da medida de indisponibilidade de bens – Precedentes desta C. Câmara – Decisão revogada, com aplicação do artigo 1.005, "caput", do CPC. – Recurso provido.

(TJSP; Agravo de Instrumento 2112338-48.2021.8.26.0000; Relator: Spoladore Dominguez; Órgão Julgador: 13ª Câmara de Direito Público; Foro de Bananal – Vara Única; Data do Julgamento: 24/11/2021; Data de Registro: 24/11/2021).

III) AGRAVO DE INSTRUMENTO. Ação civil pública por improbidade administrativa. Indisponibilidade dos bens. Decisão agravada que deferiu, em sede de cognição sumária, a indisponibilidade de valores encontrados em conta corrente da agravante. Indisponibilidade que extrapolou o valor do alegado dano ao erário e abrangeu a multa civil postulada na petição inicial. Descabimento. Inteligência do art. 16, parágrafo 10, da Lei 14.230/21. Seria cogente, ainda, diante do teor do art. 16, parágrafo 11, da mesma lei, que estabelece ordem de prioridade de bens que devem ser atingidos pela indisponibilidade, investigar a existência de bens indicados como prioritários pelo legislador. Princípio "in dubio pro societate" que se aplica apenas ao recebimento da ação civil pública. Indispensável a demonstração de indícios mais concretos da prática de improbidade administrativa para autorizar a indisponibilidade sumária de bens, presumível, apenas, o risco ao resultado útil. Precedentes do c. STJ. Prestadora de serviço público de saúde que, com a indisponibilidade de bens, terá inviabilizada a atividade empresarial, intimamente ligada ao combate do coronavírus. Risco de dano coletivo e irreparável que não recomenda a concessão da tutela de urgência. Inteligência do artigo 300, §3º, do Código de Processo Civil. Decisão reformada. Recurso provido.

(TJSP; Agravo de Instrumento 2054263-16.2021.8.26.0000; Relator: Jose Eduardo Marcondes Machado; Órgão Julgador: 10ª Câmara de Direito Público; Foro Central - Fazenda Pública/ Acidentes - 9ª Vara de Fazenda Pública; Data do Julgamento: 29/11/2021; Data de Registro: 30/11/2021).

Concluindo, espera-se que os magistrados, antes de decidirem sobre indisponibilidade de bens, observem que:

Nem toda ilegalidade significa improbidade!
Irregularidade não é ilegalidade e nem improbidade!
Irregularidade se corrige com regularidade!
Ilegalidade se corrige com legalidade!
Improbidade é desonestidade, perversidade, maldade!
Improbidade não se presume!
Probidade sim, até prova definitiva em sentido contrário.

8 Da possibilidade ao uso de ação revisional de decisão judicial condenatória por improbidade administrativa após o transcurso do prazo decadencial da ação rescisória

Seguindo a mesma linha de raciocínio sobre a questão assinalada da prioridade do *direito material* como primazia ao *direito processual*, entendemos dentro do gênero da *"querela nullitatis"* que se possa igualmente incluir, como ação autônoma que é, os mesmos fundamentos da *revisão criminal*, cujo objeto além de desconstituir vício *trans-rescisório* é pela sua própria natureza *imprescritível*.

A busca por uma decisão justa nem sempre termina quando o processo chega ao fim. O ordenamento jurídico brasileiro reconhece que mesmo uma condenação transitada em julgado pode vir a apresentar resultado equivocado ou injusto.

Nesse sentido, não vemos qualquer óbice em adotar os mesmos princípios e formalidades da *revisão criminal* como ação autônoma desconstitutiva de todas as decisões judiciais condenatórias transitadas em julgado por *improbidade administrativa*, aplicando-se analogicamente as regras daquela, consoante reza o artigo 622 do Código de processo penal,[25] contornando-se o rigor do prazo decadencial de uma *ação rescisória* até por não possuir a natureza de ação civil.[26]

Por outro lado, não devemos olvidar que o artigo *17- D* da Lei de Improbidade Administrativa dispõe:

A *ação* por improbidade administrativa é repressiva, de caráter sancionatório, destinada à aplicação de sanções de caráter pessoal previstas nesta lei, e *não constitui ação civil*, vedado seu ajuizamento para o controle de legalidade de políticas públicas e para a proteção do patrimônio público e social, do meio ambiente e de outros interesses difusos, coletivos e individuais homogêneos.

---

[25] Art. 622. A revisão poderá ser requerida em qualquer tempo, antes da extinção da pena ou após.

[26] De acordo com o artigo 975 do novo Código de Processo Civil, a parte interessada além de cumprir todos os requisitos do art. 319, terá o *prazo de dois anos*, a contar da data do trânsito em julgado da decisão, para propor a *ação rescisória*.

9 Conclusões

À luz da análise da doutrina especializada, da jurisprudência do Tribunal de Justiça de São Paulo (TJSP), do Superior Tribunal de Justiça (STJ) e do Supremo Tribunal Federal, verifica-se que, dentre os "princípios constitucionais do direito administrativo sancionador" a que se refere o *artigo 1º, §4º, da Lei de Improbidade Administrativa*, encontra-se o preceito da *retroatividade absoluta* da lei sancionadora benéfica ao réu positivado, do mesmo modo que se dá na esfera penal, consoante o disposto no *artigo 5º, XL, da Magna Carta*.

Dessa forma, as disposições da *Lei nº 14.230, de 26 de outubro de 2021*, devem ser aplicadas retroativamente, mesmo aos processos em curso e até aos transitados em julgado, desde que:

a) Em relação aos aspectos materiais sancionadores (definição dos tipos e impo-sição de sanções), inclusive a obrigação civil de reparar o dano (ressarcimento ao Erário), sejam mais vantajosos ao réu;

b) Que a modificação seja substancialmente mais benéfica ao acusado, não se configurando tal situação com a mera mudança de topologia de dispositivos;

c) Não esteja a sanção totalmente executada (exaurida);

d) Em razão de prescrição, caso a condenação não esteja lastreada em infração contemplada na Lei da Improbidade Administrativa, ou até mesmo em casos excepcionais onde haja o reconhecimento da prescrição de atos ímprobos;

Finalmente, essa aplicação retroativa absoluta da novel legislação, com funda-mento no preceito contido no artigo 5º, LX, da Constituição Federal, tem os seguintes efeitos práticos:

e) Viabilidade do trancamento imediato das investigações e ações judiciais em curso referentes a condutas de improbidade revogadas ou que tiveram reda-ção alterada com elementos normativos adicionados pela novel legislação, tornando atípicos os comportamentos até então vigentes;

f) Possibilidade de revisão e/ou rescisão das condenações judiciais ou anula-ção das decisões administrativas que se lastrearam em tipificações abertas ou revogadas ou que tiveram redação alterada com elementos normativos adicionados pela lei nova, tornado atípicos ou mesmo abrandado os com-portamentos vigentes até então;

g) Incidência imediata dos prazos prescricionais e/ou decadenciais, em especial da prescrição intercorrente.

Referências

ALMEIDA, Péricles Ferreira de. O Princípio da Retroatividade da Norma mais benéfica no Direito Administrativo Sancionar. *In:* OLIVEIRA, José Roberto Pimenta (org.). *Direito Administrativo Sancionador*. Estudos em Homenagem ao Professor Emérito da PUC-SP. Celso Antônio Bandeira de Mello. São Paulo: Malheiros, 2019.

BORGES, Diego da Mota. Disponível em: https://www.migalhas.com.br/depeso/356295/aplicacao-retroativa-da-lei-aos-processos-em-curso.

CAVALCANTE FILHO, João Trindade. Núcleo de Estudos e Pesquisas – Senado Federal – Retroatividade da Reforma da Lei de Improbidade Administrativa (Lei nº 14.230, de 25 de outubro de 2021). Disponível em: www.senado.leg.br/estudos.

FÉO, Rebecca. *Direito Administrativo Sancionador e os princípios constitucionais penais*. São Paulo: Lumen Juris.

FURTADO DE OLIVEIRA. José Ernesto. *Guia Prático da Probidade Administrativa*. ISBN 978-85-923048-3-6.

GOMES JÚNIOR, Luiz Manoel; LIMA, Diogo de Araújo; FAVRETO, Rogério. O Direito Intertemporal e a Nova Lei de Improbidade Administrativa. *In:* Conjur, 18.10.2021. Disponível em: https://www.conjur.com. br/2021 – out – 18/ opinião-direito-intertemporal-lei-improbidade. Acesso em: 4 nov. 2021.

MATTOS, Mauro Roberto Gomes de. *Tratado de Direito Administrativo Disciplinar*. 2. ed. Rio de Janeiro: Forense, 2010.

MATTOS, Mauro Roberto Gomes de. *O Limite da Improbidade Administrativa*: o direito dos administrados dentro da Lei n. 8.429/92. 5. ed. América Jurídica.

MATTOS, Mauro Roberto Gomes de. Aplicação retroativa da Lei n. 14.230/2021 (Lei de Improbidade Administrativa) e as ações distribuídas pela Lei anterior (Lei n. 8.429/92) e demais normas de Direito Administrativo Sancionador. Disponível em: https://gomesmattos.jus.com.br/publicacoes.

OSÓRIO, Fábio Medina. *Direito administrativo sancionador*. São Paulo: Revista dos Tribunais, 2020.

Informação bibliográfica deste texto, conforme a NBR 6023:2018 da Associação Brasileira de Normas Técnicas (ABNT):

OLIVEIRA, José Ernesto Furtado de. Da retroatividade da nova lei de improbidade administrativa e seus reflexos processuais nas ações de responsabilidade dos gestores públicos propostas no regime jurídico anterior. *In:* CONTI, José Maurício; MARRARA, Thiago; IOCKEN, Sabrina Nunes; CARVALHO, André Castro (coord.). *Responsabilidade do gestor na Administração Pública:* improbidade e temas especiais. Belo Horizonte: Fórum, 2022. p. 65-82. ISBN 978-65-5518-413-6. v.3.

RESPONSABILIDADE CIVIL DO SERVIDOR. UM ENSAIO SOBRE LEITURAS CONSTITUCIONAIS DO ART. 28 DA LINDB

ALEXANDRE JORGE CARNEIRO DA CUNHA FILHO

1 Introdução

Um dos temas relativos à responsabilidade civil do Estado que vem despertando polêmica é o da compatibilidade do art. 28 da LINDB[1] com o que estabelece o §6º do art. 37 da Constituição.[2][3]

Isso porque enquanto o último dispositivo prevê expressamente a prerrogativa de a Administração, condenada a ressarcir dano imputado a seus serviços, voltar-se em regresso em face do seu servidor, isso sempre que este tenha operado com dolo ou culpa no desempenho de suas funções, o primeiro determina que o agente público só responderá pessoalmente pelos prejuízos que causar em caso de dolo ou erro grosseiro.

Dessa forma, questiona-se se o legislador ordinário poderia restringir o alcance do §6º do art. 37 da Constituição no que diz respeito à disciplina do exercício do direito de regresso do Estado.

No presente ensaio vamos investigar a hipótese lançada, isso já levando em conta aproximações anteriores que fizemos acerca do tema,[4] cujas ideias centrais não cederam à vista dos argumentos que sobrevieram ao debate em comento desde então.

---

[1] Art. 28 do Decreto-lei nº 4.657/1942 – O agente público responderá pessoalmente por suas decisões ou opiniões técnicas em caso de dolo ou erro grosseiro (com a redação que lhe foi dada pela Lei nº 13.655/2018).

[2] Art. 37, §6º, da CR – As pessoas jurídicas de direito público e as de direito privado prestadoras de serviços públicos responderão pelos danos que seus agentes, nessa qualidade, causarem a terceiros, assegurado o direito de regresso contra o responsável nos casos de dolo ou culpa.

[3] Manifestando-se pela inconstitucionalidade do dispositivo, confira-se, por exemplo, DONNINI, Rogério. Responsabilidade civil do agente público. O art. 28 da Lei de Introdução às Normas do Direito Brasileiro (LINDB). *In:* CUNHA FILHO, Alexandre J. C. da; ISSA, Rafael H.; SCHWIND, Rafael W. (coord.). *Lei de Introdução às Normas do Direito Brasileiro* – anotada, v. II, São Paulo: Quartier Latin, 2019. p. 401-407.

[4] *Responsabilidade pessoal do servidor por dano causado a terceiro no exercício da função administrativa. In: Revista Brasileira de Estudos da Função Pública – RBEFP*, Belo Horizonte, ano 3, n. 7, p. 85-112, jan./abr. 2014; Comentários aos dispositivos vetados (art. 28 da LINDB). *In:* CUNHA FILHO, Alexandre J. C. da; ISSA, Rafael H.; SCHWIND, Rafael W. (coord.). *Lei de Introdução às Normas do Direito Brasileiro* – anotada, v. II, p. 445-452,

Para nosso objetivo nos valeremos de revisão bibliográfica e consulta a entendimentos jurisprudenciais.

2 Servidor como órgão do Estado e a excepcionalidade/ impossibilidade de sua responsabilização pessoal frente ao particular por atos realizados no exercício da função pública

Como a atuação do agente, no exercício das competências que lhe são atribuídas por lei, é imputada ao Estado, não se verifica, pelo menos em princípio, razão jurídica pela qual este possa ser chamado a responder com seu patrimônio próprio por atividade que é desenvolvida, não por satisfação pessoal, mas sim em prol do interesse público.

Essa é a compreensão que extraímos da teoria do órgão, de ampla difusão entre nós para explicar, juridicamente, a imputação da conduta de uma pessoa física a uma entidade ideal, no nosso caso o Estado, o qual tem sua existência nos estritos limites em que essa é admitida pela legislação do país.[5]

Note-se que pensamento diverso inclusive colocaria o servidor público em uma situação mais arriscada, sob a perspectiva da manutenção dos seus meios de subsistência, que a experimentada por qualquer cidadão que, para o desempenho de uma atividade econômica, constitua uma microempresa de modo a separar a parte do seu patrimônio que se dispõe a comprometer para a exploração de uma iniciativa lucrativa.

Como o servidor, na condição de órgão estatal, se relaciona com terceiros em nome do Estado (e não em nome próprio), eventuais prejuízos gerados por ocasião desses vínculos (assim como as vantagens respectivas) são suportados pela pessoa jurídica de direito público interno à qual ele está adstrito.

Essa é a regra que, vale dizer, atende aos anseios da sociedade por uma função pública exercida de modo impessoal e perseguindo a satisfação dos interesses gerais da comunidade, o que inclusive pode exigir atuação destemida contra poderosos, estejam estes operando no setor público ou privado.[6]

São Paulo: Quartier Latin, 2019; Responsabilidade civil e governança pública: um ensaio sobre o desenho institucional da responsabilidade civil do Estado para o bom funcionamento da burocracia estatal. *In:* DI PIETRO, Maria Sylvia Z.; MARRARA, Thiago; PEDREIRA, Ana Maria; NOHARA, Irene Patrícia (org.). *Responsabilidade do Estado* – estudos em homenagem ao prof. Edmir Netto de Araújo. São Paulo: LiberArs, 2021 p. 163-175; Responsabilidade civil do servidor – uma leitura constitucional do art. 28 da LINDB. *In: Migalhas,* texto de 20.05.2021, disponível em: https://www.migalhas.com.br/coluna/migalhas-de-responsabilidade-civil/345857/responsabilidade-civil-do-servidor, acesso em: 18 dez. 2021.

[5] Segundo Hely Lopes Meirelles, interpretando a formulação de Otto Gierk sobre o assunto, pela teoria do órgão "as pessoas jurídicas expressam sua vontade através de seus próprios órgãos, titularizados por seus agentes (pessoas humanas), na forma de sua organização interna. O órgão – sustentou Gierk – é parte do corpo da entidade, e, assim, todas as suas manifestações de vontade são consideradas como da própria entidade" (*Direito Administrativo Brasileiro.* 16. ed. São Paulo: RT, 1990, p. 58).

[6] Em que pese as razões contrárias à responsabilização pessoal do servidor perante terceiros por danos causados no exercício da função pública ora expostas, a matéria encontra importantes vozes em sentido diverso, as quais advogam caber à vítima decidir se buscará seu prejuízo do Estado e/ou de seu preposto. Nesse sentido confira-se, por exemplo, MELLO, Celso Antônio Bandeira de. *Curso de Direito Administrativo.* 35 ed. São Paulo: Malheiros, 2021, p. 974 e ss. Em estudos publicados antes do advento da Lei nº 13.605/2018 e da aprovação da tese de repercussão geral nº 940 pelo STF (2019), sobre a qual falaremos a seguir, acompanham o entendimento de Bandeira de Mello: CAHALI, Yussef Said. *Responsabilidade civil do Estado.* 3. ed. São Paulo: Revista dos Tribunais, 2007, p. 169-170; GASPARINI, Diogenes. *Direito administrativo.* 13. ed. São Paulo: Saraiva, 2008, p. 1037; OLIVEIRA, José Roberto Pimenta de. O direito de regresso do Estado decorrente do reconhecimento de responsabilidade civil extracontratual no exercício da função administrativa. *In:* GUERRA *et al.* (org.).

Seria possível admitirmos exceções à lógica ora apresentada?

Como já tivemos a oportunidade de nos pronunciar alhures,[7] isso mesmo antes do advento do art. 28 da LINDB, entendemos que sim, em duas circunstâncias.

Havendo dolo, ou seja, intenção de o agente causar dano a terceiro, a situação pode justificar o rompimento da ideia de imputação, já que o preposto do Estado estaria, com sua conduta, não realizando a missão pública a seu encargo, mas sim dando vazão a uma vontade exclusivamente sua.

Por outro lado, havendo individualização de erro grosseiro na atuação lesiva, desde que esse esteja devidamente caracterizado por meio de prova pré-constituída a respeito, a responsabilização patrimonial do servidor frente ao particular prejudicado também poderia se justificar.

Face um comportamento levado a cabo em indisfarçada violação de deveres funcionais, com menosprezo ao risco gerado a bens jurídicos alheios e às orientações existentes para a prática de uma dada tarefa, o espectro da responsabilização do servidor diretamente pelo lesado poderia ser conveniente para estimular uma postura mais cautelosa da parte daquele no cumprimento de suas atribuições.

Com o art. 28 da LINDB, essa nossa posição sobre a possibilidade, excepcional, de terceiro litigar diretamente com o servidor que teria, com sua ação ou omissão, causado-lhe dano, ganharia um argumento legal expresso de reforço.

Nada obstante vale referir que o Supremo Tribunal Federal, no julgamento do Recurso Extraordinário nº 1.027.633/SP, fixou a seguinte tese de repercussão geral envolvendo a matéria sob exame:

> A teor do disposto no art. 37, §6º, da Constituição Federal, a ação por danos causados por agente público deve ser ajuizada contra o Estado ou a pessoa jurídica de direito privado prestadora de serviço público, sendo parte ilegítima para a ação o autor do ato, assegurado o direito de regresso contra o responsável nos casos de dolo ou culpa.[8]

Na ocasião a Corte Constitucional, em situação em que não se discutia a incidência do art. 28 da LINDB à lide submetida à sua apreciação,[9] em seu plenário, por unanimidade,

---

Responsabilidade civil do Estado: desafios contemporâneos, São Paulo: Quartier Latin, 2010, p. 1141-1144; ARAGÃO, Alexandre Santos de. *Curso de Direito Administrativo*. Rio de Janeiro: Forense, 2012, p. 574; JUSTEN FILHO, Marçal. *Curso de Direito Administrativo*. 5. ed. São Paulo: Saraiva, 2010, p. 1270-1271; e CARVALHO FILHO, José dos Santos. *Manual de Direito Administrativo*. 24. ed. Rio de Janeiro: Lumen Juris, 2011, p. 530-531. Em sentido contrário, ou seja, pela impossibilidade desse tipo de responsabilização do servidor ser perseguida diretamente pelo particular, ver MEIRELLES, Hely Lopes. *Direito Administrativo Brasileiro*. 16. ed. São Paulo: RT, 1990, p. 555; SILVA, José Afonso da. *Curso de direito constitucional positivo*. 16. ed. São Paulo: Malheiros, 1999, p. 654-655; e ARAUJO, Edmir Netto de. *Curso de Direito Administrativo*. 5. ed. São Paulo: Saraiva, 2010, p. 906-907.

[7] Como, a título ilustrativo, em Responsabilidade pessoal do servidor por dano causado a terceiro no exercício da função administrativa. *In: Revista Brasileira de Estudos da Função Pública – RBEFP*, Belo Horizonte, ano 3, n. 7, p. 85-112, jan./abr. 2014.

[8] STF – Tribunal Pleno – Min Rel. Marco Aurélio – RE 1.027.633/SP – dado provimento ao recurso por unanimidade para rejeitar a possibilidade de o agente estatal ser demandado em nome próprio em ação de responsabilização promovida por terceiro prejudicado por ato realizado no exercício de função pública. Tema de repercussão geral n. 940 – tese aprovada por maioria – data do julgamento 14.08.2019.

[9] No caso examinado, em conformidade com o voto do relator, a discussão veio com os seguintes contornos: "Jesus João Batista ajuizou, contra Maria Felicidade Peres Campos Arroyo, prefeita do Município de Tabapuã, ação indenizatória por danos materiais e morais. Segundo narrou, é funcionário público municipal – cargo de motorista –, eleito vereador nas eleições de 2008. Disse haver sofrido, enquanto investido na referida função representativa, sanção administrativa de suspensão, por dirigir com a carteira de habilitação vencida, sem a observância do devido processo legal, fato que teria se repetido em outras oportunidades. Alegou que, meses

deu provimento ao Recurso Extraordinário para reafirmar o posicionalmente que ela já tinha veiculado anteriormente em outros precedentes sobre a "dupla garantia" que estaria compreendida no §6º do art. 37 da Constituição, a saber: a do particular de ser indenizado por danos que lhe são causados pelo Estado sem a necessidade de se perquirir sobre o caráter culposo da respectiva atuação e a do servidor de só responder por tais danos perante a Administração Pública, isso quando houver concorrido com dolo ou culpa para a geração dos referidos prejuízos.[10]

Perante tal quadro, considerando o pronunciamento recente do Supremo Tribunal Federal com fixação de tese em repercussão geral sobre o assunto, ratificando jurisprudência que vinha consolidando nos últimos anos a respeito, imaginamos que é provável que eventual nova provocação da Corte para discorrer sobre o alcance do art. 28 da LINDB sob a perspectiva da Constituição não vá redundar na possibilidade de o particular propor ação de ressarcimento diretamente face o servidor.

Resta, assim, investigar qual o efeito que o art. 28 da LINDB pode ter na disciplina do direito de regresso que é assegurado à Administração nos termos da parte final do §6º do art. 37 da Carta Política.

3 Hipóteses de responsabilidade pessoal do servidor perante a Administração e o art. 28 da LINDB

Como já apontamos linhas antes, a Constituição é expressa ao garantir ao Estado, obrigado a indenizar o particular por danos que lhe foram impostos pelo serviço público, voltar-se contra o servidor responsável por tal despesa em direito de regresso, isso desde que comprove que seu agente conduziu seus afazeres com dolo ou culpa.

Indaga-se, assim, se o legislador ordinário poderia estabelecer uma limitação à competência que foi expressamente atribuída à Administração, ao prever que o servidor só responde pessoalmente por suas ações em caso de dolo ou erro grosseiro.

Pela importância dos dispositivos em comento para nossa análise, vale a pena transcrevê-los novamente:

Constituição da República	Lei de Introdução às Normas do Direito Brasileiro
Art. 37, §6º. As pessoas jurídicas de direito público e as de direito privado prestadoras de serviços públicos responderão pelos danos que seus agentes, nessa qualidade, causarem a terceiros, assegurado o direito de regresso contra o responsável nos casos de dolo ou culpa.	Art. 28. O agente público responderá pessoalmente por suas decisões ou opiniões técnicas em caso de dolo ou erro grosseiro (Incluído pela Lei nº 13.655, de 2018).

---

após a posse da gestão capitaneada pela ré – em face da qual exercia oposição política –, foi removido da área da Diretoria Municipal de Saúde, à qual serviu durante anos. Sustentou a ilegalidade do ato de remoção, considerado o disposto no artigo 68 da Lei municipal nº 1.242/1990, a vedar a transferência de servidor ocupante de cargo eletivo. Aduziu que o ato em jogo obrigou-lhe a trabalhar, sem justificativa, a 30 quilômetros da residência, consubstanciando perseguição política. Conforme alegou, esse quadro causou danos materiais e morais, sobretudo sob o ângulo da imagem e honra do autor e família" (fls. 3-4 do acórdão).

[10] Como *leading case* para tal pronunciamento costuma-se citar o RE 327.904-1/SP, Ministro rel. Carlos Ayres Britto, Primeira Turma, acórdão publicado no Diário da Justiça de 8 de setembro de 2006.

Ressalvados os entendimentos em sentido contrário, não conseguimos ver incompatibilidade do quanto previsto no art. 28 da LINDB com o que estabelece o §6º do art. 37 da Constituição.

Em primeiro lugar deve-se ter em mente que o art. 37, §6º, da Carta Política disciplina a responsabilidade civil do Estado como direito fundamental em prol do cidadão, isto é, trata do dever de a organização política ressarcir os prejuízos advindos da sua atuação na esfera privada.

Logo, o direito de regresso previsto no dispositivo e o potencial efeito que o art. 28 da LINDB poderá ter na sua aplicação restringem-se ao âmbito da responsabilidade civil com reflexos para além do Poder Público, do dever de indenizar neste contexto, que é consagrado em nosso direito positivo como decorrência da máxima de justiça *neminen laedere*, em nada repercutindo sobre outras hipóteses de responsabilização do servidor, em especial no que se refere à inobservância de regras e instruções, que não necessariamente vão acarretar prejuízo patrimonial à Administração ou a terceiros.

Disso decorre que todos os questionamentos que se fazem quanto à constitucionalidade do art. 28 da LINDB, no que se refere ao controle da função administrativa para além do dever de indenizar alguém prejudicado, não teriam por parâmetro a violação do §6º do art. 37 da Constituição, embora, em nível de princípio, certamente possa-se encontrar algum argumento capaz de amparar a tese de nulidade, quem sabe o próprio princípio da moralidade presente no *caput* do art. 37.

Em segundo lugar, mesmo sob o prisma do §6º do art. 37 da Constituição não nos parece que o art. 28 da LINDB seja inconciliável com a tutela dos diversos bens jurídicos em jogo quando do exercício do direito de regresso por parte do Estado.

Vejamos com atenção cada uma das conjecturas.

3.1 Responsabilidade patrimonial por dano causado a terceiro (art. 37, §6º, da Constituição)

O §6º do art. 37 da Constituição, como vimos, "assegura" ao Estado, obrigado a ressarcir ao particular por danos decorrentes de ação dolosa ou desidiosa de seu agente, a prerrogativa de obter deste o reembolso das despesas respectivas.

Assim, para que o art. 28 da LINDB ofenda a faculdade/capacidade prevista no §6º do art. 37 da Constituição, seria necessário que tal dispositivo acabasse com a referida garantia.

Ou seja, em uma situação na qual o erário tenha que arcar com uma indenização em favor da vítima lesada, a lei não poderia impedir que a Fazenda buscasse, via direito de regresso, a compensação por esse gasto em face daquele que por dolo ou culpa tenha sido o seu responsável.

Como já ponderado neste estudo, o art. 28 da LINDB não elimina o direito de regresso, apenas apresentando uma modulação para que esse possa ser exercido em detrimento do agente estatal em caso de culpa, a qual deveria ser revestida de gravidade (a caracterizar o "erro grosseiro", constante da redação da lei[11]) para autorizar a pretensão de reembolso.

---

[11] Para um desenvolvimento do conceito de "erro grosseiro" previsto no art. 28 da LINDB sob a perspectiva do TCU, ver NIEBUHR, Joel de Menezes. O erro grosseiro: análise crítica do acórdão nº 2.391/2018 do TCU. *In*: VALIATI, Thiago Priess; HUNGARO, Luis Alberto; CASTELLA, Gabriel Morettini e (coord.). *A Lei de Introdução e o Direito Administrativo brasileiro*. Rio de Janeiro: Lumen Juris, 2019. p. 485-494.

É de se perguntar, pois, se esse tipo de limitação seria inconstitucional.

Para respondermos a tal indagação, parece-nos relevante mais do que a gramática dos comandos normativos em comento, que é o ponto de partida para a interpretação, mas que evidentemente não pode esgotá-la, recorrermos aos objetivos perseguidos com cada um deles e à reflexão sobre o seu papel na disciplina da função administrativa em nossa Federação.[12]

No que se refere ao art. 37, §6º, da Constituição, ao lado da garantia do particular lesado, temos a preocupação com a integridade do patrimônio público e a obrigação de responsabilização das pessoas físicas que, atuando em nome do Estado, prejudiquem terceiros.

Para além desses valores o art. 28 da LINDB, pensado sob a perspectiva de promover uma maior eficiência no agir das autoridades públicas, tem por propósito oferecer um ambiente propício a um incremento da proatividade dos servidores na tomada de decisões a seu encargo, evitando que o temor representado pela fiscalização dos órgãos de controle implique paralisia da Administração.[13]

Eficiência, vale lembrar, não é só um pressuposto implícito do desenho de qualquer organização estatal, como é princípio constitucional expresso no *caput* do art. 37 da Constituição, isso conforme a redação que lhe foi dada para EC nº 19/1998.

Em termos de regramento da função pública, tem-se que tanto o art. 37, §6º, da Constituição como o art. 28 da LINDB cumprem em nosso sistema o papel de "normas gerais" de Direito Administrativo, o que, ao menos no nosso sentir, não exclui que normas específicas venham a ser aprovadas no âmbito federal, estadual ou municipal, tendo em vista o atendimento de necessidades identificadas nessas esferas de governo no que se refere à disciplina do direito de regresso do Estado, isso ponderando-se todos os valores mencionados, sob o norte da construção de um desenho de estímulos aos agentes públicos dirigidos à concretização do dever de boa administração.[14]

Em sendo ambos os dispositivos normas gerais, de hierarquias diferentes, poder-se-ia argumentar, sob uma perspectiva exclusivamente formal, que deveria prevalecer o comando constitucional, embora o legal seja superveniente, impedindo-se, assim, que os bons propósitos que inspiraram a aprovação do art. 28 da LINDB possam ganhar a realidade.

---

[12] Considerando a letra da lei apenas como ponto de partida para a construção da norma jurídica pela interpretação, a qual dependerá ainda da análise da realidade sobre a qual ela deve incidir em conformidade com os valores tutelados por um dado ordenamento, ver REALE, Miguel. *Teoria Tridimensional do Direito*. 5 ed. São Paulo: Saraiva, 2017 (edição de 1994), p. 54 e ss. Ainda sobre a insuficiência do texto legal e da aplicação de uma lógica de tipo formal/matemática para a aplicação do Direito, ver, respectivamente, GRAU, Eros Roberto. *Ensaio e discurso sobre a interpretação/aplicação do Direito*. São Paulo: Malheiros, 2002, p. 79 e ss.; SICHES, Luis Recaséns. *Experiencia jurídica, naturaleza de la cosa y lógica "razonable"*. México: Unam, 1971, p. 517 e ss.

[13] Nesse sentido, ver BINEMBOJM, Gustavo; CYRINO, André. Art. 28 da LINB – a cláusula geral do erro administrativo. In: *Revista de Direito Administrativo – RDA*, Edição Especial: Direito Público na Lei de Introdução às Normas de Direito Brasileiro – LINDB (Lei nº 13.655/2018), Rio de Janeiro, p. 205 e ss., nov. 2018; MARQUES NETO, Floriano de A.; FREITAS, Rafael Véras de. *Comentários à Lei nº 13.655/2018*. Belo Horizonte: Fórum, 2019, p. 129 e ss.; PALMA, Juliana Bonacorsi de; ROSILHO, André. Constitucionalidade do Direito ao Erro do Gestor Público do art. 28 da Nova LINDB. In: *Revista da CGU*, v. 13, n. 23, jan./jun. 2021, p. 47 e ss.; e VORONOFF, Alice; LIMA, Cesar Henrique. Medida Provisória nº 966/2020, LINDB e responsabilização administrativa e civil dos agentes públicos em tempos de pandemia: três questões ainda controvertidas. In: CUNHA FILHO, Alexandre J. C. da; ARRUDA, Carmen Silvia L. de; ISSA, Rafael H.; SCHWIND, Rafael W. (coord.). *Direito em tempos de crise – Covid 19*, v. IV. São Paulo: Quartier Latin, 2020, p. 424 e ss.

[14] Para uma reflexão sobre a importância de o governo pensar nos custos e benefícios de regras antes de editá-las no contexto de busca de uma regulação responsiva, ver SUNSTEIN, Cass R. *Simpler* – the future of government. New York: Simon & Schuster, 2013, p. 5 e ss.

Na linha do que expomos, contudo, a aparente antinomia entre os comandos analisados não deve ser lida sob uma perspectiva exclusivamente gramatical, sendo que, como ambos são aderentes a valores constitucionais da mais alta relevância, seria não só possível como desejável buscar-se sua concordância prática, estabelecendo-se hipóteses em que seja razoável que o agente estatal só responda pessoalmente por danos que cause ao erário por dolo ou culpa grave, enquanto haja outras nas quais seja razoável sua responsabilização por simples culpa.

Tanto pode ocorrer pela legislação ordinária, o que, aliás, não é novidade em nosso sistema,[15] como pela via regulamentar[16] ou pela própria jurisprudência na apreciação de disputas que evolvam leituras divergentes do art. 28 LINDB por parte de órgãos de controle administrativo e dos respectivos controlados.[17]

Em prevalecendo esse tipo de aplicação do art. 28 da LINDB, com a justificação de cenários em que o grau de culpa do agente seja relevante para que seja caracterizado o seu dever de ressarcir o Estado por uma indenização que este foi obrigado a fazer em prol do particular, imaginamos que seja plenamente viável sua articulação com o §6º do art. 37 da Constituição, isso em uma trama na qual se privilegie a eficiência no desempenho das tarefas públicas (art. 37, *caput*, da Constituição).

Assim, por exemplo, esperando-se a máxima diligência de servidores públicos na condução de viaturas que transportem pessoas ou coisas, seria razoável a sua responsabilização por danos causados por culpa simples (negligência, imprudência ou imperícia). Por outro lado, esperando-se de policiais que estejam perseguindo meliantes ou de condutores de ambulâncias com pacientes em estado grave uma postura mais destemida, pode ser adequada a sua responsabilização só por dolo (ou no máximo por culpa grave).

---

[15] Como revelam dispositivos do Código de Processo Civil que limitam a responsabilidade pessoal de juízes e promotores às hipóteses de dolo (na dicção da lei "dolo" ou "fraude"), ou de culpa qualificada no caso dos juízes, conforme disposto nos seus arts. 143 e 181, e que nos é lembrado por JACOB, Cesar Augusto Alckmin; SANTOS, Marcela de Oliveira. O alcance do art. 28 (da LINDB) na responsabilização dos agentes públicos. *In:* CUNHA FILHO, Alexandre J. C. da; ISSA, Rafael H.; SCHWIND, Rafael W. (coord.). *Lei de Introdução às Normas do Direito Brasileiro* – anotada, v. II. São Paulo: Quartier Latin, 2019, p. 412 e ss.; BINEMBOJM, Gustavo; CYRINO, André. Art. 28 da LINB – a cláusula geral do erro administrativo. *In: Revista de Direito Administrativo – RDA*, Edição Especial: Direito Público na Lei de Introdução às Normas de Direito Brasileiro – LINDB (Lei nº 13.655/2018), Rio de Janeiro, p. 217 e ss., nov. 2018; PELLEGRINI, Guilherme Martins. Anotações ao art. 28 da LINDB. *In:* CUNHA FILHO, Alexandre J. C. da; ISSA, Rafael H.; SCHWIND, Rafael W. (coord.). *Lei de Introdução às Normas do Direito Brasileiro* – anotada, v. II. São Paulo: Quartier Latin, 2019, p. 416. O último autor ainda aponta para regra equivalente existente no CPC para reger a responsabilidade do advogado público, a saber, o art. 184 do estatuto processual ("O membro da Advocacia Pública será civil e regressivamente responsável quando agir com dolo ou fraude no exercício de suas funções").

[16] Isso considerando-se o regulamento como fonte de direitos e deveres para a Administração não só no fiel cumprimento da lei como para além da lei, isso sob a perspectiva da autovinculação do Executivo às normas que ele mesmo produz, efeito este que inclusive passou a constar de previsão expressa em nosso positivo (vide art. 30 da LINDB). Sobre o ponto, note-se que a definição de erro grosseiro tal como feita pelo Decreto nº 9.830/2019 caminha, embora de modo tímido e num estilo de paráfrase, no sentido do que estamos defendendo no corpo do texto (vide art. 12). Para uma visão contemporânea menos idealizada do papel da competência regulamentar no nosso sistema, ver CYRINO, André. *Delegações legislativas, regulamentos e Administração Pública*. Belo Horizonte: Fórum, 2018, p. 105 e ss.

[17] Jurisprudência que, com os vetos realizados aos parágrafos do art. 28 da LINDB, deverá traçar os parâmetros do que será o "erro grosseiro" a autorizar a aplicação do dispositivo, como pontua MARQUES NETO, Floriano Azevedo. A nova Lei de Introdução às Normas do Direito Brasileiro. O equilíbrio entre dinâmica e segurança jurídicas. *In:* CUNHA FILHO, Alexandre J. C. da; ISSA, Rafael H.; SCHWIND, Rafael W. (coord.). *Lei de Introdução às Normas do Direito Brasileiro* – anotada, v. I. São Paulo: Quartier Latin, 2019, p. 43.

Já no que concerne a danos oriundos de decisões envolvendo processos deliberativos complexos (como o de inclusão de medicamentos no protocolo de atendimento do sistema público de saúde, de projeto de obra ou de negociação de algum ativo do Estado), parece-nos plausível que o exercício de direito de regresso pelo erário ocorra só quando houver dolo ou culpa grave por parte do decisor estatal.[18]

3.2 Responsabilidade patrimonial por dano causado só à Administração

Como já ponderamos linhas atrás, em situações nas quais a conduta do agente estatal tenha imposto danos apenas ao erário, e não a terceiro, a pretensão de ressarcimento a ser perseguida pela Fazenda não encontra amparo expresso no §6º do art. 37 da Constituição, o que elimina a discussão sobre eventual incompatibilidade do art. 28 da LINDB com o quanto previsto na parte final do referido dispositivo constitucional.

O espaço por excelência para disciplinar tal tipo de obrigação é o estatuto dos servidores de cada ente da Federação,[19] ou então as leis orgânicas que tratem de carreiras específicas em cada uma das distintas esferas de governo,[20] que, atendendo às peculiaridades das diversas atividades desenvolvidas no âmbito do aparato estatal, deve prever os direitos e obrigações dos integrantes do funcionalismo.

Neste contexto, ainda que sob a perspectiva de uma "regra geral" de Direito Administrativo, entendemos que o art. 28 da LINDB tem plena aplicação na relação estabelecida entre pessoa jurídica estatal e as pessoas físicas que exercem cargos na respectiva estrutura.

Regra geral que, em conformidade com o quanto previsto no art. 2º da LINDB, convive com regras específicas que existam sobre a matéria.[21]

Dessa forma tem-se que, embora até o advento do art. 28 da LINDB a regra geral fosse da responsabilidade patrimonial do servidor por danos causados à Administração

---

[18] Aparentemente identificando no §6º do art. 37 da Constituição um direito de regresso limitado a situações de responsabilidade civil extracontratual do Estado frente ao particular, ao lado das quais haveria outras possibilidades de responsabilização pessoal do servidor que não estariam compreendidas no dispositivo, mas chegando à conclusão diversa da nossa, ou seja, entendendo pela incompatibilidade de tal comando constitucional com o art. 28 da LINDB para esse tipo de circunstância, ver MAKSYM, Cristina Borges Ribas; ZAITTER, Rafael Henrique Castilho. A nova LINDB e as questões relacionadas à responsabilidade civil do Estado. *In:* VALIATI, Thiago Priess; HUNGARO, Luis Alberto; CASTELLA, Gabriel Morettini e (coord.). *A Lei de Introdução e o Direito Administrativo brasileiro.* Rio de Janeiro: Lumen Juris, 2019, p. 82/84. No mesmo sentido, ver COSTA, Camila Batista Rodrigues; FONSECA, Isabella Félix da. A inaplicabilidade do art. 28 da LINDB às ações de regresso por responsabilidade civil do Estado. *In:* CUNHA FILHO, Alexandre J. C. da; ISSA, Rafael H.; SCHWIND, Rafael W. (coord.). *Lei de Introdução às Normas do Direito Brasileiro –* anotada, v. II. São Paulo: Quartier Latin, 2019. André ROSILHO e Juliana PALMA, por sua vez, registram posicionamento do TCU sobre a inaplicabilidade do art. 28 da LINDB a ações de ressarcimento promovidas pelo Estado, isso conforme decisão proferida no acórdão nº 2.391/2018 (PALMA, Juliana Bonacorsi de; ROSILHO, André. Constitucionalidade do Direito ao Erro do Gestor Público do art. 28 da Nova LINDB. *In: Revista da CGU,* v. 13, n. 23, p. 45-54, jan./jun. 2021).

[19] Vide, a título ilustrativo, arts. 121 a 126 da Lei nº 8.112/1990.

[20] É comum que, pelo menos em nível estadual, haja leis orgânicas ao menos para as carreiras policiais e de magistério.

[21] JACOB, Cesar Augusto Alckmin; SANTOS, Marcela de Oliveira. O alcance do art. 28 (da LINDB) na responsabilização dos agentes públicos. *In:* CUNHA FILHO, Alexandre J. C. da; ISSA, Rafael H.; SCHWIND, Rafael W. (coord.). *Lei de Introdução às Normas do Direito Brasileiro –* anotada, v. II. São Paulo: Quartier Latin, 2019, p. 409/410.

por dolo ou culpa,[22] após a alteração legislativa em comento a regra geral passou a ser a da sua responsabilidade em caso de dolo ou culpa grave.

Como já dissemos neste estudo não nos parece que tal escolha do legislador tenha sido arbitrária, conferindo aos servidores um privilégio injustificado em detrimento dos cofres públicos, dado que, caso existente, poderia, ao menos em tese, ser objeto de questionamento judicial quanto à sua constitucionalidade por ofensa ao princípio da moralidade inscrito no *caput* do art. 37 da Constituição.

Imagine-se uma situação de compra pública em que o agente estatal autorize, de boa-fé e a partir das evidências científicas de que disponha em um dado momento, a compra de milhões de reais em medicamento tido como necessário para o tratamento de uma doença contagiosa que assole o país. Passados alguns meses os estudos científicos revelem que o fármaco em tela é inadequado para o fim que levou à sua aquisição, o que implica o descarte desse produto, com prejuízo significativo ao erário. A autoridade deverá responder com seu patrimônio por tal dano? Pelo art. 28 da LINDB só se tiver operado com culpa grave.[23]

3.3 Reponsabilidade por descumprimento de regras e instruções

Ao lado das situações em que se discute a responsabilidade civil, ou seja, o dever de se indenizar dano causado no exercício das suas funções, o servidor ainda pode ser responsabilizado pelo descumprimento de regras e instruções, comportamento que não necessariamente impõe danos a terceiros ou à Administração.

Na falta de melhor nome podemos chamar essa responsabilidade como administrativa,[24] que ainda convive com a penal, essa última adstrita à apuração do cometimento de crimes por parte dos agentes estatais.

Como já ponderado neste estudo, a partir de um diagnóstico sobre disfunções existentes no controle da função administrativa em nosso país,[25] dentre as quais está

---

[22] Trata-se de uma obrigação que remete, em última instância, ao princípio de justiça *neminen laedere*, consagrado no art. 927 do Código Civil, segundo o qual "Aquele que, por ato ilícito (arts. 186 e 187), causar dano a outrem, fica obrigado a repará-lo. Parágrafo único. Haverá obrigação de reparar o dano, independentemente de culpa, nos casos especificados em lei, ou quando a atividade normalmente desenvolvida pelo autor do dano implicar, por sua natureza, risco para os direitos de outrem". Por sua vez os arts. 186 e 187 do Código Civil estabelecem, respectivamente: – "Aquele que, por ação ou omissão voluntária, negligência ou imprudência, violar direito e causar dano a outrem, ainda que exclusivamente moral, comete ato ilícito" e "Também comete ato ilícito o titular de um direito que, ao exercê-lo, excede manifestamente os limites impostos pelo seu fim econômico ou social, pela boa-fé ou pelos bons costumes".

[23] Para uma reflexão a respeito no contexto da edição da Medida Provisória nº 966/2020, que reforçou dispositivos da LINDB para decisões tomadas pelos gestores públicos sob o pano de fundo da pandemia da covid-19, ver VORONOFF, Alice; LIMA, Cesar Henrique. Medida Provisória nº 966/2020, LINDB e responsabilização administrativa e civil dos agentes públicos em tempos de pandemia: três questões ainda controvertidas. *In*: CUNHA FILHO, Alexandre J. C. da; ARRUDA, Carmen Silvia L. de; ISSA, Rafael H.; SCHWIND, Rafael W. (coord.). *Direito em tempos de crise* – Covid 19, v. IV, São Paulo: Quartier Latin, 2020. p. 421-437.

[24] Digo na falta de melhor nome porque essa classificação proposta acaba deixando sob o rótulo de responsabilidade administrativa vários regimes de responsabilização, que possuem peculiaridades próprias, como o disciplinar previsto em estatuto de servidores, a Lei de Improbidade Administrativa (Lei nº 8.429/1992) e a Lei Anticorrupção Empresarial (Lei nº 12.846/2013), que talvez possam ser compreendidos sob uma perspectiva maior de um direito administrativo sancionador, o qual ainda está em desenvolvimento embrionário pela nossa doutrina.

[25] Sobre o tema ver ainda CAMPANA, Priscilla de Souza Pestana. A cultura do medo na Administração Pública e a ineficiência gerada pelo atual sistema de controle. *In: Revista de Direito de Viçosa*, v. 9, n. 01, p. 189-216, 2017; MARQUES NETO, Floriano de Azevedo. Os grandes desafios do controle da Administração Pública. *In Fórum de Contratação e Gestão Pública* – FCGP, n. 100, abr. 2010 e MARQUES NETO, Floriano de Azevedo; PALMA,

a da paralisia decisória por receio de responsabilização pessoal pelo agir em cenários de incerteza, o chamado "apagão das canetas",[26] foi proposta a inclusão do art. 28 na LINDB, potencialmente abarcando hipóteses de responsabilidade civil e administrativa.

Na reflexão de dois dos protagonistas da reforma legislativa em tela, eis as razões que levaram à qualificação da culpa a ensejar a responsabilização pessoal dos servidores no exercício de suas competências funcionais:

> Sendo inerente ao Direito certo grau de incerteza quanto ao conteúdo das múltiplas normas – e, portanto, quanto à extensão dos direitos, deveres e proibições que delas derivam -, é preciso, de um lado, adotar novos mecanismos para criar mais certeza e para proteger atos passados contra a flutuação posterior das intepretações jurídicas e, de outro lado, é preciso impedir que pessoas sejam responsabilizadas por apenas por não terem adivinhado, à época, a futura orientação das autoridades finais de controle. O risco de, em virtude de incertezas jurídicas ou mudanças de orientação, ocorrer responsabilização ou perda patrimonial para o gestor ou para os particulares paralisa e distorce a atividade decisória. É preciso melhorar a situação das pessoas envolvidas nessas situações.[27]

Um dos principais problemas a serem equacionados pelo art. 28 da LINDB, neste contexto, é evitar que pelo exercício de um controle meramente burocrático da função pública,[28] preocupado unicamente com um parâmetro de legalidade sob uma perspectiva exclusivamente formal,[29] haja punição de agentes estatais pelo crime de hermenêutica,

---

Juliana Bonacorsi de. Os sete impasses do controle na Administração Pública no Brasil. *In:* PEREZ, Marcos A.; SOUZA, Rodrigo P. de (coord.). *Controle da administração pública*. Belo Horizonte: Fórum, 2017. p. 21-38; SANTOS, Rodrigo Valgas dos. *Direito Administrativo do medo* – risco e fuga da responsabilização dos agentes públicos. São Paulo: RT, 2021, p. 136 e ss.

[26] A expressão passou a ser recorrente na reflexão de estudiosos do Direito Público que passaram a se debruçar sobre os efeitos perversos de um controle da atividade administrativa indiferente aos efeitos da respectiva função na realidade, ou seja, no bom andamento da tarefa controlada. Dentre os que apontam o fenômeno, ver BINEMBOJM, Gustavo; CYRINO, André. Art. 28 da LINDB – a cláusula geral do erro administrativo. *In: Revista de Direito Administrativo—RDA*, Edição Especial: Direito Público na Lei de Introdução às Normas de Direito Brasileiro – LINDB (Lei nº 13.655/2018). Rio de Janeiro, p. 206 e ss., nov. 2018; MARQUES NETO, Floriano de A.; FREITAS, Rafael Véras de. *Comentários à Lei nº 13.655/2018*. Belo Horizonte: Fórum, 2019, p. 132 e ss.; PELLEGRINI, Guilherme Martins. Anotações ao art. 28 da LINDB. *In:* CUNHA FILHO, Alexandre J. C. da; ISSA, Rafael H.; SCHWIND, Rafael W. (coord.). *Lei de Introdução às Normas do Direito Brasileiro* – anotada, v. II. São Paulo: Quartier Latin, 2019, p. 415 e ss.; CARVALHO, André Castro. Pele em jogo: a LINDB e as assimetrias ocultas no cotidiano do administrador público brasileiro. *In:* CUNHA FILHO, Alexandre J. C. da; ISSA, Rafael H.; SCHWIND, Rafael W. (coord.). *Lei de Introdução às Normas do Direito Brasileiro* – anotada, v. II. São Paulo: Quartier Latin, 2019, p. 442; VORONOFF, Alice; LIMA, Cesar Henrique. Medida Provisória nº 966/2020, LINDB e responsabilização administrativa e civil dos agentes públicos em tempos de pandemia: três questões ainda controvertidas. *In:* CUNHA FILHO, Alexandre J. C. da; ARRUDA, Carmen Silvia L. de; ISSA, Rafael H.; SCHWIND, Rafael W. (coord.). Direito em tempos de crise – Covid 19, v. IV. São Paulo: Quartier Latin, 2020, p. 423 e ss.; PALMA, Juliana Bonacorsi de; ROSILHO, André. Constitucionalidade do Direito ao Erro do Gestor Público do art. 28 da Nova LINDB. *In: Revista da CGU*, v. 13, n. 23, p. 45-54, jan./jun. 2021.

[27] SUNDFELD, Carlos Ari; MARQUES NETO, Floriano de Azevedo. Uma nova lei para aumentar a qualidade jurídica das decisões públicas e seu controle. *In:* SUNDFELD, Carlos Ari (org.). *Contratações públicas e seu controle*. São Paulo: Malheiros, 2013, p. 279.

[28] CAMPANA, Priscilla de Souza Pestana. A cultura do medo na Administração Pública e a ineficiência gerada pelo atual sistema de controle. *In: Revista de Direito de Viçosa*, v. 9, n. 01, p. 189-216, 2017.

[29] "Sem pretender apequenar o papel do controle de legalidade em nossa tradição jurídica, o fato é que o controle de legalidade como um fim em si mesmo leva a distorções e disfunções, visto que a hiperinflação do controle de legalidade por vezes imobiliza ou dificulta a tomada de decisão (em face das complexidades normativas que envolvem determinado caso), e propicia a 'cômoda' verificação do descumprimento das normas jurídicas na atividade controladora" (SANTOS, Rodrigo Valgas dos. *Direito Administrativo do medo* – risco e fuga da responsabilização dos agentes públicos. São Paulo: RT, 2021, p. 136).

ou seja, por terem adotado uma interpretação da legislação que, embora possível, não seja considerada a melhor por parte do órgão controlador.[30]

Para esse propósito nos parece que o dispositivo em comento, longe de promover a "impunidade" dos gestores que atuem com culpa no descumprimento de regras e instruções, exige por parte das instâncias de fiscalização que haja a devida interlocução com aqueles que fiscaliza, informando-os com clareza o parâmetro de conduta esperado, condição para a caracterização do erro grosseiro necessário para a configuração de ilícito passível de punição.

Em se presumindo a reprovabilidade da violação intencional de regras e instruções,[31] não há qualquer justificativa para que se presuma culpa por parte daquele que, na visão do controlador, tenha sido negligente, imprudente ou imperito quanto à observância de um cipoal normativo intrincado ou então que, prestando contas a vários senhores, tenha ficado na dúvida sobre qual direcionamento seguir.

Ainda quando a norma a ser aplicada em uma dada situação seja de fácil identificação, não se pode desprezar o potencial de um mesmo texto legal receber interpretações divergentes por seus diversos destinatários, sem que o entendimento de qualquer destes a respeito tenha por móvel alguma razão escusa. Quando a deliberação do gestor dependa de conhecimento técnico/científico, também não é raro que haja margem de apreciação que o conduza legitimamente a caminhos em vários sentidos, sem que seja possível, ao menos no momento da tomada de decisão, dizer qual seja o melhor.

Diante de uma realidade marcada por tal complexidade,[32] buscar controlar a juridicidade da deliberação do agente estatal com base na singela noção de culpa, de um agir ou não agir em desconformidade com a "cautela esperada" ou então com "um dever de cuidado objetivo",[33] sem que nem mesmo haja prova de qualquer prejuízo ao erário em decorrência de sua atuação, vinha se revelando uma estratégia incapaz seja de impedir grandes desvios, seja de promover uma gestão pública mais eficiente.

Perante tal quadro vemos como alvissareiro o comando previsto no art. 28 da LINDB, a exigir uma postura diferente dos órgãos de controle em sua missão de contribuir para o bom funcionamento do Estado, para o que devem continuar a se valer da

---

[30] BINEMBOJM, Gustavo; CYRINO, André. Art. 28 da LINDB – a cláusula geral do erro administrativo. *In: Revista de Direito Administrativo – RDA*, Edição Especial: Direito Público na Lei de Introdução às Normas de Direito Brasileiro – LINDB (Lei nº 13.655/2018), Rio de Janeiro, p. 219, nov. 2018.

[31] Num ensaio bem-humorado (e com referências ao universo Geek) sobre efeitos esperados da aplicação do art. 28 da LINDB para uma Administração Pública mais eficiente, André CARVALHO pondera: "(...) dizer que alguém é responsável pessoalmente por atos causados por dolo é quase uma redundância no nosso ordenamento jurídico. Eu, pessoalmente, não me recordo de qualquer isenção legal para praticar atos em prejuízo a outrem com intenção expressa nesse sentido" (CARVALHO, André Castro. Pele em jogo: a LINDB e as assimetrias ocultas no cotidiano do administrador público brasileiro. *In: CUNHA FILHO, Alexandre J. C. da; ISSA, Rafael H.; SCHWIND, Rafael W. (coord.). Lei de Introdução às Normas do Direito Brasileiro* – anotada, v. II. São Paulo: Quartier Latin, 2019, p. 441-442).

[32] Bastante diversa das lições doutrinárias que descrevem a função administrativa como "aplicar a lei de ofício" ou como "*longa manus* do legislador", como bem apontado por BINEMBOJM, Gustavo; CYRINO, André. Art. 28 da LINDB – a cláusula geral do erro administrativo. *In: Revista de Direito Administrativo – RDA*, Edição Especial: Direito Público na Lei de Introdução às Normas de Direito Brasileiro – LINDB (Lei nº 13.655/2018), Rio de Janeiro, p. 204/205, nov. 2018.

[33] "Cautela esperada" e "dever de cuidado objetivo" que, apesar de lugares argumentativos comuns para explicar a noção de culpa, são conceitos jurídicos indeterminados, a reclamar densificação antes de serem aplicados para sancionar quem quer que seja.

ferramenta da sanção, mas de modo mais parcimonioso[34] e proporcional,[35] considerando as reais condições com base nas quais se dá atividade controlada[36] (e não com esteio apenas em conceitos legais abstratos e de modo indiferente aos efeitos gerados pela fiscalização no aprimoramento da função pública).

4 Reinventando o controle em prol da boa administração: consequencialismo, empatia com o gestor, erro grosseiro e processo

Se a finalidade do controle é a boa performance da atividade supervisionada, e não o cumprimento do ordenamento jurídico como um fim em si mesmo, intuitivo que essa missão estatal deva ser organizada e se desenvolva com foco nos efeitos esperados de sua atuação na realidade.

Como apesar da intuição o dia a dia da Administração Pública por vezes revela um cenário bastante diverso daquele preconizado pelo bom senso, marcado por uma multiplicidade de instâncias controladoras que não raramente agem de modo descoordenado entre si[37] e com certa indiferença para com as consequências que seu agir implica na tarefa alvo fiscalizada,[38] além do art. 28 da LINDB outros dispositivos foram introduzidos na Lei de Introdução num esforço legislativo para mudar tal estado de coisas.

---

[34] Importante destacar que uma das apostas da Lei nº 13.655/2018 para um exercício mais eficiente da função pública foi justamente o incremento da consensualidade (vide art. 26 da LINDB), que vem sendo defendida por muitos acadêmicos como modo de agir preferencial da Administração e que nos últimos anos produziu resultados impactantes em termos de recuperação de recursos públicos desviados, embora o legado de muitas operações policiais rumorosas que se deram no período ainda esteja sendo objeto de balanço nos dias que correm. Note-se que os mesmos motivos que justificam a adoção de técnicas de solução concertada entre Estado e particulares podem se colocar na relação entre a Administração e seus órgãos de controle, bem como no âmbito interno das instâncias de execução e de fiscalização no que se refere ao exercício da competência disciplinar entre superior hierárquico e agentes subordinados, tema que ainda aguarda maior desenvolvimento em nosso sistema. Sobre consensualidade e controle, ver PALMA, Juliana Bonacorsi de. *Sanção e acordo na Administração Pública*. São Paulo: Malheiros, 2015, p. 99 e ss.; FERRAZ, Luciano. *Controle e consensualidade* – fundamentos para o controle consensual da Administração Pública. 2 ed. Belo Horizonte: Fórum, 2020, p. 207 e ss.

[35] O que ainda vai além do filtro do erro grosseiro, como bem lembra André Carvalho: "A inovação (do art. 28 da LINDB), podemos destacar, veio incluir algo como erro grosseiro – próximo de um elemento de culpa grave. Essa limitação também não ajuda muito no processo de responsabilização pessoal, pois pode haver um erro grosseiro por parte de um agente público que cause prejuízo de R$ 100,00 ao Erário e um erro discreto que cause prejuízo de bilhões de reais (...). É certo que não é a intenção da sociedade (ao menos não deveria ser) responsabilizar agentes públicos por pequenos erros, passíveis de serem cometidos em razão do intrincado sistema de direito público brasileiro, sob pena de levarmos a um 'apagão das canetas', situação em que ninguém quer decidir por medo do exercício ostensivo do controle". CARVALHO, André Castro. Pele em jogo: a LINDB e as assimetrias ocultas no cotidiano do administrador público brasileiro. *In*: CUNHA FILHO, Alexandre J. C. da; ISSA, Rafael H.; SCHWIND, Rafael W. (coord.). *Lei de Introdução às Normas do Direito Brasileiro* – anotada, v. II. São Paulo: Quartier Latin, 2019, p. 442.

[36] Eduardo Jordão, comentando os efeitos esperados com a aplicação do art. 22 da LINDB no Direito Público brasileiro, expressa a aspiração por um maior pragmatismo e consequencialismo por parte de nossos gestores e respectivos órgãos de controle, isso em conformidade com o que é defendido pela corrente de pensamento que impulsionou a aprovação da Lei nº13.655/2018 (Acabou o romance: reforço do pragmatismo no Direito Público brasileiro. *In*: *Revista de Direito Administrativo – RDA*, Edição Especial: Direito Público na Lei de Introdução às Normas de Direito Brasileiro – LINDB (Lei nº 13.655/2018), Rio de Janeiro, p. 63-92, nov. 2018).

[37] CAMPANA, Priscilla de Souza Pestana. A cultura do medo na Administração Pública e a ineficiência gerada pelo atual sistema de controle. *In*: *Revista de Direito de Viçosa*, v. 9, n. 1, p. 189-216, 2017 (disponível em: https://periodicos.ufv.br/revistadir/article/view/252703892017090107/pdf, acesso em: 24 dez. 2021).

[38] MARQUES NETO, Floriano de A.; PALMA, Juliana Bonacorsi de. Os sete impasses do controle na Administração Pública no Brasil. *In*: PEREZ, Marcos A.; SOUZA, Rodrigo P. de (coord.). *Controle da administração pública*. Belo Horizonte: Fórum, 2017, p. 26 e ss.

Destaquemos a respeito dois deles, que serão especialmente importantes para que se possa delinear situações de erro grosseiro a justificar a responsabilidade pessoal do servidor nas hipóteses tratadas neste ensaio:

Art. 20. Nas esferas administrativa, controladora e judicial, não se decidirá com base em valores jurídicos abstratos sem que sejam consideradas as consequências práticas da decisão.
Parágrafo único. A motivação demonstrará a necessidade e a adequação da medida imposta ou da invalidação de ato, contrato, ajuste, processo ou norma administrativa, inclusive em face das possíveis alternativas.
Art. 22. Na interpretação de normas sobre gestão pública, serão considerados os obstáculos e as dificuldades reais do gestor e as exigências das políticas públicas a seu cargo, sem prejuízo dos direitos dos administrados.
§1º Em decisão sobre regularidade de conduta ou validade de ato, contrato, ajuste, processo ou norma administrativa, serão consideradas as circunstâncias práticas que houverem imposto, limitado ou condicionado a ação do agente.
§2º Na aplicação de sanções, serão consideradas a natureza e a gravidade da infração cometida, os danos que dela provierem para a administração pública, as circunstâncias agravantes ou atenuantes e os antecedentes do agente.
§3º As sanções aplicadas ao agente serão levadas em conta na dosimetria das demais sanções de mesma natureza e relativas ao mesmo fato.

Do art. 20 da LINDB extrai-se a necessidade da reflexão pragmática, consequencialista, por parte de todos os agentes estatais, exerçam estes atribuições executivas ou de controle, os quais têm o ônus de decidir de modo motivado, inclusive quando lançam mão de conceitos jurídicos indeterminados nas suas deliberações.

O dispositivo em comento funciona como mais um argumento a exigir que o controlador não se resuma a exigir do controlado o cumprimento de textos legais, devendo estar atento se os resultados aguardados pela sociedade do funcionamento da burocracia estatal estão sendo gerados.

Já o art. 22 da LINDB demanda do controlador uma postura empática com relação ao gestor,[39] ou seja, de se pôr no lugar dele quando da tomada de decisão escrutinada, sopesando de quais informações este dispunha e qual a capacidade institucional que seu órgão tinha para bem processá-las, transformando-as em ações consistentes.[40]

---

[39] JORDÃO, Eduardo. Acabou o romance: reforço do pragmatismo no Direito Público brasileiro. *In: Revista de Direito Administrativo – RDA*, Edição Especial: Direito Público na Lei de Introdução às Normas de Direito Brasileiro – LINDB (Lei nº 13.655/2018), Rio de Janeiro, p. 69 e ss., nov. 2018.

[40] Empatia que, contudo, não pode servir de escusa para que o gestor, a partir da identificação de falha na prestação de serviços a seu encargo, ainda que não punido na ocasião, deixe de se planejar para melhor organizar sua atividade em conformidade com um planejamento de curto, médio e longo prazo, como bem observa BARROS, Laura Mendes A. de. O art. 22 da LINDB: parâmetros interpretativos voltados a impedir a rotineira relativização e desrespeito às normas postas. *In:* CUNHA FILHO, Alexandre J. C. da; ISSA, Rafael H.; SCHWIND, Rafael W. (coord.). *Lei de Introdução às Normas do Direito Brasileiro* – anotada, v. II, p. 222-227, São Paulo: Quartier Latin, 2019, p. 223 e ss.

Neste contexto, apesar do veto ao §1º do art. 28 da LINDB,[41] é possível mesmo em nível de legislação já pensarmos em algumas balizas para a identificação da legitimidade da atuação do gestor em situações de incerteza técnica e/ou jurídica.

A leitura conjunta dos dispositivos em realce nos permite concluir que o erro grosseiro pode estar caracterizado ao menos nas seguintes hipóteses: 1) decisão indiferente aos seus efeitos práticos (sobretudo após alerta a respeito por parte do órgão de controle, sem mudança de postura por parte do controlado); 2) decisão sem a devida instrução por parte da autoridade ou em descompasso com as informações produzidas para esclarecimento da matéria controversa.[42]

Disso resulta a importância do instituto do processo administrativo no controle da discricionariedade administrativa,[43] já que é no processo onde deve ficar registrado o iter adotado pela autoridade para a tomada de decisão, qual era o problema a ser enfrentado, quais os objetivos, as alternativas,[44] os recursos, quem foi ouvido, que elementos foram trazidos ao conhecimento do gestor e se a motivação expressa na ocasião foi coerente com eles, dando resposta proporcional para a demanda apresentada.

5 Conclusão

Neste ensaio tratamos do tema da responsabilidade pessoal do servidor sob a perspectiva civil e administrativa, isso à vista da disciplina prevista a respeito no art. 28

---

[41] O §1º projetado para o art. 28 da LINDB previa "Não se considera erro grosseiro a decisão ou opinião baseada em jurisprudência ou doutrina, ainda que não pacificadas, em orientação geral ou, ainda, em interpretação razoável, mesmo que não venha a ser posteriormente aceita por órgãos de controle ou judiciais". Apesar do veto presidencial ao dispositivo, imagina-se que as ideias expressas no projeto de lei a respeito ainda sirvam para amparar intepretações que ajudem a jurisprudência administrativa e judicial a traçar parâmetros para a identificação do erro grosseiro passível de responsabilização pessoal pelos órgãos de controle. Para mais detalhes sobre nossa visão sobre o tema, ver reflexão conjunta que fizemos com Rafael ISSA: Comentários aos dispositivos vetados (art. 28 da LINDB). *In:* CUNHA FILHO, Alexandre J. C. da; ISSA, Rafael H.; SCHWIND, Rafael W. (coord.). *Lei de Introdução às Normas do Direito Brasileiro* – anotada, v. II, São Paulo: Quartier Latin, 2019., p. 445-452.

[42] Guilherme Pellegrini, em aproximação que nos parece bastante pertinente com o Direito Empresarial, tratando da doutrina da "decisão empresarial" ou da "decisão negocial" que busca trazer parâmetros para afastar a responsabilidade de gestor de Sociedade Anônima por atos realizados de boa-fé e no interesse da companhia, o que no nosso sistema encontra amparo legal expresso no art. 159 da Lei nº 6.404/1976, propõe como diretrizes para a matéria que a decisão do administrador deva ser: "(i) informada, ou seja, baseada nas informações disponíveis para a tomada de decisão; (ii) refletida, isto é, feita com base na análise de diferentes alternativas; e (iii) desinteressada, vale dizer, sem que exista interesse direto daquele que decide, especialmente caso envolva benefício pecuniário" (Anotações ao art. 28 da LINDB. *In:* CUNHA FILHO, Alexandre J. C. da; ISSA, Rafael H.; SCHWIND, Rafael W. (coord.). *Lei de Introdução às Normas do Direito Brasileiro* – anotada, v. II. São Paulo: Quartier Latin, 2019, p. 418). Ainda sobre possibilidades hermenêuticas para o erro grosseiro a doutrina costuma referir posicionamento do STF sobre a responsabilidade do advogado público parecerista (MS nº 24.073/DF) e do TCU sobre a figura do "administrador médio". Para crítica sobre as inconstâncias do TCU sobre o tema, ver RIBEIRO, Leonardo Coelho. Vetos à LINDB, o TCU e o erro grosseiro dão boas vindas ao "administrador médium", Disponível em: https://www.conjur.com.br/2018-ago-08/leonardo-coelho-vetos-lindb-tcu-erro-grosseiro (texto de 08.08.2018, acesso em: 27 dez. 2021); PALMA, Juliana Bonacorsi de. Quem é o administrador médio do TCU? Disponível em: https://sbdp.org.br/wp/wp-content/uploads/2019/10/Quem-%C3%A9-o-administrador-m%C3%A9dio-do-TCU-JOTA-Info.pdf, texto de 22.08.2018, acesso em: 27 dez. 2021.

[43] Sobre o assunto, ver PEREZ, Marcos Augusto. *Testes de legalidade* – métodos para o amplo controle jurisdicional da discricionariedade administrativa, Belo Horizonte: Fórum, 2020, p. 186 e ss.; MEDAUAR, Odete. *A processualidade no Direito Administrativo*. 3. ed. Belo Horizonte: Fórum, 2021, p. 70 e ss.

[44] JORDÃO, Eduardo. Acabou o romance: reforço do pragmatismo no Direito Público brasileiro. *In: Revista de Direito Administrativo – RDA*, Edição Especial: Direito Público na Lei de Introdução às Normas de Direito Brasileiro – LINDB (Lei nº 13.655/2018), Rio de Janeiro, p. 72-73, nov. 2018.

da LINDB, que desperta alguma polêmica no que concerne à sua compatibilidade com o art. 37, §6º, da Constituição.

Propomos dividir nossa análise em três tipos de responsabilização do servidor, duas patrimoniais (civis) e uma pelo descumprimento de regras e instruções (administrativa).

Apenas na responsabilidade civil por dano causado a terceiro é que entendemos que se coloca a potencial antinomia entre a culpa grave/erro grosseiro constante no art. 28 da LINDB e a culpa (simples) prevista no §6º do art. 37 da Constituição como justificativa a embasar a ação de regresso promovida pela Fazenda em face de seu preposto.

Para a hipótese sugerimos interpretação que busque a concordância prática entre os dispositivos, admitindo-se sobretudo que o legislador ordinário estabeleça regimes de regresso diferenciados a depender das peculiaridades de determinadas atividades, separando aquelas em que o direito de regresso por simples culpa seja desejável/razoável de outras em que tal direito só deva ser exercido em caso de culpa grave ou dolo por parte do agente estatal.

Para as outras situações não vislumbramos qualquer incompatibilidade do art. 28 da LINDB com relação à nossa ordem constitucional, registrando que o comando pode contribuir para conferir uma maior segurança aos servidores encarregados de deliberar sobre matérias em que haja controvérsia de natureza técnica ou jurídica, criando um ambiente mais propício a uma gestão eficiente em suas áreas de atuação.

Finalmente destacamos que as alterações promovidas pela Lei nº 13.655/2018 na LINDB apontam para uma reorganização da função de controle da atividade administrativa, isso em prol da boa performance das tarefas públicas, o que, para ter êxito, dependerá, dentre outros fatores, da adoção de uma perspectiva mais consequencialista/pragmática por parte dos órgãos estatais, seja de execução, seja de fiscalização.

Referências

ARAGÃO, Alexandre Santos de. *Curso de Direito Administrativo*. Rio de Janeiro: Forense, 2012.

ARAUJO, Edmir Netto de. *Curso de Direito Administrativo*. 5. ed. São Paulo: Saraiva, 2010.

BARROS, Laura Mendes A. de. O art. 22 da LINDB: parâmetros interpretativos voltados a impedir a rotineira relativização e desrespeito às normas postas. *In*: CUNHA FILHO, Alexandre J. C. da; ISSA, Rafael H.; SCHWIND, Rafael W. (coord.). *Lei de Introdução às Normas do Direito Brasileiro* – anotada, v. II, São Paulo: Quartier Latin, 2019, p. 222-227.

BINEMBOJM, Gustavo; CYRINO, André. Art. 28 da LINDB – a cláusula geral do erro administrativo. *In: Revista de Direito Administrativo – RDA*, Edição Especial: Direito Público na Lei de Introdução às Normas de Direito Brasileiro – LINDB (Lei nº 13.655/2018), Rio de Janeiro, p. 203-224, nov. 2018.

CAMPANA, Priscilla de Souza Pestana. A cultura do medo na Administração Pública e a ineficiência gerada pelo atual sistema de controle. *In: Revista de Direito de Viçosa*, v. 9, n. 1, p. 189-216, 2017. Disponível em: https://periodicos.ufv.br/revistadir/article/view/252703892017090107/pdf, acesso em: 24 dez. 2021.

CAHALI, Yussef Said. *Responsabilidade civil do Estado*. 3. ed. São Paulo: Revista dos Tribunais, 2007.

CARVALHO, André Castro. Pele em jogo: a LINDB e as assimetrias ocultas no cotidiano do administrador público brasileiro. *In*: CUNHA FILHO, Alexandre J. C. da; ISSA, Rafael H.; SCHWIND, Rafael W. (coord.). *Lei de Introdução às Normas do Direito Brasileiro* – anotada, v. II. São Paulo: Quartier Latin, 2019. p. 438-444.

CARVALHO FILHO, José dos Santos. *Manual de Direito Administrativo*. 24. ed. Rio de Janeiro: Lumen Juris, 2011.

COSTA, Camila Batista Rodrigues; FONSECA, Isabella Félix da. A inaplicabilidade do art. 28 da LINDB às ações de regresso por responsabilidade civil do Estado. *In:* CUNHA FILHO, Alexandre J. C. da; ISSA, Rafael H.; SCHWIND, Rafael W. (coord.). *Lei de Introdução às Normas do Direito Brasileiro* – anotada, v. II. São Paulo: Quartier Latin, 2019. p. 427-432.

CUNHA FILHO, Alexandre Jorge Carneiro da. Responsabilidade pessoal do servidor por dano causado a terceiro no exercício da função administrativa. *In: Revista Brasileira de Estudos da Função Pública – RBEFP*, Belo Horizonte, ano 3, n. 7, p. 85-112, jan./abr. 2014.

CUNHA FILHO, Alexandre Jorge Carneiro da; ISSA, Rafael H. Comentários aos dispositivos vetados (art. 28 da LINDB). *In:* CUNHA FILHO, Alexandre J. C. da; ISSA, Rafael H.; SCHWIND, Rafael W. (coord.). *Lei de Introdução às Normas do Direito Brasileiro* – anotada, v. II. São Paulo: Quartier Latin, 2019. p. 445-452.

CUNHA FILHO, Alexandre Jorge Carneiro da. Responsabilidade civil e governança pública: um ensaio sobre o desenho institucional da responsabilidade civil do Estado para o bom funcionamento da burocracia estatal. *In:* DI PIETRO, Maria Sylvia Z.; MARRARA, Thiago; PEDREIRA, Ana Maria; NOHARA, Irene Patrícia (org.). *Responsabilidade do Estado* – estudos em homenagem ao prof. Edmir Netto de Araújo, p. 163-175, São Paulo: LiberArs, 2021.

CUNHA FILHO, Alexandre Jorge Carneiro da. Responsabilidade civil do servidor – uma leitura constitucional do art. 28 da LINDB. *In: Migalhas*, texto de 20.05.2021, disponível em: https://www.migalhas.com.br/coluna/migalhas-de-responsabilidade-civil/345857/responsabilidade-civil-do-servidor, acesso em: 18 dez. 2021.

CYRINO, André. *Delegações legislativas, regulamentos e Administração Pública*. Belo Horizonte: Fórum, 2018.

DONNINI, Rogério. Responsabilidade civil do agente público. O art. 28 da Lei de Introdução às Normas do Direito Brasileiro (LINDB). *In:* CUNHA FILHO, Alexandre J. C. da; ISSA, Rafael H.; SCHWIND, Rafael W. (coord.). *Lei de Introdução às Normas do Direito Brasileiro* – anotada, v. II. São Paulo: Quartier Latin, 2019. p. 401-407.

FERRAZ, Luciano. *Controle e consensualidade* – fundamentos para o controle consensual da Administração Pública. 2. ed. Belo Horizonte: Fórum, 2020.

GASPARINI, Diogenes. *Direito administrativo*. 13. ed. São Paulo: Saraiva, 2008.

GRAU, Eros Roberto. *Ensaio e discurso sobre a interpretação/aplicação do Direito*. São Paulo: Malheiros, 2002.

JACOB, Cesar Augusto Alckmin; SANTOS, Marcela de Oliveira. O alcance do art. 28 (da LINDB) na responsabilização dos agentes públicos. *In:* CUNHA FILHO, Alexandre J. C. da; ISSA, Rafael H.; SCHWIND, Rafael W. (coord.). *Lei de Introdução às Normas do Direito Brasileiro* – anotada, v. II. São Paulo: Quartier Latin, 2019. p. 401-414.

JORDÃO, Eduardo. Acabou o romance: reforço do pragmatismo no Direito Público brasileiro. *In: Revista de Direito Administrativo – RDA*, Edição Especial: Direito Público na Lei de Introdução às Normas de Direito Brasileiro – LINDB (Lei nº 13.655/2018), Rio de Janeiro, p. 63-92, nov. 2018.

JUSTEN FILHO, Marçal. *Curso de Direito Administrativo*. 5. ed. São Paulo: Saraiva, 2010.

MARQUES NETO, Floriano de A. Os grandes desafios do controle da Administração Pública. *Fórum de Contratação e Gestão Pública – FCGP*, n. 100, abr. 2010.

MARQUES NETO, Floriano de A.; PALMA, Juliana Bonacorsi de. Os sete impasses do controle na Administração Pública no Brasil. *In:* PEREZ, Marcos A.; SOUZA, Rodrigo P. de (coord.). *Controle da administração pública*. Belo Horizonte: Fórum, 2017. p. 21-38.

MARQUES NETO, Floriano de A.; FREITAS, Rafael Véras de. *Comentários à Lei nº 13.655/2018*. Belo Horizonte: Fórum, 2019.

MAKSYM, Cristina Borges Ribas; ZAITTER, Rafael Henrique Castilho. A nova LINDB e as questões relacionadas à responsabilidade civil do Estado. *In:* VALIATI, Thiago Priess; HUNGARO, Luis Alberto; CASTELLA, Gabriel Morettini e (coord.). *A Lei de Introdução e o Direito Administrativo brasileiro*. Rio de Janeiro: Lumen Juris, 2019. p. 73-97.

MEDAUAR, Odete. *A processualidade no Direito Administrativo*. 3. ed. Belo Horizonte: Fórum, 2021.

MEIRELLES, Hely Lopes. *Direito Administrativo Brasileiro*. 16. ed. São Paulo: RT, 1990.

MELLO, Celso Antônio Bandeira de. *Curso de Direito Administrativo*. 35. ed. São Paulo: Malheiros, 2021.

NIEBUHR, Joel de Menezes. O erro grosseiro: análise crítica do acórdão nº 2.391/2018 do TCU. *In:* VALIATI, Thiago Priess; HUNGARO, Luis Alberto; CASTELLA, Gabriel Morettini e (coord.). *A Lei de Introdução e o Direito Administrativo brasileiro.* Rio de Janeiro: Lumen Juris, 2019. p. 485-494.

OLIVEIRA, José Roberto Pimenta de. O direito de regresso do Estado decorrente do reconhecimento de responsabilidade civil extracontratual no exercício da função administrativa. *In:* GUERRA *et al.* (Org.). *Responsabilidade civil do Estado*: desafios contemporâneos. São Paulo: Quartier Latin, 2010.

PALMA, Juliana Bonacorsi de. *Sanção e acordo na Administração Pública.* São Paulo: Malheiros, 2015.

PALMA, Juliana Bonacorsi de. Quem é o administrador médio do TCU? Disponível em: https://sbdp.org.br/wp/wp-content/uploads/2019/10/Quem-%C3%A9-o-administrador-m%C3%A9dio-do-TCU-JOTA-Info.pdf, texto de 22.08.2018, acesso em: 27 dez. 2021.

PALMA, Juliana Bonacorsi de; ROSILHO, André. Constitucionalidade do Direito ao Erro do Gestor Público do art. 28 da Nova LINDB. *In: Revista da CGU,* v. 13, n. 23, p. 45-54, jan./jun. 2021. Disponível em: https://revista.cgu.gov.br/Revista_da_CGU/article/view/386/266, acesso em: 19 dez. 2021.

PELLEGRINI, Guilherme Martins. Anotações ao art. 28 da LINDB. *In:* CUNHA FILHO, Alexandre J. C. da; ISSA, Rafael H.; SCHWIND, Rafael W. (coord.). *Lei de Introdução às Normas do Direito Brasileiro* – anotada, v. II, p. 414-421, São Paulo: Quartier Latin, 2019.

PEREZ, Marcos Augusto. *Testes de legalidade* – métodos para o amplo controle jurisdicional da discricionariedade administrativa. Belo Horizonte: Fórum, 2020.

REALE, Miguel. *Teoria Tridimensional do Direito.* 5. ed. São Paulo: Saraiva, 2017 (edição de 1994).

RIBEIRO, Leonardo Coelho. Vetos à LINDB, o TCU e o erro grosseiro dão boas-vindas ao "administrador médium". Disponível em: https://www.conjur.com.br/2018-ago-08/leonardo-coelho-vetos-lindb-tcu-erro-grosseiro (texto de 08.08.2018, acesso em: 27 dez. 2021).

SANTOS, Rodrigo Valgas dos. *Direito Administrativo do medo* – risco e fuga da responsabilização dos agentes públicos. São Paulo: RT, 2021.

SICHES, Luis Recaséns. *Experiencia jurídica, naturaleza de la cosa y lógica "razonable".* México: Unam, 1971.

SILVA, José Afonso da. *Curso de direito constitucional positivo.* 16. ed. São Paulo: Malheiros, 1999.

SUNDFELD, Carlos Ari; MARQUES NETO, Floriano de Azevedo. Uma nova lei para aumentar a qualidade jurídica das decisões públicas e seu controle. *In:* SUNDFELD, Carlos Ari (org.). *Contratações públicas e seu controle.* São Paulo: Malheiros, 2013. p. 277-285.

SUNSTEIN, Cass R. *Simpler* – the future of government. New York: Simon & Schuster, 2013.

VORONOFF, Alice; LIMA, Cesar Henrique. Medida Provisória nº 966/2020, LINDB e responsabilização administrativa e civil dos agentes públicos em tempos de pandemia: três questões ainda controvertidas. *In:* CUNHA FILHO, Alexandre J. C. da; ARRUDA, Carmen Silvia L. de; ISSA, Rafael H.; SCHWIND, Rafael W. (coord.). *Direito em tempos de crise* – Covid 19, v. IV. São Paulo: Quartier Latin, 2020. p. 421-437.

Informação bibliográfica deste texto, conforme a NBR 6023:2018 da Associação Brasileira de Normas Técnicas (ABNT):

CUNHA FILHO, Alexandre Jorge Carneiro da. Responsabilidade civil do servidor. Um ensaio sobre leituras constitucionais do art. 28 da LINDB. *In:* CONTI, José Maurício; MARRARA, Thiago; IOCKEN, Sabrina Nunes; CARVALHO, André Castro (coord.). *Responsabilidade do gestor na Administração Pública*: improbidade e temas especiais. Belo Horizonte: Fórum, 2022. p. 83-99. ISBN 978-65-5518-413-6. v.3.

RESPONSABILIZAÇÃO CIVIL E ADMINISTRATIVA DE AGENTES PÚBLICOS NO BRASIL CONTEMPORÂNEO

FLÁVIO DE AZAMBUJA BERTI

1 Introdução

O tema da responsabilização dos agentes públicos em face de danos causados ao Erário por suas ações e omissões não pode ser examinado desconectado dos parâmetros fixados pela jurisprudência, especialmente do Supremo Tribunal Federal. O assunto ganha relevo quando conexo à decisão condenatória emanada do Tribunal de Contas competente a partir da necessidade de adequar sua execução aos termos e balizas fixados na jurisprudência modeladora da Corte Suprema, sem o que sempre haverá o risco iminente de sua anulação judicial. Neste contexto, um aspecto sempre destacado nas discussões a propósito do assunto é a barreira temporal decorrente da prescrição e da decadência cujos prazos correm em favor do agente público no sentido de estabilizar as relações jurídicas e evitar perseguições e condenações extemporâneas após décadas de discussão em sede de processos administrativos de prestação de contas, tomadas de contas extraordinárias ou representações.

Ainda que haja carência de parâmetros mais seguros na legislação dos Estados-membros onde os Tribunais de Contas Estaduais e Municipais exercem suas respectivas competências, após as devidas provocações diretas e indiretas, o Supremo Tribunal Federal delimitou um caminho mais próximo do ideal de segurança jurídica, ainda que sob críticas variadas decorrentes de aparentes confusões, algumas das quais superadas pela recente alteração na legislação federal afeta à improbidade administrativa. O objetivo central do presente estudo é retratar tal caminho a partir das bases utilizadas pelo Supremo Tribunal Federal, bem como o cenário contemporâneo em algumas unidades federadas que mesclam o exercício de competências condenatórias por parte das Cortes de Contas[1] regionais com lacunas legais, especialmente no que toca à definição de prazos de prescrição e decadência e da sua respectiva contagem.

---

[1] KANIA, Claudio Augusto. *Relevo constitucional dos Tribunais de Contas no Brasil.* Rio de Janeiro: Lumen Juris, 2020.

2 A prática de atos ilegais de gestão e o controle externo no âmbito dos Tribunais de Contas

Como é notório, o sistema de controle externo da Administração Pública objetiva não apenas a repressão de atos ilegais e causadores de prejuízos ao Erário, como também a fixação de parâmetros de atenção e respeito à boa gestão dos recursos públicos, espelhados que estejam em planejamento, criação, execução e monitoramento de políticas públicas. A despeito de problemas na calibragem do funcionamento de tal sistema de controle, especialmente aquele exercido pelos Tribunais de Contas, não se nega o caráter fundamental de tal sistema, outrora focado por inteiro no chamado controle *a posteriori*, meramente repressivo e via de regra atrasado e com pouca efetividade e algum desprestígio à produção de resultados visíveis. Atualmente, com o avanço tecnológico do que são exemplos os chamados robôs de cruzamento de dados em bases similares ao que se dá no sistema de malha eletrônica do Imposto de Renda, o compartilhamento de dados entre os diferentes atores do controle (Ministério Público, Polícias Civil e Federal, Receita Federal, Controladorias da União e dos Estados e Tribunais de Contas) e a superação da lógica do mero controle posterior à prática de atos danosos, observa-se um avanço, ainda recente e pouco visível para a mídia e o grosso das comunidades jurídica e acadêmica, mas que representa inegavelmente o início da superação do *atoleiro* do controle externo da Administração.

Através de bases de dados compartilhadas[2] e com o apoio de sistemas digitais mais eficientes no trato das informações, possibilitando-se diversas formas de cruzamentos horizontal e vertical de dados, boa parte dos Tribunais de Contas[3] têm concentrado mais atenção e recursos, inclusive humanos, no acompanhamento e monitoramento da gestão, abrindo espaço para que conviva com o tradicional sistema processual de análise e julgamento de prestações de contas um sistema inovador de controle concomitante, expresso em procedimentos preliminares de apuração através de ferramentas mais avançadas como o *mural de licitações* (que permite o acompanhamento de editais em tempo real tão logo publicados pelos Municípios e entidades estaduais jurisdicionados), o monitoramento de obras públicas em execução através de *imagens de satélites* (mediante convênio com o Instituto Nacional de Pesquisas Espaciais), a parametrização de ajustes no sistema de malha eletrônica para o cruzamento das inscrições de cadastro de pessoas físicas dos sócios das empresas contratadas por entidades públicas em diferentes licitações e atos de dispensa ou inexigibilidade etc.

Fato é que o chamado *Sistema Tribunal de Contas*, embora repleto de mazelas, vem passando por avanços inegáveis nos últimos anos e ao integrar-se aos demais agentes do Controle Externo[4] contribui para a identificação de inúmeros casos de prática de atos ilegais de gestão, os quais transbordam da simples irregularidade formal avançando para situações de inquestionáveis danos ao Erário, muitos decorrentes de ações efetivas de agentes, como a dispensa indevida de licitação em situação desconectada da realidade de exceção contemplada na respectiva legislação ou o pagamento de vantagem

---

[2] Conforme www.irbcontas.org.br, capturado em 10.12.2021.

[3] Do que são exemplos além do Tribunal de Contas da União também o TCE/PB, o TCE/PR, o TCE/SC, o TCE/MG e o TCE/PA.

[4] JARDIM, Eduardo Marcial Ferreira. *Manual de direito financeiro e tributário*. 6. ed. São Paulo: Saraiva, 2003.

indevida a indivíduos ou empresas prestadores de serviços à Administração; outros tantos decorrentes de omissões dos agentes públicos que não procedem por exemplo a uma verificação prévia quanto ao possível uso indevido de rede societária para fraudar concorrência em licitação, ou a participação de servidores do quadro efetivo em sociedade contratada para prestar serviços médicos terceirizados via licitação ou credenciamento de clínicas e laboratórios por exemplo, ou ainda a falta de atenção quanto à correta ordem de pagamento de precatórios devidos pela Administração em descompasso com a listagem definida pelo Judiciário para ficar apenas em poucos e sucintos exemplos.

Bem verdade que o exercício da competência fiscalizatória e punitiva das Cortes de Contas[5] implica necessariamente aferir-se materialmente o nexo de causalidade entre a conduta – ou omissão – do agente e o resultado danoso causado à Administração, o que nem sempre consiste em tarefa de execução fácil e direta, dadas as nuances da estrutura de hierarquia administrativa no âmbito de muitas das entidades jurisdicionadas. Dentro do processo de tomada de contas decorrente de uma auditoria[6] ou no processo de representação ou denúncia deve restar clara a relação de causa e efeito entre o agir do gestor público e o prejuízo amargado pela entidade e que não tenha sido desconstituído pelas informações e documentos trazidos aos autos da "jurisdição de contas" pelo agente objeto da responsabilização, até então parte processual no pleno exercício de seu direito de contraditório e ampla defesa.

Na estruturação normativa de seus procedimentos investigatórios e persecutórios o Sistema de Controle Externo deve permitir a apresentação, em prazo razoável, de argumentos de defesa por parte do agente público com a possibilidade da produção de provas, inclusive e principalmente mediante a juntada de documentos que mantenham relação com a conduta investigada a fim de que seja possível aos técnicos do Tribunal de Contas, ao Ministério Público de Contas e ao órgão deliberativo informarem-se sobre a íntegra da(s) situação(ões) posta(s) na *lide de contas*. Observe-se que a relação processual que se dá no âmbito das Cortes de Contas[7] é diversa daquela formada no processo civil. Neste trata-se de uma relação triangular com o órgão judiciário imparcial julgador e duas partes que se contrapõem formando a lide, ao passo que na lide de contas a Corte exerce duplo papel, de investigadora e também de julgadora, mas sempre com atenção para o respeito e preservação do devido processo legal e do pleno exercício do direito amplo de defesa da entidade jurisdicionada e do(s) respectivo(s) agente(s) público(s).

Ao fim e ao cabo do processo de conhecimento em trâmite perante o Tribunal de Contas,[8] seja ele uma prestação de contas anual, uma prestação de contas de transferência voluntária, uma tomada de contas, uma representação ou uma denúncia, identificada que esteja a autoria do ato ilegal, o dano ao Erário devidamente apurado e o nexo de causalidade entre o atuar do agente público e tal dano, haverá plena base jurídica para a imputação de sanção por parte do órgão julgador de contas contra o agente público, sanção esta que pode assumir as formas mais variadas consoante expresso na própria

---

[5] MARTINS, Cláudio. *Compêndio de finanças públicas*. 3. ed. Rio de Janeiro: Forense, 1988.

[6] PAGLIARINI, Mauro Fernandes. *Direito financeiro e finanças aplicadas*. Campinas: Julex, 1993.

[7] PEIXE, Blênio César Severo. *Finanças públicas*: controladoria governamental. Curitiba: Juruá, 2005.

[8] ZENKNER, Marcelo; CASTRO, Rodrigo Pironti Aguirre de. *Compliance no setor público*. Belo Horizonte: Fórum, 2020.

Constituição Federal e também nas leis orgânicas das Cortes de Contas,[9] desde multas até o ressarcimento ao Erário, a suspensão do direito de exercer funções públicas, a determinação para abertura de processo administrativo disciplinar para servidores do quadro e a suspensão dos direitos políticos a ser devidamente notificada ao competente Tribunal Regional Eleitoral (por simetria também ao TSE no caso de decisão oriunda do Tribunal de Contas da União).

Não se desconsiderem porém a amplitude e os limites das competências outorgadas pela Constituição Federal de 1988 às Cortes de Contas, o que não apenas é uma decorrência lógica e direta das normas estatuídas na Constituição Federal de 1988, particularmente em seus artigos 70 e 71,[10] senão também da interpretação dada ao assunto pelo Supremo Tribunal Federal, ao diferenciar o que sejam contas de governo de um lado e o que sejam contas de gestão de outro, conforme assentado a partir do decidido nos Recursos Extraordinários nºs 848.826[11] e 729.744,[12] ambos de origem do Estado do Ceará, onde definiu-se de modo conclusivo que aos Tribunais de Contas cabe o efetivo exercício de função julgadora no que tange aos chamados atos de gestão assim entendidos aqueles relacionados à emissão e liquidação de empenhos, execução de obras públicas, recebimento e execução de transferências voluntárias, prestações de contas de convênios e outros repasses de receitas e congêneres, cujos processos a eles afetos de fato são processados *e julgados* pelos Tribunais de Contas, donde a ampla possibilidade de imputação de sanções por parte dos respectivos órgãos deliberativos, inclusive com vistas ao ressarcimento ao Erário,[13] multas e suspensão dos direitos políticos nas hipóteses legais. *Contrario sensu*, em se tratando de atos de governo assim entendidos aqueles relativos ao cumprimento de índices constitucionais como os referentes a gastos em educação e saúde, cumprimento e execução de políticas públicas, cumprimento de metas fiscais definidas na lei de diretrizes orçamentárias, atendimento ao determinado na lei orçamentária anual etc., o exercício da competência dos Tribunais de Contas limita-se à verificação para fins de emissão de um parecer prévio cuja conclusão pela aprovação, aprovação com ressalva ou desaprovação das contas respectivas deve ser encaminhada ao Poder Legislativo respectivo,[14] este sim responsável pelo efetivo julgamento do processo de prestação de contas, não cabendo à Corte de Contas a imputação de qualquer sanção de natureza administrativa, cível ou política como a suspensão de direitos políticos, o que consiste em atribuição da competência exclusiva do Poder Legislativo. O fundamento constitucional para a decisão confirmada pelo Supremo Tribunal Federal foi o teor do artigo 31, §§1º a 4º, da Constituição de 1988.[15]

---

[9] Como por exemplo ocorre no Estado do Paraná em que a Lei Complementar nº 113/05 embasa a imputação de diversas sanções em seu artigo 87.

[10] TORRES, Ricardo Lobo. *O orçamento na constituição*. Rio de Janeiro: Renovar, 1995.

[11] Julgamento em 10.08.2016 com repercussão geral, Relator Min. Roberto Barroso, origem Distrito Federal, capturado em www.stf.jus.br em 09.12.2021.

[12] Julgamento em 10.08.2016 com repercussão geral, Relator Min. Gilmar Mendes, origem Minas Gerais, capturado em www.stf.jus.br em 09.12.2021.

[13] SILVA, Edson Jacinto da. *O Município na lei de responsabilidade fiscal*. Leme: Editora de Direito, 2001.

[14] OLIVEIRA, Regis Fernandes de. *Curso de direito financeiro*. 3. ed. São Paulo: Revista dos Tribunais, 2010.

[15] "Art. 31. A fiscalização do Município será exercida pelo Poder Legislativo Municipal, mediante controle externo, e pelos sistemas de controle interno do Poder Executivo Municipal, na forma da lei.
§1º O controle externo da Câmara Municipal será exercido com o auxílio dos Tribunais de Contas dos Estados ou do Município ou dos Conselhos ou Tribunais de Contas dos Municípios, onde houver.

3 Execução fundada em acórdão de Tribunal de Contas para ressarcimento de dano ao Erário e sua modulação na jurisprudência do STF

Encerrado o processo de conhecimento no âmbito da Corte de Contas com decisão condenatória irrecorrível cujo dispositivo contenha imputação de multa e/ou de ressarcimento aos cofres públicos, haverá a necessidade de executar tal decisão em moldes similares ao que se dá no processualística civil, ainda que por força da própria legislação orgânica dos Tribunais de Contas haja uma relativa simplificação de tal processo executório quando comparado aquilo que consta do Código de Processo Civil.

A propósito do assunto, observe-se que tal execução pode referir-se a duas formas de responsabilização, *uma de natureza administrativa*[16] que mantém relação mais próxima com a configuração de ato de improbidade, e *outra de natureza cível*, afeta que está especificamente à reparação do dano propriamente dito sob a ótica financeira. As nuances diferenciam-se num e noutro caso, seja em face da aplicação da prescrição, seja mesmo em face da modulação estabelecida pelo Supremo Tribunal Federal. É o que se pretende analisar neste tópico.

Em se tratando de execução de julgado de Tribunal de Contas[17] com vistas à imputação de responsabilidade administrativa, com o advento da Lei Federal nº 14.230/21[18] responsável pela alteração da Lei de Improbidade Administrativa,[19] perde objeto a diferenciação até então feita entre responsabilidade objetiva e responsabilidade subjetiva, porquanto a partir de agora apenas a prática de atos e omissões dolosas é que pode gerar imputação de responsabilidade dos agentes públicos por improbidade administrativa, independentemente de qual seja o tipo de ato de improbidade (arts. 9º, 10 ou 11 da Lei nº 8.429/92), de modo tal que não apenas está afastada a possibilidade de responsabilizar-se por improbidade agente público que tenha agido com "simples" culpa, seja ela decorrente de negligência, imperícia ou imprudência, como também parece claro o escopo do legislador de afastar definitivamente a responsabilidade objetiva pela prática de ato de improbidade, constituindo obrigação do Tribunal de Contas respectivo identificar e comprovar a presença do elemento volitivo "dolo" no agir do agente cuja responsabilização se pretenda executar. Tal ônus recai da mesma forma sobre o órgão do Ministério Público que pretenda a responsabilização judicial de agente público.

Já em relação à execução de responsabilidade civil do agente público[20] que tenha dado ensejo a dano ao Erário, tendo sido comprovado no processo de conhecimento

---

§2º O parecer prévio, emitido pelo órgão competente sobre as contas que o Prefeito deve anualmente prestar, só deixará de prevalecer por decisão de dois terços dos membros da Câmara Municipal.

§3º As contas dos Municípios ficarão, durante sessenta dias, anualmente, à disposição de qualquer contribuinte, para exame e apreciação, o qual poderá questionar-lhes a legitimidade, nos termos da lei.

§4º É vedada a criação de Tribunais, Conselhos ou órgãos de Contas Municipais."

[16] MOREIRA NETO, Diogo de Figueiredo. *Curso de direito administrativo.* 12. ed. Rio de Janeiro: Forense, 2002.

[17] NASCIMENTO, Carlos Valder. *Finanças públicas e sistema constitucional orçamentário.* Rio de Janeiro: Forense, 1995.

[18] Publicada em Diário Oficial da União de 26.10.2021.

[19] Lei Federal nº 8.429/92 publicada no Diário Oficial da União em 03.06.1992.

[20] MOTTA, Fabrício; GABARDO, Emerson (coord.). *Crise e reformas legislativas na agenda do direito administrativo.* Belo Horizonte: Fórum, 2018.

dentro da chamada "jurisdição de contas" o nexo de causalidade entre o agir e o resultado danoso contra a Administração, será sim plenamente possível executar-se a imputação da sanção de ressarcimento ao agente após a prévia apuração/liquidação do(s) valor(es) do(s) dano(s) causado(s) à Fazenda Pública, abstraindo-se aqui a discussão quanto à conduta do agente haver sido dolosa ou meramente culposa. Tal diferenciação[21] será importante apenas e tão somente para a fixação do prazo prescricional conforme modulação feita pelo Supremo Tribunal Federal, consoante o decidido no Recurso Extraordinário nº 636.866,[22] que teve como Relator o Ministro Alexandre de Moraes e cujo voto condutor partiu de algumas premissas, a saber: a) os Tribunais de Contas não julgam pessoas; b) os Tribunais de Contas realizam julgamentos técnicos de contas públicas; c) os Tribunais de Contas imputam débitos quando haja responsabilidade de agente público mais dano daí decorrente causado ao Erário; d) os acórdãos dos Tribunais de Contas são títulos executivos e como tal devem ser inscritos em dívida ativa.

Especificadas tais premissas, o voto do Ministro Alexandre de Moraes definiu que, não se tratando de atos dolosos e havendo necessidade de execução seguindo os termos da Lei Federal nº 6.830/80 – Lei Geral sobre Execuções Fiscais, portanto de aplicação obrigatória também para Estados-membros e Municípios –, há que se aplicar o regramento de tal lei no que se refere à prescrição de ressarcimento de danos ao Erário, pelo que referido prazo é de cinco anos. *Contrario sensu*, em se tratando de atos dolosos do agente público, e aí independentemente de se estar diante de uma responsabilização civil de ressarcimento de dano, haverá imprescritibilidade, vale dizer em face de atos dolosos do agente o direito do Estado de executá-lo persistirá *ad aeternum* sem que se possa alegar a ocorrência de termo final de tal direito por decurso de prazo, qualquer que seja o lapso temporal transcorrido.

Por fim, especificamente para os atos de improbidade administrativa[23] – atualmente apenas os atos dolosos podem gerar responsabilização do agente dado que a nova legislação extinguiu atos de improbidade culposos – tem aplicação o Tema 897 da Jurisprudência do Supremo Tribunal Federal, segundo o qual o ressarcimento de danos ao Erário é imprescritível em tal hipótese, sem prejuízo da observação de que o ônus da prova do dolo cabe ao pretendente do ressarcimento, no caso específico em análise neste estudo, ao Tribunal de Contas competente cujo órgão deliberativo tenha adotado a decisão objeto de execução. Esta a modulação procedida pela Corte Suprema sobre a matéria.

4 Barreira temporal e a prescritibilidade do ressarcimento de dano ao Erário

A partir do que fora decidido pelo Supremo Tribunal Federal nos termos expostos, há que se concluir que as barreiras impostas à efetivação de atribuição de responsabilidade aos agentes públicos em face de danos à Fazenda Pública decorrentes de seus atos

---

[21] JARDIM, Eduardo Marcial Ferreira. *Manual de direito financeiro e tributário*. 6. ed. São Paulo: Saraiva, 2003.

[22] Julgamento em 20.04.2020, Relator Min. Alexandre de Moraes, capturado em www.stf.jusbrasil.com.br em 06.12.2021.

[23] JUSTEN FILHO, Marçal. *Curso de direito administrativo*. São Paulo: Saraiva, 2005.

precisa ser examinada necessariamente à luz da prescritibilidade sem, todavia, perder de vista o senso crítico norteador do universo jurídico.

4.1 A modulação feita pelo Supremo Tribunal Federal

A propósito da modulação levada a efeito pelo Supremo Tribunal Federal em caso afeto ao Tribunal de Contas da União objeto do Recurso Extraordinário nº 636.866,[24] mas com repercussão geral conforme Tema 899 da Jurisprudência da Corte Constitucional, cabe um exame crítico e retrospectivo nos termos a seguir. Inicialmente não pairam dúvidas a respeito de serem os acórdãos das Cortes de Contas títulos executivos. Assim sempre foram tratados ao longo das últimas décadas em todas as unidades federativas. Neste sentido, a respectiva inscrição em dívida ativa[25] dos débitos imputados contra gestores públicos e demais agentes para fins de execução fiscal pelas Fazendas Estaduais e Municipais[26] é consequência lógica, não cabendo questionamento quanto a sua validade, ainda que não se possa desconsiderar a baixa efetividade da persecução judicial executiva quanto à realização dos respectivos créditos, não sendo no mais das vezes prioridades para as Procuradorias de Estados e Municípios o acompanhamento de tais execuções fiscais, por mais paradoxal que isto possa parecer. Sendo os executivos fiscais federais, estaduais e municipais normatizados pela Lei Federal nº 6.830/80, há uma lógica inquestionável em observar os prazos prescricionais ali definidos para sua cobrança.

Especificamente a propósito da prescrição intercorrente há uma diferenciação importante a ser feita no caso das execuções de decisões das Cortes de Contas que tenham imposto sanção a agente público quando comparadas com o definido na legislação especial sobre executivos fiscais. No caso destes a partir do disposto nos parágrafos primeiro e segundo da Lei Federal nº 6.80/80 é possível extinguir-se a persecução contra o executado se a Fazenda exequente após não encontrados bens e ativos no patrimônio do agente requer a suspensão do feito pelo período de um ano e, extinto o marco final de tal suspensão, deixa transcorrer prazo superior a cinco anos sem movimentar a ação executiva. Tal ordem de consideração quanto à chamada prescrição intercorrente já foi objeto de uniformização na jurisprudência, inclusive por força de entendimento do Superior Tribunal de Justiça ao julgar Recurso Especial nº 1.340.553/RS.[27] Todavia, em relação à execução das decisões dos Tribunais de Contas não se deve aplicar o mesmo entendimento em face de alguns aspectos relevantes e diferenciadores: 1º) a relação processual na jurisdição de contas não é triangular, conforme mencionado em tópico anterior, ocupando-se o próprio Tribunal de Contas através de um órgão interno seu como autor da pretensão e o órgão deliberativo como julgador; 2º) durante o transcorrer ordinário de um processo no seio da jurisdição de contas há inúmeras causas interruptivas do prazo prescricional, por óbvio não contempladas no Código Tributário Nacional e na Lei Federal nº 6.830/80 com destaque para (a) pedidos de diligências para complementação de informações e juntada de novos documentos;

---

[24] Conforme julgamento de 20.04.2020, Relator Ministro Alexandre de Moraes, capturado em www.stf.jusbrasil. com.br em 06.12.2021.

[25] KFOURI JR., Anis. *Curso de direito tributário*. São Paulo: Saraiva, 2010.

[26] INGROSSO, Gustavo. *Diritto finanziario*. Nápoles: H. Eugenio Jovene, 1956.

[27] REsp. 1.340.553/RS, Relator Min. Mauro Campbell Marques, 1ª Seção, julgamento em 12.09.2018, publicado no DJU de 16.10.2018 (Tema 566).

(b) reexame de informações e novos esclarecimentos das partes; (c) pedido de vistas entre os integrantes dos órgãos julgadores; (d) requerimentos diversos do Ministério Público de Contas a fim de cercar-se de mais segurança para emissão de parecer conclusivo; (e) interposição de recursos variados pelos gestores desde agravos contra decisões interlocutórias, passando por embargos de declaração até recursos ordinários e extraordinários; (f) constatação da necessidade de inclusão de responsáveis solidários que tenha surgido a partir de documento novo durante o tramitar do processo, às vezes com atraso proposital decorrente de ato ou omissão da parte; 3º) não parece lógico aplicar-se extensivamente para execuções de decisões dos Tribunais de Contas o regramento da prescrição intercorrente conforme julgado pelo Superior Tribunal de Justiça especificamente para matéria tributária a teor do prescrito na Lei Federal nº 6.830/80, dada a aplicação apenas subsidiária desta para orientar as execuções decorrentes da chamada "jurisdição de contas".

Todavia, há um equívoco na posição fixada pelo STF ao fundamentar-se em ausência de contraditório nos processos de tomada de contas perante as Cortes de Contas. E a razão é simples: basta verificar o que ocorre nos 33 Tribunais de Contas brasileiros para concluir-se que, embora não triangular como a relação existente no Processo Civil como já destacado, há sim contraditório pleno e amplo direito de defesa não apenas nos processos de tomadas de contas como também nos demais expedientes litigiosos instaurados perante a "jurisdição de contas",[28] com a única observação de que uma unidade interna da Corte de Contas exerce a atividade de autora da persecução de responsabilidade ao emitir juízo de valor sobre a correição ou não das contas, sobre a regularidade ou não do(s) ato(s) objeto do controle externo, sobre a aprovação ou desaprovação do gasto sob a ótica da legalidade, ao passo que um outro órgão interno do Tribunal de Contas, neste caso necessariamente um órgão deliberativo de primeira ou de segunda instância,[29] ocupa-se de decidir, de julgar a lide, isto nos processos em geral, dado que, naqueles afetos às chamadas prestações de contas anuais, inexiste julgamento em sentido estrito, incumbindo-se o Tribunal de Contas meramente de expedir um *parecer prévio*, o qual será encaminhado ao Poder Legislativo competente para aí, este sim, julgar as contas anuais do Chefe do Poder Executivo, como prescreve a própria Constituição Federal em seu artigo 71, I, combinado com seu artigo 31 e parágrafos, normas replicadas nas Constituições Estaduais por força de simetria constitucional. Como já referido, tal aspecto foi destacado pelo STF no julgamento dos recursos extraordinários ao diferenciarem-se contas de governo de contas de gestão.

Outra crítica passível de ser feita à fundamentação da modulação da atribuição de responsabilidade a agentes públicos indicada pelo Supremo Tribunal Federal é o fato de que, diferentemente do que consta do voto condutor do Ministro Alexandre de Moraes, o mérito dos débitos e despesas realizados, ordenados e autorizados pelos agentes públicos é sim analisado no âmbito das decisões e processos dos Tribunais de Contas,[30] tal qual o elemento volitivo (dolo ou culpa), não fazendo sentido a tese de que a imprescritibilidade prejudicaria o direito de defesa do agente público. Isto tudo no

---

[28] MAGALHÃES, José Luiz Quadros. *Pacto Federativo*. Belo Horizonte: Mandamentos, 2000.

[29] MARTÍNEZ, Soares. *Direito fiscal*. 10. ed. Coimbra: Almedina, 2000.

[30] NASCIMENTO, Carlos Valder. *Finanças públicas e sistema constitucional orçamentário*. Rio de Janeiro: Forense, 1995.

que tange à atribuição de responsabilidade civil por certo, dado que, como já expresso antes, alterada que fora a lei de improbidade administrativa com a extinção dos atos de improbidade culposos, a discussão perde sentido em relação a estes. Mas quanto à responsabilidade civil pela devolução de valores à Fazenda Pública que tenham sido gastos em descompasso com a legalidade, moralidade, economicidade, eficiência e eficácia, subsiste a crítica! Afinal, onde residiria o tal "prejuízo ao direito de defesa" constante do fundamento do acórdão do Supremo Tribunal Federal? Parece não haver uma resposta com racionalidade jurídica suficiente para tal dúvida.

4.2 Advento da Medida Provisória nº 966/20, suas repercussões e reflexos, a LINDB e a imputação de responsabilidade a agentes públicos

Diretamente relacionada ao assunto e com repercussão e reflexos que mais adiante resultaram na mudança no texto da Lei de Improbidade Administrativa, a Medida Provisória nº 966/20[31] precisa ser situada à luz de seus reflexos. Ela surgiu em meio à pandemia normativa que tentou instrumentalizar as ações de combate à crise sanitária decorrente do coronavírus. Sob a justificativa de garantir segurança jurídica aos agentes públicos, seu texto suprimia a possibilidade de atribuição de responsabilidade a gestores públicos e demais agentes por atos não dolosos no contexto da Lei de Introdução ao Direito Brasileiro, criando ainda uma esdrúxula conceituação do que consistiria "erro grosseiro". Ainda que revogada por falta de aprovação do Congresso Nacional no prazo hábil de 120 dias após sua publicação,[32] ela refletiu-se no movimento que um ano depois ganhara força perante o Congresso Nacional com vistas a extinguir os atos de improbidade culposos, reduzindo drasticamente as possibilidades de responsabilização de agentes públicos pela prática de atos de improbidade, até mesmo pela grande dificuldade, senão impossibilidade, de produzir-se prova a propósito de dolo.

Não se pretende aqui proceder a uma análise descritiva, tampouco crítica, quanto às inovações trazidas pela "Nova Lei de Introdução ao Direito Brasileiro", tema já analisado à exaustão pela doutrina tão logo publicada a lei alguns anos atrás. Inegáveis seus avanços no sentido de suprimir um excesso de voracidade na atividade de persecução e imputação de responsabilidade a gestores públicos, ainda que o legislador tenha se utilizado de algumas expressões de definição difícil. Contudo, com o advento da pandemia e os riscos de maior insegurança jurídica daí decorrentes no que toca ao processo de tomada de decisão, o surgimento da mencionada Medida Provisória nº 966/20 causou alguma perplexidade a deixar campo aberto demais para a atuação discricionária dos gestores públicos. Especificamente para os gastos efetivados durante o período de combate à pandemia, a Medida Provisória nº 966/2020 previa como requisitos para que se responsabilizasse agente público por ato por ele praticado: a) comprovação de dolo ou de erro grosseiro; b) resultado danoso para a Administração; c) nexo de causalidade; d) prova de conluio entre os diferentes agentes envolvidos; e) necessidade de análise do contexto a fim de que pudessem ser aferidas as dificuldades dos agentes e

---

[31] Publicada no Diário Oficial da União em 13.05.2020.

[32] ROSA JR, Luiz Emygdio F. *Manual de Direito Financeiro & Direito Tributário*. 14. ed. Rio de Janeiro: Renovar. 2000.

gestores públicos, a complexidade da matéria afeta a compras e contratações de itens relacionados à saúde, a falta e dificuldade de obtenção de informações técnicas mais precisas e a urgência da(s) contratação(ões).

Críticas à parte, inegável que o marco legal instaurado pela Medida Provisória nº 966/2020, embora possa ser defendido como uma tentativa de reforçar a segurança jurídica pretendida pela LINDB, inegavelmente lançou a flecha que mais tarde possibilitou a alteração legislativa modificadora da Lei Federal nº 8.429/92, cujas repercussões inegavelmente implicarão redução de condenações de agentes ao ressarcimento à Fazenda Pública, inclusive no âmbito dos Tribunais de Contas.

4.3 A posição de alguns Estados-membros e do TCU quanto às barreiras temporais para efeito de atribuição de responsabilidade dos agentes públicos

Ao examinar-se o assunto nas unidades federadas, observa-se muita diversidade no tratamento normativo, inclusive quanto à diferenciação de imputação de responsabilidade civil (ressarcimento de dano ao Erário) e de responsabilidade administrativa por improbidade, havendo Estados em que há lei específica fixadora de prazo prescricional para a responsabilização de agentes públicos, como ocorre por exemplo em Goiás e em Minas Gerais,[33] unidades federativas nas quais segue-se a linha da prescrição quinquenal por isonomia. Mas há também unidades federadas onde as próprias Cortes de Contas atuaram com jurisdição ativa para fixar parâmetros próprios, como ocorre no Paraná, onde o Tribunal de Contas respectivo estabeleceu em seu Prejulgado 26[34] o seguinte: a) a reparação de dano ao Erário é imprescritível; b) o artigo 37, §5º, da Constituição de 1988 determinou que os prazos de prescrição devem ser fixados em lei; c) tal definição vale apenas para a imputação de multa já que o ressarcimento ao Erário é imprescritível; d) diante da falta de norma estadual sobre prescrição em caso de multa,[35] aplicam-se os cinco anos de origem do "antigo" Decreto nº 20.910/32; e) o despacho de citação do Relator do processo de tomada de contas interrompe a contagem do prazo que, ao recomeçar, o faz do "zero"; f) com a certificação do trânsito em julgado da decisão condenatória, inicia-se novamente a contagem dos cinco anos de prescrição da pretensão punitiva contra o agente público condenado; g) inexiste suspensão ou interrupção intercorrente durante o tramitar do processo assim entendido do despacho de citação até a certificação do trânsito em julgado da decisão condenatória do Tribunal de Contas do Estado do Paraná.

Em relação à interpretação construída e consolidada no Tribunal de Contas da União há outras particularidades adicionais no que tangencia o tema e que por certo precisam ser citadas com vistas a alguma reflexão. De fato, na esfera de sua atuação, a partir do Acórdão nº 1.441/16 em sede de incidente de uniformização de jurisprudência, o Tribunal de Contas da União[36] entende que a responsabilidade dos agentes públicos pela prática de atos ilegais que tenham causado dano ao Erário é possível desde que

---

[33] Conforme capturado em www.tce.mg.gov.br e www.tce.go.gov.br, em 18.12.2021.

[34] Conforme Acórdão nº 1030/19, de 17.04.2019, capturado em www.tce.pr.gov.br, em 18.12.2021.

[35] Interpretação do próprio Tribunal de Contas do Paraná em seu Prejulgado 26.

[36] Acórdão nº 1.441/16, de 08.06.2016, capturado em www.tcu.gov.br, em 16.12.2021.

ocorra dentro do prazo prescricional de dez anos como prescrito no Código Civil. Para o entendimento consolidado do TCU, há uma subordinação ao prazo geral de prescrição indicado no artigo 205 do Código Civil Brasileiro, cujo termo inicial de contagem se dá a partir da data da ocorrência da irregularidade que fora sancionada posteriormente, podendo haver interrupção na contagem de tal prazo, uma única vez, com a citação ou oitiva válida do agente administrativo. Isto significa, portanto, que o TCU não reconhece a prescrição quinquenal, ao menos em sede federal, não tendo havido qualquer menção pela Corte quanto às situações de unidades da Federação em que o legislador regional previu de modo diferente ao normatizar o assunto.

5 Considerações finais

Isto considerado, é possível estabelecer algumas afirmações contundentes em sede de conclusão conforme indicado a seguir.

Um, a atribuição de responsabilidade a agentes públicos por conta de danos causados à Administração pela prática de seus atos e omissões é não apenas possível senão necessária, seja como medida de reparação direta aos cofres públicos, seja como instrumento de repressão e contenção de práticas ilegais dos agentes.

Dois, ocorre que tal atribuição de responsabilidade pode guardar ou não relação direta e necessária com a prática de improbidade administrativa por parte do agente público, o que tem repercussão direta com as barreiras temporais decorrentes da prescrição, especialmente a partir da alteração recente promovida na legislação de regência da improbidade administrativa, dado o cenário atual de necessidade premente do elemento volitivo "dolo" para configuração de ato de improbidade.

Três, em se tratando de imputação de responsabilidade de agentes públicos a partir de decisão condenatória irreformável de Tribunal de Contas, há que se considerar se se trata de imputação de multa ou de reparação efetiva do dano sofrido pela Administração, dado o cenário atual da jurisprudência em muitas Cortes de Contas.

Quatro, os Tribunais de Contas podem sim imputar sanções aos gestores públicos desde que isto se dê em sede de controle externo de atos de gestão em que as Cortes de Contas efetivamente procedem a julgamentos, o que não ocorre no exame feito pelos Tribunais de Contas dos atos de governo como o que se dá nas chamadas "prestações de contas anuais".

Cinco, em se tratando de atos de improbidade administrativa apurados, demonstrados e comprovados na decisão condenatória de um Tribunal de Contas, haverá que se considerar a existência ou não de lei aprovada no Legislativo da unidade federativa de competência de tal Corte que tenha ou não definido expressamente prazo de prescrição. Havendo lei estadual expressa, há que se considerar o prazo prescricional fixado no respectivo texto ao passo que nos Estados-membros nos quais inexista tal demarcação temporal (caso da maioria das unidades federadas brasileiras), aplica-se como regra-geral a prescrição quinquenal conforme definido na Lei Federal nº 6.830/80 – lei geral sobre executivos fiscais – dado o caráter inegável de título executivo da decisão condenatória dos Tribunais de Contas.

Seis, não se aplica às ações executivas de decisões condenatórias dos Tribunais de Contas a prescrição intercorrente reconhecida pelo Superior Tribunal de Justiça para a execução de débitos tributários, até mesmo em face das inúmeras causas interruptivas da prescrição no caso das execuções emanadas da "jurisdição de contas" como despachos diversos, dentre os quais o que determina a realização de diligência inicial ou complementar para apuração da efetiva irregularidade ou apuração de valores, decisões condenatórias em instâncias iniciais, recursos interpostos pelo gestor ou demais interessados etc.

Sete, não se desconsidere a posição do Tribunal de Contas da União que fixa em dez anos o prazo prescricional para imputação de responsabilidade a agentes públicos federais nos casos sujeitos a sua respectiva competência.

Oito, consoante a modelação de efeitos efetivada pelo Supremo Tribunal Federal ao examinar o assunto, há que se diferenciar as situações de imputação de responsabilidade pela prática de ato doloso (inclusive decorrente de improbidade administrativa) e imputação de responsabilidade pela prática de ato culposo do agente. Quando inexista dolo do agente, terá cabimento a imputação de ressarcimento apenas e tão somente dentro do prazo de cinco anos da prescrição fixada na Lei de Execuções Fiscais com as interrupções permitidas ali. *Contrario sensu*, segundo o Supremo Tribunal Federal, no caso de prática de atos dolosos, a reparação civil de danos à Administração Pública não sofre limitação temporal decorrente da prescrição, tratando-se então de hipótese de imprescritibilidade.

Referências

INGROSSO, Gustavo. *Diritto finanziario*. Nápoles: H. Eugenio Jovene, 1956.

JARDIM, Eduardo Marcial Ferreira. *Manual de direito financeiro e tributário*. 6. ed. São Paulo: Saraiva, 2003.

JUSTEN FILHO, Marçal. *Curso de direito administrativo*. São Paulo: Saraiva, 2005.

KANIA, Claudio Augusto. *Relevo constitucional dos Tribunais de Contas no Brasil*. Rio de Janeiro: Lumen Juris, 2020.

KFOURI JR., Anis. *Curso de direito tributário*. São Paulo: Saraiva, 2010.

MAGALHÃES, José Luiz Quadros. *Pacto Federativo*. Belo Horizonte: Mandamentos, 2000.

MARTÍNEZ, Soares. *Direito fiscal*. 10. ed. Coimbra: Almedina, 2000.

MARTINS, Cláudio. *Compêndio de finanças públicas*. 3. ed. Rio de Janeiro: Forense, 1988.

MOREIRA NETO, Diogo de Figueiredo. *Curso de direito administrativo*. 12. ed. Rio de Janeiro: Forense, 2002.

MOTTA, Fabrício; GABARDO, Emerson (coord.). *Crise e reformas legislativas na agenda do direito administrativo*. Belo Horizonte: Fórum, 2018.

NASCIMENTO, Carlos Valder. *Finanças públicas e sistema constitucional orçamentário*. Rio de Janeiro: Forense, 1995.

OLIVEIRA, Regis Fernandes de. *Curso de direito financeiro*. 3. ed. São Paulo: Revista dos Tribunais, 2010.

PAGLIARINI, Mauro Fernandes. *Direito financeiro e finanças aplicadas*. Campinas: Julex, 1993.

PEIXE, Blênio César Severo. *Finanças públicas*: controladoria governamental. Curitiba: Juruá, 2005.

ROSA JR, Luiz Emygdio F. *Manual de Direito Financeiro & Direito Tributário*. 14. ed. Rio de Janeiro: Renovar, 2000.

SILVA, Edson Jacinto da. *O Município na lei de responsabilidade fiscal*. Leme: Editora de Direito, 2001.

TORRES, Ricardo Lobo. *O orçamento na constituição*. Rio de Janeiro: Renovar, 1995.

ZENKNER, Marcelo; CASTRO, Rodrigo Pironti Aguirre de. *Compliance no setor público*. Belo Horizonte: Fórum, 2020.

www.stf.jus.br.

www.stj.jus.br.

www.irbcontas.org.br.

www.stf.jusbrasil.com.br.

www.tcu.gov.br.

www.tce.pr.gov.br.

www.tce.mg.gov.br.

www.tce.go.gov.br.

Informação bibliográfica deste texto, conforme a NBR 6023:2018 da Associação Brasileira de Normas Técnicas (ABNT):

BERTI, Flávio de Azambuja. Responsabilização civil e administrativa de agentes públicos no Brasil contemporâneo. *In*: CONTI, José Maurício; MARRARA, Thiago; IOCKEN, Sabrina Nunes; CARVALHO, André Castro (coord.). *Responsabilidade do gestor na Administração Pública*: improbidade e temas especiais. Belo Horizonte: Fórum, 2022. p. 101-113. ISBN 978-65-5518-413-6. v.3.

RESPONSABILIDADE POR IMPROBIDADE ADMINISTRATIVA E SUAS SANÇÕES

WALLACE PAIVA MARTINS JUNIOR

1 Introdução

Descendente direto e predileto do princípio de moralidade administrativa inscrito no *caput* do art. 37 da Constituição de 1988 é o mandado de responsabilização pela prática de atos de improbidade administrativa contido no §4º desse mesmo art. 37, do qual se extrai o dever de probidade exigível a tantos quantos exerçam função pública *lato sensu* ou que se relacionem de qualquer maneira com o Poder Público. Em uma perspectiva mais abrangente, esses dispositivos da Constituição se ligam a outros que a exemplo do inciso LXXIII de seu art. 5º edificam o direito subjetivo público à honestidade dos negócios públicos e do exercício do poder.

O §4º do art. 37 da Constituição é norma punitiva, estabelecendo que a violação ao dever de probidade implicará a suspensão dos direitos políticos, a perda da função pública, a indisponibilidade de bens e o ressarcimento ao erário, na forma e gradação previstas em lei, sem prejuízo da ação penal cabível. Seu sentido é o de proibir a prática de atos de improbidade, o que é tônica na Constituição de 1988, como se verifica explicitamente de seus arts. 14, §9º, 15, V, 85, V, e 100, §10, III, e que não esgota todas as perspectivas de repressão aos atos de improbidade administrativa, pois, do próprio §4º do art. 37, emerge a responsabilidade penal por atos de improbidade. A tutela da probidade e consequente punição da improbidade é temática transversal no ordenamento jurídico, presente em diversas disciplinas (administrativa, eleitoral, política, civil, penal), tendo a nota da essencialidade, pois a responsabilidade no exercício do poder é elementar à república e à democracia, tendo em vista que o "regime republicano é regime de responsabilidade"[1] e a "irresponsabilidade é característica de regime despótico".[2]

---

[1] ATALIBA, Geraldo. *República e Constituição*. 2. ed. São Paulo: Malheiros Editores, 1998, p. 65.

[2] TEIXEIRA, J. H. Meirelles. *Curso de direito constitucional*. Rio de Janeiro: Forense Universitária, 1991, p. 466.

2 Sanções gerais contra a improbidade administrativa

Sanção é consequência pelo descumprimento da norma jurídica, consistente na previsão normativa de reação à prática da ação ou omissão por ela proibida e que viola o bem jurídico por ela tutelado. Ela operacionaliza a responsabilidade jurídica. Em respeito ao princípio de legalidade, na expressão da reserva absoluta de lei, a imposição de sanção exige precedência e depende dessa sede específica porque constitui fator de extinção, diminuição, limitação ou restrição de direitos e liberdades fundamentais.

No ordenamento jurídico, atento às matrizes constitucionais antes referidas, encontram-se várias normativas de responsabilização por improbidade: civil, administrativa, eleitoral, política, penal.

A responsabilidade civil e pessoal por ação ou omissão no exercício de função pública é subjetiva e é disciplinada pelas Leis nº 4.717/65 e nº 8.429/92.

A responsabilidade administrativa, elementar à hierarquia, à autotutela e à controlabilidade que iluminam a Administração Pública, tem sua raiz no art. 41, II, da Constituição, que estrutura a responsabilidade disciplinar pela prática de infração funcional inclusive por improbidade administrativa (*v.g.*, art. 132, IV, da Lei nº 8.112), sujeita à demissão.

A Lei Complementar nº 64/90 regula casos de inelegibilidade inclusive para proteção da probidade administrativa. Inelegibilidade não é sanção, senão consequência decorrente, entre outros, da imposição de uma sanção, como, por exemplo, com base na Lei da Improbidade Administrativa. E a Lei nº 9.504/97 delineia condutas vedadas nas eleições (em especial no art. 73) destinadas também a assegurar a probidade administrativa, prevendo sanções como cassação de registro ou de diploma e multa.

O art. 85, V, da Constituição Federal estatui a responsabilidade político-administrativa do Presidente da República (assim como a outras autoridades) por crime de responsabilidade e, dentre suas figuras, o atentado contra a probidade na Administração. A Lei nº 1.079/50 no inciso V do art. 4º repete a norma constitucional e no art. 9º define os crimes de responsabilidade contra a probidade na administração, sujeitando seu autor às sanções de perda do cargo e inabilitação para o exercício de qualquer função pública por prazo determinado. A Constituição ainda prevê a cassação de mandato de parlamentares por procedimento incompatível com o decoro (art. 55, II, §§1º e 2º).

O Código Penal arrola os denominados crimes contra a Administração Pública praticados por agentes públicos, como o peculato, a corrupção passiva, a concussão, o emprego irregular de verbas públicas etc. Leis penais extravagantes também tipificam crimes funcionais, típicos de agentes públicos, como a Lei de Abuso de Autoridade. Além da sanção privativa de liberdade, o Código Penal prevê como efeito da condenação (que torna certa a obrigação de reparar o dano e a perda de bens produto do crime) a perda de cargo, função pública ou mandato eletivo quando aplicada pena privativa de liberdade por tempo (a) igual ou superior a um ano, nos crimes praticados com abuso de poder ou violação de dever para com a Administração Pública, ou (b) superior a quatro anos nos demais casos, estabelecendo que esse não é automático, devendo ser motivadamente declarado na sentença (art. 92).

3 Sanções específicas da Lei nº 8.429/92

A Lei da Improbidade Administrativa enumera no art. 12 as sanções civis típicas contra atos de improbidade administrativa: (a) a perda de bens, (b) a perda da função pública, (c) a suspensão temporária dos direitos políticos, (d) o pagamento de multa civil e (e) a proibição de contratação com o Poder Público ou de recebimento de benefícios ou incentivos fiscais ou creditícios. O ressarcimento do dano arrolado no §4º do art. 37 da Constituição não é tecnicamente sanção concebida em sentido estrito como punição, senão obrigação (efeito ou consequência) da prática de ilícito, como medida de reparação decorrente da responsabilidade. Também não o é a indisponibilidade de bens, outrossim nele referida, providência acautelatória do resultado útil do processo.

A Lei nº 8.429/92 aumentou o rol delineado na Constituição das reações ao ato de improbidade administrativa. Com efeito, só constam do §4º do art. 37 da Constituição a perda da função pública, a suspensão dos direitos políticos e o ressarcimento do dano. A Lei nº 8.429/92 acrescentou o pagamento de multa civil, a proibição de contratação com o Poder Público ou do recebimento de benefícios ou incentivos fiscais ou creditícios, e a perda de bens ou valores ilicitamente acrescidos. Na conformidade do que já exposto outrora,[3] o acréscimo tem suficiente respaldo constitucional com base no princípio conformador peculiar à atividade normativa infraconstitucional, uma vez que compete à legislação subconstitucional o estabelecimento de sanções ou penalidades contra o ato ilícito. A literatura refuta inconstitucionalidade ao observar que as sanções previstas na Constituição são principais, mas, o art. 37, §4º, remete à legislação infraconstitucional a repressão da improbidade administrativa em traços não taxativos,[4] e que inexiste restrição à liberdade de conformação da legislação ordinária para formulação de casos específicos de improbidade administrativa, fixação de limites mínimos e máximos para as sanções e a criação de novas reprimendas.[5]

Além disso, a Constituição no art. 5º contempla as sanções constitucionalmente admissíveis (incisos XLV e XLVI) e inadmissíveis (inciso XLVII) contra o ato ilícito, sendo que aquelas se aplicam a ilícitos de qualquer natureza. No exercício da outorga constitucional deferida à legislação, esta, na repressão da improbidade administrativa, tinha a prerrogativa de estabelecer as sanções admissíveis constitucionalmente contra o ato ilícito e não poderia se furtar à imposição das sanções previstas no art. 37, §4º, da Constituição, que constituem o mínimo repressivo indicado, não bastasse essa norma remeter à conformação normativa infraconstitucional a disciplina da forma e da gradação das sanções.

As sanções (*lato sensu*) do art. 12 da Lei nº 8.429/92 podem ser classificadas de acordo com sua natureza em reparatórias e punitivas. As reparatórias consistem (a) no ressarcimento do dano e (b) na perda de bens. As punitivas subdividem-se em (a) restritivas de direitos (suspensão temporária de direitos políticos; proibição temporária de contratação com a Administração Pública ou de recebimento de benefícios ou incentivos fiscais ou creditícios), (b) pecuniárias (pagamento de multa civil), e (c) extintivas de

---

[3] MARTINS JUNIOR, Wallace Paiva. *Probidade administrativa*. 4. ed. São Paulo: Saraiva, 2009, p. 370-371, n. 58.

[4] FREITAS, Juarez. Do princípio da probidade administrativa e sua máxima efetivação. *Revista de direito administrativo*, n. 204, p. 73, abr./jun. 1996.

[5] MELLO, Cláudio Ari. Improbidade administrativa – Considerações sobre a Lei nº 8.429/92. *Cadernos de direito constitucional e ciência política*, v. 11, p. 57, abr./jun. 1995.

situações jurídicas (perda da função pública). Silvio Antonio Marques tem outro critério, distinguindo entre obrigações civis (ressarcimento do dano e perda de bens ou valores) e sanções de privação ou interdição temporária de direitos (perda da função pública, suspensão de direitos políticos, pagamento de multa civil, proibição de contratação com o Poder Público ou de recebimento de benefícios ou incentivos fiscais ou creditícios).[6]

As sanções são aplicadas judicialmente em decisão em ação civil (arts. 12 e 17-C, Lei nº 8.429/92) ou estabelecidas consensualmente em acordo de não persecução civil (art. 17-B, Lei nº 8.429/92), estando sujeitas à prescrição (art. 23, Lei nº 8.429/92), dela ressalvado o ressarcimento do dano na conformidade do §5º do art. 37 da Constituição e do entendimento assentado em repercussão geral enunciando que "são imprescritíveis as ações de ressarcimento ao erário fundadas na prática de ato doloso tipificado na Lei de Improbidade Administrativa" (Tema 897).

3.1 Dimensão subjetiva

Destinam-se essas penalidades aos agentes públicos e a particulares, estes desde que induzam ou concorram dolosamente à prática do ato de improbidade, nos termos dos arts. 2º e 3º da Lei nº 8.429/92, podendo, no caso de pessoas jurídicas de direito privado, alcançar seus sócios, cotistas, diretores e colaboradores se, comprovadamente, houver participação e benefícios diretos (art. 3º, §1º). Às pessoas físicas ou jurídicas serão aplicáveis as sanções legais que não sejam privativas de agentes públicos (perda da função pública, *v.g.*) e, se pessoas jurídicas, as que não sejam peculiares a pessoas naturais (suspensão dos direitos políticos, *v.g.*).

As penalidades da Lei da Improbidade Administrativa, para além de atos que molestam a probidade de órgão ou entidade da Administração centralizada ou descentralizada federal, estadual, distrital ou municipal e de quaisquer dos poderes, atingem os atos de igual natureza praticados contra o patrimônio de entidade privada que recebam subvenção, benefício ou incentivo, fiscal ou creditício, de entes públicos ou governamentais (art. 1º, §6º), e, no caso dos perpetrados contra o patrimônio de entidade privada para cuja criação ou custeio o erário haja concorrido ou concorra no seu patrimônio ou receita atual (independentemente de integrar a Administração indireta), é limitado o ressarcimento de prejuízos à repercussão do ilícito sobre a contribuição dos cofres públicos (art. 1º, §7º). As sanções se aplicam à pessoa física ou jurídica que celebra com a Administração Pública convênio, contrato de repasse, contrato de gestão, termo de parceria, termo de cooperação ou ajuste administrativo equivalente no que se refere aos recursos de origem pública (art. 2º, parágrafo único).

A responsabilidade das pessoas jurídicas é excluída na Lei da Improbidade Administrativa se o ato for também sancionado como ato lesivo à Administração Pública de acordo com a Lei nº 12.846/13 (art. 3º, §2º, Lei nº 8.429/92). A questão exige reflexão. Não há exclusividade da Lei Anticorrupção Empresarial para punição de pessoa jurídica sob o falso pressuposto de inaplicabilidade da Lei da Improbidade Administrativa às pessoas jurídicas. Desde seu nascedouro, a Lei nº 8.429/92 se aplica a pessoas jurídicas de direito privado como beneficiária ou partícipe, em conjunto ou não com sócios,

---

[6] MARQUES, Silvio Antonio. *Improbidade administrativa*: ação civil e cooperação jurídica internacional. São Paulo: Saraiva, 2010, p. 131.

administradores e empregados, sujeitando-se à imposição, para além do ressarcimento do dano ao erário, das sanções de perda de bens, multa civil e proibição de contratação com o Poder Público ou de recebimento de benefícios ou incentivos fiscais ou creditícios.[7]

A Lei nº 12.846/13 se aplica exclusivamente a pessoas jurídicas pela prática de atos lesivos à Administração Pública por particulares (art. 5º), sujeita a sanções administrativas e judiciais baseadas em responsabilidade objetiva (arts. 2º, 6º e 19), ao passo que a Lei nº 8.429/92 incide em relação a agentes públicos e beneficiários ou partícipes pessoas físicas ou jurídicas (arts. 2º e 3º), sujeitando-as a sanções judiciais, fundadas em responsabilidade subjetiva por atos de improbidade administrativa (arts. 9º a 12) baseados em ação ou omissão de agentes públicos em proveito próprio ou de terceiros, inclusive pessoas jurídicas de direito privado. Enquanto a Lei nº 8.429/92 pune ações ou omissões praticadas por agentes públicos em consórcio ou não com particulares, a Lei nº 12.846/13 somente objetiva a punição de ilícitos praticados por particulares contra a Administração Pública. A responsabilidade civil de pessoa jurídica de direito privado fundada na Lei nº 12.846 não pressupõe ação ou omissão de agente público, pois se configura pela prática de comportamento ilícito de particulares sem a participação danosa de agentes públicos em detrimento do Poder Público. O Superior Tribunal de Justiça decidiu que "a conduta dos agentes públicos, que constitui o foco da LIA, pauta-se especificamente pelos seus deveres funcionais e independe da responsabilização da empresa que se beneficiou com a improbidade" e que "convém registrar que a recíproca não é verdadeira, tendo em vista que os particulares não podem ser responsabilizados com base na LIA sem que figure no polo passivo um agente público responsável pelo ato questionado, o que não impede, contudo, o eventual ajuizamento de Ação Civil Pública comum para obter o ressarcimento do Erário".[8]

Logo, se não há ação ou omissão ímproba imputável a agente público, mas, apenas, lesão ao patrimônio público ou aos princípios jurídico-administrativos, incide a Lei Anticorrupção Empresarial, ao passo que havendo o comportamento ímprobo de agente público em concurso a pessoa jurídica de direito privado, aplica-se a Lei da Improbidade Administrativa. Assim registra Mateus Bertoncini que "os ilícitos da Lei 12.846 são cometidos isoladamente pela pessoa jurídica em face da administração pública, ao passo que os atos de improbidade administrativa são praticados pelo agente público contra a administração estatal, direta ou indireta, possuindo o terceiro, dentre os quais a pessoa jurídica, papel coadjuvante em relação à pessoa física do agente público, induzindo, concorrendo ou se beneficiando do ato de improbidade administrativa. Em outras palavras, não há ato de improbidade administrativa sem a figura do agente público, diversamente dos atos lesivos da Lei sob comento, praticados exclusivamente pela pessoa jurídica. A participação de pessoas físicas nesses casos, servidor ou não, importará noutras formas de responsabilização pessoal, na medida da sua culpabilidade, como se demonstrará adiante. Disso se pode concluir que os atos lesivos da Lei 12.846/2013 não possuem natureza de ato de improbidade administrativa".[9] Antonio

---

[7] Nesse sentido, gizou a jurisprudência que "o sujeito particular submetido à lei que tutela a probidade administrativa, por sua vez, pode ser pessoa física ou jurídica. Com relação a esta última somente se afiguram incompatíveis as sanções de perda da função pública e suspensão dos direitos políticos" (STJ, REsp 1.038.762-RJ, 2ª Turma, Rel. Min. Herman Benjamin, 18.08.2009, v.u., DJe 31.08.2009).

[8] STJ, REsp 896.044-PA, 2ª Turma, Rel. Min. Herman Benjamin, 16.09.2010, v.u., DJe 19.04.2011.

[9] SANTOS, José Anacleto Abduch; BERTONCINI, Mateus; COSTÓDIO FILHO, Ubirajara. *Comentários à Lei 12.846/2013*: Lei anticorrupção. 2. ed. São Paulo: Revista dos Tribunais, 2015, p. 155.

Araldo Ferraz Dal Pozzo *et al.* explicam que "como não estamos diante de uma lei que cuida de ato de improbidade administrativa, para cuja prática se exige um servidor público, mas diante de atos lesivos à Administração Pública, que são praticados por particulares, a lei cuida da matéria como sendo, praticamente, o reverso da medalha em relação à Lei de Improbidade Administrativa: enquanto nesta, para ser alcançado, o particular necessita que o agente público pratique um ato de improbidade para o qual, no entanto, ele induz ou concorre (art. 3º da Lei de Improbidade Administrativa), em caso de atos lesivos à Administração Pública deve haver unicamente o comportamento do particular. A atuação conjunta do servidor público sem dúvida desloca o fato para a Lei de Improbidade Administrativa".[10] Daí por que o §7º do art. 12 da Lei nº 8.429/92 acrescido pela Lei nº 14.230/21 parece não ter muito sentido.

De qualquer maneira, o §3º do art. 12 da Lei da Improbidade Administrativa traça uma diretriz que colima atender a função social da pessoa jurídica. Essa regra prescreve que na imposição das sanções merecem consideração os seus efeitos econômicos e sociais respectivos, para viabilizar a manutenção de suas atividades. A lei, entretanto, não elenca dentre as penalidades a dissolução da pessoa jurídica, como o fez, por exemplo, a Lei nº 12.846/13 (art. 19, III, §1º), sendo a ela aplicáveis para além do ressarcimento do dano a perda de bens, o pagamento de multa civil, e a proibição de contratação com o Poder Público ou de recebimento de benefícios ou incentivos fiscais ou creditícios. Como se trata de condição personalíssima, ela não tem serventia para se estender a outrem (pessoas físicas ou jurídicas) para efeito das sanções que são solidárias, nem mesmo para aquelas que não admitem redução (perda de bens, ressarcimento do dano), devendo ser utilizada como baliza exclusivamente para a proibição de contratação com o Poder Público ou de recebimento de benefícios ou incentivos fiscais ou creditícios. O que carece a lei, e a revisão promovida pela Lei nº 14.230/21 isso poderia ter feito, é a previsão de sanção própria para dirigente ou empregado de pessoa jurídica de direito privado, como o impedimento ao exercício de funções nela por conta da improbidade.

Por força da Lei nº 14.230/21 foi explicitada no art. 2º da Lei nº 8.429/92 a sua incidência aos agentes políticos, o que era induvidoso e se harmoniza com o entendimento do Supremo Tribunal Federal ao decidir que "as condutas descritas na lei de improbidade administrativa, quando imputadas a autoridades detentoras de prerrogativa de foro, não se convertem em crimes de responsabilidade"[11] e que o regime de responsabilidade política não exclui o da Lei nº 8.429/92.[12]

3.2 Transmissibilidade limitada

A redação primitiva do art. 8º da Lei nº 8.429/92 continha a regra da transmissibilidade das sanções ao enunciar que "o sucessor daquele que causar lesão ao patrimônio público ou se enriquecer ilicitamente está sujeito às cominações desta lei até o limite do valor da herança". A nova redação atribuída pela Lei nº 14.230/21 deu

---

[10] DAL POZZO, Antonio Araldo Ferraz; DAL POZZO, Augusto Neves; DAL POZZO, Beatriz Neves; FACCHINATTO, Renan Marcondes. *Lei Anticorrupção*: apontamentos sobre a Lei nº 12.846/2013. 2. ed. São Paulo: Contracorrente, 2015, p. 52-53.

[11] RTJ 211/225.

[12] STF, AgR-AC 3.585-RS, 2ª Turma, Rel. Min. Celso de Mello, 02.09.2014, v.u., DJe 28.10.2014.

sentido diferente, estabelecendo que "o sucessor ou o herdeiro daquele que causar dano ao erário ou que se enriquecer ilicitamente estão sujeitos apenas à obrigação de repará-lo até o limite do valor da herança ou do patrimônio transferido". Mantida a transmissibilidade condicionada às forças da herança, é nítida a intenção de exclusão de qualquer outra penalidade para além do ressarcimento do dano ou da perda de bens e valores, consoante o entendimento restritivo que extirpava da transmissão as demais sanções de caráter punitivo à vista de seu caráter pessoal (e, por isso, intransmissíveis ao sucessor[13]), argumento alicerçado pela interpretação sistemática do ordenamento jurídico, em especial o art. 5º, XLV, da Constituição, e o art. 943 do Código Civil.

No caso de pessoas jurídicas, a regra do art. 8º da lei enfocada incide em face de alteração contratual, incorporação, fusão ou cisão societária (art. 8º-A), sendo que nas hipóteses de fusão e incorporação a responsabilidade da sucessora é limitada ao ressarcimento do dano até o limite do patrimônio transferido, não se aplicando as sanções legais por atos anteriores à transformação societária, salvo comprovados simulação ou evidente intuito de fraude (art. 8º-A, parágrafo único).

3.3 Dimensão temporal

De acordo com o §9º do art. 12 da Lei da Improbidade Administrativa, as sanções somente poderão ser executadas após o trânsito em julgado da sentença condenatória, excedendo a regra da cabeça do art. 20 do mesmo diploma legal que restringe a exequibilidade da perda da função pública e da suspensão temporária dos direitos políticos ao trânsito em julgado da sentença condenatória. De fato, a superveniência desse §9º do art. 12 revogou implicitamente o *caput* do art. 20 da Lei nº 8.429/92.

A mudança, todavia, não foi adequada sob o pálio da efetividade do processo, postergando seus resultados, considerando a carência de efeito suspensivo dos recursos (extraordinário e especial) aos Tribunais Superiores. Como ressarcimento do dano não é sanção, na conformidade do exposto, ele não é afetado pela regra em foco, permitindo-se o cumprimento provisório da sentença condenatória.

3.4 Unificação

Curiosa inovação também consta do art. 18-A. Por essa norma, o réu poderá postular, na fase de cumprimento da sentença, a unificação de eventuais sanções aplicadas com outras já impostas em outros processos, tendo em vista a eventual continuidade de ilícito ou a prática de diversas ilicitudes. A regra só tem lógica em se tratando de sanções variáveis de restrição de direitos, como a proibição de contratação e suspensão de direitos políticos. E de acordo com seus parâmetros, no caso de (a) continuidade de ilícito, o juiz promoverá a maior sanção aplicada, aumentada de 1/3 (um terço), ou a soma das penas, o que for mais benéfico ao réu, e no de (b) prática de novos atos ilícitos pelo mesmo sujeito, o juiz somará as sanções. Presume-se que a continuidade se refira a figuras idênticas de atos de improbidade da mesma espécie perpetrados sob similares circunstâncias de tempo e lugar, tendo em vista que ela se contrapõe à ideia de prática

---

[13] MARTINS JUNIOR, Wallace Paiva. *Probidade administrativa*. 4. ed. São Paulo: Saraiva, 2009, p. 325, n. 45.

de novos ilícitos. É importante observar que dos resultados dos incisos I e II do art. 18-A, as sanções de suspensão de direitos políticos e de proibição de contratar ou de receber incentivos fiscais ou creditícios do Poder Público observarão o limite máximo de vinte anos, consoante consignado em seu parágrafo único.

4 Comunicação ou não de instâncias diferentes de responsabilidade

Tradição no Direito brasileiro é a regra da incomunicabilidade das diferentes instâncias de responsabilidade, sendo a comunicação exceção. A diversidade de regimes de responsabilidade é funcionalmente resolvida pela independência de instâncias que alija de seu contexto receio ao *bis in idem*. Seu fundamento radica-se na diferenciação de bens jurídicos tutelados – a disciplina interna da Administração, o direito subjetivo público ao governo honesto etc. – e na natureza da resposta institucional do ordenamento jurídico. A independência de instâncias de responsabilidade é regra (art. 935, Código Civil; arts. 66 e 67, Código de Processo Penal; art. 125, Lei nº 8.112/90) e, como dito, as exceções à incomunicabilidade de instâncias correm por conta das expressas previsões normativas (art. 65, Código de Processo Penal, *v.g.*). Desde sua redação original, a Lei nº 8.429/92 não se desviou dessa tradição no *caput* de seu art. 12 assim como no art. 21, que, especialmente, declara a irrelevância da aprovação ou rejeição das contas pelo órgão de controle interno ou pelo Tribunal ou Conselho de Contas (inciso II), até porque não têm o efeito de excluir ou impedir a jurisdição. Porém, a redação adicionada pela Lei nº 14.230/21 ao art. 21 da Lei da Improbidade Administrativa tem considerável impacto e dela se aparta.

O §1º do art. 21 preceitua a necessidade de motivação na decisão judicial dos atos do órgão de controle interno ou externo quando fundamentarem a conduta do agente público (e, obviamente, se o comportamento deles discrepar), e o §2º desse dispositivo legal reforça esse dever relativamente às provas produzidas perante os órgãos controladores e as correspondentes decisões para formação da convicção do juiz, sem prejuízo da análise acerca do dolo na conduta do agente. De qualquer maneira, não há vinculação da autoridade judiciária nessas duas situações, considerando o art. 371 do Código de Processo Civil, de tal sorte que as conclusões dos órgãos controladores, acolhidas ou repudiadas pelo agente, não excluem a caracterização de ato de improbidade.

Enquanto o §3º do art. 21 se mantém fiel à tradição jurídica nacional, ao determinar a comunicação de sentenças civis e penais em relação à ação civil por ato de improbidade quando pronunciarem a inexistência da conduta ou a negativa da autoria, o §4º impõe a comunicação para qualquer espécie de absolvição criminal. Trata-se de preceito legal cuja constitucionalidade é molestada por violação dos princípios de razoabilidade e proporcionalidade. Ofende a lógica, a racionalidade e o bom senso estender o efeito de absolvição criminal por qualquer motivo para além do §3º do mesmo art. 21, sendo medida evidentemente excessiva. A absolvição criminal pode se dar por motivos que não empecem a ação civil de responsabilidade por improbidade, como a prescrição, as excludentes de ilicitude ou de culpabilidade, ou a atipicidade ou, ainda, porque é possível nesta via colher-se prova suficiente que naquela foi malograda. A demasia é tão eloquente porque a norma impede a promoção da demanda, fornecendo total impunidade. Não empece, todavia, a caracterização de improbidade administrativa se não houver completa identidade com o crime descrito, segundo discorre Fernando da Fonseca Gajardoni,[14] como se naquela houvesse algo similar à falta residual que se cogita entre as instâncias administrativa e penal. Aliás, acertadamente esse jurista exclui tudo aquilo que não se encontre na concepção de absolvição criminal para refutar a comunicação, como as hipóteses de extinção da punibilidade e arquivamento de inquérito policial.[15]

Por fim, o §5º do art. 21 da Lei nº 8.429/92 na redação da Lei nº 14.230/21 estabelece que a compensação de sanções eventualmente aplicadas em outras esferas deverão ser compensadas com as sanções aplicadas, guardando simetria com o §6º de seu art. 12, preceituando que, se ocorrer lesão ao patrimônio público, a reparação do dano deverá deduzir o ressarcimento ocorrido nas instâncias criminal, civil e administrativa que tiver por objeto os mesmos fatos. Somente sanções com identidade de natureza e de destinação são compensáveis.

5 Aplicação e dosimetria das sanções

A operação de responsabilização dos agentes envolvidos em ato de improbidade demanda a subsunção do fato à norma e a escolha das sanções legalmente previstas. Há um sentido de correlação temática entre a natureza do ato e a sanção à vista dos arts. 9º, 10, 11 e 12 da Lei nº 8.429/92. A sistemática adotada na Lei da Improbidade Administrativa dedica blocos de sanções constantes dos incisos I, II e III do art. 12 que são correspondentes a cada uma das espécies de atos de improbidade administrativa arrolados nos arts. 9º, 10 e 11, respectivamente.

Ato de improbidade administrativa é externamente considerado grave, mas a legislação, atendendo à gradação que o art. 37, §4º, da Constituição confere à lei, estabelece diferenciados níveis de gravidade interna, como se contém na escala dos incisos do art. 12 da Lei nº 8.429/92. Como já observado, "o enriquecimento ilícito no exercício de funções públicas é o ato mais grave, tanto que suas sanções são mais severas e agudas, enquanto os atos que importam prejuízo financeiro ao patrimônio público estão num grau intermediário ou médio e os que atentam contra os princípios da administração pública têm menor grau de gravidade".[16] No mesmo sentido, anota Silvio Antonio Marques, "na definição qualitativa e quantitativa de cominações civis por ato ímprobo, que variam conforme a gravidade das condutas, as quais foram divididas em três modalidades que preveem tipos classificados em ordem decrescente de importância, na visão do legislador. Os atos mais deletérios ao patrimônio e a outros interesses públicos provocam as cominações mais severas, enquanto os menos graves legitimam consequências jurídicas mais leves".[17]

Em comparação com a redação originária da Lei nº 8.429/92 foi promovida pela Lei nº 14.230/21 reformulação da cominação de sanções de acordo com as diferentes

---

[14] GAJARDONI, Fernando da Fonseca; CRUZ, Luana Pedrosa de Figueiredo; GOMES JR., Luiz Manoel; FRAVETO, Rogério. *Comentários à Lei de improbidade administrativa* [livro eletrônico]: Lei 8.249/1992, com as alterações da Lei 14.230/2021. 3. ed. São Paulo: Thomson Reuters Brasil, 2021.

[15] GAJARDONI, Fernando da Fonseca; CRUZ, Luana Pedrosa de Figueiredo; GOMES JR., Luiz Manoel; FRAVETO, Rogério. *Comentários à Lei de improbidade administrativa* [livro eletrônico]: Lei 8.249/1992, com as alterações da Lei 14.230/2021. 3. ed. São Paulo: Thomson Reuters Brasil, 2021.

[16] MARTINS JUNIOR, Wallace Paiva. *Probidade administrativa*. 4. ed. São Paulo: Saraiva, 2009, p. 327, n. 46.

[17] MARQUES, Silvio Antonio. *Improbidade administrativa*: ação civil e cooperação jurídica internacional. São Paulo: Saraiva, 2010, p. 129.

espécies de atos de improbidade administrativa. Se antes as sanções eram idênticas com algumas variações (de tempo ou de valor) e condicionantes, atualmente a lei tem sistemática diferente. Em linhas gerais, as alterações consistem no aumento do prazo das sanções restritivas de direito (suspensão de direitos políticos, proibição de contratação com o Poder Público ou de recebimento de benefícios ou incentivos fiscais ou creditícios), na redução do valor da multa civil e na especificidade correlacional da sanção à espécie de ato de improbidade praticada.

As penalidades são, como estampa o *caput* do art. 12 da Lei nº 8.429/92, aplicadas independentemente do ressarcimento integral do dano patrimonial efetivo e das sanções penais (comuns e de responsabilidade), civis e administrativas, isoladas ou cumulativamente.

Ao enriquecimento ilícito no exercício de função pública (art. 9º) foram previstas as seguintes sanções: (a) perda de bens ou valores acrescidos ilicitamente, (b) perda da função pública, (c) suspensão dos direitos políticos até 14 (catorze) anos, (d) pagamento de multa civil equivalente ao valor do acréscimo patrimonial, e (e) proibição de contratar com o Poder Público ou de receber benefícios ou incentivos fiscais ou creditícios, direta ou indiretamente, ainda que por intermédio de pessoa jurídica da qual seja sócio majoritário, pelo prazo não superior a 14 (catorze) anos (art. 12, I). O ressarcimento do dano poderá ter lugar em figuras típicas dos incisos II, III e VI do art. 9º da Lei da Improbidade Administrativa, por exemplo.

Ao prejuízo ao erário (art. 10) foram discriminadas as seguintes penalidades para além do ressarcimento do dano patrimonial: (a) perda dos bens ou valores acrescidos ilicitamente (se concorrer esta circunstância), (b) perda da função pública, (c) suspensão dos direitos políticos até 12 (doze) anos, (d) pagamento de multa civil equivalente ao valor do dano, e (e) proibição de contratar com o Poder Público ou de receber benefícios ou incentivos fiscais ou creditícios, direta ou indiretamente, ainda que por intermédio de pessoa jurídica da qual seja sócio majoritário, pelo prazo não superior a 12 (doze) anos (art. 12, II).

Ao atentado aos princípios da Administração Pública foram cominadas as seguintes reprimendas: (a) pagamento de multa civil de até 24 (vinte e quatro) vezes o valor da remuneração percebida pelo agente e (b) proibição de contratar com o poder público ou de receber benefícios ou incentivos fiscais ou creditícios, direta ou indiretamente, ainda que por intermédio de pessoa jurídica da qual seja sócio majoritário, pelo prazo não superior a quatro anos (art. 12, III). Dessa modalidade foram excluídas as sanções de perda da função pública e suspensão dos direitos políticos, o que configura proteção insuficiente e, portanto, ofensa ao princípio da proporcionalidade, frisando-se, ainda, que a Constituição (art. 37, §4º) não permite essa flexibilização, pois determina à improbidade administrativa – sem distinção – enumerada e explicitamente essas duas penalidades. Se houver dano patrimonial, caberá o respectivo ressarcimento.

O catálogo do art. 12 da Lei nº 8.429/92 contém sanções variáveis ou não. Independentemente do ressarcimento do dano que é obrigação legal, as sanções fixas são a perda de bens ou valores ilicitamente acrescidos e a perda da função pública. As sanções de suspensão temporária dos direitos políticos, pagamento de multa civil e proibição de contratação com o Poder Público ou de recebimento de benefícios ou incentivos fiscais ou creditícios são variáveis, como revelam os incisos I a III do art. 12, em função do período de restrição de direitos ou do valor da pena pecuniária de acordo com a natureza do ato de improbidade, de maneira que essa variação sopesa a "potencialidade lesiva" de cada espécie de ato de improbidade.[18] As inovações da Lei nº 14.230/21 no art. 12 da Lei nº 8.429/92 eliminaram os patamares mínimos da multa civil e das restrições temporárias de direitos.

A multa civil tem seu valor estipulado dependendo da natureza da infração: (a) no enriquecimento ilícito, ela é equivalente ao valor do acréscimo patrimonial, (b) no prejuízo ao erário, equivalente ao valor do dano, e (c) no atentado aos princípios da Administração Pública, até 24 vezes o valor da remuneração percebida pelo agente. Ela ainda pode ser aumentada até o dobro (art. 12, §2º).

A suspensão de direitos políticos não é cabível no atentado aos princípios da Administração Pública – opção inadequada da reforma legislativa – e é de (a) até 14 anos na hipótese de enriquecimento ilícito, e de (b) até 12 anos no prejuízo ao erário.

E a proibição de contratação com o Poder Público ou de recebimento de benefícios ou incentivos fiscais ou creditícios pode se estender até (a) 14 anos na situação do art. 9º, (b) 12 anos na do art. 10 e (c) 4 anos na do art. 11.

Não há possibilidade de combinação ou mescla de penalidades em descompasso à classificação de espécies de improbidade, adoção de outras não previstas em lei, fixação dos limites das sanções, além das balizas previstas em lei, como já decidido.[19]

Apesar de a Constituição no art. 37, §4º, ser impositiva ao determinar que aos atos de improbidade administrativa – sem distinção entre suas espécies – aplicam-se as sanções respectivas, a Lei nº 12.120/09 alterou o *caput* do art. 12 da Lei nº 8.429/92 para explicitar que as sanções são aplicadas cumulativamente ou não, balizada a opção, motivada pelo juiz (STJ, REsp 658.389-MG, 2ª Turma, Rel. Min. Eliana Calmon, 26.06.2007, v.u., DJ 03.08.2007, p. 327), pelos parâmetros legais. Se o juiz opta pela aplicação cumulativa ou não das sanções, deverá fazê-lo, em qualquer caso, atendendo ao princípio da proporcionalidade (ou seja, da justa medida), que demanda o exame de adequação, necessidade e proporcionalidade em sentido estrito e interdita tanto o excesso quanto a insuficiência (ou falta), fundamentando as razões pelas quais escolhe todas, algumas ou uma delas. Como já decidido, "a aplicação das penalidades previstas na norma exige que o magistrado considere, no caso concreto, 'a extensão do dano causado, assim como o proveito patrimonial obtido pelo agente' (conforme previsão expressa contida no parágrafo único do art. 12 da Lei 8.429/1992). Assim, é necessária a análise da razoabilidade e proporcionalidade em relação à gravidade do ato de improbidade e à cominação das penalidades, as quais podem ocorrer de maneira cumulativa, embora não necessariamente".[20] Para esse fim, "o espectro sancionatório da lei induz interpretação que deve conduzir à dosimetria relacionada à exemplariedade e à correlação da sanção, critérios que compõem a razoabilidade da punição" sendo "necessária a observância da lesividade e reprovabilidade da conduta do agente, do elemento volitivo da conduta e da consecução do interesse público, para efetivar a dosimetria da sanção por ato de improbidade, adequando-a a finalidade da norma".[21]

---

[18] SOBRANE, Sérgio Turra. *Improbidade administrativa:* aspectos materiais, dimensão difusa e coisa julgada. São Paulo: Atlas, 2010, p. 156.

[19] STJ, REsp 365.087-PR, 1ª Turma, Rel. Min. Hamilton Carvalhido, 17.11.2009, v.u., DJe 03.12.2009; STJ, REsp 1.376.481-RN, 2ª Turma, Rel. Min. Mauro Campbell Marques, 15.10.2015, v.u., DJe 22.10.2015.

[20] STJ, REsp 1.376.481-RN, 2ª Turma, Rel. Min. Mauro Campbell Marques, 15.10.2015, v.u., DJe 22.10.2015.

[21] STJ, REsp 1.130.198-PR, 1ª Turma, Rel. Min. Luiz Fux, 02.12.2010, v.u., Dje 15.12.2010.

Os parâmetros da dosimetria consistiam na redação primitiva da Lei da Improbidade Administrativa na extensão do dano causado e no proveito patrimonial obtido pelo agente (art. 12, parágrafo único, da Lei nº 8.429/92), o que era insuficiente. Com a edição da Lei nº 12.120/09 foi acrescentada a gravidade do fato no *caput* do art. 12. A Lei nº 14.230/21 redimensionou completamente este panorama ao adicionar novos parâmetros legais para a dosimetria na Lei nº 8.429/92. No §4º do art. 1º enunciou a incidência dos princípios constitucionais do Direito Administrativo Sancionador, manteve a gravidade do fato no *caput* do art. 12 e, apesar de ter revogado seu parágrafo único, e dedicado normas especiais nos §§1º a 5º e 8º a determinadas sanções, elencou no inciso IV do art. 17-C mais parâmetros para sua aplicação, renovada sua cumulatividade ou não. Enfim, são os seguintes parâmetros: (a) os princípios de proporcionalidade e razoabilidade, (b) a natureza, a gravidade e o impacto da infração cometida, (c) a extensão do dano causado, (d) o proveito patrimonial obtido pelo agente, (e) as circunstâncias agravantes ou atenuantes, (f) a atuação do agente em minorar os prejuízos e as consequências advindas de sua conduta omissiva ou comissiva, e (g) os antecedentes do agente. Esse rol é aproximado ao que consta do §2º do art. 22 da Lei de Introdução às Normas do Direito Brasileiro.

Os incisos I, II, III e VII do citado art. 17-C não constituem parâmetros, senão requisitos de motivação da decisão judicial. Aliás, os incisos II e III reproduzem *grosso modo* os arts. 20, *caput*, e 22, *caput*, da Lei de Introdução às Normas do Direito Brasileiro, valendo obtemperar que, em face de ato ilícito como é a improbidade administrativa, não tem sentido considerar os obstáculos e as dificuldades reais do gestor e as exigências das políticas públicas a seu cargo, sem prejuízo dos direitos dos administrados e das circunstâncias práticas que houverem imposto, limitado ou condicionado a ação do agente.

Por sua vez, o disposto no inciso V do referido art. 17-C da Lei nº 8.429/92 é parâmetro condicional, consistente na consideração da dosimetria das sanções relativas ao mesmo fato já aplicadas ao agente, guardando aproximação com o art. 22, §3º, da Lei de Introdução às Normas do Direito Brasileiro.

Para atos de menor potencial ofensivo, há regra especial na Lei nº 8.429/92 (art. 12, §5º), limitando-se a censura judicial à aplicação de multa, sem prejuízo do ressarcimento do dano e da perda dos valores obtidos, quando for o caso.

6 Ressarcimento do dano

O tratamento do ressarcimento do dano experimentou sensível modificação na Lei nº 8.429/92 em virtude das inovações ditadas pela Lei nº 14.230/21. Para além da revogação do art. 5º da Lei da Improbidade Administrativa e da própria conceituação de atos de improbidade que causam prejuízo ao erário no art. 10 (exigente de efetivos e comprovados perda patrimonial, desvio, apropriação, malbaratamento ou dilapidação), o ressarcimento integral do dano foi disciplinado em vários preceitos como o §7º do art. 1º, os §§1º e 2º do art. 10, o *caput* do art. 12 e em seus §§5º e 6º, o art. 17-B, o *caput* do art. 18 e o inciso I do art. 21.

O ressarcimento do dano, desde que ocorrida repercussão patrimonial negativa no erário, não é sanção senão consequência da lesão econômico-financeira que se consubstancia na recomposição do patrimônio lesado como obrigação resultante da prática de ato ilícito. Conforme o Superior Tribunal de Justiça decidiu, "caracterizado o prejuízo ao erário, o ressarcimento não pode ser considerado propriamente uma sanção, mas apenas consequência imediata e necessária de reparação do ato ímprobo, razão pela qual não pode figurar isoladamente como penalidade".[22] Essa diretriz foi reafirmada na cabeça do art. 12 da Lei nº 8.429/92 na redação dada pela Lei nº 14.230/21 desde que o dano patrimonial seja efetivo, o que torna compulsória sua imposição.

Configurada a improbidade administrativa e pronunciada pelo juiz, (a) é inadmissível a isolada imposição desse dever convindo a adição de outras sanções cumulativamente ou não[23] e (b) se o agente resgata o dano nem por isso se elimina a imposição das sanções.[24]

Por isso, é impossível punir a improbidade exclusivamente pelo ressarcimento do dano. Se houve condenação somente a isso, então não se caracterizou improbidade ou está prescrita a perspectiva de sanções.

O ressarcimento do dano deverá ser integral, abrangendo tudo aquilo que representa a expressão do dano, à vista da *restitutio in integrum*, o que compele correção monetária, juros etc. Consoante assentado em repercussão geral, "são imprescritíveis as ações de ressarcimento ao erário fundadas na prática de ato doloso tipificado na Lei de Improbidade Administrativa" (Tema 897). Suportam o ressarcimento do dano os bens do patrimônio do devedor – presentes, pretéritos ou pósteros (art. 942, Código Civil; art. 789, Código de Processo Civil). É importante destacar que, para efeito da Lei da Improbidade Administrativa, esse dano a ser integralmente ressarcido é de natureza patrimonial, conforme a redação dada à cabeça do art. 12 pela Lei nº 14.230/21.

De acordo com a reconfiguração do art. 10 da Lei nº 8.429/92 determinada pela Lei nº 14.230/21, a caracterização de atos de improbidade administrativa que causam prejuízo ao erário demanda resultado patrimonial negativo efetivo e comprovado. Entretanto, o §1º desse art. 10 o dispensa ao enunciar que, "nos casos em que a inobservância de formalidades legais ou regulamentares não implicar perda patrimonial efetiva, não ocorrerá imposição de ressarcimento, vedado o enriquecimento sem causa das entidades da Administração Pública". Trata-se de uma exceção à regra. Somente nesses casos – contidos nas figuras dos incisos II, III, VII, XI (primeira parte), XV, XVI, XVII, XVIII e XX e nos que também se articule inobservância de formalidades legais ou regulamentares não arrolados, posto que o art. 10 da Lei nº 8.429/92 tem redação exemplificativa – se exonera o ressarcimento do dano, o que não significa descaracterização de improbidade administrativa dessa espécie. O escopo é evitar o locupletamento sem causa da Administração Pública, porque havendo apenas vício formal não seria justo o particular pagar indenização para ressarcimento integral do dano.

Porém, a isenção de ressarcimento do dano pode ser afastada. O dispositivo é, no mínimo, controverso porque poderá haver real, concreto e efetivo prejuízo patrimonial, devidamente demonstrado e, para além, atos da Administração, como transmissão, doação e outorga de uso de bens, dinheiros e recursos públicos a particular que não observa requisitos formais substanciais (que geram sua nulidade insanável e não constituam mera irregularidade), implicam enriquecimento deste e perda do Poder Público,

---

[22] STJ, REsp 1.376.481-RN, 2ª Turma, Rel. Min. Mauro Campbell Marques, 15.10.2015, v.u., DJe 22.10.2015.

[23] STJ, REsp 1.019.555-SP, 2ª Turma, Rel. Min. Castro Meira, 16.06.2009, v.u., DJe 29.06.2009.

[24] STJ, REsp 1.009.204-MG, 2ª Turma, Rel. Min. Herman Benjamin, 01.12.2009, v.u., DJe 17.12.2009.

o que impõe para a restauração do direito lesado o ressarcimento do dano. Além disso, a presença da boa-fé é insuperável, pois aquele que obrou com má-fé não pode vindicar em seu benefício esse preceito.

Portanto, sob este ângulo, o preceito cria incômoda impunidade e contraria o princípio da moralidade administrativa e a regra punitiva da improbidade que inclui o ressarcimento do dano como uma de suas reações com o predicado de mandamento (art. 37, *caput*, e §4º, da Constituição).

O §2º desse art. 10 não cuida do ressarcimento do dano, senão da própria descaracterização de improbidade no caso de mera perda patrimonial decorrente de atividade econômica do Estado, salvo se comprovado ato doloso com essa finalidade.

Na Lei nº 8.429/92, o ressarcimento integral do dano é de imposição obrigatória na hipótese de prejuízo ao erário (art. 10) e condicionado à sua efetiva prova nas de enriquecimento ilícito e atentado aos princípios da Administração (arts. 9º e 11), pois, nesses casos, depende de efetiva ocorrência (art. 21, I). Seu produto é destinado à pessoa jurídica prejudicada (art. 18), observada a dedução prevista no §6º do art. 12 e o desconto dos serviços efetivamente prestados (art. 18, §3º), admitindo-se o parcelamento de seu adimplemento (art. 18, §4º).

Sob o ângulo subjetivo, ela alcança o agente público e terceiros participantes do ato de improbidade em regime de solidariedade, sendo transmissível aos sucessores no limite das forças da herança (art. 8º).

7 Perda da função pública

A perda da função pública deve ser entendida em sentido amplo alcançando todas as espécies de vínculo, funcional ou não, do agente público com a Administração Pública, como expressa o art. 2º da Lei da Improbidade Administrativa que fornece conceito *lato sensu* de função pública, abrangente de relação jurídica estabelecida com o Estado mediante mandato, cargo, função (em sentido estrito), ou emprego público – independentemente de sua natureza vitalícia, política, efetiva, estável, precária, comissionada, remunerada, gratuita etc. –, decorrentes de qualquer procedimento de investidura como eleição, nomeação, designação, contratação, credenciamento, requisição etc. Somente o particular desvinculado da Administração Pública, beneficiário ou partícipe do ato, dela escapa, como explicita a própria lei no art. 3º ao usar a fórmula normativa "no que couber".

Após o Superior Tribunal de Justiça ter definido que a penalidade de perda da função pública alcança qualquer cargo ou função desempenhada no momento do trânsito em julgado da condenação,[25] o §1º foi adicionado ao art. 12 da Lei nº 8.429/92

---

[25] "ADMINISTRATIVO. IMPROBIDADE ADMINISTRATIVA. SANÇÃO DE PERDA DA FUNÇÃO PÚBLICA. EXTENSÃO. CARGO OU FUNÇÃO OCUPADO NO MOMENTO DO TRÂNSITO EM JULGADO DA DECISÃO CONDENATÓRIA.

1. Cuida-se de embargos de divergência interposto com o fim de compor a interpretação dissidente entre as Turmas da Primeira Seção a respeito da extensão da penalidade de perda de função pública. À luz da interpretação dada pela Primeira Turma, a sanção de perda da função pública compreende apenas aquela de que se utilizou o agente público para a prática do ato ímprobo. Por outro lado, entende a Segunda Turma que a penalidade de perda da função pública alcança qualquer cargo ou função desempenhado no momento do trânsito em julgado da condenação.

2. A probidade é valor que deve nortear a vida funcional dos ocupantes de cargo ou função na Administração Pública. A gravidade do desvio que dá ensejo à condenação por improbidade administrativa é tamanha que

pela Lei nº 14.230/21 estabelecendo exatamente o contrário, isto é, como regra a perda da função pública atinge apenas o vínculo de mesma qualidade e natureza que o agente público ou político detinha com o Poder Público na época do cometimento da infração, sendo excepcional a possibilidade de o magistrado, nos casos de enriquecimento ilícito no exercício de função pública, estendê-la aos demais vínculos, a partir de motivação considerando as circunstâncias do caso e a gravidade da infração. É mais um retrocesso inadequado que a Lei nº 14.230/21 instituiu, ofendendo a razoabilidade, a proporcionalidade e, sem dúvida, a efetiva concretização do princípio de moralidade. É a banalização da ética, contrária aos fins da tutela da probidade e da repressão à improbidade administrativa, porque, *tout court*, não há como objetivamente se afirmar que uma pessoa condenada por improbidade administrativa seja moralmente apta e idônea para o exercício de qualquer função pública, assim como moralmente inapta e inidônea para o exercício de uma função pública e não seja para outra, de natureza diversa, como se a troca constituísse uma indulgência plenária.

À vista da alteração normativa e de opinião de Luiz Manoel Gomes Junior e Rogerio Favreto assinalando que "o condenado pela prática de ato de improbidade perde o cargo no qual praticou o ato de improbidade (eleito, comissionado ou concursado) e aquele que esteja exercendo quando do trânsito em julgado, desde que nele possa cometer ato de improbidade similar ao que justificou a sua condenação. Importante haver um potencial objetivo de continuidade delitiva no plano da improbidade, isso pelo exercício das funções no cargo público que exerça na oportunidade do trânsito em julgado da ação",[26] reafirmo o que escrevi outrora:[27] o escopo da perda da função pública é extirpar da Administração Pública aquele que exibiu inidoneidade (ou inabilitação) moral e desvio ético para o exercício de função pública, expandindo-se para qualquer função pública que exerça, mesmo se em nível ou esfera de governo diferente daquela executada quando praticado o ato ímprobo. É incômodo e desagradável *bill of indenity* alforriá-lo da perspectiva da perda da função pública somente porque veio a exercer

---

diagnostica verdadeira incompatibilidade do agente com o exercício de atividades públicas. "A sanção de perda da função pública visa a extirpar da Administração Pública aquele que exibiu inidoneidade (ou inabilitação) moral e desvio ético para o exercício da função pública, abrangendo qualquer atividade que o agente esteja exercendo ao tempo da condenação irrecorrível" (REsp n. 924.439/RJ, Rel. Min. Eliana Calmon, Segunda Turma. DJ de 19.8.2009).

3. O art. 12 da Lei nº 8.429/92 deve ser compreendido semanticamente, no que diz respeito à sanção de perda da função pública, como integrante de um sistema que repele a inserção no serviço público de pessoas cujo comportamento passado já sinalizou a pouca afeição aos valores entoados pelo art. 37 da CF/88. Em outras palavras, não se pode acoimar de ampliativa interpretação que prestigia os desígnios da Administração Pública, não obstante concorra com outra menos nociva ao agente, mas também menos reverente à tessitura normativa nacional.

4. Não parece adequado o paralelo entre a perda do cargo como efeito secundário da condenação penal e como efeito direto da condenação por improbidade administrativa. É que, repita-se, a sanção de perda da função cominada pela Lei de Improbidade tem o propósito de expurgar da Administração o indivíduo cujo comportamento revela falta de sintonia com o interesse coletivo.

5. Nem se diga que tal pena teria caráter perene, pois o presente voto propõe que a perda da função pública abranja qualquer cargo ou função exercida no momento do trânsito em julgado da condenação. Incide uma limitação temporal da sanção.

6. Embargos de divergência não providos" (STJ, EDv nos EREsp 1.701.967/RS, 1ª Seção, Rel. Min. Francisco Falcão, 09.09.2020, DJe 02.02.2021).

[26] GAJARDONI, Fernando da Fonseca; CRUZ, Luana Pedrosa de Figueiredo; GOMES JR., Luiz Manoel; FRAVETO, Rogério. *Comentários à Lei de improbidade administrativa [livro eletrônico]:* Lei 8.249/1992, com as alterações da Lei 14.230/2021. 3. ed. São Paulo: Thomson Reuters Brasil, 2021.

[27] MARTINS JUNIOR, Wallace Paiva. *Probidade administrativa.* 4. ed. São Paulo: Saraiva, 2009, p. 363-364, n. 56.

função distinta daquela contemporânea ao ato de improbidade praticado. O ordenamento jurídico vigente colima a perda da função pública ao agente público ímprobo justamente porque ele, no exercício de cargo, emprego ou função pública, caracterizou-se como portador de inabilitação moral para o seu desempenho, corolário que não se adstringe ao cargo que ocupava quando praticado o ato ímprobo, como se a mudança ou alteração da investidura cessasse imediatamente a sua incapacidade; acompanha o agente público porque ela é uma condição personalíssima, somente sendo abdicada a incidência da sanção de que se cuida, se o agente público não tem mais nenhum vínculo com a Administração Pública, de qualquer um dos níveis de governo ou de poderes.

Se inativo, a improbidade praticada na atividade era causa que impunha a desvinculação compulsória, motivo pelo qual a sentença cassa-lhe a aposentação. E não vinga alegar impossibilidade da cassação da aposentadoria em razão do caráter contributivo do sistema previdenciário, pois ela equivale à demissão e à perda da função pública por motivo ocorrido na atividade, e o caráter contributivo de benefício previdenciário não impede sua incidência, como decidiu o Supremo Tribunal Federal,[28] afirmando a constitucionalidade dessa punição[29] e, ainda, a possibilidade da conversão da perda da função pública em cassação de aposentadoria na ação civil de improbidade administrativa.[30]

Ainda que vitalícios, magistrados e membros do Ministério Público podem ser processados por improbidade administrativa, admitida a imposição da perda da função porque decorrente de decisão transitada em julgado em processo judicial, como decidiu o Superior Tribunal de Justiça,[31] e no caso de militares, a competência para o processamento e julgamento de ação civil por ato de improbidade administrativa é da Justiça Comum, e não da Militar, não existindo óbice à perda da função pública.[32]

Outro retrocesso promovido pela Lei nº 14.230/21 que não se concilia com o §4º do art. 37 da Constituição foi a exclusão do cabimento da perda da função pública da punição aos atos de improbidade constantes do art. 11 da Lei nº 8.429/92, conforme a nova redação dada ao inciso III de seu art. 12. Como discorrido, além de configurar proteção insuficiente e, portanto, ofensa ao princípio da proporcionalidade, a Constituição (art. 37, §4º) não permite essa isenção, pois determina à improbidade administrativa – sem distinção – enumerada e explicitamente essa penalidade.

8 Perda de bens

A perda de bens é sanção pela prática de ilícito com esteio na Constituição, sujeita ao devido processo legal (art. 5º, XLV, XLVI, "b", e LIV), não se confunde com o confisco[33] e não é efeito da condenação, como ocorre na responsabilidade penal. O ato de improbidade administrativa de enriquecimento ilícito do agente implica a perda dos

---

[28]   STF, MS 23.219-9-RS, Tribunal Pleno, Rel. Min. Eros Grau, 30.06.2005, DJ 19.08.2005.

[29]   STF, RMS 34.499 AgR/DF, 1ª Turma, Rel. Min. Roberto Barroso, 11.09.2017, DJe 21.09.2017.

[30]   STF, ARE 1.321.655 AgR/SP, 1ª Turma, Rel. Min. Alexandre de Moraes, 23.08.2021, DJe 31.08.2021.

[31]   STJ, REsp 1.298.092-SP, 1ª Turma, Rel. Min. Regina Helena Costa, 09.08.2016, v.u., DJe 15.09.2016; STJ, REsp 1.191.613-MG, 1ª Turma, Rel. Min. Benedito Gonçalves, 19.03.2015, v.u., DJe 17.04.2015; STJ, REsp 1.249.531-RN, 2ª Turma, Rel. Min. Mauro Campbell Marques, 20.11.2012, v.u., DJe 05.12.2012; STJ, REsp 1.169.762-RN, 2ª Turma, Rel. Min. Mauro Campbell Marques, 10.08.2010, v.u., DJe 10.09.2010.

[32]   STJ, CC 100.862-MG, 1ª Seção, Rel. Min. Castro Meira, 10.06.2009, v.u., DJe 18.06.2009.

[33]   FERREIRA FILHO, Manoel Gonçalves. *Comentários à Constituição brasileira.* 5. ed. São Paulo: Saraiva, 1984. p. 602-603; MELLO FILHO, José Celso de. *Constituição Federal anotada.* 2. ed. São Paulo: Saraiva, 1986, p. 444-445; MIRANDA, Francisco Cavalcanti Pontes de. *Comentários à Constituição de 1967.* 3. ed. Rio de Janeiro: Forense, 1987. Tomo V, p. 196-200.

respectivos bens ou valores dele oriundos pela falta de justa causa do acréscimo. Trata-se de sanção de natureza ressarcitória inspirada por um componente preponderantemente moral.[34] Como bens ou valores foram ilicitamente acrescidos porque desviados do patrimônio estatal ou porque foram apropriados de particulares, por conta de função pública exercida, essa adição não tem causa lícita ou justa. O perdimento se dá, como anotado antes, em prol da entidade da Administração Pública lesada.

Conforme a jurisprudência, "como bem posto por Emerson Garcia 'é relevante observar ser inadmissível que ao ímprobo sejam aplicadas unicamente as sanções de ressarcimento do dano e de perda de bens, pois estas, em verdade, não são reprimendas, visando unicamente à recomposição do status quo' (*Improbidade Administrativa*. 2. ed. Rio de Janeiro: Lumen Juris, 2004, p. 538)".[35] Bem por isso, é impositiva e compulsória sua aplicação havendo enriquecimento ilícito.

A sanção de perda de bens se funda nos seguintes requisitos: (a) locupletamento de uma parte, (b) empobrecimento de outra, (c) falta de justa causa e (d) nexo de causalidade. A perda só tem lugar em razão da ilicitude ou da imoralidade do enriquecimento. O perdimento alcança o objeto do enriquecimento ilícito, bem como seus frutos e produtos; se os bens são fungíveis (como o dinheiro) incide, se consumido, sobre o equivalente existente no patrimônio do infrator (art. 884, parágrafo único, Código Civil).

A perda de bens incide sobre o proveito, direta ou indiretamente, positiva ou negativamente, acrescido ao patrimônio. Será obrigatória nos casos de enriquecimento ilícito (arts. 9º e 12, I), mesmo que a vantagem indevida tenha sido obtida por prestação negativa, circunstância que autoriza a desapropriação do importe equivalente constante do patrimônio do réu pela verificação do que efetivamente poupou com a obtenção da vantagem. Nos casos de prejuízo ao erário (art. 10), é condicionada a existência dessa circunstância (art. 12, II), admitindo-se a cumulação, como se dá nas hipóteses dos art. 9º, IV e XII, e 10, XII e XIII, pois de um lado haverá a perda do proveito acrescido e, de outro, o ressarcimento do gasto injusto suportado pelos cofres públicos para que aquele proveito ocorresse. A mesma cumulação ocorre nas hipóteses previstas no art. 9º, II a IV, e no art. 10, II, IV e V. Aplica-se ao agente público, aos terceiros beneficiários, partícipes e aos seus sucessores nos termos da cabeça do art. 8º. Em muitos casos, será o beneficiário que deverá perder em favor do erário os bens ou valores ilicitamente acrescidos quando o agente público facilita para que ele enriqueça ilicitamente mediante, por exemplo, o uso de bens ou serviços públicos ou mesmo o partícipe que, por simulação, adquiriu em seu nome bens ou produtos do enriquecimento ilícito de agente público. Por isso, ela pune o enriquecimento direto do agente público ou indireto, quando este usa terceiros.

9 Suspensão temporária dos direitos políticos

Entre as causas previstas na Constituição de suspensão dos direitos políticos encontra-se a improbidade administrativa (arts. 15, V, e 37, §4º). Pessoas físicas, agentes públicos ou não, estão sujeitas à suspensão temporária dos direitos políticos em razão de atos de improbidade administrativa, ressalvados os descritos no art. 11 da Lei nº 8.429/92, conforme a nova redação dada ao inciso III de seu art. 12 pela Lei nº 14.230/21,

---

[34] MARTINS JUNIOR, Wallace Paiva. *Probidade administrativa*. 4. ed. São Paulo: Saraiva, 2009, p. 346-349, n. 53.

[35] STJ, REsp 1.019.955-SP, 2ª Turma, Rel. Min. Castro Meira, 16.06.2009, v.u., DJe 29.06.2009.

o que desalinha do §4º do art. 37 da Constituição. Como discorrido, além de configurar violação à proporcionalidade pela proteção insuficiente do bem jurídico, a Constituição (art. 37, §4º) não permite essa eliminação, pois determina à improbidade administrativa – sem distinção – enumerada e explicitamente essa penalidade.

A penalidade tem como meta a subtração da capacidade cívica do cidadão, impedindo-o da disputa e da investidura em mandato eletivo porque tolhe a elegibilidade, a assunção de qualquer outra função pública e o direito de promoção de ação popular. Trata-se de restrição de direitos, substanciando a inabilitação temporária para o exercício de função pública, no que interessa. A cessação da investidura não o escoima de seus efeitos futuros e se o agente ainda exerce o posto, ou é detentor de outro em acumulação, ela reflexamente gera a perda da função pública, pois o inabilita para o exercício de qualquer função pública. A cidadania é condição de acesso e permanência a cargos, funções ou empregos públicos e a penalidade fulmina seus direitos políticos que compreendem o *jus suffragi*, o *jus honorum*, o *jus ad officium* e o *jus in officio*, já que o ato praticado revela sua inabilitação ética para tanto.[36]

A suspensão de direitos políticos não é cabível no atentado aos princípios da Administração Pública – opção inadequada da reforma legislativa – e é de (a) até 14 anos na hipótese de enriquecimento ilícito, e de (b) até 12 anos no prejuízo ao erário.

A sanção é exequível desde o trânsito em julgado da condenação, observado o cômputo retroativo assinalado no §10 do art. 12 da Lei da Improbidade Administrativa, e poderá gerar inelegibilidade nos termos do art. 1º, I, l, da Lei Complementar nº 64/90, desde que oriunda de decisão irrecorrível ou recorrível proferida por órgão judicial colegiado por ato doloso de enriquecimento ilícito e lesão ao patrimônio público doloso.

10 Pagamento de multa civil

A multa civil é sanção pecuniária contra o dano moral[37] experimentado pela Administração Pública. Neste sentido, Juarez Freitas explica que a multa civil reúne forças mais do que razoáveis para assumir o lugar deste ressarcimento por dano moral,[38] divergindo a doutrina sobre sua natureza sancionatória[39] ou indenizatória.[40]

Seu valor é variável conforme a espécie de improbidade administrativa praticada e constitui receita extratributária da entidade interessada, fixada nos limites legais, segundo os critérios da dosimetria, sendo revertida para o patrimônio da entidade interessada. A multa civil tem seu valor estipulado dependendo da natureza da infração: (a) no enriquecimento ilícito, ela é equivalente ao valor do acréscimo patrimonial,

---

[36] MARTINS JUNIOR, Wallace Paiva. Sanções por ato de improbidade administrativa. *Enciclopédia jurídica da PUC-SP*. Celso Fernandes Campilongo, Alvaro de Azevedo Gonzaga e André Luiz Freire (coord.). Tomo: Direito Administrativo e Constitucional. Vidal Serrano Nunes Jr., Maurício Zockun, Carolina Zancaner Zockun, André Luiz Freire (coord. de tomo). 1. ed. São Paulo: Pontifícia Universidade Católica de São Paulo, 2017. Disponível em: https://enciclopediajuridica.pucsp.br/verbete/29/edicao-1/sancoes-por-ato-de-improbidade-administrativa.

[37] MARTINS JUNIOR, Wallace Paiva. *Probidade administrativa*. 4. ed. São Paulo: Saraiva, 2009, p. 370-374, n. 58.

[38] FREITAS, Juarez. *O controle dos atos administrativos e os princípios fundamentais*. O controle dos atos administrativos e os princípios fundamentais. São Paulo: Malheiros Editores, 1997, p. 118.

[39] SOBRANE, Sérgio Turra. *Improbidade administrativa*: aspectos materiais, dimensão difusa e coisa julgada. São Paulo: Atlas, 2010, p. 160-161.

[40] MARQUES, Silvio Antonio. *Improbidade administrativa*: ação civil e cooperação jurídica internacional. São Paulo: Saraiva, 2010, p. 136.

(b) no prejuízo ao erário, equivalente ao valor do dano, e (c) no atentado aos princípios da Administração Pública, até 24 vezes o valor da remuneração percebida pelo agente.

O §2º do art. 12 da Lei nº 8.429/92 autoriza a majoração do valor estipulado nos incisos I a III desse mesmo dispositivo legal até o dobro. Esse aumento depende de motivação específica na decisão condenatória, radicada na compreensão de que em virtude da situação econômica do réu o valor básico é ineficaz para reprovação e prevenção do ato de improbidade. Portanto, são dois requisitos cumulativos que empenham análise casuística para essa hipótese excepcional.

11 Proibição temporária de contratação com o Poder Público ou de recebimento de benefícios ou incentivos fiscais ou creditícios

Outra sanção restritiva de direitos é a proibição de contratação com o Poder Público e de recebimento de benefícios ou incentivos fiscais ou creditícios. Ela consiste em suspensão temporária do exercício de direitos por aqueles que praticaram ato de improbidade administrativa, impedindo que possam convencionar com a Administração Pública ou se beneficiar de fomento público. A penalidade pode se estender até (a) 14 anos na situação do art. 9º, (b) 12 anos na do art. 10 e (c) 4 anos na do art. 11.

Embora se aplique a agentes públicos e particulares à vista dos arts. 2º e 3º da Lei da Improbidade Administrativa, essa penalidade tem relevante eficácia contra o particular envolvido no ato de improbidade administrativa que não se alforria do dever de boa-fé em suas relações com o Poder Público, sancionando aquele que nelas demonstrou inidoneidade. É uma sanção de prazo certo, fixado nos limites previstos variáveis, conforme a espécie de improbidade administrativa (art. 12, I a III).

O §4º do art. 12 da Lei nº 8.429/92 introduzido pela Lei nº 14.230/21 incorporou tendência pretoriana de limitação espacial dessa sanção. A regra é a contenção de sua eficácia territorial ao ente público lesado pelo ato de improbidade, sendo excepcional a extrapolação estadeada em motivos relevantes devidamente justificados, devendo para tanto sopesar os impactos econômicos e sociais da sanção para preservação da função social da pessoa jurídica, viabilizando a manutenção de suas atividades. Também neste tópico a reforma legislativa é inadequada. Destinada exclusivamente à pessoa jurídica de direito privado, a medida carece de razoabilidade e proporcionalidade porque, se ela não teve idoneidade para se relacionar com um determinado ente da Administração Pública, não há como cindir essa característica por critério geográfico ou institucional fictício. A regra desestimula a diretriz de repressão à improbidade. Melhor solução se afigura a tomada de menor dimensão temporal da penalidade. Além disso, a norma evidencia a carência de providência com melhor energia e que consistiria na punição de dirigentes ou empregados da pessoa jurídica diretamente envolvidos na prática de ato de improbidade mediante inabilitação ou suspensão, ou, ainda, exclusão de atividades na pessoa jurídica.

A sanção focalizada admite a forma indireta, exemplificando a lei que se aplica ainda que por intermédio de pessoa jurídica da qual seja sócio majoritário, de modo que é plenamente cabível nos casos de sucessão societária, consórcios, sociedade em conta de participação etc. Embora seja aplicável à pessoa jurídica também, nada impede sua incidência sobre seus sócios com o emprego da teoria da desconsideração da personalidade jurídica (arts. 3º, §1º, e 17, §15, Lei nº 8.429/92). Assim como não se impede a aplicação da desconsideração inversa, tal como prevista no Código de Processo Civil (art. 133, §2º) e cujos contornos foram fixados pela jurisprudência.[41] Se na desconsideração se alcança a pessoa física porque a pessoa jurídica é o artifício para a prática de ilícitos e não tem bens para responder, na desconsideração inversa se atinge a pessoa jurídica porque a prática de ilícitos é imputável ao administrador que é insolvente.

Observa a literatura que, no tocante ao fomento público, a penalidade impede somente a outorga de benefícios e incentivos fiscais ou creditícios condicionados e especiais, e não os gerais e incondicionados.[42] No tocante à contratação com o Poder Público, ela inibe a participação em qualquer modalidade de licitação e qualquer forma de contratação ou convenção em sentido amplo, precedida ou não de processo licitatório.

Referências

ATALIBA, Geraldo. *República e Constituição*. 2. ed. São Paulo: Malheiros Editores, 1998.

DAL POZZO, Antonio Araldo Ferraz; DAL POZZO, Augusto Neves; DAL POZZO, Beatriz Neves; FACCHINATTO, Renan Marcondes. *Lei Anticorrupção*: apontamentos sobre a Lei nº 12.846/2013. 2. ed. São Paulo: Contracorrente, 2015.

FERREIRA FILHO, Manoel Gonçalves. *Comentários à Constituição brasileira*. 5. ed. São Paulo: Saraiva, 1984.

FREITAS, Juarez. Do princípio da probidade administrativa e sua máxima efetivação. *Revista de direito administrativo*, v. 204, abr./jun. 1996.

FREITAS, Juarez. *O controle dos atos administrativos e os princípios fundamentais*. São Paulo: Malheiros Editores, 1997.

GAJARDONI, Fernando da Fonseca; CRUZ, Luana Pedrosa de Figueiredo; GOMES JR., Luiz Manoel; FRAVETO, Rogério. *Comentários à Lei de improbidade administrativa* [livro eletrônico]: Lei 8.249/1992, com as alterações da Lei 14.230/2021, 3. ed. São Paulo: Thomson Reuters Brasil, 2021.

GARCIA, Emerson; ALVES, Rogério Pacheco. *Improbidade administrativa*. 4. ed. Rio de Janeiro: Lumen Juris, 2008.

MARQUES, Silvio Antonio. *Improbidade administrativa*: ação civil e cooperação jurídica internacional. São Paulo: Saraiva, 2010.

MARTINS JUNIOR, Wallace Paiva. *Probidade administrativa*. 4. ed. São Paulo: Saraiva, 2009.

MARTINS JUNIOR, Wallace Paiva. Sanções por ato de improbidade administrativa. Enciclopédia jurídica da PUC-SP. Celso Fernandes Campilongo, Alvaro de Azevedo Gonzaga e André Luiz Freire (coord.). Tomo: Direito Administrativo e Constitucional. Vidal Serrano Nunes Jr., Maurício Zockun, Carolina Zancaner

---

[41] "III – A desconsideração inversa da personalidade jurídica caracteriza-se pelo afastamento da autonomia patrimonial da sociedade, para, contrariamente do que ocorre na desconsideração da personalidade propriamente dita, atingir o ente coletivo e seu patrimônio social, de modo a responsabilizar a pessoa jurídica por obrigações do sócio controlador. IV – Considerando-se que a finalidade da é combater a utilização indevida do ente societário por seus sócios, o que pode ocorrer também nos casos em que o sócio controlador esvazia o seu patrimônio pessoal e o integraliza na pessoa jurídica, conclui-se, de uma interpretação teleológica do art. 50 do CC/02, ser possível a desconsideração inversa da personalidade jurídica, de modo a atingir bens da sociedade em razão de dívidas contraídas pelo sócio controlador, conquanto preenchidos os requisitos previstos na norma. V – A desconsideração da personalidade jurídica configura-se como medida excepcional. Sua adoção somente é recomendada quando forem atendidos os pressupostos específicos relacionados com a fraude ou abuso de direito estabelecidos no art. 50 do CC/02. Somente se forem verificados os requisitos de sua incidência, poderá o juiz, no próprio processo de execução, 'levantar o véu' da personalidade jurídica para que o ato de expropriação atinja os bens da empresa" (STJ, REsp 948.117-MS, 3ª Turma, Rel. Min. Nancy Andrighi, 22.06.2010, v.u., DJe 03.08.2010, RT 901/169).

[42] SOBRANE, Sérgio Turra. *Improbidade administrativa*: aspectos materiais, dimensão difusa e coisa julgada. São Paulo: Atlas, 2010, p. 164.

Zockun, André Luiz Freire (coord. de tomo). 1. ed. São Paulo: Pontifícia Universidade Católica de São Paulo, 2017. Disponível em: https://enciclopediajuridica.pucsp.br/verbete/29/edicao-1/sancoes-por-ato-de-improbidade-administrativa.

MELLO, Cláudio Ari. Improbidade administrativa – Considerações sobre a Lei nº 8.429/92. *Cadernos de direito constitucional e ciência política*, v. 11, abr./jun. 1995.

MELLO FILHO, José Celso de. *Constituição Federal anotada*. 2. ed. São Paulo: Saraiva, 1986.

MIRANDA, Francisco Cavalcanti Pontes de. *Comentários à Constituição de 1967*. 3. ed. Rio de Janeiro: Forense, 1987, Tomo V.

SANTOS, José Anacleto Abduch; BERTONCINI, Mateus; COSTÓDIO FILHO, Ubirajara. *Comentários à Lei 12.846/2013*: Lei anticorrupção. 2. ed. São Paulo: Revista dos Tribunais, 2015.

SOBRANE, Sérgio Turra. *Improbidade administrativa*: aspectos materiais, dimensão difusa e coisa julgada. São Paulo: Atlas, 2010.

TEIXEIRA, J. H. Meirelles. *Curso de direito constitucional*. Rio de Janeiro: Forense Universitária, 1991.

Informação bibliográfica deste texto, conforme a NBR 6023:2018 da Associação Brasileira de Normas Técnicas (ABNT):

MARTINS JUNIOR, Wallace Paiva. Responsabilidade por improbidade administrativa e suas sanções. *In*: CONTI, José Maurício; MARRARA, Thiago; IOCKEN, Sabrina Nunes; CARVALHO, André Castro (coord.). *Responsabilidade do gestor na Administração Pública*: improbidade e temas especiais. Belo Horizonte: Fórum, 2022. p. 115-135. ISBN 978-65-5518-413-6. v.3.

PROCESSO ADMINISTRATIVO DISCIPLINAR: REFLEXÕES SOBRE O MODELO INSTITUCIONAL, GESTÃO PÚBLICA E PRÁTICAS PARA A MELHORIA DO EXERCÍCIO DA FUNÇÃO DISCIPLINAR

PAULO HENRIQUE MACERA

1 Introdução

Atualmente, o Brasil passa por um momento político de discussão visando a realização de uma nova reforma do Estado e da Administração Pública. Assim como na reforma realizada na década de 90, um dos temas centrais refere-se à política de pessoal da Administração Pública, tendo na figura do servidor público um dos principais assuntos debatidos.

Além de debates em torno de aspectos de natureza predominantemente remuneratória, a ideia de maior flexibilização da política de pessoal do Poder Público, que já estava presente desde as discussões que antecederam a elaboração do Plano Diretor da Reforma do Aparelho do Estado, foi renovada. Maior flexibilidade das formas de recrutamento de pessoal, fim do regime único, avaliações probatórias mais rígidas, mudança do sistema de responsabilidade e estabilidade do servidor são exemplos de temas comumente debatidos. Nessas discussões, ademais, emergem conflitos de ideias típicos das tensões entre os modelos de administração pública burocrática e gerencial – tema caro às ciências da administração pública.

A proposta de novos institutos usualmente é feita com base na crítica, ou mesmo crença, da insuficiência dos institutos atualmente em vigor.

Nesse contexto, o tema da estabilidade, por vezes, é confrontado com o direito sancionatório disciplinar do servidor público. A defesa do fim ou flexibilização da estabilidade do servidor público estável[1] não são ideias necessariamente aventadas com o objetivo de substituição do processo administrativo disciplinar. Porém, o

---

[1] Ou mesmo a argumentação pela necessidade de regulamentação, por meio de lei complementar, da possibilidade de perda do cargo por insuficiência de desempenho após avaliação periódica, conforme previsto no artigo 41, §1º, inciso III, da CF.

argumento pela flexibilização da estabilidade associa-se, em parte, à compreensão de que os instrumentos atuais de controle do bom desempenho das atribuições pelos servidores públicos e da gestão de pessoal, dentre os quais se destaca o regime disciplinar estatutário, são insuficientes.

De certo modo, as polêmicas em torno da flexibilização da estabilidade envolvem, de um lado, essa busca pela maior eficiência no controle da atuação de pessoal e repressão daqueles que desempenhem mal as funções públicas, de um lado, e, de outro, a preocupação de seus opositores quanto a riscos das oscilações políticas e traços patrimonialistas, ainda bastante presente em diversas administrações de entes federativos no Brasil, que podem ensejar perseguições e represálias indevidas a servidores.[2]

Esse debate também é extensivo, com algumas peculiaridades, às discussões em torno do regime disciplinar. Não é incomum ouvir queixas como "não há o que fazer" em relação a servidores acomodados. Em contrapartida, não é incomum o relato de situações em que tal mecanismo é usado como técnica de perseguição e abuso contra servidores, notadamente em administrações menos estruturadas. Trata-se, portanto, da preocupação legítima da reprimenda àqueles faltosos no exercício das atribuições de seus cargos, de um lado, e a preocupação do exercício impessoal e legítimo do poder repressor do Estado.

No contexto dessa discussão, considerando a presente noção da insuficiência dos instrumentos de gestão de pessoal, o presente ensaio, tomando por objeto de análise o processo disciplinar no Brasil,[3] busca trazer algumas reflexões sobre a eficiência e eventual esgotamento desse mecanismo enquanto instrumento corretor do bom desempenho da atuação dos servidores públicos. Nesse sentido, algumas questões são relevantes: o regime disciplinar não funciona em um grau de qualidade desejado? Seus eventuais defeitos enquanto instrumento corretivo ocorrem porque ele é, em si, insuficiente e ineficiente? Ou há um problema de gestão deste instrumento? Quais são mecanismos e técnicas de aprimoramento de seu desenho institucional? É necessário um rompimento com o modelo atual (substituí-lo ou criar outro modelo institucional paralelo) ou a realização de alguns aperfeiçoamentos institucionais?

Deste modo, o presente artigo visa, além de lançar ponderações e ideias relacionadas às questões propostas, tecer breves comentários e reflexões visando o aprimoramento do funcionamento e atuação das comissões de processo administrativo disciplinar e bom andamento do processo disciplinar.

2 Reformas institucionais, profissionalização da gestão pública e o processo administrativo disciplinar

A busca pelo aprimoramento e qualidade do exercício da função pública, objetivo constantemente buscado pelo Estado, não raramente desencadeia discussões e projetos

---

[2] Nesse sentido, integra essa contracrítica a ideia de que o fim da estabilidade daria abertura para a quebra da impessoalidade na gestão de pessoal no serviço público, de modo a propiciar privilégios e perseguições. Desse modo, a estabilidade se apresentaria como uma garantia não apenas da pessoa do servidor, mas de toda sociedade, uma vez que seria um remédio à materialização do patrimônio no âmbito das políticas de pessoal do Estado.

[3] Faz-se menção ao processo administrativo disciplinar no Brasil, mas, por óbvio, sabe-se que cada ente federativo (em mesmo Poderes e órgãos constitucionais autônomos) possui regramento próprio. Além disso, há realidades administrativas peculiares para cada Comissão. Porém, há uma estrutura geral que é seguida.

de reformas institucionais.[4] Essas podem envolver a edição de leis e marcos regulatórios para disciplinar um regime jurídico específico novo (se ausente regulamentação anterior) ou alteração de regime jurídico anterior (por substituição ou reforma), reestruturações administrativas, alterações na organização de entes federativos ou órgãos específicos etc.

Se bem planejadas, discutidas e avaliadas, essas reformas institucionais e estruturais são, sem dúvida, fundamentais e podem colaborar com o incremento da qualidade da atividade da Administração Pública.

Porém, reconhecer a importância desses processos institucionais não implica acreditar na suficiência deles para se atingir os objetivos de aprimoramento do funcionamento do Estado. Nesse sentido, algumas observações mostram-se importantes.

Sem uma política pública estruturada, efetiva e ampla de profissionalização do exercício da função pública,[5] as reformas institucionais, sobretudo na legislação, isoladamente não são garantia de qualidade, por mais bem desenhadas que possam ser consideradas.

Os institutos jurídicos, por mais bem planejados e desenhados que sejam, não ganham vida e atingem seus objetivos espontaneamente. A discussão sucessiva de reformas desacompanhada de uma política pública séria e consistente de profissionalização do serviço público de determinada entidade ou órgão certamente tenderá a não se efetivar como o planejado.

As políticas públicas de profissionalização da gestão são multifatoriais e o sucesso de sua implementação demanda um processo gradual[6] de evolução, sobretudo em corpos administrativos com baixo grau de maturidade administrativa. Envolvem estratégias de recrutamento de pessoal (com destaque para a realização de um concurso público hígido), estabelecimento de carreira, constante capacitação, promoção de um ambiente de profissionalização no órgão (com estímulo à busca do aperfeiçoamento por parte dos servidores, adoção de critérios mais meritocráticos e técnicos, e menos patrimonialistas, para a ocupação de funções mais elevadas da burocracia), constante medição de resultados e identificação de pontos de aprimoramento, dentre diversos outros vários fatores – cuja análise detalhada certamente escapa dos objetivos do presente trabalho.

Algumas reformas institucionais, é claro, podem estar inseridas em um contexto bem mais amplo de profissionalização da administração.[7] Logo, essa breve distinção entre reformas institucionais – tomada aqui em uma acepção de ordem mais normativa – e aprimoramento e aperfeiçoamento da gestão pública ora traçada não implica colocar tais noções como antagônicas ou mesmo apartadas umas das outras. Porém, o que se deve ter em mente é que as reformas institucionais devem constituir apenas uma parte desse processo mais amplo de profissionalização e aprimoramento da gestão pública.

---

[4] Para fins desta reflexão, embora terminologicamente poderia se convencionar definição deste conceito de maneira diversa, limitamos a expressão "reformas institucionais" para aquelas alterações legislativas e normativas em geral que implicam a modificação de institutos jurídicos e a formatação orgânica da Administração. Já "gestão pública" será mais associada às políticas públicas de aprimoramento do exercício e gerenciamento da atividade administrativa, das instituições, serviços e patrimônio público, o que inclui, por exemplo, uma política perene de capacitação de pessoal, estudo de desempenhos e resultados do exercício dessas atividades etc.

[5] Para uma abordagem desse tema em bases amplas, ver a obra: SILVEIRA (2009).

[6] Se algumas reformas institucionais podem ser realizadas de maneira pontual – por exemplo, a reestruturação administrativa de um órgão, feita muitas vezes com a contratação de consultoria especializada externa –, a profissionalização e maturação da gestão pública constituem um processo evolutivo um pouco mais lento e gradual, porém podendo levar a resultados mais efetivos e estáveis.

[7] O próprio marco inicial de um processo de profissionalização de determinado órgão ou entidade pode partir de uma reformulação administrativa de ordem normativa.

Além disso, é importante que o debate em torno de reformas institucionais, notadamente quando envolverem a alteração de institutos basilares na legislação, esteja lastreado em estudos que diagnostiquem as razões pelas quais esses não estejam atendendo plenamente seu papel – ou mesmo se, de fato, eles não estariam cumprindo adequadamente seu papel. Ora, se o instituto não está sendo concretamente empregado de maneira adequada, ou até de forma deliberadamente distorcida, é provável[8] que o problema não esteja nele em si.

Em linha crítica semelhante, ao tratar do tema da profissionalização da função pública e, nesse contexto, a interpretação da noção de interesse público, Raquel Dias da Silveira destaca que "[n]o Brasil, tem-se o péssimo costume de, para realizar algo novo ou para colaborar na solução de problemas seculares, ignorarem-se dogmas ou institutos jurídicos, com se a culpa fosse da construção do direito e não da incorreta aplicação dele".[9]

Enfim, uma última observação relevante é o seguinte: embora isso possa parecer óbvio, a constatação de que determinados institutos não funcionem da maneira satisfatória, isso não implica, necessariamente, que a realização de reformas institucionais será mais benéfica. O impulso pela mudança, bem como a indesejada prática comum de se criar legislação em resposta a eventos de relevante comoção social, por vezes gera reformas sem o adequado planejamento, desprovidas de estudo de impacto legislativo/ regulatório, ponto caro à legística material.

A concordância com essa crítica não implica, é claro, a impossibilidade de se adotarem práticas experimentalistas na Administração Pública, buscando-se a inovação. Ao contrário, isso é desejável. Contudo, isso não pode implicar falta de planejamento ou reformas por impulso, diante de situações reputadas indesejadas. Não basta o diagnóstico do problema. É necessário saber qual remédio aplicar, e seus efeitos colaterais.

Conectando essas ideias ao objeto de estudo, há de se observar o seguinte: a avaliação sobre a adequação do processo administrativo disciplinar e sua aptidão ou suficiência para cumprir o papel que se propõe deve levar em conta todos esses fatos expostos, sobretudo o de que problemas relacionados à gestão pública não se resolvem tão somente com meras alterações de instituições. Inclusive, mesmo que se repute adequado o processo disciplinar para os fins a que se destina, ao se buscar aprimoramentos institucionais relacionados ao seu funcionamento – foco do presente artigo –, deve-se levar em conta que o sucesso desse objetivo depende, em grande parte, de políticas de gestão pública relacionadas a essa atividade. O aprimoramento institucional deve andar lado a lado com o aprimoramento da gestão.

Caso o cenário de determinada entidade ou órgão seja de baixa profissionalização da gestão pública e com ranços patrimonialistas, até mesmo os efeitos benéficos esperados com a implementação de boas medidas institucionais poderão ser obstados ou freados diante desse cenário. Aliás, se houver um quadro patológico grave nesse sentido, a prioridade certamente deverá ser o rompimento estrutural desse modelo de gestão em um nível organizacional amplo.

---

[8] Utiliza-se aqui a palavra provável porque dessa avaliação também pode resultar a conclusão de que a aplicação correta do instituto, conforme idealizado, seja inviável (por exemplo, diante da realidade cultural ou o momento de maturidade burocrática de determinada organização) e, em função disso, busca-se a substituição por outros institutos mais customizados àquela realidade (cujo grau de eficácia possa ser mais facilmente atingido).

[9] Para uma abordagem desse tema em bases amplas, ver a obra: SILVEIRA (2019, p. 379 de 5.947).

Ora, se os quadros de determinada organização pública forem de baixa capacitação profissional, se o recrutamento de servidores para provimento de cargos efetivo originar de concursos públicos viciados, se houver excessos indevidos de cargos de provimento em comissão (notadamente os chamados "puros"),[10] se não houver constante estímulo ao aprimoramento profissional, enfim, se o panorama institucional apontar para problemas estruturais sensíveis em termos de profissionalismo da gestão pública, a previsão de mecanismos processuais administrativos adequados não logrará êxito em propiciar um processo administrativo disciplinar de qualidade, impessoal e dentro da legalidade. Qualquer desenho institucional das comissões e do processo disciplinar poderá não funcionar bem na prática.

Opostamente, um ambiente institucional em que a ampla maioria dos servidores é capacitada e preparada, com a estruturação de outras formas de controle (controladoria, advocacia pública, ouvidoria, autocontrole, controle hierárquico, instituição de ambiente favorável à integridade e prevenção, propiciando o *compliance*[11] e *whistleblowing*[12] etc.), favorece a melhoria dos serviços como um todo, e o exercício do poder disciplinar encaixa-se nesse ambiente.

Dentro de cada organização, a própria forma de composição das comissões tem peculiaridades específicas, tanto em termos de exclusividade, de remuneração, com requisitos mais ou menos rigorosos para o exercício de tal função ou pela própria permanência ou provisoriedade das comissões. Mas, de maneira geral, há certo poder da autoridade superior em constituir as respectivas comissões.

Em um quadro institucional mais profissionalizado e estruturado em termos de gestão pública, embora não haja garantias plenas,[13] a própria margem de manipulação da atuação das comissões pode ser mais reduzida. Além de haver menor margem numérica de agentes com tal predisposição para adotar tais práticas impessoais e ilegítimas, o ambiente institucional em si tende a ser mais hostil para práticas irregulares nesse sentido – tanto por parte da autoridade superior como por parte dos membros das comissões.[14]

---

[10] Importante registrar que não se está a combater a figura do cargo de provimento em comissão em si – figura essa, não raramente, sujeita a críticas, por vezes, descontextualizadas. Ao contrário, é uma forma de provimento legítima e importante para diversas funções que realmente demandem um grau de confiança (notadamente política), pressupostos para a utilização dessa forma de recrutamento. Porém, excessos de cargo dessa natureza, notadamente quando forem destinados ao exercício típico de função de servidores públicos efetivos, podem gerar um ambiente organizacional inadequado ao exercício profissional e imparcial da gestão pública.

[11] Sobre o tema, conferir: SIMÃO; CARVALHO (2018).

[12] Acerca desse tema, conferir: CARVALHO; ALVIM (2018, p. 121-145).

[13] Por melhor que seja a qualidade dos concursos públicos da organização, por mais adequados que sejam os sistemas de controle da organização, não há garantia absoluta de que não existirão agentes predispostos a buscarem ou se submeterem a práticas irregulares e impessoais na condução das questões disciplinares, como em qualquer organização pública ou privada.

[14] Os impactos administrativos de se ter uma instituição com baixo comprometimento em relação à lisura e à finalidade pública são danosos até mesmo por criar um ambiente em que o bom desempenho das funções públicas, comprometidos com os valores do Direito Administrativo, é visto como exceção. São os custos morais de uma administração que padece dessa patologia, que naturalmente assume uma maior propensão ao patrimonialismo. Já em um ambiente oposto, a lógica se inverte. O próprio agente com maior propensão a práticas irregulares se vê em um *locus* mais hostil para tal. Existe maior sujeição a representações por parte de outros agentes (cientes do dever de comunicar irregularidades), aumento dos níveis de publicidade provocada pela transparência (que fatalmente expõe mais efetivamente o agente ao controle interno, externo e social, inclusive pela prática de atos de favorecimento ou perseguição), maior sujeição a múltiplos sistemas de controle incidentes etc.

Feitas essas ponderações, cumpre tecer breves comentário sobre algumas das questões ventiladas no início, no que tange ao processo administrativo disciplinar, a estabilidade do servidor e a reforma dos instrumentos de gestão de pessoal.

De fato, concorda-se com a avaliação[15] de que existem, em algumas instituições, servidores que não desempenham bem seu papel e, muitas vezes, em função da condição de servidor estável, acabam por não se sentirem pressionados a adequar a sua conduta, e que tal fato é indesejável. Porém, o fato de se concordar com o diagnóstico não significa que se deva aceitar qualquer remédio.

Os estatutos dos servidores possuem regramento suficiente para que se punam diversas condutas indesejáveis dos servidores, inclusive o comportamento desleixado, o exercício sem zelo das atribuições do cargo e a inércia em relação aos afazeres cotidianos – problemas esses inerentes à metafórica figura do "servidor encostado".

Em âmbito federal, por exemplo, basta uma simples leitura dos deveres e proibições do regime dos servidores para chegar a essa conclusão (artigos 16 e 17 da Lei nº 8.112/1990). Em paralelo, existe um processo disciplinar que viabiliza a aplicação dessas punições, o qual, para ser bem manejado, demanda preparo dos agentes públicos envolvidos. As sanções são graduadas conforme a gravidade, há previsão de critérios para ponderação (ponderando-se, inclusive, antecedentes funcionais), e podem culminar, inclusive, na demissão do servidor. A realidade dos estatutos de diversos outros entes não é muito distinta.

De outra banda, não é incomum encontrar problemas variados de gestão das funções públicas ligadas ao exercício do poder disciplinar.

Não raramente, o problema do bom funcionamento disciplinar está associado ao fato de que os atores que atuam em nome do Estado nessa função (o que pode incluir as autoridades competentes para determinar a abertura dos processos e impor sanções, membros das comissões e demais agentes envolvidos) não guardam a devida imparcialidade, prejudicando ou beneficiando a pessoa acusada, a depender do caso por perseguição ou proteção.

Outro fator que pode atrapalhar o bom funcionamento são anulações no Judiciário de penas aplicadas. Nesses casos, em princípio, as decisões judicias não seriam, em si, o problema, mas sim o mau exercício do poder disciplinar pela Administração.[16] Tais fatores não estão associados, igualmente, aos institutos que regem o processo disciplinar em si, mas sim à profissionalização da gestão pública para o exercício dessa função.

Outros problemas possíveis são falhas, em momentos antecedentes à instauração de processos administrativos disciplinares ou sindicâncias, de comunicação de irregularidades às autoridades competentes para instaurar e apurar processos. Isso pode decorrer tanto para evitar a comunicação de efetivas infrações disciplinares como realizar comunicações inconsistentes de supostas infrações visando prejudicar servidores. Tais falhas podem decorrer de alguns motivos: receio de denúncia a autoridades de maior escalão ou com grau de influência dentro do órgão (e, consequentemente, de represálias); sentimentos corporativistas; intenção de proteger ou perseguir (por parte de

---

[15] Discorda-se, porém, de discursos que insinuam que isso seria um problema generalizado do país e algo inerente ao funcionalismo público, sem qualquer base de estudo empírico para embasar tal alegação.

[16] Ressalvados, naturalmente, os casos de erros judiciais, decisões judiciais que não observam a jurisprudência majoritária ou mesmo decisões proferidas em razão de questão jurídica não pacificada, para os quais não se poderia atribuir à Administração Pública falhas na atuação disciplinar.

servidores não competentes ligados ao exercício das funções disciplinares); ausência de canais efetivos e seguros que estimulem a comunicação de ilícitos dentro da instituição; falta de crença da efetividade do processo disciplinar naquela instituição específica (em função, por exemplo, de um histórico de mau funcionamento) etc.

Essas três espécies de falhas aventadas – de quebra da impessoalidade, de aptidão técnica para o exercício do poder disciplinar ou de comunicação – possuem dois traços em comum. Elas se caracterizam não por serem falhas de ordem institucional do processo administrativo disciplinar, mas sim de gestão pública para execução concreta das funções disciplinares. Além disso, elas são caracteristicamente mais associadas às altas ou médias[17] hierarquias das estruturas administrativas e, assim, a correção desses problemas está mais associada a tais camadas.

Do mesmo modo, os problemas funcionais relatados em relação à metafórica figura do "servidor encostado" podem decorrer de dois fatores. O primeiro deles seria a própria ausência de atribuição concreta de tarefas funcionais para serem executadas por parte de sua chefia. Por sua vez, se essa chefia não está sendo bem exercida em razão desse problema, há falhas de fiscalização por parte das camadas hierárquicas acima dessa chefia. O segundo fator refere-se à hipótese de estarem sendo atribuídas tarefas de modo adequado[18] e elas, porém, não serem cumpridas pelo servidor de maneira adequada. Nesse sentido, se, após o poder hierárquico e mecanismos de avaliação de desempenho (em sentido amplo) não resolverem a situação, e a via disciplinar falhar em imputar infrações disciplinares, estaremos diante daqueles problemas já levantados. Essas falhas, de igual modo, apresentam aqueles dois traços comuns apontados antes.

A constatação da existência de algum ou de todos esses problemas aventados pode indicar uma realidade patológica em termos de gestão pública do órgão ou entidade. Nesse cenário aventado, parece razoável concluir que os problemas estariam mais associados à gestão pública do que propriamente aos instrumentos jurídicos disciplinares (e instrumentos jurídicos de gestão de pessoal em geral), do que propriamente no processo disciplinar ou na estabilidade do servidor.

Assim, sem procurar exaurir essa discussão,[19] opina-se que a argumentação de insuficiência mais extrema[20] ou inaptidão do processo administrativo disciplinar, ao menos se ela estiver estruturada nos tipos de críticas aventadas, não se sustenta por não compreender que as falhas maiores não estão no instituto e suas ferramentas, mas sim na gestão.

---

[17] É válido lembrar que as chefias intermediárias dentro da estrutura administrativa, de certo modo, acabam sendo um problema também inerente às altas hierarquias. Seja de maneira mais imediata, seja por meio de camadas hierárquicas interpostas, as chefias são funções de confianças providas ou por meio do preenchimento de cargos comissionados puros ou por meio do provimento de funções de confiança ou cargos comissionados destinados ao provimento exclusivo por servidores efetivos (na linha do que dispõe o artigo 7º, inciso V, da CF).

[18] Falou-se em modo adequado para afastar as situações de má distribuição de atribuições com indevidas concentrações em servidores e setores específicos que pode decorrer do mau planejamento ou, pior, de excesso de delegação com intuito de perseguição. Tais situações também se referem a problemas nas hierarquias médias e altas e problemas de gestão pública.

[19] Até mesmo porque a discussão sobre estabilidade, por exemplo, não se resume à insuficiência do processo administrativo disciplinar (ou mesmo à insuficiência desse com outros institutos de gestão de pessoas, como a avaliação de desempenho, mecanismos remuneratórios mais meritocráticos etc.).

[20] Mencionou-se extremo, pois está a se referir às argumentações que caminham para o sentido de que o PAD e os demais mecanismos de gestão de pessoas não seriam suficientes nem mesmo se aprimorados, desprezando-se, inclusive, a potencialidade de melhorias em razão de investimentos em gestão pública.

Por outro lado, se as falhas do bom funcionamento do poder disciplinar estiverem concentradas na gestão pública e, consequentemente, nas autoridades de média e alta hierarquia – o que parece ser o caso, ao menos nessas situações apontadas –, a flexibilização dos instrumentos de gestão de recursos humanos não apenas não tenderia a resolver tais problemas, como acentuaria algumas falhas que são justamente a causa dos problemas.[21]

Isso, porém, não significa que há uma série de reflexões importantes visando o aprimoramento dos processos administrativos disciplinares. Assim, sem perder de vista essas ideias aventadas no que tange à necessidade de se olhar para a gestão pública e não somente para os institutos jurídicos, cumpre trazer algumas reflexões e ideias visando o aprimoramento do processo administrativo disciplinar – tanto por meio de pequenas mudanças de ordem institucional como por meio de práticas de gestão pública.

Antes, porém, para instrumentalizar de maneira mais adequada as discussões, cumpre traçar considerações importantes acerca dos valores que regem o Direito Administrativo Sancionatório, pois eles devem nortear as propostas de melhoria desses processos.

3 Princípios do processo administrativo disciplinar

Dado o recorte proposto neste trabalho, convém esclarecer que não se buscará sistematizar ou abordar com profundidade todos os valores constitucionais do Direito Administrativo Sancionador ou todas as tendências atuais do Direito Administrativo afetas a este ramo, mas apenas tecer algumas considerações instrumentais sobre esses aspectos como substrato específico para as reflexões subsequentes.[22]

Como espécie de processo administrativo, o processo disciplinar está sujeito aos princípios gerais desse ramo,[23] bem como aos princípios gerais do Direito Administrativo.[24]

O processo administrativo disciplinar, enquanto ramo do Direito voltado à aplicação de sanção administrativa, tem como relevantes princípios incidentes os princípios do devido processo legal, do contraditório e da ampla defesa. São princípios bastante desenvolvidos na seara processual penal, porém, de forte incidência em processos que podem resultar em punições[25] aos acusados. Embora tais preceitos também sejam fundamentais em processos administrativos não sancionatórios, possuem importância acentuada nessa.

---

[21] A estabilidade, por exemplo, não é um instrumento que assegure manutenção em cargos comissionados e funções de média ou alta hierarquia. Ao contrário, funciona, sobretudo, como instrumento de proteção contra a perda do cargo público efetivo em face de atuações violadoras da impessoalidade em seu viés perseguição.

[22] Não estranhe o(a) leitor(a), portanto, a ausência, por exemplo, da abordagem de princípios como o da legalidade em face das sanções disciplinares, que, a despeito da sua grande importância no Direito Administrativo Sancionador, fogem do escopo instrumental do presente tópico.

[23] Boa parte deles está arrolada, por exemplo, no artigo 2º da Lei Federal nº 9.784/1999, artigo 4º da Lei nº 10.177/1998 do Estado de São Paulo.

[24] Para uma abordagem geral dos princípios do Direito Administrativo, conferir: MARRARA (2012). Para uma abordagem dos princípios do processo administrativo, conferir: NOHARA; MARRARA (2018, p. 90-124), MOREIRA (2007, p. 69-210) e FERRAZ; DALLARI (2012, p. 78-139). Para uma abordagem mais específica dos princípios do processo administrativo disciplinar, conferir: LESSA (2011, p. 47-64), MOREIRA (2007, p. 211-361).

[25] Para uma abordagem clássica, porém ainda bastante precisa, da distinção entre punição e reparação (na terminologia do autor, seriam espécies de sanção a pena e a execução), conferir: KELSEN (2009, p. 128-140).

Moreira (2007, p. 211-361), ao capitular os princípios aplicáveis ao processo administrativo, os classifica como "princípios constitucionais processuais *stricto sensu*".

O autor, ao tratar do devido processo legal, aborda a sua autonomia em relação a outros princípios processuais relevantes (isonomia, acesso à Justiça, ampla defesa, contraditório, moralidade e eficiência), destacando se tratar de garantias autônomas e não excludentes (MOREIRA, 2007, p. 274-276). Destaca haver três facetas, duas de substância e outra relativa à necessidade de prévio processo, que constituem direito único, porém facetado. É "processo", porque deve ser inserido em um processo permeado de garantias constitucionais, vedando-se a realização exclusiva por ato administrativo. É "devido" porque a atuação administrativa deve ser adequada e os direitos do cidadão respeitados, e conduzido de acordo com as finalidades públicas. É "legal" porque qualquer previsão que visa atacar, aviltar ou suprimir, direta ou indiretamente, liberdade ou bens dos particulares deve obedecer ao princípio da legalidade (MOREIRA, 2007, p. 277-285). Não é preciso grande esforço para perceber a importância desse princípio no processo disciplinar, que inclusive prevê algumas formalidades essenciais.

A ampla defesa, por sua vez, pode ser encarada como o anverso do direito ao acesso à justiça. Ela é uma garantia tanto ao Estado – uma vez que a sua observância garante a imparcialidade e, assim, a regularidade de sua atuação – como, no processo administrativo, ao próprio respeito ao interesse público primário envolvido: garantia de respeito ao iter previsto em lei e da prática mais adequada do ato administrativo final (MOREIRA, 2007, p. 315-317). Constituiu garantia ao cidadão não apenas para manifestar no processo que incidam sobre sua liberdade, bens ou direitos, mas garantia da possibilidade real de participar ativamente e potencialmente influenciar a tomada de decisões estatais. Não é por outra razão que essa garantia bem como o devido processo legal e o contraditório são alicerces do Estado Democrático de Direito.

Tal garantia abrange tanto a defesa direta (defesa de mérito, relacionada ao conteúdo material da discussão) como a defesa indireta (defesa processual). Por isso o direito do acusado, em um processo disciplinar, de ver asseguradas as garantias e formalidades processuais essenciais. Dela decorre, também, o direito à ampla instrução probatória, que abrange o direito de produzir provas (e, caso um pedido nesse sentido seja indeferido, deve ser devidamente motivado em razões de direito) e fiscalizar a produção em geral de provas; a vedação da "verdade sabida" (conhecimento prévio e informado dos fatos pela autoridade, que a leva a praticar direta e espontaneamente o ato administrativo punitivo);[26] e a vedação da prova ilícita.

Bastante relevante para os fins da presente reflexão o princípio do contraditório. Embora muitas vezes empregado indistintamente do mencionado princípio da ampla defesa, ele possui autonomia e características próprias que devem ser destacadas. Significa a participação do acusado na integralidade do processo administrativo, no exercício do direito de influenciar ativamente a futura decisão (MOREIRA, 2007, p. 293).

---

[26] Nesse sentido, padecem absolutamente de inconstitucionalidade previsões de determinados estatutos de servidor que autorizam a autoridade superior a aplicar, por exemplo, sanções leves de baixa gravidade de maneira verbal. Um exemplo disso é o Estatuto do Servidor Público do Município de Campinas/SP (Lei Municipal nº 1.399/1955), que, para infrações leves, prevê as penas de advertência e de repreensão, sendo que aquela pode ser aplicada na forma do seu artigo 194, que dispõe o seguinte: "A pena de advertência será aplicada verbalmente em casos de natureza leve, de desobediência ou falta de cumprimento dos deveres, devendo constar somente do assentamento pessoal". Trata-se de sanção que, por óbvio, padece de inconstitucionalidade por violar a ampla defesa, o devido processo legal e se basear em "verdade sabida".

Decorre desse princípio que a participação deve ser possibilitada inclusive no que tange ao oferecimento de canais viáveis de manifestação e tempo hábil para que esse direito seja exercido. Atualmente, é bastante comum a defesa de que o contraditório seria um pressuposto até mesmo para se falar em processo.

Traço marcante deste princípio é a ideia de que o processo (no caso, o administrativo) deve seguir a lógica de uma atividade dialética. É a real e genuína possibilidade de se contrariar uma tese de acusação (ou tese prejudicial a seus interesses em processos não sancionatórios) formulada no processo, não podendo o processo constituir mera formalidade homologatória de uma decisão anterior previamente tomada e ainda não declarada. O princípio da não surpresa, que ganhou maior destaque no ordenamento jurídico pátrio por meio do artigo 10 do Código de Processo Civil vigente, possui forte relação com o contraditório.

Trata-se da abertura do julgador, e daqueles que opinam no processo com imparcialidade, de poder efetivamente apreciar os argumentos apresentados pela defesa e estar aberto para se convencer da posição antitética (dentro, obviamente, de uma lógica de presunção de inocência para processos sancionatórios). É uma garantia de que a pessoa acusada possa ser cientificada com clareza de todos os atos processuais e da possibilidade de se manifestar a respeito, o que gera a consequente obrigação do órgão apurador ou julgador de apreciar as intervenções e levá-la em conta em suas decisões. É um direito titularizado pelos participantes da relação processual (MOREIRA, 2007, p. 293-294).

Esse princípio também possui forte relação com o princípio da *igualdade*. Deduz-se dele a ideia de que todas as partes da relação processual devem receber as mesmas oportunidades, as manifestações devem receber o mesmo respeito e tratamento isonômicos. É a ideia de "paridade de armas". Não implica a igualdade de aspectos, como prazo, tratamento formal, mas igualdade de sopesamento de suas alegações, por meio de exames equânimes (MOREIRA, 2007, p. 297-298).

Feitas essas observações em relação aos três princípios citados – os mais importantes para as reflexões que seguem no tópico 4 a seguir –, cumpre tecer alguns comentários acerca de outros princípios também relevantes para a presente abordagem.

No ensejo das considerações em relação à igualdade, é válido registrar a importância desse princípio no processo disciplinar. A igualdade, enquanto princípio geral, pode ser encarada sob prismas distintos e ser abordada no âmbito de diversos ramos do Direito ou mesmo em face de institutos específicos.[27] No processo disciplinar, uma das importantes facetas da igualdade está implícita na garantia do contraditório, conforme já apontado.

Porém, a importância da igualdade não se esgota nessa faceta do contraditório, cujo enfoque é endoprocessual (garantia de igualdade das partes que compõem a relação processual). Sob um prisma extraprocessual, a igualdade também deve assegurar um tratamento isonômico diante do tratamento conferido pela Administração Pública da respectiva organização em termos disciplinares se comparado a outros agentes públicos. Ao menos que haja alguma circunstância concreta legítima que distinga determinada

---

[27] Para uma abordagem do princípio da igualdade na perspectiva do Direito Administrativo inclusivo, e proposi-tura de um modelo teórico para se aferir a constitucionalidade de medidas que utilizam a técnica do discrímen normativo para promover a inclusão, conferir: MACERA (2016).

situação, como a existência de uma circunstância atenuante relativa a outro servidor, punido anteriormente por fato e violação a norma estatutária equivalente. Nesse sentido, o preceito igualitário associa-se com o princípio da impessoalidade – que veda perseguições ou favorecimentos – e, de certo modo, com a própria noção material de legalidade.[28]

Sob esse aspecto da igualdade, o contexto do processo administrativo disciplinar traz uma questão associada ao princípio da publicidade. Como se sabe, o princípio da publicidade é regra ampla e geral no Direito Administrativo, salvo situações excepcionais previstas na Constituição e disciplinadas em lei (com destaque para a Lei de Acesso à Informação, Lei nº 12.527/2011). Uma dessas exceções é justamente o processo administrativo disciplinar, que, como regra geral em diversos entes federativos, é sigiloso.[29]

Essa situação implica um problema prático. Por um lado, é de interesse do acusado saber como as comissões processantes atuam em apurações semelhantes (ou, ao menos, enfrentando questão semelhante em processos com objetos distintos), por outro, há a garantia do sigilo em favor da proteção da privacidade da pessoa acusada nesses outros processos.

Enfim, outra faceta do princípio igualitário, associada ao princípio da razoabilidade, é o dever de individualização da pena no processo administrativo disciplinar em caso de condenação. Relacionado à ideia de equidade de se conferir tratamento desigual na medida das desigualdades, a individualização da pena, levando-se em conta inclusive as circunstâncias atenuantes de determinado acusado, é medida que se impõe. Tal dever ganhou reforço com a reforma da chamada Lei de Introdução às Normas do Direito Brasileiro (LINDB), pela Lei nº 13.655/2018, com a previsão do artigo 22, §2º.

Outro princípio importante é o da *segurança jurídica*, e a noção a ela correlata inerente aos processos administrativos da irretroatividade da nova interpretação, contida em algumas legislações processuais administrativas (a exemplo do artigo 2º, parágrafo único, inciso XIII, da Lei nº 9.784/1999). Tal princípio recentemente ganhou reforço na mencionada reforma da LINDB, com a inclusão do artigo 24.

Embora o respeito à irretroatividade do entendimento pareça algo elementar e inerente ao Estado de Direito, no Direito Administrativo Sancionatório (e, de maneira em geral, no próprio Poder Judiciário, tanto ao apreciar a legalidade de processos administrativos como para aplicar sanções em processos judiciais) nem sempre tal preceito é levado em consideração. Uma técnica que seria básica é, nesse sentido, muitas vezes deixada de lado: a *prospective overruling*. De maneira bastante resumida, *overruling* é a técnica, com origem na *common law*, de superação de determinado precedente anterior por ser considerado ultrapassado ou equivocado. O artigo 489, §1º, inciso VI, do CPC 2015 deu forte abertura normativa para a aplicação deste instituto, ao lado do instituto do *distinguishing*, no processo civil brasileiro.

Prospective overruling, a seu turno, é uma construção desenvolvida pela Suprema Corte americana "na qual o precedente é revogado com eficácia *ex nunc*, isto é, somente

---

[28] Para a abordagem do princípio da impessoalidade, conferir: MENEZES DE ALMEIDA (2012). Conforme o autor, "há o sentido material de legalidade, que remete à noção de lei enquanto suporte de norma geral e abstrata. O sentido material de legalidade é o que traduz juridicamente de modo mais imediato o valor da igualdade, resultando na noção de impessoalidade" (MENEZES DE ALMEIDA, 2012, p. 113).

[29] Ao menos enquanto não proferida a decisão administrativa já preclusa, formando a "coisa julgada administrativa", e se não houver processo de revisão em trâmite.

em relação aos casos sucessivos, significando que a *ratio decidendi* substituída continua a ser emblemática, como precedente vinculante, aos fatos anteriormente ocorridos" (TUCCI, 2016).

Sobretudo no Direito Sancionador, é fundamental que a aplicação de sanção adote por padrão as normas vigentes à época dos fatos, bem como as interpretações consolidadas ou majoritárias. Essa vedação da irretroatividade deve valer tanto para as normas que balizam as condutas que supostamente foram violadas pela pessoa acusada no processo como para as regras de matérias pertinentes à sanção (pena prevista, regras de prescrição etc.). A essência deste instituto, que é bastante condizente com a ideia da não retroatividade de interpretação administrativa ou jurisdicional, nem sempre é observada.[30]

Enfim, cumpre tecer breves considerações sobre o princípio da eficiência. Sem a preocupação conceitual de distinguir as noções de eficiência, eficácia, efetividade e economicidade,[31] e sem a pretensão de exaurir as possíveis acepções e perspectivas do princípio da eficiência no âmbito do processo disciplinar, esboçam-se três formas de encarar o princípio:

(i) Eficiência em relação à qualidade da decisão final: punir de modo mais eficiente não é sinônimo de punir mais, mas exercer melhor o poder punitivo. Nesse sentido, melhor capacidade de apuração dos fatos (dentro dos limites do Direito) para identificar com eficiência casos que demandem absolvição ou cominação de infrações disciplinares, bem como eficiência para não deixar de punir, quando devido, em razão de falhas procedimentais e temporais (nulidades processuais, prescrição etc.), faz parte dessa noção.

(ii) Eficiência enquanto custo processual: muitas vezes há processos punitivos extensos, que implicam gasto grande de recursos, para aplicação de punições leves. O fator tempo do processo é relevante não apenas para o acusado como para a própria Administração. Também os custos em termos de tempo de servidor podem se enquadrar nessa noção. Buscar tornar o processo mais eficiente nesse sentido é desafio do gestor. Porém, essa busca não deve ser priorizada em detrimento das garantias processuais básicas do acusado, justiça da punição e apuração dos fatos com qualidade.

(iii) Eficiência enquanto função da punição: o exercício do poder punitivo, muitas das vezes, pode não se mostrar concretamente como a melhor maneira de resolver determinada situação. Não se trata de um simples "punir mais de maneira mais rápida e barata", mas também de se atentar para potenciais objetivos que o exercício do poder disciplinar pode buscar. Em determinadas

---

[30] Um caso pode ilustrar, em âmbito judicial, essa não observância. Recentemente, o Superior Tribunal de Justiça alterou sua jurisprudência e passou a entender, ao interpretar o Estatuto do Servidor Federal, que o prazo prescricional nos casos em que a infração funcional também é capitulada como crime deve ser o previsto no Código Penal independentemente de se terem instaurado atos de persecução penal – conferir o EDv nos EREsp 1.656.383-SC, Rel. Min. Gurgel de Faria, j. em 27.06.2018; e MS 20.857-DF, Rel. Min. Napoleão Nunes Maia Filho, j. em 20.05.2019. Anteriormente, entendia-se que a aplicação da regra que determinava a aplicação do prazo prescricional previsto na lei penal quando a infração disciplinar também é capitulada como crime (art. 142, §2º, da Lei nº 8.112/1990) dependia da demonstração da existência de apuração penal da conduta do servidor. Caso a irretroatividade da interpretação fosse levada a cabo, o STJ deveria apenas e tão somente sinalizar jurisprudencialmente a alteração de entendimento, porém não a aplicar a esses casos concretos julgados, apreciando a matéria à luz do entendimento anterior que, ali, se superava.

[31] Para tal, e em uma perspectiva do controle da Administração, conferir: MEDAUAR (2012, p. 72-75).

situações, há instrumentos mais eficientes no sentido de corrigir condutas de servidores, instrumentos que concretamente promovam de modo mais eficiente melhorias no ambiente de trabalho (clima organizacional) do que propriamente a aplicação de sanção disciplinar. Tal aspecto se relaciona, de certo modo, com o princípio da razoabilidade (ou proporcionalidade em sentido amplo), de bases doutrinárias alemã, notadamente com seu sub-princípio da adequação.

Evidente que, quanto maior a conciliação desses subfatores, maior será o atendimento amplo ao princípio da eficiência no exercício do poder disciplinar.

4 Algumas reflexões para o aprimoramento do processo administrativo disciplinar

Enfim, relembrando o alerta de que as alterações de ordem institucionais não substituem a profissionalização da gestão pública, e à luz dos princípios constitucionais que regem o processo administrativo disciplinar, passa-se a abordar algumas sugestões de aprimoramento – sem qualquer pretensão exaustiva, é claro.

O primeiro ponto para o qual se dá destaque são os benefícios de se constituírem *comissões permanentes* de processo administrativo disciplinar e sindicância – ou mesmo órgãos equivalentes, conforme a legislação estatutária de cada ente e normas de organização administrativa do órgão ou entidade.

Conforme já abordado, o desenho institucional de cada órgão é bastante variado, e a composição das comissões de processo administrativo disciplinar e sindicância possui peculiaridades conforme cada organização.

No âmbito da organização administrativa de determinados órgãos ou entidades, a atividade de integrante das comissões processante e sindicante (normalmente nas funções de presidente, membro secretário ou membro exclusivamente vogal) pode estar estruturada sob a forma de lotação de determinado cargo, hipótese em que o exercício desta função acaba sendo exclusivo. Por outro lado, a atividade pode ser exercida sob a forma de uma função pública específica para a qual determinados agentes são designados, acumulando com as atribuições de seu cargo (podendo essa função ser remunerada ou não, por exemplo, sob a forma de função gratificada). Em alguns órgãos maiores, como no Poder Executivo de Municípios de grande porte, não raramente há um setor específico das comissões, para as quais servidores específicos são lotados, por vezes dentro da respectiva advocacia pública. Já em órgãos menores, em que o volume de demanda não justificaria a lotação de servidores, a estruturação sob a forma de funções pode ser mais recomendada. Também é possível haver neste caso, conforme a previsão de alguns estatutos, solicitação de dedicação exclusiva quando os trabalhos assim demandarem.

Também é bastante comum a exigência de alguns requisitos para exercer as funções de membros das comissões. Praticamente sempre se destinam a servidores ocupantes de cargos efetivos (embora possam existir exceções pontuais) e, em alguns estatutos, exige-se estabilidade. Requisitos acidentais, como formação jurídica ou mesmo a destinação a membros da advocacia pública, também são possíveis (tanto para os membros em geral ou apenas para a função de presidente).

Independente dos requisitos, é adequado que tais funções sejam exercidas por servidores que possuem conhecimentos jurídicos específicos em áreas pertinentes (Direito Administrativo, processo administrativo, processo civil e penal etc.) e estejam devidamente capacitados.

Enfim, essas comissões podem ser permanentes ou designadas *ad hoc*, ou seja, para aquela apuração específica delimitada, normalmente no ato que instaura o processo disciplinar.

A modelagem de comissões permanentes apresenta sensíveis vantagens em relação às designadas para apurações específicas. Primeiramente, porque esse formato em si diminui significativamente o risco de eventual captura pela autoridade superior, caso ela esteja predisposta a tal. Na designação casuística, esse risco, evidentemente, é majorado. As comissões permanentes favorecem mais a impessoalidade no exercício do poder disciplinar.

Além disso, mesmo que a designação *ad hoc* seja feita de maneira imparcial, existe maior abertura para a designação involuntária de servidores mais ou menos rigorosos para distintos casos, o que não é salutar. Aqui é possível fazer um paralelo com o princípio do juiz natural, no âmbito do processo civil ou penal.

Outra vantagem das comissões permanentes é a maior possibilidade de profissionalização da sua atuação. A experiência da atuação regular (o que gera um amadurecimento na condução dos trabalhos da comissão), a possibilidade de investimento mais concentrado em capacitação dos servidores (o que seria mais dissipado, em caso de designações casuísticas em um leque maior de servidores) e a busca encorajada por maior especialização no tema decorrente da especialização são aspectos que favorecem a melhor atuação.

Outra vantagem bastante relevante é a maior isonomia no exercício do poder disciplinar. A maior concentração dessa função em comissões permanentes tende a gerar, a princípio, processos conduzidos com maior equivalência de critérios entre si.

Associado a isso, mais do que a maior isonomia em si, as comissões permanentes possibilitam a formação de uma jurisprudência administrativa mais homogênea e consolidada. Servidores designados para atuações pontuais, além de não terem conhecimento mais profundo sobre o histórico de precedentes no processo disciplinar da organização – seja porque atuaram em menos processos, seja porque a própria informação tende a ser mais dissipada –, não possuem estímulos ou mesmo são confrontados com situações que gerem a necessidade de uma padronização interpretativa. O sigilo do processo disciplinar agrava ainda mais esse quadro.

As comissões permanentes, deste modo, propiciam maior organização das informações, além de favorecer, em princípio, a maior segurança jurídica.

Enfim, registra-se ainda que em órgãos grandes, em que pode haver uma pluralidade de comissões permanentes, também se mostra salutar um trabalho de coordenação, notadamente para organização geral das informações e formação de uma jurisprudência mais consolidada. Nesses casos, essas dificuldades seriam ainda mais acentuadas se fossem designadas diversas comissões *ad hoc* para cada apuração individualizada.

Outro ponto de reflexão de melhoria institucional do processo administrativo disciplinar é a busca pela criação de mecanismos intraorgânicos de publicidade de sua jurisprudência e critérios de atuação. É adequado que essa divulgação, ademais, se dê de maneira abstrata, dissociada de casos concretos.

Na linha do que já apontado, o sigilo[32] do processo administrativo disciplinar dificulta a difusão dos padrões de atuação das comissões, o que dificulta o conhecimento pelos servidores dos órgãos da jurisprudência administrativa disciplinar. No caso de comissões *ad hoc*, ou mesmo em casos de pluralidade de comissões permanentes com pouca coordenação, a própria formação dessa jurisprudência é dificultada.

Nesse sentido, pensar o desenvolvimento de *formas de comunicação interna de alguns critérios de atuação das comissões e padrões interpretativos* é salutar tanto do ponto de vista de garantir a segurança jurídica, impessoalidade, isonomia e ampla defesa como na própria finalidade de prevenção geral que orbita a aplicação de sanções.

Além disso, cada órgão ou entidade possui uma realidade potencialmente bastante distinta em relação a outras no que tange às suas competências, funções públicas inerentes à sua atuação, realidade de infraestrutura própria peculiar, além de outros fatores que podem indicar que determinadas condutas se tornem mais ou menos graves. Esse tipo de comunicação, quando viável, é salutar.

Não custa relembrar, nesse sentido, que a reforma da LINDB realizada em 2018 trouxe dispositivo que estimula esse tipo de prática. Trata-se do artigo 30, que dispõe que "[a]s autoridades públicas devem atuar para aumentar a segurança jurídica na aplicação das normas, inclusive por meio de regulamentos, súmulas administrativas e respostas a consultas".

Outra sugestão que se associa ao princípio de eficiência e à tendência[33] de consensualidade no Direito Administrativo (em substituição do paradigma da atuação exclusivamente vertical da Administração Pública) é a busca de *institucionalização e familiarização com instrumentos negociais no âmbito do direito disciplinar*, sobretudo diante de potenciais infrações disciplinares de menor gravidade.

São exemplos de instrumentos nessa linha o Termo Circunstanciado Administrativo (em âmbito federal, previsto na Instrução Normativa nº 04/2009 da CGU), o Termo de Ajustamento de Conduta (em âmbito federal, previsto na Instrução Normativa nº 02/2007 da CGU) e a Suspensão de PAD (SUSPAD inserido no Estatuto do Servidor do Município de Belo Horizonte – Lei Municipal nº 7.169/1993 e Decreto nº 15.987/2015), dentre outros institutos semelhantes e com variações terminológicas.

A exploração detalhada de cada um deles, por óbvio, ultrapassaria os objetivos dessa reflexão – e poderia ser perfeitamente estudada em um artigo autônomo. De todo modo, convém registrar que tais mecanismos, se bem empregados, podem solucionar de maneira mais adequada um percentual bastante relevante de casos[34] e, assim, aumentar a eficiência atual das comissões numa perspectiva global, sob diversos ângulos:

---

[32] Mesmo quando a legislação permite o acesso à informação depois de encerrado o processo (como é previsto, por exemplo, no enunciado 14 da CGU [*RESTRIÇÃO DE ACESSO DOS PROCEDIMENTOS DISCIPLINARES* "Os procedimentos disciplinares têm acesso restrito para terceiros até o julgamento, nos termos do art. 7º, parágrafo 3º, da Lei nº 12.527/2011, regulamentado pelo art. 20, *caput*, do Decreto nº 7.724/2012, sem prejuízo das demais hipóteses legais sobre informações sigilosas."]), esse não possui baixa publicidade, normalmente dependente de pedidos de acesso. De todo modo, ainda nesses casos, os dados fiscais, bancários, relativos à imagem ou à honra do servidor, devem ser protegidos. Assim, a conclusão é que as informações, critérios e entendimentos das comissões processantes e mesmo das autoridades julgadoras não possuem a mesma publicidade de um processo judicial ou no âmbito dos tribunais de contas.

[33] Sobre as transformações e tendências do Direito Administrativo, conferir: MARRARA (2014).

[34] Em relação aos resultados obtidos no Município de Belo Horizonte com a implementação do SUSPAD, conferir: FERRAZ (2019, p. 169-173).

diminuição de custos processuais, maior êxito na efetiva correção de condutas de menor gravidade, melhoria em ambientes organizacionais etc.

Por fim, o último e principal ponto dessas breves reflexões associa-se às garantias do devido processo legal, ampla defesa e sobretudo com o princípio do contraditório, com enfoque em sua relação dialética.

Como se sabe, as comissões de processo administrativo disciplinar não são as autoridades julgadoras dos processos disciplinares, mas responsáveis pela apuração dos fatos. Seu relatório final não vincula a autoridade superior julgadora, que poderá motivadamente e com base em elementos constantes dos autos, propor um desfecho processual diferente daquele sugerido pelas comissões.

Engana-se, porém, quem acredita que isso signifique uma diminuta importância do trabalho da comissão ou de seu relatório final. Ao contrário, a condução processual da comissão é determinante para a formação do arcabouço probatório. Ademais, são as comissões que avaliam os pedidos de provas produzidos pela defesa. Além disso, a discordância pela autoridade superior do relatório acarreta um ônus argumentativo considerável e, salvo se a conclusão do relatório final for desconexa com as provas produzidas, é menos comum a tomada de decisão de maneira muito dissonante ao que foi sugerido pela Comissão.

Na prática, se comparados os papéis de um processo penal judicial e um processo administrativo disciplinar, o relatório final da comissão processante ou sindicante (em caso de sindicância punitiva) assume a feição típica de uma sentença, e a atuação das comissões ao longo da instrução processual, na essência dos papéis processuais de um processo penal, equivale à atuação concentrada de um "juiz" e "promotor de justiça" (julgador e acusador), a despeito da obrigação acentuada de os membros das comissões atuarem com imparcialidade.

Nesse sentido, Rezende (2017) traz uma crítica bastante forte à estrutura não triangularizada do processo administrativo disciplinar federal, sustentando sua feição essencialmente inquisitorial e defendendo a inconstitucionalidade insanável da feição inquisitiva do processo disciplinar.

Concorda-se aqui, plenamente, que o processo administrativo disciplinar (tanto no âmbito federal como no âmbito de uma infinidade de outros entes que seguem, em essência, modelo semelhante) não é a formatação mais adequada para se garantir de maneira mais efetiva os valores constitucionais do Direito Administrativo Sancionador. A busca por uma estrutura menos vertical e que forme uma relação processual triangularizada em que a comissão se situe em uma posição mais equidistante entre o acusado e uma figura acusatória distinta da Comissão.

Discordamos do citado autor, entretanto, que essa formatação atual do processo administrativo deva ser declarada inconstitucional, porque diversos outros processos administrativos sancionatórios não possuem uma figura acusatória – e nem seria viável em todos eles a constituição de uma figura dessa natureza, como o caso das sanções da lei de licitações e contratos aplicáveis às empresas.

Nesse sentido, embora se concorde perfeitamente que o aprimoramento das comissões passa muito pela formatação de um modelo triangular mais condizente com o princípio do contraditório, entende-se não haver inconstitucionalidade no processo administrativo atual.

De todo modo, não é necessário "reinventar a roda" para formatar mecanismos instrumentais de melhora do processo administrativo disciplinar. O processo penal passou por grandes evoluções históricas, até chegar a esse modelo triangular entre acusado, acusador e julgador.

Nesse sentido, pensar *modelos estruturais da organização administrativa voltada ao exercício da função disciplinar que possibilitem a formação de uma relação processual triangular* pode ser um passo relevante para a customização desse instituto às garantias do contraditório e ampla defesa, bem como do devido processo legal.

Para tal, pensar em modelos que prevejam uma figura acusatória autônoma da comissão – ainda que essa não seja, tecnicamente, a julgadora da questão disciplinar propriamente dita – é um passo importante para o aprimoramento dessa seara. Ao menos duas alternativas podem ser aventadas nesse sentido: a criação de uma figura acusatória autônoma (cuja estruturação funcional possa ser feita de maneira semelhante à dos membros das comissões) ou a adaptação estrutural do papel das sindicâncias investigativas de maneira que essa faça – diretamente ou por meio de algum de seus membros – o papel acusatório na condução do processo administrativo disciplinar.

5 Conclusão

Em síntese às ideias deste trabalho, conclui-se o seguinte:

a) Reformas de ordem institucional são fundamentais, contudo não substituem o investimento, gradual, porém resiliente, na profissionalização da gestão pública. O aprimoramento de ambas deve andar em paralelo.

b) No âmbito do Direito Administrativo Disciplinar, os gargalos para o bom desempenho dessa função estão, usualmente, mais atrelados a problemas de gestão pública do que propriamente à necessidade de reformas institucionais disruptivas ou da criação de novos institutos jurídicos inovadores no âmbito do Direito Administrativo de pessoal.

c) Sem prejuízo disso, a reflexão por adequações institucionais e de gestão pública para o exercício da função disciplinar é algo bastante positivo e que deve receber atenção.

d) O respeito aos valores constitucionais gerais do Direito Administrativo, bem como do processo administrativo, é fundamental e deve permear as propostas institucionais de melhoria do processo administrativo disciplinar. Pensar em modelos mais condizentes com os princípios do devido processo legal, contraditório e ampla defesa é essencial para o aprimoramento do processo disciplinar. Além disso, melhorias institucionais devem respeitar e devem ser norteados outros valores fundamentais, tais como o princípio da isonomia, segurança jurídica, da eficiência etc.

e) Algumas sugestões relevantes para a melhoria do processo administrativo disciplinar: o estímulo à criação de comissões permanentes, a previsão de mecanismos de divulgação da jurisprudência administrativo-disciplinar, além da importância de investir em mecanismos consensuais na esfera disciplinar.

f) A previsão de uma figura acusatória autônoma às comissões, formando uma relação processual triangular, embora atualmente bastante estranha à esmagadora maioria dos modelos de organização administrativa voltados para o exercício da função disciplinar, pode ser uma medida interessante nessa caminhada de evolução do processo administrativo disciplinar.

Referências

CARVALHO, André Castro; ALVIM, Tiago Cripa. *Whistleblowing* no ambiente corporativo – *standards* internacionais para sua aplicação no Brasil. *In*: PAULA, Marco Aurélio Borges de; CASTRO, Rodrigo Pironti de (org.). *Compliance, gestão de riscos e combate à corrupção*. Belo Horizonte: Fórum, 2018, p. 121-145.

FERRAZ, Luciano. *Controle e consensualidade*: fundamentos para o controle consensual da Administração Pública (TAG, TAC, SUSPAD, Acordos de Leniência, Acordos Substitutivos e instrumentos afins). Belo Horizonte: Fórum, 2019.

FERRAZ, Sérgio; DALLARI, Adilson Abreu. *Processo administrativo*. 3. ed. São Paulo: Malheiros, 2012.

KELSEN, Hans. *Teoria pura do direito*. Trad. João Baptista Machado. São Paulo: Martins Fontes, 2009.

LESSA, Sebastião José. *Do processo administrativo disciplinar e da sindicância*: doutrina, jurisprudência e prática. 5. ed. Belo Horizonte: Fórum, 2011.

MACERA, Paulo Henrique. Direito administrativo inclusivo e princípio da isonomia: critérios para o estabelecimento de uma discriminação positiva inclusiva constitucional, *Revista de Direito Administrativo*, Rio de Janeiro, v. 271, p. 143-191, 2016. Disponível em: http://bibliotecadigital.fgv.br/ojs/index.php/rda/article/view/60764. Acesso em: 15 fev. 2022.

MARRARA, Thiago (org.). *Direito administrativo*: transformações e tendências. São Paulo: Almedina, 2014.

MARRARA, Thiago (org.). *Princípios de direito administrativo*. São Paulo: Atlas, 2012.

MEDAUAR, Odete. *Controle da administração pública*. 2. ed. São Paulo: Revista dos Tribunais, 2012.

MENEZES DE ALMEIDA, Fernando. Princípio da impessoalidade. *In*: MARRARA, Thiago (org.). *Princípios de direito administrativo*. São Paulo: Atlas, 2012, p. 109-118.

MOREIRA, Egon Bockmann. *Processo administrativo*: princípios constitucionais e a Lei 9.784/1999. 3. ed. São Paulo: Malheiros, 2007.

NOHARA, Irene Patrícia; MARRARA, Thiago. *Processo administrativo*: Lei nº 9.784/99 comentada, 2. ed. São Paulo: Thomson Reuters Brasil, 2018.

REZENDE, Mauricio Correa de Moura. Mecanismos inquisitivos do Processo Administrativo Disciplinar federal (Lei Federal nº 8.112/1990). *Revista de Direito Administrativo*, v. 274, p. 235-272, 2017. Disponível em: http://dx.doi.org/10.12660/rda.v274.2017.68748. Acesso em: 15 fev. 2022.

SILVEIRA, Raquel Dias da. *Profissionalização da função pública* ("e-book). Belo Horizonte: Fórum, 2009.

SIMÃO, Valdir Moysés; CARVALHO, André Castro. As 3 fases dos programas de *compliance* no Brasil, *Consultor Jurídico*, 30.08.2018. Disponível em: https://www.conjur.com.br/2018-ago-30/opiniao-tres-fases-programas-compliance-brasil. Acesso em: 15 fev. 2022.

TUCCI, José Rogério Cruz e. Considerações sobre o precedente judicial ultrapassado, *Consultor Jurídico*, 26.07.2016. Disponível em: https://www.conjur.com.br/2016-jul-26/paradoxo-corte-consideracoes-precedente-judicial-ultrapassado. Acesso em: 15 fev. 2022.

Informação bibliográfica deste texto, conforme a NBR 6023:2018 da Associação Brasileira de Normas Técnicas (ABNT):

MACERA, Paulo Henrique. Processo administrativo disciplinar: reflexões sobre o modelo institucional, gestão pública e práticas para a melhoria do exercício da função disciplinar. *In*: CONTI, José Maurício; MARRARA, Thiago; IOCKEN, Sabrina Nunes; CARVALHO, André Castro (coord.). *Responsabilidade do gestor na Administração Pública*: improbidade e temas especiais. Belo Horizonte: Fórum, 2022. p. 137-154. ISBN 978-65-5518-413-6. v.3.

LIBERDADE ECONÔMICA E SEUS REFLEXOS SOBRE A ADMINISTRAÇÃO ORDENADORA AMBIENTAL

CARLOS SÉRGIO GURGEL DA SILVA

GEORGES LOUIS HAGE HUMBERT

1 Introdução

Um marco importante para a valorização da liberdade econômica no Brasil foi a publicação da Lei nº 13.874, de 20 de setembro de 2019, que ficou conhecida como lei da liberdade econômica. Esta lei dispõe em seu artigo 2º que são princípios da liberdade econômica, os quais devem nortear todas as disposições presentes em seu bojo: I - a liberdade como uma garantia no exercício de atividades econômicas; II - a boa-fé do particular perante o poder público; III - a intervenção subsidiária e excepcional do Estado sobre o exercício de atividades econômicas; e IV - o reconhecimento da vulnerabilidade do particular perante o Estado.[1]

A intervenção do Estado no desenvolvimento de atividades econômicas deve acontecer de modo que se possa acompanhar, com eficiência, sua instalação e operação, especialmente no que diz respeito ao controle e fiscalização que possam evitar o surgimento de danos ambientais significativos. Sabe-se que as atividades econômicas, pela sua característica transformadora de elementos ambientais, apresentam sempre riscos de danos ao ambiente, podendo tais danos ser classificados como elevados, médios ou baixos, a depender do tipo de exploração.

Sendo assim, o Estado precisa estar atento às etapas de instalação e à operação do empreendimento, de modo que em suas ações de polícia administrativa possa identificar eventuais afastamentos em relação ao cumprimento da legislação ambiental. Cite-se como exemplo o rompimento das barragens de rejeitos de mineração nos municípios mineiros de Brumadinho e Mariana.

A quem caberia a fiscalização da atividade, incluindo a estabilidade dos taludes de contenção? Além da própria mineradora, que deve realizar procedimentos de inspeção

---

[1] BRASIL. Lei Federal nº 13.874, de 20 de setembro de 2019. Disponível em: http://www.planalto.gov.br/ccivil_03/_ato2019-2022/2019/lei/L13874.htm. Acesso em: 17 jan. 2022.

e controles rotineiros, cabe também às equipes de fiscalização dos órgãos integrantes do SISNAMA, com competência para o caso, realizar visitas e inspeções nos empreendimentos licenciados, até para que se possa atestar o cumprimento das condicionantes expressas nas licenças concedidas e/ou para que se identifiquem eventuais infrações ou crimes ambientais.

Essas e outras questões ganham reforço e outros contornos com a nova Declaração de Direitos da Liberdade e com a nova Lei de Introdução ao Direito Brasileiro. É o que o presente trabalho pretende demonstrar.

2 Garantia fundamental à liberdade econômica, inclusive em matéria ambiental: pressupostos e consequências

O artigo 170 da Constituição de 1988 tem uma importância singular para o estabelecimento de uma ordem econômica sustentável. O país precisa de condições para o exercício das liberdades proclamadas ao longo de todo o seu texto constitucional. Qualquer empreendedor, em qualquer lugar do mundo, não apenas valoriza, mas depende de um fator chamado segurança jurídica. Tal segurança jurídica decorre de regulações claras, precisas e justas. Este último fator pode ser um tanto vago, pois justiça não é uma definição precisa, sendo, portanto, uma ideia relativa. No entanto, o *status* de justiça que todo empreendedor espera encontrar se traduz em uma ordem com regras claras, de modo que a segurança jurídica, ínsita às relações, seja uma realidade perceptível e robusta.

Flexibilidade, estabilidade e segurança jurídica são fatores que todos os investidores têm em mente e em seus quadros de análises sempre que precisam tomar decisões para a expansão de seus negócios. Sendo assim, o Estado precisa oferecer, além de regras claras e estáveis, uma estrutura estatal que emane eficiência, transparência e boa-fé. Eis o "ecossistema" ideal para negócios sustentáveis. Existe um "mínimo existencial" a ser garantido em termos de regulações e estratégias de controle e fiscalização, os quais precisam ser protegidos contra proposições legislativas que visem esvaziar políticas, instrumentos e alguns *status* de proteção. Neste sentido, o Estado não pode, em nome de uma maior eficiência administrativa, abrir mão do exercício do seu poder de polícia, mas pode melhorar processos, trâmites, ampliar formas de acesso a sistemas eletrônicos, enfim, realizar uma atuação administrativa muito mais ágil, eficaz e produtiva. Com essas medidas, todos ganham, sociedade e empreendedores.

De acordo com o Índice de Liberdade Econômica (*Index of Economic Freedom*), o qual foi criado em 1995 através de uma parceria entre o *The Wall Street Journal* e o *think tank* norte-americano, conhecido como *Heritage Foundation* e que avalia o grau de liberdade econômica de 186 países, o Brasil ocupa a posição de número 153, sendo classificado como Estado majoritariamente não livre, com pontuação de 51,4 (de um máximo de 100 pontos). A pontuação é obtiva através de cálculos, os quais tomam como base, fatores tais como: a) Estado de Direito – que avalia os seguintes aspectos: direitos de propriedade, integridade de governo, eficiência judicial; b) tamanho do governo – que avalia os seguintes aspectos: gastos do governo, carga tributária, saúde fiscal; c) Eficiência Regulatória – que avalia os seguintes aspectos: liberdade comercial, liberdade de trabalho, liberdade monetária; e d) Mercados Abertos – que avalia aspectos como: liberdade de comércio exterior, liberdade de investimento, liberdade financeira.[2]

Segundo entende o próprio governo federal do Brasil, a liberdade econômica é o direito que as pessoas possuem de desenvolver atividades econômicas, trabalhar, gerar reservas e investir sem muita interferência do Estado, aliviando o peso da burocracia sobre o empreendedor. Segundo essa compreensão, um cidadão pode colocar em prática uma ideia de empreendimento com total autonomia, criando não só uma atividade, mas também gerando empregos e contribuindo para o desenvolvimento econômico de forma mais rápida e simples.

A liberdade econômica para o desenvolvimento de quaisquer atividades é fundamental. No entanto, os empreendedores precisam ter a consciência de que precisam agir de forma responsável e que, portanto, precisam cumprir toda a legislação ambiental aplicável à sua atividade. O que não se pode admitir é que os órgãos ambientais estejam agindo com abuso de autoridade, constrangendo ou intimidando ilegalmente o empreendedor com ações fiscalizatórias desproporcionais ou sem embasamento.

Como destaca Carlos Sérgio Gurgel da Silva, o mercado é uma necessidade que merece especial atenção do Estado, de modo que possa se desenvolver sem amarras, ou seja, livremente. No entanto, desenvolvimento livre não significa "não intervenção estatal". Desta forma, o papel do Estado deve ser sempre o de estimular ações visadas e desestimular práticas insustentáveis; assim quando se fala em "não sustentabilidade" não estamos nos referindo apenas ao aspecto ambiental, mas, principalmente, econômico.[3]

E continua a destacar este autor que é completamente descabida e irresponsável a associação entre liberalismo econômico e desprezo pelas políticas ambientais. A defesa ambiental deve ser elevada a uma política de Estado e jamais considerada uma política de governo. As políticas de Estado são permanentes e não admitem flexibilização daquilo que constitui o seu núcleo essencial. Sendo assim, não se pode "manobrar" políticas ambientais para atender aos interesses de quaisquer segmentos da economia, uma vez que a "Constituição Verde" é inegociável e precisa ser efetiva, e não apenas simbólica.[4]

Apesar de tal dever de regulação, controle e fiscalização, o Estado precisa assegurar as liberdades individuais para empreender, de modo que a lógica acima exposta aconteça em benefício de todos, contudo, com respeito à segurança jurídica e aos princípios da legalidade e da proporcionalidade, tendo em vista que a lei em sentido formal é o instrumento normativo mais apto e legítimo para assegurar o equilíbrio das relações entre Estado e indivíduos. Sendo assim, é fácil compreender que desenvolvimento sustentável significa desenvolvimento econômico com responsabilidade.

Ainda mais que a lei em apreço reforçou e detalhou a liberdade econômica, sendo uma declaração que exorta ao Estado Democrático brasileiro a respeitá-la. Neste sentido, ensina Georges Humbert:

---

[2] INSTITUTO MONTE CASTELO. *Brasil cai e é o 153º no Índice de Liberdade Econômica da Heritage.* Disponível em: https://montecastelo.org/2018/02/02/brasil-cai-e-e-o-153o-no-indice-de-liberdade-economica-da-heritage/. Acesso em: 27 jul. 2022.

[3] SILVA, Carlos Sérgio Gurgel. Liberalismo econômico e políticas ambientais no Brasil: realidades incompatíveis? *In: Revista Síntese Direito Administrativo*, São Paulo, n. 186, p. 44, jun. 2021.

[4] SILVA, Carlos Sérgio Gurgel. Liberalismo econômico e políticas ambientais no Brasil: realidades incompatíveis? *In: Revista Síntese Direito Administrativo*, São Paulo, n. 186, p. 45, jun. 2021.

Em 20 de setembro de 2019 foi promulgada a Lei nº 13.874, denominada Lei de Liberdade Econômica, e com ela foi instituída a Declaração de Direitos de Liberdade Econômica. O novo marco regulatório do direito econômico brasileiro, fundamentado nos arts. 170, 174 e 5º da Constituição, notadamente quanto ao direito individual fundamental da liberdade, estabelece normas de proteção à livre iniciativa e ao livre exercício de atividade econômica e disposições sobre a atuação do Estado como agente normativo e regulador. A lei incide sobre as mais diversas relações jurídicas, de direito público e privado. Em geral, o disposto nesta nova lei será observado na aplicação e na interpretação do direito civil, empresarial, econômico, urbanístico e do trabalho nas relações jurídicas que se encontrem no seu âmbito de aplicação e na ordenação pública, inclusive sobre exercício das profissões, comércio, juntas comerciais, registros públicos, trânsito, transporte e proteção ao meio ambiente.[5]

E arremata:

Ponto relevante, em matéria e processos de natureza jurídico-ambiental é que a nova Lei dos Direitos de Liberdade Econômica inverte uma lógica até então dominante, da interpretação e aplicação da norma e das restrições em favor da administração pública. Isso porque, a partir de agora, passa a vigorar a presunção de boa-fé em favor do empreendedor, cujos atos, agora, tal qual ao do próprio Poder Público, gozarão de presunção de legitimidade e de veracidade, cabendo ao servidor público que duvidar de sua higidez e validade provar o que alega. Some-se a isso o fato de que o particular passa a ser considerado a parte vulnerável da relação, o que implica que as questões complexas, onerosas e os embaraços criados pela própria fiscalização ambiental precisam ser relativizados, arcados e corrigidos pela própria administração, salvo prova de que o empreendedor não é hipossuficiente no caso concreto, tudo nos termos do art. 2º da Lei nº 13.874/2019. Trata-se de um giro de segurança e potencialização dos atos de empreendedorismo no âmbito dos processos públicos de liberação a licença, a autorização, a concessão, a inscrição, a permissão, o alvará, o cadastro, o credenciamento, o estudo, o plano, o registro e os demais atos exigidos, sob qualquer denominação, por órgão ou entidade da administração pública na aplicação de legislação, como condição para o exercício de atividade econômica, inclusive o início, a continuação e o fim para a instalação, a construção, a operação, a produção, o funcionamento, o uso, o exercício ou a realização, no âmbito público ou privado, de atividade, serviço, estabelecimento, profissão, instalação, operação, produto, equipamento, veículo, edificação e outros, consoante inclusive expressa determinação do §6º do art. 1º.

Seguindo essa linha, importante lembrar que o art. 3º da Lei nº 13.874, de 20 de setembro de 2019, dispõe que são direitos de toda pessoa, natural ou jurídica, essenciais para o desenvolvimento e o crescimento econômicos do país, observado o disposto no parágrafo único do art. 170 da Constituição Federal, que merece uma análise detida.

3 Análise tópica das inovações e delimitações jurídicas da lei de liberdade econômica para a Administração Pública ordenadora ambiental

Cumpre neste momento trazer, ponto a ponto, os reflexos e uma análise tópica das inovações e delimitações jurídicas da lei de liberdade econômica para a Administração

---

[5] HUMBERT, Georges Louis Hage. Lei da liberdade econômica, normas gerais e princípios: impactos na aplicação e interpretação no direito administrativo, urbanístico e ambiental. *In*: HUMBERT, Georges Louis Hage (coord.). *Lei de liberdade econômica e os seus impactos no Direito Administrativo*. Belo Horizonte: Fórum, 2020. p. 63-70.

Pública ordenadora ambiental, particularmente no que concerne ao art. 3º da Lei nº 13.874:

I) desenvolver atividade econômica de baixo risco, para a qual se valha exclusivamente de propriedade privada própria ou de terceiros consensuais, sem a necessidade de quaisquer atos públicos de liberação da atividade econômica – trata-se de medida importante, mas que não dispensa a análise do órgão ambiental competente para o licenciamento ambiental. Neste sentido, se após a análise de impactos ambientais, o referido órgão, através de sua equipe de avaliadores (ou analistas) de impactos ambientais, entender que se trata de atividade econômica de baixo risco, pode dispensar a exigência da licença ambiental correspondente, substituindo-a pela apresentação de outros documentos. Tal fato ocorre porque só os órgãos ambientais competentes é que detêm a competência para enquadrar atividades como sendo de baixo risco. Convém ainda recordar que a lei em tela dispõe que ato do Poder Executivo federal disporá sobre a classificação de atividades de baixo risco a ser observada na ausência de legislação estadual, distrital ou municipal específica e que, na hipótese de ausência de ato do Poder Executivo federal, será aplicada resolução do Comitê para Gestão da Rede Nacional para a Simplificação do Registro e da Legalização de Empresas e Negócios (CGSIM), independentemente da aderência do ente federativo à Rede Nacional para a Simplificação do Registro e da Legalização de Empresas e Negócios (Redesim); e ainda, na hipótese de existência de legislação estadual, distrital ou municipal sobre a classificação de atividades de baixo risco, o ente federativo que editar ou tiver editado norma específica encaminhará notificação ao Ministério da Economia sobre a edição de sua norma (§1º, incisos I, II e III, do art. 3º). A lei em tela dispõe ainda que a fiscalização do exercício do direito de que trata o inciso I do caput deste artigo será realizada posteriormente, de ofício ou como consequência de denúncia encaminhada à autoridade competente (§2º do art. 3º).

II) *desenvolver atividade econômica em qualquer horário ou dia da semana, inclusive feriados, sem que para isso esteja sujeita a cobranças ou encargos adicionais, observadas: a) as normas de proteção ao meio ambiente, incluídas as de repressão à poluição sonora e à perturbação do sossego público; b) as restrições advindas de contrato, de regulamento condominial ou de outro negócio jurídico, bem como as decorrentes das normas de direito real, incluídas as de direito de vizinhança; e c) a legislação trabalhista* – trata-se de típica medida de liberdade para o desenvolvimento das atividades. Perceba-se que não se deve impor restrições ao desenvolvimento de atividades econômicas no que diz respeito a dias ou horários, salvo, obviamente, exigências de cumprimento às normas ambientais, como a que deve evitar quaisquer tipos de emissões – fluidas, gasosas ou sonoras – que possam perturbar o sossego dos seres humanos e da fauna que estejam na área de abrangência de impactos da atividade (vizinhança). Note-se ainda a preocupação do legislador, alinhando-se ao Texto Constitucional de 1988, com a saúde dos trabalhadores, que ali ofereçam a sua força.

III) definir livremente, em mercados não regulados, o preço de produtos e de serviços como consequência de alterações da oferta e da demanda – trata-se de liberdade fundamental em um Estado de Direito adepto da economia de mercado. Mesmo que o Estado brasileiro tenha se comprometido a viabilizar um Estado de Bem-Estar Social, com intervenções estatais certas e determinadas, estas devem ocorrer de forma pontual, especialmente para garantir a fruição de direitos fundamentais, dentre os quais podemos destacar o meio ambiente ecologicamente equilibrado. Sendo assim, o espaço das liberdades deve ser mantido, especialmente da liberdade econômica. Importante asseverar que o disposto nesse inciso não se aplica às situações em que o preço de produtos e de serviços seja utilizado com a finalidade de reduzir o valor do tributo, de postergar a sua arrecadação ou de remeter lucros em forma de custos ao exterior; e à legislação de defesa da concorrência, aos direitos do consumidor e às demais disposições protegidas por lei federal (§3º, incisos II e II, do art. 3º).

IV) receber tratamento isonômico de órgãos e de entidades da Administração Pública quanto ao exercício de atos de liberação da atividade econômica, hipótese em que o ato de liberação estará vinculado aos mesmos critérios de interpretação adotados em decisões administrativas análogas anteriores, observado o disposto em regulamento – trata-se de medida fundamental para a efetivação do princípio da igualdade, previsto no *caput* do art. 5º da Constituição de 1988. Não é justo, razoável ou republicano utilizar-se da estrutura da Administração Pública para favorecer alguns e prejudicar outros diante de casos, pedidos, situações e fundamentos idênticos ou análogos. Exigências ambientais devem ter como lastro leis e regulamentos de execução previamente estabelecidos, tendo aplicação geral para todos os casos. Violações nesse sentido devem ser combatidas, especialmente, mediante mandado de segurança, salvo outras ações que visem responsabilizar o Estado e seus agentes.

V) gozar de presunção de boa-fé nos atos praticados no exercício da atividade econômica, para os quais as dúvidas de interpretação do Direito Civil, Empresarial, Econômico e Urbanístico serão resolvidas de forma a preservar a autonomia privada, exceto se houver expressa disposição legal em contrário – a ideia do legislador é reconhecer a presunção de boa-fé dos empreendedores. Trata-se de medida fundamental para conferir responsabilidade e probidade à atuação de empresários, o que faz com que intimidações estatais, motivadas por fiscalizações desarrazoadas, sejam combatidas, exigindo-se dos respectivos fiscais e/ou agentes públicos provas robustas da prática de infrações, crimes ambientais ou outras violações administrativas. Na ausência de regulação, deve-se respeitar a autonomia privada, em respeito ao próprio princípio da legalidade, que impõe que "enquanto na administração particular é lícito fazer tudo que a lei não proíbe, na Administração Pública só é permitido fazer o que a lei autoriza".[6]

---

[6] MIRELLES, Hely Lopes. *Direito Administrativo Brasileiro*. 30. ed. São Paulo: Malheiros, 2005.

VI) *desenvolver, executar, operar ou comercializar novas modalidades de produtos e de serviços quando as normas infralegais se tornarem desatualizadas por força de desenvolvimento tecnológico consolidado internacionalmente, nos termos estabelecidos em regulamento, que disciplinará os requisitos para aferição da situação concreta, os procedimentos, o momento e as condições dos efeitos* – não se trata de situação na qual o empreendedor esteja autorizado a desenvolver, executar ou comercializar quaisquer produtos ou serviços que estejam fora do âmbito de regulação anterior por se tratar de frutos de inovações tecnológicas ou até mesmo novas ofertas ou atuações. Em tese, pode até parecer que seja assim, pela literalidade do inciso VI. No entanto, uma leitura mais atenta desse mesmo inciso revela a necessidade de que seja editado um novo regulamento, que deve disciplinar os requisitos para aferição da situação concreta, os procedimentos aceitáveis, o momento e as condições dos efeitos que possam decorrer do desenvolvimento da atividade. Talvez a intenção do legislador fosse ampliar a margem de liberdade empreendedora. Contudo, a redação do referido inciso ficou muito vaga, dando margem a diversas interpretações, dentre as quais a que apresentamos anteriormente.

VIII) *ter a garantia de que os negócios jurídicos empresariais paritários serão objeto de livre estipulação das partes pactuantes, de forma a aplicar todas as regras de direito empresarial apenas de maneira subsidiária ao avençado, exceto normas de ordem pública* – trata-se de regra que exalta a importância da contratualidade, em especial a força obrigatória dos contratos (*pacta sunt servanda*),[7] ampliando a margem de liberdade para as pessoas físicas e jurídicas que desenvolvem atividades econômicas. Neste sentido, as regras de Direito Empresarial teriam aplicação subsidiária, com exceção das imposições normativas de ordem pública. Contudo, uma observação deve ser feita: esta regra não se aplica à empresa pública e à sociedade de economia mista definidas nos arts. 3º e 4º da Lei nº 13.303, de 30 de junho de 2016 (§5º do art. 3º).

IX) *ter a garantia de que, nas solicitações de atos públicos de liberação da atividade econômica que se sujeitam ao disposto nesta Lei, apresentados todos os elementos necessários à instrução do processo, o particular será cientificado expressa e imediatamente do prazo máximo estipulado para a análise de seu pedido e de que, transcorrido o prazo fixado, o silêncio da autoridade competente importará aprovação tácita para todos os efeitos, ressalvadas as hipóteses expressamente vedadas em lei* – trata-se de importante avanço que a presente lei trouxe ao desenvolvimento de atividades econômicas, uma vez que eleva a importância do princípio da eficiência administrativa em matéria ambiental. A regulação ambiental bem como intervenções estatais, tais como as que exigem licenças ou autorizações ambientais, são muito importantes para a concretização de diversos princípios do Direito Ambiental, em especial, os da prevenção, precaução, desenvolvimento sustentável e do poluidor-pagador. No entanto, a Administração Pública com atuação ambiental deve agir com

---

7   Disponível em: https://www.aurum.com.br/blog/pacta-sunt-servanda/. Acesso em: 3 fev. 2022.

celeridade, sem descuidar das cautelas cabíveis, de modo que os atos administrativos ambientais que lhe caibam sejam formalizados dentro de prazos razoáveis. Desta forma, ganham todos: ganha a sociedade em geral, pela diligência do órgão ambiental em acompanhar o desenvolvimento de atividades econômicas sustentáveis, e ganham os empreendedores, que recebem respostas rápidas diante de suas demandas administrativas. O denominado silêncio administrativo é combatido neste inciso, quando esta lei impõe que sua ocorrência enseja a aprovação tácita do que está sendo pleiteado pelos empreendedores. No entanto, convém recordar que o disposto nesse inciso IX não se aplica a questões tributárias de qualquer espécie ou de concessão de registro de marcas; também quando a decisão importar em compromisso financeiro da Administração Pública; e, ainda, quando houver objeção expressa em tratado em vigor no país (§6º, incisos I, II e II, do art. 3º). Outra hipótese de não aplicação da referida aprovação tácita ocorre quando a titularidade da solicitação for de agente público ou de seu cônjuge, companheiro ou parente em linha reta ou colateral, por consanguinidade ou afinidade, até o 3º (terceiro) grau, dirigida a autoridade administrativa ou política do próprio órgão ou entidade da Administração Pública em que desenvolva suas atividades funcionais (§7º do art. 3º). Por fim, no que tange ao prazo a ser informado pela Administração Pública ambiental este deve ser definido pelo órgão ou pela administração pública solicitada, observados os princípios da impessoalidade e da eficiência e os limites máximos estabelecidos em regulamento (§8º do art. 3º).

X) *arquivar qualquer documento por meio de microfilme ou por meio digital, conforme técnica e requisitos estabelecidos em regulamento, hipótese em que se equiparará a documento físico para todos os efeitos legais e para a comprovação de qualquer ato de direito público* – trata-se de uma garantia criada com o intuito de se preservar os atos administrativos emanados em demandas processuais que tramitaram perante a Administração Pública. Objetiva também que seja possível localizar, com agilidade e celeridade, atos administrativos e documentos que foram apresentados pelos administrados em processos administrativos que tramitaram em órgãos públicos, em quaisquer níveis: federal, estadual, distrital e municipal.

XI) *não ser exigida medida ou prestação compensatória ou mitigatória abusiva, em sede de estudos de impacto ou outras liberações de atividade econômica no Direito Urbanístico, entendida como aquela que: a) requeira medida que já era planejada para execução antes da solicitação pelo particular, sem que a atividade econômica altere a demanda para execução da referida medida; b) utilize-se do particular para realizar execuções que compensem impactos que existiriam independentemente do empreendimento ou da atividade econômica solicitada; c) requeira a execução ou prestação de qualquer tipo para áreas ou situação além daquelas diretamente impactadas pela atividade econômica; ou d) mostre-se sem razoabilidade ou desproporcional, inclusive utilizada como meio de coação ou intimidação* – trata-se de disciplina importante, mas que não representa inovação, uma vez que a exigência de medida ou prestação compensatória ou mitigatória abusiva já é uma prática que deve ser combatida à luz do Direito Administrativo pátrio, especialmente no que diz respeito à ocorrência de abusos de poder ou de atos de improbidade administrativa, especialmente nos casos de violação aos princípios que regem a Administração Pública. Apesar da crítica anteriormente apontada, as alíneas que se seguem (em ordem diferente das previstas no texto da lei, pois se excluíram as que foram vetadas) apontam para a importância da aplicação dos princípios da proporcionalidade e da razoabilidade, uma vez que não é razoável e justo que se possa impor ao empreendedor um ônus maior do que o que deve suportar. Vale frisar que esta regra não se aplica às situações de acordo resultantes de ilicitude, nos termos do §10º do artigo 3º desta lei.

XII) *não ser exigida pela Administração Pública direta ou indireta certidão sem previsão expressa em lei* – trata-se, mais uma vez, de valorizar-se a realização do princípio da legalidade. Não se pode criar condições extras, não previstas em lei, as quais venham a constituir-se em verdadeiros obstáculos à liberdade econômica. Importante frisar que o §11º do artigo 3º desta lei dispõe que é ilegal delimitar prazo de validade de certidão emitida sobre fato imutável, inclusive sobre óbito.

Isto posto, não é demasiado trazer à baila mais uma lição de Georges Humbert sobre o tema, pois complementar ao quanto já asseverado:

> Além das normas gerais analisadas supra, há também algumas determinações que incidem em caráter mais específico e concreto. Uma delas é que as propostas de edição e de alteração de atos normativos de interesse geral de agentes econômicos ou de usuários dos serviços prestados, editadas por órgão ou entidade da administração pública federal, incluídas as autarquias e as fundações públicas, serão 68 (GEORGES LOUIS HAGE HUMBERT (COORD.) LEI DE LIBERDADE ECONÔMICA E OS SEUS IMPACTOS NO DIREITO ADMINISTRATIVO) precedidas da realização de análise de impacto regulatório, que conterá informações e dados sobre os possíveis efeitos do ato normativo para verificar a razoabilidade do seu impacto econômico. Verifica-se, assim, a potencialização dos princípios da eficiência e do planejamento em matéria de intervenção e ordenação do Estado nas atividades econômicas, além do devido processo legal, no seu aspecto substantivo da razoabilidade e proporcionalidade das medidas estatais. Assim sendo, tudo deve ser precificado, quantificado e justificado para ser exigido. Não mais se admite requisitos e pleitos do estado ante o administrador tirado de achismos, senso comum ou desmedidos. Os mesmos devem ser necessários, adequados e na medida exata do que se pretende mensurar e tutelar a partir da sua apresentação.[8]

Pelo exposto e após uma detida análise da nova lei, verifica-se, destas e outras regulamentações, que se trata de norma que em nenhuma medida reduz a proteção ao interesse público, urbanístico e ambiental, mas vai ao encontro dos direitos fundamentais de liberdade, segurança e aos princípios da ordem econômica, da Administração

---

[8] HUMBERT, Georges Louis Hage. Lei da liberdade econômica, normas gerais e princípios: impactos na aplicação e interpretação no direito administrativo, urbanístico e ambiental. *In*: HUMBERT, Georges Louis Hage (coord.). *Lei de liberdade econômica e os seus impactos no Direito Administrativo*. Belo Horizonte: Fórum, 2020. p. 63-70.

Pública, notadamente o da eficiência, como também aos da tutela dos princípios da Administração Pública, do direito ao meio ambiente ecologicamente equilibrado, e das funções sociais da cidade e da propriedade urbana, especialmente no que tange à promoção da sustentabilidade, valor jurídico que somente alcança a sua máxima potência quando o desenvolvimento econômico, o progresso social e a preservação dos ecossistemas caminham de mãos dadas, como é o que se pretende com a Declaração de Direitos da Liberdade Econômica, que veio tarde, mas em boa hora.

4 Conclusão

O presente ensaio visou demonstrar que, consoante a ordem jurídica constitucional e infraconstitucional posta no Brasil, a liberdade econômica é condição, meio e vetor de segurança jurídica e asseguramento de um desenvolvimento sustentável.

Por esta razão, o Estado deve deixar de criar entraves sem razões técnicas, lógicas e jurídicas – tal burocracia. Mais do que isso, deve criar um ambiente favorável a investimentos que possam ampliar cada vez mais a abertura de novos postos de trabalho, gerando empregabilidade e renda, o que tem importância singular para a concretização de direitos fundamentais na seara econômica e social, realidade que deve ocorrer em consonância com a política ambiental pátria, seja qual for o seu nível de competência: federal, estadual, distrital ou municipal.

A sustentabilidade é absolutamente contrária à lógica do radicalismo ambientalista ou do radicalismo desenvolvimentista. Dois extremos confrontam a Constituição, as leis, o devido processo legal substantivo e outros padrões jurídicos nacionais e internacionais. Sendo assim, o ambiente deve ser administrado de modo que seja possível extrair deste os bens e matérias-primas de que depende a humanidade, sem que com isso ocorra o exaurimento dos recursos ambientais ou que se comprometa a realização das funções ecológicas nos mais variados ecossistemas de nosso país.

Vale lembrar que nessa difícil tarefa de ponderar utilizações de recursos ambientais indispensáveis à humanidade, instrumentos como os zoneamentos ambientais podem ser muito úteis. Como se sabe, tal ferramenta, de tão estratégica que é, serve para subsidiar a criação de espaços territoriais a serem especialmente protegidos, o que garante a manutenção integral de biomas e de áreas de especial interesse ecológico, com todos os seus componentes.

Reservados os espaços singulares, com funções ecológicas pronunciadas, cabe ao Estado, nas áreas exploráveis, garantir a liberdade econômica necessária para que empreendedores desenvolvam atividades econômicas sustentáveis.

Longe de ser um problema, a solução é a necessária, adequada e proporcional interseção entre economia x meio ambiente, fundamental aos vetores sociais, ecológicos e econômicos ínsitos ao mínimo existência para a dignidade da pessoa humana, todos fundamentos desta República.

Por fim, importante considerar que a lei em tela, não obstante todas as observações aqui destacadas, tem como principal escopo desburocratizar a Administração Pública em geral, não apenas a administração pública ambiental.

Referências

AMARAL, Antônio Carlos Cintra do. *Teoria do ato administrativo*. Belo Horizonte: Fórum, 2008.

BASTOS, Celso Ribeiro. *Direito Constitucional Econômico*. São Paulo: Celso Bastos Editor, 2000.

BRASIL. Lei Federal nº 13.874, de 20 de setembro de 2019. Disponível em: http://www.planalto.gov.br/ccivil_03/_ato2019-2022/2019/lei/L13874.htm. Acesso em: 17 jan. 2022.

CAMMAROSANO, Márcio; HUMBERT, Georges Louis Hage. *Direito Público* – Estudos e Pareceres. Belo Horizonte: Fórum, 2011.

DI PIETRO, Maria Sylvia Zanella. *Direito Administrativo*. 30 ed. Rio de Janeiro: Forense, 2017.

HUMBERT, Georges Louis Hage. *Curso de Direito Urbanístico e das Cidades*. Rio de Janeiro: GZ, 2017.

HUMBERT, Georges Louis Hage. *Funções sociais das cidades*: conteúdo jurídico. Salvador: Dois de Julho, 2015.

HUMBERT, Georges Louis Hage. *Função socioambiental da propriedade imóvel urbana*. Belo Horizonte: Fórum, 2009.

HUMBERT, Georges Louis Hage. Lei da liberdade econômica, normas gerais e princípios: impactos na aplicação e interpretação no direito administrativo, urbanístico e ambiental. *In*:

HUMBERT, Georges Louis Hage (coord.). *Lei de liberdade econômica e os seus impactos no Direito Administrativo*. Belo Horizonte: Fórum, 2020. p. 63-70. ISBN 978-85-450-0756-2.

INSTITUTO MONTE CASTELO. *Brasil cai e é o 153º no Índice de Liberdade Econômica da Heritage*. Disponível em: https://montecastelo.org/2018/02/02/brasil-cai-e-e-o-153o-no-indice-de-liberdade-economica-da-heritage/. Acesso em: 27 jul. 2022.

MEIRELLES, Hely Lopes. *Direito Administrativo brasileiro*. 20. ed. Atualização de Eurico de Andrade Azevedo, Délcio Balestero Aleixo e José Emmanuel Burle Filho. São Paulo: Malheiros, 1995.

MEIRELLES, Hely Lopes. *Direito Administrativo Brasileiro*. 30. ed. São Paulo: Malheiros, 2005.

SILVA, Carlos Sérgio Gurgel. Liberalismo econômico e políticas ambientais no Brasil: realidades incompatíveis? *In*: *Revista Síntese Direito Administrativo*, São Paulo, n. 186, jun. 2021.

Informação bibliográfica deste texto, conforme a NBR 6023:2018 da Associação Brasileira de Normas Técnicas (ABNT):

SILVA, Carlos Sérgio Gurgel da; HUMBERT, Georges Louis Hage. Liberdade econômica e seus reflexos sobre a administração ordenadora ambiental. *In*: CONTI, José Maurício; MARRARA, Thiago; IOCKEN, Sabrina Nunes; CARVALHO, André Castro (coord.). *Responsabilidade do gestor na Administração Pública*: improbidade e temas especiais. Belo Horizonte: Fórum, 2022. p. 155-165. ISBN 978-65-5518-413-6. v.3.

RESPONSABILIDADE DE ADMINISTRADORES NAS EMPRESAS ESTATAIS E *BUSINESS JUDGMENT RULE*

LUCIANO FERRAZ

1 Regime jurídico híbrido nas empresas estatais e a Lei nº 13.303/16

O Estatuto Jurídico das Empresas Estatais – Lei nº 13.303, de 30 de junho de 2016, é aplicável às empresas públicas, sociedades de economia mista (dependentes ou não – art. 2º, III da Lei Complementar nº 101/2000), suas subsidiárias (integrais e parciais), consórcios de empresas (em que a empresa estatal integra na condição de operadora ou líder) e outros tipos de *joint ve*ntures (majoritariamente das estatais), independentemente do tipo de atividade que desempenham (art. 1º da Lei nº 13.303/16).

Nesse campo, o regime jurídico incidente sobre as empresas estatais e suas subsidiárias sempre se apresentou como predominantemente estabelecido pelo Código Civil e pela Lei nº 6.404/76, não obstante as derrogações constitucionais e legais de Direito Público, derivadas fundamentalmente do pertencimento dessas empresas à Administração Indireta do Estado (ou de sua equiparação).[1]

A despeito de divergências pontuais quanto ao gradiente desse hibridismo regulatório num e noutro tipo de empresa estatal (prestadora de serviços públicos, exploradora de atividade econômica, principalmente), a solução adotada pela Lei nº 13.303/16 foi a de estabelecer uma uniformidade regulatória mínima,[2] aplicável a todas elas, a partir principalmente de dois enfoques:

- "Publicização" das regras de governança corporativa, com restrição da liberdade estatal no provimento de posições de comando e de auditoria, aliada à imposição de deveres de transparência, eficiência e de controles na gestão;
- "Privatização" ou incremento da autonomia contratual, com a consequente diminuição da unilateralidade nas relações com fornecedores e demais *stakeholders*.

---

[1]   STF – ADI nº 1.642, rel. Min. Eros Grau, j. 3.4.2008, P, *DJE* de 19.9.2008.

[2]   FERRAZ, Luciano. *Novo Estatuto das Empresas Estatais é constitucional*. Disponível em: https://www.conjur.com.br/2017-jul-20/interesse-publico-estatuto-empresas-estatais-constitucional. Acesso em: 10 fev. 2022.

2 Governança corporativa nas empresas estatais e a Lei nº 13.303/16

Na questão de governança corporativa, que visa a imprimir transparência e integridade às relações empresariais estatais, antes do advento da Lei nº 13.303/16, já existiam experiências congêneres no país, destacando-se as do IBGC (Instituto Brasileiro de Gestão Corporativa), as regulamentações da CVM (Comissão de Valores Mobiliários), e o sistema de autorregulação adotado pela BOVESPA (Regulamentos nível 1 e 2 de Governança Corporativa e Novo Mercado).

A Lei nº 13.303/16 incorporou a tendência, para além de importantes diretrizes da OCDE (Organizações para a Cooperação e Desenvolvimento Econômico), hauridas das experiências internacionais com empresas mundiais, exigindo que também as empresas estatais brasileiras passassem a adotar:

- Definição adequada da qualidade de proprietário nas empesas;
- Tratamento equitativo entre controladores e minoritários nas empresas;
- Definição das regras de relacionamento das empresas estatais e suas partes relacionadas;
- Transparência e divulgação de resultados e informes em conformidade com os princípios da OCDE;
- Responsabilidade dos Conselhos de Administração na definição das diretrizes das empresas.

Sob o prisma mais pragmático, o legislador da Lei nº 13.303/16 impôs deveres de divulgação e *accountability* às empresas estatais, que passaram a absorver no seu cotidiano alguns instrumentos de transparência e controle, tais como:

- Elaboração da carta anual, pelo Conselho de Administração, com definição clara dos compromissos de consecução de objetivos de políticas públicas (art. 8º, §1º);
- Adequação do objeto social, estabelecido no estatuto, às atividades autorizadas na lei de criação da empresa estatal (função social da empresa – art. 4º, §1º);
- Divulgação tempestiva e atualizada de informações aos acionistas minoritários e ao mercado (art. 8º, III);
- Divulgação anual de relatório integrado de sustentabilidade (art. 8º, IX);
- Divulgação dos relatórios de atividade de auditoria interna e do Comitê Estatutário de Auditoria (art. 24, §1º, VII);
- Carta Anual de Governança, para garantir informações relevantes, tais como atividades desenvolvidas, estrutura de controle, fatores de risco, dados econômico-financeiros, políticas e práticas de governança corporativa (art. 8º, I e VIII).

A Lei nº 13.303/16 também impôs a necessidade de as empresas estatais desenvolverem políticas internas, direcionadas às áreas e iniciativas consideradas como sensíveis à integridade e aos negócios:

- Política de participações societárias proporcionais à relevância, à materialidade e aos riscos do negócio (art. 1º, §7º);
- Política de transações com partes relacionadas (art. 8º, VII);
- Política de gestão de riscos e controles internos, código de conduta e integridade (art. 9, *caput* e §1º);
- Política de distribuição de dividendos à luz do interesse público que justificou sua criação (art. 8º, V);

- Política de divulgação de informações, de acordo com as melhores práticas (art. 8º, IV);
- Política de indicação dos administradores e membros dos conselhos (art. 10, *caput* e parágrafo único);
- Política de remuneração da administração (art. 8º, III);
- Política de gestão de pessoas (art. 18, I).

3 Regime de responsabilidade dos administradores nas empresas estatais

Nos termos do art. 16 da Lei nº 13.303/16, a Administração das empresas estatais segue a lógica das empresas privadas regidas pela Lei nº 6.404/76, sendo que se consideram como seus administradores os membros do Conselho de Administração e os membros da Diretoria. O Conselho de Administração é órgão de deliberação colegiada. A Diretoria é órgão de representação executiva da entidade.

O Conselho de Administração tem atribuições previstas no art. 142 da Lei nº 6.404/76, no art. 18 da Lei nº 13.303/16 e no Estatuto Social. A Diretoria tem atribuições previstas no art. 138 e no art. 144 da Lei nº 6.404/76 e no Estatuto Social.

De acordo com a Lei nº 6.404/76, as companhias abertas e as de capital autorizado (estatais ou não) terão, obrigatoriamente, conselho de administração (art. 138 da Lei nº 6.404/76), assim como as companhias de economia mista que, ademais, devem assegurar à minoria dos acionistas o direito de eleger pelo menos um dos membros do Conselho de Administração, se maior número não lhes couber pelo processo de voto múltiplo (sistema de escolha cuja eleição se dá por cadeiras predefinidas e não por chapa) (art. 239 da Lei nº 6.404/76).

O regime de responsabilidade dos administradores das estatais deve ser compreendido nos seus devidos lugares. Há uma tendência publicizante de tratá-los semelhantemente aos gestores da Administração Direta e das autarquias. Assim não deve ser.

É que o regime jurídico híbrido a que se submetem as empresas estatais induz a diferentes formas de incidência do princípio da legalidade sobre a respectiva atuação. Tal como esclarecem Sundfeld e Câmara:

> [o] dirigente de empresa estatal está envolvido, basicamente, em dois sistemas jurídicos. O primeiro corresponde ao conjunto de regras que disciplina o funcionamento da empresa enquanto tal faz parte do direito societário. O outro é derivado da característica especial de seu acionista controlador, o Estado, são regras que integram o Direito Administrativo. Sobre esses dois sistemas (que marcam, por assim dizer, a atuação rotineira do dirigente da empresa estatal) incide um terceiro, que reflete a proteção da sociedade contra prática de ilícitos criminais: é o Direito Penal.[3]

Com efeito, quando se tratar de entidades privadas da Administração Pública, regidas preponderantemente pelo Direito Privado, conquanto exigida uma base legal de atuação, sua aplicação deve se dar de forma ainda mais atenuada, sendo inimaginável,

---

[3] SUNDFELD, Carlos Ari; CAMARA, Jacinto Arruda. Improbidade Administrativa de Dirigente de Empresa Estatal. *Revista Eletrônica de Direito Administrativo e Econômico.* Disponível em http://www.direitodoestado.com.br/codrevista.asp?cod=256. Acesso em: 9 fev. 2022.

como alerta Aragão, que fosse especificamente necessária base legal (por mais ampla que fosse) para cada uma das multifacetadas operações econômicas e contratuais do seu cotidiano empresarial.[4]

Na persecução desse objeto, a empresa estatal pode e deve atuar livremente, com base no princípio da autonomia das vontades, salvo no que for expressamente imposto ou vedado pelo Direito Público ou pelo Direito Privado. As empresas estatais, a bem da verdade, ficam num ponto intermediário entre a legalidade e a autonomia das vontades, podendo atuar com liberdade, salvo no que a lei lhes impuser ou vedar comportamento.[5]

Por conta dessas características, exceção feita à atuação das empresas estatais subordinadas aos ditames do Direito Público (*v.g.*, na realização do procedimento da licitação), sua atuação não há de gerar aos seus administradores uma responsabilidade diferente dos administradores das empresas privadas em geral, situação que decorre até mesmo da disposição do art. 173, §1º, V, da Constituição e das regras do Estatuto Jurídico das Empresas Estatais (*v.g.*, os contratos das estatais são regidos pelo Direito Privado – art. 68 da Lei nº 13.303/16).[6]

Os deveres dos administradores das empresas estatais, que derivam das normas de Direito Societário, são expostos nos artigos 153 a 159 da Lei nº 6.404/76 e assim podem ser resumidos:

- (I) *dever de diligência*: ter o cuidado e diligência que todo homem ativo e probo costuma empregar na administração dos seus próprios negócios;
- (II) *dever de buscar o atingimento dos fins da companhia* (que justificaram sua constituição);
- (III) *dever de atentar para a função social da empresa* (atendendo aos compromissos sociais e legais);
- (IV) *dever de lealdade* (à companhia e aos acionistas);
- (V) *dever de não intervir nem deliberar sobre atos em conflito de interesse* (incidência do princípio da impessoalidade);
- (VI) *dever de não contratar com a sociedade em condições não equitativas* (não aplicável às empresas estatais, por força da prevalência da Lei nº 13.303/16);
- (VII) dever de informação (*full disclousure*).[7]

Dessa forma, o administrador de empresas estatais, salvo conivência ou omissão, não pode ser responsabilizado por atos ilícitos praticados por outros administradores da empresa (a responsabilidade é individual). Essa condição decorre, inclusive, do princípio da individualização das condutas, que tem matriz constitucional (art. 5º, XLVI, da Constituição).

---

[4] ARAGÃO, Alexandre Santos de. Regime jurídico das empresas estatais. *Enciclopédia jurídica da PUC-SP*. Disponível em: https://enciclopediajuridica.pucsp.br/verbete/44/edicao-1/regime-juridico-das-empresas-estatais). Acesso em: 9 fev. 2022.

[5] ARAGÃO, Alexandre Santos de. Regime jurídico das empresas estatais. *Enciclopédia jurídica da PUC-SP*. Disponível em: https://enciclopediajuridica.pucsp.br/verbete/44/edicao-1/regime-juridico-das-empresas-estatais. Acesso em: 9 fev. 2022.

[6] Nesse sentido, o Enunciado 17 das Jornadas de Direito Administrativo do CJF dispõe que: "Os contratos celebrados pelas empresas estatais, regidos pela Lei nº 13.303/16, não possuem aplicação subsidiária da Lei nº 8.666/93. Em casos de lacuna contratual, aplicam-se as disposições daquela Lei e as regras e os princípios de direito privado".

[7] Ver, ainda, a Instrução Normativa CVM nº 358/02, que dispõe sobre a divulgação e uso de informações sobre ato ou fato relevante nas companhias abertas.

Os administradores (diretores e conselheiros) são solidariamente responsáveis pelos prejuízos causados em virtude do não cumprimento dos deveres impostos por lei para assegurar o funcionamento normal da companhia, ainda que, pelo estatuto, tais deveres não caibam a todos (art. 158, §2º, da Lei nº 6.404/76). Nesse particular, convém destacar que, nas companhias abertas, essa responsabilidade solidária ficará restrita, ressalvada a hipótese de omissão em dar conhecimento do descumprimento dos deveres aos administradores que, por disposição do estatuto, tenham atribuição específica na área de atuação (art. 158, §3º, da Lei nº 6.404/76).

Também se torna responsável solidário o administrador da empresa que, tendo conhecimento do não cumprimento desses deveres pelo seu predecessor (ou pelo administrador competente), deixa de comunicar o fato à assembleia geral (art. 158, §4º, da Lei nº 6.404/76). Além disso, responderá solidariamente com o administrador quem, com o fim de obter vantagem para si ou para outrem, concorrer para a prática de ato com violação da lei ou do estatuto (art. 158, §5º, da Lei nº 6.404/76).[8]

Mesmo com todas essas hipóteses de responsabilização dos administradores das empresas em geral (estatais ou não), o art. 158, §6º, da Lei nº 6.404/76 autoriza o juiz a reconhecer a exclusão da responsabilidade do administrador, se convencido de que este agiu de boa-fé e visando aos interesses da companhia. Esta regra também se aplica aos administradores das estatais nos atos negociais da empresa.

4 Business judgment rule

A *business judgment rule* foi uma doutrina desenvolvida nos Estados Unidos da América (EUA) a partir do caso *Percy v. Millaudon* (1829), decidido pela Suprema Corte de Louisiana. Por seu intermédio, restou estabelecido que o simples prejuízo não faz o administrador responsável, sendo de rigor provar que o administrador praticou um ato inadmissível ao padrão do homem comum. Depois desse precedente, em 1847, a Suprema Corte do Alabama, no caso *Godbold v. Branch Bank*, decidiu que, apesar de devidamente informados e da legalidade dos atos praticados, se os administradores fossem responsabilizados por todos os atos praticados ou decisões errôneas na condução do negócio, sem a possibilidade de errar, nenhum homem prudente aceitaria o encargo de ser administrador sujeito a esse risco.[9]

Atualmente, como escreve Saddy, o *leading case* sobre o tema é considerado o caso *Otis & Co. v. Pennsylvania R. Co.*, de 1944, que foi julgado pela Suprema Corte da Pensilvânia. Nele, os acionistas de uma empresa alegaram que os diretores deixaram de obter o melhor preço pela venda de recebíveis, por terem negociado somente com um comprador, deixando de verificar a possibilidade de venda a outros a preço mais

---

[8] "Os integrantes dos conselhos de administração e fiscal, em regra, não respondem pelos atos praticados pela diretoria. Há situações, contudo, nas quais os conselheiros podem ser responsabilizados por sua omissão, mormente quando esta se revela continuada" (TCU – Acórdão nº 3.258/2008, 2ª Câmara). Ainda no âmbito do TCU, "A responsabilidade dos conselhos de administração e fiscal não é genérica. Em regra, os integrantes dos mencionados Conselhos não respondem pelos atos praticados pela diretoria. A exceção ocorre nas situações em que os conselheiros podem ser responsabilizados por sua omissão, mormente quando esta se revela continuada" (TCU – Acórdão nº 760/2013, Plenário).

[9] SADDY, André. Deveres dos administradores, responsabilidades e *business judgment rule* nas sociedades anônimas estatais. *Revista de Direito Econômico e socioambiental*, v. 7, 2016. Disponível em: https://periodicos.pucpr.br/index.php/direitoeconomico/article/view/585. Acesso em: 9 fev. 2022.

vantajoso. A decisão isentou os diretores de responsabilidade, sob o argumento de que enganos e erros no exercício de julgamento honesto do negócio não os qualificam como negligentes.[10]

As regras do artigo 158, I, §6º, da Lei nº 6.404/76, se bem compreendida a sua dimensão, autorizam a absorção da cláusula *business judgment rule* pelo Direito brasileiro. E sua consequência é a de afastar a possibilidade de imputação aos administradores das empresas em geral, inclusive das empresas estatais, da responsabilidade pelo resultado de suas decisões. As obrigações decorrentes do *business judgment rule*, nessa linha de pensar, bipartem-se em:

- A presunção de que, ao tomar uma decisão, os administradores agem sobre uma base informada em boa-fé e na crença honesta de que a ação foi tomada no melhor interesse da companhia;
- A ideia de que o mérito das decisões dos administradores é insuscetível de alteração judicial, salvo se o julgamento tiver sido motivado por fraude, conflito de interesses, ilegalidade e, embora seja controverso, também na hipótese de negligência grave (*gross negligence*)".[11]

No âmbito da CVM – Comissão de Valores Mobiliários, a *business judgment rule* tem encontrado eco em julgados que apuram a responsabilidade dos administradores de empresas atuantes no mercado de capitais, a ver:

- Processo Administrativo Sancionador CVM nº 19/2005, Relator Diretor Otavio Yazbek, Rio de Janeiro, 15 de dezembro de 2009: "o dever de diligência possui duas naturezas distintas: uma de cunho negocial, sujeita ao teste da *business judgment rule;* e outra de natureza fiscalizatória, sujeita a uma análise de razoabilidade e de adequação. Isto significa que, mesmo no sistema norte-americano, e por diversas razões, o cumprimento do dever de constituir controles internos adequados e eficientes não se confunde com a tomada de decisões protegida pela *business judgment rule*".
- Processo Administrativo Sancionador CVM nº 03/2002. Relatora Diretora Norma Jonssen Parente. Rio de Janeiro, 12 de fevereiro de 2004: "A administração da companhia, como já se disse da política, é a arte do possível, repleta de decisões imperfeitas por definição e de verdadeiras 'escolhas de Sofia', e justamente em razão disso a jurisprudência e a legislação têm cuidado de temperar a responsabilidade dos administradores e desvinculando-a do êxito de suas ações".

É comum a existência no setor público e em determinados extratos da sociedade de "arquitetos de obra pronta", que pretendem imputar, *a posteriori*, aos administradores em geral responsabilidades do tipo objetiva, pelo mero insucesso nas escolhas administrativas e na gestão pura e simples das entidades. Esse tipo de pensamento não se coaduna com a atividade e com os riscos empresariais a que estão sujeitas as empresas estatais e suas subsidiárias.

---

[10] SADDY, André. Deveres dos administradores, responsabilidades e *business judgment rule* nas sociedades anônimas estatais. *Revista de Direito Econômico e socioambiental*, v. 7, 2016. Disponível em: https://periodicos.pucpr.br/index.php/direitoeconomico/article/view/585. Acesso em: 9 fev. 2022.

[11] FRAZÃO, Ana. Deveres dos administradores, responsabilidades e *business judgment rule* nas sociedades anônimas estatais. *Revista de Direito Econômico e socioambiental*, v. 7, 2016. Disponível em: https://periodicos.pucpr.br/index.php/direitoeconomico/article/view/585. Acesso em: 9 fev. 2022. A ideia de negligência grave comparece também no art. 28 da LINDB nos atos regidos pelo Direito Público.

Com efeito, uma vez que a tais empresas se devem aplicar prioritariamente disposições de Direito Privado, é por aí que, via de regra, identificar-se-ão pressupostos para a eventual responsabilização dos seus administradores. As decisões empresariais adotadas, porquanto obrigações de meio, vinculam-se à dimensão jurídica informada pela lucidez da cláusula *business judgment rule*.

Referências

ARAGÃO, Alexandre Santos de. Regime jurídico das empresas estatais. *Enciclopédia jurídica da PUC-SP*. Disponível em: https://enciclopediajuridica.pucsp.br/verbete/44/edicao-1/regime-juridico-das-empresas-estatais). Acesso em: 9 fev. 2022.

BRASIL. Comissão de Valores Mobiliários, Instrução Normativa CVM nº 358/02.

BRASIL. Comissão de Valores Mobiliários, Processo Administrativo Sancionador CVM nº 03/2002. Relatora Diretora Norma Jonssen Parente. Rio de Janeiro, 12 de fevereiro de 2004.

BRASIL. Comissão de Valores Mobiliários, Processo Administrativo Sancionador CVM nº 19/2005. Relator Diretor Otavio Yazbek, Rio de Janeiro, 15 de dezembro de 2009.

BRASIL. Supremo Tribunal Federal, ADI nº 1.642, rel. Min. Eros Grau, j. 3.4.2008, P, *DJE* de 19.9.2008.

BRASIL. Tribunal de Contas da União, Acórdão nº 3.258/2008, 2ª Câmara.

BRASIL. Tribunal de Contas da União, Acórdão nº 760/2013, Plenário.

FERRAZ, Luciano. Novo Estatuto das Empresas Estatais é constitucional. Disponível em: https://www.conjur.com.br/2017-jul-20/interesse-publico-estatuto-empresas-estatais-constitucional. Acesso em: 10 fev. 2022.

FRAZÃO, Ana. Deveres dos administradores, responsabilidades e *business judgment rule* nas sociedades anônimas estatais. *Revista de Direito Econômico e socioambiental*, v. 7, 2016. Disponível em: https://periodicos.pucpr.br/index.php/direitoeconomico/article/view/585. Acesso em: 9 fev. 2022.

SADDY, André. Deveres dos administradores, responsabilidades e *business judgment rule* nas sociedades anônimas estatais. *Revista de Direito Econômico e socioambiental*, v. 7, 2016. Disponível em: https://periodicos.pucpr.br/index.php/direitoeconomico/article/view/585. Acesso em: 9 fev. 2022.

SUNDFELD, Carlos Ari; CAMARA, Jacinto Arruda. Improbidade Administrativa de Dirigente de Empresa Estatal. *Revista Eletrônica de Direito Administrativo e Econômico*. Disponível em: http://www.direitodoestado.com.br/codrevista.asp?cod=256. Acesso em: 9 fev. 2022.

Informação bibliográfica deste texto, conforme a NBR 6023:2018 da Associação Brasileira de Normas Técnicas (ABNT):

FERRAZ, Luciano. Responsabilidade de administradores nas empresas estatais e *business judgment rule*. In: CONTI, José Maurício; MARRARA, Thiago; IOCKEN, Sabrina Nunes; CARVALHO, André Castro (coord.). *Responsabilidade do gestor na Administração Pública*: improbidade e temas especiais. Belo Horizonte: Fórum, 2022. p. 167-173. ISBN 978-65-5518-413-6. v.3.

RESPONSABILIDADE PESSOAL DOS ADMINISTRADORES DAS EMPRESAS ESTATAIS: O NECESSÁRIO DIÁLOGO DA *BUSINESS JUDGMENT RULE* COM AS DISPOSIÇÕES DA LINDB

MARCELO ZENKNER

GABRIEL ENE GARCIA

1 Considerações iniciais

O papel do Estado em relação ao mercado foi pautado, ao longo do tempo, por diversas inflexões, motivadas por sucessivas contraposições político-filosóficas que moldavam, em face de diferentes crises, os parâmetros dessa relação. Foi assim, fazendo frente às demandas sociopolíticas, com seus reflexos no ajuste econômico, que irromperam as múltiplas transições, transmutando o Estado Liberal em Social e, então, em Regulador.[1]

Como produto desse processo histórico,[2] hodiernamente se concebe que o Estado atue na economia de modo direto ou indireto. Observa-se uma atuação direta quando há a assunção, pelo Estado, do próprio papel de agente econômico. E, mais além, se o desempenho desse papel se qualifica como perene e é organizado de maneira sistemática, vislumbra-se uma atuação econômica direta que assume natureza empresarial. De outra banda, revela-se indireta a atuação que se materializa no desempenho de uma função regulatória.[3]

---

[1] Por todos, cfr. ORTIZ, Gaspar Ariño. *Principios de Derecho Público Económico*. Granada: Editorial Comares, 1999; e SILVA, João Nuno Calvão da. *Mercado e Estado* – Serviços de Interesse Económico Geral. Coimbra: Almedina, 2008.

[2] Apesar de ser impossível expô-lo, em razão do curto espaço, não se pode ignorá-lo. Afinal, como cravou Villar Ezcurra, "[l]a investigación histórica, sociológica o económica no sólo es recomendable para el jurista, sino incluso indispensable, si se quiere llegar a aprehender el significado real del Derecho. (...) El investigador del Derecho debe conocer las causas extrajurídicas que motivan el surgimiento de un concepto o una institución determinada." (VILLAR EZCURRA, José Luís. *Servicio Público y Técnicas de Conexión*. Madrid: Centro de Estudios Constitucionales, 1980, p. 19).

[3] ARAGÃO, Alexandre Santos. *Empresas estatais*: o regime jurídico das empresas públicas e sociedades de economia mista. 2. ed. Rio de Janeiro: Forense, 2018, livro eletrônico.

Para a investigação aqui levada a cabo, a atenção recai sobre a atividade estatal de natureza empresarial. Nesta esteira, o nascimento de empresas estatais pode visar à consecução de dois tipos de atividades: a prestação de serviços públicos ou a execução de atividade econômica.[4] De todo modo, na exploração de atividade econômica de produção ou comercialização de bens ou de prestação de serviços, ainda que sujeitas ao regime de monopólio da União ou de prestação de serviços públicos, essas empresas se organizam como pessoas jurídicas de direito privado e, nesta dimensão, assumem a forma das espécies societárias específicas próprias da legislação civil. Neste sentido, como se sabe, as sociedades de economia mista devem consistir em sociedades anônimas,[5] ao passo em que as empresas públicas podem ser constituídas sob qualquer das espécies legalmente preconizadas.[6]

Não obstante, é igualmente certo que, a despeito de sua constituição societária refletir, em tese, matéria do direito privado, o regime jurídico que as rege desvela uma qualidade híbrida, com contornos próprios que lhes demandam a conjugação de regras de direito público com as de direito privados, como esclarece Alexandre Santos de Aragão:

> Sob essa perspectiva, o mais correto em relação ao regime jurídico das empresas estatais é afirmar que não é propriamente nem de Direito Privado, nem de Direito Público, tampouco de direito privado com derrogações de direito público: trata-se de outro regime jurídico, híbrido e atípico, decorrente da junção de elementos de ambos, elementos estes que, depois de colocados no mesmo ambiente, se modificam recíproca e intrinsecamente, de modo que, nem o elemento de direito privado o será como se estivesse sendo aplicado a um particular qualquer, nem os elementos de direito público que continuarem sendo aplicáveis às estatais o serão como incidem sobre o geral dos organismos públicos. [...] Esse arcabouço teórico aplicado ao regime jurídico das empresas estatais brasileiras denota como, não apenas o seu regime jurídico é constituído da soma de parte dos elementos do direito privado e parte dos elementos do direito público, como esses elementos, ao serem colocados no mesmo ambiente, se modificam qualitativamente uns aos outros.[7]

Prova maior desse hibridismo é a edição da Lei nº 13.303/2016, denominada de "Estatuto Jurídico das Empresas Estatais" (EJEE), que a elas concebe um regime jurídico peculiar. Tal diploma legal foi editado no esteio da Emenda Constitucional nº 19/1998, que inseriu no artigo 173 da Constituição Federal o então §1º, pelo qual se determinou ao legislador ordinário a criação de lei própria que definisse o estatuto

---

[4] MEIRELLES, Hely Lopes. *Direito administrativo brasileiro.* José Emmanuel Burle Filho. 42. ed. São Paulo: Malheiros, 2016, p. 459. Importante destacar que, como consectário da livre-iniciativa, alçada a fundamento da ordem econômica brasileira pela Constituição Federal, deve-se preservar a noção de *subsidiariedade* da atuação empresarial do Estado, que fica condicionada pelos imperativos da segurança nacional ou de relevante interesse coletivo, tal como em lei definidos.

[5] Art. 4º da Lei nº 13.303/2016. Sociedade de economia mista é a entidade dotada de personalidade jurídica de direito privado, com criação autorizada por lei, sob a forma de sociedade anônima, cujas ações com direito a voto pertençam em sua maioria à União, aos Estados, ao Distrito Federal, aos Municípios ou a entidade da administração indireta.

[6] Art. 3º da Lei nº 13.303/2016. Empresa pública é a entidade dotada de personalidade jurídica de direito privado, com criação autorizada por lei e com patrimônio próprio, cujo capital social é integralmente detido pela União, pelos Estados, pelo Distrito Federal ou pelos Municípios.

[7] ARAGÃO, Alexandre Santos. *Empresas estatais*: o regime jurídico das empresas públicas e sociedades de economia mista. 2. ed. Rio de Janeiro: Forense, 2018, livro eletrônico.

jurídico "da empresa pública, da sociedade de economia mista e de suas subsidiárias que explorem atividade econômica de produção ou comercialização de bens ou de prestação de serviços", delimitando o seu conteúdo mínimo nos incisos que compõem o referido parágrafo.

É neste contexto que se reconhece a impossibilidade de aplicação incondicionada do racional próprio do direito público às empresas estatais, sob pena de inviabilizar a consecução dos próprios fins para os quais elas foram inicialmente constituídas. Não é por outro motivo que o §4º do artigo 31 do EEJE, ao tratar das licitações realizadas e dos contratos celebrados por empresas públicas e sociedades de economia mista, estabelece, por exemplo, que estas "[...] poderão adotar procedimento de manifestação de interesse privado para o recebimento de propostas e projetos de empreendimentos com vistas a atender necessidades previamente identificadas".

Assim, reconhecido esse hibridismo do regime jurídico das estatais, é natural que as normas próprias do Direito Societário, afetas à espécie de sociedade de que se trate, sejam também relevantes no processo de averiguação da responsabilidade do administrador.

Especialmente no tocante à responsabilidade do agente público administrador das sociedades de economia mista, as quais somente podem assumir a forma de sociedades anônimas, são atraídas as disposições da Lei das Sociedades Anônimas (Lei Federal nº 6.404/1976), conforme disposto no artigo 5º do EJEE. Aliás, a adoção da referida norma como marco referencial da análise também decorre do próprio Estatuto Jurídico das Empresas Estatais, que, em seu artigo 16, prevê que "o administrador da empresa pública e de sociedade de economia mista é submetido às normas previstas na Lei nº 6.404/1976, de 15 de dezembro de 1976".

Nesta perspectiva, inicialmente há de se compreender a posição dos administradores na formação e manifestação de vontade da companhia, o que, por consequência, permitirá apreender com mais facilidade o regime de responsabilidade pessoal desses agentes. Ao final, espera-se seja alcançada uma melhor compreensão em torno da responsabilidade pessoal a que podem ser submetidos os administradores das sociedades das empresas estatais, agentes públicos por excelência, a partir dos diferentes marcos normativos que conformam um regime jurídico complexo.

2 A posição dos administradores na manifestação volitiva da companhia

Apesar dos embates que circundam a natureza da pessoa jurídica, prevalece entre os civilistas contemporâneos brasileiros a posição de ter o Código Civil adotado a denominada *teoria da realidade técnica*, a qual, como sistematiza Flávio Tartuce, consiste em uma combinação de elementos das conhecidas teorias da ficção e da realidade orgânica. Neste sentido, traduzindo a fórmula que resulta na *realidade técnica*, explica o mencionado autor que "as pessoas jurídicas são criadas por uma ficção legal", mas, ainda assim, "não se pode esquecer que [ela] tem identidade organizacional própria, identidade essa que deve ser preservada".[8]

---

[8] TARTUCE, Flávio. *Direito Civil*: lei de introdução e parte geral. 17. ed. Rio de Janeiro: Forense, 2021, livro eletrônico.

Veja-se, a propósito, que a noção de identidade organizacional própria foi reforçada pelas recentes alterações promovidas pela Lei da Liberdade Econômica (Lei Federal nº 13.874/2019), que inseriu o artigo 49-A no Código Civil brasileiro, com a seguinte redação:

> Art. 49-A. A pessoa jurídica não se confunde com os seus sócios, associados, instituidores ou administradores.
>
> Parágrafo único. A autonomia patrimonial das pessoas jurídicas é um instrumento lícito de alocação e segregação de riscos, estabelecido pela lei com a finalidade de estimular empreendimentos, para a geração de empregos, tributo, renda e inovação em benefício de todos.

Nessa lógica, reconhecendo-lhe uma vontade singular distinta da vontade individual dos membros que a compõem, Caio Mário da Silva Pereira, também sufragando a *teoria da realidade técnica*, explicita a forma de manifestação da vontade da própria pessoa jurídica: a representação. Nesta toada,

> (...) a [representação] das pessoas jurídicas nem tem em vista a proteção nem se destina a suprir incapacidade, porém propõe-se a munir apenas um ser que é naturalmente abstrato, dos meios externos de realizar as faculdades jurídicas.
>
> É por isso que se diz ser a pessoa jurídica representada ativa e passivamente nos atos judiciais como nos extrajudiciais. Seus contatos com o mundo real exigem a presença de órgãos que os estabeleçam. Seu querer, que é resultante das vontades individuais de seus membros, exige a presença de um representante para que seja manifestado externamente. E, como estes órgãos são pessoas naturais, têm uma existência jurídica sob certo aspecto dupla, pois que agem como indivíduos e como órgãos da entidade de razão.[9]

Assim, com o escopo de simplificação, pode-se dizer que as pessoas jurídicas sempre atuam por meio de seus órgãos, pessoas naturais, verdadeiros "elemento[s] vivo[s] de contato com o mundo jurídico".[10]

Em uma perspectiva voltada para as sociedades de economia mista – sociedades anônimas por força de disposição legal –, afigura-se oportuno destacar sua *essência institucional*, conforme a clássica diferenciação promovida a partir da natureza do ato constitutivo da sociedade. Isso porque, diferentemente do que ocorre com as sociedades contratuais, o vínculo que une os "membros" de uma sociedade anônima se forma a partir de múltiplos atos destinados a criá-la, mas diretamente vinculados à lei. Em razão dessa essência institucional, "[a]os seus fundadores, somente é dado o direito de expressarem suas vontades de constituir a pessoa jurídica, porquanto a lei estabelece todo o regramento de relacionamento entre as partes, inclusive no que pertine a suas obrigações e responsabilidades [...]".[11]

Nessa linha, constata-se, então, que a representação da sociedade anônima (e, via de consequência, de toda e qualquer sociedade de economia mista) se dá por meio de

---

[9]   PEREIRA, Caio Mário da Silva. *Instituições de Direito Civil: introdução ao direito civil:* teoria geral de direito civil. Vol. I. Maria Celina Bodin de Moraes (atual.). 33. ed. Rio de Janeiro: Forense, 2020, livro eletrônico.

[10] PEREIRA, Caio Mário da Silva. *Instituições de Direito Civil: introdução ao direito civil:* teoria geral de direito civil. Vol. I. Maria Celina Bodin de Moraes (atual.). 33. ed. Rio de Janeiro: Forense, 2020, livro eletrônico.

[11] CAMPINHO, Sérgio. *Curso de direito comercial* – sociedade anônima. 5. ed. São Paulo: Saraiva Educação, 2020, p. 33.

seus órgãos de administração,[12] que, consoante expressa disposição legal, traduzem-se nos membros da Diretoria e do Conselho de Administração.[13] Como ressaltam Modesto Carvalhosa e Fernando Kuyven:

> A Lei Societária acompanhando a tendência das legislações societárias europeias, adota, como regra, o sistema de duplicidade de órgãos de administração, representado, de um lado, pelo conselho de administração, órgão deliberativo colegiado, e, de outro, pela diretoria (arts. 138 e s.), órgão decisório não sempre colegiado, cujos membros têm a representação orgânica da sociedade.
>
> Não obstante o aproveitamento dos sistemas societários norte-americano e europeu, a Lei Societária adota um regime próprio de bicameralidade instituída por lei e não pelo estatuto.
>
> Esse regime reforça o caráter institucional do nosso Direito Societário, dando-lhe uma segurança jurídica maior do que os demais sistemas no que toca não apenas à representação, mas também aos deveres e às responsabilidades dos administradores, todos previstos com grande precisão.[14]

Embora seja certo que os administradores da companhia são aqueles que legalmente a "representam", como resulta da já abordada consagração da teoria de realidade técnica, em verdade eles não atuam em seu próprio nome, mas sim em nome da própria organização (no melhor sentido da palavra, eles "presentam", ou seja, fazem-na presente).[15]

Por isso, ao atuarem, os administradores não o fazem para atender aos seus próprios interesses, mas sim para levar a cabo o interesse da própria sociedade, revelando-se como consectário que quem responde pelos atos de gestão dos administradores da organização é, precipuamente, a própria companhia. Neste contexto, é necessário verificar, então, como se desenrola a responsabilidade dos administradores pelos atos que praticam em nome da empresa estatal.

---

[12] Artigo 138 da Lei nº 6.404/1976: "A administração da companhia competirá, conforme dispuser o estatuto, ao conselho de administração e à diretoria, ou somente à diretoria". Segundo classificação doutrinária, trata-se da instituição de uma modalidade híbrida, permitindo-se à Companhia que adote um sistema de administração monista (em que o órgão de controle dos atos de gestão repousa apenas na assembleia geral) ou dualista (em que há um compartilhamento da supervisão dos atos de gestão com o Conselho de Administração). Deve-se destacar, no entanto, que algumas espécies de companhia devem obrigatoriamente adotar o modelo dualista, instituindo Conselho de Administração.

[13] No caso das sociedades de economia mista, a estrutura de administração é sempre dualista, tal como se vê no artigo 239 da Lei das Sociedades Anônimas ("as companhias de economia mista terão obrigatoriamente Conselho de Administração..."). Aliás, é de se destacar a repetição de regra análoga no Estatuto das Estatais, que, em seu artigo 16, parágrafo único, estabelece: "Consideram-se administradores da empresa pública e da sociedade de economia mista os membros do Conselho de Administração e da diretoria".

[14] CARVALHOSA, Modesto; KUYVEN, Fernando. *Sociedades anônimas*. 2. ed. São Paulo: Thomson Reuters Brasil, 2018, livro eletrônico.

[15] Tal expressão tem por base a Teoria do Órgão, desenvolvida por Otto Gierke, segundo a qual "[...] as pessoas jurídicas expressam a sua vontade através de seus próprios órgãos, titularizados por seus agentes (pessoas humanas), na forma de sua organização interna. O órgão – sustentou Gierke – é parte do corpo da entidade e, assim, todas as suas manifestações de vontade são consideradas como da própria entidade. GIERKE, Otto. Die Genossenschaftstheorie in die deutsche Rechtsprechung, Berlim, 1887" (MEIRELLES, Hely Lopes. *Direito Administrativo Brasileiro*. 42. ed. São Paulo: Malheiros, 2016, p. 63).

3 Gestão de uma empresa estatal e suas responsabilidades

A partir de todas as premissas delineadas no tópico precedente, torna-se mais fácil esmiuçar as regras afetas à responsabilidade dos agentes públicos que atuam em uma empresa estatal na condição de gestores. Inicialmente, é possível depreender da natureza institucional com substrato legal, desde logo, que a responsabilidade dos administradores assume natureza aquiliana, derivando da "violação de um dever legal".[16] Nesta toada, a Lei das Sociedades Anônimas consagra de maneira clara a irresponsabilidade pessoal do administrador pelas obrigações que assume enquanto titular de órgão da companhia.

Assim, como ponto de confluência com o tópico precedente, oportuno recorrer, outra vez, às palavras de Modesto Carvalhosa e Fernando Kuyven:

> O diretor não é mandatário da sociedade. Como seu administrador, exerce o poder legal de manifestar a vontade dela. Não há dualidade entre o titular do órgão – o diretor – e a companhia. Na realidade, não existe representação, mas a corporificação da companhia, pelo seu diretor, nas obrigações contraídas pela sociedade.
>
> Em consequência, o administrador não emite declaração de vontade que afeta a esfera jurídica de outra pessoa – no caso, a companhia –, como ocorre no mandato convencional. Esse poder de corporificar a companhia, sem qualquer interposição, significa que o diretor exterioriza a vontade da sociedade na esfera das atribuições da sua administração. [...]
>
> Daí decorre a irresponsabilidade pessoal dos diretores quando manifestam, em virtude de ato de gestão, a vontade da sociedade. [...] Dessa forma, a representação orgânica, por constituir a corporificação da vontade da companhia, torna os diretores extracontratualmente irresponsáveis perante terceiros. Por outro lado, a existência dos órgãos sociais é que faz os administradores responsáveis por seus atos perante a sociedade.[17]

Logo, contemplando-se o artigo 158 da Lei das Sociedades Anônimas, fica evidente a razão de ser da ausência de responsabilidade pessoal do administrador, perante terceiros, pelas obrigações que contrai em nome da companhia na consecução dos atos regulares de gestão. O dispositivo referenciado, entretanto, especifica duas hipóteses em que caberá ao administrador responder civilmente pelos prejuízos que vier a causar: quando atuar (i) com culpa ou dolo dentro de suas atribuições, ou (ii) em contrariedade à lei ou ao estatuto.

Sergio Campinho bem minucia tais hipóteses de atração de responsabilidade pelo administrador. Em relação ao primeiro caso, de exercício de suas atribuições com culpa ou dolo, o autor demonstra ser pacífico, na doutrina, que se trata de responsabilidade civil clássica, que demanda a demonstração de (i) ato ilícito, praticado com culpa ou dolo, (ii) prejuízo à companhia e (iii) nexo etiológico entre o ato e o dano.

Já no que atine à segunda possibilidade, apesar de alguma controvérsia doutrinária, Campinho expõe e se filia à posição majoritária, que identifica a hipótese como caso de "responsabilidade civil com presunção de culpa", no sentido de que a atuação contrária à lei ou ao estatuto traz ínsita a si uma presunção de culpa *lato sensu*, carreando ao administrador o ônus de elidir essa presunção, "demonstrando que sua

---

[16] CAMPINHO, Sérgio. *Curso de direito comercial* – sociedade anônima. 5. ed. São Paulo: Saraiva Educação, 2020, p. 332.

[17] CARVALHOSA, Modesto; KUYVEN, Fernando. *Sociedades anônimas*. 2. ed. São Paulo: Thomson Reuters Brasil, 2018, livro eletrônico.

atuação pautou-se na boa-fé exigida, ou que não teria como evitar os prejuízos havidos, porquanto ocorreriam em qualquer circunstância".[18]

Não é demais lembrar que a própria Lei das Sociedades Anônimas traz, a partir de seu artigo 153, um extenso rol de deveres que devem ser observados pelos administradores, razão pela qual a análise da observância ou não de tais deveres passa a ser absolutamente decisiva no processo de aferição da caracterização da responsabilidade pessoal dos gestores, inclusive no âmbito das estatais.

4 Os deveres gerais dos administradores

No intuito de preservar as companhias contra a atuação de maus administradores (incompetentes ou mal-intencionados), a Lei das Sociedades Anônimas estabelece que os administradores devem observar, no exercício de suas funções, os deveres de diligência (art. 153); de vinculação aos fins sociais (art. 154); de lealdade (art. 155); de convergência de interesses (art. 156) e de fornecimento adequado de informação (art. 157).

Segundo a definição legal do dever de diligência, exige-se do administrador o emprego, no exercício de suas funções, do "cuidado e diligência que todo homem ativo e probo costuma empregar na administração dos seus próprios negócios". Conforme ampla doutrina, administrador diligente é aquele que emprega na condução dos negócios sociais as cautelas, métodos, recomendações, postulados e diretivas da ciência da administração de empresas. Fundamental para a compreensão da extensão do dever de diligência é perceber que ele corresponde a obrigações de meio, não de resultado. No ponto, como ressalva Fábio Ulhoa Coelho:

> O administrador, em outros termos, tem o dever de empregar certas técnicas – aceitas como adequadas pela "ciência" da administração – na condução dos negócios sociais, tendo em vista a realização dos fins da empresa. Mas ele não responde pela efetiva realização dos fins sociais, sujeitos também à implementação de várias outras condições não inteiramente controláveis pela administração societária.[19]

A vinculação aos fins sociais, por sua vez, determina que o administrador exerça as atribuições que lhe foram conferidas pela lei e pelo estatuto no interesse da companhia e visando a atingir seus fins, "satisfeitas as exigências do bem público e da função social da empresa". Como norteador desse interesse da companhia, tem-se a "função social da empresa", expressamente prevista tanto na Lei Federal nº 6.404/76 (artigos 116, parágrafo único, e 154) como também na Lei Federal nº 13.303/2016 (artigo 27), no sentido de pautar as atividades em consonância com os interesses da sociedade a que serve, e da qual se serve, ou seja, os administradores devem levar em conta não só o interesse da companhia, mas também considerar os efeitos dessa decisão nos trabalhadores e na sociedade como um todo. Aqui, há um postulado de equilíbrio entre o interesse da companhia e o interesse da coletividade.[20] Como explica Calixto Salomão Filho:

---

[18] CAMPINHO, Sérgio. *Curso de direito comercial – sociedade anônima*. 5. ed. São Paulo: Saraiva Educação, 2020, p. 333-334.

[19] COELHO, Fábio Ulhoa. *Curso de direito comercial*. Vol. 2. 4. ed. São Paulo: Thomson Reuters Brasil, 2021, livro eletrônico.

[20] ROVAI, Armando Luiz; GINZEL, Alexandre. Responsabilização de diretores na administração de sociedade anônima. *Revista de Direito Bancário e do Mercado de Capitais*, v. 19, n. 72, abr./jun. 2016, versão eletrônica.

No Brasil, a ideia da função social da empresa também deriva da previsão constitucional sobre a função social da propriedade (artigo 170, III). Estendida à empresa, a ideia de função social da propriedade é uma das noções de talvez mais relevante influência prática na transformação do direito empresarial brasileiro. É o princípio norteador da 'regulação externa' dos interesses envolvidos pela grande empresa. Sua influência pode ser sentida em campos tão díspares como direito antitruste, direito do consumidor e direito ambiental.[21]

A ideia de função social, portanto, é o reconhecimento de que a empresa, seja ela pública ou privada, é um componente importante na cadeia de relações sociais e exerce atividades que têm nela um impacto direto e significativo, ainda que a busca pelo lucro se enquadre dentre suas finalidades legítimas. Nesse sentido é que se apresentam as exigências de adequado respeito às leis e de observância de valores éticos na condução da atividade empresarial. Por outro lado, se a empresa, como componente da ordem econômica, extrapola as vias legítimas e esperadas para a obtenção do lucro – ao, por exemplo, provocar danos ambientais nas áreas onde atua ou assegurar contratos mediante o pagamento de propinas –, certamente estará violando o componente de responsabilidade social de sua atuação.

Essa união de esforços entre o Poder Público e a iniciativa privada para a consecução do "bem comum" é absolutamente fundamental para atender a muitas necessidades concorrentes e, via de consequência, para melhorar a qualidade de vida nas comunidades nas quais as empresas estão inseridas. Quando ocorre essa repartição de encargos, automaticamente ocorre a criação de mais espaço para o empreendedorismo social e a inovação e, o que é ainda mais importante, se fortalece a relação de confiança entre o povo e seus governantes.

A seu turno, o dever de lealdade como pressuposto de atuação do administrador se materializa em uma série de vedações legais a ele dirigidas, eis que não é admissível que possa incorrer em situações de conflito de interesses. Não pode, assim, jamais tencionar um interesse próprio com um interesse da empresa e, para que se repute leal à companhia no exercício de suas funções, o administrador não deve: (i) usar, em benefício próprio ou de outrem, com ou sem prejuízo para a companhia, as oportunidades comerciais de que tenha conhecimento em razão do exercício de seu cargo; (ii) omitir-se no exercício ou proteção de direitos da companhia ou, visando à obtenção de vantagens, para si ou para outrem, deixar de aproveitar oportunidades de negócio de interesse da companhia; e (iii) adquirir, para revender com lucro, bem ou direito que sabe necessário à companhia, ou que esta tencione adquirir.

Especificamente em relação à companhia aberta, o dever de lealdade se desdobra também no necessário sigilo sobre as informações ainda não divulgadas para conhecimento do mercado, que tenha o administrador recebido em função do cargo e

---

[21] SALOMÃO FILHO, Calixto. Função social do contrato: primeiras anotações. *Revista de Direito Mercantil, Industrial, Econômico e Financeiro*, v. 132, 2003. No mesmo sentido: "[...] pode-se entender a função social da empresa como a vinculação do exercício da empresa à concretização de uma sociedade livre, justa e solidária, do que decorre um complexo de deveres e obrigações, positivas e negativas, impostas aos controladores e administradores, perante os empregados, fornecedores, consumidores, meio ambiente, Estado, e toda a comunidade que com ela interage. Também são emanações da função social da empresa o incentivo à sua preservação e a obrigação de proteção aos sócios minoritários". MATIAS, João Luis Nogueira. *A Função Social da Empresa e a Composição de Interesses na Sociedade Limitada*, Tese de Doutorado, Universidade de São Paulo, 2009. p. 87.

que sejam capazes de influir consideravelmente na cotação dos valores mobiliários, ou dessas informações se valer para obter vantagem mediante a compra ou venda de ações.

A Lei das Sociedades Anônimas também prevê a impossibilidade de que o administrador intervenha em qualquer operação social em que tiver interesse conflitante com o da companhia, bem como na deliberação que a respeito tomarem os demais administradores, consagrando aí o chamado dever de convergência de interesses. Além da faceta de abstenção que uma situação de conflito de interesses demanda, impõe-se ao administrador também uma faceta positiva: a de cientificar os demais administradores do conflito existente e fazer consignar, em ata de reunião do conselho de administração ou da diretoria, a natureza e extensão do seu interesse.

Por fim, também no caso das companhias abertas, exsurge ao administrador um dever adicional, consistente na prestação adequada e suficiente das informações discriminadas no artigo 157 da Lei das Sociedades Anônimas. Isso porque o administrador é o principal *player* na concretização do princípio do *full disclosure*, "que procura assegurar a todos os investidores oportunidades iguais na negociação".[22]

5 A inovação como elemento inerente à atividade corporativa

Todos esses deveres que são inerentes a qualquer administrador, seja ele de uma empresa privada ou de uma empresa estatal, não podem jamais eliminar um dos elementos mais importantes da atividade corporativa: a inovação. Esse elemento, se ausente, pode fazer com que uma empresa permaneça estagnada no tempo ou, o que seria ainda pior, pode levar-lhe à bancarrota.

"Toda empresa precisa ter gente que erra, que não tem medo de errar e que aprende com o erro", já dizia Bill Gates. Para que possam inovar e, assim, serem beneficiados no processo meritocrático, os administradores precisam ter confiança na empresa e, ao mesmo tempo, segurança jurídica, considerando que, em processos experimentais, certamente falhas acontecerão. Essa confiança deve ser traduzida em segurança para que possam tentar e, inevitavelmente, errar, sem qualquer temor de subsequente responsabilização.

Infelizmente essa cultura ainda não faz parte da maioria das empresas. Ainda vigora a mentalidade vinda da primeira revolução industrial, de repetição de atividades e de conformidade rígida de comportamentos. Esse modelo ultrapassado, além de gerar um ambiente menos criativo e mais estressante, ainda gera um impacto sobre o sistema de integridade: se errar não é permitido, as pessoas ficam mais propensas a silenciar sobre seus próprios erros e a encobrir as falhas uns dos outros, prejudicando, inclusive, o bom funcionamento do canal de denúncias da empresa.

Curt Richardson, fundador da Otterbox, sempre defendeu que "a falha é parte integrante da inovação, talvez a parte mais importante". Por isso, erros honestos e de boa-fé devem ser recebidos como parte do aprendizado em busca da excelência profissional. Quando se experimenta, erra, reflete e, após, tenta-se novamente, a curva de aprendizado acaba sendo muito mais ascendente e os resultados cada vez melhores.[23]

---

[22] COELHO, Fábio Ulhoa. *Curso de direito comercial*. Vol. 2. 4. ed. São Paulo: Thomson Reuters Brasil, 2021, livro eletrônico.

[23] Foram esses os ideais utilizados na recente reformulação do sistema de responsabilização disciplinar da Petrobras e, aos poucos, a imagem da área responsável foi sendo alterada: fases bem definidas no procedimento

Em resumo: líderes de organizações inovadoras devem sempre estar muito mais interessados em aprender com os erros cometidos do que buscar a punição ou a responsabilização por fracassos em novos projetos malsucedidos. Uma empresa só será moderna se for, ao mesmo tempo, íntegra e inovadora. Nessas empresas, é muito melhor que os administradores errem na tentativa de implementação de uma nova ideia, do que permaneçam inertes exatamente porque não são capazes de produzir nenhuma ideia nova.

Todos esses deveres dos gestores de empresas públicas (e também privadas) acabam por constituir parâmetros, por meio dos quais se pode observar se eles, no processo decisório afeto à gestão, agiram de boa-fé e com zelo, cuidado e prudência que qualquer pessoa teria em circunstâncias semelhantes, de modo a afastar a presunção de culpa que sobre si poderia pender – ainda que um erro venha a ser posteriormente constatado. Exatamente nesse sentido, tomando-se por base os elementos da boa-fé e da tomada de ação consciente e informada nos interesses da companhia, desenvolveu-se a célebre teoria da *business judgment rule*, cujo conteúdo será objeto do tópico seguinte.

6 A teoria da *business judgment rule*

A teoria da *business judgment rule* tem origem na jurisprudência dos Estados Unidos da América, remontando, em suas manifestações primitivas, ao século XIX, notadamente aos casos *Percy vs. Millaudon* (1829), *Godbold vs. Branch Bank* (1847) e *Hodges vs. New England Screw Co.* (1850).[24] Colhe-se, como essência comum da decisão prevalecente nesses casos, nos quais se discutia a responsabilidade de administradores por decisões gerenciais, o reconhecimento dos Tribunais de que "o administrador que diligentemente observa seus deveres não pode ser pessoalmente responsabilizado por decisões negociais tomadas de boa-fé",[25] o que se coaduna com a insuperável falibilidade do ser humano e com o risco inerente às decisões empresariais.

No entanto, na própria jurisprudência americana, a teoria sofreu consideráveis oscilações em função do tempo e do Tribunal pelo qual foi aplicada, razão por que se constata a menção a distintas "formulações". Em especial, a doutrina, para decompor os elementos que constituem a *business judgment rule*, refere-se ao caso *Aronson vs.*

---

foram estabelecidas, inclusive com a consagração do direito do colaborador ser ouvido antes da aplicação de qualquer sanção disciplinar. Além disso, foi criado o chamado "termo de compromisso", pelo qual, diante de erros de boa-fé e meramente procedimentais, o colaborador é convocado, é orientado quanto à melhor prática, recebe o treinamento adequado, compromete-se a disseminá-lo em seu ambiente de trabalho e, ao final, o procedimento é arquivado sem a aplicação de qualquer sanção disciplinar. Também foi criada a "reabilitação disciplinar" – após 5 anos da aplicação da sanção, se o colaborador não receber nenhuma outra anotação em sua ficha funcional, a penalidade disciplinar é apagada e o empregado pode, normalmente, voltar a buscar pelas devidas promoções de carreira. Tudo isso restabeleceu a confiança na área de investigações internas, a ponto de alguns colaboradores, inclusive, espontaneamente reportarem falhas procedimentais por eles próprios cometidas, o que permite, inclusive, o aperfeiçoamento das operações. Integridade, confiança e inovação, portanto, são conceitos que caminham de mãos dadas.

[24] ARSHT, S. Samuel. The Business Judgment Rule Revisited. *Hofstra Law Review*, Hempstead, v. 8, n. 1, p. 97-99, 1979.

[25] Tradução livre de: "(...) that a director who dutifully attends to his or her duties will not be personally liable for good faith business decisions." (*In:* ARSHT, S. Samuel. The Business Judgment Rule Revisited. *Hofstra Law Review*, Hempstead, v. 8, n. 1, p. 99, 1979).

Lewis, julgado pela Suprema Corte do Estado de Delaware como paradigmático.[26] Neste sentido, nas palavras de Mariana Pargendler:

> Em sua formulação mais influente, consagrada pela decisão da Suprema Corte de Delaware no caso *Aronson vs. Lewis*, a *business judgment rule* cria a presunção *juris tantum* de que "ao tomar uma decisão empresarial, os membros do *board of directors* de uma sociedade anônima agiram de maneira informada, de boa-fé e na crença sincera de que a sua ação atendia ao melhor interesse da companhia". A fim de afastar esta presunção e viabilizar a ação de responsabilidade, incumbiria ao demandante demonstrar a violação aos deveres fiduciários de diligência (*duty of care*) e lealdade (*duty of loyalty*). Caso a presunção oriunda da *business judgment rule* não seja afastada, os administradores apenas poderão ser responsabilizados mediante prova de que a decisão em questão envolve manifesto desperdício dos recursos da sociedade (*waste of corporate assets*) e é desprovida de qualquer base racional – requisitos estes extremamente rigorosos e de difícil caracterização no caso concreto.[27]

Por meio dessa regra, então, foram delineados critérios mais seguros para aquilatar se um administrador atuou de forma diligente ou não e se, portanto, ele pode ser pessoalmente responsabilizado por isso. Em suma, esse processo de aferição da conduta do administrador deve verificar se sua atuação foi (i) independente, (ii) desinteressada, (iii) informada e (iv) praticada no interesse da companhia.

Se, perquirindo esses elementos, observar-se uma resposta positiva a todos esses critérios, a atuação do administrador, ainda que não tenha sido bem-sucedida, não pode ensejar a sua responsabilização.

Essa teoria já é amplamente acolhida no Brasil, com os devidos matizes, visando a fortalecer a segurança jurídica e a resguardar os administradores dos riscos inerentes ao exercício de suas atividades. Nesse sentido, para a aplicação das balizas que conformam a *business judgment rule*, a doutrina e a jurisprudência pátrias remetem à previsão contida no §6º do artigo 159 da Lei das Sociedades Anônimas, segundo o qual:

> Art. 159. Compete à companhia, mediante prévia deliberação da assembleia-geral, a ação de responsabilidade civil contra o administrador, pelos prejuízos causados ao seu patrimônio.
> §6º O juiz poderá reconhecer a exclusão da responsabilidade do administrador, se convencido de que este agiu de boa-fé e visando ao interesse da companhia.

Ao tratar dos motivos que justificam a adoção da *business judgment rule*, Nelson Eizirik explica que:

> (...) mesmo os administradores mais diligentes podem tomar decisões que, julgadas posteriormente, parecem negligentes por terem causado danos à sociedade; a assunção de riscos é inerente às decisões empresariais, não podendo ser exigidos dos administradores sempre resultados favoráveis à companhia; seria prejudicial à própria sociedade que as decisões tomadas pelos administradores pudessem ser constantemente questionadas pelos sócios; e os juízes, por não possuírem experiência empresarial, não estão aptos a substituírem os

---

[26] HENTZ, Luiz Antonio Soares. Ação social de responsabilidade e *business judgment rule*. *Revista de Direito Bancário e do Mercado de Capitais*, v. 18, n. 68, abr./jun. 2015, versão eletrônica.

[27] PARGENDLER, Mariana. Responsabilidade civil dos administradores e *business judgment rule* no direito brasileiro. *Revista dos Tribunais*, v. 104, n. 953, mar. 2015, versão eletrônica.

administradores e decidirem sobre a oportunidade e a conveniência (discricionariedade) de suas decisões de negócios.[28]

Desse modo, a razão de ser da regra encontra respaldo na própria realidade da administração da companhia, de modo que, por vezes, a assunção do risco é necessária ao desenvolvimento do negócio, que poderia ter seu avanço obstado diante de uma posição demasiadamente rígida na avaliação do processo decisório. É claro, porém, que isso não significa uma "carta branca", uma vez que a assunção do risco é temperada pelos critérios indicados, que denotam, em última instância, que a ação se deu de modo justificado no interesse da companhia, a despeito do eventual resultado negativo.[29]

Além disso, vale dizer que a recepção da *business judgment rule*, pelo ordenamento jurídico pátrio, costuma ser reiteradamente demonstrada por meio das decisões proferidas pela Comissão de Valores Mobiliários, órgão brasileiro de regulação do mercado de capitais. Nesta toada, aponta-se a tendência da CVM "em afirmar a aplicabilidade da regra da *business judgment rule* como parâmetro de verificação do cumprimento, ou não, de um dever de administrador".[30] Com efeito, na jurisprudência da CVM, é paradigmático o julgamento realizado no Processo Administrativo Sancionador nº RJ 2005/1443, em que o relator, Pedro Oliva Marcilio de Sousa, referindo-se à teoria, densifica os princípios gerais necessários para o afastamento da responsabilidade do administrador:

> Para utilizar a regra da decisão negocial, o administrador deve seguir os seguintes princípios:
> (i) Decisão informada: A decisão informada é aquela na qual os administradores basearam-se nas informações razoavelmente necessárias para tomá-la. Podem os administradores, nesses casos, utilizar, como informações, análises e memorandos dos diretores e outros funcionários, bem como de terceiros contratados. Não é necessária a contratação de um banco de investimento para a avaliação de uma operação;
> (ii) Decisão refletida: A decisão refletida é aquela tomada depois da análise das diferentes alternativas ou possíveis consequências ou, ainda, em cotejo com a documentação que fundamenta o negócio. Mesmo que deixe de analisar um negócio, a decisão negocial que a ele levou pode ser considerada refletida, caso, informadamente, tenha o administrador decidido não analisar esse negócio; e
> (iii) Decisão desinteressada: A decisão desinteressada é aquela que não resulta em benefício pecuniário ao administrador. Esse conceito vem sendo expandido para incluir benefícios que não sejam diretos para o administrador ou para instituições e empresas ligadas a ele.

---

[28] EIZIRIK, Nelson. *Mercado de capitais*: regime jurídico. Rio de Janeiro: Renovar, 2011, p. 440.

[29] No ponto, vale anotar a advertência de Mariana Pagendler sobre a aplicação da regra no ordenamento brasileiro: "É necessário atentar, porém, que a boa-fé subjetiva dos administradores e a crença de que sua conduta visava ao melhor interesse da companhia são elementos necessários, mas não suficientes, para o afastamento de sua responsabilidade. É absolutamente imprescindível que a regra exonerativa seja aplicada com cautela e modicidade, com atenção tanto a critérios retrospectivos de equidade à luz das peculiaridades do caso concreto, como a critérios prospectivos que tenham em conta os incentivos lançados para condutas futuras: especificamente, no que se refere ao fito de encorajar a diligente e leal direção da companhia sem, contudo, promover indevida 'gestão defensiva' ou dissuadir profissionais qualificados de assumirem cargos de administração. Trata-se de fomentar a administração diligente e bem intencionada, sem recair nos 'excessos utópicos' aludidos pela exposição de motivos da Lei das S.A." (PARGENDLER, Mariana. Responsabilidade civil dos administradores e *business judgment rule* no direito brasileiro. *Revista dos Tribunais*, v. 104, n. 953, mar. 2015, versão eletrônica).

[30] VERGUEIRO, Carlos Eduardo. *A Business Judgment Rule. Revista de Direito Empresarial*, v. 3, n. 9, maio/jun. 2015, versão eletrônica.

Quando o administrador tem interesse na decisão, aplicam-se os *standards* do dever de lealdade (*duty of loyalty*).[31]

Como se vê, esses critérios, ao fim e ao cabo, inter-relacionam-se com os próprios deveres abordados nos tópicos anteriores. Em suma, portanto, tem-se que a responsabilidade do administrador não se caracteriza quando, ainda que equivocado, o julgamento em determinado negócio foi tomado de boa-fé e com observância dos deveres que sobre ele recaem.[32]

7 A responsabilidade do administrador na qualidade de agente público: os contributos da LINDB

É certo que os administradores das sociedades de economia mista são, para os devidos fins, considerados "agentes públicos". Neste sentido, Maria Sylvia Zanella Di Pietro sintetiza o conceito ao afirmar que "agente público é toda pessoa física que presta serviços ao Estado e às pessoas jurídicas da Administração Indireta",[33] o que, evidentemente, abrange as companhias estatais.

A assertiva doutrinária, vale notar, tem respaldo legal, pois, de acordo com o artigo 2º da Lei Federal nº 8.429/92, reputa-se agente público

> o agente político, o servidor público e todo aquele que exerce, ainda que transitoriamente ou sem remuneração, por eleição, nomeação, designação, contratação ou qualquer outra forma de investidura ou vínculo, mandato, cargo, emprego ou função nos entes dos Poderes Executivo, Legislativo e Judiciário, bem como da administração direta e indireta, da União, dos Estados, dos Municípios e do Distrito Federal.

Pois bem. Como se viu, a doutrina da *business judgment rule* tem por escopo, justamente, preservar o administrador que, pautando-se pela boa-fé e de modo esclarecido, adote as decisões empresariais pertinentes para a consecução das finalidades sociais. Nota-se, assim, no substrato dessa teoria, o escopo de garantir ao administrador a liberdade necessária para assumir riscos e realizar negócios no mercado privado, sem que sobre ele se produza um temor de responsabilização pessoal paralisante, que inviabilize as oportunidades de crescimento da própria companhia.

Se no setor privado esse risco já é preocupante, na perspectiva do agente público ele pode ser ainda mais acentuado. A esse respeito, o Ministro Benjamin Zymler, do Tribunal de Contas da União, já chegou a utilizar a expressão "Direito Administrativo do medo", que representa o receio que acomete os gestores públicos no exercício diário de suas atividades. Segundo explicou o Ministro, algumas decisões da Corte de Contas podem ter efeitos deletérios sobre o gestor, incutindo nele o medo de tomar decisões, sobretudo arriscadas, e de não destravar investimentos, com receio de ter de responder pessoalmente pelo prejuízo eventualmente causado por aquele ato ou contrato.

---

[31] Decisão do Processo Administrativo Sancionador CVM nº RJ 2005/1443, relator Pedro Oliva Marcilio de Sousa, julgamento em 21 de março de 2006.

[32] CAMPINHO, Sérgio. *Curso de direito comercial* – sociedade anônima. 5. ed. São Paulo: Saraiva Educação, 2020, p. 321.

[33] DI PIETRO, Maria Sylvia Zanella. *Direito Administrativo*. 34. ed. Rio de Janeiro: Forense, 2021, livro eletrônico.

Aí se percebe, desde logo, a relevância da aplicação da teoria do julgamento da decisão empresarial, uma vez que o objetivo da lei não pode ser o de gerar temor no administrador de boa-fé, mas sim o de afastar os administradores que são incompetentes ou agem de má-fé. Nesta esteira, diante da razão de ser das estatais exploradoras de atividade econômica, também aos administradores de sociedades de economia mista é preciso conferir liberdade para assumir riscos na realização de negócios com o mercado privado, liberdade esta que não deve sofrer restrições indevidas dos órgãos de controle sob pena de internalização da "cultura do medo", a ponto de levar o gestor a uma inércia administrativa decorrente da preocupação com uma possível punição pessoal.

Com efeito, reputando-se os administradores de companhias estatais como agentes públicos, torna-se necessário conjugar a teoria da *business judgment rule* com as novas regras de responsabilização incluídas pela Lei Federal nº 13.655/2018 no Decreto-Lei nº 4.657/1942 (Lei de Introdução às Normas do Direito Brasileiro – LINDB). Sobre o tema, a reforma promovida na LINDB endereçou diretamente a possibilidade de responsabilização pessoal do agente público pelas decisões que adota no exercício de suas funções. É o que se depreende do incluído artigo 28, *in verbis*:

> Art. 28. O agente público responderá pessoalmente por suas decisões ou opiniões técnicas em caso de dolo ou erro grosseiro.

O dispositivo traz relevante particularidade, consistente na fixação do dolo ou, aqui a novidade, erro grosseiro como pressupostos de responsabilização pessoal do agente. Neste tocante, para regulamentar esses novos dispositivos incorporados na LINDB, explicitando alguns dos elementos que os compõem, especialmente estes do artigo 28, editou-se o Decreto nº 9.830/2019. Assume relevância, para este trabalho, o seu artigo 12, que conta com a seguinte redação:

> Art. 12. O agente público somente poderá ser responsabilizado por suas decisões ou opiniões técnicas se agir ou se omitir com dolo, direto ou eventual, ou cometer erro grosseiro, no desempenho de suas funções.
>
> §1º Considera-se erro grosseiro aquele manifesto, evidente e inescusável praticado com culpa grave, caracterizado por ação ou omissão com elevado grau de negligência, imprudência ou imperícia.
>
> §2º Não será configurado dolo ou erro grosseiro do agente público se não restar comprovada, nos autos do processo de responsabilização, situação ou circunstância fática capaz de caracterizar o dolo ou o erro grosseiro.
>
> §3º O mero nexo de causalidade entre a conduta e o resultado danoso não implica responsabilização, exceto se comprovado o dolo ou o erro grosseiro do agente público.
>
> §4º A complexidade da matéria e das atribuições exercidas pelo agente público serão consideradas em eventual responsabilização do agente público.
>
> §5º O montante do dano ao erário, ainda que expressivo, não poderá, por si só, ser elemento para caracterizar o erro grosseiro ou o dolo.
>
> §6º A responsabilização pela opinião técnica não se estende de forma automática ao decisor que a adotou como fundamento de decidir e somente se configurará se estiverem presentes elementos suficientes para o decisor aferir o dolo ou o erro grosseiro da opinião técnica ou se houver conluio entre os agentes.
>
> §7º No exercício do poder hierárquico, só responderá por culpa in vigilando aquele cuja omissão caracterizar erro grosseiro ou dolo.

§8º O disposto neste artigo não exime o agente público de atuar de forma diligente e eficiente no cumprimento dos seus deveres constitucionais e legais.

Depreende-se que o decreto detalha os pressupostos da responsabilização pessoal, que, para fins didáticos, podem ser sistematizados da seguinte maneira: (i) a responsabilização pessoal do agente público somente se dá diante de má intenção (dolo) ou erro grosseiro; (ii) erro grosseiro é aquele manifesto, evidente e inescusável, revelando-se como seu pressuposto a atuação com culpa grave; (iii) a complexidade da matéria deve ser considerada no processo de aferição da possibilidade de responsabilização do agente público; (iv) o montante do eventual prejuízo, por si só, não se presta a atrair a responsabilidade do agente; (v) se houver erro grosseiro na opinião técnica, este não se estenderá automaticamente ao agente público que com base nela decide; (vi) uma boa decisão pressupõe a atuação diligente e eficiente do agente público.

No campo jurisprudencial e afeto à responsabilidade do agente público, especialmente sobre este elemento "inovador", observa-se a constante e crescente densificação do conceito de erro grosseiro pelo Tribunal de Contas da União. Desde a edição da Lei Federal nº 13.655/2018, que incluiu na LINDB o artigo 28, o TCU já divulgou diversos enunciados, em seus boletins de jurisprudência, que versam sobre as situações que constituem erros grosseiros.

Nesta esteira, o Tribunal assentou que "a conduta culposa do responsável que foge ao referencial do 'administrador médio' utilizado pelo TCU para avaliar a razoabilidade dos atos submetidos a sua apreciação caracteriza o 'erro grosseiro'" (Boletim de Jurisprudência 228/2018, Acórdão 1628/2018-Plenário). Na mesma direção é o enunciado segundo o qual, "para fins do exercício do poder sancionatório do TCU, erro grosseiro é o que decorreu de grave inobservância do dever de cuidado, isto é, que foi praticado com culpa grave" (Boletim de Jurisprudência 241/2018, Acórdão nº 2.391/2018-Plenário).

Relevante anotar que, neste último Acórdão nº 2.391/2018-Plenário, o TCU imergiu na correspondência entre a culpa grave e o erro grosseiro. Extrai-se do voto do Ministro relator o seguinte:

> 82. Dito isso, é preciso conceituar o que vem a ser erro grosseiro para o exercício do poder sancionatório desta Corte de Contas. Segundo o art. 138 do Código Civil, o erro, sem nenhum tipo de qualificação quanto à sua gravidade, é aquele "que poderia ser percebido por pessoa de diligência normal, em face das circunstâncias do negócio" (grifos acrescidos). Se ele for substancial, nos termos do art. 139, torna anulável o negócio jurídico. Se não, pode ser convalidado.
>
> 83. Tomando como base esse parâmetro, o erro leve é o que somente seria percebido e, portanto, evitado por pessoa de diligência extraordinária, isto é, com grau de atenção acima do normal, consideradas as circunstâncias do negócio. O erro grosseiro, por sua vez, é o que poderia ser percebido por pessoa com diligência abaixo do normal, ou seja, que seria evitado por pessoa com nível de atenção aquém do ordinário, consideradas as circunstâncias do negócio. Dito de outra forma, o erro grosseiro é o que decorreu de uma grave inobservância de um dever de cuidado, isto é, que foi praticado com culpa grave.

Gradação do Erro	Pessoa que seria capaz de perceber o erro	Efeito sobre a validade do negócio jurídico (se substancial)
Erro grosseiro	Com diligência abaixo do normal	Anulável
Erro (sem qualificação)	Com diligência normal	Anulável
Erro leve	Com diligência extraordinária – acima do normal	Não anulável

Em outras oportunidades, o TCU tem reiterado essa concepção, vinculando o erro grosseiro à culpa grave e identificando situações em que resta caracterizado. Neste sentido, a Corte de Contas afirmou que pode caracterizar erro grosseiro, entre outros: (i) o descumprimento de normativo da entidade pelo gestor, especialmente o que resultar em danos materialmente relevantes (Boletim de Jurisprudência 246/2018, Acórdão 2.677/2018-Plenário); (ii) a conduta do agente público que se distancia daquela que seria esperada do administrador médio, avaliada no caso concreto (Boletim de Jurisprudência 248/2019, Acórdão 2.860/2018-Plenário); (iii) a realização de pagamento antecipado sem justificativa do interesse público na sua adoção e sem as devidas garantias que assegurem o pleno cumprimento do objeto pactuado (Boletim de Jurisprudência 252/2019, Acórdão 185/2019-Plenário); (iv) a autorização de pagamento sem a devida liquidação da despesa (Boletim de Jurisprudência 258/2019, Acórdão 2.699/2019-Primeira Câmara); e (v) a decisão do gestor que desconsidera, sem a devida motivação, parecer da consultoria jurídica do órgão ou da entidade que dirige (Boletim de Jurisprudência 268/2019, Acórdão 1.264/2019-Plenário).

Não se pode ignorar ainda a nova previsão trazida pelo artigo 22 da LINDB, segundo a qual, na interpretação de normas sobre gestão pública, serão considerados os obstáculos e as dificuldades reais do gestor e as exigências das políticas públicas a seu cargo, sem prejuízo dos direitos dos administrados. Isso significa, em outras palavras, que, à época da tomada de decisão, deve esta ser avaliada de acordo com as informações que estavam à disposição do gestor, considerado o ambiente de negócios e as práticas comerciais usuais, e se havia ou não fundamento objetivo que sustentasse a decisão tomada.

É importante destacar, porém, a distinção que vem sendo aplicada pelo Tribunal de Contas da União quanto à utilização do erro grosseiro nos diferentes regimes de responsabilização. Isso porque já se consolidou no TCU a compreensão de que a regra do artigo 28 da LINDB, que limita a responsabilização pessoal do agente público por suas decisões ou opiniões técnicas aos casos de dolo ou erro grosseiro, não é aplicável à responsabilidade financeira por dano ao erário. Neste sentido, a Corte de Contas vem afirmando que "o dever de indenizar prejuízos aos cofres públicos permanece sujeito à comprovação de dolo e culpa, sem qualquer gradação, tendo em vista o tratamento constitucional dado à matéria (art. 37, §6º, da Constituição Federal)", como se observa nos Acórdãos 5.547/2019-Plenário, 2.768/2019-Plenário e 11.298/2021-Primeira Câmara, cujos enunciados foram divulgados, respectivamente, nos Boletins de Jurisprudência 273/2019, 291/2019 e 370/2021.

Daí que, no tocante ao eventual dever de indenizar, a responsabilidade do administrador que é agente público acaba por remanescer completamente aderente à previsão do artigo 158 da Lei das Sociedades Anônimas e, ainda, sujeita à verificação dos critérios da *business judgment rule*, cabendo afastá-la com supedâneo no §6º do artigo 159.

Em se tratando da caracterização de ato de improbidade administrativa, observa-se que a incidência da *business judgment rule* leva ao afastamento da responsabilização pessoal, pois a Lei nº 14.230, de 25 de outubro de 2021, eliminou de vez a possibilidade de aplicação de sanções dessa natureza por condutas meramente culposas, independentemente do grau em que tenha se dado a culpa. Não há dúvidas de que a modificação legislativa considerou não apenas todo o contexto analisado de responsabilidade dos agentes públicos responsáveis pela gestão de empresas estatais, mas também os critérios de decisão informada e refletida no contexto em que foi adotada, observando aquilo que, à essa época, era possível conhecer e sopesar.

8 Considerações finais

Como se viu, diante do híbrido regime jurídico a que se submetem as empresas estatais, dentre as quais as sociedades de economia mista, é plenamente aplicável aos agentes públicos que assumem a qualidade de administradores dessas companhias o regime de responsabilidade instaurado na Lei das Sociedades Anônimas, que, em seu artigo 159, §6º, importa ao ordenamento brasileiro, com as nuances necessárias, a teoria da *business judgment rule*. Permite-se, com esteio nessa regra, o afastamento da responsabilidade pessoal do administrador agente público se a decisão empresarial, a despeito de se revelar futuramente equivocada, foi pautada na boa-fé e adotada de maneira diligente, com recurso a informações e esclarecimentos disponíveis, na consecução dos fins sociais.

Neste sentido, deve-se trazer, para complementar esses critérios, as regras previstas na Lei de Introdução às Normas do Direito Brasileiro, que, em seus artigos 22 e 28, dão novos subsídios ao exame da conduta do agente público, para identificação de eventual responsabilidade. No contexto das punições passíveis de aplicação pelos órgãos de controle externo, sobressai a restrição promovida pela LINDB, no sentido de só admitir tais punições nos casos em que haja dolo e erro grosseiro, equivalente à culpa grave.

No entanto, como vem reconhecendo o Tribunal de Contas da União, a responsabilidade pessoal pelo dano ao erário não se subsome à necessidade de culpa grave (erro grosseiro), podendo se caracterizar nas hipóteses de culpa em sentido *lato*. Neste tocante, todos os graus da culpa estão diretamente relacionados ao princípio da eficiência, o qual é imposto, por força constitucional, a todo agente público, seja da Administração Pública direta ou indireta, a fim de que ele realize suas atribuições com presteza, perfeição, excelência e alta performance profissional. É, por isso mesmo, o mais moderno dos princípios constitucionais da Administração Pública, eis que os administrados exigem atualmente resultados positivos para o serviço público e satisfatório atendimento das necessidades da comunidade e de seus membros. Quando se pensa nas entidades empresariais estatais, esse princípio assume contornos ainda mais destacados, vez que deve ser considerada, inclusive, a natural competição do mercado.

Por isso, se todas as diligências possíveis foram realizadas para que, na linha da boa governança, a melhor decisão possa ser tomada – de modo que, ainda que no futuro alguma irregularidade ou algum infortúnio sejam detectados, tais eventos somente poderiam ser identificados no momento presente por uma situação fortuita ou com o emprego de diligência extraordinária ou absolutamente incomum – não há de se reconhecer responsabilidade pessoal dos agentes públicos envolvidos no processo decisório, seja no aspecto sancionatório, perante os órgãos de controle, seja de cunho financeiro, em razão de eventual dano suportado pelo erário.

Referências

ARAGÃO, Alexandre Santos. *Empresas estatais*: o regime jurídico das empresas públicas e sociedades de economia mista. 2. ed. Rio de Janeiro: Forense, 2018, livro eletrônico.

ARSHT, S. Samuel. The Business Judgment Rule Revisited. *Hofstra Law Review*, Hempstead, v. 8, n. 1, p. 93-134, 1979.

CAMPINHO, Sérgio. *Curso de direito comercial* – sociedade anônima. 5. ed. São Paulo: Saraiva Educação, 2020.

CARVALHOSA, Modesto; KUYVEN, Fernando. *Sociedades anônimas*. 2. ed. São Paulo: Thomson Reuters Brasil, 2018.

COELHO, Fábio Ulhoa. *Curso de direito comercial*. Vol. 2. 4. ed. São Paulo: Thomson Reuters Brasil, 2021, livro eletrônico.

DI PIETRO, Maria Sylvia Zanella. *Direito Administrativo*. 34. ed. Rio de Janeiro: Forense, 2021, livro eletrônico.

EIZIRIK, Nelson. *Mercado de capitais: regime jurídico*. Rio de Janeiro: Renovar, 2011.

HENTZ, Luiz Antonio Soares. Ação social de responsabilidade e *business judgment rule*. *Revista de Direito Bancário e do Mercado de Capitais*, v. 18, n. 68, abr./jun. 2015, versão eletrônica.

MATIAS, João Luis Nogueira. A Função Social da Empresa e a Composição de Interesses na Sociedade Limitada, *Tese de Doutorado*, Universidade de São Paulo, 2009.

MEIRELLES, Hely Lopes. *Direito administrativo brasileiro*. José Emmanuel Burle Filho. 42. ed. São Paulo: Malheiros, 2016.

ORTIZ, Gaspar Ariño. *Principios de Derecho Público Económico*. Granada: Editorial Comares, 1999.

PARGENDLER, Mariana. Responsabilidade civil dos administradores e *business judgment rule* no direito brasileiro. *Revista dos Tribunais*, v. 104, n. 953, mar. 2015, versão eletrônica.

PEREIRA, Caio Mário da Silva. *Instituições de Direito Civil*: introdução ao direito civil: teoria geral de direito civil. Vol. I. Maria Celina Bodin de Moraes (atual.). 33. ed. Rio de Janeiro: Forense, 2020, livro eletrônico.

ROVAI, Armando Luiz; GINZEL, Alexandre. Responsabilização de diretores na administração de sociedade anônima. *Revista de Direito Bancário e do Mercado de Capitais*, v. 19, n. 72, abr./jun. 2016, versão eletrônica.

SALOMÃO FILHO, Calixto. Função social do contrato: primeiras anotações. *Revista de Direito Mercantil, Industrial, Econômico e Financeiro*, v. 132, 2003.

SILVA, João Nuno Calvão da. *Mercado e Estado* – Serviços de Interesse Económico Geral. Coimbra: Almedina, 2008.

TARTUCE, Flávio. *Direito Civil*: lei de introdução e parte geral. 17. ed. Rio de Janeiro: Forense, 2021, livro eletrônico.

VERGUEIRO, Carlos Eduardo. *A Business Judgment Rule*. *Revista de Direito Empresarial*, v. 3, n. 9, maio/jun. 2015, versão eletrônica.

VILLAR EZCURRA, Jose Luiz. *Servicio Público y Técnicas de Conexión*. Madrid: Centro de Estudios Constitucionales, 1980.

Informação bibliográfica deste texto, conforme a NBR 6023:2018 da Associação Brasileira de Normas Técnicas (ABNT):

ZENKNER, Marcelo; GARCIA, Gabriel Ene. Responsabilidade pessoal dos administradores das empresas estatais: o necessário diálogo da *business judgment rule* com as disposições da LINDB. *In*: CONTI, José Maurício; MARRARA, Thiago; IOCKEN, Sabrina Nunes; CARVALHO, André Castro (coord.). *Responsabilidade do gestor na Administração Pública*: improbidade e temas especiais. Belo Horizonte: Fórum, 2022. p. 175-193. ISBN 978-65-5518-413-6. v.3.

O REGIME JURÍDICO DE RESPONSABILIDADE DOS DIRIGENTES DE EMPRESAS PRIVADAS COM PARTICIPAÇÃO ESTATAL: O QUE MUDA COM A ENTRADA DO ESTADO NO CAPITAL SOCIAL DE EMPRESAS PRIVADAS?

PAULO VINICIUS LIEBL FERNANDES

1 Introdução

Nos últimos anos, tem-se difundido no Brasil o fenômeno de participação do Estado como acionista minoritário de empresas privadas. Trata-se de técnica de atuação estatal na ordem econômica em que os entes públicos se associam com entes privados por meio da aquisição de parcela minoritária do capital social de uma determinada empresa privada.[1] Embora essa parcela minoritária não seja suficiente para conferir ao Poder Público o exercício do controle societário absoluto, ela possibilita que o Estado exerça uma influência significativa no processo de tomada de decisão suficiente para induzir as atividades empresariais, de modo a fazer com que sejam executadas em um sentido socialmente desejável.

Essas parcerias público-privadas de natureza societária têm recebido diferentes denominações por parte da doutrina.[2] No presente trabalho, adota-se a nomenclatura "empresas privadas com participação estatal" para se referir a qualquer espécie de parceria societária celebrada entre os entes públicos e entes privados em que aqueles detenham parcela minoritária do capital social da sociedade empresarial.

---

[1] Rafael Wallbach Schwind conceitua as participações acionárias minoritárias do Estado como sendo "uma técnica de intervenção do Estado no domínio econômico – a técnica acionária – pela qual o Estado emprega o seu apoio institucional e econômico em parcerias público-privadas de natureza societária, como mecanismo orientador de certas condutas consideradas desejáveis pelo Estado na ordem econômica" (SCHWIND, Rafael Wallbach. *O Estado Acionista*: empresas estatais e empresas privadas com participação estatal. São Paulo: Almedina, 2017, p. 34).

[2] Apenas a título de exemplo, Alexandre Santo de Aragão utiliza a denominação empresa público-privada para se referir às sociedades em que o Estado detenha parcela minoritária do capital social. (ARAGÃO, Alexandre Santos de. Empresa público-privada. *Revista dos Tribunais – RT*, ano 98, n. 890, p. 33-68, dez. 2009). Carlos Ari Sundfeld, Rodrigo Pagani de Souza e Henrique Motta Pinto adotam a expressão "empresas semiestatais" (SUNDFELD, Carlos Ari; SOUZA, Rodrigo Pagani de; PINTO, Henrique Motta. Empresas Semiestatais. *Revista de Direito Público da Economia – RDPE*, Belo Horizonte, ano 9, n. 36, p. 75-99, out./dez. 2011).

Conquanto seja possível identificar a constituição de esporádicas participações minoritárias pelo Estado em empresa privada antes do período de redemocratização no Brasil, é somente a partir do programa de desestatização executado pelo Governo Federal na última década do século XX que a constituição pelo Estado de quotas societárias minoritárias em empresas privadas passou a ser empregada como uma verdadeira técnica de intervenção na ordem econômica. O seu manuseio pelos entes públicos se intensificou ao longo dos governos do Partido dos Trabalhadores[3] por ser vista como uma ferramenta capaz de viabilizar a consecução de uma série de objetivos públicos[4] e de permitir a retomada da presença do Estado na economia em parceria com a iniciativa privada.

Todavia, o crescimento exponencial da utilização desta técnica de atuação estatal não foi acompanhado de um interesse imediato da doutrina pátria no estudo da temática, o que fez surgir algumas dúvidas em torno do regime jurídico aplicável às empresas privadas com participação estatal. Um dos tópicos acometidos ainda por uma certa opacidade se refere ao regime de responsabilização dos dirigentes de empresas privadas com participação estatal. Diante deste quadro, o presente estudo pretende se debruçar sobre uma questão específica: a inserção do ente público no capital social da empresa privada promove alguma alteração no regime de responsabilidade aplicável aos dirigentes das empresas privadas?

Para responder ao questionamento, o trabalho encontra-se dividido em três partes. Em um primeiro momento, apresenta-se o conceito de empresas privadas com participação estatal, bem como as duas modalidades destas parcerias societárias (empresa público-privada e empresa semiestatal). Em seguida, parte-se para a análise do regime jurídico incidente sobre as empresas privadas com participação estatal. Reconhecida a submissão destas sociedades empresariais exclusivamente ao regime de direito privado, aponta-se, no último tópico, quais as possíveis mudanças, provocadas pela inserção de um ente público no quadro de sócios da empresa privada, no regime de responsabilidade de seus dirigentes.

2 O conceito e as modalidades de empresas privadas com participação estatal

Embora a participação de entes públicos no capital social de empresas privadas seja um fenômeno visualizado no Brasil desde o programa de desestatização executado pelo Governo Federal na década de 1990 do século passado, a doutrina administrati-

---

[3] Em um espaço de 15 anos, várias leis instituidoras de empresas estatais federais passaram a prever a possibilidade de integrarem o capital social de empresas privadas de forma minoritária. Vale mencionar os seguintes diplomas normativos: (i) Lei nº 9.478/97, que trouxe permissão para que as subsidiárias da Petrobras se associassem, de forma minoritária, com parceiros privados; (ii) Lei nº 11.909/2009, a qual permitiu ao Banco do Brasil e à Caixa Econômica Federal adquirirem ações de instituições financeiras em crise; (iii) Lei nº 12.648/2012, que permitiu à Infraero integrar minoritariamente o capital social de sociedades empresarias; e (iv) Lei nº 12.688/2012, a qual permitiu à Eletrobras se associar com empresas privadas para constituir sociedade empresarial cuja maioria do capital social seria titularizado pelo parceiro privado.

[4] Rafael Walbach Schwind destaca que a técnica acionária pode ser aplicada pelo Estado "sempre que o apoio institucional do Estado, na qualidade de sócio, for relevante para a consecução de objetivos de interesse público que justifiquem uma atuação estatal" (SCHWIND, Rafael Wallbach. *O Estado Acionista*: empresas estatais e empresas privadas com participação estatal. São Paulo: Almedina, 2017, p. 34).

vista demorou a despertar interesse pelo estudo dos contornos jurídicos desta técnica de atuação estatal. Os primeiros trabalhos sobre a temática só vieram a ser publicados na segunda metade dos anos 2000 e se depararam com um primeiro grande desafio: identificar qual o traço característico que define as empresas privadas com participação estatal.

Alexandre Santos de Aragão, em trabalho precursor sobre o tema, valeu-se da expressão "empresas público-privadas" para denominar as sociedades que contam com participações acionárias minoritárias do Estado. De acordo com o jurista, as empresas público-privadas são "sociedades comerciais privadas com participação estatal, direta ou indireta, minoritária com vistas à realização de determinado objetivo público incumbido pelo ordenamento jurídico ao Estado".[5] A conceituação elaborada pelo jurista traz como elemento definidor das empresas público-privadas a detenção pelo Estado de parcela minoritária do capital votante.

Caminho semelhante foi adotado por Carlos Ari Sundfeld, Rodrigo Pagani de Souza e Henrique Motta Pinto, os quais conceituam as associações empresariais formadas entre o Poder Público e a iniciativa privada como sendo aquelas constituídas "pela participação estatal, minoritária, mas relevante, em empresa cuja maioria do capital votante fica nas mãos dos particulares".[6] Da mesma forma, Fernando Marcato e Mariana Saragoça defendem que as empresas privadas com participação estatal são aquelas constituídas "por meio de uma sociedade, detendo o ente privado (ou entes privados), no mínimo, 50% mais uma ação ou quota do capital social da sociedade e o ente público (administração direta, empresa pública ou sociedade de economia mista), 50% menos uma ação ou quota do capital social".[7]

De outro lado, há juristas que compreendem que o elemento-chave para a configuração das empresas privadas com participação estatal encontra-se na ausência do controle societário absoluto nas mãos do sócio estatal. Marçal Justen Filho, por exemplo, entende que a participação do Estado em empresas privadas "envolve os casos em que uma entidade estatal adquire a condição de sócio, mas sem alcançar a condição de titular do controle".[8] No mesmo sentido, Rafael Wallbach Schwind assevera que o elemento essencial para a caracterização das empresas privadas com participação estatal não está na quantidade de ações pertencentes ao Estado, mas sim no fato de o Estado não deter, de modo permanente, o controle societário.[9] [10]

---

[5] ARAGÃO, Alexandre Santos de. Empresa público-privada. *Revista dos Tribunais – RT*, ano 98, n. 890, p. 33-68, dez. 2009, p. 41.

[6] SUNDFELD, Carlos Ari; SOUZA, Rodrigo Pagani de; PINTO, Henrique Motta. Empresas Semiestatais. *Revista de Direito Público da Economia – RDPE*, Belo Horizonte, ano 9, n. 36, p. 75-99, out./dez. 2011, p. 75-76.

[7] MARCATO, Fernando S.; SARAGOÇA, Mariana. Parcerias estratégicas entre empresas públicas e privadas no setor de infraestrutura. *In*: MARCATO, Fernando S.; PINTO JÚNIOR, Maria Engler (coord.). *Direito da Infraestrutura*. Vol. 1. São Paulo: Saraiva, 2017, p. 139-150.

[8] JUSTEN FILHO, Marçal. As empresas privadas com participação estatal minoritária. *Revista de Direito Contemporâneo*, v. 2, p. 271-284, 2013, p. 275.

[9] SCHWIND, Rafael Wallbach. *O Estado Acionista*: empresas estatais e empresas privadas com participação estatal. São Paulo: Almedina, 2017, p. 152.

[10] Caroline Barros Fidalgo também parece se filiar à corrente que vê no controle acionário o critério definidor das empresas privadas com participação estatal. A jurista compreende que as empresas privadas com participação estatal se caracterizam justamente pela ausência de controle acionário do Estado, tanto que as intitula de sociedades de capital público-privado sem controle estatal (FIDALGO, Carolina Barros. *O Estado Empresário*: das sociedades estatais às sociedades privadas com participação minoritária do Estado. São Paulo: Almedina, 2017, p. 359).

Há, portanto, dois posicionamentos sobre o atributo qualificador das empresas privadas que contam com participação estatal. Um que defende que essas parcerias público-privadas societárias se caracterizam pela participação minoritária do Estado no capital votante e outro que entende que o elemento definidor dessas empresas está no fato de o Estado não possuir o controle societário de forma preponderante. A controvérsia se deve à circunstância de o controle da gestão empresarial nem sempre estar atrelado à titularidade da maioria do capital votante da empresa. Como bem aponta Rafael Wallbach Schwind, "existe uma série de outros fatores que condicionam o exercício do poder de controle, os quais podem levar a que sócios minoritários exerçam o poder de comando da empresa, ainda que detenham uma parcela muito pequena do capital social".[11]

Fabio Ulhôa Coelho identifica ao menos quatro modalidades de controle societário dentro de uma sociedade por ações: (i) controle totalitário; (ii) controle majoritário; (iii) controle gerencial; e (iv) controle minoritário.[12] O controle totalitário ocorre quando quase a totalidade das ações pertence a um único sócio ou a um bloco de sócios da sociedade empresarial, circunstância que permite aos controladores decidir, isoladamente, todas as matérias relevantes para a empresa, não dando margem para que os sócios minoritários exerçam certa influência no processo de tomada de decisões.

Por sua vez, na hipótese de controle majoritário, o sócio é titular da maioria do capital social da empresa, mas, diferentemente do caso do controle totalitário, o percentual de ações por ele subscritas não lhe permite tomar todas as decisões societárias individualmente. O que varia aqui é o grau de influência dos minoritários, que detêm ações suficientes para invocar faculdades societárias que lhes permitam influenciar o processo de tomada de decisões da empresa, como, por exemplo, exigir o voto múltiplo para a composição do conselho de administrativo ou requerer a instalação do conselho fiscal.[13]

Já o controle gerencial ocorre naquelas situações em que há um nível elevado de pulverização do capital social e os administradores assumem o papel de verdadeiros controladores da sociedade anônima.[14] Por fim, no controle minoritário, o acionista controlador possui menos da metade das ações com direito a voto, porém, em razão da composição acionária ser diluída entre inúmeros sócios, ele é o que detém a maior parcela individual de ações, o que lhe permite eleger a maioria dos administradores e assumir com maior facilidade o controle preponderante da sociedade.[15] Rafael Wallbach Schwind destaca que o controle minoritário pode ser exercido por um único sócio ou por um bloco de quotistas que vinculam suas participações acionárias por meio de um acordo de acionistas.[16]

Para os juristas que se filiam à corrente que elege o critério societário, e não acionário, como elemento definidor das empresas privadas com participação estatal,

---

[11]   SCHWIND, Rafael Wallbach. *O Estado Acionista*: empresas estatais e empresas privadas com participação estatal. São Paulo: Almedina, 2017, p. 161.

[12]   COELHO, Fabio Ulhôa. *Curso de direito comercial*: direito de empresa, vol. 3, 15. ed. São Paulo: Saraiva, 2014, p. 352.

[13]   COELHO, Fabio Ulhôa. *Curso de direito comercial*: direito de empresa, vol. 3, 15. ed. São Paulo: Saraiva, 2014, p. 357.

[14]   COELHO, Fabio Ulhôa. *Curso de direito comercial*: direito de empresa, vol. 3, 15. ed. São Paulo: Saraiva, 2014, p. 352.

[15]   COELHO, Fabio Ulhôa. *Curso de direito comercial*: direito de empresa, vol. 3, 15. ed. São Paulo: Saraiva, 2014, p. 357.

[16]   SCHWIND, Rafael Wallbach. *O Estado Acionista*: empresas estatais e empresas privadas com participação estatal. São Paulo: Almedina, 2017, p. 160.

as sociedades nas quais um ente público exerce a modalidade de controle minoritário permanente constituiriam verdadeiras sociedades de economia mista. Ilustrativa é a passagem de Filipe Machado Guedes:

> Se o Estado, ainda que possuindo apenas a minoria das ações com direito a voto, dirige de fato as atividades de determinada companhia de forma permanente por conta da dispersão acionária, de previsões estatutárias, de acordos de acionistas ou mesmo de *golden shares* que lhe garantam a preponderância nas deliberações sociais e a prerrogativa de indicação da maioria dos administradores, não vemos como aceitar que essa empresa não seja considerada uma empresa estatal e, consequentemente, submetida ao regime jurídico híbrido aplicável a essas companhias. [17] [18]

Não há, no entanto, como concordar com este posicionamento em razão do disposto no artigo 4º da Lei nº 13.303/2016, o qual conceituou as sociedades de economia mista como sendo entidades cujas ações com direito a voto pertencem em sua maioria a um ente público.[19] Essa definição já era empregada pelo Decreto-Lei nº 200/1967[20] e demonstra que o ordenamento jurídico brasileiro reconhece a via acionária, e não a societária, como critério qualificador das empresas que integram o corpo burocrático da Administração Pública.[21] Significa dizer que as sociedades empresariais em que a iniciativa privada detém mais de 50% do capital votante, como no caso das empresas privadas com participação estatal, não se enquadram no conceito legal de sociedade de economia mista, constituindo verdadeiras sociedades privadas.

Eventual adoção do critério societário como qualificador das empresas privadas com participação estatal faria com que as sociedades empresariais nas quais o Estado detém a maioria do capital votante e compartilha o controle societário com os sócios privados, por meio da celebração de acordo de acionistas, fossem classificadas como empresas privadas com participação estatal, o que não se mostra compatível com o artigo 4º da Lei nº 13.303/2016.

Tem-se, portanto, que o elemento caracterizador das empresas privadas com participação estatal, consagrado pelo arcabouço normativo brasileiro, é a titularidade da minoria do capital social da empresa, e não o exercício preponderante do controle societário.[22] Com base nisso, pode-se conceituar estas parcerias societárias como sendo

---

[17] GUEDES, Filipe Machado. *A atuação do Estado na economia como acionista minoritário*: possibilidades e limites. São Paulo: Almedina, 2015, p. 77.

[18] Em sentido semelhante, Rafael Wallbach Schwind assevera que: "para a identificação de uma empresa privada com participação estatal, mencionou-se que o Estado não deve possuir 'de modo permanente' a preponderância no exercício do poder de controle interno. (...), entretanto, caberá definir se o Estado passará a ter tal preponderância de modo permanente ou não – o que poderá resultar, eventualmente, na própria estatização da empresa" (SCHWIND, Rafael Wallbach. *O Estado Acionista*: empresas estatais e empresas privadas com participação estatal. São Paulo: Almedina, 2017, p. 170).

[19] Art. 4º. Sociedade de economia mista é a entidade dotada de personalidade jurídica de direito privado, com criação autorizada por lei, sob a forma de sociedade anônima, cujas ações com direito a voto pertençam em sua maioria à União, aos Estados, ao Distrito Federal, aos Municípios ou a entidade da administração indireta.

[20] Art. 5º. Para os fins desta lei, considera-se: III - Sociedade de Economia Mista - a entidade dotada de personalidade jurídica de direito privado, criada por lei para a exploração de atividade econômica, sob a forma de sociedade anônima, cujas ações com direito a voto pertençam em sua maioria à União ou a entidade da Administração Indireta.

[21] SAADI, Mário. *Empresa Semiestatal*. Belo Horizonte: Fórum, 2019, p. 45.

[22] SAADI, Mário. *Empresa Semiestatal*. Belo Horizonte: Fórum, 2019, p. 108.

sociedades empresariais privadas, não integrantes da Administração Pública, em que o Poder Público, entes federados ou entidades públicas, possui parcela minoritária do capital votante.

Conquanto todas possuam um ente público como acionista minoritário, as empresas privadas com participação estatal comportam diferentes configurações. De acordo com Mário Saadi, é possível identificar uma divisão entre as sociedades empresariais onde o sócio estatal não participa do bloco de controle da empresa, e aquelas em que o sócio estatal compartilha o controle societário com os sócios privados. A primeira modalidade é denominada pelo jurista de empresas público-privadas, enquanto que a segunda recebe o nome de empresas semiestatais.[23]

A distinção proposta por Mário Saadi tem como critério a existência ou não de compartilhamento do controle da empresa entre o ente público e os agentes privados. No caso da empresa semiestatal, a participação minoritária do Estado é acompanhada de poderes especiais atribuídos por acordo de acionistas ou por *golden shares*, que lhe asseguram o exercício do controle minoritário em conjunto com outros sócios privados, ao passo que nas empresas público-privadas o ente público detém uma participação minoritária simples desprovida de poder de controle.[24]

A diferença parece sútil, mas o simples fato de o sócio estatal integrar o bloco de controle da sociedade privada com participação estatal lhe confere maior poder de influência sobre as deliberações internas, habilitando-o a orientar, de forma mais intensa, as atividades da empresa para um sentido socialmente desejável. Não que nas empresas público-privadas o sócio estatal não tenha meios de atuar no processo de definição das condutas da empresa. Na condição de acionista minoritário, o Poder Público tem assegurado o direito de participar das deliberações societárias, tomar ciência das estratégias comerciais da empresa, bem como de ter acesso aos dados contábeis.[25] Todavia, nas empresas semiestatais, pelo fato de o ente público integrar o bloco de controle da sociedade, o seu poder de influir no modo de atuação da empresa é potencializado.

Geralmente, o compartilhamento do controle nas empresas semiestatais ocorre mediante a celebração de acordo de acionistas, ferramenta societária de natureza contratual que tem como finalidade regular o relacionamento recíproco entre os sócios no ambiente interno da empresa. Rafael Wallbach Schwind destaca que os acordos de acionistas definem de antemão a forma como os signatários se comportarão, na qualidade de sócios, em relação aos assuntos internos da sociedade empresarial.[26]

Por meio do acordo de acionistas, o sócio estatal pode assumir algumas funções de gestão da empresa semiestatal, obter o direito de nomear membros do conselho de administração ou da diretoria da empresa, bem como fixar assuntos societários cuja aprovação dependa da sua concordância.[27] Também pode prever: (i) um compromisso de manutenção da composição acionária da empresa por um prazo determinado ou que

---

[23] SAADI, Mário. *Empresa Semiestatal*. Belo Horizonte: Fórum, 2019, p. 45.

[24] MARRARA, Thiago; MAFFIOLETTI, Emanuelle Urbano. Intervenção direta do Estado na economia por participações minoritárias: formas, requisitos e razoabilidade. *Fórum Administrativo – FA*, Belo Horizonte, ano 17, n. 198, p. 72-85, ago. 2017, p. 76.

[25] SCHWIND, Rafael Wallbach. *O Estado Acionista*: empresas estatais e empresas privadas com participação estatal. São Paulo: Almedina, 2017, p. 149.

[26] SCHWIND, Rafael Wallbach. *O Estado Acionista*: empresas estatais e empresas privadas com participação estatal. São Paulo: Almedina, 2017, p. 340.

[27] SAADI, Mário. *Empresa Semiestatal*. Belo Horizonte: Fórum, 2019, p. 200-204.

o ingresso de novos sócios dependa da concordância do sócio estatal, (ii) o direito de o sócio estatal exercer a venda conjunta de suas ações no caso de terceiros adquirirem o controle da empresa, ou ainda (iii) conceder ao Poder Público o direito de preferência na aquisição das ações pertencentes ao sócio privado.[28]

Além de proporcionar uma maior previsibilidade na gestão societária, o acordo de acionistas reforça o aspecto associativo envolvido nestas parcerias público-privadas societárias. Tanto as empresas público-privadas quanto as empresas semiestatais instrumentalizam uma associação entre o capital público e o capital privado que objetiva desenvolver uma atividade privada considerada relevante pelo Estado. A diferença é que nas empresas semiestatais, o Poder Público possui um nível maior de influência nas deliberações internas, o que aumenta a possibilidade de se tomar decisões empresariais que atendam, ao mesmo tempo, os interesses dos sócios privados e os interesses da coletividade, representados pelo sócio estatal.

As empresas semiestatais também podem excepcionalmente surgir através da subscrição pelo sócio estatal de *golden shares*. Trata-se de uma ação preferencial de classe especial instituída no Brasil pelo Programa Nacional de Desestatização (Lei nº 8.031/1990 posteriormente substituída pela Lei nº 9.491/1997) que tinha como finalidade conferir à pessoa pública privatizante alguns poderes especiais na gestão societária da empresa recém-privatizada.[29] Juliana Krueger Pela destaca que as prerrogativas asseguradas ao titular da *golden share* podem consistir em: (i) nomeação de administradores, desde que respeitado o direito à representatividade assegurado pela lei aos demais acionistas; (ii) poder de veto em decisões tomadas em assembleia; (iii) aprovação de atos da administração da empresa; e (iv) eleição de membros do Conselho Fiscal.[30]

No contexto brasileiro, a inserção da *golden share* no programa de desestatização não tinha o propósito de assegurar à pessoa pública privatizante a manutenção de parcela do controle societária da estatal privatizada. Buscava-se reduzir a resistência política à privatização, com a sinalização de que o Estado não se retiraria totalmente da gestão interna da empresa,[31] bem como assegurar ao Poder Público o poder de intervir na deliberação interna que envolvesse matérias revestidas de alta carga de relevância pública.

Contudo, a depender da organização interna da companhia e das prerrogativas inseridas na ação de classe especial, é possível que o ente público subscritor da *golden share* acabe por assumir uma posição preponderante dentro do ambiente interno da sociedade, que lhe permita compartilhar o controle com os demais acionistas da empresa privada com participação estatal, constituindo-a sob a modalidade de empresa semiestatal.[32]

---

[28] SCHWIND, Rafael Wallbach. *O Estado Acionista*: empresas estatais e empresas privadas com participação estatal. São Paulo: Almedina, 2017, p. 367-370.

[29] MARRARA, Thiago; MAFFIOLETTI, Emanuelle Urbano. Intervenção direta do Estado na economia por participações minoritárias: formas, requisitos e razoabilidade. *Fórum Administrativo – FA*, Belo Horizonte, ano 17, n. 198, p. 72-85, ago. 2017, p. 78.

[30] PELA, Juliana Krueger. *As golden shares no direito societário brasileiro*. São Paulo: Quartier Latin, 2012, p. 161.

[31] Esse é o entendimento de Filipe Machado Guedes, assim encontrado: "a manutenção da posição acionária estatal é importante para reduzir as resistências políticas e da opinião pública com o processo de privatização. Isso porque a participação societária dos entes públicos sinaliza que o Estado não 'abandonou' aquela atividade nas mãos da iniciativa privada". (GUEDES, Filipe Machado. *A atuação do Estado na economia como acionista minoritário*: possibilidades e limites. São Paulo: Almedina, 2015, p. 116.).

[32] É o que sustentam Thiago Marrara e Emanuelle Maffioletti: "A organização da companhia poderá dar origem a uma situação de controle interno gerencial de direito decorrente da instrumentalização da *golden share* nas

Constata-se, assim, que as empresas privadas com participação estatal podem assumir duas modalidades de arranjos societários. Nas empresas público-privadas, o sócio estatal assume a posição de mero acionista minoritário que não participa do bloco de controle da companhia instrumentalizada por um acordo de acionistas, nem detém poderes especiais atribuídos por uma *golden share*. Por sua vez, nas empresas semiestatais, o sócio estatal, na condição de acionista minoritário, compartilha do controle societário com os sócios privados através da celebração de um acordo de acionistas ou da subscrição de *golden share*.

Estabelecidos o conceito e as modalidades das empresas privadas com participação estatal, cabe agora examinar o tratamento legal conferido pelo ordenamento pátrio a esta técnica de atuação estatal na ordem econômica e os objetivos públicos que têm levado os entes públicos a ingressarem no capital social de empresas privadas.

3 O regime jurídico aplicável às empresas privadas com participação estatal

O Direito Administrativo, na sua origem francesa, é marcado pelo contraste entre o regime jurídico de direito público e o regime jurídico de direito privado. Enquanto as relações privadas eram reguladas por regras e princípios do regime jurídico de direito privado, a Administração e as relações travadas entre o Estado e os sujeitos privados se submetiam ao conjunto de normas que estruturavam o regime jurídico de direito público.[33]

Nesse contexto, o Direito Administrativo era tido como o ramo do Direito instituidor de um regime jurídico especial e extravagante ao regime de direito privado, que incidia sobre todas as formas de exercício da função administrativa. Consequentemente, ao menos nesse primeiro momento, todas as atividades administrativas e os instrumentos jurídicos utilizados pela Administração e pelos entes que compõem a sua estrutura eram disciplinados por regras e princípios de direito público.

No entanto, com a assunção paulatina pelo Estado de novas competências ligadas à atuação estatal na ordem econômica e social, os instrumentos clássicos de direito público, marcados pela burocracia e pela falta de flexibilidade, não se mostravam aptos a desempenhar as novas atribuições assumidas pela Administração Pública. Emerge, com isso, a necessidade de os Estados recorrerem às ferramentas características do regime privado, como é o caso da estrutura empresarial.

A inserção de figuras jurídicas típicas do direito privado no âmbito da atividade administrativa alterou o regime jurídico incidente sobre a Administração Pública, o qual deixou de ser regido exclusivamente por normas de direito público para também comportar princípios e regras do direito privado,[34] bem como a organização

---

companhias – situação que parece bastante recorrente". (MARRARA, Thiago; MAFFIOLETTI, Emanuelle Urbano. Intervenção direta do Estado na economia por participações minoritárias: formas, requisitos e razoabilidade. *Fórum Administrativo – FA*, Belo Horizonte, ano 17, n. 198, p. 72-85, ago. 2017, p. 78-79).

[33] ALMEIDA, Fernando Dias Menezes de. *Contrato Administrativo*. São Paulo: Quartier Latin, 2012, p. 39.

[34] Não por outra razão que Maria Sylvia Zanella Di Pietro utiliza a expressão "regime jurídico da Administração Pública" para se referir, de forma conjunta, às regras e aos princípios de direito público e de direito privado que subordinam a Administração Pública (DI PIETRO, Maria Sylvia Zanella. *Direito Administrativo*. 26. ed. São Paulo: Atlas, 2013, p. 61).

administrativa passou a contar com entes dotados de personalidade jurídica de direito privado, notadamente as empresas estatais e, em regra, as fundações.

Conquanto as empresas públicas e as sociedades de economia mista detenham personalidade jurídica de direito privado – circunstância que, em tese, atrairia a incidência exclusiva das normas de direito privado –, o regime jurídico que regula estas entidades da Administração Pública indireta sofre a ingerência de princípios e regras do regime de direito público. Isso se deve ao fato das estatais serem criadas pelo Poder Público para desempenharem uma função pública específica, que, ao final, objetiva atender a um determinado interesse público.[35]

Assim, ainda que as empresas estatais e fundações sejam constituídas sob a forma jurídica de direito privado, o seu regime jurídico não se identifica totalmente com o incidente sobre as demais entidades constituídas pela iniciativa privada, justamente pelo fato delas serem instrumentos utilizados pelo Estado para desempenhar funções e atividades públicas que transcendem os interesses essencialmente privados.[36]

Diferente é a situação das empresas privadas com participação estatal. Além de não serem entidades integrantes da Administração Pública indireta, por não constarem no rol elencado no Decreto-Lei nº 200/1967, as empresas privadas com participação estatal não são constituídas para o propósito de desempenhar uma atividade voltada para a consecução de um interesse público. É bem verdade que, na execução das suas atividades, a empresa privada também pode vir a atender a um interesse público – o que se tentará garantir pela atuação interna do sócio estatal –, mas o seu objeto primordial será o desempenho de um empreendimento privado.[37]

Logo, considerando que as empresas privadas com participação estatal não possuem como finalidade o exercício de uma função estatal pública, nem têm como objeto social a concretização de um interesse público, mas sim a implementação e exploração de um empreendimento privado, fica evidente que o único regime jurídico incidente sobre as parcerias societárias em que o Estado figure como sócio minoritário é o de direito privado. Esse é o entendimento de Thiago Marrara e Emanuelle Urbano Maffioletti, os quais asseveram que as empresas privadas com participação estatal "mantêm seu regime jurídico ainda que o Estado passe a participar de seu capital como minoritário".[38] [39]

---

[35] Esse é o entendimento de Maria Sylvia Zanella Di Pietro, para quem o regime jurídico das empresas estatais, assim como das fundações de direito privado, é híbrido "porque, sob muitos aspectos, elas se submetem ao direito público, tendo em vista especialmente a necessidade de fazer prevalecer a vontade do ente estatal, que as criou para atingir determinado fim de interesse público". (DI PIETRO, Maria Sylvia Zanella. *Direito Administrativo*. 26. ed. São Paulo: Atlas, 2013, p. 485). Em sentido semelhante, Marçal Justen Filho aduz que, nos casos das empresas estatais, o Estado "institui uma sociedade com personalidade de direito privado, mas subordinada a um regime jurídico diferenciado – precisamente por ser instrumento do desempenho de uma função estatal pública". (JUSTEN FILHO, Marçal. As empresas privadas com participação estatal. *Revista de Direito Contemporâneo*, v. 2, p. 271-284, 2013, p. 7).

[36] SCHWIND, Rafael Wallbach. *O Estado Acionista*: empresas estatais e empresas privadas com participação estatal. São Paulo: Almedina, 2017, p. 176.

[37] SCHWIND, Rafael Wallbach. *O Estado Acionista*: empresas estatais e empresas privadas com participação estatal. São Paulo: Almedina, 2017, p. 176.

[38] MARRARA, Thiago; MAFFIOLETTI, Emanuelle Urbano. Intervenção direta do Estado na economia por participações minoritárias: formas, requisitos e razoabilidade. *Fórum Administrativo – FA*, Belo Horizonte, ano 17, n. 198, p. 72-85, ago. 2017, p. 77.

[39] Em sentido semelhante: SCHWIND, Rafael Wallbach. *O Estado Acionista*: empresas estatais e empresas privadas com participação estatal. São Paulo: Almedina, 2017; ARAGÃO, Alexandre Santos de. *Empresas Estatais*: o regime jurídico das empresas públicas e sociedades de economia mista. Rio de Janeiro: Forense, 2017; GUEDES, Filipe Machado. *A atuação do Estado na economia como acionista minoritário*: possibilidades e limites. São Paulo:

A posição ora externada é reforçada pela Lei nº 6.404/1976 (Lei das Sociedades Anônimas), que aponta explicitamente que as companhias nas quais as empresas estatais detenham participação minoritária se sujeitam integralmente às disposições do referido diploma, sem as exceções características do regime de direito público.[40] A incidência exclusiva do regime jurídico de direito privado também se aplica às empresas semiestatais, pois o compartilhamento do controle societário entre os sócios privados e o sócio estatal não tem o condão de descaracterizar a natureza privada destas companhias e nem permite a sua equiparação com as empresas estatais.

A submissão exclusiva às normas de direito privado impede que as empresas privadas com participação se submetam às prerrogativas e sujeições do regime de direito público existentes nos campos da (i) contratação com terceiros e da (ii) contratação de pessoal, além de impedir que elas usufruam de vantagens reservadas unicamente às entidades públicas.[41]

No campo das contratações com terceiros, diferente do que acontece com as entidades controladas pelo Poder Público, as contratações realizadas entre as empresas privadas com participação estatal e terceiros configuram relações jurídicas privadas que não exigem a realização de procedimento licitatório prévio.[42] Assim, todas as contratações das empresas privadas com participação estatal realizadas para a aquisição de bens ou para a contratação de serviços, obras ou alienações serão reguladas unicamente pelos princípios e regras do direito privado. A não submissão às prerrogativas e às submissões do direito público também afasta a necessidade das empresas privadas com participação estatal realizarem concurso público para a contratação de empregados.[43]

Disso se extrai que a Administração Pública não pode usar a sua participação minoritária para legitimar a concessão de uma benesse para a empresa privada, afinal, se isso fosse possível com base apenas na participação societária, o Estado "estaria indiretamente beneficiando o parceiro privado em detrimento de outra empresa privada que, apesar de não deter participação estatal, poderia atender (eventualmente com mais eficiência) os requisitos que justificam a concessão de um benefício a elas".[44] Portanto, fica claro que a empresa privada com participação estatal não se submete às prerrogativas e às sujeições características do regime jurídico de direito público. A atuação destas empresas se subordina unicamente às regras e aos princípios do regime de direito privado, o que as torna uma empresa privada como qualquer outra, devendo receber o mesmo tratamento reservado às demais sociedades empresariais.

Cabe agora verificar se a incidência exclusiva das normas de direito privado reflete também na ausência de submissão (i) destas empresas à fiscalização dos órgãos

---

Almedina, 2015; e FIDALGO, Carolina Barros. *O Estado Empresário*: das sociedades estatais às sociedades privadas com participação minoritária do Estado. São Paulo: Almedina, 2017.

[40] Art. 235. §2º As companhias de que participarem, majoritária ou minoritariamente, as sociedades de economia mista, estão sujeitas ao disposto nesta Lei, sem as exceções previstas neste Capítulo.

[41] SCHWIND, Rafael Wallbach. *O Estado Acionista*: empresas estatais e empresas privadas com participação estatal. São Paulo: Almedina, 2017, p. 309-318.

[42] SCHWIND, Rafael Wallbach. *O Estado Acionista*: empresas estatais e empresas privadas com participação estatal. São Paulo: Almedina, 2017, p. 309.

[43] SCHWIND, Rafael Wallbach. *O Estado Acionista*: empresas estatais e empresas privadas com participação estatal. São Paulo: Almedina, 2017, p. 311.

[44] SCHWIND, Rafael Wallbach. *O Estado Acionista*: empresas estatais e empresas privadas com participação estatal. São Paulo: Almedina, 2017, p. 313.

de controle de Administração Pública, e (ii) dos seus dirigentes aos sistemas de responsabilidade pessoal aplicáveis aos gestores públicos.

4 Os mecanismos de controle incidentes sobre as empresas privadas com participação estatal e os seus reflexos sobre o regime jurídico de responsabilidade dos seus dirigentes

A identificação do regime de responsabilidade a qual estão sujeitos os dirigentes das empresas privadas com participação estatal perpassa obrigatoriamente por um exame prévio sobre o sistema de controle que incide nestas parcerias público-privadas societárias. Há que se elucidar se as atividades das empresas privadas com participação se submetem, de alguma forma, à fiscalização dos órgãos de controle interno e externo da Administração Pública.

Os mecanismos de controle incidentes sobre as empresas privadas com participação estatal devem ser analisados sob duas perspectivas (i) uma voltada para o controle direto sobre os atos e sobre a gestão da própria empresa privada com participação estatal; (ii) e outra relativa ao controle indireto das empresas privadas realizado através da fiscalização da atuação do Estado enquanto sócio da empresa privada.

No que tange à primeira perspectiva, como a empresa privada com participação estatal não exerce função pública e se submete exclusivamente aos ditames do regime jurídico de direito privado, os mecanismos de controle que incidirão sobre os seus atos internos deverão ser compatíveis com a sua natureza jurídica de sociedade empresarial privada.[45] Isso, em tese, afasta a aplicação dos mecanismos de controle interno e externo próprios das entidades da Administração Pública, em especial o controle exercido pelos Tribunais de Contas.

A competência dos Tribunais de Contas encontra-se delineada nos artigos 70 e 71 da Constituição Federal. Dispõe o *caput* do artigo 70 que compete às Cortes de Contas auxiliar o Poder Legislativo na "fiscalização contábil, financeira, orçamentária, operacional e patrimonial" das pessoas de direito público e das entidades da Administração Pública direta e indireta.[46] Nota-se que o constituinte concebeu os Tribunais de Contas para serem órgãos de controle externo preocupados precipuamente com a fiscalização da juridicidade das atividades financeiras e orçamentárias das entidades de Administração Pública direta e indireta.

Porém, o parágrafo único do artigo 70, com a redação dada pela Emenda Constitucional nº 19/98, também permitiu às Cortes de Contas examinar a prestação de contas de "qualquer pessoa física ou jurídica, pública ou privada, que utilize, arrecade, guarde, gerencie ou administre dinheiros, bens e valores públicos ou pelos quais a União responda, ou que, em nome desta, assuma obrigações de natureza pecuniária".[47]

---

[45] SCHWIND, Rafael Wallbach. *O Estado Acionista:* empresas estatais e empresas privadas com participação estatal. São Paulo: Almedina, 2017, p. 318.

[46] Art. 70. A fiscalização contábil, financeira, orçamentária, operacional e patrimonial da União e das entidades da administração direta e indireta, quanto à legalidade, legitimidade, economicidade, aplicação das subvenções e renúncia de receitas, será exercida pelo Congresso Nacional, mediante controle externo, e pelo sistema de controle interno de cada Poder.

[47] Art. 70. Parágrafo único. Prestará contas qualquer pessoa física ou jurídica, pública ou privada, que utilize, arrecade, guarde, gerencie ou administre dinheiros, bens e valores públicos ou pelos quais a União responda, ou que, em nome desta, assuma obrigações de natureza pecuniária.

Significa dizer que qualquer pessoa ou entidade, pública ou privada, que administre recursos oriundo de um ente estatal deverá se submeter ao controle externo exercido pelos Tribunais de Contas.

A previsão constitucional pode incitar algumas dúvidas quanto à submissão ou não das empresas privadas com participação estatal à competência fiscalizatória das Cortes de Contas, afinal o seu capital social é integralizado com recursos oriundos dos cofres públicos. Todavia, conquanto haja o aporte de recursos públicos nas empresas privadas com participação estatal, essas aplicações ocorrem a título de contrapartida pela aquisição de participação no capital social da empresa privada. Trata-se de uma operação comercial em que o Estado injeta dinheiro público na sociedade empresarial e, em troca, recebe a titularidade de uma parcela do capital social da empresa. Consequentemente, as ações ordinárias obtidas incorporam-se ao patrimônio do ente estatal investidor e os recursos advindos dos cofres públicos passam a integrar o patrimônio da sociedade empresarial, adquirindo, com isso, natureza puramente privada.[48]

Entende-se que a previsão contida no artigo 70, parágrafo único, da Constituição Federal visa atingir tão somente aquelas situações em que o Poder Público transfere recursos aos entes privados para que estes os apliquem em projetos de finalidade pública. É o caso, por exemplo, da aplicação de recursos públicos pelas entidades integrantes do terceiro setor para o desenvolvimento de atividades de interesse público. Nessa hipótese, o recurso transferido à entidade privada não perde a sua afetação pública, pois o particular o recebe para aplicá-lo em uma determinada finalidade pública, previamente estabelecida em um instrumento contratual, situação que justifica o dever de prestação de contas junto ao Tribunal de Contas.[49]

Dessa forma, considerando que os recursos públicos aplicados pelo Estado nas parcerias societárias com a iniciativa privada para a aquisição de participação acionária minoritária convertem-se em recursos privados, não há que se falar em submissão das decisões ou atos exarados pelas empresas privadas com participação estatal à competência fiscalizatória dos Tribunais de Contas ou dos órgãos de controle interno da Administração Pública.

Isso, no entanto, não significa que estas entidades de controle estão privadas de exercer qualquer tipo de fiscalização sobre as empresas privadas com participação estatal. As Cortes de Contas e os agentes de controle interno podem realizar um controle indireto sobre estas parcerias societárias através da fiscalização dos atos praticados pelo ente estatal detentor da parcela minoritária do capital social.[50] Nessa perspectiva, a fiscalização exercida pelas entidades de controle interno e pelos Tribunais de Contas recairá apenas sobre a atuação do ente público proprietário da participação acionária na empresa privada.[51] Caberá a eles avaliar a legitimidade, legalidade e economicidade

---

[48] SCHWIND, Rafael Wallbach. *O Estado Acionista:* empresas estatais e empresas privadas com participação estatal. São Paulo: Almedina, 2017, p. 319.

[49] FIDALGO, Carolina Barros. *O Estado Empresário:* das sociedades estatais às sociedades privadas com participação minoritária do Estado. São Paulo: Almedina, 2017, p. 458.

[50] Nesse sentido: FIDALGO, Carolina Barros. *O Estado Empresário:* das sociedades estatais às sociedades privadas com participação minoritária do Estado. São Paulo: Almedina, 2017; SCHWIND, Rafael Wallbach. *O Estado Acionista:* empresas estatais e empresas privadas com participação estatal. São Paulo: Almedina, 2017; e GUEDES, Filipe Machado. *A atuação do Estado na economia como acionista minoritário:* possibilidades e limites. São Paulo: Almedina, 2015.

[51] FIDALGO, Carolina Barros. *O Estado Empresário:* das sociedades estatais às sociedades privadas com participação minoritária do Estado. São Paulo: Almedina, 2017, p. 461.

da utilização da técnica acionária pelo Estado, bem como se a decisão de integrar o capital social da empresa privada observou as condicionantes impostas pelo ordenamento pátrio.

Carolina Barros Fidalgo utiliza-se das previsões contidas no *Manual de Melhores Práticas para a Auditoria do Risco em Parcerias Público-Privada*, formulado pela Organização Internacional de Entidades Fiscalizadoras Superiores – INTOSAI, para defender que o controle a ser exercido pelos órgãos de controle sobre o ente estatal sócio de empresa privada deve focar nos seguintes pontos: "(i) na transparência dos objetivos da parceria; (ii) na negociação da parceria; (iii) na proteção dos interesses estatais como sócio minoritário; (iv) na monitoração do interesse estatal na parceria; e (v) na exposição do parceiro estatal em caso de dificuldade".[52] Estas orientações também se aplicam à fiscalização desempenhada pelos órgãos de controle interno.

De modo a estabelecer estes parâmetros de controle, a Lei nº 13.303/2016 criou, no §7º do seu artigo 1º, uma obrigação legal específica imposta aos gestores de empresas estatais titulares de participações minoritárias de aplicar, na fiscalização da gestão societária da empresa privada com participação estatal, as práticas de governança e controle proporcionais à relevância, à materialidade e aos riscos do empreendimento privado objeto da parceria societária.[53]

Esta incumbência inclui, por expressa disposição legal, a obrigação da diretoria do ente público partícipe do capital social da empresa privada de examinar: (i) documentos e informações estratégicos do negócio; (ii) relatórios de execução do orçamento e de realização de investimentos programados; (iii) condições de alavancagem financeira da sociedade; (iv) processos de alienação de bens móveis e imóveis da sociedade; (v) relatório de risco de contratações relevantes para os interesses do ente público; (vi) informes sobre a execução de projetos relevantes para o sócio estatal; (vii) relatório de cumprimento, nos negócios da sociedade, de condicionantes ambientes; e (viii) a necessidade de novos aportes na sociedade e dos riscos envolvidos no negócio.

Incumbe aos órgãos de controle interno e externo da Administração Pública fiscalizar se os órgãos diretivos da empresa pública, sociedade de economia mista ou das suas subsidiárias, proprietária de parcela minoritária do capital social de sociedade privada, estão adotando as práticas de governança e controle elencados na Lei nº 13.303/2016, sendo-lhes vedado incluir no escopo de análise as condutas adotadas pelos dirigentes das empresas privadas com participação estatal.

Em síntese, a atuação fiscalizatória dos órgãos de controle interno e externo da Administração Pública não pode incidir diretamente sobre a gestão e os atos internos emanados pelas diretorias da empresa privada com participação estatal, por ser ela um ente privado que não integra a estrutura da Administração Pública direta ou indireta, e que não gerencia ou administra recursos públicos. A atividade fiscalizatória destes órgãos deverá ater-se à análise da atuação dos gestores do ente público investidor. Nessa perspectiva, caberá aos órgãos de controle interno e externo verificar se a Administração Pública tem agido em conformidade com os princípios e regras que condicionam a utilização pelo Estado da técnica acionária.

---

[52] FIDALGO, Carolina Barros. *O Estado Empresário*: das sociedades estatais às sociedades privadas com participação minoritária do Estado. São Paulo: Almedina, 2017, p. 461.

[53] Art. 1º, §7º. Na participação em sociedade empresarial em que a empresa pública, a sociedade de economia mista e suas subsidiárias não detenham o controle acionário, essas deverão adotar, no dever de fiscalizar, práticas de governança e controle proporcionais à relevância, à materialidade e aos riscos do negócio do qual são partícipes.

Disso se conclui que os mecanismos de controle incidentes sobre as empresas privadas com participação estatal serão aqueles próprios do direito privado.[54] O sócio estatal poderá se valer dos mecanismos de controle e participação dispostos na legislação privatista, em especial aqueles previstos na Lei das Sociedades por Ações (Lei nº 6.404/1976), bem como das práticas de governança e de controle dispostos nos incisos I a X do §7º do artigo 1º da Lei nº 13.303/2016, instrumentos que lhe permitirão fiscalizar a atuação dos sócios privados e influenciar no processo de decisão interna da empresa.

A incidência exclusiva do sistema de controle característico do direito privado faz com que, em tese, o regime de responsabilidade dos dirigentes das empresas privadas com participação estatal seja idêntico àquele aplicado a qualquer outra empresa privada. A Lei nº 6.404/1976 traz um rol de dispositivos que elencam os deveres e responsabilidades dos administradores das sociedades anônimas. Nos seus artigos 153[55] e 154,[56] o referido diploma legal estabelece o dever de diligência do administrador da companhia, vedando-lhe (i) a prática de ato de liberalidade à custa da empresa; (ii) tomar empréstimos sem anuência da assembleia geral ou do conselho de administração; (iii) receber de terceiros vantagens pessoais em razão do exercício do cargo.

Por sua vez, o artigo 155[57] da Lei de Sociedades Anônimas traz o dever de lealdade, o qual se traduz na impossibilidade do administrador da empresa privada: (i) usar, em benefício próprio, oportunidades comerciais que tenha conhecimento em razão da posição de administrador; (ii) omitir-se no exercício ou proteção de direitos da companhia; e (iii) adquirir, para revender com lucro, bem ou direito de interesse da companhia. O artigo 156[58] ainda trata do conflito de interesses e da obrigação de o administrador abster-se de intervir na operação social que tenha o potencial de envolver interesses pessoais. Por fim, o artigo 157[59] da Lei nº 6.404/1976 prevê o dever de informar,

---

[54] Esse é o entendimento de Rafael Wallbach Schwind, assim encontrado: "Não incidem sobre a empresa privada com participação estatal os mecanismos de controle típicos do direito público. Mas isso não significa a ausência de instrumentos de controle. O que ocorre é que os mecanismos adotados serão aqueles próprios do direito privado, adotados no âmbito da iniciativa privada" (SCHWIND, Rafael Wallbach. *O Estado Acionista*: empresas estatais e empresas privadas com participação estatal. São Paulo: Almedina, 2017, p. 324).

[55] Art. 153. O administrador da companhia deve empregar, no exercício de suas funções, o cuidado e diligência que todo homem ativo e probo costuma empregar na administração dos seus próprios negócios.

[56] Art. 154. §2º. É vedado ao administrador: a) praticar ato de liberalidade à custa da companhia; b) sem prévia autorização da assembleia-geral ou do conselho de administração, tomar por empréstimo recursos ou bens da companhia, ou usar, em proveito próprio, de sociedade em que tenha interesse, ou de terceiros, os seus bens, serviços ou crédito; c) receber de terceiros, sem autorização estatutária ou da assembleia-geral, qualquer modalidade de vantagem pessoal, direta ou indireta, em razão do exercício de seu cargo.

[57] Art. 155. O administrador deve servir com lealdade à companhia e manter reserva sobre os seus negócios, sendo-lhe vedado: I - usar, em benefício próprio ou de outrem, com ou sem prejuízo para a companhia, as oportunidades comerciais de que tenha conhecimento em razão do exercício de seu cargo; II - omitir-se no exercício ou proteção de direitos da companhia ou, visando à obtenção de vantagens, para si ou para outrem, deixar de aproveitar oportunidades de negócio de interesse da companhia; III - adquirir, para revender com lucro, bem ou direito que sabe necessário à companhia, ou que esta tencione adquirir.

[58] Art. 156. É vedado ao administrador intervir em qualquer operação social em que tiver interesse conflitante com o da companhia, bem como na deliberação que a respeito tomarem os demais administradores, cumprindo-lhe cientificá-los do seu impedimento e fazer consignar, em ata de reunião do conselho de administração ou da diretoria, a natureza e extensão do seu interesse.

[59] Art. 157. O administrador de companhia aberta deve declarar, ao firmar o termo de posse, o número de ações, bônus de subscrição, opções de compra de ações e debêntures conversíveis em ações, de emissão da companhia e de sociedades controladas ou do mesmo grupo, de que seja titular. §4º Os administradores da companhia aberta são obrigados a comunicar imediatamente à bolsa de valores e a divulgar pela imprensa qualquer deliberação da assembleia-geral ou dos órgãos de administração da companhia, ou fato relevante ocorrido nos seus negócios, que possa influir, de modo ponderável, na decisão dos investidores do mercado de vender ou comprar valores mobiliários emitidos pela companhia.

o que impõe aos administradores das sociedades anônimas fornecer, aos sócios e ao mercado, informações sobre as atividades da empresa, em especial sobre deliberações ou fatos relevantes que tenham o potencial de influir na decisão dos investidores no mercado de capitais.

Todos estes deveres se aplicam aos dirigentes das empresas privadas com participação estatal, e o seu eventual descumprimento pode ocasionar a sua responsabilização, nos termos do que dispõe o artigo 158 da Lei das Sociedades Anônimas. Prevê o aludido dispositivo legal que o dirigente da empresa privada será responsabilizado civilmente se agir (i) dentro de suas atribuições ou poderes, com culpa ou dolo; ou (ii) com violação da lei ou do estatuto.[60] Além disso, o diploma legal ainda estabelece a possibilidade de o dirigente ser responsabilizado solidariamente nos casos em que: (i) for conivente, negligente ou omisso com atos ilícitos praticados por outros administradores; ou (ii) tomar conhecimento do não cumprimento pelo seu predecessor dos deveres da função, e não comunicar o fato à assembleia geral da companhia.[61]

Há que se considerar, no entanto, que, além do regime de responsabilidade previsto na Lei nº 6.404/1976, a inserção de um ente público no quadro de sócios de uma sociedade anônima também pode atrair a aplicação das normas da Lei nº 8.492/1992 (Lei de Improbidade Administrativa) e da Lei nº 4.717/1965 (Lei de Ação Popular). Isso porque ambos os diplomas preveem, dentro dos seus âmbitos de incidência, atos tidos como prejudiciais aos investimentos realizados pelo Poder Público no capital social de empresas privadas.

O artigo 1º, §7º, da Lei nº 8.429/1992, introduzido pela Lei nº 14.230/2021, dispõe que, independentemente de integrar a administração indireta, estão sujeitos ao seu conjunto normativo os atos praticados contra o patrimônio de entidade privada "para cuja criação ou custeio o erário haja concorrido ou concorra no seu patrimônio ou da receita anual, limitado o ressarcimento de prejuízos, nesse caso, à repercussão do ilícito sobre a contribuição dos cofres públicos".[62] Em sentido semelhante, o artigo 1º, §2º, da Lei nº 4.717/1965 estabelece que, em se tratando de instituições para cuja criação ou custeio o tesouro público concorra com menos de cinquenta por cento do seu patrimônio ou receita anual, "as consequências patrimoniais de invalidez dos atos lesivos terão por limite a repercussão deles sobre a contribuição dos cofres públicos".[63]

Ao fazerem alusão a entidades privadas em que o Estado tenha se utilizado de recursos públicos para constituir o patrimônio ou concorrer com a receita anual, ambos

---

[60] Art. 158. O administrador não é pessoalmente responsável pelas obrigações que contrair em nome da sociedade e em virtude de ato regular de gestão; responde, porém, civilmente, pelos prejuízos que causar, quando proceder: I - dentro de suas atribuições ou poderes, com culpa ou dolo; II - com violação da lei ou do estatuto.

[61] Art. 158. §1º. O administrador não é responsável por atos ilícitos de outros administradores, salvo se com eles for conivente, se negligenciar em descobri-los ou se, deles tendo conhecimento, deixar de agir para impedir a sua prática. §4º. O administrador que, tendo conhecimento do não cumprimento desses deveres por seu predecessor, ou pelo administrador competente nos termos do §3º, deixar de comunicar o fato a assembleia-geral, tornar-se-á por ele solidariamente responsável.

[62] Art. 1º, §7º Independentemente de integrar a administração indireta, estão sujeitos às sanções desta Lei os atos de improbidade praticados contra o patrimônio de entidade privada para cuja criação ou custeio o erário haja concorrido ou concorra no seu patrimônio ou receita atual, limitado o ressarcimento de prejuízos, nesse caso, à repercussão do ilícito sobre a contribuição dos cofres públicos.

[63] Art. 1º, §2º: Em se tratando de instituições ou fundações, para cuja criação ou custeio o tesouro público concorra com menos de cinquenta por cento do patrimônio ou da receita ânua, bem como de pessoas jurídicas ou entidades subvencionadas, as consequências patrimoniais da invalidez dos atos lesivos terão por limite a repercussão deles sobre a contribuição dos cofres públicos.

os diplomas incluíram nos seus âmbitos de incidência as empresas privadas com participação estatal. Isso significa que os tipos infracionais prescritos nas Leis nº 8.429/1992, bem como as hipóteses de reparação dos cofres públicos dispostas na Lei nº 4.717/1965, vinculam os dirigentes das empresas privadas com participação estatal, podendo, em caso de enquadramento, motivar a sua responsabilização pessoal.

É verdade que o cabimento destas ações típicas do controle jurisdicional público deve ser analisado com bastante cautela, a fim de evitar que a sua propositura se converta em uma medida abusiva.[64] No que concerne às ações de improbidade, há que se ter em mente que grande parte das hipóteses normativas de atos de improbidade arroladas nos incisos dos artigos 9º, 10 e 11 da Lei nº 8.429/92 não pode ser praticada por uma empresa privada com participação estatal, ou não se aplica sobre elas em virtude da sua natureza privada. Além disso, a Lei nº 8.429/92, no seu artigo 3º, 1º, restringe as hipóteses de responsabilização pessoal de sócios e dirigentes de pessoas jurídicas, tal qual as empresas privadas com participação estatal, apenas aos casos em que restarem comprovadas a sua participação e a obtenção de benefícios diretos, hipóteses nas quais responderão nos limites da sua participação.

Ademais, tanto a Lei nº 8.429/1992 quanto a Lei nº 4.717/1965 prescrevem que as sanções patrimoniais que eventualmente possam vir a ser aplicadas serão limitadas à repercussão que os atos lesivos tiverem sobre o investimento realizado pelo Poder Público.[65] Isso denota que, tanto nas ações de improbidade administrativa quanto nas ações populares, o bem jurídico que se procura tutelar não é o patrimônio integral da empresa privada com participação estatal, mas sim o investimento realizado pelo sócio estatal.

Assim, o cabimento destas ações típicas do controle jurisdicional público contra os dirigentes das empresas privadas com participação estatal dependerá da demonstração pela parte autora da repercussão negativa que o ato atacado gerou ou gerará ao patrimônio da entidade estatal integrante do quadro societário de empresa privada, bem como, no caso da ação de improbidade administrativa, que o dirigente colaborou para a prática do ato ímprobo e obteve alguma espécie de vantagem. De todo modo, não há como não reconhecer a submissão dos atos das empresas privadas com participação estatal aos ditames das Leis nº 8.429/1992 e nº 4.171/1965, o que abre a possibilidade de os dirigentes destas sociedades privadas serem responsabilizados por eventual violação às prescrições dispostas nos diplomas legais.

Assim, retomando a pergunta estabelecida na parte introdutória deste trabalho, constata-se que, embora as empresas privadas com participação estatal se submetam exclusivamente ao regime jurídico de direito privado e, no geral, os seus atos sejam controlados unicamente por mecanismos próprios do ambiente societário, a inserção do ente público no capital social da sociedade altera o regime de responsabilidade aplicável aos dirigentes das empresas privadas, acrescentando-lhe as disposições da Lei nº 8.429/1992 e da Lei nº 4.171/1965, as quais são passíveis de serem acionadas

---

[64] SCHWIND, Rafael Wallbach. *O Estado Acionista*: empresas estatais e empresas privadas com participação estatal. São Paulo: Almedina, 2017, p. 322.

[65] Esse é o entendimento de Rafael Wallbach Schwind, assim encontrado: "As ações populares e de improbidade administrativa não buscarão reparar um dano provocado propriamente à empresa privada. O objetivo dessas ações será reparar as repercussões que o ato lesivo à empresa privada tiver sobre o patrimônio do seu sócio estatal". (SCHWIND, Rafael Wallbach. *O Estado Acionista*: empresas estatais e empresas privadas com participação estatal. São Paulo: Almedina, 2017, p. 320).

apenas nos casos em que restar comprovado que (i) os atos empresariais repercutiram negativamente no patrimônio do sócio estatal e, especificamente na hipótese de ação de improbidade administrativa, (ii) que o dirigente colaborou para a prática do ato ímprobo e obteve alguma espécie de benefício direto.

5 Conclusão

O objetivo central deste artigo foi identificar se a entrada de um ente público no quadro societário de uma empresa privada provoca alguma alteração no regime de responsabilidade aplicável aos dirigentes da sociedade empresarial. Viu-se que a aquisição pelo Estado de participações acionárias minoritárias constitui uma técnica de atuação estatal na ordem econômica que dá origem às denominadas empresas privadas com participação estatal, sociedades empresariais privadas, não integrantes da Administração Pública, em que o Poder Público possui parcela minoritária do capital votante.

Tais parcerias societárias podem assumir duas modalidades de arranjos societários: (i) as empresas público-privadas, nas quais o sócio estatal assume a posição de acionista minoritário que não participa do bloco de controle societário; e (ii) as empresas semiestatais, arranjo no qual o sócio estatal integra o bloco de controle, compartilhando o controle societário da empresa com os sócios privados através da celebração de um acordo de acionista ou da subscrição de *golden shares*.

Com a demarcação do conceito e das modalidades das empresas privadas com participação estatal, pôde-se identificar qual o regime jurídico incidente sobre estas parcerias público-privadas societárias. Sustentou-se que, como as empresas privadas com participação estatal não são constituídas para o propósito de desempenhar uma finalidade pública e não integram o rol de entidades da Administração Pública, as suas relações jurídicas são regidas unicamente pelas normas de direito privado. Mesmo nos casos das semiestatais há a incidência exclusiva do regime jurídico de direito privado, pois o compartilhamento do controle societário entre os sócios privados e o sócio estatal não desconfigura a natureza privada destas companhias, e nem permite a sua equiparação com as empresas estatais.

As empresas privadas com participação estatal também se submetem aos mecanismos de controle próprios do direito privado, estabelecidos precipuamente pela Lei nº 6.404/1976. Não se mostra possível os órgãos de controle interno e externo da Administração Pública exercerem as suas atividades fiscalizatórias diretamente sobre a gestão e os atos internos emanados pelas diretorias da empresa privada com participação estatal, por ser ela um ente privado que não integra a estrutura da Administração Pública direta ou indireta e que não gerencia ou administra recursos públicos.

Identificou-se, portanto, que as empresas privadas com participação se submetem ao mesmo regime jurídico e aos mesmos instrumentos de controle aplicável às demais sociedades privadas. Essa identidade, no entanto, não ocorre no regime de responsabilidade dos dirigentes societários. Embora as disposições da Lei nº 6.404/1976 que tratam dos deveres e das hipóteses de responsabilidade pessoal dos administradores das sociedades anônimas também se apliquem aos dirigentes das empresas privadas com participação estatal, a entrada do Estado no quadro de sócios de uma sociedade anônima atrai a incidência das normas da Lei nº 8.492/1992 (Lei de Improbidade Administrativa) e da Lei nº 4.717/1965 (Lei de Ação Popular).

Em razão desta peculiaridade, concluiu-se no presente trabalho que a inserção do ente público no capital social de uma sociedade privada altera o regime de responsabilidade normalmente aplicável aos dirigentes das empresas privadas, acrescentando-lhe as disposições da Lei nº 8.429/1992 e da Lei nº 4.171/1965, as quais são passíveis de serem acionadas apenas nos casos em que restar comprovado que (i) os atos empresariais repercutiram negativamente no patrimônio do sócio estatal e, especificamente na hipótese de ação de improbidade administrativa, (ii) que o dirigente colaborou para a prática do ato ímprobo e obteve alguma espécie de benefício direto.

Referências

ALMEIDA, Fernando Dias Menezes de. *Contrato Administrativo*. São Paulo: Quartier Latin, 2012.

ARAGÃO, Alexandre Santos de. Empresa público-privada. *Revista dos Tribunais – RT*, ano 98, n. 890, p. 33-68, dez. 2009.

COELHO, Fabio Ulhôa. *Curso de direito comercial*: direito de empresa, vol. 3, 15. ed. São Paulo: Saraiva, 2014.

DI PIETRO, Maria Sylvia Zanella. *Direito Administrativo*. 26. ed. São Paulo: Atlas, 2013.

FIDALGO, Carolina Barros. *O Estado Empresário*: das sociedades estatais às sociedades privadas com participação minoritária do Estado. São Paulo: Almedina, 2017.

GUEDES, Filipe Machado. *A atuação do Estado na economia como acionista minoritário*: possibilidades e limites. São Paulo: Almedina, 2015.

JUSTEN FILHO, Marçal. As empresas privadas com participação estatal minoritária. *Revista de Direito Contemporâneo*, v. 2, p. 271-284, 2013.

MARCATO, Fernando S.; SARAGOÇA, Mariana. Parcerias estratégicas entre empresas públicas e privadas no setor de infraestrutura. *In*: MARCATO, Fernando S.; PINTO JÚNIOR, Maria Engler (coord.). *Direito da Infraestrutura*. Vol. 1. São Paulo: Saraiva, 2017.

MARRARA, Thiago; MAFFIOLETTI, Emanuelle Urbano. Intervenção direta do Estado na economia por participações minoritárias: formas, requisitos e razoabilidade. *Fórum Administrativo – FA*, Belo Horizonte, ano 17, n. 198, p. 72-85, ago. 2017.

PELA, Juliana Krueger. *As golden shares no direito societário brasileiro*. São Paulo: Quartier Latin, 2012.

SAADI, Mário. *Empresa Semiestatal*. Belo Horizonte: Fórum, 2019.

SCHWIND, Rafael Wallbach. *O Estado Acionista*: empresas estatais e empresas privadas com participação estatal. São Paulo: Almedina, 2017.

SUNDFELD, Carlos Ari; SOUZA, Rodrigo Pagani de; PINTO, Henrique Motta. Empresas Semiestatais. *Revista de Direito Público da Economia – RDPE*, Belo Horizonte, ano 9, n. 36, p. 75-99, out./dez. 2011.

Informação bibliográfica deste texto, conforme a NBR 6023:2018 da Associação Brasileira de Normas Técnicas (ABNT):

FERNANDES, Paulo Vinicius Liebl. O regime jurídico de responsabilidade dos dirigentes de empresas privadas com participação estatal: o que muda com a entrada do Estado no capital social de empresas privadas? *In*: CONTI, José Maurício; MARRARA, Thiago; IOCKEN, Sabrina Nunes; CARVALHO, André Castro (coord.). *Responsabilidade do gestor na Administração Pública*: improbidade e temas especiais. Belo Horizonte: Fórum, 2022. p.195-212. ISBN 978-65-5518-413-6. v.3.

SUPERVISÃO E FISCALIZAÇÃO SISTEMÁTICA DA ENTIDADE DE PREVIDÊNCIA COMPLEMENTAR PELO PATROCINADOR PÚBLICO: DIRETRIZES PARA O SEU EXERCÍCIO

FÁBIO ZAMBITTE IBRAHIM

MATEUS ASSIS NASCIMENTO

1 Introdução

Transparência e integridade são preocupações de primeira ordem na gestão pública, as quais devem nortear todas as práticas dos gestores. Nas diversas situações em que a Administração Pública se faz presente, está sujeita a regimes jurídicos e formas de controle específicos em razão do interesse público envolvido.

Assim ocorre no âmbito da previdência complementar, cujo arcabouço normativo confere tratamento particular quando há a presença de ente estatal. As pessoas jurídicas da Administração Pública que patrocinam planos de previdência complementar para seus servidores ou empregados devem observar regras específicas, além daquelas de caráter geral aplicáveis a esse regime previdenciário.

Entre os diversos deveres e obrigações previstos para os patrocinadores públicos, está a supervisão e fiscalização sistemática das entidades de previdência complementar que operam os planos de benefícios por eles patrocinados. O controle das atividades das entidades previdenciárias é composto por diferentes níveis de governança, de forma que há atribuições de controle externo fixadas para o Poder Público, em especial por meio da atuação da Superintendência Nacional de Previdência Complementar – Previc, e de controle interno, direcionadas aos agentes envolvidos na relação previdenciária, com destaque para as próprias entidades de previdência e seus patrocinadores, públicos ou privados.

A estrutura de governança prevista no ordenamento jurídico para assegurar o regular desenvolvimento das atividades das entidades previdenciárias denota sua importância para a sustentabilidade do regime de previdência complementar. O regime tem papel relevante no sistema previdenciário brasileiro, ele contribui para a formação de poupança da população, com foco na manutenção do padrão de vida após a idade ativa.

Contudo, a ausência de parâmetros normativos que definam as ações de supervisão e fiscalização a cargo dos patrocinadores públicos dificulta que seus gestores implementem os processos internos necessários à sua realização, pairando dúvidas acerca do adequado cumprimento do dever legal. Diante desta lacuna, indaga-se: quais práticas podem ser adotadas pelos entes estatais para fins de controle das atividades de suas entidades previdenciárias?

Assim, o presente estudo tem por finalidade identificar diretrizes relacionadas ao dever legal dos patrocinadores públicos de planos de previdência complementar quanto à supervisão e fiscalização sistemática de suas entidades previdenciárias.

A justificativa da pesquisa é de índole teórica e prática. Com efeito, a identificação de parâmetros para o cumprimento do dever legal pelos patrocinadores públicos confere maior segurança jurídica à estrutura de governança de supervisão e fiscalização do regime de previdência complementar. Ademais, pretende-se contribuir para o aprimoramento da própria atividade de gestão pelos patrocinadores públicos.

A presente pesquisa está organizada em quatro tópicos, acrescidos da introdução e das considerações finais. O primeiro tópico introduz breves noções sobre o regime de previdência complementar. O segundo versa especificamente sobre o patrocínio público na previdência complementar. O terceiro recai sobre a estrutura de supervisão e fiscalização do regime de previdência complementar fechado, com destaque para o papel desempenhado pelo patrocinador público. Já o último tópico aborda as diretrizes existentes para a supervisão e fiscalização de entidades previdenciárias pelas empresas estatais federais patrocinadoras, analisando sua aptidão para nortear a implantação de processos internos pelos demais entes estatais sujeitos ao dever legal.

O método de pesquisa aplicado é o hipotético-dedutivo. O tipo de pesquisa é o bibliográfico e o instrumento utilizado é qualitativo, mediante investigação de amplo referencial teórico, com análise de legislação específica e obras especializadas.

2 Breves considerações sobre a previdência complementar

O sistema previdenciário desenhado pela Constituição Federal combina iniciativas estatal e privada. Ao lado dos regimes básicos, o Regime Geral de Previdência Social e os Regimes Próprios de Previdência de Servidores Públicos e Militares, figura o regime de previdência complementar. Este último tem adquirido destaque na esteira dos debates em torno da "Nova Previdência",[1] em especial com as alterações advindas das reformas da previdência básica.[2]

---

[1]   Trata-se de expressão utilizada para se referir às modificações ao sistema previdenciário brasileiro implementadas a partir da Emenda Constitucional nº 103/2019. Neste sentido vide: https://www.gov.br/pt-br/temas/entenda-a-nova-previdencia. Acesso em: nov. 2020.

[2]   Neste sentido, destaca Raul Lopes de Araújo Neto: "As reformas da previdência básica tiveram importante papel no desenvolvimento da previdência complementar, pois a Emenda Constitucional n. 20, a lei n. 9.876/99 e a Emenda Constitucional n. 103/2019 foram responsáveis por significativas mudanças no RGPS que acabou, por consequência, trazer mudanças para o regime de previdência complementar. O governo sinalizou o encurtamento da sua obrigação para com o bem-estar social, transferindo para a sociedade a responsabilidade para gerir os seus proventos futuros e foi nesse encolhimento do Estado que a Previdência Complementar ganhou espaço, mas ainda não se apresenta como um caminho acessível para as populações mais carentes, sendo o Estado-Social, garantido constitucionalmente, o ponto de segurança para os desvalidos e mais pobres que representam grande parte da população brasileira" (ARAÚJO NETO, Raul Lopes de. *Teoria geral do direito previdenciário*. Rio de Janeiro: G.Z, 2020. p. 85-86).

O marco legal do regime de previdência complementar foi instituído a partir da edição da Emenda Constitucional nº 20/1998, que o inseriu no título da Ordem Social da Constituição Federal, em seu art. 202, alçando-o à condição de pilar do sistema previdenciário brasileiro. Sua função é relevante para este sistema, pois contribui para a formação de poupança e parcela da população, visando a continuidade do padrão de vida dessas pessoas após sua idade ativa.

A previdência complementar é regida por normas específicas e caracterizada precipuamente pela participação privada na organização da estrutura previdenciária. Assim, embora integre o sistema previdenciário, este regime não pode ter suas normas equiparadas às do regime geral ou dos regimes próprios dos servidores públicos, cujas relações são estabelecidas por normas de direito público e em atenção ao princípio da legalidade.[3] As relações jurídicas no âmbito da previdência complementar são disciplinadas tanto pela legislação específica que rege a matéria como pelas normas do Direito Civil, em razão do seu caráter contratual.

Não obstante, trata-se de regime previdenciário marcado por intensa ingerência estatal.[4] Enquanto o art. 202 da Constituição Federal[5] dispõe sobre as características comuns ao regime, seu art. 40 estabelece as normas aplicáveis aos servidores públicos. As Leis Complementares nºs 108 e 109, ambas de 29 de maio de 2001, regulamentaram a previdência complementar no Brasil, estabelecendo regras e princípios gerais. O arcabouço jurídico ainda conta com intensa regulamentação infralegal expedida por órgãos reguladores.

Em consonância com o quadro normativo estabelecido, depreende-se que a relação de previdência complementar se desenvolve precipuamente na esfera da autonomia dos particulares, com destaque para seu caráter contratual, facultativo e autônomo em relação aos regimes previdenciários básicos e à relação de trabalho, além da necessidade de constituição de reservas para o custeio dos benefícios previdenciários.

A previdência complementar tem seu fundamento na gestão fiduciária, por entidades previdenciárias, dos recursos de poupadores individuais. Estes poupadores são denominados participantes: pessoas naturais que se associam a planos de benefícios previdenciários regidos por regulamentos, também chamados de contratos civis previdenciários.[6] Neste sentido, os planos de benefícios,[7] mais especificamente seus

---

[3] REIS, Adacir. *Curso básico de previdência complementar*. 4. ed. São Paulo: RT, 2019. p. 132.

[4] "O dirigismo contratual neste segmento é plenamente justificável, pois deixar a regulamentação da matéria ao alvedrio dos Estatutos das Entidades fatalmente geraria toda sorte de dano ao participante, o qual ficaria submetido aos ditames contratuais, sob pena de prejuízo financeiro. Como já dizia Orlando Gomes, neste tipo de relação contratual adesiva, o pacto escraviza e a lei liberta" (IBRAHIM, Fábio Zambitte. *Curso de direito previdenciário*. 25. ed. Rio de Janeiro: Impetus, 2020. p. 771).

[5] CF/88: "Art. 202 - O regime de previdência privada, de caráter complementar e organizado de forma autônoma em relação ao regime geral de previdência social, será facultativo, baseado na constituição de reservas que garantam o benefício contratado, e regulado por lei complementar."

[6] REIS, *op. cit.*, p. 19.

[7] A definição jurídica de plano de benefícios não é consenso na doutrina. Allan Luiz Oliveira Barros (2016, p. 85) ensina que são dois "os significados usualmente utilizados pela doutrina e pela própria legislação para o plano de benefícios. O primeiro, no sentido de conjunto de direitos e obrigações ao qual se mantêm vinculados os participantes, os patrocinadores, os instituidores e a Entidade de Previdência Complementar, o que confundiria às vezes com o próprio regulamento, que é instrumento do plano de benefícios, ou com o contrato previdenciário, que é formado, como visto em linhas anteriores, pelo conjunto dos instrumentos jurídico que formalizam e disciplinam a relação contratual (regulamento, termo de inscrição e certificado). O segundo, o patrimônio coletivo (universalidade de direito), não dotado de personalidade jurídica, mas tutelado juridicamente, afetado

regulamentos, estabelecem o conjunto de direitos e obrigações ao qual os contratantes se mantêm vinculados.

O regime de previdência complementar encontra-se dividido em dois segmentos: fechado e aberto. Um dos principais traços distintivos entre ambos diz respeito ao seu universo de participantes. No segmento fechado, os planos de benefícios são ofertados a grupos específicos de pessoas, a partir do vínculo de trabalho ou associativo. Já no segmento aberto, tal vínculo não é obrigatório, sendo o plano de benefício deste segmento usualmente acessível ao público em geral.[8]

Para ter acesso a um plano de benefícios do segmento fechado, o indivíduo deve possuir vínculo com um patrocinador ou instituidor. Patrocinador é a pessoa jurídica, de natureza pública ou privada, que institui plano de benefícios de caráter previdenciário para seus empregados ou servidores.[9] Já o instituidor é a pessoa jurídica de caráter profissional, classista ou setorial que institui plano de benefícios para seus associados ou membros. A condição de patrocinador ou instituidor de um plano de benefícios é formalizada mediante a celebração de um contrato com a entidade de previdência, denominado convênio de adesão.

Outras diferenças entre os segmentos fechado e aberto podem ser destacadas, a exemplo da forma de constituição das suas entidades previdenciárias. Enquanto as Entidades Fechadas de Previdência Complementar (EFPC) são constituídas como fundação ou sociedade civil sem fins lucrativos,[10] as Entidades Abertas de Previdência Complementar (EAPC) operam sob a forma de sociedades anônimas.[11] A ausência de

---

ao pagamento dos benefícios previdenciários". Não obstante, vale a lição de Ronaldo Guimarães Gallo, ao esclarecer que não se deve confundir o plano de benefícios com o próprio contrato de previdência privada, apesar da sua relação de interdependência (GALLO, Ronaldo Guimarães. *Previdência Privada e Arbitragem*. Salvador: Juspodivm, 2020. p. 157). Também neste sentido: "O plano de benefícios é uma engenharia jurídica desenvolvida pela Entidade de Previdência Complementar, com objetivos normativamente delineados e sistematicamente bem situados (...). Sem dúvida, há nítida correlação entre o contrato de previdência privada e a arquitetura organizacional e regulamentar do plano de benefícios, o que não significa dizer que perfazem o mesmo instrumento ou possam ser confundidos como se mesmo institutos fossem" (BALERA, Wagner; DE RAEFFRAY, Ana Paula (coord.). *Introdução à previdência complementar*. Coleção de direito previdenciário, v. II. São Paulo: Thomson Reuters Brasil, 2020. p. 106).

[8] Registre-se a previsão legal de planos coletivos, contratados por pessoas jurídicas junto à EAPC, em que os participantes são pessoas vinculadas, direta ou indiretamente, à pessoa jurídica contratante. Ademais, por força da Emenda Constitucional nº 103/2019, que alterou a redação do §14 do art. 40 da CF/1988, as EAPC também ficam autorizadas a operar planos de benefícios de previdência complementar ofertados pelos entes da federação aos seus servidores públicos.

[9] "O termo patrocinador é oriundo da expressão inglesa *sponsor*, tendo em vista que os planos de benefícios dos Estados Unidos, em sua modalidade de benefício definido, nasceram sob patrocínio (*sponsorship*), isto é, sob o financiamento integral das empresas empregadoras. Assim, os 'patrocinadores' de planos de benefícios norte-americanos tradicionalmente assumiam o custo total pelo financiamento da aposentadoria complementar, como foi o caso de grandes fundos de pensão dos setores automotivos, ferroviários e de comunicações" (REIS, *op. cit.*, p. 44).

[10] Segundo Balera, na verdade as entidades fechadas de previdência complementar possuem natureza *sui generis*, uma vez que não se enquadram perfeitamente nas hipóteses de pessoas jurídicas previstas na legislação civil vigente: "Esta situação foi reconhecida pela Secretaria de Previdência Complementar, na Portaria n. 02 de 08 de janeiro de 2004, pela qual as "entidades fechadas de previdência complementar, regidas por lei complementar, não estão obrigadas a promover em seus estatutos as adaptações a que se refere o artigo 2.031 da Lei n. 10.406, de 10 de janeiro de 2002" (artigo 1º). Observa-se, assim, que as entidades fechadas são constituídas como fundações e sociedades, sem finalidade lucrativa, previstas em lei especial, conforme já contemplado no artigo 2.033 do Novo Código Civil (BALERA, Wagner (coord.). *Comentários à Lei de Previdência Privada*. São Paulo: Quartier Latin, 2005. p. 208).

[11] A legislação autoriza que sociedades seguradoras que operem exclusivamente seguros de vida possam operar planos de previdência complementar concedidos em forma de renda continuada ou pagamento único e acessíveis a quaisquer pessoas físicas, em moldes semelhantes às EAPC.

finalidade lucrativa e o vínculo associativo existente entre participantes e entidades são, portanto, traços próprios do regime fechado.

Acerca do aparato regulatório do regime de previdência complementar, a regulação e a supervisão e fiscalização de EFPC e EAPC são atribuídas a órgãos distintos. Tais funções são exercidas, respectivamente, pelo Conselho Nacional de Previdência Complementar – CNPC e Superintendência Nacional da Previdência Complementar – Previc, no caso do segmento fechado, e pelo Conselho Nacional de Seguros Privados – CNSP e Superintendência Nacional de Seguros Privados – Susep, no caso do segmento aberto.

Assim, tem-se que a relação de previdência complementar é integrada por três figuras centrais: o patrocinador ou instituidor, o participante e a entidade previdenciária (aberta ou fechada). A seguir, analisa-se a relação previdenciária em que o patrocinador é integrante da Administração Pública.[12]

3 O patrocínio público na previdência complementar

A noção de patrocinador púbico, ou patrocinador estatal, compreende toda pessoa jurídica que possua natureza jurídica de direito público (entes federativos e autarquias) ou de direito privado que de alguma forma receba direta ou indiretamente recursos públicos (fundações, sociedades de economia mista, empresas públicas, concessionárias ou permissionárias de serviço público e entes paraestatais).[13] Para fins do presente estudo, tais pessoas estão aqui referidas como "entes públicos" ou "entes estatais".

Em razão do interesse público envolvido, o ordenamento jurídico confere tratamento diferenciado às atividades no âmbito da previdência complementar em que haja o patrocínio público. Assim, além do quadro normativo de caráter geral, fixado pelo art. 202 da Constituição Federal e pela Lei Complementar nº 109/01, tais atividades também estão sujeitas a regras específicas.

Na Constituição Federal estão presentes algumas dessas regras. Os §§3º a 6º do supracitado art. 202 fixam diretrizes para as atividades de previdência complementar em que haja o patrocínio estatal. O art. 40 da Lei Maior, em seus §§14 a 16, traz comandos específicos para os entes federativos sobre o regime de previdência complementar dos seus respectivos servidores públicos.

Em face de preceito constitucional previsto no §3º do art. 202, a Administração Pública somente poderá aportar recursos para um plano de previdência complementar se assumir a qualidade de patrocinador. Em respeito à paridade contributiva, a contribuição normal do patrocinador público será, no máximo, igual à contribuição do participante patrocinado.

Cabe lembrar que a matéria foi objeto de alterações significativas com o advento da Emenda Constitucional nº 103/2019. Duas foram as modificações de relevo promovidas

---

[12] Nos dizeres de José dos Santos Carvalho Filho, a expressão Administração Pública, em seu sentido subjetivo, corresponde ao "conjunto de agentes, órgãos e pessoas jurídicas que tenham a incumbência de executar as atividades administrativas" (CARVALHO FILHO). José dos Santos. *Manual de Direito Administrativo*. 23. ed. Rio de Janeiro: Lumen Juris, 2010. p. 12).

[13] ROCHA, Leonardo Vasconcellos (coord.). *O patrocínio público na previdência complementar fechada*. Salvador: Juspodivm, 2013. p. 27.

no que tange à estrutura da previdência complementar com patrocínio estatal: i) a obrigatoriedade de instituição de regime de previdência complementar pelos entes federativos para seus respectivos servidores públicos ocupantes de cargo efetivo, até então de caráter facultativo; e ii) a possibilidade de gestão dos planos de previdência complementar com patrocínio público por EAPC ou EFPC, sendo que apenas estas últimas estavam constitucionalmente autorizadas a operar tais planos.

Assim que o §14 do art. 40 da Constituição Federal, em sua redação atual, prevê que o regime de previdência complementar a ser instituído pelos entes federativos deve ser complementar ao Regime Próprio de Previdência de Servidores Públicos, cujo limite máximo para o valor das aposentadorias não pode ser superior ao vigente para benefícios do Regime Geral de Previdência Social. O §6º do art. 9º da Emenda Constitucional nº 103/2019 estabeleceu o prazo de dois anos, contados a partir da sua vigência, para que ocorresse a instituição do regime de previdência complementar previsto no referido §14 do art. 40.

No tocante às entidades de previdência complementar autorizadas a operar planos de benefícios com patrocínio público, os §§4º e 5º do art. 202 da Lei Maior tiveram sua redação alterada para substituir a referência às "entidades fechadas de previdência privada" por "entidades de previdência complementar", ampliando o alcance das normas às entidades abertas. A seu turno, o §15 do art. 40 foi expresso ao prever que o regime de previdência complementar instituído por ente federativo será efetivado por intermédio de EFPC ou EAPC.

Tais alterações ainda repercutirão no quadro normativo do regime de previdência complementar como um todo. O legislador constituinte derivado, ciente da necessidade de adequação das normas vigentes, estipulou que somente as EFPC estão autorizadas a operar os planos de benefícios patrocinados por entes estatais enquanto não for disciplinada a relação entre os patrocinadores públicos e as EAPC.[14] É neste sentido que já estão em debate propostas de alterações legislativas que visam modificar pontos das Leis Complementares nº 108/2001 e nº 109/2001 para, entre outras medidas, reduzir as desigualdades entre as previdências aberta e fechada.[15]

A Lei Complementar nº 108/2001, em seus moldes atuais, disciplina a relação entre os patrocinadores públicos e as EFPC. Há, ainda, vasta gama de normas infralegais específicas, emitidas pelos órgãos reguladores.

Além das obrigações constantes no convênio de adesão firmado com a EFPC (e, em alguns casos, no estatuto da entidade previdenciária), o patrocinador estatal tem diversos deveres e obrigações decorrentes da legislação. Na Lei Complementar nº 108/2001 está prevista a necessidade de obediência à paridade contributiva entre

---

[14] EC nº 103/2019, art. 33: "Até que seja disciplinada a relação entre a União, os Estados, o Distrito Federal e os Municípios e entidades abertas de previdência complementar na forma do disposto nos §§4º e 5º do art. 202 da Constituição Federal, somente entidades fechadas de previdência complementar estão autorizadas a administrar planos de benefícios patrocinados pela União, Estados, Distrito Federal ou Municípios, inclusive suas autarquias, fundações, sociedades de economia mista e empresas controladas direta ou indiretamente".

[15] LEI QUE REGULAMENTA EC 103 DEVE SER APROVADA ATÉ 13 DE NOVEMBRO. Investidor Institucional, 2021. Disponível em: https://www.investidorinstitucional.com.br/sessoes/investidores/ fundosdepensao/37728-lei-regulamentando-ec-103-deve-ser-aprovada-ate-13-de-novembro.html. Acesso em: 12 nov. 2021.

patrocinador e participante para o custeio do plano de benefícios[16] e de composição paritária e democrática na estrutura orgânica da EFPC patrocinada pelo ente estatal.[17]

Ademais, quando o patrocinador for sociedade de economia mista ou empresa controlada direta ou indiretamente por ente federativo, estará sujeito à fiscalização exercida por órgão do ente federativo a que se encontra vinculado, o qual possui atribuição para se manifestar sobre temas específicos. Tal órgão, previsto pela LC nº 108/2001, faz parte do sistema de supervisão e fiscalização do regime de previdência complementar fechado, conforme se verá no tópico seguinte.

4 O patrocinador público na supervisão e fiscalização do regime de previdência complementar fechado

A supervisão e a fiscalização do regime de previdência complementar fechado são realizadas por meio de um sistema plural, em que vários agentes atuam de acordo com atribuições próprias e específicas definidas pelo ordenamento jurídico. Neste sentido:

> O arcabouço legal do regime de previdência complementar fechado (Leis Complementares nºs 109 e 108, de 2001) determinou a vários órgãos ou instâncias atribuições próprias e específicas, formando assim um hígido e plural sistema de supervisão e fiscalização do regime. Nesse contexto, além dos órgãos estatais de fiscalização (Superintendência Nacional de Previdência Complementar – PREVIC) e de regulação (Conselho Nacional de Previdência Complementar – CNPC), há, ainda, competências legais determinadas a outros entes, tais como patrocinadores de planos de benefícios e os próprios entes controladores destes últimos, ampliando-se, desse modo, o sistema de repartição de responsabilidades.[18]

A legislação não prevê, de forma expressa, elementos que permitiam distinguir as atividades de supervisão e fiscalização no regime de previdência complementar, aberto ou fechado. Sobre o tema, Allan Luiz de Oliveira Barros esclarece que a supervisão possui sentido mais amplo e inclui o conceito de fiscalização: enquanto este último está mais relacionado à aplicação de sanções administrativas por violação à legislação previdenciária, a supervisão confere uma linha diretiva de orientação, coordenação e controle da atuação das EFPC, visando o aprimoramento do funcionamento destas entidades.[19]

O autor distingue a supervisão e a fiscalização do regime de previdência complementar em modalidades de controle interno e externo, de acordo com os agentes envolvidos:

---

[16] LC nº 108/01: "Art. 6º: O custeio dos planos de benefícios será responsabilidade do patrocinador e dos participantes, inclusive assistidos. §1º A contribuição normal do patrocinador para plano de benefícios, em hipótese alguma, excederá a do participante, observado o disposto no art. 5º da Emenda Constitucional nº 20, de 15 de dezembro de 1998, e as regras específicas emanadas do órgão regulador e fiscalizador"

[17] LC nº 108/01: "Art. 11. A composição do conselho deliberativo, integrado por no máximo seis membros, será paritária entre representantes dos participantes e assistidos e dos patrocinadores, cabendo a estes a indicação do conselheiro presidente, que terá, além do seu, o voto de qualidade. (...) Art. 15. A composição do conselho fiscal, integrado por no máximo quatro membros, será paritária entre representantes de patrocinadores e de participantes e assistidos, cabendo a estes a indicação do conselheiro presidente, que terá, além do seu, o voto de qualidade".

[18] ROCHA, *op. cit.*, p. 27.

[19] BARROS. Allan Luiz Oliveira. *Previdência complementar aberta e fechada*. Salvador: Juspodivm, 2016. p. 229.

O **controle interno** é aquele realizado pelos órgãos estatutários da entidade (Conselho Deliberativo e Conselho Fiscal) e pelos sujeitos que integram a relação jurídica de previdência complementar (participantes, assistidos, beneficiários e patrocinadores). O **controle externo** é aquele realizado pelas entidades estatais que exercem a função de fiscalização e supervisão administrativa das EPC (Previc e Susep) e pelos Tribunais de Contas, estes últimos atuando nos planos de benefícios que recebem patrocínio de recursos públicos.[20]

O controle externo no segmento fechado é exercido pela Superintendência Nacional da Previdência Complementar – Previc. A autarquia de natureza especial, vinculada ao atual Ministério da Economia,[21] é o órgão de supervisão e fiscalização das EFPC, abrangendo, inclusive, os regimes de previdência complementar dos servidores públicos (criados no âmbito da União, dos Estados e dos municípios).[22] Suas atribuições estão previstas no art. 2º da Lei nº 12.154/2009.[23] [24]

Adacir Reis ressalta que a competência para a fiscalização da Previc vigora "desde o momento do nascimento da relação jurídica entre patrocinadores (ou instituidores) e participantes, no âmbito das entidades fechadas de previdência complementar, até o fim de tal relação, com a possível retirada de patrocínio".[25]

O poder de polícia atribuído à referida autarquia alcança não somente as EFPC, mas também seus patrocinadores ou instituidores, e respectivos administradores, quanto a aspectos específicos que digam respeito aos compromissos assumidos frente aos

---

[20] *Ibidem*, p. 237-238.

[21] A Previc é dotada de autonomia administrativa e financeira (art. 1º da Lei nº 12.154/2009), contudo seus dirigentes não possuem mandato para o desempenho das suas funções.

[22] Art. 5º da LC nº 109/01, regulamentado pela Lei nº 12.154/2009.

[23] Lei nº 12.154/2009: "Art. 2º Compete à Previc: I - proceder à fiscalização das atividades das entidades fechadas de previdência complementar e de suas operações; II - apurar e julgar infrações e aplicar as penalidades cabíveis; III - expedir instruções e estabelecer procedimentos para a aplicação das normas relativas à sua área de competência, de acordo com as diretrizes do Conselho Nacional de Previdência Complementar, a que se refere o inciso XVIII do art. 29 da Lei nº 10.683, de 28 de maio de 2003; IV - autorizar: a) a constituição e o funcionamento das entidades fechadas de previdência complementar, bem como a aplicação dos respectivos estatutos e regulamentos de planos de benefícios; b) as operações de fusão, de cisão, de incorporação ou de qualquer outra forma de reorganização societária, relativas às entidades fechadas de previdência complementar; c) a celebração de convênios e termos de adesão por patrocinadores e instituidores, bem como as retiradas de patrocinadores e instituidores; e d) as transferências de patrocínio, grupos de participantes e assistidos, planos de benefícios e reservas entre entidades fechadas de previdência complementar; V - harmonizar as atividades das entidades fechadas de previdência complementar com as normas e políticas estabelecidas para o segmento; VI - decretar intervenção e liquidação extrajudicial das entidades fechadas de previdência complementar, bem como nomear interventor ou liquidante, nos termos da lei; VII - nomear administrador especial de plano de benefícios específico, podendo atribuir-lhe poderes de intervenção e liquidação extrajudicial, na forma da lei; VIII - promover a mediação e a conciliação entre entidades fechadas de previdência complementar e entre estas e seus participantes, assistidos, patrocinadores ou instituidores, bem como dirimir os litígios que lhe forem submetidos na forma da Lei nº 9.307, de 23 de setembro de 1996; IX - enviar relatório anual de suas atividades ao Ministério da Previdência Social e, por seu intermédio, ao Presidente da República e ao Congresso Nacional; e X - adotar as demais providências necessárias ao cumprimento de seus objetivos".

[24] Acerca do poder normativo da Previc: "Em geral, a competência regulatória é deferida ao CNPC, nos termos do artigo 13 da Lei n. 12/154/2009 e ao CMN, no que tange às diretrizes de investimentos, nos termos do art. 9º da LC n. 109/2001. Porém, cumpre à PREVIC editar normas de caráter complementar, com observância dos parâmetros existentes na lei que lhes transferiu aquela função em razão de normatização do CNPC e do CMN, e também para operacionalizar procedimentos dos processos de supervisão e fiscalização nos termos de suas atribuições legais. Isso porque a elaboração, a alteração e a revogação de atos normativos estão dentro das competências legais atribuídas à autarquia" (BALERA, Wagner; DE RAEFRAY, *op. cit.*, p. 91).

[25] REIS, *op. cit.*, p. 100.

respectivos planos de benefícios.[26] Diversos agentes estão sujeitos ao regime disciplinar previsto na legislação, entre os quais: administradores da EFPC, procuradores com poderes de gestão, membros de conselhos estatutários, assim como atuários, auditores independentes, avaliadores de gestão e outros profissionais que prestem serviços técnicos à entidade. Os administradores dos patrocinadores ou instituidores também estão submetidos ao regime disciplinar em comento.

Assim, no exercício de suas atribuições, a Previc apura e julga as infrações relacionadas às normas de previdência complementar para, uma vez verificado o seu descumprimento, aplicar as penalidades previstas em lei.[27] Além das penalidades administrativas, os infratores estão sujeitos à responsabilidade civil pelos danos ou prejuízos causados[28] e à responsabilidade criminal pela prática dos crimes definidos em lei.[29]

A competência dos Tribunais de Contas para fiscalizar as atividades das EFPC com patrocínio estatal é controversa. Embora seja objeto de crítica por parte da doutrina,[30] no âmbito federal o Tribunal de Contas da União (TCU) vem exercendo essa atribuição por meio da fiscalização direta (de primeira ordem) e indireta (de segunda ordem), esta através da Previc ou dos patrocinadores públicos sob seu controle.[31] Em sede liminar, o Supremo Tribunal Federal já se manifestou favorável à competência do TCU para fiscalizar as EFPC.[32]

---

[26] LC nº 109/01: "Art. 41. No desempenho das atividades de fiscalização das entidades de previdência complementar, os servidores do órgão regulador e fiscalizador terão livre acesso às respectivas entidades, delas podendo requisitar e apreender livros, notas técnicas e quaisquer documentos, caracterizando-se embaraço à fiscalização, sujeito às penalidades previstas em lei, qualquer dificuldade oposta à consecução desse objetivo. §1º O órgão regulador e fiscalizador das entidades fechadas poderá solicitar dos patrocinadores e instituidores informações relativas aos aspectos específicos que digam respeito aos compromissos assumidos frente aos respectivos planos de benefícios".

[27] LC nº 109/01: "Art. 65. A infração de qualquer disposição desta Lei Complementar ou de seu regulamento, para a qual não haja penalidade expressamente cominada, sujeita a pessoa física ou jurídica responsável, conforme o caso e a gravidade da infração, às seguintes penalidades administrativas, observado o disposto em regulamento: I - advertência; II - suspensão do exercício de atividades em entidades de previdência complementar pelo prazo de até cento e oitenta dias; III - inabilitação, pelo prazo de dois a dez anos, para o exercício de cargo ou função em entidades de previdência complementar, sociedades seguradoras, instituições financeiras e no serviço público; e IV - multa de dois mil reais a um milhão de reais, devendo esses valores, a partir da publicação desta Lei Complementar, ser reajustados de forma a preservar, em caráter permanente, seus valores reais".

[28] LC nº 109/01: "Art. 63. Os administradores de entidade, os procuradores com poderes de gestão, os membros de conselhos estatutários, o interventor e o liquidante responderão civilmente pelos danos ou prejuízos que causarem, por ação ou omissão, às entidades de previdência complementar. Parágrafo único. São também responsáveis, na forma do caput, os administradores dos patrocinadores ou instituidores, os atuários, os auditores independentes, os avaliadores de gestão e outros profissionais que prestem serviços técnicos à entidade, diretamente ou por intermédio de pessoa jurídica contratada".

[29] LC nº 109/01: "Art. 64. O órgão fiscalizador competente, o Banco Central do Brasil, a Comissão de Valores Mobiliários ou a Secretaria da Receita Federal, constatando a existência de práticas irregulares ou indícios de crimes em entidades de previdência complementar, noticiará ao Ministério Público, enviando-lhe os documentos comprobatórios".

[30] "A entidade fechada de previdência complementar, ainda que regida pela LC 108/2001, não integra a Administração Pública. Portanto, no âmbito federal, sob as óticas constitucional e legal, não está sujeita ao controle interno (Controladoria Geral da União – CGU) ou externo (Tribunal de Contas da União – TCU) da União Federal, embora haja entendimento diverso sobre tal questão. (...) Assim, tanto o Tribunal de Contas da União (TCU) quanto a Controladoria Geral da União (CGU) podem fiscalizar os patrocinadores de planos de previdência, ou seja, as empresas e órgãos integrantes da Administração Pública, e não as entidades fechadas de previdência complementar, pois estas se submetem, nos termos do art. 202 da CF e da legislação especial, à fiscalização da Previc" (REIS, *op. cit.*, p. 101-102).

[31] Neste sentido: Acórdão TCU n. 3.133/2012 e Acórdão TCU n. 1.301/2021.

[32] BRASIL. Supremo Tribunal Federal. Mandado de Segurança: MS 34738 DF 0003637-74.2017.1.00.0000. Decisão monocrática. Relator: Ministro Roberto Barroso. DJE 18.04.2017. Disponível em: https://portal.stf.jus.br/processos/ detalhe.asp?incidente=5168672. Acesso em: 12 dez. 2021.

Não obstante, os patrocinadores públicos estão sujeitos aos órgãos de controle interno e externo da Administração Pública. A nível federal, tal controle é exercido respectivamente pela Controladoria-Geral da União – CGU e pelo TCU.

No âmbito da Previc, o exercício do controle externo do regime de previdência complementar fechado não possui apenas caráter repressivo, mas tem suas ações pautadas nas diretrizes da Supervisão Baseada em Risco – SBR.[33] Por meio da Recomendação CGPC nº 2/2009, o Conselho de Gestão da Previdência Complementar (órgão regulador à época, equivalente ao atual CNPC) indicou a adoção da metodologia SBR na atividade de supervisionar as EFPC e os planos de benefícios por elas administrados.

É neste sentido que, ao supervisionar as atividades das EFPC, a Previc buscar levar em consideração os riscos aos quais estas atividades estão expostas. Segundo entendimento do próprio órgão, a SBR possibilita verificar a exposição a riscos e os controles sobre eles exercidos, atuando de forma prudencial sobre as origens dos riscos e induzindo uma gestão proativa das entidades.[34]

Segundo Aparecida Pagliarini, a SBR é uma fiscalização mais completa e sensível ao regime de previdência complementar fechado, pois, ao apurar a exposição a riscos e a adequação dos métodos utilizados para o seu monitoramento, vai além da verificação da conformidade dos processos e decisões adotados pela gestão aos contornos legais.[35] A visão sistêmica dos riscos que possam comprometer os objetivos das EFPC permite o desenvolvimento de uma cultura de avaliação de riscos e controles internos pautada pela proatividade, em contraposição a intervenções pontuais e reativas.[36]

No regime de previdência complementar fechado, a adoção da SBR na atividade de supervisão foi posterior à regulação da gestão baseada em risco, que ocorreu por meio da Resolução CGPC nº 13/2004. Esta resolução estabelece a gestão baseada em riscos como padrão legal de conduta.[37] Desta forma, as EFPCs devem implementar medidas para que todos os riscos que possam comprometer a realização dos seus objetivos sejam continuamente identificados, avaliados, controlados e monitorados.[38] Para implementação de tais medidas, a engenharia de governança das entidades deve observar o porte e a complexidade inerentes aos planos de benefícios por ela operados.

Adacir Reis ressalta que gestão e supervisão baseadas em risco são fenômenos indissociáveis.[39] Assim, a supervisão das atividades da EFPC exercida para fins de controle interno, pelos seus órgãos estatutários e pelos sujeitos que integram a relação jurídica de previdência complementar, também deve estar pautada por uma visão sistêmica dos riscos relacionados às atividades da entidade.

---

[33] Neste sentido, a Recomendação nº 2/2009 do Conselho de Gestão da Previdência Complementar (órgão regulador à época, equivalente ao atual CNPC) recomendava a adoção da metodologia de SBR na atividade de supervisionar as EFPC e os planos de benefícios por elas administrados.

[34] PREVIC – Superintendência Nacional de Previdência Complementar (2010, agosto). *Guia Previc Melhores Práticas em Fundos de Pensão*. Brasília, DF. p. 12.

[35] PAGLIARINI, Aparecida Ribeiro Garcia. Gestão do risco legal. *In*: AVENA, Lygia (coord.). *Fundamentos Jurídicos da Previdência Complementar Fechada*. São Paulo: CEJUPREV, 2012. p. 91.

[36] REIS, *op. cit.*, p. 102. Neste sentido, destaca o autor: "Na supervisão baseada em riscos, a visão estática de checagem de itens (*check list*) acerca da mera conformidade formal dos atos do gestor da entidade aos preceitos legais e normativos, uns diriam o mero exame burocrático do ambiente supervisionado, avança para uma aferição interativa de comportamento prudencial das entidades de previdência complementar".

[37] PAGLIARINI, *op. cit.*, p. 92.

[38] Art. 12 da Resolução CGPC nº 13/2004.

[39] REIS, *op. cit.*, p. 77.

A legislação prevê que as EFPCs devem manter estrutura mínima composta por diretoria-executiva, conselho deliberativo e conselho fiscal, assegurada a representação dos participantes dos planos de benefícios nestes últimos com no mínimo um terço das vagas.[40] Excepcionalmente, no caso de EFPC com patrocínio público, deve ser observado o limite de integrantes dos órgãos estatutários e a paridade na sua composição.[41]

Cada órgão estatutário desempenha uma função específica na estrutura organizacional da EFPC. Enquanto o Conselho Deliberativo é a sua instância máxima de deliberação, com atribuições definidas em seu estatuto, a diretoria executiva é o órgão responsável pela sua administração. Já ao Conselho Fiscal cabe promover a fiscalização das atividades da entidade.

Por imperativo legal previsto na Lei Complementar nº 109/01, os patrocinadores e instituidores são responsáveis pela supervisão sistemática das atividades das entidades de previdência complementar com as quais mantenham relacionamento.[42] Trata-se de competência acessória à atividade de supervisão a cargo do órgão estatal, e uma responsabilidade para esses agentes.[43]

Quando se tratar de patrocínio público, a Lei Complementar nº 108/01 é mais abrangente que a legislação de caráter geral ao estabelecer, em seu artigo 25, a responsabilidade do patrocinador pela supervisão e fiscalização sistemática dessas atividades, ordenando que os resultados da fiscalização e do controle exercidos pelos patrocinadores sejam encaminhados ao órgão regulador e fiscalizador estatal.[44] Acerca do controle interno exercido pelo patrocinador estatal, Leonardo Rocha destaca:

> Além do controle externo estatal, exercido pelo órgão e entidade públicos especialmente criados para esse fim, impõe-se normativamente aos patrocinadores dessas entidades a constante avaliação de sua gestão, principalmente quanto à política de investimentos, aspectos de governança corporativa e atendimento das metas atuariais planejadas e revistas anualmente, de modo a garantir os benefícios dos tratados, preservando, ao fim e ao cabo, os interesses dos participantes e assistidos no recebimento desses benefícios.[45]

Em que pese a norma legal não detalhar como deve se dar a supervisão e fiscalização sistemática das atividades da EFPC, o Tribunal de Contas da União possui entendimento segundo o qual tais atividades devem ser, em algum grau, exercidas diretamente pelo patrocinador estatal. Ao abordar o assunto em uma de suas ações fiscalizatórias, o Tribunal não admitiu que tal controle a cargo do patrocinador ocorresse

---

[40] Art. 35 e §1º da LC nº 109/01.

[41] LC nº 108/01: "Art. 11. A composição do conselho deliberativo, integrado por no máximo seis membros, será paritária entre representantes dos participantes e assistidos e dos patrocinadores, cabendo a estes a indicação do conselheiro presidente, que terá, além do seu, o voto de qualidade. (...) Art. 15. A composição do conselho fiscal, integrado por no máximo quatro membros, será paritária entre representantes de patrocinadores e de participantes e assistidos, cabendo a estes a indicação do conselheiro presidente, que terá, além do seu, o voto de qualidade".

[42] LC nº 109/01: "Art. 41. (...) §2º A fiscalização a cargo do Estado não exime os patrocinadores e os instituidores da responsabilidade pela supervisão sistemática das atividades das suas respectivas entidades fechadas".

[43] REIS, *op. cit.*, p. 103.

[44] LC nº 108/01: "Art. 25. As ações exercidas pelo órgão referido no artigo anterior não eximem os patrocinadores da responsabilidade pela supervisão e fiscalização sistemática das atividades das suas respectivas entidades de previdência complementar. Parágrafo único. Os resultados da fiscalização e do controle exercidos pelos patrocinadores serão encaminhados ao órgão mencionado no artigo anterior".

[45] ROCHA, *op. cit.*, p. 114-115.

tão somente por intermédio da atuação dos membros por ele indicados para compor os cargos estatuários da EFPC, a exemplo dos conselheiros fiscais no exercício de suas atribuições.[46]

No caso de o patrocinador ser uma empresa estatal – sociedade de economia mista ou empresa controlada direta ou indiretamente por ente federativo – a Lei Complementar nº 108/01 prevê que o ente federativo ao qual o patrocinador se vincula deverá se manifestar, por meio de órgão próprio, sobre temas específicos que impliquem elevação da contribuição patronal. Trata-se de dupla vinculação quanto à fiscalização destes temas, haja vista que, além do exame a cargo da Previc, o órgão do ente federativo responsável pela supervisão, coordenação e controle do patrocinador também atuará.[47]

No âmbito do Poder Executivo Federal, tal função é desempenhada pela Secretaria de Coordenação e Governança das Empresas Estatais – Sest,[48] de acordo com as orientações fixadas pela Comissão Interministerial de Governança Corporativa e de Administração de Participações Societárias da União – CGPAR.[49]

Tais órgãos editaram normas específicas para as empresas estatais federais sobre a supervisão e fiscalização sistemática das suas respectivas entidades previdenciárias. Cabe verificar se essas normas proporcionam diretrizes de caráter geral que possam ser aplicadas por patrocinadores públicos dos distintos níveis federativos (federal, estadual, municipal) no desempenho de suas atividades de supervisão e fiscalização de EFPC.

5 Diretrizes para supervisão e fiscalização sistemática das atividades das EFPC pelos patrocinadores públicos

Por meio da Resolução nº 9/2016, a CGPAR estabeleceu os parâmetros que devem ser observados pelas sociedades de economia mista e empresas controladas direta ou indiretamente pela União na supervisão e fiscalização sistemática das atividades das EFPC que administram os planos de benefícios por elas patrocinados. Esta norma está regulamentada pela Sest por meio da Portaria nº 2014/2021,[50] a qual contempla os procedimentos para operacionalização das obrigações estabelecidas.

---

[46] Neste sentido: Acórdão TCU nº 2235/2011 e Acórdão TCU nº 1867/2014.

[47] LC nº 108/01: "Art. 4º Nas sociedades de economia mista e empresas controladas direta ou indiretamente pela União, pelos Estados, pelo Distrito Federal e pelos Municípios, a proposta de instituição de plano de benefícios ou adesão a plano de benefícios em execução será submetida ao órgão fiscalizador, acompanhada de manifestação favorável do órgão responsável pela supervisão, pela coordenação e pelo controle do patrocinador. Parágrafo único. As alterações no plano de benefícios que implique elevação da contribuição de patrocinadores serão objeto de prévia manifestação do órgão responsável pela supervisão, pela coordenação e pelo controle referido no caput".

[48] Entre suas atribuições, cabe à Sest manifestar-se sobre uma série de assuntos que envolvem a relação entre o patrocinador estatal e a EFPC. São elas: patrocínio de planos de benefícios administrados por entidades fechadas de previdência complementar, quanto à alteração de estatuto da entidade, à instituição e à alteração de planos de benefícios, ao convênio de adesão, ao contrato de confissão e assunção de dívidas, à fusão, cisão e incorporação de planos e de entidades de previdência complementar, à alteração de plano de custeio que implique elevação da contribuição de patrocinadores, ao equacionamento de déficit, à destinação de superávit e à retirada de patrocínio (art. 98, inc. VI, "f", do Decreto nº 9.745/2019).

[49] A CGPAR foi criada pelo Decreto nº 6.021/2007 com a finalidade de tratar de matérias relacionadas com a governança corporativa nas empresas estatais federais e da administração de participações societárias da União. Entre suas atribuições está a aprovação de diretrizes e estratégias relacionadas à atuação das empresas estatais federais na condição de patrocinadoras de planos de benefícios operados por EFPC (art. 3º, inc. I, "d", do Decreto).

[50] A matéria encontrava-se anteriormente regulamentada pela Portaria SEST/MP nº 36/2017.

A referida resolução prevê atribuições para os órgãos diretivos das empresas estatais, Conselho de Administração e Diretoria Executiva, responsabilizando-os pelo efetivo acompanhamento das atividades das entidades que patrocinam.

Assim, o Conselho de Administração deverá solicitar auditoria interna periódica sobre as atividades da EFPC que administra plano de benefícios patrocinado pela empresa estatal. A auditoria interna, realizada pela própria patrocinadora ou por serviços especializados de terceiros, deve contemplar, no mínimo, os seguintes assuntos: a) política de investimentos e sua gestão; b) processos de concessão de benefícios; c) metodologia utilizada no cálculo atuarial, custeio, consistência do cadastro e aderência das hipóteses; d) procedimentos e controles vinculados à gestão administrativa e financeira da entidade; e) despesas administrativas; f) estrutura de governança e de controles internos da entidade; e g) recolhimento das contribuições dos patrocinadores e participantes em relação ao previsto no plano de custeio.

Para atendimento ao disposto no parágrafo único do art. 25 da LC nº 108/01, a empresa estatal federal deverá elaborar relatório sobre a auditoria interna realizada e encaminhá-lo à Previc, em até 30 dias depois de sua apreciação pelo Conselho de Administração.

A Portaria SEST nº 2014/2021 determina que a necessidade de realização da auditoria interna deverá ser avaliada a cada exercício anual pelo Conselho de Administração da patrocinadora estatal. Sempre que o órgão estatutário a dispensar, deverá justificar sua opção e informar o fato à Previc em até sessenta dias após o fim do exercício em que não realizado o procedimento.

Caso a auditoria interna solicitada pelo Conselho de Administração aponte alguma irregularidade acerca dos pontos analisados, a Diretoria Executiva da empresa deverá solicitar à EFPC a apresentação de plano de ação para correção. A situação deve ser comunicada aos Conselhos Deliberativo e Fiscal da EFPC, além do Conselho de Administração da empresa estatal, o qual será responsável por cobrar a efetividade do plano de ação.

A Diretoria Executiva ainda tem como atribuição apresentar relatório semestral ao Conselho de Administração sobre a EFPC e seus planos de previdência, com destaque para: a) a aderência dos cálculos atuariais; b) a gestão dos investimentos; c) a solvência, a liquidez e o equilíbrio econômico, financeiro e atuarial dos planos; d) o gerenciamento dos riscos; e e) a efetividade dos controles internos. A Portaria SEST nº 2014/2021 estabelece que este relatório deverá ser submetido previamente ao Comitê de Auditoria Estatutário.[51]

O relatório semestral de gestão do patrocínio de planos de benefícios previdenciários e outras informações produzidas sobre o assunto deve ser encaminhado para conhecimento da Previc e da SEST no prazo de até 30 dias após sua apreciação pelo Conselho de Administração da estatal.

Além das atribuições relacionadas à verificação e ao acompanhamento das atividades da EFPC, a empresa estatal tem a obrigação de fornecer orientação e

---

[51] O Comitê de Auditoria Estatutário é órgão auxiliar do Conselho de Administração, previsto no art. 24 da Lei nº 13.303/2016 (Lei de Responsabilidade das Estatais), o qual tem como atribuição avaliar a razoabilidade dos parâmetros em que se fundamentam os cálculos atuariais, bem como o resultado atuarial dos planos de benefícios mantidos pelo fundo de pensão, quando a empresa pública ou a sociedade de economia mista for patrocinadora de entidade fechada de previdência complementar.

assessoramento técnico aos membros por ela indicados para compor os Conselhos Deliberativo e Fiscal da EFPC.

A tabela a seguir contempla as principais atribuições previstas na Resolução CGPAR nº 9/2016 e na Portaria SEST nº 2014/2021 para observância pelas empresas estatais federais:

TABELA 1

ATRIBUIÇÕES DESIGNADAS ÀS EMPRESAS ESTATAIS PARA SUPERVISÃO E FISCALIZAÇÃO SISTEMÁTICA DAS SUAS RESPECTIVAS EFPCS

ATRIBUIÇÃO 1:	Órgão responsável:	Conselho de Administração.
Solicitar auditoria interna periódica sobre as atividades da entidade fechada de previdência complementar que administra plano de benefícios da estatal, a ser realizada pela patrocinadora ou prestador de serviços especializado.	Periodicidade:	Anual.
		OBS: A necessidade de auditoria interna será avaliada anualmente e, caso seja encerrado um exercício anual sem a sua realização, o órgão deverá justificar a opção por não tê-la realizado, informando o fato à Previc em até 60 dias após o fim do exercício.
Assuntos de abordagem obrigatória, sem prejuízo de outros que sejam considerados necessários: a) política de investimentos e sua gestão; b) processos de concessão de benefícios; c) metodologia utilizada no cálculo atuarial, custeio, consistência do cadastro e aderência das hipóteses; d) procedimentos e controles vinculados à gestão administrativa e financeira da entidade; e) despesas administrativas; f) estrutura de governança e de controles internos da entidade; e g) recolhimento das contribuições dos patrocinadores e participantes em relação ao previsto no plano de custeio.	Desdobramento:	Concluída a auditoria, deverá ser apreciado o relatório, com a manifestação do Comitê de Auditoria Estatutário.
		O relatório deve ser encaminhado à Previc, em até 30 dias após sua apreciação.
	Previsão normativa:	Art. 1º da Resolução CGPAR nº 9/2016 e art. 2º da Portaria SEST nº 2014/2021.
ATRIBUIÇÃO 2:	Órgão responsável:	Diretoria Executiva.
Solicitar à EFPC a apresentação de plano de ação para correção de possíveis irregularidades apontadas pela auditoria e acompanhar a sua execução.	Periodicidade:	Não se aplica.
	Desdobramento:	Enviar informações atualizadas sobre o plano de ação, no mínimo, trimestralmente, aos Conselhos Deliberativo e Fiscal da EFPC, ao Comitê de Auditoria Estatutário e ao Conselho de Administração da empresa.
	Previsão normativa:	Art. 2º, inc. I, da Resolução CGPAR nº 9/2016 e art. 3º da Portaria SEST nº 2014/2021.

ATRIBUIÇÃO 3:	Órgão responsável:	Conselho de Administração.
Acompanhar e, se for o caso, cobrar a efetividade do plano de ação solicitado à EFPC pela Diretoria Executiva da empresa.	Periodicidade:	No mínimo, trimestral.
	Desdobramento:	Não se aplica.
	Previsão normativa:	Art. 2º, inc. I, da Resolução CGPAR nº 9/2016 e art. 3º, parágrafo único, da Portaria SEST nº 2014/2021.
ATRIBUIÇÃO 4:	Órgão responsável:	Diretoria Executiva.
Apresentar relatório ao Conselho de Administração sobre a EFPC e seus planos de previdência.	Periodicidade:	Semestral.
Assuntos de destaque: a) a aderência dos cálculos atuariais; b) a gestão dos investimentos; c) a solvência, a liquidez e o equilíbrio econômico, financeiro e atuarial dos planos; d) o gerenciamento dos riscos; e e) a efetividade dos controles internos.		OBS.: Deverá ser encaminhado ao Conselho de Administração, com a manifestação prévia do Comitê de Auditoria Estatutário, em até 60 dias após a elaboração.
	Desdobramento:	Não se aplica.
	Previsão normativa:	Art. 2º, inc. III, da Resolução CGPAR nº 9/2016 e art. 4º da Portaria SEST nº 2014/2021.
ATRIBUIÇÃO 5:	Órgão responsável:	Conselho de Administração.
Apreciar o relatório sobre a EFPC e seus planos de previdência apresentado pela Diretoria Executiva.	Periodicidade:	Semestral.
	Desdobramento:	Encaminhar o relatório à SEST e à Previc, em até 30 dias após a sua apreciação.
	Previsão normativa:	Art. 2º, inc. III e parágrafo único, da Resolução CGPAR nº 9/2016 e art. 4º da Portaria SEST nº 2014/2021.
ATRIBUIÇÃO 6:	Órgão responsável:	Diretoria Executiva.
Fornecer orientação e assessoramento técnico aos membros indicados pela patrocinadora aos Conselhos Deliberativo e Fiscal da EFPC.	Periodicidade:	Não se aplica.
	Desdobramento:	Não se aplica.
	Previsão normativa:	Art. 2º, inc. II, da Resolução CGPAR nº 9/2016 e art. 2º da Portaria SEST nº 2014/2021.

Os aspectos contemplados pelas normas em comento descritos na tabela podem subsidiar o planejamento de ações de supervisão e fiscalização sistemática das atividades das EFPC por patrocinadores públicos que não estejam sujeitos às regras aplicáveis às empresas estatais federais.

As atribuições previstas para os órgãos estatutários dessas empresas e os procedimentos para sua operacionalização podem ser adaptados pelo ente estatal de acordo com a sua estrutura organizacional, seja integrante da Administração Direta ou Indireta.

A adoção de procedimentos em moldes similares aos previstos na Resolução CGPAR nº 9/2016 implica o desempenho de atividades de supervisão e fiscalização diretamente pelo ente estatal, evitando-se a atuação tão somente por intermédio da estrutura de governança da EFPC. Tal exercício direto está em consonância com o entendimento exarado pelo TCU sobre o tema.

Os aspectos que devem estar contemplados na auditoria interna periódica e no relatório de gestão do patrocínio de planos de benefícios previdenciários, ambos realizados pelo patrocinador estatal, buscam avaliar os riscos envolvidos nas atividades da EFPC. Estes aspectos estão aderentes às características observadas nas metodologias da gestão e da supervisão baseada em risco, adotadas no regime de previdência complementar fechado, conforme previsto em seu arcabouço normativo.

Assim, diante da ausência de parâmetros legais que definam as ações de supervisão e fiscalização sistemática das atividades da EFPC a cargo dos patrocinadores públicos, a observância das diretrizes previstas na Resolução CGPAR nº 9/2016 e na Portaria SEST nº 2014/2021 pelos entes estatais dos distintos níveis federativos (federal, estadual, municipal) tem o condão de conferir maior segurança jurídica quanto ao cumprimento do disposto no art. 25 da LC nº 108/01. Ao observar as referidas normas como norte à implementação de ações neste sentido, mitiga-se eventual responsabilidade pela ausência de controle adequado por parte do patrocinador público e seus dirigentes.

6 Conclusão

Após as alterações promovidas pela Emenda Constitucional nº 03/2019, a Constituição Federal tornou obrigatória a instituição de regime de previdência complementar pelos entes federativos para seus respectivos servidores públicos, bem como autorizou a gestão de planos de previdência complementar com patrocínio público por entidades de previdência complementar abertas ou fechadas. Porém, enquanto não for disciplinada a relação entre patrocinadores estatais e entidades do segmento aberto, apenas as EFPCs podem fazê-lo.[52]

Assim, o dever legal previsto no art. 25 da LC nº 108/01 para os patrocinadores públicos implica a supervisão e fiscalização sistemática das atividades das entidades previdenciárias do segmento fechado com as quais mantenham vínculo. Embora a norma legal não especifique o *modus operandi* de tais atividades, algumas diretrizes precisam ser observadas pelos entes estatais para seu devido cumprimento.

Espera-se que as atividades desempenhadas por patrocinadores públicos neste sentido priorizem metodologias de gestão e supervisão baseadas em risco, em

---

[52] Até a conclusão do presente estudo não houve tal disciplina.

consonância com as características da estrutura de governança para controle (interno e externo) do regime de previdência complementar estabelecida pelo ordenamento jurídico.

Outrossim, verificou-se entendimento do TCU segundo o qual o dever legal em comento não estaria cumprido pela atuação indireta do patrocinador. Portanto, não basta que o ente público realize a supervisão e fiscalização da entidade previdenciária por intermédio dos seus membros indicados para compor os órgãos estatuários da entidade previdenciária, a exemplo dos conselheiros fiscais, sendo necessária sua atuação direta. Embora aplicável aos entes federais, tal entendimento é um importante insumo para direcionar as atividades dos patrocinadores públicos dos distintos níveis federativos (federal, estadual, municipal).

Por fim, o exame das normas aplicáveis às empresas estatais federais (Resolução CGPAR nº 9/2016 e Portaria SEST nº 2014/2021), contendo diretrizes para supervisão e fiscalização sistemática das atividades das EFPC que administram os planos de benefícios por elas patrocinados, permitiu identificar parâmetros aplicáveis aos patrocinadores públicos de maneira geral.

Desta forma, observadas as peculiaridades de cada ente estatal, em especial sua estrutura organizacional e o desenho do plano de benefícios patrocinado, os pontos apresentados na Tabela 1 do presente estudo podem subsidiar o planejamento de ações de supervisão e fiscalização sistemática das atividades de suas EFPC.

A presente pesquisa permitiu concluir que, sem prejuízo das diretrizes e normas estabelecidas pelos seus órgãos de controle, a adoção pelo ente estatal de procedimentos em moldes similares aos previstos para as empresas estatais federais tem o condão de conferir maior segurança jurídica quanto à observância do disposto no art. 25 da LC nº 108/01, com efeito mitigador de eventual responsabilidade pela ausência de controle adequado por parte do patrocinador público ou seus dirigentes.

Referências

ARAÚJO NETO, Raul Lopes de. *Teoria geral do direito previdenciário*. Rio de Janeiro: G.Z, 2020.

BALERA, Wagner (coord.). *Comentários à Lei de Previdência Privada*. São Paulo: Quartier Latin, 2005.

BALERA, Wagner; DE RAEFFRAY, Ana Paula (coord.). *Introdução à previdência complementar*. Coleção de direito previdenciário, v. II. São Paulo: Thomson Reuters Brasil, 2020.

BARROS. Allan Luiz Oliveira. *Previdência complementar aberta e fechada*. Salvador: Juspodivm, 2016.

BRASIL. Supremo Tribunal Federal. Mandado de Segurança: *MS 34738/DF* 0003637-74.2017.1.00.0000. Decisão monocrática. Relator: Ministro Roberto Barroso. DJE: 18.04.2017. Disponível em: https://portal.stf.jus.br/processos/detalhe.asp?incidente=5168672. Acesso em: 12 dez. 2021.

BRASIL. Tribunal de Contas da União. *Acórdão nº 2235/2011*. Plenário. Relator: Ministro Raimundo Carreiro. Sessão de 24/08/2011. Disponível em: https://pesquisa.apps.tcu.gov.br/#/documento/acordao-completo/*/NU MACORDAO%253A2235%2520ANOACORDAO%253A2011/DTRELEVANCIA%2520desc%252C%2520NU MACORDAOINT%2520desc/0/%2520. Acesso em: 12 dez. 2021.

BRASIL. Tribunal de Contas da União. *Acórdão nº 1867/2014*. Plenário. Relator: Ministro Raimundo Carreiro. Sessão de 16/07/2014. Disponível em: https://pesquisa.apps.tcu.gov.br/#/documento/acordao-completo/*/NU MACORDAO%253A1867%2520ANOACORDAO%253A2014/DTRELEVANCIA%2520desc%252C%2520NU MACORDAOINT%2520desc/0/%2520. Acesso em: 12 dez.2021.

CARVALHO FILHO, José dos Santos. *Manual de Direito Administrativo*. 23. ed. Rio de Janeiro: Lumen Juris, 2010.

GALLO, Ronaldo Guimarães. *Previdência Privada e Arbitragem*. Salvador: Juspodivm, 2020.

IBRAHIM, Fábio Zambitte. *Curso de direito previdenciário*. 25. ed. Rio de Janeiro: Impetus, 2020.

LEI QUE REGULAMENTA EC 103 DEVE SER APROVADA ATÉ 13 DE NOVEMBRO. Investidor Institucional, 2021. Disponível em: https://www.investidorinstitucional.com.br/sessoes/investidores/ fundosdepensao/37728-lei-regulamentando-ec-103-deve-ser-aprovada-ate-13-de-novembro.html. Acesso em: 12 nov. 2021.

PAGLIARINI, Aparecida Ribeiro Garcia. Gestão do risco legal. *In*: AVENA, Lygia (coord.). *Fundamentos Jurídicos da Previdência Complementar Fechada*. São Paulo: CEJUPREV, 2012. p. 91.

PREVIC – Superintendência Nacional de Previdência Complementar (2010, agosto). *Guia Previc Melhores Práticas em Fundos de Pensão*. Brasília, DF.

REIS, Adacir. *Curso básico de previdência complementar*. 4. ed. São Paulo: RT, 2019.

ROCHA, Leonardo Vasconcellos (coord.). *O patrocínio público na previdência complementar fechada*. Salvador: Juspodivm, 2013.

Informação bibliográfica deste texto, conforme a NBR 6023:2018 da Associação Brasileira de Normas Técnicas (ABNT):

IBRAHIM, Fábio Zambitte; NASCIMENTO, Mateus Assis. Supervisão e fiscalização sistemática da entidade de previdência complementar pelo patrocinador público: diretrizes para o seu exercício. *In*: CONTI, José Maurício; MARRARA, Thiago; IOCKEN, Sabrina Nunes; CARVALHO, André Castro (coord.). *Responsabilidade do gestor na Administração Pública*: improbidade e temas especiais. Belo Horizonte: Fórum, 2022. p. 213-230. ISBN 978-65-5518-413-6. v.3.

SEGURANÇA JURÍDICA NA EXECUÇÃO DOS ACORDOS DE LENIÊNCIA: FUNDAMENTOS E LIMITES À REVISÃO DE SUAS CLÁUSULAS

JULIANA BONACORSI DE PALMA

1 Introdução

O *acordo de leniência* é hoje assinalado como uma das principais expressões da consensualidade e instrumento imprescindível ao combate à corrupção no Brasil. Surgido da experiência antitruste,[1] o acordo de leniência foi recebido com grande expectativa na Lei Anticorrupção (Lei nº 12.846/2013 – LAC). Fechados com o primeiro a se apresentar, a leniência permite a obtenção de provas e informações que a autoridade pública, por si só, dificilmente alcançaria com as vias regulares de investigação. Dessa forma, imbuído de material útil à apuração de ilícitos, consegue-se maior efetividade na aplicação de sanções com potencial efeito dissuasório de novas condutas ilícitas.

O acordo de leniência encerra um *trade-off* entre autoridade pública e leniente: mitiga-se a responsabilidade pela corrupção confessa em troca de material que possa servir à persecução dos demais envolvidos. O interesse público nos acordos de leniência está justamente na eficiência da repressão de ilícitos com todos os benefícios que dela decorrem, como a recuperação de valores, o desmantelamento de esquemas de corrupção, o incremento da capacidade de apuração estatal e a prevenção de ilícitos. Para tanto, pelo menos dois pressupostos devem ser assumidos.

Primeiramente, os acordos de leniência devem ser *bem construídos*. Suas cláusulas devem ser claras, congruentes e orientativas. A LAC e sua regulamentação, mesmo considerando as normativas editadas pelo Ministério Público, não trazem disciplina detalhada dos acordos de leniência e poucas são as cláusulas típicas. Em cenários de grande complexidade apuratória, boa parte do sucesso do acordo de leniência depende da qualidade da negociação. O desafio é grande. Basta indicar que elementos

---

[1] Sobre o histórico do acordo de leniência, aprofundar em Thiago Marrara, *Acordos de Leniência no Processo Administrativo Brasileiro:* modalidades, regime jurídico e problemas emergentes, 2015, *passim*, e Rafaela Coutinho Canetti, *Acordo de Leniência*, 2020, p. 183 e ss.

fundamentais ao acordo – decisivos ao interesse pelo pacto – encontram-se na esfera da negociação, como as informações e provas que serão apresentadas, a metodologia da reparação integral do dano; e a fixação do valor da multa devida.

O segundo pressuposto corresponde ao seu *efetivo cumprimento*. O acordo de leniência resulta de um complexo processo de negociação em que a correspondência das contraprestações de cada parte é definida. Com o nível de informação disponível no momento da negociação, são fixadas as cláusulas de compromisso visando à integridade e à eficiência na persecução estatal. O acordo de leniência não pode ser celebrado para ser "letra morta"; trata-se de uma pactuação prospectiva, visando a reger todo o percurso da *execução da leniência*.[2] É importante que os termos da pactuação inicial sejam estritamente observados para valorizar a etapa da negociação, conferir segurança jurídica[3] nessa pactuação e conseguir a melhor alternativa consensual possível. Do contrário, o momento da negociação seria meramente referencial, uma etapa burocrática, com sério comprometimento da eficiência dos acordos de leniência, abrindo espaço para o conluio ou negociações apressadas e comprometendo a qualidade do acordo. Para que a pactuação original do acordo de leniência seja observada, basta que suas cláusulas originais sejam cumpridas.

A pactuação dos acordos de leniência recebeu grande ênfase na literatura jurídica refletindo o estágio inicial de sua implementação. Mais especificamente, estávamos em um momento de celebração de acordos de leniência e muita massa crítica se acumulou, de grande utilidade para novas modelagens e a resolução de problemas. Porém, passado o estágio inicial de celebração das primeiras leniências, a execução desses acordos passa agora a ser o ponto de atenção.

O tema da *alteração dos acordos de leniência* é o desafio da vez. O presente artigo visa a conferir subsídios para reconhecer a dinamicidade dos acordos de leniência – autênticos contratos incompletos – e a relevância da alteração de suas cláusulas visando à efetiva execução de seus termos. Sustenta-se que a mutabilidade da leniência deve ser encarada como um dado inerente de sua execução, sem necessariamente caracterizar o descumprimento do acordo. Com isso, aproxima-se o acordo de leniência da realidade do contexto de execução, potencializando seus efeitos de construção do Estado de Integridade com o menor impacto possível sobre o desenvolvimento da atividade econômica e empregos.

---

[2] Na linha de Thiago Marrara, a execução do acordo de leniência integra o *programa de leniência*, sendo uma de suas fases. *Acordo de Leniência na Lei Anticorrupção*: pontos de estrangulamento da segurança jurídica, 2019, p. 100. Assim, é imprescindível que a execução do acordo de leniência seja considerada no momento de sua pactuação, bem como a contextualização desta fase no programa de leniência: assim como as fases de negociação e de pactuação, a execução da leniência é imprescindível ao sucesso do programa de leniência e, por decorrência, de todos os seus efeitos benéficos.

[3] O sentido de segurança jurídica trabalhado pela doutrina no campo dos acordos de leniência corresponde à previsibilidade de suas cláusulas para fins de estímulo à celebração desses acordos, pois o potencial leniente saberá quais são as "regras do jogo" (Rafaela Coutinho Canetti, *Acordo de Leniência*, 2020, p. 76 e ss.), ou à confiança legítima de ter o acordo de leniência pactuado honrado, nos termos como originalmente pactuado (Tâmera Padoin Marques Marin, *A Lei Anticorrupção e o Acordo de Leniência*, 2019, p. 175 e ss.). Neste artigo, a segurança jurídica adquire um sentido mais amplo do que a previsibilidade normativa ou a estabilidade dos acordos de leniência para afirmar sua necessária leitura contextual, admitindo-se que a mudança das variáveis indicadas na negociação leve a uma subsequente negociação de seus termos. Assim, a *mutabilidade* dos acordos de leniência é um elemento intrínseco à segurança jurídica.

2 Observância da pactuação original nos acordos de leniência e sua legítima relativização

Como qualquer outro contrato, os acordos administrativos não são imutáveis. Essa afirmação se torna ainda mais irrefutável se considerada a característica, comum às leniências, de tempo diferido para o cumprimento das obrigações pactuadas, geralmente de 20 anos. O longo prazo de duração dos acordos de leniência determina uma dinâmica própria dos contratos incompletos ou relacionais, cuja plena satisfação do escopo contratual requer recorrentes negociações no curso da execução.

Aqui se coloca um impasse, talvez intransponível, na leniência: os termos da pactuação inicial devem ser estritamente observados,[4] mas o acordo deve ter abertura suficiente para renegociações sobre sua execução, sob pena de seu inadimplemento e rescisão.

O acordo de leniência resulta de um complexo processo de negociação em que a correspondência das contraprestações de cada parte é definida. Com o nível de informação disponível no momento da negociação, são fixadas as cláusulas de compromisso visando à integridade e à eficiência na persecução estatal. O acordo de leniência não pode ser celebrado para ser "letra morta"; trata-se de uma pactuação prospectiva, visando a reger todo o percurso da execução da leniência.

Muito embora as cláusulas do acordo de leniência sejam meticulosamente construídas para reger todo o período de vigência, fatos supervenientes à pactuação consensual podem tornar o seu cumprimento inviável (impraticável) ou ineficiente para endereçar a situação concreta. Esse cenário se torna ainda mais evidente diante de prazo diferido.

A *teoria da imprevisão* é uma das hipóteses que pode determinar a inviabilidade de cumprimento das cláusulas avençadas, como uma obrigação de pagamento de quantia certa, de investimento ou de adoção de condutas de integridade interna. Fatos supervenientes, extraordinários e imprevisíveis ao tempo da negociação podem fazer com que uma obrigação assumida no acordo de leniência se torne impassível de ser adimplida. Para tanto, na linha do art. 393 do Código Civil, é imprescindível que os seguintes elementos sejam verificados: (i) superveniência dos fatos à pactuação da leniência; (ii) os fatos não eram previsíveis no momento de negociação; (iii) ainda que previsíveis, a dimensão dos efeitos sobre o acordo era inestimável; (iv) comprovação de autêntico impacto sobre a viabilidade de cumprimento da leniência (fato necessário); (v) indicação de que os efeitos do caso fortuito ou da força maior não podiam ser evitados ou impedidos.

A impossibilidade de adimplemento recair tanto sobre o conteúdo da obrigação (impossibilidade de replantio de X hectares diante de um evento climático que desencadeie queimadas na área a ser restaurada, por exemplo) ou sobre o leniente, quando os fatos reduzirem a sua capacidade inicial de honrar com os compromissos originalmente

---

[4] "Tâmera Padoin Marques Marin, *A Lei Anticorrupção e o Acordo de Leniência,* A análise do princípio da segurança jurídica se desdobra em dois sentidos: 1) um sentido objetivo, que tem a ver com a estabilidade no direito; 2) um sentido subjetivo: que visa a proteger a confiança do administrado em relação aos atos emanados do poder público. Esse raciocínio pode ser aplicado ao acordo de leniência, posto que o colaborador, após firmar o ajuste, de boa-fé, e cumprir as condições, deve esperar que os atos negociais da Administração Pública sejam mantidos. (...) Aquele que firma um ajuste com a Administração Pública deve esperar, legitimamente, que ele seja cumprido, havendo uma forte relação entre proteção da confiança e o *venire contra factum proprium*". 2019, p. 177.

assumidos. Em outros termos, os fatos imprevisíveis incidam sobre a própria leniência ou sobre o leniente. Em ambos os casos, está-se diante de *cláusulas de cumprimento inviável*. Importante assinalar que este impacto sobre o leniente não tem qualquer relação com suas atividades (má gestão do negócio, por exemplo) e os fatos desencadeadores seriam igualmente sentidos por qualquer outra empresa que estivesse na posição da leniente.

Quanto ao cumprimento ineficiente de cláusulas da leniência, deve-se ter em mente que as obrigações de integridade assumidas na negociação podem perder o traço de eficiência no curso da execução. Ao longo do prazo de vigência da leniência, pode haver o desenvolvimento de novo sistema tecnológico que permita adimplir com as obrigações de integridade com menor custo e maior rastreabilidade. Ainda, mencione-se a adesão da leniente a programa federal de reportantes contra a corrupção (*whistleblowing*) com mudança sobre a dinâmica vigente do canal de denúncias.

Em suma, a pactuação original deve ser estritamente observada mediante o cumprimento das cláusulas que traduzem a consensualidade no acordo de leniência. Como analisado, o respeito à avença original é importante para a qualidade da modelagem dos acordos e refreio a negociações espúrias. No entanto, as cláusulas de pactuação original perdem exequibilidade diante da ocorrência de caso fortuito ou de força maior. Ademais, novas soluções jurídicas de integridade, mais modernas e efetivas, podem tornar as obrigações pactuadas obsoletas. Em ambos os casos, verifica-se a legítima flexibilização da pactuação original dos acordos de leniência.

Diante da perda de exequibilidade das cláusulas originalmente avençadas em uma leniência, pode-se cogitar a sua rescisão. Ante o não cumprimento formal da obrigação, caracteriza-se a leniente como inadimplente para se proceder à rescisão do acordo. Porém, esta alternativa é não apenas antijurídica quanto se mostra temerária para o programa de leniência no combate à corrupção.

Primeiramente, trata-se de uma alternativa antijurídica porque *não se configura o inadimplemento da leniente* diante de caso fortuito ou força maior (teoria da imprevisão). O inadimplemento requer que o descumprimento da obrigação resulte diretamente de uma ação ou omissão da leniente (fortuito interno), ou seja, que ela deliberadamente deixe de honrar com os compromissos assumidos no acordo ou que conduza seus negócios de modo temerário ou errático, comprometendo seu fluxo de caixa necessário ao cumprimento. O caso fortuito ou de força maior configura, portanto, circunstância alheia à vontade da leniente, razão pela qual ela não tem qualquer responsabilidade sobre o ocorrido – ainda que não tenha capacidade financeira para cumprir com as obrigações pactuadas, ela não é *inadimplente*, justamente porque a inviabilidade de cumprimento das cláusulas do acordo não decorre de comportamento seu. Nessa linha vai o posicionamento do STJ no REsp nº 1.736.452:

> O caso fortuito ou de força maior, ao lado do fato exclusivo da vítima e do fato de terceiro, afasta a responsabilidade do devedor pelos danos oriundos do inadimplemento ou da mora contratual, à medida em que interrompe o liame de causalidade que unia o agente ao resultado danoso. Para sua configuração, é imprescindível que haja a confluência de dois fatores: (i) o evento deve ser necessário, isto é, deve impossibilitar o cumprimento da obrigação e, (ii) suas consequências devem ser inevitáveis ou irresistíveis.[5]

---

[5] REsp n. 1.736.452-SP, Rel. Min. Nancy Andrighi, julgado por unanimidade de votos pela Terceira Turma do STJ em 24 de novembro de 2020.

A teoria da imprevisão requer exame do caso concreto para que seja averiguado se os fatos ocorreram após a pactuação, não eram previsíveis (assim como seus efeitos), se de fato inviabilizou o cumprimento da obrigação e se suas consequências eram inevitáveis ou irresistíveis. Por isso a importância do desenvolvimento de estudos técnicos que ajudem na parametrização desses elementos. A importância desse exame para fins de reconhecimento da incidência da teoria da imprevisão está no efeito de afastar a responsabilidade da leniente pelo descumprimento das obrigações consensualmente avençadas. Ainda que se verifique o descumprimento de cláusulas do acordo, há a *descaracterização do inadimplemento*.[6] Isso impede que a rescisão do acordo de leniência seja motivada.

Nessa linha, o Decreto nº 8.420/2015, que regulamenta a Lei Anticorrupção, condiciona o descumprimento do acordo de leniência à *falta imputável à pessoa jurídica colaboradora*:

Decreto nº 8.420/2015

Art. 23, §2º. No caso de a autoridade signatária declarar o *descumprimento do acordo de leniência por falta imputável à pessoa jurídica colaboradora*, o valor integral encontrado antes da redução de que trata o caput será cobrado na forma da Seção IV, descontando-se as frações da multa eventualmente já pagas (destaquei).

Nos termos do Decreto nº 8.420/2015, que vincula nacionalmente as autoridades com competência para a celebração de acordos de leniência, o descumprimento nesse regime apenas pode ser caracterizado com a comprovação de falta imputável à leniente. Casos fortuitos ou de força maior, inimputáveis à leniente, que impeçam a satisfação da obrigação não caracterizam descumprimento conforme o sistema da anticorrupção.

Desse modo, o descumprimento do acordo de leniência se verifica apenas com a *justa causa* da leniente, por uma falta imputável à pessoa jurídica colaboradora. Esse entendimento parece estar consolidado da experiência brasileira com os acordos de leniência, cuja cláusula de descumprimento dispõe sobre a responsabilidade das colaboradoras apenas pelo *descumprimento injustificado*.

Ocorrências alheias à leniente que comprometam o cumprimento da avença, como as deflagradas por caso fortuito ou de força maior, jamais poderão desencadear os efeitos do descumprimento por ausência de justa causa. Assim, são exemplos os casos de descumprimento do acordo de leniência por impactos econômicos decorrentes da covid-19. Também se pode colocar nessa perspectiva o sancionamento da leniente por ilícito sem qualquer relação com os fatos que ensejaram a celebração da leniência, mas que inviabilizam o pagamento da cláusula pecuniária, por exemplo, como as sanções de multa e de inidoneidade.

Salvo excepcionais cenários, o desfecho da rescisão do acordo deve ser evitado ao máximo. Trata-se de uma resolução ruim para a leniente, que deve arcar com a multa

---

[6] Nessa linha, André Saddy e Rodrigo Azevedo Greco assim se posicionam: "[n]esse sentido, é importante lembrar que é perfeitamente possível que, ao longo da vigência de um TAC, uma ou mais obrigações assumidas possam se tornar inexequíveis. Levando-se em conta a aplicação das regras do Código Civil aos TACs, caso isso venha a ocorrer, a obrigação será resolvida (art. 248), razão pela qual não se poderá, evidentemente, cogitar da aplicação de qualquer sanção ao agente econômico nessa hipótese. Por sua vez, o interesse público visado não terá sido atingido". *Termo de Ajustamento de Conduta em Procedimentos Sancionatórios Regulatórios*, 2015, p. 197.

de inadimplemento e fica impedida de celebrar novo acordo de leniência com três anos. Porém, mais graves são os efeitos da rescisão da leniência para o Poder Público e, por decorrência, para o sucesso do programa de leniência no Brasil.

Talvez a mais importante repercussão da rescisão de um acordo de leniência seja a perda da *resposta imediata à sociedade* pelo ilícito praticado.[7] Dentre outros, um dos fatores determinantes à adoção da consensualidade corresponde à celeridade da resposta estatal na comparação com as vias regulares de sancionamento. Como se sabe, o processo administrativo sancionador toma um tempo considerável em função do exercício do direito de defesa frente a uma possível decisão imperativa e unilateral. Considerando a provável judicialização, a resposta estatal vem muito tempo depois da ocorrência dos fatos, descompassada com a expectativa da sociedade, fortalecendo a sensação de impunidade e a incapacidade de as instituições públicas reagirem com efetividade a práticas de corrupção.

A celebração do acordo de leniência, no âmbito da consensualidade, abrevia significativamente o hiato entre ilícito e resposta estatal. Dessa forma, o acordo favorece a imagem da autoridade pública perante a sociedade. Primeiramente, o fato de ser uma solução jurídica célere tende a reduzir a crítica da impunidade. Afinal, a empresa já cumpre os efeitos de sua má-conduta ao invés de estar discutindo em processo infindável sem qualquer reprimenda. Em segundo lugar, celebrar acordo importa em economia de recursos que seriam gastos com todo um aparato de gerenciamento dos processos administrativo e judicial. Por fim, a celebração do acordo de leniência tende a demonstrar capacidade institucional para o Poder Público alcançar a melhor decisão no caso concreto quando comparada com as vias regulares do sancionamento. Não se pode desconsiderar as informações e provas obtidas com a leniência, importantes para o deslinde do caso, a internalização de arrojado programa de integridade pela leniente.

A rescisão do acordo de leniência implica negar essa imediata resposta à sociedade, determinando a imediata retomada do processo. Novamente, todas as dificuldades indicadas se colocariam, somadas ao gravame de a opinião pública poder considerar o Poder Público como incapaz de celebrar um bom acordo de leniência ou de acompanhar adequadamente a sua execução.

Acordos administrativos são *freios à judicialização*, pois se apoiam na adesão e no cumprimento espontâneo de suas cláusulas pelo particular.[8] O grande incentivo da leniente é cumprir com as cláusulas pactuadas e finalizar consensualmente o caso. Rescindida a leniência, é de se esperar o retorno a uma dinâmica adversarial entre autoridade pública e particular, com inevitáveis recursos administrativos e judicialização.

Rescindir um acordo de leniência tem efeitos para além das partes signatárias. Trata-se de um *precedente difícil*, que pode ensejar insegurança jurídica. A estabilidade dos demais acordos vigentes pode ser colocada em xeque ante a possibilidade de terem o mesmo destino da leniência rescindida. Por sua vez, futuras leniências talvez deixem de ser pactuadas ou tenham uma negociação dura com a possibilidade concreta da rescisão. É o próprio programa de leniência cujo sucesso pode ser colocado em risco.

Por isso que a rescisão dos acordos de leniência deve ser evitada ao máximo, reservando-se aos casos em que o objeto se torne absolutamente inexequível – por evento

---

[7] *Cf.* Juliana Bonacorsi de Palma, *Sanção e Acordo na Administração Pública*, 2015, p. 188 e ss.

[8] *Idem.*

interno ou externo ao pacto – ou mediante o descumprimento qualificado por dolo ou erro grosseiro na gestão econômica do negócio. É sempre oportuno, como determina o art. 21 da LINDB, avaliar as consequências da rescisão dos acordos de leniência. Descumprimentos de baixo impacto não ensejam, em regra, a rescisão da leniência. A princípio, está inserido nessa categoria o descumprimento de cláusula por evento compreendido na teoria da imprevisão ou por falta da leniente sem dolo ou erro grosseiro.

3 Dever de negociação dos acordos de leniência

Os acordos de leniência podem ser alterados no curso de sua execução. Trata-se de hipótese juridicamente viável, em particular no advento de caso fortuito ou de força maior.

Considerando a natureza de negócio jurídico dos acordos de leniência,[9] o seu regime jurídico é definido pelo sistema anticorrupção (Lei Anticorrupção e seu decreto, bem como normativas correlatas), pelo Código Civil – CC/02 e pela Lei de Introdução às Normas do Direito Brasileiro – LINDB, além de suas cláusulas.[10] É nesse universo que se encontra o fundamento da alteração dos acordos de leniência.

Segundo o art. 104 do Código Civil, a validade do negócio jurídico requer que o objeto seja *possível*:

> Código Civil
> Art. 104. A validade do negócio jurídico requer:
> I - agente capaz;
> II - objeto lícito, possível, determinado ou determinável;
> III - forma prescrita ou não defesa em lei. Destaquei.

Quando de sua pactuação, o objeto do acordo de leniência deve ser possível, assim compreendido pela viabilidade de sua execução pelo signatário. Trata-se de requisito de fundamental importância para afastar cláusulas de fraca construção técnica ou abusivas, em que o particular se sujeita para conseguir a formalização do acordo, como o compromisso de descontaminação integral de terreno na cidade de São Paulo para edificação quando laudos emitidos pela CETESB demonstram a impossibilidade de sua execução. O exame da possibilidade do objeto do acordo de leniência não se limita ao momento da pactuação, acompanhando todo o curso da execução.

Um negócio jurídico de execução diferida, como é o acordo de leniência, pode se tornar inválido se o objeto originalmente previsto não for mais possível diante de um novo contexto fático diverso daquele presente no momento da celebração. Podendo ser declarada a invalidade do acordo, deve-se agora observar o disposto no art. 21 da LINDB: esta declaração deve necessariamente indicar de modo expresso suas consequências

---

[9] *Cf.*, por exemplo, AgRg no Inq. 4.420, julgado por unanimidade de votos pela 2ª Turma do STF em 28 de agosto de 2018.

[10] Não se entende aplicável o art. 184 da Lei nº 14.133/2021, a Nova Lei de Licitações e Contratos Administrativos – NLLC, que assim preceitua: "[a]plicam-se as disposições desta Lei, no que couber e na ausência de norma específica, aos convênios, acordos, ajustes e outros instrumentos congêneres celebrados por órgãos e entidades da Administração Pública, na forma estabelecida em regulamento do Poder Executivo federal". Além de o acordo de leniência possuir normatividade própria, dada pela LAC e sua regulamentação, o art. 184 aplica-se à consensualidade nos contratos administrativos regidos pela NLLC, não lhe podendo atribuir efeito de "regime jurídico único" dos acordos administrativos no Brasil.

jurídicas e administrativas. Isso significa que a convolação de cláusula em impossível não leva automaticamente à invalidação, podendo ser mantido mediante o saneamento devido para que a cláusula se torne novamente possível:

> LINDB
> Art. 21, parágrafo único. A decisão a que se refere o caput deste artigo deverá, quando for o caso, indicar as condições para que a regularização ocorra de modo proporcional e equânime e sem prejuízo aos interesses gerais, não se podendo impor aos sujeitos atingidos ônus ou perdas que, em função das peculiaridades do caso, sejam anormais ou excessivos (destaquei).

Em outros termos, o Código Civil juntamente com a LINDB viabilizam a repactuação das cláusulas dos acordos de leniência que se tornaram impossíveis, devendo essa regularização observar as seguintes diretrizes: (i) ocorrer de modo proporcional e equânime; (ii) sem prejuízo aos interesses gerais; e (iii) com impossibilidade de imputar ao leniente ônus ou perdas anormais ou excessivos à luz das peculiaridades do caso.

Também pela própria LINDB se depreende o fundamento jurídico para a alteração dos acordos de leniência em função da impossibilidade de seu cumprimento. Nos termos do art. 26, §1º, inc. I, da LINDB, o compromisso (no sentido de acordo) deve buscar "solução jurídica proporcional, equânime, eficiente e compatível com os interesses gerais".

O consenso na negociação é alcançado dentro de um contexto específico, em que as cláusulas pactuadas são proporcionais e equânimes. Porém, com a mudança de cenário no curso da execução do acordo de leniência, essas cláusulas podem deixar de ser proporcionais e equânimes, mostrando-se excessivamente onerosas para seu cumprimento. Novamente, o texto da LINDB não se dirige somente ao momento inicial da celebração do acordo, mas acompanha todo o curso de sua vigência. Caso determinada obrigação deixe de ser proporcional ou equânime por caso fortuito ou força maior, cabível a sua revisão.

Por fim, a Portaria Conjunta CGU-AGU nº 4/2019 disciplina os "incidentes surgidos no curso do prazo de cumprimento dos acordos de leniência e que implicarem modificação substancial do pactuado". A norma determina a observância do rito processual relativo à proposta de leniência e confere competência ao Secretário de Combate à Corrupção da CGU para decidir sobre questões incidentais verificadas no curso do prazo de cumprimento dos acordos de leniência. *De forma exemplificativa*, indica algumas dessas hipóteses: (i) prorrogação do prazo de cumprimento de obrigações; (ii) substituição de garantias; (iii) cálculo da correção e remuneração das parcelas segundo índice previsto no acordo; (iv) alteração de local ou conta de pagamento; (v) alteração nas obrigações relativas à integridade. O art. 15 da Portaria Conjunta CGU-AGU nº 4/2019 baliza a *alteração dos acordos de leniência*, estabelecendo seus fundamentos, formas e limites.

Como se pode observar, o Direito brasileiro confere substrato jurídico suficiente para a alteração dos acordos de leniência, inclusive no âmbito do próprio microssistema da anticorrupção. Não há aqui uma patologia, mas o reconhecimento de que a leniência se insere em um panorama mutável no longo prazo, sujeitando-se a cenários que impactam diretamente sobre a exequibilidade de suas cláusulas como inicialmente desenhadas.[11] Assim, o *dever de negociação* não se restringe apenas à etapa de celebração

---

[11] Nessa linha, André Saddy e Rodrigo Azevedo Greco assim se posicionam: "[a]ssim, caso as agências verifiquem,

do acordo, buscando a consensualidade; ele se coloca durante toda a vigência do acordo, sendo verdadeiramente um direito da leniente e das autoridades públicas renegociar seus termos quando diante de fatos albergados na teoria da imprevisão. Não por outra razão o art. 26 da LINDB delimitar o âmbito de cabimento da consensualidade de acordo com situações: "para eliminar irregularidade, incerteza jurídica ou situação contenciosa na aplicação do direito público".

O direito à renegociação dos acordos de leniência é depreendido do direito a uma *solução jurídica proporcional e equânime* no acordo (art. 26, §1º, inc. I, LINDB). É um erro limitar o direito à solução jurídica proporcional apenas ao momento da celebração da leniência; caso a cláusula perca o atributo da proporcionalidade e da equanimidade no curso da execução, é direito dos celebrantes que, diante de um novo contexto, seu conteúdo seja alterado para que volte a apresentar esses atributos. Refrise-se, leniente e autoridade pública têm autêntico *direito* a obrigações proporcionais e equânimes no acordo de leniência, em qualquer estágio que se encontre: da negociação ao recebimento do termo de quitação. Solução esta foi reconhecida pela Portaria Conjunta CGU-AGU nº 4/2019.

Diferentemente ocorreria nas alterações para eficiência do programa de integridade previsto no acordo de leniência, em que não há propriamente um direito à revisão do acordo, mas uma alternativa discricionária sujeita ao comum acordo entre as partes em um processo formal de renegociação.

4 Dinâmica de renegociação dos acordos de leniência

O dever de renegociação dos termos do acordo originalmente firmado não se coloca apenas no âmbito do acordo de leniência. Trata-se de dinâmica bastante reconhecida em outros acordos, notadamente nos termos de ajustamento de conduta – TAC da Lei da Ação Civil Pública, muitos deles sem definição de prazo para quitação e com obrigações lastreadas em conceitos jurídicos indeterminados.[12] Essas características fazem com que os TACs sejam constantemente revisitados. Justamente para evitar esse tipo de problema, o art. 26 da LINDB estabeleceu como requisitos de validade do acordo a previsão do prazo para seu cumprimento e a previsão das obrigações com clareza.

Apesar de esta ser uma prática relativamente comum na consensualidade, há baixa disciplina jurídica de como proceder para a revisão dos termos dos acordos. Em todos os normativos analisados, a ênfase maior está na pactuação e no descumprimento

---

no decurso da vigência dos TACs, que as obrigações assumidas pelos agentes econômicos não atingirão o fim público ao qual se destinavam, quer porque seu cumprimento se tornou inviável ou extremamente oneroso, quer porque as condições fáticas inicialmente previstas mudaram ao longo do tempo, entende-se que as agências, em vez de aguardarem o descumprimento do TAC para, posteriormente, aplicarem as sanções nele previstas, podem antecipar-se e, de comum acordo com as entidades, aditar o instrumento, adequando-o na medida necessária ao atingimento do interesse público, tendo em vista não apenas a sua finalidade, mas, também, a sua natureza negocial. Isso porque, uma vez reconhecido que o TAC é a melhor alternativa para atingir o interesse público, as agências devem procurar preservá-lo, desse modo, evitando retornar ao estado anterior de litigiosidade, que se daria caso o TAC deixasse de ser cumprido e as agências voltassem a aplicar uma multa ao agente econômico. Entende-se que essa postura vai ao encontro da concepção consensualista da atuação administrativa, que visa a conferir um resultado positivo para a sociedade (dever de boa administração e de administração de resultado)". *Termo de Ajustamento de Conduta em Procedimentos Sancionatórios Regulatórios*, 2015, p. 197.

[12] *Cf.* Fernanda Piccinin Leite, *Desconstrução da Natureza Regulamentar dos Termos de Ajustamento de Conduta*, 2020, p. 37 e ss.

do acordo. É importante que os acordos de leniência prevejam mecanismos para lidar com essa dificuldade que pode levar a efeitos gravíssimos: a rescisão da leniência, contrariamente ao interesse público. Este não é um ponto para as futuras negociações. Se entender viável, o acordo de leniência em exame pode inserir uma cláusula para reger sua mutabilidade (hipóteses de cabimento, procedimento, efeitos, cautelares etc.) por meio de aditivo. Há dois fundamentos jurídicos para tanto. Primeiramente, o já referido art. 26 da LINDB, que legitima a celebração de acordo para eliminar incerteza jurídica ou situação contenciosa. O segundo fundamento é o negócio jurídico processual, previsto no art. 190 do CPC, já que a execução da leniência se procede no âmbito de um processo (administrativo), que pode admitir "mudanças no procedimento para ajustá-lo às especificidades da causa e convencionar sobre ônus, poderes, faculdades e deveres processuais, antes ou durante o processo".

Nesta repactuação do acordo de leniência, não se aplicam os fundamentos e limites da Lei nº 8.666/93, que não tem aplicação subsidiária na consensualidade. Cunhada como lei geral de licitações e contratos administrativos, a Lei nº 8.666/93 não se aplica à consensualidade justamente porque ela se dirige a um módulo contratual diferente do módulo convencional da consensualidade.[13] Seus preceitos são dirigidos a contratos administrativos que resultam de processo competitivo de licitação, ou de contratação direta nas hipóteses legais, em nada dizendo sobre a consensualidade. Tomando como referência outras dinâmicas consensuais – TACs na Lei da Ação Civil Pública; termos de compromisso de cessação no âmbito do CADE; termos de compromisso no âmbito da CVM; e outros acordos substitutivos na esfera setorial (ANATEL, IBAMA, ANS, ANVISA etc.).

Com a edição da Nova LINDB (Lei nº 13.655/2018), o sistema jurídico brasileiro passou a dispor de uma norma geral da consensualidade aplicável a todos os desenhos de acordos.[14] É o art. 26 da LINDB que tem aplicação subsidiária à Lei Anticrime e seu acordo de leniência.

Dessa forma, o limite à revisão dos acordos de leniência é dado pelo art. 26 da LINDB, qual seja, *o mínimo indispensável para que a cláusula inexequível por evento externo à leniente volte a ser proporcional e equânime*. Como indicado, as partes celebrantes têm direito a obrigações proporcionais e equânimes durante toda a vigência do acordo, e este deve ser o parâmetro para sua alteração. O exame dessa proporcionalidade é casuístico e deve ser orientado por exames técnicos que dimensionem o grau de impacto do evento sobre a exequibilidade proporcional do acordo. Não se aplica, aqui, o parâmetro do equilíbrio econômico-financeiro típico dos acordos administrativos, o qual nem chegou a ser composto na pactuação. Portanto, as alterações aos termos do acordo de leniência não são ditadas por limites quantitativos ou de ordem substantiva.

O acordo de leniência requer o cumprimento de cláusulas avençadas consensualmente para que os benefícios jurídicos transacionados sejam efetivos. Portanto, a alteração do acordo de leniência deve corresponder ao mínimo indispensável para que as cláusulas afetadas voltem a ser proporcionais e equânimes. Não pode ir aquém porque de nada adiantaria para a exequibilidade da obrigação. Não pode ir além porque isso

---

[13] *Cf.* Fernando Dias Menezes de Almeida, *Contrato Administrativo*, 2007, p. 113-124.

[14] *Cf.* Sérgio Guerra e Juliana Bonacorsi de Palma, Art. 26 da LINDB. Novo regime jurídico de negociação com a Administração Pública, *in: Revista de Direito Administrativo*, edição especial. Rio de Janeiro, *passim*, 2018.

seria uma burla à negociação inicial. Como já indicado, deve-se reconhecer o dever de respeito à pactuação original nos acordos de leniência, sendo legítima sua relativização apenas em casos excepcionais: inviabilidade de cumprimento das obrigações por eventos externos aos celebrantes e eficiência no programa de integridade definido no acordo.

Os acordos administrativos detêm inerente flexibilidade para repactuação das cláusulas que perderam os atributos da proporcionalidade e da equanimidade por conta de evento externo. É nessa linha que a Portaria Conjunta CGU-AGU nº 4/2019 indica rol exemplificativo de alternativas possíveis. Qualquer que seja a solução de renegociação, esta não pode ser imposta por uma das partes, exigindo-se o consenso. Caso ele não seja alcançado, em *ultima ratio*, cabível acionar o Poder Judiciário para que ele trabalhe como mediador do conflito nos termos do art. 3º do CPC. Assim, o juiz buscará a consensualidade entre as partes, agora na arena judicial.

No mais, todos os elementos de validade da renegociação devem ser observados, com especial destaque para a *processualização* e garantia de todos os direitos inerentes ao processo administrativo; a *motivação*, preferencialmente de ordem consequencialista, indicar os efeitos concretos de cada uma das alternativas de repactuação, bem como da alternativa de rescisão; e a *consensualidade efetiva*, de modo que a solução seja alcançada de comum acordo entre as partes, sem retaliações ou ameaças.

5 Considerações finais

Os acordos de leniência são *instrumentos jurídicos de construção prática*, verdadeiros produtos de uma experimentação jurídica ainda incipiente. A pactuação dos acordos de leniência recebeu grande ênfase na literatura jurídica refletindo o estágio inicial de sua implementação. Mais especificamente, estávamos em um momento de celebração de acordos de leniência e muita massa crítica se acumulou, de grande utilidade para novas modelagens e a resolução de problemas. Porém, passado o estágio inicial de celebração das primeiras leniências, a execução desses acordos passa agora a ser o ponto de atenção.

Este artigo buscou lançar luzes sobre esse momento de transição de uma pauta de discussão teórica e prática da celebração dos acordos de leniência para a sua execução, apresentando contribuição para propiciar a segurança jurídica em toda a vida do acordo, e não apenas no momento inicial de sua celebração. Trata-se de pauta tão relevante quanto a multiplicidade institucional de legitimados à celebração da leniência, pois ambos os desafios geram semelhante ordem de desestímulo à celebração de futuros acordos de leniência.

Ao contrário do que se cogita, os acordos de leniência não são pactos rígidos, imutáveis e estáveis. Pelo contrário, como instrumento que visa à efetividade de seus termos para a construção do Estado de Integridade, os acordos de leniência devem ser constantemente revistos conforme um novo contexto se apresente, inviabilizando a execução conforme originalmente pactuado ou levando à otimização das correspondentes obrigações. Como autênticos instrumentos relacionais que são, os acordos de leniência devem ser operacionalizados em uma realidade mutável, sinérgica à realidade que os conforma.

Referências

ALMEIDA, Fernando Dias Menezes de. *Contrato Administrativo*. São Paulo: Quartier Latin, 2007.

CANETTI, Rafaela Coutinho. *Acordo de Leniência*. Fundamentos do instituto e os problemas do seu transplante no ordenamento jurídico brasileiro. 2. ed. Belo Horizonte: Fórum, 2020.

GUERRA, Sérgio; PALMA, Juliana Bonacorsi de. Art. 26 da LINDB. Novo regime jurídico de negociação com a Administração Pública. *In*: *Revista de Direito Administrativo*, Rio de Janeiro: FGV, edição especial, 2018.

LEITE, Fernanda Piccinin. *Desconstrução da Natureza Regulamentar dos Termos de Ajustamento de Conduta*. Dissertação de mestrado defendida na FGV Direito SP, 2020.

MARIN, Tâmera Padoin Marques. *A Lei Anticorrupção e o Acordo de Leniência*. Uma análise do regime geral para a celebração desse instrumento. Belo Horizonte: Fórum, 2019.

MARRARA, Thiago. Acordo de Leniência na Lei Anticorrupção: pontos de estrangulamento da segurança jurídica. *In*: *Revista Digital de Direito Administrativo*, Ribeirão Preto, vol. 6, n. 2, 2019.

MARRARA, Thiago. Acordos de Leniência no Processo Administrativo Brasileiro: modalidades, regime jurídico e problemas emergentes. *In*: *Revista Digital de Direito Administrativo*, Ribeirão Preto, vol. 2, n. 2, 2015.

PALMA, Juliana Bonacorsi de. *Sanção e Acordo na Administração Pública*. São Paulo: Malheiros, 2015.

SADDY, André; GRECO, Rodrigo Azevedo. Termo de Ajustamento de Conduta em Procedimentos Sancionatórios Regulatórios. *In*: *Revista de Informação Legislativa*, vol. 206, abr./jun. 2015.

Informação bibliográfica deste texto, conforme a NBR 6023:2018 da Associação Brasileira de Normas Técnicas (ABNT):

PALMA, Juliana Bonacorsi de. Segurança jurídica na execução dos acordos de leniência: fundamentos e limites à revisão de suas cláusulas. *In*: CONTI, José Maurício; MARRARA, Thiago; IOCKEN, Sabrina Nunes; CARVALHO, André Castro (coord.). *Responsabilidade do gestor na Administração Pública*: improbidade e temas especiais. Belo Horizonte: Fórum, 2022. p. 231-242. ISBN 978-65-5518-413-6. v.3.

MEDIDAS CAUTELARES ADMINISTRATIVAS NOS PROCESSOS DE RESPONSABILIZAÇÃO DE AGENTES PÚBLICOS: USOS E ABUSOS

FLÁVIO GARCIA CABRAL

1 Introdução

Ser agente público traz consigo uma série de ônus, limitações e deveres. Trata-se do exercício de uma função pública e, como tal, implica atuar em nome de outrem, visando a alcançar de maneira ótima o interesse público positivado no ordenamento jurídico.

Justamente por estarem atuando em nome alheio, esses agentes se submetem a variados mecanismos de controle e responsabilização. No campo penal, civil, político-administrativo, administrativo-disciplinar ou ainda no âmbito da tomada de contas, certo é que as condutas dos agentes públicos estão sob constante crivo da juridicidade, acarretando, caso haja o descumprimento de seus deveres, uma série de sanções.

O ponto é que, no bojo de qualquer processo de responsabilização, a garantia de seu resultado útil é questão fundamental. De nada adiantaria um criterioso processo administrativo disciplinar, por exemplo, se ao final não fosse possível a apuração dos fatos porque provas foram destruídas. Do mesmo modo, mostra-se em vão um processo de responsabilização de contas que, quando do seu término, verifica-se que a parte condenada dilapidou dolosamente todo seu patrimônio.

Assim, a atuação cautelar do Poder Público, ainda na esfera administrativa, é fundamental para uma atuação eficiente do Poder Público e capaz de permitir o alcance esperado das finalidades públicas.

Dentro dessas considerações, neste artigo busca-se analisar o conteúdo e a aplicação dos provimentos cautelares administrativas relacionados a processos de responsabilização de agentes públicos, com destaque para a medida cautelar de afastamento prevista na Lei nº 8.112/90 e as medidas cautelares de indisponibilidade e afastamento exaradas pelo Tribunal de Contas da União (TCU), respaldadas pela Lei nº 8.443/92.

2 Breves considerações sobre a cautelaridade administrativa

A concepção da necessidade de uma atuação cautelar e preventiva por parte do Estado emerge quando se apura a modificação do modelo de Estado, passando de um viés liberal para uma estrutura de Estado Social. Neste momento, a atuação cautelar estatal passa a assumir um maior protagonismo, em especial na esfera judicial.

Na contramão do avanço da cautelaridade jurisdicional, muito pouco se produziu no campo doutrinário acerca dos provimentos cautelares adotados no exercício da função administrativa. Da mesma feita, no campo legislativo, apesar de uma vasta legislação a respeito, ela encontra-se difusa, desorganizada e, por vezes, lacônica.

Deveras, o ordenamento jurídico brasileiro é vasto em previsões legais contendo medidas cautelares administrativas. Ademais da previsão do artigo 45 da Lei nº 9.784/99, entendida como a base para a existência de um poder geral cautelar administrativo,[1] encontram-se diversas outras leis com procedimentos acautelatórios específicos. Mencionem-se, de maneira meramente exemplificativa, as seguintes leis que preveem a figura de atos cautelares administrativos: Lei nº 9.019/95 (Medidas Anti-Dumping); Lei nº 8.112/90 (Estatuto do Servidor Público Federal); Lei nº 13.506/17 (Processo Administrativo no âmbito do BACEN e da CVM); Lei nº 8.078/90 (Código de Defesa do Consumidor); Lei nº 12.529/11 (Sistema de Defesa da Concorrência); Lei nº 14.133/2021 (Lei de Licitações); Lei nº 8.443/92 (Lei Orgânica do TCU); e Lei nº 12.856/13 (Lei Anticorrupção).[2]

Sem desconsiderar o papel de destaque conferido à legalidade para que se possa falar em provimentos cautelares administrativos, a cautelaridade administrativa pode ser defendida à luz da necessidade de eficiência da atuação administrativa, decorrente de um dever de prevenção/precaução próprio do princípio da boa administração pública, sendo o instrumento hábil, conferido pela ordem jurídica, ainda que de maneira implícita, para alcançar, no maior grau possível, o interesse público.

As medidas cautelares administrativas são provimentos concretos, adotados por agentes públicos competentes, no exercício da função administrativa, em face, como regra, de sujeitos determinados, diante de situações de risco, visando, de maneira acautelatória e provisional, a impedir e/ou minimizar danos a bens jurídicos tutelados.[3]

São aspectos caraterísticos das medidas cautelares administrativas o fato de serem i) exercitadas no bojo da função administrativa; ii) instrumentais; iii) temporárias; iv) mutáveis; v) autoexecutórias; vi) medidas excepcionais; e vii) realizadas por meio de cognição sumária. Por sua vez, pode-se anotar como requisitos para a sua utilização a existência de perigo da demora (*periculum in mora*) e fumaça do bom direito (*fumus*

---

[1] Conforme já tivemos a oportunidade de pontuar, "um poder geral de cautela significa autorizar a adoção de provimentos atípicos, sem a necessidade de um rol exaustivo previsto pelo legislador. Assim, cabe ao agente público adotar, diante do caso concreto, uma medida que tenha o condão de garantir a utilidade do provimento final de um processo administrativo ou evitar/minimizar um dano a um bem juridicamente tutelado" (CABRAL, Flávio Garcia. O que é (ou deve ser) o poder geral de cautela do Tribunal de Contas da União? *CONJUR*. Disponível em: https://www.conjur.com.br/2021-jun-16/cabral-ou-poder-geral-cautela-tcu Acesso em: 20 jan. 2022).

[2] Para uma análise completa sobre a legislação federal que estrutura um microssistema cautelar administrativo, cf. CABRAL, Flávio Garcia. *Medidas cautelares administrativas*: regime jurídico da cautelaridade administrativa. Belo Horizonte: Fórum, 2021, p.145-232.

[3] CABRAL, Flávio Garcia. *Medidas cautelares administrativas*: regime jurídico da cautelaridade administrativa. Belo Horizonte: Fórum, 2021, p. 41-42.

boni iuris); motivação; proporcionalidade; reversibilidade da medida; contraditório e ampla defesa; e respeito aos limites constitucionais.[4]

São exemplos de medidas cautelares administrativas o afastamento temporário de agentes públicos, o embargo acautelatório de obras, a apreensão cautelar de mercadorias, a suspensão de atos administrativos, a indisponibilidade de bens, a proibição cautelar de comercialização de determinado produto, a suspensão do exercício de determinada atividade etc.

Assim, dentro do variado arcabouço envolvendo os provimentos acautelatórios administrativos, restringiremos nossa análise em dois microssistemas cautelares, ambos relacionados com a responsabilização de agentes públicos: o referente ao regime disciplinar dos servidores públicos federais (Lei nº 8.112/90) e ao do Tribunal de Contas da União (Lei nº 8.443/92).

3 As medidas cautelares administrativas na Lei nº 8.112/90

Desde o início da década de 90, os servidores públicos federais que atuam sob o regime de cargos públicos encontram-se regidos basicamente pelo estatuto previsto na Lei Federal nº 8.112, de 11.12.1990, vindo a substituir a antiga Lei nº 1.711/52.

Dentre outros aspectos referentes ao regime geral dos servidores públicos federais, a citada lei trata sobre o procedimento administrativo disciplinar na órbita federal – Títulos IV (do Regime Disciplinar, artigos 116 a 142) e V (do Processo Administrativo Disciplinar, artigos 143 a 182) –, podendo este ser compreendido como "o instrumento destinado a apurar responsabilidade de servidor por infração praticada no exercício de suas atribuições, ou que tenha relação com as atribuições do cargo em que se encontre investido" (artigo 148 da Lei nº 8.112/90).

A referida lei[5] prevê expressamente somente uma[6] medida de cunho cautelar, contida no artigo 147, de onde se extrai a possibilidade de determinar o afastamento

---

[4]   CABRAL, Flávio Garcia. *Medidas cautelares administrativas:* regime jurídico da cautelaridade administrativa. Belo Horizonte: Fórum, 2021, p. 93-132.

[5]   Interessante apontar que o antigo instrumento normativo que regulava a situação jurídica dos funcionários públicos federais (Lei nº 1.711/52) também previa semelhante medida, dispondo da seguinte sorte: "Art. 216. A suspensão preventiva até 30 dias será ordenada pelo diretor da repartição desde que o afastamento do funcionário seja necessário para que êste não venha influir na apuração da falta cometida. §1º Caberá ao Ministro de Estado prorrogar até 90 dias o prazo da suspensão já ordenada, findo o qual cessarão os respetivos efeitos, ainda que o processo não esteja concluído. §2º Ao diretor do departamento ou órgão imediatamente subordinado ao Presidente da República caberá a competência atribuída no parágrafo anterior ao Ministro de Estado. Art. 216. O funcionário terá direito: I – à contagem do tempo de serviço relativo ao período em que tenha estado preso ou suspenso, quando do processo não houver resultado pena disciplinar ou esta se limitar a repreensão; II – à contagem do período de afastamento que exceder do prazo da suspensão disciplinar aplicada;III – à contagem do período de prisão administrativa ou suspensão preventiva e ao pagamento do vencimento ou remuneração e de tôdas as vantagens do exercício, desde que reconhecida a sua inocência".

[6]   A Lei nº 1.711/52 continha em seu artigo 214, como outra medida de natureza cautelar, a prisão administrativa do funcionário público. *In verbis:* "Art. 214. Cabe ao Ministro de Estado, ao Diretor Geral da Fazenda Nacional e, nos Estados, aos diretores de repartições federais ordenar, fundamentalmente e por escrito, a prisão administrativa ao responsável por dinheiro e valores pertencentes a, Fazenda Nacional ou que se acharem sob a guarda desta, no caso de alcance ou omissão em efetuar as entradas nos devidos prazos. §1º A autoridade que ordenar a prisão comunicará imediatamente o fato à autoridade judiciária competente e providenciará no sentido de ser realizado, com urgência, o processo de tomada de contas. §2º A prisão administrativa não excederá de 90 dias". É certo, porém, que a atual ordem constitucional brasileira não mais admite a prisão administrativa.

preventivo[7] do servidor para evitar que ele possa influir na apuração da irregularidade por meio do processo administrativo disciplinar, sendo que tal prazo será de 60 dias prorrogáveis por mais 60. A norma ainda disciplina que o referido afastamento do servidor será decretado sem prejuízo do recebimento de sua remuneração.

Duas questões iniciais devem ser aqui abordadas. A primeira é que, como medida cautelar que é, o aludido afastamento não constitui penalidade, já que não há cognição exauriente acerca do mérito disciplinar para a tomada da providência. Consequência disso é que diante de eventual sanção ao final do procedimento que comine a pena de suspensão do serviço, não poderão ser descontados os dias já afastados cautelarmente, já que ambas as providências possuem natureza diversa. Ademais, na modalidade de sanção o afastamento acarreta a perda de remuneração, o que não ocorre no afastamento cautelar. A segunda constatação diz respeito a quem pode ser atingido pela medida, destacando Shirlei Silmara de Freitas Mello que o agente a ser afastado pode ser tanto o acusado como qualquer outro que eventualmente obste a instauração e/ou desenvolvimento do processo administrativo disciplinar.[8]

Ademais, tratando sobre o afastamento administrativo disciplinar de maneira ampla, mas cujas lições se adéquam ao estudo específico do artigo sob escrutínio, Alvaro Lazzarini ressalta que o caráter provisório da medida permite sua revogação a qualquer tempo, já que seu objetivo é o de possibilitar uma melhor investigação da conduta faltosa, impossibilitando que este possa influir, por meios escusos, na apuração da verdade. Destarte, colhidas as provas necessárias, caso se entenda possível, oportuno e conveniente, nada impede que se permita o retorno do funcionário, que esteja afastado preventivamente, ao serviço.[9]

Interessante apontar também a amplitude da medida do ponto de vista objetivo, sendo que, conforme posição institucional da Controladoria-Geral da União (CGU), "o instituto afasta o servidor de suas tarefas e impede seu acesso às dependências da repartição como um todo (e não apenas de sua sala de trabalho)".[10]

Sobre o momento da adoção da medida, confirmando que pode ocorrer em qualquer fase do procedimento disciplinar, cite-se a Formulação – DASP[11] nº 36, que previa que "a suspensão preventiva pode ser ordenada em qualquer fase do inquérito administrativo".

Destarte, nota-se que o escopo primeiro da medida provisional expressa no bojo do processo administrativo federal disciplinar é evitar qualquer tumulto que possa ser

---

[7] A providência cautelar de afastamento do servidor é comumente repetida nas leis orgânicas de carreiras públicas específicas, como se verifica, exemplificadamente, na Lei Orgânica da Magistratura Nacional – LOMAN (Lei Complementar nº 35/79), bem como na legislação referente a servidores públicos de cada uma das unidades da federação brasileira (vide, por exemplo, o artigo 326 da Lei nº 10.460, de 22 de fevereiro de 1988, do Estado de Goiás).

[8] MELLO, Shirlei Silmara de Freitas. Inflexões do princípio da eficiência no processo administrativo disciplinar federal: tutela de urgência (afastamento preventivo) e controle consensual (suspensão do processo e ajustamento de conduta). *Fórum Administrativo – FA*, Belo Horizonte, ano 11, n. 126, p. 31, ago. 2011.

[9] LAZZARINI, Alvaro. Do procedimento administrativo. *Revista de Informação Legislativa*, Brasília, ano 34, n. 135, p. 133-134, jul./set. 1997.

[10] CONTROLADORIA-GERAL DA UNIÃO – CGU. *Manual de processo administrativo disciplinar.* Brasília: CGU, 2012, p.121.

[11] As formulações DASP constituem enunciados genéricos elaborados pelo extinto Departamento de Administração do Serviço Público – DASP, o qual foi responsável, desde sua criação em 1938 até sua extinção em 1986, pela função de assessoramento imediato da Presidência da República no que concerne às questões de pessoal e serviços gerais dos órgãos civis da Administração Pública Federal.

ocasionado por agentes públicos, que poderiam gerar uma demora indevida da apuração dos fatos, além de obstaculizar a colheita de provas e o desvelamento da verdade mais próxima da real.

Ainda que a lei pouco diga sobre a medida cautelar de afastamento, sendo acompanhada academicamente de lacônicos comentários doutrinários a seu respeito, a jurisprudência, por sua vez, tem apresentado os delineamentos daquela providência que não foram trazidos explicitamente pelo legislador.

Um dos pontos açambarcados pelos Tribunais diz respeito à possível punição a ser imposta ao responsável, salientado que a medida cautelar de afastamento não possui relação alguma com o grau de gravidade da penalidade a ser aplicada, podendo ela ser utilizada em procedimentos administrativos disciplinares que prevejam qualquer forma de sanção. Foi o que decidiu o Tribunal Regional Federal da 1ª Região, validando a suspensão cautelar do cargo de Subprocurador Geral da República, pois entendeu que, ainda que as condutas apuradas no processo administrativo fossem puníveis somente com advertência ou censura, seria perfeitamente possível invocar aquele provimento cautelar da Lei nº 8.112/90. Acresceu ainda que "o afastamento cautelar não está condicionado ao tipo de pena aplicável ao indiciado, sendo medida que visa garantir o bom andamento da apuração, sem influência por parte do interessado".[12]

Esse mesmo Tribunal Regional Federal também decidiu que, havendo excesso de prazo da medida de afastamento (que, conforme visto, pode totalizar no máximo 120 dias), deve haver a imediata cessação da providência cautelar, mas que tal ocorrência não possui o condão de gerar a nulidade do procedimento administrativo como um todo, que deverá prosseguir em todos os seus termos.[13]

Questão interessante concerne a saber se o período de afastamento do servidor pode ser utilizado como tempo de serviço para fins da concessão de direitos estatutários, como as férias, por exemplo.

Nada dizendo a legislação de regência, coube novamente aos Tribunais se debruçarem sobre a questão. O Tribunal Regional Federal da 2ª Região, em decisão proferida no ano de 2010, entendeu que não poderia o servidor se ver apenado pelo afastamento no que diz respeito ao gozo de suas férias, uma vez que não perderia a qualidade de servidor público no curso da medida cautelar, considerando-se esse período como sendo de dias trabalhados. Eis trecho do julgado:

> O afastamento cautelar, deferido nos autos do processo administrativo disciplinar, não modifica a situação do servidor público com relação às vantagens a que tem direito.

---

[12] TRF 1ª Região. 1ª Turma Suplementar. AC 199734000348303. Rel.Mark Yshida Brandão. DJ 29.06.2011.

[13] "ADMINISTRATIVO. PROCESSO DISCIPLINAR. NULIDADES. EXCESSO DE PRAZO NO AFASTAMENTO PREVENTIVO. ALTERAÇÃO DA ORDEM DOS DEPOIMENTOS. CERCEAMENTO DE DEFESA. INOCORRÊNCIA. APROVEITAMENTO DO CARGO PARA OBTENÇÃO DE PROVEITO PRÓPRIO. DEMISSÃO. 1. "A ultrapassagem do prazo fixado para o encerramento de processo administrativo disciplinar não conduz a nulidade, mas tão-somente a cessão da medida cautelar do afastamento preventivo do cargo do servidor público acusado. (STJ; Ministro ADHEMAR MACIEL; ROMS 199000051231/BA; SEGUNDA TURMA; DJ: 23.06.1997) 2. A oitiva do acusado antes das testemunhas, por si só, não vicia o processo disciplinar, bastando para atender à exigência do art. 159 da Lei nº 8.112/90, que o servidor seja ouvido também ao final da fase instrutória. 3. Restando configurada a conduta irregular do apelante em se valer do próprio cargo para obter proveito próprio a teor do artigo 117, IX, da Lei nº 8.112/90, faz-se necessária a aplicação da pena máxima de demissão, por força do que dispõe o artigo 132, XIII. 4. Apelação não provida." (TRF 1ª Região. Segunda Turma (Inativa). AC 200001000675964. Rel. Carlos Alberto Simões de Tomaz. DJ. 30.06.2005).

3. É assegurada ao servidor público a percepção das verbas decorrentes do efetivo exercício do trabalho, em período no qual o referido labor não ocorreu, desde que garantidos por expressa disposição legal. 4. Ainda que não ocorra concreta prestação de serviço, os dias constantes do período de afastamento preventivo são considerados como trabalhados para efeito de cômputo de tempo de serviço. [...].[14]

Contudo, este não parece ser o entendimento a prevalecer no âmbito do Judiciário. O Superior Tribunal de Justiça, órgão do Poder Judiciário brasileiro responsável por uniformizar a interpretação da legislação federal, ao analisar a questão do afastamento cautelar de um magistrado (embora se trate de previsão expressa em outro diploma legal (LOMAN), as conclusões tomadas são as mesmas para a aplicação da Lei nº 8.112/90), no final de 2012, posicionou-se de sorte diametralmente oposta à mencionada, entendendo que, estando o servidor afastado, não haveria fadiga decorrente do labor, o que não justificaria o cômputo do período de afastamento para a aquisição do direito ao gozo de férias.[15] Foi essa a síntese da decisão:

> ADMINISTRATIVO. PROCESSO ADMINISTRATIVO DISCIPLINAR. AFASTAMENTO CAUTELAR DE MAGISTRADO. AUSÊNCIA DE EFETIVO TRABALHO. GOZO DE FÉRIAS. IMPOSSIBILIDADE. 1. Hipótese em que o Tribunal de origem, diante da existência de decisão proferida em Processo Administrativo Disciplinar 120.580/2008, na qual determina o afastamento cautelar do impetrante de suas funções jurisdicionais até final julgamento do processo administrativo, indeferiu pedido do impetrante de ser beneficiado com a concessão de férias. 2. É firme no STJ o entendimento de que a ausência de efetivo exercício da atividade impede o gozo de férias, porquanto estas têm por pressuposto recompensar o trabalhador com o descanso remunerado da rotina de suas atividades funcionais por determinado tempo. 3. *In casu*, no período relativo ao pleito de gozo de férias, o recorrente encontrava-se afastado de suas funções. Não ocorreu, portanto, fadiga pela rotina de suas atividades funcionais e não há como sustentar o direito ao gozo de férias, dada a ausência de causa. 4. Recurso Ordinário não provido.[16]

Importa apontar ainda entendimento jurisprudencial que aduz, em uma análise restritiva, que referida medida somente pode ocorrer no bojo do procedimento administrativo disciplinar propriamente dito, não sendo a fase de sindicância o momento adequado para a adoção da cautelaridade analisada, como decidiu o Tribunal Regional Federal da 1ª Região na Apelação em Mandado de Segurança nº 200038000001169.

Por derradeiro, traz-se à colação recente decisão do Supremo Tribunal Federal, no julgamento do Mandado de Segurança 28.306-DF, pelo Plenário, ocasião em que se concluiu que a necessidade de manutenção da remuneração durante o período de afastamento dos magistrados (trata-se novamente de previsão em lei específica, mas cujos fundamentos são válidos igualmente para os termos da Lei nº 8.112/90) é restritiva, somente abrangendo a retribuição pecuniária, e não as demais vantagens inerentes

---

[14] TRF 2ª Região. Sétima Turma Especializada. AC 201051010006348. Rel. José Antônio Lisboa Neiva. DJ 19.11.2010.

[15] A respeito da questão, o Ministério do Planejamento, Orçamento e Gestão emitiu a Nota Técnica nº 4586/2016-MP concluindo que o afastamento preventivo não consta do rol taxativo de afastamentos previstos no art. 102, da Lei nº 8.112, de 1990, como de efetivo exercício, de forma que não se faz possível, em tal situação, a continuidade do pagamento do auxílio-alimentação.

[16] STJ, MS 33.579, Relator: Ministro HERMAN BENJAMIN, Data de Julgamento: 09.10.2012, T2 - SEGUNDA TURMA.

ao cargo (como o uso de veículo oficial, por exemplo). Nesses termos, construiu-se a ementa da qual se retira o seguinte excerto:

> [...] O afastamento motivado do magistrado de suas funções, sem prejuízo dos vencimentos e das vantagens, após a instauração de processo administrativo disciplinar, pode estender-se até a decisão final. VI – As vantagens a que se refere o art. 27, §3º, da LOMAN têm sentido pecuniário, não se confundindo com as prerrogativas inerentes ao cargo [...].

É possível observar, como já salientado alhures, que os Tribunais brasileiros, quando do julgamento das lides que lhe são levadas à apreciação, têm realizado a interpretação no que se refere à medida cautelar em tela, pugnando pela sua plena validade, mas impondo limites que não se mostravam expressos na legislação correlata.

4 Medidas cautelares administrativas no âmbito do Tribunal de Contas da União (TCU)

A inserção do Tribunal de Contas da União na estruturação organizacional do Estado brasileiro tem sido tarefa assaz dificultosa, não havendo um consenso sobre o assunto, prevalecendo, contudo, o entendimento de que a Corte não está inserida em nenhum dos clássicos Poderes estatais (Executivo, Judiciário e Legislativo), representando uma instituição autônoma e independente, com funções que lhe são próprias e outorgadas diretamente pela própria Constituição brasileira, que atua de forma cooperada, sem qualquer subordinação, com os demais Poderes da República.[17]

Ainda que não seja possível incluir a Corte de Contas no conceito usual de Administração Pública, que, em termos amplos, representaria os órgãos e instituições pertencentes basicamente ao Poder Executivo, torna-se imperioso incluir tal entidade na presente análise da cautelaridade processual administrativa, já que, conforme entendimento jurisprudencial que vem imperando, as decisões do TCU teriam natureza administrativa, sendo certo que as providências cautelares por ele adotadas seriam, por conseguinte, medidas cautelares administrativas.

De fato, como já expusemos previamente em trabalho monográfico a respeito da questão, à luz da separação das funções estatais impostas pelo texto constitucional brasileiro, seja por um encaixe claro das funções exercidas pelos Tribunais de Contas no conteúdo da função administrativa, seja pela exclusão evidente das demais funções (legislativa e jurisdicional), e não havendo uma quarta função estatal consagrada na Constituição Federal de 1988, outra não pode ser a conclusão senão a de que a Corte de Contas exerce função administrativa.[18]

As medidas cautelares de controle exercidas pelo Tribunal de Contas da União[19] – e reproduzidas pela legislação da grande maioria dos Tribunais de Contas estaduais e municipais – encontram respaldo normativo na sua Lei Orgânica nº 8.443, de 16 de julho de 1992, estando mais bem desenvolvidas pelo seu Regimento Interno. Ademais,

---

[17] CABRAL, Flávio Garcia. *O Tribunal de Contas da União na Constituição Federal de 1988*. São Paulo: Verbatim, 2014.

[18] CABRAL, Flávio Garcia. Qual a natureza da função exercida pelo Tribunal de Contas da União (TCU)? *Revista de Direito da Administração Pública (REDAP)*, Rio de Janeiro, ano 4, v. 1, n. 1, p. 253-272, jan./jun.2019.

[19] A respeito do tema, cf. SCAPIN, Romano. *A expedição de provimentos provisórios pelos Tribunais de Contas:* das "medidas cautelares" à técnica antecipatória no controle externo brasileiro. Belo Horizonte: Fórum, 2019.

não se pode olvidar que alguns atos provisionais de controle também estão alocados na própria Constituição Federal,[20] formando, assim, um complexo normativo de atos cautelares a serem exercidos pelo TCU.

Uma primeira medida de cunho cautelar relacionada à responsabilização de agentes públicos adotada pela Casa de Contas da União diz respeito ao afastamento temporário de dirigentes e encontra-se prevista no artigo 44 da Lei nº 8.443/92.

Como traz à colação Jorge Ulisses Jacoby Fernandes, dita medida pode ser adotada de ofício ou a requerimento do Ministério Público, no curso de qualquer apuração, sendo válido recordar, ainda, que no passado cabia aos Tribunais de Contas inclusive determinar a prisão administrativa dos responsáveis (Decreto nº 392 de 1896).[21]

Para que comentada medida seja adotada, é necessário que estejam presentes os seguintes requisitos específicos: a) a manutenção da continuidade do serviço público, quando o caso exigir. Essa exigência emerge em favor da sociedade, que não pode se ver carente de determinados serviços públicos pela ausência de comando, demandando então, que no caso de afastamento temporário de dirigentes que digam respeito a serviços públicos, haja sua substituição pelas pessoas legalmente designadas para tanto; b) a existência de uma autoridade superior, que deverá ser notificada pelo TCU acerca da decisão de afastamento de algum dirigente, uma vez que, por se tratar de uma decisão cautelar administrativa, faz-se mister a existência de uma organização hierarquicamente escalonada, cabendo a essa autoridade superior providenciar o afastamento da pessoa indicada pelo Tribunal de Contas;[22] c) indícios bastantes de que a continuidade da autoridade no exercício de suas funções ocasionará dano ao erário, inviabilizará o ressarcimento ou ainda retardará ou dificultará a realização de determinados atos de fiscalização;[23] d) a determinação do afastamento deve indicar o seu prazo ou condição, devendo assumir, como ato cautelar que é, caráter temporário; e) embora não previsto legalmente, a doutrina recomenda que haja uma prévia comunicação da pessoa a ser afastada, sendo que sua não realização, contudo, não invalida a medida adotada.[24]

Não obstante seja atribuído ao TCU o uso da medida cautelar ora tratada, que, como visto, representa uma prerrogativa por demais relevante da Corte de Contas, observa-se que ela é raramente usada, seja porque a Administração Pública dificilmente se opõe à atividade fiscalizatória do Tribunal, não estando assim, na maior parte das vezes, presentes os requisitos para a efetivação da medida, seja porque não pretende a Corte realizar procedimentos sumários que muito possivelmente seriam de plano

---

[20] Partindo-se do ápice normativo, na Constituição Federal de 1988 vislumbra-se, no artigo 71, incisos IX e X, que compete ao TCU sustar os atos administrativos impugnados, após o escoamento *in albis* do prazo conferido de acordo com o inciso IX. Está-se aqui, para grande parte da doutrina, diante da primeira medida cautelar de fiscalização prevista na Lei Maior.

[21] FERNANDES, Jorge Ulisses Jacoby. *Tribunal de contas do Brasil:* jurisdição e competência. 2. ed. Belo Horizonte: Fórum, 2008, p. 431.

[22] O artigo 44, §1º, da Lei nº 8.443/92 prescreve que, não atendendo à determinação do TCU, a autoridade superior será solidariamente responsável pelos atos praticados.

[23] A sonegação de informações relativas a contas bancárias específicas de ajustes com a União, por consistir em obstrução indevida ao exercício dos controles interno e externo, é considerada falta de natureza grave, sujeitando os responsáveis, além da aplicação de penalidades, à medida cautelar de afastamento temporário do cargo, conforme previsto no art. 44 da Lei nº 8.443/1992 (Acórdão TCU nº 131/2014-Plenário).

[24] FERNANDES, Jorge Ulisses Jacoby. *Tribunal de contas do Brasil:* jurisdição e competência. 2. ed. Belo Horizonte: Fórum, 2008, p. 432-433.

questionados no âmbito do Poder Judiciário.[25] Jorge Ulisses Jacoby Fernandes recorda poucas ocasiões nas quais a matéria foi levada à apreciação no âmbito do TCU: Decisão nº 203/1992. Plenário. Processo TC-016.894/92-8 e Acórdão nº 179/1996. Plenário. Processo TC-650.044/97-7.[26]

Mencione-se, igualmente, como medida de controle de natureza cautelar, a determinação da indisponibilidade patrimonial dos responsáveis (agentes públicos ou não), com previsão legal no artigo 44, §2º, da Lei nº 8.443/92. Essa medida torna inalienáveis bens dos responsáveis suficientes à satisfação de seu débito, por período não superior a um ano.

Jorge Ulisses Jacoby Fernandes esclarece que é possível ao responsável a apresentação de garantias para eventualmente levantar a indisponibilidade que recai sobre seus bens,[27] as chamadas "contracautelas".

Em que pese a previsão normativa versando sobre a indisponibilidade de bens, a doutrina e o próprio TCU sempre oscilaram sobre sua validade, em especial se não haveria em tal hipótese uma violação do artigo 5º, inciso XXII, da Constituição, que trata sobre o direito de propriedade.[28]

Contudo, quando se viu frente ao famigerado caso da fraude à licitação para construção do fórum trabalhista pelo Tribunal Regional do Trabalho em São Paulo,[29] o TCU, por provocação do Ministério Público de Contas,[30] na Decisão nº 26/2001 – Plenário,

---

[25] ZYMLER, Benjamin. *Direito administrativo e controle.* 3. ed. Belo Horizonte: Fórum, 2012, p. 275.

[26] FERNANDES, Jorge Ulisses Jacoby. *Tribunal de contas do Brasil:* jurisdição e competência. 2. ed. Belo Horizonte: Fórum, 2008, p. 432.

[27] FERNANDES, Jorge Ulisses Jacoby. *Tribunal de contas do Brasil:* jurisdição e competência. 2. ed. Belo Horizonte: Fórum, 2008, p. 434.

[28] ZYMLER, Benjamin. *Direito administrativo e controle.* 3. ed. Belo Horizonte: Fórum, 2012, p. 275.

[29] "No ano de 1992, tendo em vista os elevados valores em jogo, o TCU realizou Inspeção Ordinária Setorial junto ao TRT/SP, que participara de processo licitatório a fim de realizar obras para a construção do fórum daquele Tribunal. A decisão concernente à referida fiscalização só veio a ser proferida no ano de 1996, tendo a Corte, apesar das irregularidades constatadas pelos inspetores responsáveis pela aludida fiscalização, em razão da fase conclusiva em que se encontravam as obras, e não tendo sido apreciado algum ato de improbidade, decidido, em caráter provisório, pela manutenção das obras (Tomada de Contas 700.731/92-0. Decisão 231/96 – Plenário – TCU). No entanto, a grande fraude na construção do fórum trabalhista de São Paulo só veio a ser descoberta em 1999, com a CPI do Judiciário instalada pelo Senado Federal, criada pelo Requerimento nº 118, de 25 de março de 1999, que tinha por objetivo apurar as denúncias sobre a existência de irregularidades relacionadas a membros dos Tribunais Superiores, Regionais e de Justiça. Aquela comissão investigativa, por meio do afastamento do sigilo telefônico e bancário dos envolvidos, desvelou um esquema fraudulento – que o Ministério Público já havia verificado em 1998, quando em auditoria apurou que apenas 64% da obra estava concluída, após 6 anos, sendo que praticamente a totalidade dos recursos já havia sido despendida –, orquestrado pelo ex-presidente do TRT/SP, Nicolau dos Santos Neto, de superfaturamento das obras, combinado com desvio de verbas públicas, envolvendo, igualmente, os responsáveis pela construtora vencedora do certame licitatório, Incal Alumínio. Frente a estes fatos, a questão chegou novamente ao TCU em 1999, ocasião em que, diferentemente do que havia decidido em 1996, a Corte de Contas decretou a nulidade do contrato assinado entre o TRT/SP e a empresa ganhadora da licitação, condenando os principais responsáveis a devolver aos cofres públicos o montante de R$ 57,3 milhões, fora uma série de outras sanções aplicadas" (CABRAL, Flávio Garcia. *O Tribunal de Contas da União na Constituição Federal de 1988.* São Paulo: Verbatim, 2014, p. 235-237).

[30] Eis trecho da manifestação do *Parquet* de Contas: "Isso posto, considerando que no presente caso há indícios de grave e vultoso dano ao erário e considerando a conveniência de garantir-se a eficácia do ressarcimento, este representante Ministério Público, com fundamento no art. 44, *caput* e §2º, da Lei nº 8.443/92, requer que este Tribunal de Contas da União, quando vier a apreciar as alegações de defesa apresentadas na presente Tomada de Contas, decrete, cautelarmente, pelo prazo de 01 (um) ano, a indisponibilidade de bens de todos os responsáveis solidários cuja citação foi determinada pela Decisão nº 591/2000-Plenário, pessoas físicas e jurídicas, e, subsequentemente, expeça comunicação aos órgãos competentes: cartórios de registro de imóveis, bolsas de valores, departamentos estaduais de trânsito, onde sejam localizados bens desses responsáveis, a fim de que tornem efetiva a indisponibilidade desses bens".

decidiu pela indisponibilidade dos bens dos responsáveis, pelo período de um ano, consolidando, no âmbito da Corte, a medida em comento.

Ainda sobre a indisponibilidade patrimonial, há quem, ao tratar sobre as medidas cautelares, inclua a possibilidade da medida de arresto,[31] estando indigitada providência inclusive listada no rol do artigo 61 da Lei Orgânica e do artigo 275 do Regimento Interno do Tribunal. Não obstante possua o arresto natureza evidentemente cautelar, estando previsto no Livro III do antigo Código de Processo Civil, denominado "Do Processo Cautelar", para a presente análise ele não apresenta a mesma relevância das demais providências acautelatórias, pois o arresto é conferido judicialmente, e não nos limites do âmbito administrativo, envolvendo, assim, outro espectro de abordagem que desborda dos limites da cautelaridade administrativa.

No que tange ao uso do poder cautelar pelo TCU, algumas considerações adicionais são cabíveis. De todos os órgãos administrativos, este tem sido, sem dúvida, um dos que mais tem utilizado provimentos acautelatórios.[32] Isso não seria algo negativo, por si só, pois estaria alinhado a uma mentalidade preventiva da Administração Pública, sendo a cautelaridade administrativa um traço fundamental desta nova forma de administrar a coisa pública. No entanto, o Tribunal de Contas por vezes tem se esquecido dos limites impostos a sua atuação,[33] extrapolando a sua cautelaridade.

Se é certo que existe uma cautelaridade administrativa própria do exercício da função administrativa, também é certo que não há uma atividade pública desprovida de limites. Dentre os vários que se pode invocar, mencione-se que as medidas provisionais são marcadas pela excepcionalidade. O seu uso rotineiro e quase que automático em qualquer processo sob a análise dos órgãos de controle externo acaba por desnaturar a feição excepcional dos provimentos acautelatórios. Além disso, a legislação e, com maior destaque, a Constituição podem balizar os limites da atuação cautelar administrativa.

Trazemos um exemplo, dentre os diversos encontrados, de uma atuação do TCU que se mostrou ativista em relação a medidas cautelares administrativas: no Acórdão nº 2.469/2018 – Plenário, o Tribunal analisava questão relativa à manutenção de uma medida cautelar de indisponibilidade de bens relacionada a irregularidades na aquisição da refinaria de Pasadena por subsidiária da Petrobras. Houve o requerimento de uma das partes pela revogação da medida cautelar, alegando que, nos termos do artigo 44 da Lei Orgânica do TCU (Lei nº 8.443/92), a indisponibilidade só poderia ocorrer

---

[31] "A decretação de indisponibilidade de bens pelo TCU, nos termos do art. 44 da Lei 8.443/92, é medida cautelar a ser tomada precipuamente quando a apuração das irregularidades ainda está em curso. No estágio processual em que se analisa o mérito da tomada de contas, mostra-se mais adequado solicitar à Advocacia-Geral da União a adoção das medidas necessárias ao arresto dos bens dos responsáveis, conforme preconizado pelo art. 61 da mesma Lei" (Acórdão TCU nº 335/2014-Plenário).

[32] Em 2014 o TCU não utilizou nenhuma medida cautelar de indisponibilidade de bens, tendo se valido de 117 em 2017 e 42 em 2018 (TRIBUNAL DE CONTAS DA UNIÃO. *Relatório anual de atividades do TCU*. Brasília: TCU – Secretaria de Planejamento e Gestão, 2018). Segundo dados do próprio Tribunal, a Corte concedeu 80 medidas cautelares em 2015; 80 em 2016; 85 em 2017; 113 em 2018; e 83 em 2019 (TRIBUNAL DE CONTAS DA UNIÃO. *Relatório anual de atividades do TCU*. Brasília: TCU – Secretaria de Planejamento e Gestão, 2019).

[33] O TCU tem incidido naquilo que chamamos de "ativismo de contas", compreendido como o comportamento dos Tribunais de Contas que, a pretexto de se mostrarem proativos ou de serem encarados como concretizadores de direitos fundamentais ou controladores de políticas públicas, acabam por exercer suas atribuições em desconformidade com o que permite o texto constitucional e infraconstitucional, demonstrando a subjetividade na tomada de decisões por seus membros (CABRAL, Flávio Garcia. O ativismo de contas do Tribunal de Contas da União (TCU). *Revista de Direito Administrativo e Infraestrutura*, v. 16, p. 215-257, jan./mar. 2021).

no caso de haver indícios suficientes de que o responsável, caso permanecesse no exercício de suas funções, pudesse "retardar ou dificultar a realização de auditoria ou inspeção, causar novos danos ao erário ou inviabilizar o devido ressarcimento". Esse pedido encontra respaldo no artigo 44, §2º, da Lei Orgânica, que condiciona a medida de indisponibilidade às mesmas circunstâncias do *caput*, o qual, por sua vez, coloca os requisitos idênticos ao mencionado no requerimento. No entanto, os Ministros do TCU concluíram que o artigo 44, *caput*, tratava especificamente do "afastamento do responsável de suas funções em razão da possibilidade da prática de atos futuros que possam afetar a efetividade da prestação jurisdicional de contas" e que estes atos não teriam "relação com a medida de indisponibilidade de bens prevista no §2º desse mesmo artigo 44". Há aqui uma clara desconsideração do texto legal, já que o §2º do artigo 44 expressamente remete ao seu *caput*.

De fato, conforme expõem Alice Voronoff e Carlos Ari Sundfeld, a constrição patrimonial gera ônus enorme ao sujeito, interferindo diretamente com seus direitos de propriedade e de livre-iniciativa. A despeito disso, o TCU tem se valido de critérios bastante frágeis para determinar onerações desse tipo, como a mera suspeita de irregularidades graves relacionadas a contratos de alto valor, independentemente de indícios concretos de dilapidação do patrimônio ou de qualquer outra ação tendente a inviabilizar o ressarcimento ao erário.[34] Com igual percepção, André Rosilho demonstra que para o TCU o *periculum in mora*, como requisito para a cautelar de indisponibilidade, pode ser presumido,[35] dispensando, inclusive, a demonstração de indícios concretos de dilapidação do patrimônio ou de qualquer outra ação tendente a inviabilizar o ressarcimento ao erário – esse entendimento encontraria respaldo em outros julgados do Tribunal (Acórdãos nº 1.601/2017, de 26.7.2017, nº 2.428/2016, de 21.9.2016, e nº 224/2015, de 11.2.2015, todos do Plenário). Para a Corte, a presunção se daria a partir da "grandiosidade dos montantes estimados, ao lado da gravidade e da robustez dos indícios de comportamento ilícito dos possíveis responsáveis".[36]

O que se quer indicar é que o poder cautelar administrativo aplicado ao TCU possui limites, não podendo a invocação de um poder cautelar implícito ser utilizada além das determinações constitucionais e/ou legais e tampouco servir como um cheque em branco, normalmente respaldado numa busca moralizante de defesa do erário e do combate à corrupção. Como já tivemos a chance de escrever, deve a Corte de Contas da União conter seus anseios e desejos de um controle totalizante e absoluto da Administração Pública, compreendendo que um controle vantajoso e esperado pela sociedade brasileira é aquele que seja constitucionalmente adequado e sujeito a limites,

---

[34] VORONOFF, Alice; SUNDFELD, Carlos Ari. Art. 27 da LINDB: Quem paga pelos riscos dos processos? *Revista de Direito Administrativo – RDA*, ano 16, n. Especial, p. 195-196, out. 2018.

[35] Na concessão da medida cautelar de indisponibilidade de bens, a fumaça do bom direito deve ser analisada sob o prisma da materialidade do dano e dos indícios probatórios sobre a autoria dos atos lesivos ao erário; o perigo da demora, por sua vez, fica presumido em razão da gravidade das falhas e da relevância de se preservar os cofres públicos, sendo dispensável a existência de concreta dilapidação do patrimônio por parte dos responsáveis ou mesmo de outra conduta tendente a inviabilizar o ressarcimento pretendido (Acórdão TCU nº 2316/2021 – Plenário).

[36] ROSILHO, André. Limites dos poderes cautelares do TCU: caso da indisponibilidade de bens de contratados. *In*: CYRINO, André; MIGUEIS, Anna Carolina; PIMENTEL, Fernanda Morgan (Coord.). *Direito Administrativo e Corrupção*. Belo Horizonte: Fórum, 2020, p. 293.

pois, ainda que se possa imaginar o contrário, controle em excesso e fora dos padrões impostos pelo Direito é pernicioso e danoso à coisa pública.[37]

Uma análise da jurisprudência brasileira[38] demonstra que a adoção de medidas cautelares pelo TCU tem sido questão recorrente. De fato, o Supremo Tribunal Federal, em particular por meio do julgamento do Mandado de Segurança nº 24.510, entendeu que a Corte de Contas possui competência – ainda que implícita – para expedir medidas cautelares.

Em outra decisão, a Suprema Corte também respaldou a medida de afastamento temporário da autoridade dirigente de uma autarquia federal (*in casu*, de um Conselho Regional de Medicina), declarando-a plenamente legal, afirmando que estas entidades também estão sujeitas ao controle do TCU e suas medidas de fiscalização, tendo editado a seguinte ementa: "Improcedência das alegações de ilegalidade quanto à imposição, pelo TCU, de multa e de afastamento temporário do exercício da presidência ao presidente do Conselho Regional de Medicina em causa".[39]

Ainda acerca do afastamento temporário, o mesmo Tribunal Constitucional deu interpretação restritiva ao artigo 44 da Lei Orgânica do TCU, de modo a compreender que o afastamento só se possa dar no âmbito de órgãos e entidades da Administração Pública, mas não no âmbito de sociedades civis (entidades privadas), ainda que estejam utilizando dinheiro público.[40]

Menciona-se ainda o julgamento do MS 26.547, ocasião em que novamente o STF fez uso da teoria jurídica dos poderes implícitos para resguardar o uso de medidas cautelares administrativas no âmbito dos Tribunais de Contas.[41]

---

[37] CABRAL, Flávio Garcia. O ativismo de contas do Tribunal de Contas da União (TCU). *Revista de Direito Administrativo e Infraestrutura*, v. 16, p. 215-257, jan./mar. 2021.

[38] Contrariamente à matéria do processo administrativo disciplinar federal, que possui vasta jurisprudência entre os diversos tribunais, no que diz respeito especificamente ao TCU as decisões são mais limitadas, tendo em vista que a maior parte das questões que envolvam aquela Corte de Contas é de competência privativa do Supremo Tribunal Federal, nos termos do artigo 102, inciso I, alíneas "b", "d", "q", da Constituição.

[39] STF – MS 22.643, Rel. Min. Moreira Alves, julgamento em 6-8-1998, Plenário, DJ de 4-12-1998.

[40] "TRIBUNAL DE CONTAS DA UNIÃO – AUDITORIA E INSPEÇÃO – AFASTAMENTO DE DIRIGENTE – SOCIEDADE CIVIL. A norma inserta no artigo 44 da Lei n. 8.443, de 16 de julho de 1992, não se aplica as sociedades civis. Pressupõe o exercício de função pública e o fato de a pessoa jurídica estar integrada a Administração. O simples recebimento de subvenção pública, como ocorre relativamente a Cruz Vermelha – alínea "e" do artigo 33 do Estatuto aprovado mediante o Decreto n. 76.077/75 e Lei n. 6.905/81, não respalda o afastamento de qualquer dos seus dirigentes, sem que isto possa implicar prejuízo da atuação fiscalizadora do Tribunal de Contas da União quanto ao emprego de verbas publicas e correspondente prestação de contas. Redação do acórdão em 3 de abril de 1995 em face do recebimento dos autos apenas em 30 de marco imediatamente anterior" (Questão de Ordem no MS 21636, Rel. Min. Marco Aurélio).

[41] EMENTA: TRIBUNAL DE CONTAS DA UNIÃO. PODER GERAL DE CAUTELA. LEGITIMIDADE. DOUTRINA DOS PODERES IMPLÍCITOS. PRECEDENTE (STF). CONSEQUENTE POSSIBILIDADE DE O TRIBUNAL DE CONTAS EXPEDIR PROVIMENTOS CAUTELARES, MESMO SEM AUDIÊNCIA DA PARTE CONTRÁRIA, DESDE QUE MEDIANTE DECISÃO FUNDAMENTADA. DELIBERAÇÃO DO TCU, QUE, AO DEFERIR A MEDIDA CAUTELAR, JUSTIFICOU, EXTENSAMENTE, A OUTORGA DESSE PROVIMENTO DE URGÊNCIA. PREOCUPAÇÃO DA CORTE DE CONTAS EM ATENDER, COM TAL CONDUTA, A EXIGÊNCIA CONSTITUCIONAL PERTINENTE À NECESSIDADE DE MOTIVAÇÃO DAS DECISÕES ESTATAIS. PROCEDIMENTO ADMINISTRATIVO EM CUJO ÂMBITO TERIAM SIDO OBSERVADAS AS GARANTIAS INERENTES À CLÁUSULA CONSTITUCIONAL DO "DUE PROCESS OF LAW". DELIBERAÇÃO FINAL DO TCU QUE SE LIMITOU A DETERMINAR, AO DIRETOR-PRESIDENTE DA CODEBA (SOCIEDADE DE ECONOMIA MISTA), A INVALIDAÇÃO DO PROCEDIMENTO LICITATÓRIO E DO CONTRATO CELEBRADO COM A EMPRESA A QUEM SE ADJUDICOU O OBJETO DA LICITAÇÃO. INTELIGÊNCIA DA NORMA INSCRITA NO ART. 71, INCISO IX, DA CONSTITUIÇÃO. APARENTE OBSERVÂNCIA, PELO TRIBUNAL DE CONTAS DA UNIÃO, NO CASO EM EXAME, DO PRECEDENTE QUE O SUPREMO TRIBUNAL FEDERAL FIRMOU A RESPEITO DO SENTIDO E DO ALCANCE DESSE PRECEITO CONSTITUCIONAL (MS 23.550/DF, REL.

Quanto ao provimento de indisponibilidade, em um primeiro momento, as decisões do STF se encaminham para respaldá-las. Nesse sentido, vide o MS 33.092, no qual se ementou: "TCU. Tomada de contas especial. Dano ao patrimônio da Petrobras. Medida cautelar de indisponibilidade de bens dos responsáveis. Poder geral de cautela reconhecido ao TCU como decorrência de suas atribuições constitucionais".[42]

Deve-se destacar, contudo, que se localizam no âmbito da Corte Constitucional decisões monocráticas, em particular sob a relatoria do ex-Ministro Marco Aurélio, que demonstram uma resistência em face das medidas acautelatórias expedidas pelo TCU. Neste sentido confiram-se os MS 34.357, MS 34.392 e MS 34.410, todos julgados em 2016, tendo havido a decretação de liminar para liberar os bens indisponibilizados em processos pelo TCU.

Nesta toada, iniciado o julgamento do MS 35.506 pelo Plenário do STF (só houve o voto do Ministro-relator até o fechamento deste artigo), o Ministro Marco Aurélio, relator, reiterou esse posicionamento, expressando em seu voto que não reconhece no Tribunal de Contas da União um poder de indisponibilizar bens cautelarmente. Segundo o Ministro, "não se está a afirmar a ausência do poder geral de cautela do TCU, mas sim que essa atribuição possui limites, dentre os quais não se encontra bloquear, por ato próprio, bens de particulares contratantes com a administração pública". Segundo constou, tal atribuição seria exclusiva do Poder Judiciário.

Essa posição do Ministro Marco Aurélio, a nosso ver, encontra duas problemáticas: a) uma de cunho teórico, pois a existência de uma cautelaridade administrativa é algo próprio da função administrativa. É certo que esse poder cautelar não é desprovido de limites e requisitos. Ademais, pode haver casos em que, diante do caso concreto, a adoção do provimento cautelar administrativo mostra-se desproporcional, invalidando-o. Porém, não há como atribuir um poder cautelar administrativo de indisponibilizar bens exclusivamente ao Poder Judiciário. Não se trata de questão afeta à reserva de jurisdição; b) outra de cunho pragmático, tendo em vista que, para que se mantenha coerência com esse posicionamento do Ministro Marco Aurélio, inúmeras outras leis que preveem a mesma medida também teriam que ser reputadas inconstitucionais, o que representaria um forte desfacelamento da cautelaridade administrativa na dogmática jurídica brasileira.

5 Conclusões

Usos e abusos. Essa é a expressão constante do título deste sucinto artigo. Ela se amolda bem ao estudo do tema, pois, conforme apurado, os provimentos acautelatórios administrativos no âmbito dos processos de responsabilização têm sido frequentemente utilizados, embora, por vezes, de maneira equivocada (leia-se, abusiva) pelos órgãos administrativos.

P/ ACÓRDÃO O MIN. SEPÚLVEDA PERTENCE). INVIABILIDADE DA CONCESSÃO, NO CASO, DA MEDIDA LIMINAR PRETENDIDA, EIS QUE NÃO ATENDIDOS, CUMULATIVAMENTE, OS PRESSUPOSTOS LEGITIMADORES DE SEU DEFERIMENTO. MEDIDA CAUTELAR INDEFERIDA (STF, MS 26.547, Rel Celso de Mello, 23.05.2007).

[42] MS 33.092, rel. min. Gilmar Mendes, j. 24.3.2015, 2ª T, DJE de 17.8.2015.

No âmbito do regime disciplinar dos servidores públicos federais, o que se nota é uma previsão legislativa do afastamento cautelar de agente público com delineamentos mínimos que não parece levantar maiores debates ou questionamentos quanto a sua validade. Cabe, contudo, somente proceder aos ajustes e adequação das regras pertinentes a sua aplicação e às correções dos desvios praticados. Nesse aspecto, os Tribunais têm se mostrado grandes protagonistas em conformar a interpretação a ser dada ao dispositivo, manifestando-se, por exemplo, no sentido da vedação de excesso no prazo ou da proibição de corte de remuneração nas hipóteses do afastamento temporário.

Em relação às medidas aplicadas pelo TCU, por sua vez, temos um cenário um pouco diverso. Além de se apurar abusos no uso dos provimentos cautelares por parte da Corte de Contas, o próprio Poder Judiciário tem, eventualmente, ainda no plano normativo-abstrato, posto em xeque a validade da previsão da cautelar de indisponibilidade patrimonial.

As medidas cautelares administrativas são fundamentais para garantir a devida responsabilização de agentes públicos. Assim, decisões judiciais que visam a impossibilitar estes tipos de provimento caminham na contramão da cautelaridade administrativa, cada vez mais arraigada no conjunto normativo brasileiro. Por outro lado, as medidas acautelatórias trazem sérias restrições, devendo ser utilizadas dentro dos limites legais e constitucionais. Seu uso jamais pode se transmudar para abuso, sob pena de desprestigiar a própria atuação preventiva do Estado.

Referências

CABRAL, Flávio Garcia. *Medidas cautelares administrativas:* regime jurídico da cautelaridade administrativa. Belo Horizonte: Fórum, 2021.

CABRAL, Flávio Garcia. O ativismo de contas do Tribunal de Contas da União (TCU). *Revista de Direito Administrativo e Infraestrutura*, v. 16, p. 215-257, jan./mar. 2021.

CABRAL, Flávio Garcia. O que é (ou deve ser) o poder geral de cautela do Tribunal de Contas da União? *CONJUR*. Disponível em: https://www.conjur.com.br/2021-jun-16/cabral-ou-poder-geral-cautela-tcu. Acesso em: 20 jan. 2022.

CABRAL, Flávio Garcia. *O Tribunal de Contas da União na Constituição Federal de 1988*. São Paulo: Verbatim, 2014.

CABRAL, Flávio Garcia. Qual a natureza da função exercida pelo Tribunal de Contas da União (TCU)? *Revista de Direito da Administração Pública (REDAP)*, Rio de Janeiro, ano 4, v. 1, n. 1, p. 253-272, jan./jun. 2019.

CONTROLADORIA-GERAL DA UNIÃO – CGU. *Manual de processo administrativo disciplinar*. Brasília: CGU, 2012.

FERNANDES, Jorge Ulisses Jacoby. *Tribunal de contas do Brasil:* jurisdição e competência. 2. ed. Belo Horizonte: Fórum, 2008.

LAZZARINI, Alvaro. Do procedimento administrativo. *Revista de Informação Legislativa*, Brasília, ano 34, n. 135, jul./set. 1997.

MELLO, Shirlei Silmara de Freitas. Inflexões do princípio da eficiência no processo administrativo disciplinar federal: tutela de urgência (afastamento preventivo) e controle consensual (suspensão do processo e ajustamento de conduta). *Fórum Administrativo – FA*, Belo Horizonte, ano 11, n. 126, ago. 2011.

ROSILHO, André. Limites dos poderes cautelares do TCU: caso da indisponibilidade de bens de contratados. *In*: CYRINO, André; MIGUEIS, Anna Carolina; PIMENTEL, Fernanda Morgan (coord.). *Direito Administrativo e Corrupção*. Belo Horizonte: Fórum, 2020. p. 277-296.

SCAPIN, Romano. *A expedição de provimentos provisórios pelos Tribunais de Contas:* das "medidas cautelares" à técnica antecipatória no controle externo brasileiro. Belo Horizonte: Fórum, 2019.

TRIBUNAL DE CONTAS DA UNIÃO. *Relatório anual de atividades do TCU*. Brasília: TCU – Secretaria de Planejamento e Gestão, 2018.

TRIBUNAL DE CONTAS DA UNIÃO. *Relatório anual de atividades do TCU*. Brasília: TCU – Secretaria de Planejamento e Gestão, 2019.

VORONOFF, Alice; SUNDFELD, Carlos Ari. Art. 27 da LINDB: Quem paga pelos riscos dos processos? *Revista de Direito Administrativo – RDA*, ano 16, n. especial, p. 171-201, out. 2018.

ZYMLER, Benjamin. *Direito administrativo e controle*. 3. ed. Belo Horizonte: Fórum, 2012.

Informação bibliográfica deste texto, conforme a NBR 6023:2018 da Associação Brasileira de Normas Técnicas (ABNT):

CABRAL, Flávio Garcia. Medidas cautelares administrativas nos processos de responsabilização de agentes públicos: usos e abusos. *In*: CONTI, José Maurício; MARRARA, Thiago; IOCKEN, Sabrina Nunes; CARVALHO, André Castro (coord.). *Responsabilidade do gestor na Administração Pública*: improbidade e temas especiais. Belo Horizonte: Fórum, 2022. p. 243-257. ISBN 978-65-5518-413-6. v.3.

WHISTLEBLOWER PARA AMPLIAÇÃO DA INTEGRIDADE: NECESSIDADE DE REGULAMENTAÇÃO PARA SUA PLENA EFICÁCIA

MILENE DIAS DA CUNHA

1 Introdução

A integridade no trato da coisa pública deve perpassar necessariamente pela análise do comportamento humano, uma vez que honestidade, honradez e ética são valores veiculados e percebidos na plenitude moral da conduta humana. A integridade é, pois, característica daqueles que são incorruptíveis. Entretanto, não basta ser incorruptível, é preciso também ser intolerante com a corrupção praticada por outrem, adotando providências para seu enfrentamento, a começar por denunciar qualquer ilícito. Embora esse seja o comportamento esperado de todo bom cidadão e um importante componente de enfrentamento à corrupção, denunciar não é tão simples, pois requer de quem denuncia a segurança e a proteção de que não sofrerá retaliações ou de que não sofrerá prejuízos em sua vida por fazer o certo.

É fundamental manter a consciência das consequências que se irradiam a partir de todo e qualquer ato de corrupção, que causa prejuízos tanto na seara econômica interna e externa do país como agrava os dissabores de todos na vida cotidiana. Um ato de corrupção contra a Administração Pública não causa danos apenas à entidade pública envolvida diretamente, o fato é difuso, podendo alcançar toda a coletividade. Basta refletirmos sobre um desvio de insumos ou medicamentos, sobre a construção de uma obra em local inapropriado ou ainda sobre a fraude em um certame licitatório, entre tantos outros, tudo isso leva prejuízos tanto à parcela da sociedade que precisa da prestação do serviço como também à parcela que não necessita. Para ilustrar, pessoas que se sentiam inatingíveis assistiram ou sofreram as consequências do colapso da saúde no estado do Amazonas na pandemia do coronavírus, que pode ter sido fruto dos desvios de mais de R$ 100 milhões apurados pelo Ministério Público Federal na Operação Maus Caminhos (MPF, 2020a).

Corrupção é uma palavra derivada do latim *corruptione*, que significa putrefação, decomposição e adulteração (ROMEIRO, 2015), podendo ser vista por dois vieses, o moral e o jurídico. No primeiro, para que ocorra a corrupção, são rompidos os costumes e as tradições do que é considerado moral e ético por um grupo social. No segundo, a transgressão é contra o que está posto nas leis e em todo o arcabouço jurídico (BIASON, 2019).

Nesse contexto, é fundamental que as pessoas reconheçam, nas regras e mecanismos institucionais, incentivos para se manterem íntegras e, principalmente, denunciarem qualquer irregularidade de que tomem conhecimento, promovendo um ciclo virtuoso que impulsione e reforce a honestidade e ética nas relações. De igual modo, é importante que os mecanismos institucionais sejam desenhados para fomentar uma cultura em que o comportamento honesto e íntegro predomine, a começar pela intolerância com as irregularidades, de modo que as pessoas encontrem espaço e ambiente para denunciá-las sem qualquer receio de represálias.

É nesse contexto que se destaca o *whistleblower*, ou seja, alguém que reporta ou denuncia irregularidades ou transgressões ocorridas na organização. Portanto, este artigo tem como objetivo analisar esta figura nos programas de integridade e refletir sobre como a Administração Pública brasileira tem tratado e incentivado sua participação.

2 Programas de integridade no Brasil: breve histórico

A corrupção não é exclusividade brasileira. Por ser inerente ao comportamento humano, está presente em todos os povos. Para a Organização de Cooperação e Desenvolvimento Econômico (OCDE), corrupção é uma das questões mais corrosivas do nosso tempo, pois destrói recursos públicos, amplia as desigualdades econômicas e sociais, cria descontentamento e polarização política e reduz a confiança nas instituições. A corrupção perpetua a desigualdade e a pobreza, impactando o bem-estar e a distribuição da renda e prejudicando oportunidades para participar igualmente na vida social, econômica e política (OCDE, 2017).

Segundo Langevoort (2017), a corrupção pode até receber em certa medida uma carga de influência cultural, porém não se deve aceitar que a corrupção faça parte dos costumes de um povo. Sua ocorrência normalmente se dá pela união de alguns fatores: a oportunidade, que é somada a algum tipo de vantagem, que pode ser financeira ou não, e a "certeza" da impunidade. Assim, por não ser uma questão de simples solução, diversos países, em cooperação mútua, se reúnem em fóruns para discutir sobre o tema.

Para manter o reconhecimento institucional internacional e prosseguir no mercado, o Brasil teve que se adaptar às iniciativas de combate à corrupção que foram sendo adotadas no cenário mundial (SCHRAMM, 2018). Nos anos 2000, o Brasil assinou a Convenção sobre o Combate à Corrupção de Funcionários Públicos Estrangeiros em Transações Comerciais Internacionais, da Organização de Cooperação e Desenvolvimento Econômico (OCDE), que tratou de tornar rígida a punição em atos não adequados praticados por funcionários públicos (GIN, 2016). No ano de 2002, tornou-se signatário da Convenção Interamericana contra a Corrupção, da Organização dos Estados Americanos (OEA); e, em 2006, da Convenção das Nações Unidas contra a Corrupção – Convenção de Mérida, da Organização das Nações Unidas (ONU), essas últimas assignações têm relações com responsabilizações às pessoas físicas e jurídicas nacionais e estrangeiras em atos de suborno com funcionários públicos de outras nações (RITT; OLIVEIRA, 2018).

Em 20 de setembro de 2011, o Brasil e outros sete países (África do Sul, Estados Unidos, Filipinas, Indonésia, México, Noruega e Reino Unido) fundaram o *The Open Government Partnership* (OGP) ou Parceria para Governo Aberto. A iniciativa internacional tem a pretensão de difundir e incentivar globalmente práticas governamentais relacionadas à transparência dos governos, ao acesso à informação pública e à participação social. Atualmente, 75 países integram a parceria (SENADO FEDERAL, 2011).

Mas foi somente no ano de 2013 que a legislação brasileira deu um importante passo com a publicação da Lei Anticorrupção (Lei nº 12.846/2013), instituindo-se a responsabilização administrativa e civil das pessoas jurídicas pela prática de atos lesivos contra a Administração Pública. A normatização no âmbito interno ocorreu por impulso da comunidade internacional, por influência das legislações já existentes em outros países, como as leis americanas *Foreing Corrupt Pratices Act* (FCPA) de 1977 e a *Sarbanes-Oxley Act* (SOX) de 2002, bem como a lei britânica *UK Bribery Act* (UKBA) de 2010, e ainda pela pressão popular provocada pelas diversas manifestações ocorridas nas ruas do país naquela época.

Com a Lei Anticorrupção, os programas de integridade passaram a ser previstos de forma expressa na legislação brasileira, ainda que na categoria *soft law*, ou seja, não é obrigatório, mas oferece vantagens às empresas que voluntariamente adotem, na eventualidade de virem a ser punidas, a exemplo da diminuição no valor das multas por infrações cometidas. Certamente, um mecanismo importante para irradiar uma cultura de integridade nas empresas que se relacionam com a Administração Pública.

Na mesma linha, a Nova Lei de Licitações (Lei nº 14.133/2021) também reforça o uso do instituto ao usá-lo como critério de desempate das propostas, ao exigir a instituição de um programa de integridade da empresa vencedora do certame nas contratações de obras, serviços e fornecimentos de grande vulto e ao considerá-lo no critério de sopesamento para aplicação de sanção.

A implantação de um programa de integridade envolve o levantamento dos riscos atinentes às atividades da entidade e realização de um planejamento para mitigar esses riscos e garantir uma revisão constante do programa, a fim de assegurar o cumprimento das regras de uma organização. Não se deve confundir a implantação de um programa de integridade com o simples cumprimento de normas, ou o simples preenchimento de um *check-list*. O seu alcance é bem mais abrangente e envolve uma avaliação mais acurada do comportamento humano. Nesse sentido, Serpa (2016) afirma que um programa de integridade não é sobre as leis, mas sim sobre querer seguir as leis.

Vieira (2017) argumenta que um programa de integridade abarca não apenas o desenvolvimento associado de medidas internas dedicadas ao conhecimento, avaliação e correção de vulnerabilidades específicas de uma organização, mas também remete aos conceitos de plenitude e retidão, bem como – sobretudo – à percepção da imprescindibilidade da promoção de uma sólida e verdadeira cultura organizacional anticorrupção.

Os programas de integridade configuram-se como obrigação de meio, não de resultado. A certeza do resultado tem natureza provável, não determinista: uma parcela de risco é inerente ao sistema. Mas é importante assegurar os instrumentos e as ferramentas para que a obrigação legal ou voluntária assumida pelo gestor reflita no seu dever/compromisso de atuar com probidade, retidão, honestidade, moralidade e impessoalidade e esses valores possam irradiar para o restante da organização.

As políticas de gestão da integridade e combate à corrupção nos governos têm lançado mão, cada vez mais, de sistemas de denúncias. Denunciantes podem ser fontes valiosas de informação, que ajudam a prevenir irregularidades e responsabilizar quem as comete, como ocorreu na denúncia feita por servidor do Ministério da Saúde, que trouxe à tona um possível esquema de corrupção ligado à compra de vacinas para a covid-19 (OLAVO, 2021).

A fim de estruturar e processar as denúncias, as instâncias de integridade das organizações (comissões de éticas, ouvidorias, corregedorias internas, os controles internos e suas auditorias) têm a finalidade de difundir os princípios da conduta ética dos servidores no relacionamento com o cidadão e no resguardo do patrimônio público e de orientar, supervisionar e atuar como instância consultiva de dirigentes e servidores, para assegurar a efetividade no acolhimento e análise das denúncias.

Os canais de comunicação das ouvidorias devem ser reforçados, inclusive criando canais alternativos para receber denúncias de suspeitas de violações de padrões de integridade, com a possibilidade de informar confidencialmente, sem qualquer risco de retaliação. Estes canais encorajam uma cultura aberta em que os dilemas éticos, as preocupações com a integridade pública e os erros podem ser discutidos livremente. Torna-se uma forma de alertar a entidade para potenciais violações ao código de conduta, ou mesmo a respeito de condutas inadequadas dos funcionários ou terceiros que agem em nome da entidade (SIBILLE; SERPA, 2020).

Nesse aspecto, os processos internos de corregedoria que permitam investigações para atender às denúncias de comportamentos ilícitos recebidas devem possuir mecanismos que proporcionem respostas adequadas a todas as violações suspeitas aos padrões de integridade pública por parte de qualquer agente público e todos os outros envolvidos nas violações, por meio do processo disciplinar, administrativo, civil e/ou criminal. Uma investigação eficaz protege a entidade por meio da prevenção e detecção de má conduta, identificando áreas de melhoria para as operações internas, e também demonstra o compromisso da entidade com o fazer correto, além de incentivar a transparência nas organizações sobre os resultados dos casos por meio de dados estatísticos (SIBILLE; SERPA, 2020).

3 *Whistleblower*: o informante do bem

O termo *whistleblower* advém da legislação dos Estados Unidos da América, inicialmente tratado no *False Claims Act* de 1863, e com grande evolução do longo do século XX, tendo sua expansão global baseada na *Sarbanes-Oxley Act* de 2002, que estendeu sua proteção legal ao setor privado (SOUZA; LEAL, 2021).

A expressão vem da língua inglesa e literalmente significa "assoprador de apito", uma referência a uma antiga postura da polícia da Inglaterra que usava o apito para acusar em público uma prática delituosa e chamar a atenção da sociedade. Assim, a expressão designa aquele que delata uma irregularidade, sendo essa uma prática essencial para combater a corrupção, na medida em que intolerância com o comportamento corrupto é essencial para que ele não se perpetue.

Todavia, Nohara (2020) explica que a palavra delator adquiriu no Brasil um sentido pejorativo, muito porque, do ponto de vista cultural, se acusa Judas de traidor de Jesus por tê-lo entregado aos seus algozes, assim como em função dos regimes autoritários, em que houve denúncia e consequente perseguição, tortura e monitoramento de pessoas que questionavam o sistema. Contudo, a autora explica que a expressão *whistleblower* refere-se a alguém que informa irregularidades e transgressões ocorridas nas organizações. Trata-se de um informante, não de um traidor propriamente e, por isso, seu sentido precisa ser ressignificado para sua plena eficácia.[1]

Tanto a Enccla (Estratégia Nacional de Combate à Corrupção e à Lavagem de Dinheiro) quanto a Transparência Internacional estimulam sua existência e regulação para estímulo de uma cultura mais honesta.

Por ostentar conhecimento privilegiado sobre os fatos, decorrente ou não do ambiente em que trabalha, o instituto jurídico do *whistleblower* ou do "informante do bem" trata-se de auxílio indispensável às autoridades públicas para deter atos ilícitos. Na grande maioria dos casos, o reportante é apenas um cidadão honesto que, não tendo participado dos fatos que relata, deseja que a autoridade pública tenha conhecimento e apure as irregularidades (FREITAS JÚNIOR, 2017).

Certo é que, a partir do momento em que alguém tem ciência da prática de um ilícito, deveríamos esperar que, como bom cidadão, este buscasse as autoridades para pôr fim a esse ilícito. Contudo, denunciar não é tão fácil e simples. Vínculos profissionais e sociais bem como uma cultura institucional que fomenta a lealdade à organização, além do medo de retaliações, podem obstar que isso ocorra. De fato, um dos principais temores dos *whistleblower* é ter a carreira destruída ou mesmo sua vida pessoal.

Nessa seara, Carvalho e Alvim (2018) expõem que há, na prática, um sopesamento de males, que indica, sem dúvida, um dilema moral: romper com lealdades interpessoais nas organizações ou romper com a inércia e informar para que haja a apuração e cessão de irregularidades?

O sentimento individual faz com que a pessoa se depare com algo errado e informe, mas tal postura depende de um ambiente ético e profissional. Nohara (2020) aponta que existem, contudo, sociedades mais amigáveis ao *whistleblowing*, a exemplo dos americanos e dos anglo-saxões, por conta do individualismo e da discordância que caracteriza mais o protestantismo, e, por outro lado, sociedades que reprimem mais a prática, como as sociedades latinas e também asiáticas, em que há um espírito coletivo, estímulo à lealdade nas relações interpessoais e também uma ideia de preservar o equilíbrio da "boa vizinhança".

Contudo, Carvalho e Alvim (2018) também enfatizam que a incipiência da prática seja mais derivada de falta de ferramentas apropriadas do que propriamente de questões culturais, sendo relevante que haja políticas de "não retaliação" do informante, dado que a sua ação provoca correções e aprendizagem na organização.

4 Normativos de incentivo à denúncia no Brasil

Segundo Souza e Leal (2021), um estudo publicado pela *International Bar Association ("Are whistleblowing laws working? A global study of whistleblower protection litigation")* mapeou a aplicação de legislação *whistleblower* em 48 países e mostra que não é só o Brasil que tem muito a crescer nesse campo. De uma forma geral, o estudo

---

[1] Na comunidade jurídica internacional, o termo refere-se a toda pessoa que espontaneamente leva ao conhecimento de uma autoridade informações relevantes sobre um ilícito civil ou criminal. As irregularidades relatadas podem ser atos de corrupção, fraudes públicas, grosseiro desperdício de recursos públicos, atos que coloquem em risco a saúde pública, os direitos dos consumidores, etc.

concluiu que a eficácia das leis parece questionável devido à falta de acesso público de decisões de casos e dados sobre acordos judiciais, falta de utilização das leis, uma baixa taxa de sucesso para *whistleblowers* e compensação insuficiente para os poucos que prevalecem. O estudo ainda apresenta uma série de recomendações e melhores práticas a serem seguidas para o que seria considerada uma legislação plena e eficaz, como ampla variedade de temas cobertos pela proteção aos denunciantes, além do ambiente de trabalho, real proteção da identidade, acesso a advogados e direito a um devido processo legal e compensação suficiente.

Recentemente, a Lei Anticrime (Lei nº 13.964/2019) alterou a Lei nº 13.608/2018, que trata sobre o serviço telefônico de recebimento de denúncias e sobre a recompensa por informações que auxiliem nas investigações policiais para incluir proteção ao informante/denunciante.[2]

Gabriel (2020) explica que, apesar da recente introdução no ordenamento brasileiro, ela é, de certa forma, tardia, uma vez que já havia menção ao instituto no artigo 33 da Convenção da Nações Unidas para o Combate da Corrupção, aprovada pela Assembleia Geral da ONU em 2003,[3] e também no art. 3º, §8º, da Convenção Interamericana contra a Corrupção,[4] acolhida no Brasil por meio do Decreto nº 4.410/2002.

Apesar de tardia, a positivação do instituto na legislação brasileira é importante por permitir que qualquer indivíduo, tendo ciência ou informações sobre crimes contra a Administração Pública (podendo abarcar também ilícitos administrativos ou quaisquer condutas lesivas ao interesse público), relate tais fatos e possíveis envolvidos à autoridade competente.

Os mecanismos de incentivos e proteção ao informante trazidos pela referida lei são: a) isenção quanto à eventual responsabilização civil ou penal em relação ao relato; b) direito à preservação de sua identidade; c) proteção integral contra retaliações; e d) receber até 5% (cinco por cento) do valor recuperado.

Considerado razoável o relato pela unidade de ouvidoria ou correição e procedido o encaminhamento para apuração, ao informante serão asseguradas proteção integral contra retaliações e isenção de responsabilização civil ou penal em relação ao relato, exceto se o informante tiver apresentado, de modo consciente, informações ou provas falsas.

O informante terá direito à preservação de sua identidade, a qual apenas será revelada em caso de relevante interesse público ou interesse concreto para a apuração

---

[2] Art. 4º-A. A União, os Estados, o Distrito Federal e os Municípios e suas autarquias e fundações, empresas públicas e sociedades de economia mista manterão unidade de ouvidoria ou correição, para assegurar a qualquer pessoa o direito de relatar informações sobre crimes contra a administração pública, ilícitos administrativos ou quaisquer ações ou omissões lesivas ao interesse público.

[3] Artigo 33. Proteção aos denunciantes.
Cada Estado Parte considerará a possibilidade de incorporar em seu ordenamento jurídico interno medidas apropriadas para proporcionar proteção contra todo trato injusto às pessoas que denunciem ante as autoridades competentes, de boa-fé e com motivos razoáveis, quaisquer feitos relacionados com os delitos qualificados de acordo com a presente Convenção. (NAÇÕES UNIDAS, 2003)

[4] Artigo III. Medidas preventivas.
Para os fins estabelecidos no artigo II desta Convenção, os Estados Partes convêm em considerar a aplicabilidade de medidas, em seus próprios sistemas institucionais destinadas a criar, manter e fortalecer:...
8. Sistemas para proteger funcionários públicos e cidadãos particulares que denunciarem de boa-fé atos de corrupção, inclusive a proteção de sua identidade, sem prejuízo da Constituição do Estado e dos princípios fundamentais de seu ordenamento jurídico interno. (PLANALTO, 2002)

dos fatos. A revelação da identidade somente será efetivada mediante comunicação prévia ao informante e com sua concordância formal.

Será assegurada ao informante proteção contra ações ou omissões praticadas em retaliação ao exercício do direito de relatar, tais como demissão arbitrária, alteração injustificada de funções ou atribuições, imposição de sanções e de prejuízos remuneratórios ou materiais de qualquer espécie, retirada de benefícios, diretos ou indiretos, ou negativa de fornecimento de referências profissionais positivas.

A prática de ações ou omissões de retaliação ao informante configurará falta disciplinar grave e sujeitará o agente à demissão, a bem do serviço público. O informante será ressarcido em dobro por eventuais danos materiais causados por ações ou omissões praticadas em retaliação, sem prejuízo de danos morais.

Um ponto bastante polêmico é a possibilidade de participação no valor recuperado, que gera uma sensação de estímulo: quando as informações disponibilizadas resultarem em recuperação de produto de crime contra a Administração Pública, poderá ser fixada recompensa em favor do informante em até 5% do valor recuperado. Nessa esteira, quanto maior o desvio realizado, maior será o incentivo para que alguém denuncie, o que pode aumentar o receio do infrator de ser denunciado por alguém. A título de exemplo, cite-se a Operação Lava-Jato, que redundou na devolução de 4 bilhões de reais, com a previsão de se alcançar um total de 14,3 bilhões de reais (MPF, 2020b). Por outra via, é de se ter o alerta de que tal medida pode gerar uma indústria de ações de delação para obtenção de parte do produto recuperado pela informação, o que requer uma regulamentação adequada para mitigar referido efeito.

A normatização do denunciante trata de uma possibilidade de "fazer o que é certo", contribuindo para a superação de uma cultura de corrupção e construção de um país melhor e recebendo, ainda, não só proteção estatal, mas também como forma de reconhecimento pelo serviço prestado, uma premiação (GABRIEL, 2020).

Conforme Gabriel (2020), o raciocínio é análogo àquele que fundamentou a colaboração premiada no Brasil. Embora os institutos do "informante do bem" e da "colaboração premiada" não se confundam, é de se ressaltar que o utilitarismo inerente a ambos é um traço comum, assim como o fato de configurarem ferramentas imprescindíveis na luta contra a corrupção e a criminalidade organizada. Dessa vez, contudo, o protagonista é o cidadão, agora empoderado pelo instituto, e não um dos infratores.

Assim, o cidadão que denunciar passa a contar com previsão legal de preservação de sua identidade, oferecendo maior segurança ao denunciante e diminuindo as denúncias anônimas, que pouca efetividade apresentam na apuração de infrações.

Em que pese o Supremo Tribunal Federal ter relativizado a vedação ao anonimato (art. 5º, IV, CF/88), aplicando o entendimento de que denúncias anônimas podem servir de impulso para apuração de irregularidades,[5] desde que haja elementos mínimos que permitam a sua apuração, nesta modalidade de manifestação, não haverá possibilidade de pedir esclarecimentos adicionais ao cidadão.

---

[5] As autoridades públicas não podem iniciar qualquer medida de persecução (penal ou disciplinar), apoiando-se, unicamente, para tal fim, em peças apócrifas ou em escritos anônimos.
Nada impede, contudo, que o Poder Público, provocado por delação anônima ("disque-denúncia", p. ex.), adote medidas informais destinadas a apurar, previamente, em averiguação sumária, "com prudência e discrição", a possível ocorrência de eventual situação de ilicitude penal, desde que o faça com o objetivo de conferir a verossimilhança dos fatos nela denunciados, em ordem a promover, então, em caso positivo, a formal instauração da *persecutio criminis*, mantendo-se, assim, completa desvinculação desse procedimento estatal em relação às peças apócrifas (STF, 2009).

Até a alteração promovida na Lei nº 13.608/2018, caso as partes quisessem se identificar, não havia garantia legal específica ao sigilo da identidade do denunciante, o que desincentivava a autoidentificação na denúncia, prejudicando que a autoridade competente interagisse com o informante para a obtenção de mais informações.

Tampouco havia previsão legal a respeito de recompensas de qualquer tipo pelo oferecimento de informações, o que reforçava o incentivo perverso a denúncias anônimas e pouco qualificadas. A título de exemplo, citem-se os dados oficiais do Cade, que, das 831 denúncias feitas em 2017, teve 651 arquivadas (78%), dados que sinalizam a baixa relevância dessas denúncias como ferramenta efetiva de detecção de condutas anticompetitivas no Brasil (ATHAYDE; MATOS, 2018).

Levantamento realizado por Tavares (2021) junto a 661 servidores federais em 2020 buscou entender melhor o comportamento de denúncia deles. Os resultados indicam que as denúncias ocorrem mais frequentemente do que se imagina: 46% dos participantes disseram já ter realizado pelo menos uma denúncia formal por escrito ao longo de suas carreiras. Entretanto, o estudo também demonstrou que denunciar gera um custo para os denunciantes: 44% deles informaram ter sofrido algum tipo de retaliação dos chefes ou colegas. E o preço parece ser maior para as mulheres: 56% delas sofreram retaliação (*versus* 37% dos homens). Talvez, por esse motivo, também encontramos que mulheres são menos prováveis de denunciar. Surpreendentemente, quem denuncia por canal anônimo tem a mesma chance de sofrer retaliação comparado àqueles que denunciam de forma identificada. Ou seja, o "anonimato" no momento da denúncia não parece oferecer proteção extra aos denunciantes (TAVARES, 2021).

Os motivos para não denunciar mais frequentemente citados pelos participantes no referido levantamento foram a falta de confiança no sistema de apuração (49% dos participantes indicaram esse motivo), seguido de preocupação com retaliações profissionais (38%). Sobre as garantias mais importantes, destaca-se a proteção da identidade do denunciante (indicada por 77% dos participantes), seguida da certeza de que os fatos serão apurados (65%).

Em 2019, foi aprovada a Lei nº 13.866, que alterou a Lei Orgânica do Tribunal de Contas da União (LOTCU) para restabelecer a proteção à identidade do denunciante que, em 2003, fora suspensa em razão de decisão do STF (MS nº 24.405). O caso chegou ao Supremo, após o denunciado, a fim de ingressar com ação de ressarcimento por dano à honra e à imagem, solicitar a identidade do denunciante no processo arquivado por ausência de provas, tendo o TCU mantido o sigilo da autoria com base na redação original da LOTCU e do Regimento Interno vigentes à época.

Por maioria, o Supremo decidiu que órgãos públicos devem fornecer o nome de quem denuncia quando o processo for improcedente e dele resultem danos à honra e à imagem. Além de ofender o primado da publicidade, proteger o denunciante pelo sigilo poderia levar ao "denuncismo irresponsável" e restringir indevidamente a tutela da honra e da imagem (STF, 2003).

Com a referida decisão do STF, o canal de denúncias do TCU foi enfraquecido. Assim, a Lei nº 13.866/2019 visou a "afastar eventual intimidação do cidadão", conforme justificativa do autor do projeto que deu origem à referida lei (SENADO FEDERAL, 2005). De acordo com o novo parágrafo introduzido na LOTCU, "quando imprescindível à segurança da sociedade e do Estado", o TCU pode manter o sigilo do objeto e da autoria da denúncia; em todos os demais casos, essas informações deverão ser públicas (art. 55, §3º).

Conforme pontua Palma (2019), trata-se de grande avanço, já que qualquer medida de proteção àquele que relata ilícitos de modo sério e efetivo – o "reportante" ou "*whistleblower*" – é positiva. Porém, a nova medida de proteção da identidade inserida na LOTCU não parece suficiente. Isso porque o potencial denunciante não tem previsibilidade sobre o direito de proteção de sua identidade: como o seu relato será compreendido pelo TCU quanto à imprescindibilidade à segurança da sociedade e do Estado? Ademais, o novo preceito subverte a regra do sigilo para fixar a regra da publicidade: a proteção é exceção.

Nesse cenário, a autora reforça que o papel do TCU deve ser o de trabalhar para conferir maior previsibilidade sobre a interpretação do novo art. 55, §3º, de sua Lei Orgânica e, assim, permitir que as pessoas tomem decisões mais informadas sobre os riscos e os benefícios envolvidos na denúncia (PALMA, 2019). Com a alteração da Lei nº 13.608/2018, o TCU deve agora adequar o seu Regimento Interno ou editar norma específica sobre a apresentação de denúncias à luz das medidas de proteção devidas ao denunciante trazidas pela Lei Anticrime.

Desta feita, as alterações promovidas na Lei nº 13.608/2018 pela Lei Anticrime representam maior segurança ao *whistleblower* no ordenamento jurídico brasileiro, embora ainda careça de maior regulamentação para sua plena eficácia.

Como apontado no levantamento realizado por Tavares (2021), paradoxalmente, os mesmos sistemas de denúncia utilizados para coibir irregularidades podem ser utilizados para o cometimento delas. O autor afirma ser comum a ocorrência de denúncias com fins de calúnia e perseguição, especialmente por canais anônimos, o que fica comprovado no fato de que 22% das denúncias anônimas são arquivadas (*versus* 4% das identificadas) por uso de linguagem imprópria, indícios claros de uso para difamação e falta de fundamentação. Obviamente, isso gera uma sobrecarga nos sistemas de apuração, além de ter impactos negativos sobre a reputação de pessoas e organizações, de maneira injusta.

Ainda, quando se avalia o tratamento das denúncias, de acordo com a pesquisa feita no Painel RESOLVEU da Controladoria-Geral da União, a partir de dados de denúncias registradas no Sistema Nacional de Ouvidorias, o Fala.BR, no período de 09.12.2014 a 31.01.2022, verifica-se que, das 156.216 denúncias formuladas, 44% não foram resolvidas e que, em relação ao atendimento prestado, o nível de satisfação não ultrapassou 51,70% (CGU, 2022), o que demonstra a necessidade de aprimoramento dos procedimentos de análise e providências das denúncias, a fim de assegurar credibilidade e incentivo real aos denunciantes.

5 Considerações finais

Embora o Brasil tenha promovido maior empenho na implementação de programas de integridade, observa-se que ainda é baixo o nível de implementação destes programas na Administração Pública. Estudo realizado por Junior e Silva (2020) mostra que, quando o assunto é a utilização de programa de integridade pela Administração Pública, apenas 44% dos estados brasileiros instituíram legislação a respeito, seguindo o exemplo da União. No âmbito dos municípios, a implementação é ainda mais lenta, vez que são poucos os que possuem algum tipo de norma versando sobre programas de integridade.[6] Do mesmo modo, o incentivo ao denunciante também requer uma maior regulamentação.

O incentivo para a ocorrência de denúncias no Brasil deve envolver, além do aspecto jurídico, também uma análise interdisciplinar do comportamento humano, criando mecanismos jurídicos a partir desse entendimento, a fim de promover uma cultura organizacional que fomente e permita a todos fazer o certo quando diante de qualquer irregularidade: denunciar a quem é competente.

No ponto, o *whistleblower* trata de importante mecanismo repressivo, passível de carrear provas e de deflagrar investigações de inúmeros esquemas delituosos que permaneceriam incólumes se não fossem denunciados por um cidadão. Além dessa relevante função, a instituição do "informante do bem" também traz notável função dissuasória, uma vez que a sua simples existência já redundará em maior temor para os envolvidos em crimes contra a Administração Pública de serem denunciados por um terceiro.

Por tal razão, o compromisso com a realidade torna imperioso admitir que devemos fornecer incentivos para que tais denúncias sejam efetivamente realizadas. Embora, como já visto, a Lei Anticrime tenha acrescentado três novos parágrafos à Lei nº 13.608, de 2018, trazendo avanços em relação às proteções ao denunciante, ainda não se pode sustentar a existência de um ambiente favorável a denúncias no Brasil, uma vez que o assunto ainda carece de regulamentação e de campanhas de divulgação sobre o tema.

Vale ressaltar: tramitam projetos de leis no Congresso Nacional para tratar do *whistleblowing*. Contudo, das propostas existentes, todas focam seus esforços na determinação da compensação financeira para os informantes, como o PL nº 3.165/15, e não na devida regulamentação da figura, para que se torne uma efetiva medida de combate à corrupção e outros crimes (CÂMARA DOS DEPUTADOS, 2015).

Nessa linha, reconhece-se que sistemas de denúncia são importantes aliados da Administração em programas de gestão da integridade e combate à corrupção. Mas é preciso que servidores e cidadãos sejam devidamente instruídos para o uso efetivo dessa ferramenta. Especialmente no ambiente organizacional, esses sistemas precisam ser vistos como um último recurso. A literatura aponta que o uso indiscriminado de denúncias nas organizações pode corroer o tecido de confiança entre as pessoas, gerando rigidez organizacional e um comportamento burocrático disfuncional. Tudo indica que a melhor forma de promover a integridade nas organizações – *prevenindo* as irregularidades – é por meio de lideranças éticas e presentes e de uma cultura organizacional forte, em que as normas de integridade e valores públicos são constantemente reforçados (TAVARES, 2021).

A reiteração, de forma clara e atualizada, das informações referentes às normas aplicadas, à política adotada, sobre os procedimentos administrativos referentes à conduta ética da organização, e à oferta de treinamentos e orientações a todos os *stakeholders* é fundamental. De igual modo, devem-se reforçar os canais de comunicação de irregularidades, inclusive criando canais alternativos para receber denúncias de suspeitas de violações de padrões de integridade, com a possibilidade de informar confidencialmente, sem qualquer risco de retaliação, bem como os processos internos

---

[6] Como bom exemplo, podemos citar os municípios de Vitória/ES; Goiana/GO, Belo Horizonte/MG, Boa Vista/RR, Campo Grande/MS e Rio de Janeiro/RJ, que possuem já algum tipo de regulamentação sobre programas de integridade (JUNIOR; SILVA, 2020).

devem possuir mecanismos que proporcionem respostas adequadas a todas as violações suspeitas aos padrões de integridade pública.

A integridade não se define na edição da lei, mas sim nas relações interativas entre lei, sociedade e organizações. Possuir leis e/ou decretos, editar manuais ou emitir cartilhas explicativas, não é garantia de que, de fato, medidas anticorrupção estejam efetivamente sendo adotadas na prática. Corre-se o risco da ocorrência de cerimonial. Para eliminar essa possibilidade, é necessária a construção de um ambiente favorável, com o engajamento das lideranças, a promoção da transparência e a criação de instrumentos de governança e *accountability,* em especial com o empoderamento e proteção ao cidadão (*whistleblowing*).

Referências

ATHAYDE, Amanda; MATOS, Mylena. Denunciante premiado? *Whistleblower* no Brasil e o Direito Antitruste. *Revista Eletrônica Jota,* São Paulo, 26 mar. 2018. Disponível em: https://www.jota.info/opiniao-e-analise/artigos/denunciante-premiado-26032018. Acesso em: 8 fev. 2022.

BIASON, Rita de Cássia. A corrupção na história do Brasil: sentidos e significados. *Revista da CGU,* Brasília, v. 11, n. 19, p. 75-83, 2019.

CÂMARA DOS DEPUTADOS. *Projeto de Lei nº 3165/2015,* Brasília, DF. Disponível em https://www.camara.leg.br/proposicoesWeb/fichadetramitacao?idProposicao=1806152. Acesso em: 8 fev. 2022.

CARVALHO, André Castro; ALVIM, Tiago Cripa. *Whistleblowing* no ambiente corporativo: standards internacionais para sua aplicação no Brasil. *In:* PAULA, Marco Aurélio Borges de; CASTRO, Rodrigo Pironti Aguirre de. *Compliance, Gestão de Riscos e Combate à Corrupção.* Belo Horizonte: Fórum, 2018.

CONTROLADORIA-GERAL DA UNIÃO (CGU). *Painel RESOLVEU,* Brasília, DF. Disponível em: http://paineis.cgu.gov.br/resolveu/index.htm. Acesso em: 2 fev. 2022.

FREITAS JÚNIOR, Dorival de. *Lei anticorrupção*: as inconstitucionalidades na responsabilização da pessoa jurídica. Curitiba: Juruá, 2017.

GABRIEL, Anderson Paiva. *Whistleblower* no Brasil: o informante do bem. *Revista Eletrônica Jota,* São Paulo, 20 abr. 2020. Coluna Juiz Hermes. Disponível em: https://www.jota.info/opiniao-e-analise/colunas/juiz-hermes/whistleblower-no-brasil-o-informante-do-bem-20042020. Acesso em: 7 fev. 2022.

GIN, Camila de Moura. Uma breve análise sobre a legislação anticorrupção no mundo. *In:* Seminário Nacional Demandas Sociais e Políticas Públicas na Sociedade Contemporânea, XII, Santa Cruz do Sul, RS. *Anais* [...]. Santa Cruz do Sul: UNISC, 2016. p. 1-15.

JUNIOR, Antônio Carlos Brunozi; SILVA, Sander José Couto da. Lei Anticorrupção, Compliance e Isomorfismo: Responsabilização e Programas de Integridade nos Estados Brasileiros. Artigo apresentado no XXVII Congresso Brasileiro de Custos – Associação Brasileira de Custos, 9 a 11 de novembro de 2020. Disponível em: https://revistas.ufpr.br/rcc/article/view/79033. Acesso em: jan. 2022.

LANGEVOORT, D. C. Cultures of Compliance. *American Criminal Law Review,* v. 54, n. 1, p. 933-977, 2017.

MINISTÉRIO PÚBLICO FEDERAL (MPF). *Operação Maus Caminhos.* Brasília, DF, 2020a. Disponível em: http://www.mpf.mp.br/grandes-casos/operacao-maus-caminhos. Acesso em: 27 jan. 2022.

MINISTÉRIO PÚBLICO FEDERAL (MPF). *Entenda o caso da Lava Jato.* Brasília, DF, jul. 2020b. Disponível em: http://www.mpf.mp.br/grandes-casos/lava-jato/entenda-o-caso. Acesso em: jan. de 2022.

NAÇÕES UNIDAS. Convenção das Nações Unidas contra a Corrupção. 2003. Disponível em: https://www.unodc.org/documents/lpo-brazil//Topics_corruption/Publicacoes/2007_UNCAC_Port.pdf. Acesso em: 6 fev. 2022.

NOHARA, Irene. O que é *whistleblower. Direito Administrativo,* São Paulo, 15 fev. 2020. Disponível em: https://direitoadm.com.br/o-que-e-whistleblower/. Acesso em: 28 jan. 2022.

OLAVO, Soares. Quem é quem nos 4 núcleos do suposto esquema de corrupção na compra de vacinas. *Gazeta do Povo*, Brasília, DF, 6 jul. 2021. Disponível em: https://www.gazetadopovo.com.br/republica/corrupcao-na-compra-de-vacinas-quem-e-quem-esquema/. Acesso em: 6 fev. 2022.

OLIVEIRA, Edmundo. *Crimes de corrupção*. Rio de Janeiro: Forense, 1991.

ORGANIZAÇÃO PARA A COOPERAÇÃO E DESENVOLVIMENTO ECONÔMICO (OCDE). *Integridade Pública*: recomendação do Conselho da OCDE sobre Integridade Pública. Paris, França, 2017. Disponível em: https://www.legiscompliance.com.br/images/pdf/recomendacao_conselho_ocde_integridade_publica.pdf. Acesso em: 21 jan. 2022.

PALMA, Juliana Bonacorsi. O novo regime de proteção da identidade do denunciante junto ao TCU. Revista Eletrônica Jota, São Paulo, 18 set. 2019. Disponível em: https://www.jota.info/opiniao-e-analise/colunas/controle-publico/o-novo-regime-de-protecao-da-identidade-do-denunciante-junto-ao-tcu-18092019. Acesso em: 6 fev. 2022.

PLANALTO. *Decreto nº 4.410/2002*. Disponível em: http://www.planalto.gov.br/ccivil_03/decreto/2002/D4410.htm. Acesso em: 6 fev. 2022.

RITT, Caroline Fockink; OLIVEIRA, Chaiene Meira de. Esforços internacionais no combate à corrupção: Influência no ordenamento jurídico brasileiro. *In*: Seminário Nacional Demandas Sociais e Políticas Públicas na Sociedade Contemporânea, XIV, Santa Cruz do Sul, RS. *Anais [...]*. Santa Cruz do Sul: UNISC, 2018. p. 1-16.

ROMEIRO, Adriana. A corrupção na Época Moderna: conceitos e desafios metodológicos. *Tempo*, Niterói, v. 21, n. 38, p. 216-237, 2015.

SCHRAMM, F. S. *O compliance como instrumento de combate à corrupção no âmbito das contratações pública*. 2018. 412f. Dissertação (Mestrado em Direito) – Programa de Pós-Graduação em Direito, Universidade Federal de Santa Catarina, Florianópolis, 2018.

SENADO FEDERAL. *Projeto de Lei do Senado n. 61/2005*. Disponível em: https://www25.senado.leg.br/web/atividade/materias/-/materia/72675. Acesso em: 7 fev. 2022a.

SENADO FEDERAL. *Open Government Partnership – OGP*. 2011. Disponível em: https://www25.senado.leg.br/web/atividade/sinfleg/relatorio-de-gestao/saiba-mais-23. Acesso em: 8 fev. 2022b.

SERPA, Alexandre da Cunha. *Compliance Descomplicado*: um guia simples e direto sobre o Programa de Compliance. 2016.

SIBILLE, Daniel; SERPA, Alexandre. *Os pilares do programa de compliance*: uma breve discussão. Disponível em: https://www.editoraroncarati.com.br/v2/phocadownload/os_pilares_do_programa_de_compliance.pdf. Acesso em: 21 jul. 2020.

SOUZA, Luciano Inacio de; LEAL, Pedro. *Whistleblower* no Brasil: a importância de olhar global na busca de melhores práticas. *Revista Consultor Jurídico*, São Paulo, 2 jul. 2021. Disponível em: https://www.conjur.com.br/2021-jul-02/inacio-leal-whistleblower-brasil. Acesso em: 28 jan. 2022.

SUPREMO TRIBUNAL FEDERAL (STF). *Mandado de Segurança n. 24.405-5/DF*. 2003. Disponível em: https://redir.stf.jus.br/paginadorpub/paginador.jsp?docTP=AC&docID=86127. Acesso em: 5 fev. 2022.

SUPREMO TRIBUNAL FEDERAL (STF). *Habeas Corpus n. 100042/RO*. DJe-190, 8 out. 2009. Julgado em 2 out. 2009. Relator Min. Celso de Mello. Disponível em: https://stf.jusbrasil.com.br/jurisprudencia/5420046/medida-cautelar-no-habeas-corpus-hc-100042-ro-stf. Acesso em: 7 fev. 2022.

TAVARES, Gustavo M. Denúncias e gestão da integridade no governo: evidências e possibilidades. *Revista Exame*, São Paulo, 16 nov. 2021. Disponível em: https://exame.com/blog/impacto-social/denuncias-e-gestao-da-integridade-no-governo-evidencias-e-possibilidades/. Acesso em: 7 fev. 2022.

VIEIRA, Fernando Borges. *7 pilares de um programa de integridade eficaz*. São Paulo, 2017. Disponível em: https://www.borgesvieira.adv.br/wp-content/uploads/2017/09/Compliance.pdf. Acesso em: 26 jan. 2022.

Informação bibliográfica deste texto, conforme a NBR 6023:2018 da Associação Brasileira de Normas Técnicas (ABNT):

CUNHA, Milene Dias da. *Whistleblower* para ampliação da integridade: necessidade de regulamentação para sua plena eficácia. *In*: CONTI, José Maurício; MARRARA, Thiago; IOCKEN, Sabrina Nunes; CARVALHO, André Castro (coord.). *Responsabilidade do gestor na Administração Pública*: improbidade e temas especiais. Belo Horizonte: Fórum, 2022. p.259-270. ISBN 978-65-5518-413-6. v.3.

PROTEÇÃO À IDENTIDADE DO *WHISTLEBLOWER* PELA ADMINISTRAÇÃO PÚBLICA E O PAPEL DA PROTEÇÃO DE DADOS PESSOAIS

DANIEL FALCÃO

KELVIN PEROLI

1 Introdução

Whistleblower é termo anglófono que, no âmbito da Administração Pública brasileira, atualmente representa um denunciante, sob a égide do art. 4º-A, 4º-B e 4º-C, da Lei Federal nº 13.608/2018, de fatos que retratam ilícitos administrativos, crimes contra a Administração Pública e quaisquer outras ações ou omissões lesivas ao interesse público.

Dentre as repercussões das revelações (os *disclosures*) dos denunciantes (os *whistleblowers*), estão aquelas relacionadas à própria identidade daquele que, por 'n' motivos, se dispôs à abertura de fatos que, por 'n' outros, detiveram notícia.

Na literatura sobre o *whistleblowing*, um caso que representa o impacto e o dano possíveis pela divulgação da própria identidade, em um contexto de *disclosure* de condutas aéticas e/ou ilícitas, é o de Edward Snowden, ex-agente da Agência Nacional de Segurança dos EUA (*National Security Agency* – NSA), que, a partir de 2013, divulgou um programa de *surveillance* global, instituído pela *Five Eyes Alliance* (Austrália, Canadá, EUA, Nova Zelândia e Reino Unido), a partir do tratamento de dados pessoais de milhões de usuários de provedores de serviços de internet e de telecomunicações. Snowden, até os presentes dias, permanece na Rússia, onde detém visto de residência permanente.[1]

Nesse contexto, a identidade de um *whistleblower*, em *disclosures* perante o Estado e que envolvem o próprio Estado, necessita ser protegida. É a partir dessa necessidade que muitos tratados internacionais previram disposições que estabelecem garantias à proteção de sua identidade – como é o caso da Convenção Interamericana contra a

---

[1] THE GUARDIAN. Edward Snowden granted permanent residency in Russia. Former national security contractor fled US in 2013 after leaking documents on American government surveillance operations. *The Guardian*, Londres, 23 out. 2020. Disponível em: https://www.theguardian.com/us-news/2020/oct/23/edward-snowden-granted-permanent-residency-in-russia. Acesso em: 27 jan. 2022.

Corrupção, da Organização dos Estados Americanos (OEA), e da Convenção contra a Corrupção, da Organização das Nações Unidas (ONU).

No Brasil, com a promulgação da Lei Federal nº 13.964/2019 (Pacote Anticrime), passou-se a existir, no âmbito das denúncias de crimes contra a Administração Pública, ilícitos administrativos ou de quaisquer outras ações ou omissões lesivas ao interesse público, a figura do *whistleblower*, a partir da inclusão, no texto da Lei nº 13.608/2018, do art. 4º-A, 4º-B e 4º-C. Dentre as disposições incluídas, está a proteção à identidade do denunciante, assim como a proteção de seus dados pessoais.

Esses dispositivos trazem, como rol exemplificativo, medidas de proteção à identidade, assim como se remetem às demais medidas protetivas descritas pela Lei Federal nº 9.807/1999, que se direcionam, em seu âmbito de aplicação, à proteção de vítimas e de pessoas ameaçadas.

Dentre essas medidas, previstas pela Lei Federal nº 9.807/1999 e aplicáveis aos *whistleblowers*, está, de forma indicativa, a proteção de dados pessoais (art. 7º, inc. IV). A considerar essa salvaguarda, é imperativa, aos órgãos e entidades, quando de um contexto de denúncias (o que inclui as relativas a um *whistleblowing*), a concreção de medidas aptas a proteger os seus dados pessoais, isto pela razão de que a efetiva proteção à identidade tem como premissa, por lógica, a proteção dos dados que identifiquem ou possam identificar os próprios denunciantes – neste contexto, *whistleblowers*.

Nesse sentido, este artigo analisa o papel da proteção de dados pessoais para a proteção à identidade desses *whistleblowers*, isto a partir do âmbito de atuação da Administração Pública, para, então, prescrever medidas de segurança, técnicas e administrativas aptas a evitar ou, ao menos, remediar a revelação de identidades e o tratamento inadequado ou ilícito de dados pessoais pela Administração (art. 46, Lei Geral de Proteção de Dados – LGPD).

2 Edward Snowden blew the whistle?[2]

Janesville, Wisconsin, EUA, junho de 1883. Em edição do jornal The Janesville Gazette, foi publicada a história de um policial que, tentando evitar um tumulto, acordou a muitos por assoprar incessantemente um apito: "o silêncio foi restabelecido com a chegada da força policial regular, e antes que o relógio da cidade badalasse meia-noite, todos voltaram para as suas casas. Mas a multidão estava disposta a apostar que McGinley era o campeão em assoprar apito nos Estados Unidos".[3]

McGinley, ao assoprar o apito (*whistle blowing*, na língua inglesa), emitiu "o sinal de alerta" que, atualmente, se entende pela conotação do termo *whistleblowing*: é aquele que, sendo parte ou tenha sido parte de uma organização, toma conhecimento de condutas, desconformes à ética e/ou às normas aplicáveis nesse contexto, e voluntariamente as informa às autoridades responsáveis, sejam estas internas ou externas a essa organização, a fim de que promovam as ações necessárias de investigação.[4]

---

[2] Em tradução literal: "Edward Snowden assoprou o apito?".

[3] Tradução dos autores. No original: "Quiet was restored upon the arrival of the regular police force, and ere the town clock had struck the midnight hour all had returned to their homes. But the crowd of people were all willing to bet that McGinley was the champion whistle blower in America". PHRASE FINDER. *Whistle-blower.* Disponível em: https://www.phrases.org.uk/meanings/whistle-blower.html. Acesso em: 27 jan. 2022.

[4] De acordo com a definição trazida pela Recomendação CM/Rec 2014/7, do Conselho da Europa, *whistleblower* "means any person who reports or discloses information on a threat or harm to the public interest in the context

Abstratamente, as organizações podem ser aquelas do setor privado ou do setor público, enquanto as autoridades responsáveis, por sua vez, podem ser internas ou externas àquela em que houve a ocorrência da conduta.

Um *whistleblowing* interno, muitas vezes, se opera por uma *hotline* (*whistleblowing hotline*), disponibilizada pela própria organização, que serve como canal de recebimento das informações prestadas pelos *whistleblowers*, iseja no setor público ou privado.

Em se tratando de um *whistleblowing* externo, o que há é o informe da conduta a uma organização distinta daquela de origem. No caso, *e.g.*, de uma ocorrência no setor privado, poderá ser levada às autoridades públicas. Em outros, em certos contextos, ocorridos no próprio setor público, poderão as revelações ser direcionados à imprensa.

Ainda não adentrando em uma abordagem das previsões legais existentes sobre a prática de *whistleblowing*, seria, abstratamente, neste último contexto o caso que envolveu Edward Snowden,[5] que revelou a Glenn Greenwald, à época jornalista do The Guardian, em 2013, um programa de vigilância global, arquitetado, como dito, pela *Five Eyes Alliance*, que possibilitou, sobretudo ao governo dos EUA, a coleta, em larga escala (*bulk collection*), de dados pessoais, a partir de Provedores de Serviços de Internet (PSI) e de Telecomunicações (PST), como Microsoft (a partir de 2007), Yahoo! (desde 2008), Google e Facebook (a partir de 2009), Youtube (desde 2010) e Apple (a partir de 2012).

O programa de vigilância possui como fundo histórico os eventos de 11 de setembro de 2001, propulsores da aprovação, aos 26 dias do mês seguinte, do USA Patriot Act (*Uniting and Strengthening America by Providing Appropriate Tools Required to Intercept and Obstruct Terrorism*), que objetivou o combate ao terrorismo.

Nos EUA, a coleta massiva dos dados pessoais, realizada efetivamente por programas como PRISM,[6] Xkeycore[7] (compartilhado com as agências de vigilância da *Five Eyes Alliance*) e Bullrun,[8] esteve sob o fundamento da Section 702 do FISA Amendments Act of 2008 (que, ao alterar o Foreign Intelligence Surveillance Act de 1978, permitiu à NSA a vigilância sobre indivíduos não estadunidenses, para além das fronteiras dos EUA) e sob o fundamento da Section 215 do citado USA Patriot Act (que permitiu a coleta massiva de dados pessoais de cidadãos nos EUA).

---

of their work-based relationship, whether it be in the public or private sector". CONSELHO DA EUROPA. Recomendação CM/Rec 2014/7 do Comitê de Ministros dos Estados-membros para a proteção de *whistleblowers*. Estrasburgo, *Conselho da Europa*, 30 abril 2014. Disponível em: https://rm.coe.int/16807096c7. Acesso em: 27 jan. 2022.

[5] GREENWALD, Glenn; MACASKILL, Ewen; POITRAS, Laura. Edward Snowden: the whistleblower behind the NSA surveillance revelations. *The Guardian*, Hong Kong, 11 jun. 2013. Disponível em: https://www.theguardian.com/world/2013/jun/09/edward-snowden-nsa-whistleblower-surveillance. Acesso em: 27 jan. 2022.

[6] Programa de vigilância global desenvolvido pela NSA.
MACASKILL, Ewen. NSA paid millions to cover Prism compliance costs for tech companies. *The Guardian*, Nova York, 23 ago. 2013. Disponível em: https://www.theguardian.com/world/2013/aug/23/ nsa-prism-costs-tech-companies-paid. Acesso em: 27 jan. 2022.

[7] Outro programa da NSA que permite a vigilância da agência sobre uma vasta coletânea de dados coletados de milhões de usuários.
GREENWALD, Glenn. XKeyscore: NSA tool collects 'nearly everything a user does on the internet'. *The Guardian*, Londres, 31 jul. 2013. Disponível em: https://www.theguardian.com/world/2013/ jul/31/nsa-top-secret-program-online-data. Acesso em: 27 jan. 2022.

[8] Programa cujo objetivo é a decriptografia de dados, desenvolvido pela NSA e pelo GCHQ (*Government Communications Headquarters*), o serviço de inteligência britânico.
BALL, James; BORGER, Julian; GREENWALD, Glenn. Revealed: how US and UK spy agencies defeat internet privacy and security. *The Guardian*, Londres, 6 set. 2013. Disponível em: https://www.theguardian.com/ world/2013/sep/05/nsa-gchq-encryption-codes-security. Acesso em: 27 jan. 2022.

O caso de Edward Snowden traz o debate – ético, sobretudo – com relação ao parâmetro com o qual se vale um *whistleblowing* para as suas revelações. No caso do ex-agente da NSA, não havia fundamento legal para a prática do *disclosure*. Ao contrário, o que há é a acusação de que Snowden violou dispositivos do Espionage Act de 1917, pela divulgação de informações confidenciais[9] – alinhadas ao combate ao terrorismo. O Act não permite, nesse sentido, a defesa de Snowden de que o seu *disclosure* foi em atenção ao interesse público,[10] em uma narrativa de que os programas, levados a cabo pela NSA, estavam a esvanecer os direitos da privacidade e da proteção de dados pessoais.

Quando das revelações de Snowden, que se alinhou de forma contrária a um *establishment*, promovendo um *whistleblowing* externo, e à imprensa, não houve a configuração de sigilo da fonte jornalística. No entanto, a confidencialidade do *whistleblower* é um aspecto essencial para o seu incentivo, porque diminui o risco de retaliações.

Em se tratando de um *whistleblowing* interno, relacionado ao setor público, em uma análise símile àquela que decorre do caso de Snowden, a Recomendação CM/Rec 2014/7, do Conselho da Europa,[11] trouxe a necessidade, aos Estados-membros, de estabelecerem normas especiais que instituam direitos e obrigações para os casos de *whistleblowing* que se refiram à segurança nacional, defesa, inteligência, ordem pública e relações internacionais de um Estado.[12]

Diante da amplitude de matérias que podem se enquadrar no conceito de interesse público, o Memorando Explanatório da Recomendação CM/Rec 2014/7 apresentou rol exemplificativo de temas que podem estar no âmbito de aplicação das normas relativas ao *whistleblowing*. Dentre os temas envolvidos, citam-se ilícitos administrativos e penais, como a corrupção.

O *whistleblowing*, desde o início de sua regulação, nos EUA,[13] nos anos 1970, sempre esteve intimamente relacionado com o tema. No plano internacional, cita-se, uma

---

[9] As acusações, baseadas no *Espionage Act*, são *"unauthorized communication of national defense information"* (Section 793, "d") e *"willful communication of classified communications intelligence information to an unauthorized person"* (Section 798, "a"). EUA. United States District Court for the Eastern District of Virginia. *United States of America v. Edward J. Snowden.* Criminal Complaint. Alexandria, EUA, 14 jun. 2013. Disponível em: https://edwardsnowden.com/wp-content/uploads/2013/10/u-s-vs-edward-j-snowden-criminal-complaint.pdf. Acesso em: 19 jan. 2022.

[10] Cf., nesse sentido, o caso *Guja v. Moldavia*, de 2008, pelo qual a Corte Europeia de Direitos Humanos estabeleceu seis critérios para a legitimidade das interferências das autoridades públicas com relação à liberdade de expressão dos indivíduos em reportar condutas ilícitas e más práticas em organizações e ambientes de trabalho. Conforme Eduardo Saad-Diniz e Gustavo de Carvalho Marin: "a restrição estatal *não* estaria legitimada sempre que: (i) o indivíduo não dispusesse de outros meios idôneos para divulgar a informação; (ii) houvesse interesse público na divulgação das informações; (iii) as informações reveladas fossem autênticas; (iv) a importância do interesse público no conhecimento da informação superasse o interesse, também legítimo, na preservação da credibilidade da instituição em que se deu a infração reportada; (v) o denunciante agisse de boa-fé; e (vi) a sanção ou outra medida eventualmente imposta contra o *whistleblower* se mostrasse desproporcional. Preenchidos esses requisitos, a restrição estatal à liberdade de expressão do *whistleblower* não seria considerada 'necessária à sociedade democrática'". SAAD-DINIZ, Eduardo. MARIN, Gustavo de Carvalho. Criminalidade empresarial e programas de *whistleblowing*: defesa dos regimes democráticos ou mercancia de informações? *Revista Científica do Centro de Pesquisa em Crimes Empresariais e Compliance*, Universidade do Estado do Rio de Janeiro, vol. 1, n. 1, p. 72-99 (p. 82), 2021. Disponível em: https://rcpjm.cpjm.uerj.br/revista/article/view/24. Acesso em: 18 jan. 2022.

[11] CONSELHO DA EUROPA. Recomendação CM/Rec 2014/7 do Comitê de Ministros dos Estados-membros para a proteção de *whistleblowers*. Estrasburgo, *Conselho da Europa*, 30 abril 2014. Disponível em: https://rm.coe.int/16807096c7. Acesso em: 27 jan. 2022.

[12] *Ipsis litteris*: "A special scheme or rules, including modified rights and obligations, may apply to information relating to national security, defence, intelligence, public order or international relations of the State". *Ibidem*.

[13] Nos EUA, citam-se o *Foreign Corrupt Practices Act*, de 1977, e o *Civil Reform Act*, de 1978.

vez mais, a Convenção Interamericana contra a Corrupção, da OEA, de 2002, adotada em Caracas, e a Convenção contra a Corrupção, da ONU, de 2003, adotada em Mérida.

Ambas as convenções trazem a preocupação com a proteção ao *whistleblowing*. Nesse sentido encontra-se o art. 33 da Convenção de Mérida[14] e o art. 3º, §8º, da Convenção de Caracas, o qual afirma que os Estados Partes devem considerar a aplicação de medidas aptas a criar, manter e fornecer "sistemas para proteger funcionários públicos e cidadãos particulares que denunciarem de boa-fé atos de corrupção, inclusive a proteção de sua identidade, sem prejuízo da Constituição do Estado e dos princípios fundamentais de seu ordenamento jurídico interno".

Além destas, destaca-se o Projeto de Lei Modelo da OEA, que também objetiva a proteção dos *whistleblowers*, quando do *disclosure* de atos de corrupção, dispondo sobre a proteção da integridade física e psicológica sua e de sua família, da identidade,[15] de seu patrimônio e trabalho.

3 *Whistleblowing* a partir da Lei nº 13.694/2019

No Brasil, a figura do *whistleblower*, no setor público, está a se desenvolver desde a promulgação da Lei Federal nº 13.694/2019, com a inclusão do art. 4º-A, 4º-B e 4º-C na Lei Federal nº 13.608/2018, aplicando-se perante as denúncias sobre ilícitos administrativos, crimes contra a Administração Pública e quaisquer ações ou omissões lesivas ao interesse público.

É de se dizer que está a se desenvolver porque o instituto se difere dos tipos de denúncias já disciplinados no ordenamento brasileiro, tendo-se em vista que, quanto a estas, é prescindível que o denunciante não esteja envolvido com os fatos relatados, já que pode ser realizada de forma anônima (o que é algo excepcional quanto ao *whistleblower*). Do mesmo modo, difere-se da colaboração premiada, como prevista pela Lei Federal nº 12.850/2013, principalmente porque, quanto a esta, há o pressuposto do envolvimento do colaborador com os fatos narrados.[16]

A Lei Federal nº 13.694/2019 instituiu aos *whistleblowers*, pela redação do art. 4º-C, a incidência das medidas protetivas dispostas pela Lei Federal nº 9.807/1999 às vítimas e testemunhas ameaçadas, além de explicitar, pelo texto do art. 4º-B e 4º-C, respectiva-

---

[14] *Ipsis litteris*: "Cada Estado Parte considerará a possibilidade de incorporar em seu ordenamento jurídico interno medidas apropriadas para proporcionar proteção contra todo trato injusto às pessoas que denunciem ante as autoridades competentes, de boa-fé e com motivos razoáveis, quaisquer feitos relacionados com os delitos qualificados de acordo com a presente Convenção". ONU. *Convenção das Nações Unidas contra a Corrupção*. Brasília, Escritório das Nações Unidas contra Drogas e Crime, 2007. Disponível em: https://www.unodc.org/documents/lpo-brazil//Topics_corruption/Publicacoes/2007_UNCAC_Port.pdf. Acesso em: 27 jan. 2022.

[15] De acordo com o art. 11 do Projeto: "Las denuncias presentadas con reserva de identidad serán registradas con un código numérico especial que identifique al denunciante. Se mantendrá un registro cronológico de las personas que intervengan en el trámite de las denuncias presentadas con reserva de identidad, quedando impedidas de divulgar cualquier información relacionada con la identidad de los denunciantes". OEA. *Ley Modelo para facilitar e incentivar la denuncia de actos de corrupción y proteger a sus denunciantes y testigos*. Washington, EUA, Organização dos Estados Americanos, 22 mar. 2013. Disponível em: http://www.oas.org/juridico/pdfs/ley_modelo_proteccion.pdf. Acesso em: 27 jan. 2022.

[16] Como consta na Exposição de Motivos nº 14/2019 do Ministério da Justiça e Segurança Pública, quanto à Lei nº 13.694/2019: "Neste caso, ao contrário da colaboração premiada, o denunciante não está envolvido em nenhum crime, deseja apenas auxiliar o poder público". BRASIL. Ministério da Justiça e Segurança Pública. Exposição de Motivos nº 14, 31 de janeiro de 2019. Brasília, *Ministério da Justiça e Segurança Pública*, 2019. Disponível em: http://www.planalto.gov.br/ccivil_03/Projetos/ExpMotiv/MJ/2019/14.htm. Acesso em: 19 jan. 2022.

mente, a proteção à identidade e a proteção "contra ações ou omissões praticadas em retaliação ao exercício do direito de relatar, tais como demissão arbitrária, alteração injustificada de funções ou atribuições, imposição de sanções, de prejuízos remuneratórios ou materiais de qualquer espécie, retirada de benefícios, diretos ou indiretos, ou negativa de fornecimento de referências profissionais positivas".

Dentre as medidas protetivas descritas pelo art. 7º da Lei Federal nº 9.807/1999, que devem ser adaptadas à proteção dos *whistleblowers*, destaca-se a preservação da identidade, da imagem e de seus dados pessoais (art. 7º, inc. IV) e a segurança dos indivíduos no âmbito residencial, o que inclui o controle sobre as telecomunicações (art. 7º, inc. I).

4 A proteção à identidade do *whistleblower* a partir da Lei Federal nº 13.694/2019

A Recomendação CM/Rec 2014/725, do Conselho da Europa, dispõe a *confidencialidade* como um dos princípios que devem orientar os seus Estados-membros com relação à conduta de *whistleblowing*.

De acordo com o texto, a *confidencialidade* se institui pela garantia, pelo Estado-membro, da proteção da identidade do *whistleblowing*. Em outros termos, entende-se que o *whistleblower* deve permanecer *identificado* apenas com relação àqueles aptos a tratar as informações advindas do *disclosure*.

Também é neste sentido que deve ser entendida a *proteção à identidade*, como estabelecida pelo art. 4º-B da Lei Federal nº 13.608/2018, já que esse dispositivo estabelece como exceção o caso de revelação da identidade, que apenas poderá ocorrer mediante o seu consentimento (art. 4º-B, parágrafo único), nos casos de os fatos serem de relevante interesse público ou de a revelação ser necessária para que haja, em concreto, a apuração dos próprios fatos (art. 4º-B, *caput*).

Nesse sentido, no âmbito de aplicação do instituto (denúncias sobre ilícitos administrativos, ações ou omissões lesivas ao interesse público e crimes contra a Administração Pública, conforme o art. 4º-A), é regra a observância das normas que dispõem sobre esses direitos de personalidade.

Por esse raciocínio, analisa-se como garantia estabelecida pelo Estado, à luz da confidencialidade construída entre *whistleblower* e agentes responsáveis pelo tratamento do *disclosure*, a da proteção à identidade.

Por essa via, entendendo-se a proteção de dados pessoais como a proteção às informações, relativas às pessoas naturais, que a identifiquem ou possam identificá-la, em um determinado contexto, depreende-se o fato que a proteção à identidade depende da proteção de seus dados pessoais, isto é, é premissa para a efetiva proteção à identidade do *whistleblower*. Isso também se deduz da Norma Modelo à proteção da identidade de denunciantes, aprovada pela Rede Nacional de Ouvidorias, coordenada pela Ouvidoria-Geral da União,[17] em 12 de setembro de 2019.

---

[17] Conforme o art. 5º, *caput* e §1º, da Norma Modelo: "Art. 5º Nos termos do art. 10, §7º da Lei nº 13.460, de 26 de junho de 2017, desde o recebimento da denúncia, todo denunciante terá sua identidade preservada, que deverá ser mantida com restrição de acesso pelo prazo de que trata o art. 31, §1º, I, da Lei nº 12.527, de 18 de novembro de 2011. §1º A preservação da identidade dar-se-á com a proteção do nome, endereço e quaisquer elementos de

A título comparativo, no âmbito da União Europeia, é a Diretiva (UE) 2019/1937 a responsável por dispor sobre a proteção dos *whistleblowers* que realizem *disclosures* relativos a violações do direito da União.[18]

Diferentemente do que dispôs o art. 4º-B da Lei Federal nº 13.608/2018, que estabeleceu a possibilidade de revelação da identidade do *whistleblower* apenas mediante o seu consentimento (art. 4º-B, parágrafo único), nos casos de os fatos serem, como mencionado, de relevante interesse público ou de a revelação ser necessária para que haja, em concreto, a apuração dos próprios fatos (art. 4º-B, *caput*), o art. 16 da Diretiva (UE) 2019/1937 dispõe que a identidade do *whistleblower* pode ser divulgada se esta for uma obrigação necessária e proporcional imposta pelo Direito da UE ou do Estado-membro, no contexto de investigações ou processos judiciais, inclusive para a sua própria proteção. Estabelece, ainda, que essa divulgação deve ser previamente informada ao *whistleblower*, salvo se essa informação puder comprometer o curso das investigações ou processos relacionados.[19]

5 Proteção de dados pessoais do *whistleblower*

Considerando-se o âmbito material de aplicação ao qual há a previsão do *whistleblowing*, que se refere às denúncias sobre ilícitos administrativos, ações ou omissões

---

identificação do denunciante, que ficarão com acesso restrito e sob a guarda exclusiva da unidade de ouvidoria responsável pelo tratamento". BRASIL. Controladoria-Geral da União. Ouvidoria-Geral da União. Resolução nº 3º, de 13 de setembro de 2019. Aprova a Resolução sobre Medidas Gerais de Salvaguarda à Identidade de Denunciantes. Brasília, *Diário Oficial da União*, 16 set. 2019. Disponível em: https://www.in.gov.br/en/web/dou/-/resolucao-n-3-de-13-de-setembro-de-2019-216324685. Acesso em: 27 jan. 2022.

[18] De acordo com o seu âmbito de aplicação, disposto pelo art. 2º: "A presente diretiva estabelece normas mínimas comuns para a proteção das pessoas que denunciam as seguintes violações do direito da União: a) Violações abrangidas pelo âmbito de aplicação dos atos da União indicados no anexo, que dizem respeito aos seguintes domínios: i) contratação pública, ii) serviços, produtos e mercados financeiros e prevenção do branqueamento de capitais e do financiamento do terrorismo, iii) segurança e conformidade dos produtos, iv) segurança dos transportes, v) proteção do ambiente, vi) proteção contra radiações e segurança nuclear, vii) segurança dos géneros alimentícios e dos alimentos para animais, saúde e bem-estar animal, viii) saúde pública, ix) defesa do consumidor, x) proteção da privacidade e dos dados pessoais e segurança da rede e dos sistemas de informação; b) Violações lesivas dos interesses financeiros da União, a que se refere o artigo 325º do TFUE e especificadas nas medidas da União aplicáveis; c) Violações relacionadas com o mercado interno, a que se refere o artigo 26º , nº 2, do TFUE, inclusive violações das regras da União de concorrência e de auxílios estatais, bem como violações relacionadas com o mercado interno relativamente a atos que violem normas de fiscalidade societária ou a práticas cujo objetivo seja a obtenção de vantagens fiscais que contrariem o objetivo ou a finalidade do direito fiscal societário". UNIÃO EUROPEIA. Diretiva (UE) 2019/1937, do Parlamento Europeu e do Conselho, de 24 de outubro de 2019, relativa à proteção das pessoas que denunciam violações do direito da União. Bruxelas, *Jornal Oficial da União Europeia*, 26 nov. 2019. Disponível em: https://eur-lex.europa.eu/legal-content/EN/TXT/?uri=CE LEX%3A02019L1937-20211110. Acesso em: 27 jan. 2022.

[19] *Ipsis litteris*: "1. Os Estados-Membros asseguram que a identidade do denunciante não seja divulgada a ninguém, para além do pessoal autorizado competente para receber denúncias ou a estas dar seguimento, sem o consentimento explícito do denunciante. O que precede também se aplica a quaisquer outras informações que permitam deduzir direta ou indiretamente a identidade do denunciante. 2. Em derrogação do nº 1, a identidade do denunciante e quaisquer outras informações a que se refere o nº 1 apenas podem ser divulgadas se tal for uma obrigação necessária e proporcionada imposta pelo direito da União ou nacional no contexto de uma investigação por autoridades nacionais ou de processos judiciais, inclusive com vista a salvaguardar os direitos de defesa da pessoa visada. 3. A divulgação efetuada ao abrigo da derrogação estabelecida no nº 2 está sujeita a salvaguardas adequadas nos termos das regras da União e nacionais aplicáveis. Em especial, os denunciantes devem ser informados antes da divulgação da sua identidade, salvo se tal informação comprometer as investigações ou processos judiciais relacionados. Ao informar os denunciantes, a autoridade competente deve enviar-lhes uma comunicação por escrito explicando os motivos da divulgação dos dados confidenciais em causa". *Ibidem*.

lesivas ao interesse público e crimes contra a Administração Pública (art. 4º-A, Lei Federal nº 13.608/2018), necessária a análise da compatibilidade entre esse âmbito de aplicação e aquele relativo à LGPD.

De acordo com o art. 4º da LGPD, a Lei não se aplica quando o tratamento de dados pessoais for: (i) realizado por pessoa natural para fins exclusivamente particulares e não econômicos (art. 4º, inc. I); (ii) realizado para fins exclusivamente jornalísticos, artísticos ou acadêmicos (art. 4º, inc. II, alíneas "a" e "b"); (iii) realizado para fins exclusivos de segurança pública, segurança do Estado, defesa nacional ou de atividades de investigação e repressão de infrações penais (art. 4º, inc. III, alíneas "a" a "d"); e (iv) de dados pessoais provenientes do exterior e que não tenham sido objeto de comunicação ou uso compartilhado com agentes de tratamento brasileiros ou, ainda, objeto de transferência internacional de dados com outro país que não o de origem dos dados, isto apenas na hipótese de o país de proveniência proporcionar grau adequado de proteção ao previsto na Lei (art. 4º, inc. IV).

Considerando o texto disposto pelo art. 4º, inc. III, alíneas "a" e "d", entende-se que a LGPD não se aplica ao tratamento de dados pessoais com relação às investigações e repressões aos crimes contra a Administração Pública, provenientes de *disclosures* dos *whistleblowers*. Nesse raciocínio, embora o art. 4º, §1º, da LGPD afirme que legislação específica aplicar-se-á ao tratamento desses dados, o mesmo dispositivo estabelece requisitos mínimos que devem ser observados pela legislação específica,[20] que são a previsão de medidas proporcionais e estritamente necessárias ao atendimento do *interesse público*, observados o devido processo legal e os princípios e direitos do titular previstos pela LGPD.

Os princípios a que se refere o dispositivo são os estabelecidos pelo art. 6º da Lei, que dizem respeito: (i) à boa-fé; (ii) à finalidade (realização do tratamento para propósitos legítimos, específicos, explícitos e informados ao titular); (iii) à necessidade (limitação do tratamento ao mínimo necessário à realização das finalidades); (iv) à adequação (compatibilidade do tratamento com as finalidades informadas ao titular); (v) ao livre acesso (garantia de consulta facilitada e gratuita aos titulares sobre a integralidade de seus dados pessoais tratados, bem como da forma e duração desse tratamento); (vi) à qualidade dos dados; (vii) à transparência; (viii) à segurança (utilização de medidas técnicas e administrativas aptas a proteger os dados pessoais); (ix) à prevenção (adoção de medidas para prevenir a ocorrência de danos aos titulares); (x) à não discriminação (vedação ao tratamento com finalidades discriminatórias ilícitas); e (xi) à responsabilização e prestação de contas (ou *accountability*, que se refere à demonstração, pelo agente de tratamento, da adoção de "medidas eficazes e capazes de comprovar a observância e o cumprimento das normas de proteção de dados pessoais e, inclusive, da eficácia dessas medidas" – art. 6º, inc. X).

Além disso, os direitos a que refere o art. 4º, §1º, da LGPD são aqueles dispostos, principalmente, pelo art. 9º (direito de acesso facilitado às informações sobre o tratamento de seus dados) e pelos arts. 17 a 22 da Lei.

---

[20] O Anteprojeto de Lei de Proteção de Dados para Segurança Pública e Investigação Criminal, elaborado por Comissão de Juristas, instituída por Ato do Presidente da Câmara dos Deputados, de 26 de novembro de 2019, busca, justamente, estabelecer disposições sobre o tratamento de dados pessoais com relação às investigações e repressão de infrações penais. A título comparativo, igualmente, o Regulamento Geral sobre Proteção de Dados (RGPD), da União Europeia, também não se aplica para fins de segurança pública e persecução penal, que mereceram disposições específicas, estabelecidas pela Diretiva (UE) 2016/680.

Apesar de não se aplicar às investigações e repressões penais, aplica-se, no âmbito da Administração Pública, justamente quando do momento do *whistleblowing*, seja qual for o *disclosure* – apenas a partir do qual há diferentes perspectivas, a depender do conteúdo/contexto revelado. Portanto, impõe-se, nesse momento, de qualquer modo, a observância das normas da LGPD, que abrangem dispositivos específicos sobre a própria Administração.

O *whistleblowing*, segundo o imperativo do art. 4º-A da Lei Federal nº 13.608/2018, poderá ser realizado perante ouvidorias ou correições integrantes da Administração Pública direta ou indireta.

Ao relatar, o *whistleblower*, titular de dados pessoais, deve consentir com a sua identificação, podendo recair, nesse ponto, nas hipóteses de tratamento de dados dispostas pelos art. 7º, inc. I, e 11, inc. I, da LGPD,[21] a partir da análise da *adequação* sobre os dados pessoais do *whistleblower necessários* ao atendimento da *finalidade* do tratamento de seus dados, no caso concreto, que é a de identificar e proteger a identidade do indivíduo – esta última à exceção da hipótese do consentimento do indivíduo quanto à revelação de sua identidade, o que é previsto, como já mencionado, pelo 4º-B da Lei Federal nº 13.608/2018.

O tratamento dos dados pessoais, a partir dos processos de *disclosure*, deve ser regulamentado pelas ouvidorias e correições em que possa ocorrer o *whistleblowing*, isto a partir da regulação disposta ao instituto pela Lei Federal nº 13.694/2019.

Nesse sentido, *e.g.*, a Portaria nº 1, de 18 de janeiro de 2022, da Controladoria-Geral do Município de São Paulo (CGM/SP), que regulamenta o recebimento e o encaminhamento de denúncias no âmbito do órgão – o que ocorre, sobretudo, pela Ouvidoria Geral do Município (OGM/SP) –, tratou da proteção de dados pessoais dos denunciantes (que podem ser *whistleblowers*), instituindo termo de consentimento para o tratamento de dados pessoais.

O termo de consentimento informa ao denunciante os conceitos, para este contexto, de denúncia, de dados pessoais e de tratamento de dados pessoais, assim como as finalidades para as quais os dados são tratados e sobre o compartilhamento e uso compartilhado de dados com outros agentes de tratamento, desde que necessários para o atendimento das finalidades do termo.[22]

Aliás, o tratamento de dados do *whistleblower*, no decurso das consequências do *disclosure*, poderá ser também fundamentado perante as demais bases de tratamento a que se refere o art. 7º (quanto aos dados pessoais), assim como as relativas ao art. 11 (quanto aos dados pessoais sensíveis). Nesse sentido, *e.g.*, a base a que dispõe o art. 7º, inc. IX, que se refere ao atendimento de interesse legítimo do controlador (*in casu*, referente à Administração Pública, especialmente ouvidorias e correições, à luz do que prevê o art. 4º-A da Lei Federal nº 13.608/2018) ou de terceiros, exceto no caso de prevalecerem direitos e liberdades fundamentais do titular de dados (o *whistleblower*).

---

[21] O art. 7º trata das bases de tratamento dos *dados pessoais* que não aqueles categorizados como sensíveis, à luz do conceito de *dados pessoais sensíveis* trazido pelo art. 5º, inc. I, da LGPD. O art. 11, por conseguinte, das bases de tratamento dos *dados pessoais sensíveis*.

[22] SÃO PAULO (Cidade). Controladoria-Geral do Município de São Paulo. Portaria nº 1, de 18 de janeiro de 2022. São Paulo, *Diário Oficial da Cidade de São Paulo*, 25 jan. 2022. Disponível em: https://legislacao.prefeitura.sp.gov.br/leis/portaria-controladoria-geral-do-municipio-cgm-1-de-18-de-janeiro-de-2022. Acesso em: 27 jan. 2022.

A LGPD dispôs de normas específicas ao tratamento de dados pessoais pelo Poder Público, instituindo, pelo *caput* do art. 26, que o uso compartilhado de dados pessoais pelos órgãos e entidades integrantes dos Poderes Executivo, Legislativo e Judiciário deve "atender a finalidades específicas de execução de políticas públicas e atribuição legal pelos órgãos e pelas entidades públicas, respeitados os princípios de proteção de dados pessoais".

À luz do que prevê o art. 46 da Lei, no intuito de proteger a identidade e os dados pessoais do *whistleblowing*, necessária é a adoção, pela Administração Pública, de medidas de segurança, técnicas e administrativas aptas a evitar ou mitigar os efeitos de incidentes de segurança, como a exfiltração de dados, do que deflui a instituição de processos de gerenciamento de riscos, pelos agentes de tratamento, que guardem relação com a proteção dos dados pessoais. Nesse sentido, o gerenciamento deve se dar de acordo com as *ameaças* e as *vulnerabilidades* que enfrentam, nos contextos específicos, os agentes de tratamento. Tendo esses aspectos em consideração, os *riscos* devem ser identificados, avaliados, administrados e controlados com base na *probabilidade* de sua incidência e com base em seu *impacto*.[23]

Dentre as medidas a serem adotadas pela Administração Pública,[24] está a pseudonimização dos dados do *whistleblower* quando do compartilhamento do conteúdo do *disclosure* com as autoridades competentes para a sua apuração. Nesse sentido, é a pseudonimização, como dispõe o art. 13, §4º, da LGPD, o "tratamento por meio do qual um dado perde a possibilidade de associação, direta ou indireta, a um indivíduo, senão pelo uso de informação adicional mantida separadamente pelo controlador em ambiente controlado e seguro". Como aduz o art. 5º, §3º, da citada norma modelo à proteção da identidade de denunciantes, os elementos que possam identificar o denunciante (neste caso, o *whistleblower*) podem ser solicitados pelo agente público responsável pelas apurações, desde que demonstrada a necessidade em conhecê-la.

No âmbito da Diretiva (UE) 2019/1937, o art. 17 estabelece que o tratamento de dados pessoais daqueles que efetuarem *disclosures*, com relação às matérias dispostas pelo supracitado art. 2º, deve se dar de acordo com o Regulamento Geral sobre a Proteção de Dados (RGPD), com a Diretiva (UE) 2016/680 e com o Regulamento (UE) 2018/1725, este último no que diz respeito ao compartilhamento de dados efetuado entre instituições, órgãos ou organismos da UE.

Em outros termos, o art. 17, assim como na legislação brasileira, estipula que o tratamento de dados pessoais do *whistleblower* se dará sob diferentes fundamentos legais, a depender da matéria relacionada a partir do *whistleblowing*. Assim, *e.g.*, no caso de o *disclosure* dizer respeito a uma violação que promova a investigação e a repressão de

---

[23] *Ameaças* são as condições que podem causar danos aos *ativos* de uma organização – consideram-se *ativos*, nesta análise, os dados pessoais dos titulares, tratados pela Administração Pública. *Vulnerabilidades*, por sua vez, são as fraquezas que podem ser exploradas por agentes externos ou internos à própria organização (como *hackers* e *insiders*). Com base na identificação e avaliação das *ameaças* e das *vulnerabilidades*, o processo de gerenciamento pode se pautar, então, na *probabilidade* da ocorrência do *risco* e em seu grau de *impacto* sobre a organização e seus ativos. EUA. National Institute of Standards and Technology. *Guide for Conducting Risk Assessments*. NIST, United States Department of Commerce, 2012, p. 23.

[24] Outra medida, também disposta pela norma modelo à proteção da identidade de denunciantes, é a que estabelece o seu art. 5º, §2º: "Os sistemas informatizados que façam o tratamento de denúncias com elementos de identificação do denunciante deverão possuir controle de acesso e permitir a identificação precisa de todos os agentes públicos que as acessem e protocolos de internet (endereço IP), com as respectivas datas e horários de acesso".

infrações penais, o tratamento dos dados do *whistleblower*, com relação a esse âmbito material, se dará sob o fundamento da Diretiva (UE) 2016/680. Não estando relacionado ao âmbito dessa Diretiva, estará sob o manto do RGPD, não obstante permaneça, em ambas as situações, relacionado, salvo algumas exceções,[25] ao Regulamento (UE) 2018/1725, isto quanto ao compartilhamento dos dados pessoais pelas instituições, órgãos ou organismos da UE.

6 Considerações finais

Edward Snowden, ao revelar o programa de vigilância global da *Five Eyes Alliance*, dificilmente será esquecido, permanecendo a sua identidade atrelada a esses eventos – parte da história da vigilância estatal e da proteção de dados pessoais. Em seu caso, o *whistleblowing* à imprensa parecia ser a sua única oportunidade e a revelação da identidade necessária à credibilidade dos fatos.

No entanto, a se evitar casos de exposição, como o de Snowden, à garantia de direitos e liberdades fundamentais, é necessária a proteção, pelo Estado, da identidade dos *whistleblowers*. Isto está, realmente, presente no instituto, no Brasil, como estabelecido pela Lei Federal nº 13.964/2019.

Não obstante, para a efetiva proteção à identidade, é premissa a proteção de dados pessoais, a partir de um tratamento lícito e adequado (art. 6º, inc. II, LGPD), o que requer medidas de segurança, técnicas e administrativas aptas à proteção de dados frente aos incidentes de segurança, que podem comprometer a identidade do *whistleblower*.

Nesse sentido, foi pontuado que a proteção de dados pessoais deverá se dar a partir do diálogo da LGPD com as demais normas gerais e específicas que tratam da proteção à identidade e aos dados pessoais, uma vez que o âmbito de aplicação da Lei Federal nº 13.709/2018 não abrange, *e.g.*, as investigações e repressões às infrações penais (como destaca o art. 4º, inc. III, alínea "d", da LGPD), área que está abarcada pelo instituto de *whistleblower*, conforme se dessume do art. 4º-A, 4º-B e 4º-C na Lei Federal nº 13.608/2018, uma vez que esses dispositivos se aplicam às denúncias relativas não apenas aos ilícitos administrativos, mas também às denúncias sobre crimes contra a Administração Pública e quaisquer outras ações ou omissões lesivas ao interesse público.

---

[25] De acordo com o art. 2º do Regulamento (UE) 2018/1725, que diz respeito ao seu âmbito material de aplicação: "O presente regulamento aplica-se ao tratamento de dados pessoais por todas as instituições e todos os órgãos da União. 2. Ao tratamento de dados pessoais operacionais pelos órgãos e pelos organismos da União no exercício de atividades abrangidas pelo âmbito de aplicação da parte III, título V, capítulos 4 ou 5, do TFUE, só se aplicam o artigo 3º e o capítulo IX do presente regulamento. 3. O presente regulamento não se aplica ao tratamento de dados pessoais operacionais pela Europol e pela Procuradoria Europeia, antes de o Regulamento (UE) 2016/794 do Parlamento Europeu e do Conselho e o Regulamento (UE) 2017/1939 do Conselho serem adaptados de acordo com o artigo 98º do presente regulamento. 4. O presente regulamento não se aplica ao tratamento de dados pessoais pelas missões referidas no artigo 42º , nº 1, e nos artigos 43º e 44º do TUE. 5. O presente regulamento aplica-se ao tratamento de dados pessoais por meios total ou parcialmente automatizados, e ao tratamento por meios não automatizados de dados pessoais contidos num ficheiro ou a ele destinados". UNIÃO EUROPEIA. Regulamento (UE) 2018/1725 do Parlamento Europeu e do Conselho, de 23 de outubro de 2018, relativo à proteção das pessoas singulares no que diz respeito ao tratamento de dados pessoais pelas instituições e pelos órgãos e organismos da União e à livre circulação desses dados. Bruxelas, *Jornal Oficial da União Europeia*, 21 nov. 2018. Disponível em: https://eur-lex.europa.eu/legal-content/PT/TXT/?uri=CELEX%3A32018R1725. Acesso em: 28 jan. 2022.

Referências

BALL, James; BORGER, Julian; GREENWALD, Glenn. Revealed: how US and UK spy agencies defeat internet privacy and security. *The Guardian*, Londres, 6 set. 2013. Disponível em: https://www.theguardian.com/world/2013/sep/05/nsa-gchq-encryption-codes-security. Acesso em: 27 jan. 2022.

BRASIL. Controladoria-Geral da União. Ouvidoria Geral da União. Resolução nº 3, de 13 de setembro de 2019. Aprova a Resolução sobre Medidas Gerais de Salvaguarda à Identidade de Denunciantes. Brasília, *Diário Oficial da União*, 16 set. 2019. Disponível em: https://www.in.gov.br/en/web/dou/-/resolucao-n-3-de-13-de-setembro-de-2019-216324685. Acesso em: 27 jan. 2022.

BRASIL. Lei nº 13.608, de 10 de janeiro de 2018. Dispõe sobre o serviço telefônico de recebimento de denúncias e sobre recompensa por informações que auxiliem nas investigações policiais, e altera o art. 4º da Lei nº 10.201, de 14 de fevereiro de 2001, para prover recursos do Fundo Nacional de Segurança Pública para esses fins. Brasília, *Diário Oficial da União*, 11 jan. 2018. Disponível em: http://www.planalto.gov.br/ccivil_03/_ato2015-2018/2018/lei/L13608.htm. Acesso em: 27 jan. 2022.

BRASIL. Lei nº 13.709, de 14 de agosto de 2018. Lei Geral de Proteção de Dados Pessoais (LGPD). Brasília, Diário Oficial da União, 15 ago. 2018. Disponível em: http://www.planalto.gov.br/ccivil_03/_ato2015-2018/2018/lei/l13709.htm. Acesso em: 27 jan. 2022.

BRASIL. Lei nº 13.964, de 24 de dezembro de 2019. Aperfeiçoa a legislação penal e processual penal. Brasília, *Diário Oficial da União*, 24 dez. 2019. Disponível em: http://www.planalto.gov.br/ccivil_03/_Ato2019-2022/2019/Lei/L13964.htm. Acesso em: 27 jan. 2022.

BRASIL. Lei nº 9.807, de 13 de julho de 1999. Estabelece normas para a organização e a manutenção de programas especiais de proteção a vítimas e a testemunhas ameaçadas, institui o Programa Federal de Assistência a Vítimas e a Testemunhas Ameaçadas e dispõe sobre a proteção de acusados ou condenados que tenham voluntariamente prestado efetiva colaboração à investigação policial e ao processo criminal. Brasília, *Diário Oficial da União*, 14 jul. 1999. Disponível em: http://www.planalto.gov.br/ccivil_03/leis/l9807.htm. Acesso em: 27 jan. 2022.

BRASIL. Ministério da Justiça e Segurança Pública. Exposição de Motivos nº 14, 31 de janeiro de 2019. Brasília, *Ministério da Justiça e Segurança Pública*, 2019. Disponível em: http://www.planalto.gov.br/ccivil_03/Projetos/ExpMotiv/MJ/2019/14.htm. Acesso em: 19 jan. 2022.

CONSELHO DA EUROPA. Recomendação CM/Rec 2014/7 do Comitê de Ministros dos Estados-membros para a proteção de *whistleblowers*. Estrasburgo, *Conselho da Europa*, 30 abril 2014. Disponível em: https://rm.coe.int/16807096c7. Acesso em: 27 jan. 2022.

EUA. National Institute of Standards and Technology. *Guide for Conducting Risk Assessments*. NIST, United States Department of Commerce, 2012.

EUA. United States District Court for the Eastern District of Virginia. *United States of America v. Edward J. Snowden*. Criminal Complaint. Alexandria, EUA, 14 jun. 2013. Disponível em: https://edwardsnowden.com/wp-content/uploads/2013/10/u-s-vs-edward-j-snowden-criminal-complaint.pdf. Acesso em: 19 jan. 2022.

GREENWALD, Glenn. XKeyscore: NSA tool collects 'nearly everything a user does on the internet'. *The Guardian*, Londres, 31 jul. 2013. Disponível em: https://www.theguardian.com/world/2013/ jul/31/nsa-top-secret-program-online-data. Acesso em: 27 jan. 2022.

GREENWALD, Glenn; MACASKILL, Ewen; POITRAS, Laura. Edward Snowden: the whistleblower behind the NSA surveillance revelations. *The Guardian*, Hong Kong, 11 jun. 2013. Disponível em: https://www.theguardian.com/world/2013/jun/09/edward-snowden-nsa-whistleblower-surveillance. Acesso em: 27 jan. 2022.

MACASKILL, Ewen. NSA paid millions to cover Prism compliance costs for tech companies. *The Guardian*, Nova York, 23 ago. 2013. Disponível em: https://www.theguardian.com/world/2013/aug/23/nsa-prism-costs-tech-companies-paid. Acesso em: 27 jan. 2022.

OEA. *Ley Modelo para facilitar e incentivar la denuncia de actos de corrupción y proteger a sus denunciantes y testigos.* Washington, EUA, Organização dos Estados Americanos, 22 mar. 2013. Disponível em: http://www.oas.org/juridico/pdfs/ ley_modelo_proteccion.pdf. Acesso em: 27 jan. 2022.

ONU. *Convenção das Nações Unidas contra a Corrupção*. Brasília, Escritório das Nações Unidas contra Drogas e Crime, 2007. Disponível em: https://www.unodc.org/documents/lpo-brazil//Topics_corruption/Publicacoes/2007_UNCAC_Port.pdf. Acesso em: 27 jan. 2022.

PHRASE FINDER. *Whistle-blower*. Disponível em: https://www.phrases.org.uk/meanings/whistle-blower.html. Acesso em: 27 jan. 2022.

SAAD-DINIZ, Eduardo. MARIN, Gustavo de Carvalho. Criminalidade empresarial e programas de whistleblowing: defesa dos regimes democráticos ou mercancia de informações? *Revista Científica do Centro de Pesquisa em Crimes Empresariais e Compliance*, Universidade do Estado do Rio de Janeiro, vol. 1, n. 1, p. 72-99, 2021. Disponível em: https://rcpjm.cpjm.uerj.br/revista/article/view/24. Acesso em: 18 jan. 2022.

SÃO PAULO (Cidade). Controladoria Geral do Município de São Paulo. Portaria nº 01, de 18 de janeiro de 2022. São Paulo, *Diário Oficial da Cidade de São Paulo*, 25 jan. 2022. Disponível em: https://legislacao.prefeitura.sp.gov.br/leis/portaria-controladoria-geral-do-municipio-cgm-1-de-18-de-janeiro-de-2022. Acesso em: 27 jan. 2022.

THE GUARDIAN. Edward Snowden granted permanent residency in Russia. Former national security contractor fled US in 2013 after leaking documents on American government surveillance operations. *The Guardian*, Londres, 23 out. 2020. Disponível em: https://www.theguardian.com/us-news/2020/oct/23/edward-snowden-granted-permanent-residency-in-russia. Acesso em: 27 jan. 2022.

UNIÃO EUROPEIA. Diretiva (UE) 2016/680 do Parlamento Europeu e do Conselho, de 27 de abril de 2016, relativa à proteção das pessoas singulares no que diz respeito ao tratamento de dados pessoais pelas autoridades competentes para efeitos de prevenção, investigação, detecção ou repressão de infrações penais ou execução de sanções penais, e à livre circulação desses dados. Bruxelas, *Jornal Oficial da União Europeia*, 4 maio 2016. Disponível em: https://eur-lex.europa.eu/legal-content/PT/TXT/?uri=celex%3A32016L0680. Acesso em: 27 jan. 2022.

UNIÃO EUROPEIA. Diretiva (UE) 2019/1937, do Parlamento Europeu e do Conselho, de 24 de outubro de 2019, relativa à proteção das pessoas que denunciam violações do direito da União. Bruxelas, *Jornal Oficial da União Europeia*, 26 nov. 2019. Disponível em: https://eur-lex.europa.eu/legal-content/EN/TXT/?uri=CELEX%3A02019L1937-20211110. Acesso em: 27 jan. 2022.

UNIÃO EUROPEIA. Regulamento (UE) 2016/679 do Parlamento Europeu e do Conselho, de 27 de abril de 2016, relativo à proteção das pessoas singulares no que diz respeito ao tratamento de dados pessoais e à livre circulação desses dados. Bruxelas, *Jornal Oficial da União Europeia*, 27 abril 2016. Disponível em: https://eur-lex.europa.eu/legal-content/PT/TXT/?uri=celex%3A32016R0679. Acesso em: 27 jan. 2022.

UNIÃO EUROPEIA. Regulamento (UE) 2018/1725 do Parlamento Europeu e do Conselho, de 23 de outubro de 2018, relativo à proteção das pessoas singulares no que diz respeito ao tratamento de dados pessoais pelas instituições e pelos órgãos e organismos da União e à livre circulação desses dados. Bruxelas, *Jornal Oficial da União Europeia*, 21 nov. 2018. Disponível em: https://eur-lex.europa.eu/legal-content/PT/TXT/?uri=CELEX%3A32018R1725. Acesso em: 28 jan. 2022.

Informação bibliográfica deste texto, conforme a NBR 6023:2018 da Associação Brasileira de Normas Técnicas (ABNT):

FALCÃO, Daniel; PEROLI, Kelvin. Proteção à identidade do *whistleblower* pela Administração Pública e o papel da proteção de dados pessoais. *In*: CONTI, José Maurício; MARRARA, Thiago; IOCKEN, Sabrina Nunes; CARVALHO, André Castro (coord.). *Responsabilidade do gestor na Administração Pública*: improbidade e temas especiais. Belo Horizonte: Fórum, 2022. p. 271-283. ISBN 978-65-5518-413-6. v.3.

ACORDO DE NÃO PERSECUÇÃO CÍVEL NA LEI DE IMPROBIDADE ADMINISTRATIVA: A ORIENTAÇÃO DO MPF E A REFORMA DA LEI Nº 14.230/2021

RAPHAEL DE MATOS CARDOSO

1 A evolução do Direito Administrativo e a consensualização

As matrizes clássicas do Direito Administrativo são datadas do século XIX, quando, a partir do nascimento do Estado de Direito, foram concebidos os alicerces sobre os quais esse ramo repousaria, dentre eles e para o que importa ao presente estudo: o interesse público (supremacia sobre o direito privado e indisponibilidade).

A respeito da origem do Direito Administrativo, Gustavo Binenbojm afirma que o surgimento do Direito Administrativo e de suas categorias peculiares (supremacia do interesse público, prerrogativas da administração, discricionariedade etc.) representou uma forma de reprodução e sobrevivência das práticas administrativas do antigo regime. O Direito Administrativo não surgiu da submissão do Estado à vontade do legislador; a formulação de novos princípios gerais e de novas regras jurídicas cabia ao Conselho de Estado, órgão intestino do Executivo, que também é o responsável pelo julgamento da administração.[1]

O Direito Administrativo, a partir da justificativa de perseguição do interesse público, equipou a Administração Pública de poderes ou prerrogativas;[2] a inseriu na

---

[1] BINENBOJM, Gustavo. *Uma teoria do direito administrativo*. 3. ed. Rio de Janeiro: Renovar, 2014, p. 11.

[2] Jacintho Arruda Câmara, a propósito das prerrogativas, em artigo publicado no Jota, afirmou que: "O que a legislação de contratações públicas trata como 'prerrogativa' da Administração não passa da assimetria normal que existe entre contratante e contratado, algo comum também nas contratações do mundo privado. O proclamado regime exorbitante é, na verdade, comum e identificável nas relações contratuais privadas. O exemplo dos contratos de empreitada revela a simetria de regimes jurídicos, encoberta pela narrativa exagerada da lei de contratações públicas. Veja-se: – Modificação unilateral: no mundo privado, contratante de obra privada também pode alterar o projeto inicialmente contratado com seu empreiteiro. A mudança demandará repactuação de preço, assim como nas contratações de obras públicas. Mas o poder de negociação do contratante de obra privada é maior, já que não está preso ao equilíbrio econômico-financeiro original ou a limites de variação no valor do contrato. – Rescisão unilateral: o contrato de obra do mundo privado pode ser resilido por vontade do contratante, que será obrigado a indenizar o empreiteiro pelos danos e lucros cessantes. No contrato de obra pública, a mesma obrigação é imposta pelo STJ à Administração, quando o rescinde motivada pelo interesse

posição vertical de autoridade e qualificou seus atos com atributos muitas das vezes inexistentes nas relações entre particulares, como presunção de legitimidade, imperatividade, exigibilidade e executoriedade. Por muito tempo essas prerrogativas foram interpretadas como privilégios decorrentes do poder conferido à Administração Pública; ao mesmo tempo em que ampliaram a capacidade do Poder Público, ao passo que o colocam em posição de superioridade, por outro lado reduziram essa mesma capacidade, na medida em que limitam o espectro de possibilidades de atuação, pois confinam a Administração Pública nos estreitos limites do interesse público, impostos pela sua supremacia e indisponibilidade.

Diante das atuais complexidades das relações, não é mais possível acolher as soluções herméticas de outrora, especialmente diante dos novos desafios e da nova realidade. Exemplos disso são as grandes corporações cuja matéria-prima principal senão exclusiva é o dado pessoal; além de se comportarem como se fossem governos (o Facebook e o tribunal criado pela própria plataforma para julgamento a respeito do conteúdo das publicações dos seus usuários é um bom exemplo), as maiores empresas do mundo ditam regras e são responsáveis por processos tecnológicos que atingem o próprio Estado, como os algoritmos, a inteligência artificial e as decisões tomadas pelas máquinas.

Floriano de Azevedo Marques Neto chamou de ato administrativo autista aquele cuja principal característica é um "brutal déficit de comunicação com o meio ambiente cultural, social, econômico; sua absoluta indiferença para com os administrados e com a sociedade que, em última instância, são destinatários e razão de ser da prática destes atos". Adverte que a presunção de legitimidade e veracidade, a imperatividade, a exigibilidade e a autoexecutoriedade são características que concorrem para moldar uma visão de ato administrativo que desconsidera em absoluto a condição do administrado. Como emanação da autoridade estatal, o ato administrativo deveria ser, na concepção autista cunhada por Floriano, uma manifestação incontrastável do poder extroverso estatal. Por isso, a presunção de legitimidade e veracidade, imperatividade, exigibilidade e autoexecutoriedade somente faz sentido se admitida uma efetivação conflituosa do ato administrativo.[3]

Se na sua origem o Direito Administrativo se apresentou como ferramenta para sobrevivência, ainda que tímida e disfarçadamente, do absolutismo e do autoritarismo, o passar dos anos lhe caiu bem. Aos poucos a dicotomia e a bipolaridade público-privado cedem espaço à composição e à conciliação. As instituições, os órgãos e os instrumentos

---

público. – Sanção: o contratante de obra no mundo privado também pode proscrever o empreiteiro de seu 'cadastro de fornecedores', algo como uma declaração privada de inidoneidade. Com a vantagem de não precisar abrir processo administrativo nem correr o risco da revisão judicial. As prerrogativas contratuais públicas não dão à Administração posição excepcional efetiva, se comparada à dos contratantes privados. A prática demonstra que o contratante do mundo privado possui faculdades com eficácia equiparável ou superior às conferidas à Administração nos contratos do mundo público". E arremata o autor: "É inadequado insistir na ideia de que a administração é fortalecida por cláusulas exorbitantes. Além de não refletir a realidade, o mito fomenta a tendência de, em contrapartida, admitir compensações exageradas aos fornecedores". CÂMARA, Jacintho Arruda. *O mito das cláusulas exorbitantes: vale a pena alimentá-lo na nova lei das contratações públicas?* On-line: Jota, 22.10.2019, disponível em: https://www.jota.info/opiniao-e-analise/colunas/publicistas/o-mito-das-clausulas-exorbitantes-22102019, acesso em: 25 jan. 2022.

[3] MARQUES NETO, Floriano de Azevedo. A superação do ato administrativo autista. *In*: MEDAUAR, Odete; SCHIRATO, Vitor Rhein (coord.). *Os caminhos do ato administrativo*. São Paulo: Revista dos Tribunais, 2011, p. 89-113.

disponíveis à esfera pública redimensionada são bastante diversos daqueles tradicionalmente disponíveis no âmbito do Estado tradicional.[4]

A noção de interesse público aparece como fundamento, limite, instrumento, medida e finalidade das funções administrativas. Apresenta-se, ainda, como suporte e legitimação do ato administrativo e compõe, com frequência, o motivo e a finalidade.[5]

Embora sem conteúdo preciso, porque é um conceito indeterminado que deve ser preenchido historicamente, a depender do corpo social que o demanda, o interesse público recebeu auras de postulado e se apresenta como o principal instituto do direito público. A partir dele foram construídas a supremacia do interesse público sobre o particular e a indisponibilidade do interesse público, alicerces sobre os quais, segundo a doutrina de Celso Antônio Bandeira de Mello, está sustentado o regime jurídico de direito administrativo.

O primeiro tem como consequência a posição privilegiada e de supremacia da Administração Pública nas relações com os particulares. O segundo significa que o interesse público não se encontra à livre disposição de quem quer que seja; à Administração Pública importa apenas curá-lo nos termos da finalidade a que estão adstritos.

A partir dessa construção, é possível considerar, grosso modo, o interesse público uma dimensão do interesse privado. Essa delimitação me incentiva a defender que não existe supremacia do interesse público sobre o particular, já que não há objeto sobre o qual o primeiro exerça prevalência, ao passo que ele é exatamente uma parcela do segundo e visa sua satisfação.[6] Me ajudou a alcançar dita conclusão o magistério de Humberto Ávila segundo o qual: "Dessa discussão orientada pela Teoria Geral do Direito e pela Constituição decorrem duas importantes consequências. Primeira: não há uma norma princípio da supremacia do interesse público sobre o particular no Direito brasileiro. Segunda: a única ideia apta a explicar a relação entre interesses públicos e particulares é o sugerido postulado da unidade da reciprocidade de interesses, o qual implica uma principal ponderação entre interesses reciprocamente relacionados fundamentada na sistematização das normas constitucionais".[7]

Floriano de Azevedo Marques Neto põe em xeque, no paradigma maduro do Direito Administrativo, a sustentabilidade de se edificar todo o sistema jurídico a partir de uma ideia a um só tempo absoluta e vazia. Absoluta porque baseada na noção de

---

[4]   MARQUES NETO, Floriano de Azevedo. *Regulação estatal e interesses públicos*. São Paulo: Malheiros, 2002, p. 165.

[5]   MEDAUAR, Odete. *O direito administrativo em evolução*. 3. ed. Brasília: Gazeta Jurídica, 2017, p. 230. Para Celso Antônio Bandeira de Mello "o interesse público deve ser conceituado como o interesse resultante do conjunto dos interesses que os indivíduos pessoalmente têm quando considerados em sua qualidade de membros da sociedade e pelo simples fato de o serem" (BANDEIRA DE MELLO, Celso Antônio. *Curso de direito administrativo*. 33. ed. São Paulo: Malheiros, 2017, p. 62).

[6]   Registro a defesa da supremacia do interesse público por Ricardo Marcondes Martins, para quem há de se reconhecer a dupla natureza da supremacia: o princípio da supremacia e a regra da supremacia, bastando uma rápida leitura do texto constitucional vigente para se constatar que os bens coletivos, no plano abstrato, têm um peso maior do que os direitos individuais, sendo que essa prevalência *prima facie* sobre os direitos individuais é dada pelo princípio formal especial da supremacia do interesse público sobre o privado. Para o autor, a regra da supremacia tem como efeitos: a inserção do Estado numa posição de verticalidade em relação ao particular; concede aos órgãos estatais certas prerrogativas para que possam tutelar o interesse público; e impõe restrições especiais a quem torne os órgãos públicos presentes nas relações jurídicas. MARTINS, Ricardo Marcondes. *Teoria jurídica da liberdade*. São Paulo: Contracorrente, 2015, p. 123-131.

[7]   ÁVILA, Humberto. Repensando o princípio da supremacia do interesse público sobre o particular. *Revista Trimestral de Direito Público*, São Paulo, n. 24, p. 159-180, 1998, p. 171. Marçal Justen Filho também apresenta análise crítica a respeito da supremacia do interesse público: JUSTEN FILHO, Marçal. Conceito de interesse público e a personalização do direito administrativo. *Revista Trimestral de Direito Público*, São Paulo, v. 26, p. 115-136.

supremacia, algo incontrastável e inquestionável, imponível pelo indivíduo. Vazia porque, assim posta, a noção de interesse público se mostra vaga, suscetível dos mais diversos preenchimentos ao gosto da autoridade.[8]

Registro, ainda, o pensamento segundo o qual a Administração Pública possui interesse próprio, de forma que o interesse público seria dividido em primário e secundário. O interesse público é uno, é o mesmo que movimenta a vontade do Estado e do cidadão. Ouso divergir, nesse ponto, de Celso Antônio Bandeira de Mello, para quem, além de subjetivar estes interesses, o Estado, tal como os demais particulares, é, também ele, uma pessoa jurídica que existe e convive no universo jurídico em concorrência com todos os demais sujeitos de direito e pode ter, tanto quanto as demais pessoas, interesses que lhe são particulares, individuais. Estes últimos não são, para o referido autor, interesses públicos, mas interesses individuais do Estado, similares, pois (sob prisma extrajurídico), aos interesses de qualquer outro sujeito. Tal situação ocorrerá sempre que a norma donde defluem os qualifique como instrumentais ao interesse público e na medida em que o sejam, caso em que sua defesa será, *ipso facto*, simultaneamente a defesa de interesses públicos, por concorrerem indissociavelmente para a satisfação deles.[9]

Entendido como fundamento e finalidade da função administrativa, o interesse público pode ser associado às exigências da sociedade em determinado momento, cujo cumprimento está incumbido não somente ao Estado, mas também aos particulares, quando atuam, por exemplo, mas não só, nas diversas formas de descentralização administrativa. Isso leva a outra conclusão, o interesse público não pertence ao Estado, mas ao corpo social. Exemplo disso, além daquele precitado, é a sua presença em institutos de direito privado, como a função social da propriedade e do contrato celebrado entre particulares.

A partir dessa perspectiva, a consensualização representa ferramenta para a concretização do interesse público.

Thiago Marrara explica que é comum confundir-se consensualização com consenso ou com consensualidade. Segundo o autor, a consensualização é um fenômeno de construção teórico-normativa de canais jurídico-operacionais aptos a viabilizarem consenso no planejamento e na execução das funções administrativas. Esses canais assumem caráter orgânico (como a previsão de direito de voz e voto para alunos em colegiados de universidades públicas ou de representantes do povo em conselhos nacionais de políticas públicas), procedimental (como audiências realizadas no licenciamento ambiental) ou contratual (como os compromissos de cessação de prática infrativa e a própria leniência). Todos eles constituem meios para a busca do consenso nas relações entre Estado e administração, nas relações entre entes públicos ou em relações entre órgãos de um mesmo ente. Consenso significa consentimento recíproco; consensualidade indica o grau, maior ou menor, de consenso na construção ou execução das políticas públicas. Os dois termos apontam para resultados. Consensualização, por sua vez, é movimento de transformação da Administração Pública e de seus processos administrativos em favor da edificação de consensos.[10]

---

[8] AZEVEDO MARQUES NETO, Floriano de. 2011, p. 89-113.

[9] BANDEIRA DE MELLO, Celso Antônio. 2017, p. 65-66.

[10] MARRARA, Thiago. Acordos de leniência no processo administrativo brasileiro: modalidades, regime jurídico e problemas emergentes. *RDDA*, v. 2, n. 2, p. 510, 2015.

No fenômeno da consensualização encontram-se os acordos de vontades entre administração pública e pessoas de direito público ou de direito privado, quando da avença de contratos administrativos ou de outras fórmulas negociais. Esse é o critério mais recorrente nos estudos nacionais sobre a consensualização, segundo o qual a administração pública satisfaz suas competências por meio de instrumentos tipicamente privados, assim entendidos por remeterem ao princípio da autonomia privada. Por essa razão, a consensualização é geralmente apresentada no contexto de aumento do emprego de mecanismos privados para satisfação do interesse público, e a contratualização sua forma mais evidente.[11]

Dentre os módulos de cooperação ou contratualização figuram o contrato de gestão previsto no art. 37, §8º, da CF; os convênios; os contratos de gestão federativa associada estabelecidos na Lei nº 11.107/05 (consórcios públicos, contratos de programa e contratos de rateio); os contratos de concessão comum (Lei nº 8.987/95) e os contratos de parceria público-privada (Lei nº 11.079/04); o contrato de gestão celebrado com as organizações sociais (Lei nº 9.637/98); os termos de parceria celebrados com organizações da sociedade civil de interesse público (Lei nº 9.790/99); os acordos de cooperação, termos de colaboração e termos de fomento celebrados com organizações da sociedade civil (Lei nº 13.019/2014); dentre vários outros.

Outra compreensão da consensualização aponta para a participação administrativa, cujos principais instrumentos são a audiência e a consulta pública, hoje muito difundidas, incentivadas e algumas vezes imperativas, *ex vi*, exemplificativamente, das previsões contidas na Lei nº 9.784/99,[12] na LINDB[13] (Lei de Introdução às Normas do Direito Brasileiro), na Lei nº 13.848/2019[14] e nas Leis nº 8.666/93[15] e nº 14.133/2021.[16]

---

[11] DE PALMA, Juliana Bonacorsi. *Atuação Administrativa Consensual*: estudo dos acordos substitutivos no processo administrativo sancionador. Dissertação de mestrado, 2010.

[12] "Art. 31. Quando a matéria do processo envolver assunto de interesse geral, o órgão competente poderá, mediante despacho motivado, abrir período de consulta pública para manifestação de terceiros, antes da decisão do pedido, se não houver prejuízo para a parte interessada. Art. 32. Antes da tomada de decisão, a juízo da autoridade, diante da relevância da questão, poderá ser realizada audiência pública para debates sobre a matéria do processo".

[13] "Art. 26. Para eliminar irregularidade, incerteza jurídica ou situação contenciosa na aplicação do direito público, inclusive no caso de expedição de licença, a autoridade administrativa poderá, após oitiva do órgão jurídico e, quando for o caso, após realização de consulta pública, e presentes razões de relevante interesse geral, celebrar compromisso com os interessados, observada a legislação aplicável, o qual só produzirá efeitos a partir de sua publicação oficial. Art. 29. Em qualquer órgão ou Poder, a edição de atos normativos por autoridade administrativa, salvo os de mera organização interna, poderá ser precedida de consulta pública para manifestação de interessados, preferencialmente por meio eletrônico, a qual será considerada na decisão".

[14] "Art. 9º. Serão objeto de consulta pública, previamente à tomada de decisão pelo conselho diretor ou pela diretoria colegiada, as minutas e as propostas de alteração de atos normativos de interesse geral dos agentes econômicos, consumidores ou usuários dos serviços prestados".

[15] "Art. 39. Sempre que o valor estimado para uma licitação ou para um conjunto de licitações simultâneas ou sucessivas for superior a 100 (cem) vezes o limite previsto no art. 23, inciso I, alínea "c" desta Lei, o processo licitatório será iniciado, obrigatoriamente, com uma audiência pública concedida pela autoridade responsável com antecedência mínima de 15 (quinze) dias úteis da data prevista para a publicação do edital, e divulgada, com a antecedência mínima de 10 (dez) dias úteis de sua realização, pelos mesmos meios previstos para a publicidade da licitação, à qual terão acesso e direito a todas as informações pertinentes e a se manifestar todos os interessados".

[16] "Art. 21. A Administração poderá convocar, com antecedência mínima de 8 (oito) dias úteis, audiência pública, presencial ou a distância, na forma eletrônica, sobre licitação que pretenda realizar, com disponibilização prévia de informações pertinentes, inclusive de estudo técnico preliminar e elementos do edital de licitação, e com possibilidade de manifestação de todos os interessados. Parágrafo único. A Administração também poderá submeter a licitação a prévia consulta pública, mediante a disponibilização de seus elementos a todos os interessados, que poderão formular sugestões no prazo fixado".

A consensualização também se manifesta na solução de conflitos administrativos, quando haverá o manejo de instrumentos para dirimi-los de forma negociada, os quais poderão envolver a administração pública enquanto parte no conflito (mediação, conciliação e arbitragem) ou como figura competente para arbitrar conflitos (por exemplo, no caso de avença entre concessionária e usuário de serviço público). O termo de ajuste de conduta (TAC) celebrado em ação civil pública (art. 5º, §6º, Lei nº 7.347/85) e a desapropriação amigável (Decreto-Lei nº 3.365/41) são instrumentos bastante lembrados quando se fala do histórico da consensualização no poder público. Aqui chegamos ao objeto deste artigo, o acordo de não persecução cível, inserido pela Lei nº 13.964/2019 na Lei nº 8.429/92 (LIA – Lei de Improbidade Administrativa), que passou a admitir a solução consensual, alterada pela Lei nº 14.230/2021.

2 A consensualização na improbidade administrativa

Iniciei este trabalho com abordagem sobre a evolução do Direito Administrativo e a revisão de alguns dos seus pilares porque a conciliação, ao menos no aspecto de solução de conflitos, encontrava forte resistência sustentada na autoridade outorgada à administração pública, que dela não poderia abdicar em razão do dogma da supremacia do interesse público sobre o privado e da indisponibilidade do interesse público. Além disso, as prerrogativas atribuídas à administração pública seriam incompatíveis com a horizontalidade em certa medida advinda da consensualização. Como visto, esses mitos perderam força, notadamente nos últimos anos, o que possibilitou o ingresso da administração pública no campo das práticas resolutivas não (ou menos) autoritárias.

Foi o que motivou – ou pode explicar – a vedação à solução consensual no âmbito da improbidade que perdurou anos. O antigo §1º do artigo 17 da LIA vedava textualmente a possibilidade de conciliação: "É vedada a transação, acordo ou conciliação nas ações de que trata o *caput*". Este dispositivo foi revogado pela Medida Provisória nº 703, de 2015, cujo prazo de vigência foi encerrado, de modo que a vedação legal foi mantida.

Enquanto pairava insistente controvérsia a respeito da consensualização no âmbito da administração pública, o Ministério Público, responsável pela tutela do interesse público, estava autorizado a celebrar acordos (termos de ajustamento de conduta) há décadas, o que não arrefeceu a crítica à administração pública quanto à celebração destes, especialmente se não aplicada a sanção, que sempre foi vista como medida absolutamente indispensável, tratada como um fim em si mesma, sem análise criteriosa quanto a sua verdadeira função e razão de existir.

Não obstante a vedação ao acordo contida na LIA, o Ministério Público, tendo em vista as disposições de outros diplomas normativos, sobretudo a novidade introduzida pela Lei nº 12.846/2013, o acordo de leniência, que trata do mesmo bem jurídico, passou a aplicar a consensualização no âmbito da improbidade administrativa, amparado na Resolução CNMP 179/2017, que regulamenta o §6º da Lei nº 7.347/85.[17]

Somente na véspera do Natal de 2019 a controvérsia a respeito da consensualização na improbidade administrativa foi parcialmente resolvida. A Lei nº 13.964/2019,

---

[17] "É cabível o compromisso de ajustamento de conduta nas hipóteses configuradoras de improbidade administrativa, sem prejuízo do ressarcimento ao erário e da aplicação de uma ou algumas das sanções previstas em lei, de acordo com a conduta ou o ato praticado".

popularmente conhecida como pacote anticrime, vez que destinada ao aperfeiçoamento da legislação penal e processual penal, introduziu alterações no artigo 17 da LIA para admitir a celebração de acordo de não persecução cível (§1º). Digo que a questão foi parcialmente solucionada porque o dispositivo que disciplinava minimamente o novel acordo de não persecução cível (ANPC) foi vetado (art. 17-A), de modo que o módulo consensual ficou carente de regulamentação, conforme veremos adiante. Todavia, a Lei nº 14.230/2021 inseriu o art. 17-B na Lei nº 8.429/92 e ampliou timidamente o tratamento da matéria.

Malgrado todo o mencionado vaivém da consensualização em matéria sancionatória, é possível dizer que o caminho da consensualização foi pavimentado pela Constituição Federal, que já no seu preâmbulo anuncia e obriga uma sociedade fraterna, pluralista e sem preconceitos, fundada na harmonia social e comprometida, na ordem interna e internacional, com a solução pacífica das controvérsias. Também garantiu a participação do administrado nas decisões administrativas ao estatuir no art. 5º, inciso LV, que aos litigantes, em processo judicial ou administrativo, e aos acusados em geral são assegurados o contraditório e ampla defesa, com os meios e recursos a ela inerentes. Embora o dispositivo se refira a litigantes, se compreende que o processo administrativo, o contraditório e a ampla defesa não são necessários somente em caso de litígios, já que a processualidade se afigura como legitimação do poder[18] ou, como preferimos, da função ou da competência, especialmente se considerarmos a eficiência como ferramenta de otimização das decisões administrativas.

Pese embora a ordem constitucional, o Ministério Público, nos diversos atos que fomentam a consensualização, inclusive aquele que a autoriza, mesmo diante de vedação legal,[19] não cita os fundamentos constitucionais, mas se refere à tendência internacional e ao paradigma jurídico do século XXI, por exemplo (nesse sentido, Resolução CNMP nº 118/2014 – Política Nacional de Incentivo à Autocomposição e Recomendação nº 54/2017 – Política Nacional de Fomento à Atuação Resolutiva).

Um bom exemplo da consensualização no âmbito processual é a previsão da Lei nº 10.177/98 (lei de processo administrativo paulista) a respeito do procedimento amigável de reparação de dano; a indenização devida pode ser paga pela administração pública no âmbito extrajudicial.

Após a Constituição Federal de 1988 muitos passos foram dados rumo à consensualização, não somente quanto à mencionada processualidade.[20] É nesse ambiente

---

[18] Nesse sentido, vide: MEDAUAR, Odete. *Direito administrativo moderno*. 19. ed. São Paulo: Revista dos Tribunais, 2015, p. 198-215; SUNDFELD, Carlos Ari. Processo e procedimento administrativo no Brasil. *In*: SUNDFELD, Carlos Ari; MUÑOZ, Guilhermo Andrés (coord.). *As leis de processo administrativo*: Lei Federal 9.784/99 e lei paulista 10.177/98. São Paulo: Malheiros Editores e Sociedade Brasileira de Direito Público, 2000, p. 17-36.

[19] Sobre a celebração de acordo envolvendo improbidade administrativa, Fernando Dias Menezes de Almeida defende, desde 2012, que a vedação então contida na LIA se refere à transação, acordo ou conciliação judiciais, o que não inclui o TAC, antecedente ao ajuizamento da ação (*Contrato administrativo*. São Paulo: Quartier Latin, 2012, p. 305).

[20] É preciso lembrar, também, que o Código de Processo Civil de 2015 oferece forte incentivo à composição e não exclui a administração pública. Ao contrário, o novo código impõe ao Estado o dever de promover, sempre que possível, a solução consensual dos conflitos (art. 3º, §2º). Determina, ainda, que: "Art. 174. A União, os Estados, o Distrito Federal e os Municípios criarão câmaras de mediação e conciliação, com atribuições relacionadas à solução consensual de conflitos no âmbito administrativo, tais como: I - dirimir conflitos envolvendo órgãos e entidades da administração pública; II - avaliar a admissibilidade dos pedidos de resolução de conflitos, por meio de conciliação, no âmbito da administração pública; III - promover, quando couber, a celebração de termo de ajustamento de conduta".

que sobreveio o acordo de não persecução cível e criminal (Lei nº 13.964/2019), agora consolidado pela recente reforma da LIA.

2.1 Acordo de não persecução cível, termo de ajustamento de conduta e acordo de leniência

A prática consensual na administração pública, além de se revelar compatível com o regime jurídico administrativo, sobretudo por representar cumprimento ao compromisso imposto pela Constituição Federal, encontra hoje significativo arcabouço jurídico que a sustenta.

Dentre os meios consensuais no âmbito sancionatório, no que interessa a este trabalho, foram considerados: o termo de ajustamento de conduta (TAC) previsto na Lei nº 7.347/1985 (lei da ação civil pública); o acordo de leniência da Lei nº 12.846/2013 (lei anticorrupção ou lei de improbidade da pessoa jurídica); e o acordo de não persecução cível previsto na Lei nº 8.429/92, alterada pela Lei nº 13.964/2019 e pela Lei nº 14.230/2021.[21]

O termo de ajustamento de conduta, segundo a Resolução CNMP nº 179/2017, é "instrumento de garantia dos direitos e interesses difusos e coletivos, individuais e homogêneos, e outros direitos de cuja defesa está incumbido o Ministério Público, com natureza de negócio jurídico que tem por finalidade a adequação da conduta às

---

[21] Outros exemplos de meios de consensualização: os termos de compromisso e acordos previstos na Lei nº 12.529/2011 (sistema brasileiro de defesa da concorrência) e na Lei nº 6.385/76 (Comissão de Valores Mobiliários); a arbitragem, após a alteração promovida em 2015 na Lei nº 9.307/96 (lei de arbitragem); a mediação, os acordos e as transações previstas na Lei nº 13.140/2015 (autocomposição de conflitos no âmbito da administração pública); a arbitragem e a mediação previstas na Lei nº 12.462/2011 (regime diferenciado de contratações), após alterações promovidas em 2015; o termo de ajustamento de gestão (TAG), celebrado no âmbito dos Tribunais de Contas, previsto em algumas leis orgânicas das Cortes de Contas e hoje também disciplinado, no que se refere ao controle interno da administração pública, pelo Decreto Federal nº 9.830/2019, que regulamentou os artigos 20 a 30 da LINDB. Exemplificativamente, a Lei Orgânica do Tribunal de Contas do Estado de Goiás (Lei nº 16.168/2007) autoriza a assinatura de termos de ajustamento de gestão para o efeito de afastar a aplicação de penalidades ou sanções e adequar os atos e procedimentos do órgão ou entidade controlada aos padrões de regularidade (art. 110-A). Esta previsão foi regulamentada pela Resolução Normativa nº 006/2012, que: garante a suspensão da aplicação de penalidades ou sanções, ou outras medidas impostas pelo TCE; veda assinatura de TAG nos casos em que esteja previamente configurado o desvio de recursos públicos e nos casos de processos com decisão definitiva irrecorrível; a designação de audiência de conciliação e discussão das obrigações e metas do TAG. Previsões semelhantes estão contidas nas leis orgânicas do TCE/MG (Lei Complementar nº 102/2008); TCE/SE (Lei Complementar nº 205/2011); TCE/RN (Lei Complementar nº 464/2012); TCE/MT (Lei Complementar nº 269/2007); TCE/AM (Lei nº 2.423/96); TCE/RO (Lei Complementar nº 154/96); TCE/AC (Lei Complementar nº 38/93); TCE/MS (Lei Complementar nº 160/2012). O que muda essencialmente nas respectivas legislações é a competência para propor o TAG, em alguns casos, como no Rio Grande do Norte a competência para propor o TAG é do Ministério Público de Contas, em outros, como no caso de Sergipe, se exige a participação do Ministério Público de Contas na celebração do TAG. Por fim, lembramos os termos de ajustamento de conduta nos casos de infração disciplinar, como aquele previsto na Instrução Normativa nº 17/2019, da Corregedoria-Geral da União (CGU), e a SUSPAD (suspensão do processo disciplinar), permitida em alguns estatutos, como no de Belo Horizonte (Lei nº 7.169/96, regulamentada pelo Decreto nº 12.636/2007). O TAC disciplinar consiste em procedimento administrativo voltado à resolução consensual de conflitos, em caso de infração disciplinar de menor potencial ofensivo, assim considerada aquela cuja conduta seja punível com advertência e suspensão de até 30 dias. A SUSPAD possibilita a interrupção do processo disciplinar pelo prazo de um a cinco anos, conforme a gravidade da falta cometida. Durante esse período, o servidor deve cumprir as condicionantes especificadas no termo aderido, as quais variam desde o comparecimento à Corregedoria-Geral do Município para a entrega do atestado bimestral de cumprimento dos deveres, de desempenho satisfatório das atribuições e de não cometimento de infrações – assinado pela chefia imediata e pelos respectivos secretários –, até o cumprimento de trabalho voluntário em instituição de caráter social indicada para tal fim.

exigências legais e constitucionais". Sua celebração não afasta a responsabilidade administrativa ou penal pelo mesmo fato e pode ocorrer em qualquer fase do inquérito civil ou procedimento correlato, bem como no curso da ação judicial. O compromissário pode ser pessoa física ou jurídica. O TAC é um acordo substitutivo de sanção que implica a cessação da prática mediante o cumprimento das obrigações impostas no termo. A mencionada resolução, aliás, sequer fala em sanções ou limita quais delas não podem ser objeto do TAC. Tão somente prevê a necessidade de penalidades para o caso de descumprimento do termo.[22]

O acordo de leniência previsto na Lei nº 12.846/2013 (Lei Anticorrupção – LAC) é um acordo administrativo integrativo, na medida em que pressupõe cooperação com o processo administrativo sancionador e não elimina a necessidade da decisão, apenas determina o seu conteúdo, visto que não é possível a isenção de sanções. Somente pode ser celebrado por pessoa jurídica que seja a primeira a se manifestar. Admite uma miríade de autoridades competentes para sua celebração, um dos pontos de maior crítica. Exige confissão.

O acordo de não persecução cível se aproxima do acordo de leniência e posiciona-se como acordo administrativo integrativo, embora a legislação não disponha sobre os seus parâmetros e deixe lacuna que precisa ser preenchida. Esse espaço pode ser ocupado ao menos por três disciplinas positivadas, e me limitarei a elas: pelas disposições atinentes ao acordo de não persecução penal, previstas na mesma legislação que inicialmente introduziu o acordo de não persecução cível, malgrado a alteração promovida pela Lei nº 14.230/2021; pela disciplina relativa aos acordos de leniência, cujo objeto é o mesmo bem jurídico; ou pelos dispositivos que podem ser considerados cláusula geral na matéria acordo, previstos na LINDB.

Nenhuma dessas três soluções, todavia, parece adequada. Os dispositivos aplicados ao acordo de não persecução penal não são compatíveis com as características da ação de improbidade administrativa; a leitura dos requisitos e condições disciplinados na Lei nº 13.964/2019 expõe as dificuldades de transpor as mesmas condições ao acordo de não persecução cível.[23] O arcabouço relativo ao acordo de leniência, embora

---

[22] A propósito do acordo substitutivo, vide MENEZES DE ALMEIDA, Fernando Dias, que cita o TAC como exemplo (*Contrato administrativo*. São Paulo: Quartier Latin, 2012, p. 304/305).

[23] "Art. 28-A. Não sendo caso de arquivamento e tendo o investigado confessado formal e circunstancialmente a prática de infração penal sem violência ou grave ameaça e com pena mínima inferior a 4 (quatro) anos, o Ministério Público poderá propor acordo de não persecução penal, desde que necessário e suficiente para reprovação e prevenção do crime, mediante as seguintes condições ajustadas cumulativa e alternativamente: I - reparar o dano ou restituir a coisa à vítima, exceto na impossibilidade de fazê-lo; II - renunciar voluntariamente a bens e direitos indicados pelo Ministério Público como instrumentos, produto ou proveito do crime; III - prestar serviço à comunidade ou a entidades públicas por período correspondente à pena mínima cominada ao delito diminuída de um a dois terços, em local a ser indicado pelo juízo da execução, na forma do art. 46 do Decreto-Lei nº 2.848, de 7 de dezembro de 1940 (Código Penal); IV - pagar prestação pecuniária, a ser estipulada nos termos do art. 45 do Decreto-Lei nº 2.848, de 7 de dezembro de 1940 (Código Penal), a entidade pública ou de interesse social, a ser indicada pelo juízo da execução, que tenha, preferencialmente, como função proteger bens jurídicos iguais ou semelhantes aos aparentemente lesados pelo delito; ou V - cumprir, por prazo determinado, outra condição indicada pelo Ministério Público, desde que proporcional e compatível com a infração penal imputada. §1º Para aferição da pena mínima cominada ao delito a que se refere o caput deste artigo, serão consideradas as causas de aumento e diminuição aplicáveis ao caso concreto. §2º O disposto no caput deste artigo não se aplica nas seguintes hipóteses: I - se for cabível transação penal de competência dos Juizados Especiais Criminais, nos termos da lei; II - se o investigado for reincidente ou se houver elementos probatórios que indiquem conduta criminal habitual, reiterada ou profissional, exceto se insignificantes as infrações penais pretéritas; III - ter sido o agente beneficiado nos 5 (cinco) anos anteriores ao cometimento da infração, em acordo

se aproxime da ação de improbidade administrativa, tendo em vista tutelar o mesmo bem, ainda assim não preenche as lacunas, vez que, além de insuficientes, o acordo de leniência se destina somente à pessoa jurídica e as sanções previstas na LAC são diferentes daquelas prescritas pela LIA. Por fim, a disciplina da LINDB é insuficiente e demasiadamente genérica.

Não obstante, ainda que insuficientes as previsões a respeito do acordo de leniência da LAC, elas seriam a melhor forma de preencher a lacuna da LIA. Somente não se aplicariam ao acordo de leniência as limitações atinentes à isenção das sanções. Na ausência de dispositivo legal compatível com a LIA, é possível a isenção de todas as sanções no âmbito do acordo de não persecução cível, a depender da justificativa contida no acordo e dos elementos que o compõem, com a advertência de que o ressarcimento do dano não é sanção.

O que não deve ocorrer é a inovação por meio de atos infralegais para preenchimento da lacuna, o que tem feito o Ministério Público de cada estado ao disciplinar o acordo de não persecução cível, a exemplo do Ministério Público do Estado de São Paulo, que o fez por meio da Resolução nº 1.193/2020-CPJ. Não analisei, no entanto, os diversos atos infralegais.[24] Concentrei-me no ato do Ministério Público Federal, a Orientação nº 10/2020, a seguir analisada, em conjunto com as disposições introduzidas pela Lei nº 14.230/2021 na LIA.

3 Análise das alterações promovidas na Lei de Improbidade Administrativa e da Orientação nº 10 do Ministério Público Federal

A polêmica sobre o acordo de não persecução cível se inicia a partir do veto presidencial ao art. 17-A, inserido na LIA por meio da Lei nº 13.964/2019. Referido dispositivo

---

de não persecução penal, transação penal ou suspensão condicional do processo; e IV - nos crimes praticados no âmbito de violência doméstica ou familiar, ou praticados contra a mulher por razões da condição de sexo feminino, em favor do agressor. §3º O acordo de não persecução penal será formalizado por escrito e será firmado pelo membro do Ministério Público, pelo investigado e por seu defensor. §4º Para a homologação do acordo de não persecução penal, será realizada audiência na qual o juiz deverá verificar a sua voluntariedade, por meio da oitiva do investigado na presença do seu defensor, e sua legalidade. §5º Se o juiz considerar inadequadas, insuficientes ou abusivas as condições dispostas no acordo de não persecução penal, devolverá os autos ao Ministério Público para que seja reformulada a proposta de acordo, com concordância do investigado e seu defensor. §6º Homologado judicialmente o acordo de não persecução penal, o juiz devolverá os autos ao Ministério Público para que inicie sua execução perante o juízo de execução penal. §7º O juiz poderá recusar homologação à proposta que não atender aos requisitos legais ou quando não for realizada a adequação a que se refere o §5º deste artigo. §8º Recusada a homologação, o juiz devolverá os autos ao Ministério Público para a análise da necessidade de complementação das investigações ou o oferecimento da denúncia. §9º A vítima será intimada da homologação do acordo de não persecução penal e de seu descumprimento. §10. Descumpridas quaisquer das condições estipuladas no acordo de não persecução penal, o Ministério Público deverá comunicar ao juízo, para fins de sua rescisão e posterior oferecimento de denúncia. §11. O descumprimento do acordo de não persecução penal pelo investigado também poderá ser utilizado pelo Ministério Público como justificativa para o eventual não oferecimento de suspensão condicional do processo. §12. A celebração e o cumprimento do acordo de não persecução penal não constarão de certidão de antecedentes criminais, exceto para os fins previstos no inciso III do §2º deste artigo. §13. Cumprido integralmente o acordo de não persecução penal, o juízo competente decretará a extinção de punibilidade. §14. No caso de recusa, por parte do Ministério Público, em propor o acordo de não persecução cível, o investigado poderá requerer a remessa dos autos a órgão superior, na forma do art. 28 deste Código."

[24] Outros exemplos de atos infralegais dos Ministérios Públicos são: Nota Técnica nº 001/2020 (SC); Informação Técnico-Jurídica nº 01/2020 (RS); Resolução nº 01/2020 (PE); Resolução CPJ nº 040/2020 (PB); Nota Técnica nº 01/2020 (CE).

continha disciplina mínima quanto aos parâmetros e condições para a celebração desse acordo. Estava assim redigido:

> Art. 17-A. O Ministério Público poderá, conforme as circunstâncias do caso concreto, celebrar acordo de não persecução cível, desde que, ao menos, advenham os seguintes resultados:
>
> I - o integral ressarcimento do dano;
>
> II - a reversão, à pessoa jurídica lesada, da vantagem indevida obtida, ainda que oriunda de agentes privados;
>
> III - o pagamento de multa de até 20% (vinte por cento) do valor do dano ou da vantagem auferida, atendendo a situação econômica do agente.
>
> §1º Em qualquer caso, a celebração do acordo levará em conta a personalidade do agente, a natureza, as circunstâncias, a gravidade e a repercussão social do ato de improbidade, bem como as vantagens, para o interesse público, na rápida solução do caso.
>
> §2º O acordo também poderá ser celebrado no curso de ação de improbidade.
>
> §3º As negociações para a celebração do acordo ocorrerão entre o Ministério Público e o investigado ou demandado e o seu defensor.
>
> §4º O acordo celebrado pelo órgão do Ministério Público com atribuição, no plano judicial ou extrajudicial, deve ser objeto de aprovação, no prazo de até 60 (sessenta) dias, pelo órgão competente para apreciar as promoções de arquivamento do inquérito civil.
>
> §5º Cumprido o disposto no §4º deste artigo, o acordo será encaminhado ao juízo competente para fins de homologação.

A Lei nº 14.230/2021 revogou os dispositivos inseridos pela Lei nº 13.964/2019 e inseriu o art. 17-B na LIA.[25] Embora tenha incorporado parte das sobreditas disposições objeto do precitado veto presidencial, que desta vez não se repetiu com a nova lei, sancionada sem o mesmo veto, o que confirma a ausência de real motivação para o ato anterior, ainda assim os dispositivos introduzidos não disciplinam em detalhes o acordo.

O legislador optou pela disciplina minimalista das condições do acordo de não persecução cível, o que resultou em lacuna legal ou espaço para ampla liberdade das

---

[25] "Art. 17-B. O Ministério Público poderá, conforme as circunstâncias do caso concreto, celebrar acordo de não persecução civil, desde que dele advenham, ao menos, os seguintes resultados: I - o integral ressarcimento do dano; II - a reversão à pessoa jurídica lesada da vantagem indevida obtida, ainda que oriunda de agentes privados. §1º A celebração do acordo a que se refere o *caput* deste artigo dependerá, cumulativamente: I - da oitiva do ente federativo lesado, em momento anterior ou posterior à propositura da ação; II - de aprovação, no prazo de até 60 (sessenta) dias, pelo órgão do Ministério Público competente para apreciar as promoções de arquivamento de inquéritos civis, se anterior ao ajuizamento da ação; III - de homologação judicial, independentemente de o acordo ocorrer antes ou depois do ajuizamento da ação de improbidade administrativa. §2º Em qualquer caso, a celebração do acordo a que se refere o *caput* deste artigo considerará a personalidade do agente, a natureza, as circunstâncias, a gravidade e a repercussão social do ato de improbidade, bem como as vantagens, para o interesse público, da rápida solução do caso. §3º Para fins de apuração do valor do dano a ser ressarcido, deverá ser realizada a oitiva do Tribunal de Contas competente, que se manifestará, com indicação dos parâmetros utilizados, no prazo de 90 (noventa) dias. §4º O acordo a que se refere o *caput* deste artigo poderá ser celebrado no curso da investigação de apuração do ilícito, no curso da ação de improbidade ou no momento da execução da sentença condenatória. §5º As negociações para a celebração do acordo a que se refere o *caput* deste artigo ocorrerão entre o Ministério Público, de um lado, e, de outro, o investigado ou demandado e o seu defensor. §6º O acordo a que se refere o *caput* deste artigo poderá contemplar a adoção de mecanismos e procedimentos internos de integridade, de auditoria e de incentivo à denúncia de irregularidades e a aplicação efetiva de códigos de ética e de conduta no âmbito da pessoa jurídica, se for o caso, bem como de outras medidas em favor do interesse público e de boas práticas administrativas. §7º Em caso de descumprimento do acordo a que se refere o *caput* deste artigo, o investigado ou o demandado ficará impedido de celebrar novo acordo pelo prazo de 5 (cinco) anos, contado do conhecimento pelo Ministério Público do efetivo descumprimento."

partes da ação de improbidade. A celebração do ANPC exige, portanto, o preenchimento dessa lacuna, que, segundo a LINDB, pode ocorrer mediante o emprego da analogia, dos costumes e dos princípios gerais de Direito (art. 4º); ou a aceitação de que o tratamento legal anuncia apenas orientações sobre a celebração do acordo, cujos limites são apenas aqueles prescritos no texto da lei, de sorte que as partes da ação podem livremente negociar os termos do acordo. É o que pode ser extraído da leitura do art. 17, §5º, da LIA, segundo o qual as negociações para a celebração do acordo ocorrerão entre o Ministério Público, de um lado, e, de outro, o investigado ou demandado e o seu defensor. Em ambos os casos (lacuna ou ampla liberdade, que se expressa pela disposição negocial do ato), contudo, as condições ainda são de insegurança jurídica, pois o Estado pesa sua autoridade sobre o particular e ainda não se posiciona em igualdade quando deve fazê-lo, como é o caso da consensualidade.

Pelo emprego da analogia, conforme dito no item anterior, embora não ideal e satisfatoriamente, o acordo de leniência seria o mais próximo do ANPC, visto que tutela o mesmo bem jurídico, de modo que, à exceção das disposições atinentes às limitações quanto à isenção das sanções, as quais são distintas para a LIA e para a LAC, a disciplina quanto aos requisitos podem, provisoriamente, regulamentar a celebração do ANPC.

Todavia, o Ministério Público não acolheu essa solução e passou a preencher a lacuna por meio de atos infralegais, com disciplina que se assemelha aos termos de ajustamento de conduta, embora deles se diferenciem, ao menos de acordo com o texto do ato normativo produzido pela 5ª Câmara de Coordenação e Revisão do Ministério Público Federal, a Orientação nº 10, de 9 de novembro de 2020, anterior às alterações realizadas pela Lei nº 14.230/2021 e ainda não atualizada. Além de regulamentar o ANPC, o ato do MPF disciplina inclusive o acordo de leniência, que já tem estrutura legal definida.

Segundo a Orientação, os acordos por ela regulados (termo de ajustamento de conduta; acordo de não persecução cível; e acordo de leniência) podem ser celebrados no âmbito extrajudicial e judicial da improbidade administrativa, por pessoa física ou jurídica (nesse ponto se diferencia do acordo de leniência da Lei nº 12.846/2013, celebrado somente pelos entes coletivos), cujo sistema está delimitado pelas Leis nº 8.429/1992 e nº 12.846/2013. Quando celebrados no âmbito extrajudicial, exige-se homologação judicial e, segundo a nova redação da LIA, aprovação, no prazo de até sessenta dias, pelo órgão do Ministério Público competente para apreciar as promoções de arquivamento de inquéritos civis. Aqui não há grandes diferenças entre a Orientação e o que a atual redação da LIA prevê; a lei permite a celebração do acordo até na fase de execução da sentença condenatória. Ambas, porém, não contêm os critérios que poderão balizar a decisão judicial de homologação. Fica a dúvida se o juiz ou juíza estará vinculado aos termos da Orientação ou de qualquer outro ato infralegal do Ministério Público. Não me parece que a resposta seja positiva, haja vista que a Orientação, quando muito, vincula tão somente os membros do Ministério Público Federal, não tem a força de se impor ao Poder Judiciário.

Ficou resolvido o veto ao art. 17-A, que no §2º (revogado pela Lei nº 14.230/2011) autorizava a celebração do acordo também no curso de ação de improbidade.[26] Já defendia

---

[26] As razões do veto foram as seguintes: "A propositura legislativa, ao determinar que o acordo também poderá ser celebrado no curso de ação de improbidade, contraria o interesse público por ir de encontro à garantia da

que a lei não vedava a celebração do acordo no âmbito judicial. O §10-A do art. 17 já anunciava essa possibilidade de forma explícita, embora com certa polêmica: "Havendo a possibilidade de solução consensual, poderão as partes requerer ao juiz a interrupção do prazo para a contestação, por prazo não superior a 90 (noventa) dias". A fixação do momento processual da contestação se refere somente à suspensão do processo, o que não impede a celebração do acordo depois de ultrapassada essa fase, quando não ocorrerá a suspensão processual, conforme as alterações legislativas confirmaram.

Os acordos previstos na Orientação, segundo dispõe o seu art. 4º, são elementos indispensáveis à prevenção, dissuasão e repressão de atos de improbidade previstos nas Leis nº 8.429/1992 e nº 12.846/2013. Significa dizer que pode ser celebrado ANPC no âmbito da LAC. É o que se extrai, inclusive, do art. 4º, §3º, e do art. 19 da Orientação, respectivamente: "O Membro do MPF, à luz da sua independência funcional, poderá eleger a melhor forma de consensualidade para solução do caso concreto"; "O ANPC abrangerá qualquer categoria de improbidade administrativa, agasalhada nos artigos 9º, 10 (e 10-A) e 11 da LGIA e artigo 5º da LIPJ".

Nesse ponto a Orientação traz inovação duvidosa. Em que pese a inexistência, entre nós, de sistematização e metodologia no que tange aos diversos tipos de acordos administrativos, de modo que não é possível identificar um regime aplicável de forma bem identificada para cada uma das suas modalidades, é certo que cada legislação adotou uma técnica diferente de consensualização. A LIA não assimilou a mesma técnica da LAC (ou LIPJ), posto que, se o tivesse feito, não teria criado outro tipo de acordo (o ANPC). Talvez porque o rito respectivo das ações previstas em ambas as legislações é diferente e porque o acordo de leniência tem natureza adversa do acordo de não persecução cível, inclusive porque aplicado no âmbito de responsabilidade objetiva.[27]

Outras inovações introduzidas pela Orientação são o Cadastro Nacional de Acordos de Não Persecução Cível, o Cadastro Nacional de Acordos de Leniência do MPF e o Cadastro Nacional de Pessoas Impedidas de Leniência do MPF. Referidos depositórios não encontram previsão legal e não poderiam ser utilizados por terceiros além do próprio Ministério Público, menos ainda limitarem direitos dos interessados.

Segundo a Orientação, o acordo de leniência e o ANPC são "categorias específicas de Termos de Ajustamento de Conduta". Ocorre que o TAC, nos termos da Resolução CNMP nº 179/2017, conforme já dito aqui, tem natureza de negócio jurídico e como finalidade a adequação da conduta às exigências legais e constitucionais.

Não parece que o acordo de leniência e o ANPC visem a adequação da conduta, na medida em que eles não têm como objeto a cessação de prática e não são acordos substitutivos. Aliás, é requisito para a celebração do acordo de leniência que a prática seja cessada na data da sua propositura e não posteriormente ou no curso do monitoramento do acordo (art. 16, §1º, inciso II, da Lei nº 12.846/2013). O acordo de leniência

---

efetividade da transação e do alcance de melhores resultados, comprometendo a própria eficiência da norma jurídica que assegura a sua realização, uma vez que o agente infrator estaria sendo incentivado a continuar no trâmite da ação judicial, visto que disporia, por lei, de um instrumento futuro com possibilidade de transação". Ao contrário do que aduz o veto, a prática consensual foi fortalecida nas últimas duas décadas e encontra guarida no texto constitucional e nos anseios da sociedade, que demanda soluções mais eficientes e menos custosas. O interesse público reside exatamente na possibilidade de solucionar os conflitos de forma mais eficaz e pacífica e não na forma amesquinhada consignada nas razões que justificaram a censura à propositura legislativa.

[27] Sobre a responsabilidade objetiva prevista na Lei nº 12.846/2013, veja o nosso: CARDOSO, Raphael de Matos. *A responsabilidade da pessoa jurídica por atos de improbidade e corrupção*. Rio de Janeiro: Lumen Juris, 2019.

e o ANPC são acordos integrativos e visam, portanto, tratar das repercussões dos atos praticados, mediante concessões recíprocas, vez que o poder público, de um lado, exerce sua competência punitiva de forma não coercitiva e reduzida, e o particular, de outro lado, coopera com o processo, seja por meio do reconhecimento da prática não conforme, seja mediante a revelação de fatos e situações não conhecidas pelo poder público. É o que dispõe o art. 21 da Orientação ao tratar das obrigações do celebrante: "prestar as informações que lhe forem solicitadas e cooperar para o esclarecimento dos fatos; havendo impossibilidade de fazê-lo, prestar as justificativas devidas", previsão que não encontra ressonância na nova redação da LIA.

Quanto à cooperação do particular, embora ela possa se manifestar mediante o reconhecimento do ato e a disposição para eventual correção e recomposição sem o aguardo do longo trâmite de uma ação judicial (o art. 17-B da LIA prevê apenas duas condições: o integral ressarcimento do dano e a reversão à pessoa jurídica lesada da vantagem indevida obtida, ainda que oriunda de agentes privados),[28] o art. 21 da Orientação afirma que os benefícios serão proporcionais às vantagens obtidas com o acordo. Essa disposição impõe ônus maior à motivação do acordo, sobretudo quando o particular não cooperar de outra forma senão com o reconhecimento das práticas, e pode limitar as isenções sancionatórias, o que seria desestímulo à consensualização.

A incompreensão quanto aos limites e propósitos do acordo e principalmente os reflexos que a ausência de disciplina legal suficiente causam estão bem expostos na previsão da Orientação que abre espaço para a realização de audiência pública. Os acordos celebrados no ambiente sancionatório, especialmente os acordos integrativos, não são compatíveis com a participação popular, como se fossem arremedos de júri. Nessa situação, o particular já está naturalmente exposto e fragilizado, e o poder público tem interesse (ou deveria) na pacificação, preferencialmente na justiça restaurativa. Para cumprir essa competência, dificilmente é possível vislumbrar a necessidade e pertinência de participação coletiva, sobretudo porque a atividade sancionatória e punitiva *lato sensu* é privativa do Estado, seja ela exercida mediante o emprego da força legalizada ou da consensualização.

A Orientação não explicita de forma ilesa de dúvidas, mas, a partir da leitura do seu art. 20 é possível afirmar que é condição para a celebração do ANPC a confissão, na medida em que se exige que a responsabilidade imputada pelo MPF seja reconhecida pelo celebrante, o que não consta como obrigatoriedade na LIA. Aqui exsurge outro questionamento: todas as responsabilidades hipoteticamente identificadas pelo Ministério Público devem ser necessariamente confessadas pelo celebrante? E se o celebrante não reconhecer a prática de algum ou alguns dos atos que lhe são imputados,

---

[28] Essas condições somente podem ser exigidas quando do ato de improbidade administrativa objeto da ação ou da investigação resultar dano ou vantagem indevida, pois a LIA admite a configuração dos ilícitos do art. 11 independentemente do reconhecimento da produção de danos ao erário e de enriquecimento ilícito dos agentes públicos (art. 11, §4º). Todavia, há contradição entre esta previsão e o disposto no §1º do mesmo artigo, segundo o qual, "[n]os termos da Convenção das Nações Unidas contra a Corrupção, promulgada pelo Decreto nº 5.687, de 31 de janeiro de 2006, somente haverá improbidade administrativa, na aplicação deste artigo, quando for comprovado na conduta funcional do agente público o fim de obter proveito ou benefício indevido para si ou para outra pessoa ou entidade". Ora, a obtenção de proveito ou benefício indevido consequentemente é convertida em dano ou enriquecimento ilícito, visto que o proveito ou benefício dificilmente podem ser monetizados. Portanto, se prevalecer a ordem do §1º, somente se configurará ato de improbidade do art. 11 quando houver dano resultante de proveito ou benefício indevido.

isso inviabiliza o acordo? Não parece que as respostas a essas indagações devam ser positivas, sob pena de perda da essência do acordo e transformação do ato em imposição de assunção de responsabilidades.

Disposição alvissareira e que deve fomentar o diálogo e a cooperação institucional é aquela atinente à participação da entidade lesada, o que consta na nova redação da LIA, que determina como condição do acordo a oitiva do ente federativo lesado (art. 17-B, §1º, inciso I). Já a Orientação faculta a integração com a pessoa jurídica lesada. Os esforços devem se concentrar no sentido de reunir todos os interessados e otimizar a responsabilização, de modo a zelar pela segurança jurídica e evitar excessos. O ideal seria que o acordo contemplasse inclusive a responsabilidade disciplinar e administrativa, de modo que o celebrante não fique exposto ainda a outros processos de responsabilização além da ação de improbidade administrativa.

Há retrocesso, todavia, quanto aos benefícios do acordo. A Orientação veda a isenção total de sanções e proíbe a isenção da suspensão dos direitos políticos para os efeitos da LC nº 135/2010, limitação que não está prevista na LIA. Na prática, independentemente dos atos praticados e reconhecidos, para a Orientação o ANPC já larga no mínimo com a sanção de suspensão dos direitos políticos, como um adereço indispensável e inegociável, enquanto referida sanção não tem aplicação compulsória sequer na esfera judicial. Aliás, para os efeitos da LC nº 135/2010, somente é inelegível os que forem condenados à suspensão dos direitos políticos, em decisão transitada em julgado ou proferida por órgão judicial colegiado, por ato doloso de improbidade administrativa que importe lesão ao patrimônio público e enriquecimento ilícito. O ANPC terá o mesmo *status* da condenação exigida pela lei complementar? A confissão (ou o reconhecimento da responsabilidade imputada, segundo a redação da Orientação), implica declaração de ato doloso de improbidade? E quando o ato não causar lesão ao patrimônio público e enriquecimento ilícito? Mais uma vez a Orientação manifesta incompreensão quanto à consensualização e aos efeitos dos acordos no âmbito sancionatório.

Não obstante a sanção obrigatória mencionada, a própria Orientação prevê outras soluções, não isentas de críticas, no sentido de serem estabelecidas obrigações no acordo como "o compromisso de não se candidatar a cargos políticos, no prazo de até 8 (oito) anos, contados da data de celebração do acordo, em função da categoria de ato ímprobo praticado, desde que a improbidade tenha sido praticada pelo celebrante no exercício do cargo político"; e "o compromisso de não exercer cargo comissionado ou função de confiança, no âmbito da Administração Direta ou Indireta lesada pela improbidade, no prazo de até 8 (oito) anos, contados da data de celebração do acordo, em função da categoria de ato ímprobo praticado".

Por fim, nessa rápida leitura crítica proposta neste artigo, a Orientação guarda uma pérola que contraria os postulados constitucionais e tem o potencial de violar a ampla defesa. A cereja do bolo está assim textualizada, dentre os deveres do interessado: "substituir o advogado constituído pelo celebrante, no caso do Ministério Público Federal verificar, de forma fundamentada e objetiva, impedimento para a representação regular da parte no processo de celebração, incluindo a ocorrência de conflito de interesses". Não consigo vislumbrar qual seria o impedimento ao advogado, senão aqueles disciplinados pela legislação que regula a profissão, bem como quais seriam os possíveis conflitos de interesses que impossibilitariam o patrocínio do celebrante. Mais que isso, o que autoriza a interferência do Ministério Público na escolha da defesa pelo celebrante, a não ser que seja praticada alguma ilegalidade e, nesse caso, são imperativas outras providências?

4 Efeitos da celebração do acordo de não persecução cível

A LIA não previu os reflexos da celebração do ANPC, seja para o celebrante, seja para os demais réus que não aderiram à solução consensual, como também não o faz a Orientação do MPF.

Para o celebrante não parece que o acordo possa apresentar automaticamente efeitos externos nos moldes de uma condenação transitada em julgado, como, por exemplo, quanto à inelegibilidade e impedimentos à celebração de contratos ou recebimento de benefícios, como aquela de que cuida a Lei nº 13.019/2014 ("Art. 39. Ficará impedida de celebrar qualquer modalidade de parceria prevista nesta Lei a organização da sociedade civil que: c) considerada responsável por ato de improbidade, enquanto durarem os prazos estabelecidos nos incisos I, II e III do art. 12 da Lei nº 8.429, de 2 de junho de 1992").

A não ser que referidos impedimentos tenham sido assumidos pelo celebrante como compromisso no bojo do acordo, eles não poderão ser efeito imediato da celebração do ANPC, uma vez que não há condenação transitada em julgado, mas resolução alcançada pelas partes mediante concessões recíprocas, o que naturalmente implica restrições quanto às suas repercussões.

No que tange aos demais réus, o impacto do ANPC ainda é uma incógnita, ao menos em algumas situações. Uma delas, e aqui não pretendo explorar as diversas situações que a prática impõe e a teoria nem sempre consegue alcançar, pode ser vislumbrada no seguinte caso hipotético: suponha-se que o ato de improbidade tenha sido praticado por dois sujeitos, um agente público e um particular. O agente público celebra ANPC e o particular não. A ação de improbidade administrativa poderá ser proposta ou poderá prosseguir somente contra o particular, malgrado o entendimento pacificado de que o polo passivo deve ser ocupado, concomitantemente, por agente público? Nesse caso, o acordo celebrado pelo agente público será considerado como prova da prática do ato, de sorte que sua presença no polo passivo da ação será dispensada?

O ANPC não poderá produzir efeitos a terceiros que dele não participem, embora o celebrante, ao contribuir, possa apresentar provas que naturalmente serão utilizadas para a persecução de quem não celebrou o acordo. Nesse caso, o acordo deverá integrar a ação de improbidade administrativa não somente como elemento de prova, sujeito, é claro, ao crivo judicial, como também integrará a relação processual, de modo a suprir a ausência do agente público, que poderia impedir a propositura ou o prosseguimento da ação.

Conclusão

O Direito Administrativo atravessou transformações – e ainda atravessa, especialmente no que se refere a alguns dos seus pilares, dentre eles o interesse público (supremacia e indisponibilidade), o qual exerce forte influência no desenvolvimento da atividade consensual da administração pública, acostumada às relações verticais e ao exercício da autoridade mais por capricho do que por necessidade.

À medida que as transformações do Direito Administrativo o despojaram de algumas das amarras dogmáticas que são herança do absolutismo e do autoritarismo e não simplesmente mecanismos a serviço da função pública, a administração pública passou a diversificar os meios de execução das suas finalidades, notadamente no que se refere à função sancionatória.

Os sinais dessa guinada consensual estão expressos nas últimas duas décadas de produção legislativa, que inseriram em diversos diplomas legais meios consensuais de solução de conflitos que potencializaram a consensualização na função administrativa.

Malgrado esse processo transformador, nem todos os meios consensuais disponíveis à administração pública têm requisitos e parâmetros suficientemente definidos pela legislação, como é o caso dos acordos de não persecução cível previstos na Lei nº 8.429/92. Diante da insuficiência de regulamentação legal, caso se entenda que há lacuna na lei, a solução seria a analogia, neste caso mediante a aplicação das disposições da Lei nº 12.846/2013 atinentes ao acordo de leniência, exceto quanto às limitações referentes às isenções das sanções, tendo em vista a distinção entre as sanções de ambas as mencionadas leis. Outra perspectiva seria que o legislador, que posiciona textualmente o acordo no campo da negociação, teria deixado margem de liberdade para que as partes possam pactuar amplamente, razão pela qual optou pela regulamentação minimalista, de sorte que os atos infralegais não podem limitar o acordo, o qual fica somente ao alvedrio do Poder Judiciário.

Além de não abrigar essas soluções, o Ministério Público passou a legislar sobre a matéria, inclusive sobre os próprios acordos de leniência, o que não pode ser aceito como razoável no Estado Democrático de Direito, sobretudo porque ele próprio é parte no acordo que ele mesmo disciplinou. Além disso, a regulamentação imposta pelo Ministério Público não é submetida ao devido processo legislativo, com as balizas e barreiras pertinentes a esse processo, especialmente qualificado pela representatividade, de modo que as modificações das condições estão mais vulneráveis a ocorrerem, o que viola a segurança jurídica e cria múltiplos regimes para o mesmo instituto.

Mesmo depois das alterações promovidas pela Lei nº 14.230/2021, ainda não houve modificação dos atos normativos produzidos anteriormente a sua vigência, em que pese as novas disposições tenham sanado algumas inconsistências e definido os parâmetros e condições para a celebração do acordo.

Portanto, além das fragilidades e problemas expostos nessa célere análise, o ativismo legislativo do Ministério Público, ao contrário de contribuir com a solução pacífica, e acredito que esse seja idealmente o mote, somente fomentará controvérsias, com o potencial de amesquinhar instrumento tão relevante para a evolução da função punitiva.

Referências

ÁVILA, Humberto. Repensando o princípio da supremacia do interesse público sobre o particular. *Revista Trimestral de Direito Público*, São Paulo, n. 24, p. 159-180, 1998.

BANDEIRA DE MELLO, Celso Antônio. *Curso de direito administrativo.* 33. ed. São Paulo: Malheiros, 2017.

BINENBOJM, Gustavo. *Uma teoria do direito administrativo.* 3. ed. Rio de Janeiro: Renovar, 2014.

CÂMARA, Jacintho Arruda. *O mito das cláusulas exorbitantes:* vale a pena alimentá-lo na nova lei das contratações públicas? On-line: Jota, 22.10.2019, disponível em: https://www.jota.info/opiniao-e-analise/colunas/publicistas/o-mito-das-clausulas-exorbitantes-22102019, acesso em: 25 jan. 2022.

CARDOSO, Raphael de Matos. *A responsabilidade da pessoa jurídica por atos de improbidade e corrupção*. Rio de Janeiro: Lumen Iuris, 2019.

CARVALHO, André Castro. Acordos de leniência: recomendações da OCDE. *O Estado de S. Paulo*. A2. 15 fev. 2019.

CARVALHO, André Castro. Por uma norma geral de acordos administrativos para ilícitos corporativos. *Consultor Jurídico*, 2 out. 2019.

DE PALMA, Juliana Bonacorsi. *Atuação Administrativa Consensual*: estudo dos acordos substitutivos no processo administrativo sancionador. Dissertação de mestrado, 2010.

JUSTEN FILHO, Marçal. Conceito de interesse público e a personalização do direito administrativo. *Revista Trimestral de Direito Público*, São Paulo, v. 26, p. 115-136.

MARQUES NETO, Floriano de Azevedo. A superação do ato administrativo autista. *In*: MEDAUAR, Odete; SCHIRATO, Vitor Rhein (coord.). *Os caminhos do ato administrativo*. São Paulo: Revista dos Tribunais, 2011, p. 89-113.

MARQUES NETO, Floriano de Azevedo. *Regulação estatal e interesses públicos*. São Paulo: Malheiros, 2002.

MARRARA, Thiago. Acordos de leniência no processo administrativo brasileiro: modalidades, regime jurídico e problemas emergentes. *RDDA*, v. 2, n. 2, 2015.

MARRARA, Thiago. Regulação consensual: o papel dos compromissos de cessação de prática no ajustamento de condutas dos regulados. *RDDA*, v. 4, n. 1, 2017.

MARTINS, Ricardo Marcondes. *Teoria jurídica da liberdade*. São Paulo: Contracorrente, 2015.

MEDAUAR, Odete. *O direito administrativo em evolução*. 3. ed. Brasília: Gazeta Jurídica, 2017.

MEDAUAR, Odete. *Direito administrativo moderno*. 19. ed. São Paulo: Revista dos Tribunais, 2015.

MENEZES DE ALMEIDA, Fernando Dias. *Contrato administrativo*. São Paulo: Quartier Latin, 2012.

SANTOS, Christiano Jorge; MARQUES, Silvio Antônio. Pacote anticrime (Lei 13.964/2019) e acordo de não persecução cível na fase pré-processual: entre o dogmatismo e o pragmatismo. *Revista de Processo*, vol. 303, p. 291-314, maio 2020.

SUNDFELD, Carlos Ari. Processo e procedimento administrativo no Brasil. *In*: SUNDFELD, Carlos Ari; MUÑOZ, Guilhermo Andrés (coord.). *As leis de processo administrativo: lei federal 9.784/99 e lei paulista 10.177/98*. São Paulo: Malheiros Editores e Sociedade Brasileira de Direito Público, 2000.

Informação bibliográfica deste texto, conforme a NBR 6023:2018 da Associação Brasileira de Normas Técnicas (ABNT):

CARDOSO, Raphael de Matos. Acordo de não persecução cível na Lei de Improbidade Administrativa: a orientação do MPF e a reforma da Lei nº 14.230/2021. *In*: CONTI, José Maurício; MARRARA, Thiago; IOCKEN, Sabrina Nunes; CARVALHO, André Castro (coord.). *Responsabilidade do gestor na Administração Pública*: improbidade e temas especiais. Belo Horizonte: Fórum, 2022. p. 285-302. ISBN 978-65-5518-413-6. v.3.

COMPLIANCE E A RESPONSABILIDADE DOS ADMINISTRADORES PELOS RISCOS À INTEGRIDADE

CESAR AUGUSTO MARX

1 Introdução

Organizações públicas e privadas têm implementado medidas para combater a ocorrência de eventos que possam impactar o cumprimento dos objetivos organizacionais e promover um maior comprometimento de seus colaboradores com a missão institucional da organização. Sensibilizar os gestores quanto à importância de se manter uma gestão íntegra, que não se desvie de seus propósitos, tem sido uma medida adotada para o fortalecimento da ética nas relações profissionais, acompanhada da instituição de um sistema de responsabilização capaz de identificar a parcela de responsabilidade que cada gestor possui diante da ocorrência de eventos adversos.

Este texto tem como objetivo analisar como a gestão de riscos contribuiu para o fortalecimento do sistema de responsabilização dos administradores, em especial a partir da implementação de programas de integridade que tem como um dos eixos fundamentais a gestão dos riscos à integridade. A partir da definição do termo proprietário do risco, estabelecida na norma da ISO31000 (2018), pode-se identificar a importância da atribuição de responsabilidades promovida pela implementação de um sistema de gerenciamento de riscos, que requer necessariamente a inclusão no mapa de riscos dos responsáveis pelo monitoramento de cada risco.

Com base em análise amostral aleatória de planos de integridade de órgãos e entidades da Administração Pública Federal são analisados os estágios de implementação da gestão de riscos à integridade, quando da publicação desses planos, verificando, assim, o atendimento da obrigatoriedade de inclusão do levantamento de riscos, bem como das medidas de tratamento dos riscos nesses planos.

2 *Compliance*, integridade pública e o interesse público

No Brasil, diversas iniciativas para reforçar o combate à corrupção têm sido realizadas nas últimas décadas. Essas medidas traduziram-se no aumento das ações investigativas e repressivas aos crimes de corrupção por parte dos órgãos de controle, acompanhadas pelo incremento do arcabouço normativo destinado à tipificação de diferentes condutas fraudulentas. Esse reforço de ações repressivas tem sido acompanhado, recentemente, por iniciativas voltadas para a implementação de ações preventivas destinadas a inibir a conduta dos agentes públicos não apenas pelo aspecto repressivo, mas também pelo estabelecimento de padrões éticos de conduta que deveriam ser seguidos por todos aqueles que têm sob sua responsabilidade a gestão de recursos públicos.

Nesse contexto, inserem-se os programas de integridade pública desenvolvidos por órgãos e entidades da Administração Pública, bem como os programas de *compliance* implementados em empresas privadas que têm relacionamento com o Estado, mediante participação em contratações públicas.

O termo *compliance*, advém do verbo inglês *to comply*, ou seja, cumprir e está relacionado ao cumprimento de disposições normativas e legais, podendo significar o que chamamos de conformidade. Entretanto, como ressaltado por Ribeiro (2015) não se deve confundir o *compliance* com o mero cumprimento de regras formais e informais, pois seu alcance é bem mais amplo (RIBEIRO, 2015, p. 88). Nesse sentido, o termo *compliance* envolve um conjunto de ações que buscam o incentivo de adoção de uma nova postura comportamental na gestão, abrangendo o comprometimento com valores e princípios éticos que não toleram o cometimento de atos de fraude e corrupção.

No setor público, o termo integridade pública tem sido utilizado em substituição ao termo *compliance*. Na definição da Organização para Cooperação e Desenvolvimento Econômico (OCDE) "integridade pública refere-se ao alinhamento consistente e à adesão de valores, princípios e normas éticas comuns para sustentar e priorizar o interesse púbico sobre os interesses privados no setor público" (OCDE, 2018, p. 3).

Essa definição da OCDE nos remete a um dos princípios basilares da Administração Pública brasileira, o princípio da supremacia do interesse público sobre o interesse privado. Esse princípio também é denominado de princípio da finalidade pública, denotando que os atos administrativos devem sempre buscar o atendimento dos interesses da coletividade. Di Pietro (2009) relata como esse princípio representa um marco no Direito Público:

> O direito público somente começou a se desenvolver quando, depois de superados o primado do Direito Civil (que durou muitos séculos) e o individualismo que tomou conta dos vários setores da ciência, inclusive a do Direito, substituindo a ideia do homem como fim único do direito (própria do individualismo) pelo princípio que hoje serve de fundamento para todo o direito público e que vincula a Administração em todas as suas decisões: o de que os interesses públicos têm supremacia sobre os individuais. (DI PIETRO, 2009, p. 65)

Em contraposição, a sobreposição dos interesses privados ao interesse público é utilizada na definição de corrupção elaborada por alguns estudiosos do tema, como Filgueiras (2018), segundo o qual, "a corrupção significa a sobreposição dos interesses privados ao interesse público" (FILGUEIRAS, 2008, p. 78).

De acordo com essas concepções, integridade pública e corrupção seriam termos antagônicos, ambos relacionados à disputa de prevalência de interesses públicos ou privados. Sendo assim, combater a corrupção significa fazer prevalecer o interesse público em todas as ações governamentais e o interesse público é atendido quando não acorrem desvios de finalidade nos atos administrativos que se voltam exclusivamente para o cumprimento das finalidades previstas em lei. No mesmo sentido, fazer prevalecer o interesse público, evitando a ocorrência de desvios de finalidade, constitui o objetivo dos programas de integridade que se utilizam como ferramenta a gestão de riscos, cujo objetivo também se volta para coibir a ocorrência de desvios nos objetivos organizacionais. Sendo assim, todos os conceitos e termos que fundamentam as políticas de integridade pública estão relacionados à construção de uma Administração Pública íntegra e desprovida de desvios ou distorções.

3 Os programas de integridade pública

O tema da integridade pública assumiu relevância internacional quando a Convenção das Nações Unidas contra a Corrupção previu a implementação pelos Estados Partes de políticas contra a corrupção e que concretizassem os princípios do Estado de Direito, como a integridade, a transparência e a prestação de contas. Nessa esteira, a Recomendação do Conselho da OCDE sobre Integridade Pública considerou as medidas relacionadas à integridade como alternativas às abordagens tradicionais de combate à corrupção. De acordo com esse organismo, as "abordagens tradicionais baseadas na criação de mais regras, conformidade mais rigorosa e cumprimento mais rígido têm eficácia limitada. Uma resposta estratégica e sustentável à corrupção é a integridade pública" (OCDE, 2018, p. 3).

No Brasil, a adoção de medidas de integridade e combate à corrupção tornou-se uma obrigação para a Administração Pública em função dos compromissos internacionais assumidos pelo país. Estudos realizados por Alves (2019) descrevem as ações realizadas pelo Brasil junto a organismos internacionais para aprimorar o combate à corrupção, mediante a adoção de medidas preventivas com o foco tanto no setor público quanto no setor privado. Essas ações resultaram na ratificação de três tratados internacionais: Convenção Interamericana contra a Corrupção, Convenção das Nações Unidas contra a Corrupção e Convenção sobre o Combate da Corrupção de Funcionários Públicos Estrangeiros em Transações Comerciais Internacionais da Organização para a Cooperação e Desenvolvimento Econômico.

Dentre esses tratados, destaca-se a Convenção das Nações Unidas contra a Corrupção, ratificada pelo Brasil em 2005, que prevê a implementação pelos Estados Partes de políticas contra a corrupção e que concretizem os princípios do Estado de Direito, como a integridade, a transparência e a prestação de contas. Como medidas de implementação, a convenção incentiva a criação de códigos de conduta, o estímulo a denúncias e o combate a práticas que possam configurar conflitos de interesses. Essas medidas foram consubstanciadas no ordenamento jurídico brasileiro com a criação das normas da Lei nº 12.813, de 16.05.2013, a Lei de Conflito de Interesses, normas sobre nepotismo e o Decreto nº 9.203, de 22.11.2017, que institui a Política de Governança da Administração Pública Federal.

Com a publicação da Lei nº 12.846/2013, Lei Anticorrupção, empresas, fundações e associações poderão responder civil e administrativamente por atos lesivos praticados em seu interesse ou benefício que causarem prejuízo ao patrimônio público, infringirem princípios da Administração Pública ou compromissos internacionais assumidos pelo Brasil. O referido diploma legal reforça a importância dos mecanismos e procedimentos de integridade, auditoria e incentivo à denúncia de irregularidades e da aplicação efetiva de códigos de ética nas organizações.

O Decreto nº 8.420, de 18.03.2015, que regulamenta a Lei Anticorrupção, em seu art. 41, esclarece que o programa de integridade:

> consiste, no âmbito de uma pessoa jurídica, no conjunto de mecanismos e procedimentos internos de integridade, auditoria e incentivo à denúncia de irregularidades e na aplicação efetiva de códigos de ética e de conduta, políticas e diretrizes com objetivo de detectar e sanar desvios, fraudes, irregularidades e atos ilícitos praticados contra a administração pública, nacional ou estrangeira.

Posteriormente, o Decreto nº 9.203, de 22.11.2017, estabeleceu que os órgãos e entidades da Administração Pública federal, autárquica e fundacional deveriam adotar procedimentos de estruturação, execução e monitoramento de seus programas de integridade, e seu art. 20-A atribuiu à Controladoria-Geral da União (CGU) a função de estabelecer os procedimentos necessários à estruturação, à execução e ao monitoramento desses programas. Por sua vez, a CGU editou a Portaria nº 57/2019, estabelecendo prazos para que todos os órgãos e entidades da Administração Pública Federal implementassem programas de integridade, o que fez com que, na atualidade, a totalidade desses órgãos e entidades já tenha implementado seus programas. Alves (2019) ressalta que o Decreto nº 9.203/2017 se alinha à recomendação sobre integridade da OCDE ao adotar a gestão de riscos, bem como ao reconhecer a integridade pública como fator essencial para a governança pública (ALVES, 2019, p. 255).

A implementação de um programa de integridade requer a implantação de um conjunto de mecanismos e procedimentos já previstos em legislação pretérita e que muitas vezes estavam funcionando de forma descoordenada dentro das organizações. Sendo assim, a adoção dessas medidas não necessariamente representa uma inovação, pois decorrem de imposições legais que são anteriores à legislação referente à integridade pública, conforme ressaltado pelos autores Oliveira, Santos e Oliveira (2019):

> o *compliance* na Administração Pública surge como uma espécie de metodologia para auxiliar os mecanismos de controle já impostos pela legislação através de mecanismos diferentes dos que já existem como códigos de condutas ainda mais específicos para os funcionários públicos, canais de denúncia menos burocráticos, treinamentos para agentes que fomentem a cultura de ética e combate aos atos ilícitos e outras medidas que poderão ser aplicadas de acordo com a realidade de cada órgão da administração (OLIVEIRA; SANTOS; OLIVEIRA, 2019).

A inovação que o enfoque da integridade pública quer promover com a implementação desses programas consiste em fazer com que as áreas responsáveis pela aplicação desses procedimentos trabalhem de forma coordenada e passem a exercer uma atuação colaborativa a partir da concepção de que, em muitos aspectos, essas áreas são interdependentes e que uma atuação coordenada e colaborativa seria capaz de promover uma sinergia capaz de aumentar sua efetividade, conforme entendimento da própria CGU:

> Instituir um programa de integridade não significa lidar com um assunto novo, mas valer-se de temas já conhecidos pelas organizações de maneira mais sistematizada. Nesse sentido, os instrumentos de um programa de integridade incluem diretrizes já adotadas através de atividades, programas e políticas de auditoria interna, correição, ouvidoria, transparência e prevenção à corrupção, organizadas e direcionadas para a promoção da integridade institucional (BRASIL, 2017, p. 7).

A implementação de programas de integridade tornou-se ainda mais imprescindível com a edição da nova lei de licitações e contratos administrativos, a Lei nº 14.133, de 01.04.2021, que estabeleceu a obrigatoriedade da implementação de programas de integridade pelo licitante vencedor nas contratações de grande vulto. Essa nova exigência vai incentivar a criação desses programas em empresas que queiram contratar com a Administração Pública.

4 A gestão de riscos à integridade como eixo fundamental do programa de integridade

No setor público, a gestão de riscos constitui um dos eixos do programa de integridade, conforme estabelecido pela Portaria CGU nº 57/2019, e tem sido considerada como sendo o pilar que dá sustentabilidade ao programa. Assim também, no setor privado, a gestão de riscos constitui um elemento essencial para o funcionamento e implementação de um programa de *compliance*. Neves e Figueiroa (2019) mencionam a existência de uma relação complementar entre gestão de riscos e *compliance* e ressaltam que a identificação dos riscos de *compliance* "é fundamental para se promover uma gestão de *compliance* efetiva, sob medida para aquela pessoa jurídica ou organização" (NEVES; FIGUEIROA, 2019, p. 32).

Pode-se afirmar que existe um objetivo comum que denota uma convergência teleológica entre os termos integridade pública e gestão de riscos, já que ambos têm como finalidade garantir o cumprimento dos objetivos organizacionais, evitando a ocorrência de desvios de finalidade na gestão. Isso porque, a definição de integridade pública, elaborada pela OCDE, afirma que ela envolve um conjunto de ações para sustentar e priorizar o interesse público sobre os interesses privados no setor público (OCDE, 2018). Ao priorizar o interesse público na gestão das organizações, o gestor evita a ocorrência de desvios de finalidade nos atos administrativos.

No mesmo sentido, a definição de risco contida na IN CGU/MP nº 01/2016, em seu art. 2º, XIII, afirma que risco é a possibilidade de ocorrência de um evento que venha a ter impacto no cumprimento dos objetivos. Quando há um impacto no cumprimento dos objetivos também há um impacto no interesse público que deixa de ser atendido, pois o objetivo de toda ação pública é o atendimento do interesse público. E quando esse impacto decorre de um ato de fraude e corrupção temos uma quebra de integridade.

As quebras de integridade têm como características a presença do dolo na conduta do agente que fere os princípios da Administração Pública, em especial a moralidade e impessoalidade, e envolvem sempre desvio da finalidade pública ou do serviço público destinado ao cidadão (BRASIL, 2017, p. 12).

As metodologias de gestão de riscos os dividem em categorias, classificando-os como riscos legais, financeiros, operacionais, riscos à imagem e reputação e riscos à integridade. Para se entender a diferença entre as categorias de riscos, é necessário se reportar ao conceito de fonte de risco dado pela norma ISO31000 (2018). Segundo a norma, fonte de risco é o "elemento que, individualmente ou combinado, tem o potencial para dar origem ao risco" (ABNT, 2018). Esse elemento pode ser uma pessoa, uma tecnologia, um processo, um recurso financeiro ou uma legislação. Quando cada um desses elementos é associado a uma vulnerabilidade, tem-se a causa do risco. A título de exemplo, uma tecnologia obsoleta, inadequada, ou um processo mal estruturado causa riscos operacionais. Um recurso financeiro insuficiente causa riscos financeiros, assim como a falta de uma legislação regulamentadora pode ser causa de riscos legais.

Essas diferenças conceituais não têm sido tratadas com tanta clareza pelos planos de integridade em algumas organizações. Tem sido comum que riscos operacionais, financeiros ou legais sejam relacionados como sendo risco à integridade. Essa inadequada categorização dos riscos decorre de uma inconsistência conceitual que não verifica o elemento que dá origem ao risco e que, no caso dos riscos à integridade, consiste sempre numa pessoa imbuída da vontade de praticar um ato doloso, ou seja, de cometer uma fraude ou ato de corrupção. Sendo assim, as demais categorias são importantes para a implementação do sistema de gerenciamento de riscos da organização, mas para o programa de integridade interessam apenas os riscos à integridade que devem ser acompanhados pela unidade de gestão de integridade e sem os quais tornaria o programa de integridade frágil em um dos seus eixos fundamentais.

A Portaria nº 57, de 04.01.2019, estabeleceu que a implementação dos programas de integridade se daria em três fases. A primeira fase se daria com a instituição de uma unidade de gestão de integridade, responsável pela coordenação do programa. Numa segunda fase seriam aprovados os planos de integridade e a terceira fase consistiria na execução e monitoramento do programa. Em seu art. 5º, inciso II, a referida portaria estabelece que na segunda fase os órgãos e entidades deveriam aprovar seus planos de integridade contendo o levantamento de riscos para a integridade e medidas para seu tratamento. Logo, percebe-se que o levantamento de riscos para a integridade, bem como a definição das medidas de tratamento dos riscos, deveria anteceder a publicação dos planos de integridade. Como eixo fundamental que dá sustentabilidade ao plano de integridade não seria possível nem viável elaborar um plano de integridade sem anteriormente o órgão ou entidade ter discutido internamente os riscos à integridade e sem ter concluído o respectivo mapeamento. Os documentos orientativos da CGU relatam com clareza essa intenção:

> O levantamento e a análise de riscos realizados previamente à implementação do Programa de Integridade ajudarão a organização a identificar suas vulnerabilidades e as áreas mais suscetíveis à corrupção, o que lhe dará a oportunidade de atuar de maneira mais direcionada e especializada, para prevenir de forma mais eficiente e eficaz a possibilidade de ocorrência dos eventos apontados. (BRASIL, 2017, p. 12)

Essa orientação da CGU encontra-se presente também nas orientações que direcionam a implementação de programas de *compliance* no setor privado. Neves e Figueiroa (2019) defendem que uma "gestão de *compliance* que não conhece os seus principais riscos jamais poderá ser uma gestão de *compliance* efetiva". Segundo esses autores, os mecanismos e instrumentos de *compliance* deveriam ser elaborados com base num levantamento prévio de riscos:

> Uma vez estabelecido o tom da liderança e o comprometimento da alta cúpula empresarial com valores éticos, o passo seguinte consiste no desenvolvimento do *risk assessment*, antes de se pensar num código de conduta, políticas de *compliance* e os respectivos fluxos, procedimentos e formulários, uma vez que estes serão elaborados a partir dos riscos mapeados (NEVES e FIQUEIROA, 2019, p. 32).

A Portaria CGU nº 57/2019, ao estabelecer que os plano de integridade deveriam conter os levantamentos dos riscos à integridade, vai ao encontro dessas teorias que são usualmente utilizadas nos programas de *compliance* em empresas do setor privado.

De modo análogo, as empresas estatais devem atender a essas orientações. Os autores Kim, Falcetta e Longo (2018) ressaltam a primazia que o processo de mapeamento de riscos deve ocupar quando da implementação de programas de integridade nas empresas estatais afirmando que:

> O primeiro passo para implantação de um programa de compliance é a realização de análise de riscos e criação de um perfil de riscos da estatal com o intuito de mapear e avaliar os riscos e vulnerabilidades as quais a empresa está sujeita a partir de sua área de atuação, modelo de negócio, localização geográfica, tamanho etc. (KIM; FALCETTA; LONGO, 2018, p. 175).

Entretanto, como será discutido posteriormente, a análise dos planos de integridade dos órgãos e entidades da Administração Pública Federal já publicados nos respectivos *sites* institucionais demonstra que muitos desses planos foram aprovados sem a realização do prévio levantamento de riscos à integridade. Alguns deles chegam a mencionar que o levantamento dos riscos será realizado posteriormente.

5 Responsabilidade dos administradores pelos riscos à integridade

A importância da discussão do tema responsabilidade dos administradores públicos tem ganhado força com o avanço dos estudos relacionados ao tema integridade pública, que tem buscado coibir a prática de atos de fraude e corrupção não apenas pelo aspecto repressivo, mas também pelo aspecto preventivo, incentivando a adoção de uma postura ética que envolva um comprometimento e um maior senso de responsabilidade pela gestão dos recursos públicos.

Ao lado do tema integridade pública, a gestão de riscos tem se apresentado como alternativa de se coibir a ocorrência de irregularidades na gestão dos recursos públicos, mediante ações preventivas que buscam evitar a ocorrência de danos, além de atribuir responsabilidades pelo monitoramento de ações mitigatórias.

Nohara (2019), ao explicar o significado de riscos, ressalta como sua materialização tem como consequência o acionamento do sistema de responsabilidades: "A expressão riscos significa a possibilidade de ocorrência de um evento que tenha impactos negativos, provocando uma perda, um dano ou, por consequência, o acionamento do sistema de responsabilidades" (NOHARA, 2019, p. 331). A autora ainda destaca o aspecto preventivo que fundamenta a gestão de riscos, evitando que se recorra a outras esferas de responsabilização:

> Quando se pensa em riscos, no âmbito da governança pública, a ideia é que o sistema de controle interno dê prioridade a ações estratégicas de prevenção da ocorrência de perdas ou danos, como medida apta a evitar o acionamento dos sistemas de responsabilidades. (NOHARA, 2019, p. 331)

A existência de mecanismos que possibilitem a responsabilização dos administradores nas esferas administrativas, civis e penais, quando da ocorrência de danos à

Administração Pública, contribui para coibir a prática de atos de fraude e corrupção. Mas o que as políticas de integridade têm como diferencial seria a adoção de uma estratégia preventiva que atuasse na esfera comportamental do agente responsável pela gestão dos recursos públicos.

Ao tratar de responsabilidade dos administradores, Gomes (2012) afirma que "a mera reposição ao erário não é suficiente para prevenir o desvio de recursos públicos. Afinal, o infrator, na pior das hipóteses, seria obrigado a restituir o montante dos recursos desviados" (GOMES, 2012, p. 39). O autor argumenta que esse fato teria uma função secundária de prevenir os ilícitos financeiros em razão da expectativa que pode surgir no gestor em ter que devolver os recursos irregularmente gastos, o que faria com que este agisse com mais diligência no tocante à administração de recursos. Gomes (2012) ressalta que, em atendimento aos princípios da legalidade e economicidade, que incidem sobre a gestão dos recursos públicos, é necessário coibir a violação aos princípios da Administração Pública, ainda que não acarretem danos ao erário.

Nesse aspecto, a inobservância de princípios da Administração Pública, como da moralidade e da eficiência, já é passível de responsabilização, ainda que não seja comprovada a ocorrência de dano material ao erário, mas que seja identificado um comportamento que fere os códigos de conduta a que está sujeito o agente.

A dificuldade em se identificar responsáveis pela prática de atos de fraude e corrupção, relacionando a conduta do agente causador do evento à fraude ocorrida, decorre muitas vezes de um antigo problema relacionado a deficiências no sistema de atribuição de competências na estrutura dos órgãos e entidades da Administração Pública. Essa falta de clareza quanto às atribuições de cada agente fortalece o estereótipo do servidor público, que, ao ser questionado sobre determinada prática, afirma que não é com ele ou que o assunto é atribuição de outro setor. Não se trata aqui de atribuições legais ou regulamentares que todo cargo público, definido pelos administrativistas como um complexo de competências, tem estabelecido nos regulamentos dos quadros de carreira, mas sim de atribuições ou tarefas relacionadas ao cotidiano das organizações, relacionadas à gestão de projetos e que contribuem para o cumprimento dos objetivos institucionais.

Nesse contexto, deixar de realizar suas atribuições com responsabilidade tem sido considerado uma quebra de integridade denominada de conduta profissional inadequada, cuja descrição pode ser encontrada em alguns planos de integridade, como no plano de integridade da CGU. Segundo esse documento, o risco de conduta profissional inadequada é descrito como "deixar de realizar as atribuições conferidas com profissionalismo, honestidade, imparcialidade, responsabilidade, seriedade, eficiência, qualidade e/ou urbanidade" (BRASIL, 2018, p. 27).

Esse risco reforça a necessidade de o gestor público agir com responsabilidade em suas atribuições e tem como intenção despertar o sentimento de responsabilidade que o gestor deve demonstrar no exercício de suas funções. Ao deixar de realizar suas atribuições com responsabilidade, o gestor atenta contra a integridade, promovendo uma quebra de integridade. Nesse sentido, responsabilidade está relacionada a uma conduta ética, pois agir com responsabilidade em suas atribuições é agir com ética no desempenho profissional.

Nessa esteira, as políticas de integridade pública têm buscado fortalecer a questão da responsabilidade dos administradores públicos incentivando a construção de uma cultura organizacional na qual os gestores se sintam responsáveis pelas suas ações, bem como por evitar a ocorrência de eventos que possam comprometer o atingimento dos objetivos institucionais.

A gestão de riscos incentiva a implantação de um sistema de responsabilização ao atribuir a cada risco identificado um responsável pelo monitoramento daquele risco, o que a ISO31000 (2018) denomina de proprietário do risco. Segundo a norma ISO31000 (2018), proprietário do risco é a "pessoa ou entidade com a responsabilidade e a autoridade para gerenciar um risco" (ABNT, 2018). Nesse aspecto, o modelo de gestão de riscos promove um aperfeiçoamento do processo de responsabilização, mediante a atribuição de responsabilidades aos gestores pela ocorrência de eventos que possam impactar os objetivos da organização.

Esse sistema tornou-se realidade na Administração Pública brasileira quando da implementação da gestão de riscos nos órgãos e entidade federais. A Instrução Normativa Conjunta MP/CGU nº 01/2016, que dispõe sobre controles internos, gestão de riscos e governança, estabelece em seu art. 20 que cada risco mapeado e avaliado deve estar associado a um agente responsável formalmente identificado. Esse dispositivo consubstancia uma prática fundamental da metodologia de gestão de riscos que tem em sua essência a clareza da atribuição de responsabilidades a todos os colaboradores que atuam nos processos organizacionais e que tem uma parcela de responsabilidade pela ocorrência de eventos que possam causar danos ou impactos nos objetivos da organização.

Seguindo essa metodologia, o mapa de riscos deve relacionar a cada risco identificado um responsável pelo seu monitoramento. Assim, quando o risco se materializa, é possível logo identificar no mapa de riscos o responsável pelo seu monitoramento e assim apontar as causas que levaram à ocorrência daquele evento, identificar falhas no sistema de gerenciamento de riscos e buscar sanar essas falhas juntos aos responsáveis.

A obrigatoriedade da elaboração de planos de integridade com riscos à integridade mapeados contribuiu para fortalecer esse processo de atribuição de responsabilidades aos gestores públicos na medida em que eles passaram a ser responsáveis por evitar a ocorrência de eventos de fraude e corrupção em cada setor da organização.

6 A fragilidade dos planos de integridade em relação à gestão dos riscos à integridade

A elaboração de um plano de integridade deve ser precedida de uma discussão interna acerca dos riscos à integridade à qual a instituição está sujeita. As metodologias de gestão de riscos, baseadas na ISO31000 (2018), pressupõem a realização de discussão do contexto interno e externo ao qual a organização está sujeita. Essa etapa deve envolver o levantamento das fraquezas e oportunidades que condicionam os processos organizacionais e deve ser realizada pelas equipes responsáveis pela gestão do respectivo processo. Posteriormente a essa discussão, passa-se à identificação, análise e avaliação dos riscos que irão subsidiar a elaboração de um plano de tratamento dos riscos. Um plano de integridade deveria ser realizado com base num mapeamento de riscos prévio e tendo como base algumas medidas de tratamento de riscos, bem como a definição dos responsáveis pelo monitoramento de cada risco identificado.

A Portaria CGU nº 57/2019 estabeleceu prazo para que todos os órgãos e entidades publicassem seus planos de integridade até a data de 29.03.2019. Em seu art. 5º, II, a referida portaria estabelece que os planos de integridade deveriam conter o levantamento de riscos para a integridade e as medidas para seu tratamento. Como exemplo, pode-se citar o Plano de Integridade da CGU, no qual consta a descrição dos riscos à integridade e as principais medidas de tratamento. O cumprimento dessa etapa é fundamental para a elaboração de um plano que retrate com maior fidedignidade as necessidades da instituição.

Entretanto, nem todos os planos de integridade do setor público têm atendido essa orientação. Em análise aos planos de integridade dos 16 ministérios que integram a estrutura do Poder Executivo Federal, verificou-se que 69% dos planos dos órgãos não realizaram o levantamento dos riscos à integridade, nem apresentaram as medidas de tratamento dos riscos.

Na Administração Indireta, uma amostra aleatória de 20 planos de integridade revelou que 40% dos planos não apresentavam o levantamento de riscos. Se consideramos ainda a obrigatoriedade de apresentação das medidas de tratamento, esse percentual sobe para 50% dos planos sem apresentação das medidas de tratamento.

Como decorrência da falta de realização do levantamento de riscos e das medidas de tratamento de riscos previamente à elaboração do plano de integridade, tem-se a ausência de atribuição de responsabilidades, pois a elaboração do mapa de riscos requer a inclusão dos responsáveis pelo monitoramento de cada risco identificado.

Outra questão verificada, em especial em entidades da Administração Indireta, refere-se a inconsistências conceituais quanto ao que seja risco à integridade. Nesse aspecto, algumas instituições confundem riscos operacionais com riscos para a integridade e incluem no plano de integridade riscos que não têm relação com fraude e corrupção.

O fato é que integridade pública e gestão de riscos são temas que ainda não foram totalmente difundidos e absorvidos pelo corpo técnico dos órgãos e entidades da Administração Pública. Muitos deles ainda não estavam preparados para realizar um processo de levantamento de riscos à integridade e, diante do prazo estabelecido pela Portaria CGU nº 57/2019, essas instituições acabaram publicando os planos de integridade, mencionando que o levantamento de riscos seria realizado posteriormente.

7 Conclusão

A implementação de um sistema de gerenciamento de riscos à integridade constitui um eixo fundamental que dá sustentabilidade e efetividade ao programa de integridade e contribui para a instituição de um sistema de responsabilização dos administradores pela ocorrência de fraudes e corrupção na organização, na medida em que possibilita a identificação de responsáveis quando da materialização dos riscos.

A análise dos planos de integridade da Administração Pública Federal demonstra que grande parte desses programas ainda apresenta inconsistências conceituais em relação ao que seja risco à integridade e revela que os sistemas de gerenciamento de riscos à integridade ainda não estão efetivamente implementados nessas instituições. A ausência de mapa de levantamento de riscos à integridade nos planos de integridade é seguida pela falta de identificação dos responsáveis pelos respectivos riscos. Essa incipiente implementação da gestão de riscos à integridade pode comprometer a efetividade dos programas de integridade, deixando de fortalecer o aspecto da responsabilidade dos administradores pela ocorrência de fraudes e corrupção.

Nesse sentido, verifica-se a necessidade de aprimoramento da gestão de riscos à integridade como forma de dar sustentabilidade aos programas de integridade, bem como de aprimorar o processo de responsabilização dos administradores.

Ressalta-se que, as conclusões apontadas neste texto apresentam limitações metodológicas por terem sido baseadas apenas em análises documentais dos planos de integridade disponíveis nos *sites* das instituições e retratam o momento em que esses planos foram publicados inicialmente. Para a realização de um estudo mais aprofundado, seria necessária a utilização de uma metodologia qualitativa que envolvesse a realização de entrevistas, bem como a realização de visitas técnicas às instituições para verificar o atual estágio de implementação do processo de gerenciamento de riscos à integridade. Contudo, o presente estudo teve como um dos seus objetivos fazer um recorte da situação existente quando os planos de integridade foram publicados e demonstrar que, inicialmente, muitos deles não atenderam à determinação de realização de um levantamento de riscos e das medidas de tratamento previamente à elaboração do plano. Essa fragilidade pode ser suprida com as revisões a que esses planos estão sujeitos e que dentro do modelo de gestão de riscos, necessariamente, requer uma constante adequação às novas necessidades identificadas no processo de monitoramento.

Referências

ABNT – ASSOCIAÇÃO BRASILEIRA DE NORMAS TÉCNICAS. NBR ISO 31000: Gestão de riscos – Princípios e diretrizes. Rio de Janeiro: ABNT, 2018. Disponível em: https://iso31000.net/norma-iso-31000-de-gestao-de-riscos/. Acesso em: 15 nov. 2021.

ALVES, Breno Barbosa Cerqueira. Integridade Pública: histórico, conceitos e implementação. *In*: OLIVEIRA, Luis Gustavo Miranda de [Org.]. *Compliance e integridade*: aspectos práticos e teóricos. Vol. 2. Belo Horizonte: Editora D'Plácido, 2018.

BRASIL. Instrução Normativa Conjunta MP/CGU nº 1, de 10 de maio de 2016. Dispõe sobre controles internos, gestão de riscos e governança no âmbito do Poder Executivo Federal. Diário Oficial da União, Brasília, DF, 11 maio 2016. Disponível em: https://repositorio.cgu.gov.br/bitstream/1/33947/5/Instrucao%20Normativa%20Conjunta%20MP-CGU%2001-2016.pdf . Acesso em: 17 dez. 2021.

BRASIL. Manual para Implementação de Programas de Integridade: Orientações para o setor público. Ministério da Transparência e Controladoria Geral da União. Brasília, 2017, julho de 2017. Disponível em: https://www.gov.br/cgu/pt-br/centrais-de-conteudo/publicacoes/integridade/arquivos/manual_profip.pdf. Acesso em: 27 dez. 2021.

BRASIL. Ministério da Transparência e Controladoria-Geral da União. Plano de Integridade da CGU. Brasília (DF), 2018.

DI PIETRO, Maria Sylvia Zanella. *Direito Administrativo*. 22 ed. São Paulo: Atlas, 2009.

FILGUEIRAS, Fernando. Comunicação política e corrupção. *Revista de Estudos da Comunicação*, Curitiba, v. 9, n. 19, p. 77-87, maio/ago. 2008. Disponível em: http://www.scielo.br/pdf/op/v15n2/05.pdf. Acesso em: 29 nov. 2021.

GOMES, Emerson C. S. *Responsabilidade financeira*. Porto Alegre: Núria Fabris, 2012.

OLIVEIRA, Arlley Cavalcante de; SANTOS, Mariana Costa dos; OLIVEIRA, Nazareth Pires. *Compliance* na administração pública: uma análise crítica sobre a natureza do instituto no setor público diante de outros mecanismos de controle. *LexCult*, Rio de Janeiro, v. 3, n. 2, p. 94-108, maio/ago. 2019

ORGANIZAÇÃO PARA A COOPERAÇÃO E DESENVOLVIMENTO ECONÔMICO – OCDE. Recomendação do Conselho da OCDE sobre Integridade Pública. Tradução não oficial, mar. 2018, p. 7. Disponível em: https://www.oecd.org/gov/ethics/integrity-recommendation-brazilian-portuguese.pdf. Acesso em: 17 dez. 2021.

KIM, Shin Jae; MUZZI, Renata; FALCETTA, Giovanni; LONGO, Thaisa Toledo. *Compliance* em empresas estatais. Padrões internacionais e legislação brasileira. *In*: PAULA, Marco Aurélio Borges de; CASTRO, Rodrigo Pironti Aguirre de (coord.). *Compliance, gestão de riscos e combate à corrupção*: integridade para o desenvolvimento. Belo Horizonte: Fórum, 2018. p. 327-342.

NEVES, Edmo Colnaghi. FIGUEIROA, Caio Cesar. Gestão de Riscos. *In*: CARVALHO, André Castro; ALVIM, Tiago Cripa; BERTOCCELLI, Rodrigo de Pinho; VENTURINI, Otávio (coord.). *Manual de Compliance*. Rio de Janeiro: Forense, 2019.

NOHARA, Irene Patrícia. Governança pública e gestão de riscos: transformações no direito administrativo. *In*: PAULA, Marco Aurélio Borges de; CASTRO, Rodrigo Pironti Aguirre de (coord.). *Compliance, gestão de riscos e combate à corrupção*: integridade para o desenvolvimento. Belo Horizonte: Fórum, 2018. p. 327-342.

RIBEIRO, Marcia Carla Pereira; DINIZ. Patrícia Dittrich Ferreira. *Compliance* e Lei Anticorrupção nas Empresas. *Revista do Senado Federal*, ano 52, n. 205, p. 87-105, jan./mar. 2015. Disponível em: https://www2.senado.leg. br/bdsf/bitstream/handle/id/509944/001032816.pdf?sequenc e=1. Acesso em: 21 dez. 2021.

Informação bibliográfica deste texto, conforme a NBR 6023:2018 da Associação Brasileira de Normas Técnicas (ABNT):

MARX, Cesar Augusto. *Compliance* e a responsabilidade dos administradores pelos riscos à integridade. *In*: CONTI, José Maurício; MARRARA, Thiago; IOCKEN, Sabrina Nunes; CARVALHO, André Castro (coord.). *Responsabilidade do gestor na Administração Pública*: improbidade e temas especiais. Belo Horizonte: Fórum, 2022. p. 303-314. ISBN 978-65-5518-413-6. v. 3.

ELEMENTOS JURÍDICOS E GERENCIAIS PARA A ESTRUTURAÇÃO DE UMA CORREGEDORIA NO PODER EXECUTIVO MUNICIPAL

ÓTHON CASTREQUINI PICCINI

1 Introdução

Por "corregedoria", compreende-se um órgão especializado e com autonomia técnica para conduzir investigações e processos que possam resultar em sanções contra servidores ou empregados públicos, bem como contra pessoas jurídicas (BRASIL, 2017, p. 4).

Dada a sensibilidade da matéria, as atividades de correição tendem a ser absorvidas pelo sistema de controle interno, interligando-se às atribuições de auditoria, ouvidoria, fomento à transparência, promoção da integridade, prevenção e combate à corrupção. No Poder Executivo federal, por exemplo, a corregedoria foi erigida a um dos pilares de sustentação da Controladoria-Geral da União (CGU), instituída em 2003. A estrutura básica da CGU consolidou-se, em 2019, sob a composição dos seguintes "órgãos específicos singulares", conforme art. 2º, inciso II, do Anexo I do Decreto nº 9.681, de 3 de janeiro de 2019: Secretaria Federal de Controle Interno, Ouvidoria-Geral da União, Corregedoria-Geral da União, Secretaria de Transparência e Prevenção da Corrupção e Secretaria de Combate à Corrupção.

Gustavo Ungaro (2019, p. 15) considera a correição, em conjunto com a controladoria, auditoria governamental e ouvidoria, uma das "quatro macrofunções do controle interno". A organização administrativa da CGU, na qual houve a centralização dos aludidos quatro sustentáculos, passou a ser modelo no país, tendendo a replicar-se na configuração adotada por alguns estados e municípios (UNGARO; PICCINI, 2021), cujas disciplinas jurídicas são recentes. A Controladoria-Geral do Município de São Paulo, instituída pela Lei Municipal nº 15.764, de 27 de maio de 2013 (arts. 121, 127, 136), albergou a Corregedoria-Geral do Município. De igual modo, a Controladoria-Geral do Estado de São Paulo, criada pela Lei Complementar Estadual nº 1.361, de 21 de outubro de 2021 (arts. 14 a 21), reproduziu a praxe, absorvendo a Corregedoria-Geral do Estado.

A escolha do objeto do presente artigo em torno do Poder Executivo dos Municípios justifica-se pela complexidade da instituição e efetiva implementação, em âmbito local, dessas unidades correcionais, imprescindíveis para a eficácia das mais variadas disposições previstas na legislação nacional. As municipalidades concentram a prestação dos serviços mais visados pela população (*e.g.*, saúde, educação e transporte público) e, aos milhares, encontram-se espalhadas pelos mais distantes rincões do país, por vezes suscetíveis à desorientação técnica em meio à disposição de um aparato de correição, por mais singelo que seja.

O artigo será dividido em dois eixos principais: de um lado, os aspectos regulamentar-procedimentais e, de outro, os aspectos organizacionais, ambos envolvidos na criação de uma Corregedoria-Geral do Município. O objetivo é o de reunir os elementos básicos, de cunho jurídico e gerencial, para a estruturação correcional nos Poderes Executivos municipais. Para tanto, os padrões da CGU, a legislação nacional aplicável e a normatização federal pertinente ao tema merecerão detida atenção, como modelos aos entes federativos locais.

2 Aspectos regulamentares e procedimentais

2.1 Noções iniciais: o referencial processual para a correição municipal

Antes das providências gerenciais atinentes à organização administrativa de um órgão de correição, cabe ao gestor público atentar-se para a atualização do ordenamento jurídico vigente no município. Faz-se imprescindível que a lei local e a organização do Poder Executivo Municipal reservem, a uma unidade com poderes de coordenação das atividades correcionais, a competência para instaurar procedimentos, supervisionar as comissões de inquérito e julgar as sindicâncias, processos administrativos disciplinares (PAD) e processos administrativos de responsabilização de pessoas jurídicas (PAR). Já os atos normativos secundários, a exemplo de decretos, instruções normativas, portarias e resoluções, devem passar por detida revisão e adequação às disposições trazidas pela legislação nacional aplicável, bem como por compatibilização com os parâmetros e modelos federais.

Diz-se isso porque o material emanado pela Controladoria-Geral da União (CGU), tais como normas técnicas e manuais didáticos, é o referencial prudentemente sugerido aos entes subnacionais como base textual para quaisquer regulamentações nos temas de controle interno, dentre elas, a correição. De fácil acesso e consulta nos repositórios virtuais da CGU, as publicações atualizadas contemplam a interpretação jurídica condizente com a jurisprudência do Supremo Tribunal Federal, com os entendimentos de pareceres vinculantes da Advocacia-Geral da União e com a praxe da Corregedoria-Geral da União na condução das mais variadas espécies de procedimentos administrativos dessa natureza (BRASIL, 2021).

Ao seguir os referidos padrões, o município reduz riscos de imprecisões, inconstitucionalidades e ilegalidades nas alterações legislativas e atualizações infralegais que se farão necessárias à sustentação da rotina de trabalho da Corregedoria Municipal. Orientar-se pelos *standards* federais, aliás, contribui para a mitigação de vícios e nulidades processuais, em atenção aos princípios do devido processo legal, da ampla defesa e do contraditório, da presunção de inocência e da motivação. A regularização procedimental, quando assentada no ordenamento local, evita transtornos e falhas que venham a ensejar eventuais judicializações dos procedimentos correcionais, cujas consequências podem ser gravosas para a municipalidade, envolvendo a declaração de nulidade dos atos administrativos, anulação de penalidades e prejuízos ao erário em ações de reparação por dano moral.

Nesse sentido, como aduz a CGU em manual técnico (BRASIL, 2017, p. 5), um município, espelhando-se nas normas já existentes a respeito do tema no âmbito do Poder Executivo Federal, poderá distribuir a um órgão especializado, denominado de "corregedoria", conforme a sua realidade, estrutura, demanda e necessidades, as competências de instauração, acompanhamento de processos conduzidos pelas comissões processantes, manifestação prévia ao julgamento pela autoridade competente, ou o próprio poder de decidir os contenciosos disciplinares, dentre várias outras atribuições envolvidas.

Quanto às leis de abrangência nacional, aplicáveis à União, aos Estados, ao Distrito Federal e aos Municípios, cumpre destacar: i) Lei de Introdução às Normas do Direito Brasileiro (LINDB) – Decreto-lei nº 4.657, de 4 de setembro de 1942 –, com alterações pela Lei nº 13.655, de 25 de abril de 2018, que incluiu os arts. 20 a 30, a estabelecerem regras para interpretação e decisão administrativa; ii) Lei de Improbidade Administrativa – Lei nº 8.429, de 2 de junho de 1992, cujos arts. 14 e 15 dispõem sobre o direito de representação à autoridade administrativa, para que seja instaurada investigação, e o dever da comissão processante de dar conhecimento ao Ministério Público ou ao Tribunal de Contas sobre procedimento administrativo para a apuração de ato de improbidade; iii) a Lei nº 12.846, de 1º de agosto de 2013, que dispõe sobre a responsabilização administrativa e civil de pessoas jurídicas pela prática de atos contra a administração pública, nacional ou estrangeira; iv) Código de Processo Civil – Lei nº 13.105, de 16 de março de 2015 –, cujo art. 15 refere-se à aplicação supletiva e subsidiária do CPC, na ausência de normas que regulem processos eleitorais, trabalhistas ou administrativos; v) Lei nº 14.133, de 1º de abril de 2021 – Nova Lei de Licitações e Contratos Administrativos –, cujo art. 159 prevê a apuração e julgamento conjunto, nos mesmos autos de um PAR, das infrações licitatórias e contratuais que também sejam tipificadas com atos lesivos na Lei nº 12.846/2013.

Das principais referências de normas jurídicas em matéria correcional aplicáveis somente à Administração Federal, que podem servir de referência aos demais entes, citam-se: i) Títulos IV (arts. 116 a 142) e V (arts. 143 a 182) da Lei nº 8.112, de 11 de dezembro de 1990 – Estatuto dos Servidores Públicos Civis da União –, que dispõem sobre regime e processo disciplinar, respectivamente; ii) a Lei nº 9.784, de 29 de janeiro de 1999, que regula o processo administrativo na Administração Pública Federal, aplicando-se subsidiariamente a ritos específicos, como o disciplinar; iii) o Decreto nº 5.480, de 30 de junho de 2005, que dispõe sobre o Sistema de Correição do Poder Executivo Federal; iv) o Decreto nº 8.420, de 18 de março de 2015, que regulamenta a Lei nº 12.846/2013 na administração federal; v) a Instrução Normativa (IN) nº 14, de 14 de novembro de 2018, que regulamenta a atividade e procedimentos correcionais do Sistema de Correição do Poder Executivo Federal.

Diante disso, à Prefeitura cabe examinar, por exemplo, se o seu Estatuto dos Servidores Públicos, ao afixar os deveres, proibições, penalidades, regimes e processos disciplinares, está adequado aos critérios interpretativos e decisórios da LINDB e aos princípios e garantias previstos na Constituição e no Código de Processo Civil; se há uma lei local sobre as regras gerais do processo administrativo, nos moldes da Lei Federal nº 9.784/1999; se houve regulamentação municipal da Lei nº 12.846/2013, definindo-se as autoridades incumbidas de instaurar e julgar os processos administrativos de responsabilização (PAR) e de celebrar os acordos de leniência, conforme modelo do Decreto nº 8.420/2015; se há reserva de competência centralizada em unidade especializada (corregedoria) para a coordenação da atividade correcional do Poder Executivo Municipal, vinculada ao órgão central do sistema de controle interno (controladoria); se existe regulamento detalhado sobre o fluxograma de sindicâncias, processo administrativo disciplinar e processo administrativo de responsabilização, baseando-se na técnica federal empregada no Decreto nº 5.480/2005 e na IN CGU nº 14/2018.

2.2 A centralização da atividade correcional em órgão especializado

Feito o *checklist* descrito no parágrafo anterior, o Prefeito estará apto a ultimar todas as medidas indispensáveis à reforma correcional do Poder Executivo, planejando a iniciativa dos projetos de lei e a edição dos decretos que se fizerem pertinentes. A extensão das atribuições da corregedoria dependerá da complexidade da máquina pública municipal, de seu tamanho, quantidade de servidores e demanda de correição. Não há um modelo "fechado". Existem várias possibilidades, que variam desde arranjos *centralizados* – corregedoria munida da competência exclusiva para instaurar sindicâncias, PAD e PAR, designar comissão, acompanhar a condução processual, apreciar o relatório, proferir julgamento –, *descentralizados* – todas as autoridades municipais (prefeito, secretários, dirigentes de entidades) com poder de correição –, ou *intermediários* – competência concorrente para instaurar processos e designar comissões, mas julgamento atribuído exclusivamente à corregedoria.

Neste artigo, defende-se o esforço local pela centralização das atividades correcionais em um órgão coordenador, nos moldes federais, integrado ao sistema de controle interno, com expertise, autonomia e independência técnica, para o qual se exigem os reparos procedimentais descritos a seguir, de ordem legal e infralegal.

No plano dos ajustes legislativos, a ênfase deve recair sobre a delimitação de competência e formatação de um sistema de correição, a ser coordenado pela Corregedoria-Geral do Município. A precaução consiste em evitar que fiquem dispersas e desintegradas, distribuídas entre várias unidades do Poder Executivo, as atribuições referentes a investigação, instauração, designação de comissão de inquérito, processamento, decisão, imposição de penalidade, apreciação de recursos e pedidos de revisão. A centralização desses encargos em um órgão próprio, especializado e capacitado para tal, tende a otimizar e padronizar a persecução disciplinar e administrativa.

Não se recomenda a formulação de um desenho institucional no qual incumba, a uma primeira autoridade, a instauração do procedimento e a designação da comissão processante *ad hoc*; a uma segunda, o seu julgamento; a uma terceira, a imposição da penalidade; e a uma quarta, a apreciação do recurso ou revisão. Imagine-se que o Secretário da Educação instaure um PAD e designe a comissão processante, devendo remeter o relatório final para apreciação pelo Secretário dos Negócios Jurídicos, que o julgará e encaminhará os autos ao Secretário da Administração, para cientificar o servidor sobre a imposição da penalidade e registrá-la em seu prontuário, ainda facultado o pedido de revisão ou recurso hierárquico ao prefeito. Outro modelo descentralizado seria aquele no qual todos os secretários municiais e dirigentes de entidades teriam competência concorrente para providências correcionais contra os seus subordinados. Por exemplo, o secretário da saúde instaurar sindicância, nomear comissão, julgar o relatório e punir um médico, o secretário da educação contra um professor, ou o secretário de obras proceder de igual modo em relação a um engenheiro.

Ambos os casos são distorções a serem combatidas pela iniciativa do Chefe do Executivo nos projetos de lei, pois a dispersão correcional prejudica a eficiência dos procedimentos, desorganiza o fluxo processual, arrisca a imparcialidade e a uniformização técnica, provoca morosidade e fragiliza a integridade da Administração Municipal. Impõe-se a implementação de um sistema no qual um servidor público do Executivo, membros de outros Poderes ou qualquer cidadão, diante de indícios de ilicitudes, disponham de uma autoridade central, o corregedor, para a apuração de suas denúncias ou representações. Uma vez aprovada pelos vereadores e vigente a alteração legislativa que reserve a competência da Corregedoria-Geral do Município para concentrar e centralizar as atribuições supracitadas, o prefeito deverá cuidar das atualizações infralegais, elaborando decretos que supram demais lacunas do ordenamento.

Muitas vezes, os Estatutos de Servidores Públicos são desatualizados, anteriores à Constituição de 1988, e genéricos na abordagem do regime e processo disciplinar, dada a multiplicidade de assuntos abarcados. Exemplificativamente, no município do Rio de Janeiro, veja-se o "Estatuto dos Funcionários do Poder Executivo" – Lei Municipal nº 94, de 14 de março de 1979 –, cujo texto original chegava a permitir prisão administrativa de servidor, por ordem de secretário. Apesar da presença de conteúdos não recepcionados pela Constituição, o diploma traz as regras sobre deveres, proibições, citação do indiciado, direito de defesa, prazos, vistas dos autos, instrução, diligências da comissão, elaboração do relatório, julgamento, penalidades e revisão (arts. 167 a 206 da Lei Municipal nº 94/1979).

Ainda no caso da capital fluminense, para se implementar a configuração correcional especializada, eventual alteração legislativa restringir-se-ia aos dispositivos que estabelecem a competência da Chefia de Gabinete do Prefeito, de cada Secretaria ou da Procuradoria-Geral do Município para promover processo disciplinar, nomear comissão processante e proferir decisão (arts. 189, §2º, 190, 192, 193, 199, 200, 202, 204 da Lei Municipal nº 94/1979). Fora isso, sob a base disciplinar existente no Estatuto, o Chefe do Executivo já estaria amparado do devido fundamento legal para editar decreto que detalhe a aplicação dos chamados "procedimentos correcionais", consolidando disposições previstas na legislação nacional e incorporando parâmetros federais.

2.3 O modelo correcional do Poder Executivo Federal: estatuto e regulamentos

A consolidação de especificidades da atividade de correição do Poder Executivo em atos normativos secundários, inclusive, foi a praxe adotada pela União. A base legal consta no "Estatuto dos Servidores Públicos Civis da União" – Lei Federal nº 8.112/1990 – que definiu os deveres (art. 116), as proibições (art. 117), as responsabilidades (arts. 121 a 126-A), as penalidades e hipóteses de aplicação (arts. 127 a 142), o rito de sindicância e PAD (arts. 143 a 182). Com fulcro nessas linhas gerais, o Decreto nº 5.480/2005 e a IN CGU nº 14/2018 aperfeiçoaram sua operacionalidade procedimental, como será descrito a seguir.

As penas disciplinares podem ser de advertência, suspensão, demissão, cassação de aposentadoria ou disponibilidade, destituição de cargo em comissão ou função de confiança (art. 127). Aplica-se advertência nos casos de violação das proibições constantes dos incisos I a VIII e XIX do art. 117, ou de inobservância de dever funcional que não justifique penalidade mais grave (art. 129). A suspensão, que não pode exceder noventa dias, impõe-se em caso de reincidência das faltas punidas com advertência e de violação das demais proibições que não tipifiquem infração sujeita a demissão (art. 130). Essa última, por sua vez, ocorrerá se houver transgressão dos incisos IX a XVI do art. 117 ou nas circunstâncias específicas arroladas no art. 132, tais como crime contra a Administração Pública, improbidade administrativa, inassiduidade habitual, dentre outras. Cassação de aposentadoria ou disponibilidade será aplicada ao inativo que, na atividade, houver praticado falta punível com demissão (art. 134). A destituição de cargo em comissão impor-se-á nos casos ensejadores de suspensão ou demissão (art. 135).

O trâmite processual para a aplicação das respectivas penalidades encontra-se a partir do art. 143 da Lei nº 8.112/1990, pelo qual a autoridade que tiver ciência de irregularidade no serviço público fica obrigada a promover a sua apuração imediata, mediante "sindicância" ou "processo administrativo disciplinar" (PAD), assegurada ampla defesa ao acusado. Como destaca Sérgio D'Andreia Ferreira (1997, p. 141), ambos são espécies de um gênero mais amplo, o "processo administrativo disciplinar *lato sensu*". Por "sindicância", a lei refere-se ao expediente que poderá resultar na aplicação de penas brandas (advertência ou suspensão de até trinta dias), com prazo mais curto para conclusão (trinta dias, prorrogáveis por igual período, a critério da autoridade superior), conforme art. 145 do Estatuto. O "PAD *stricto sensu*" não excederá sessenta dias, prorrogáveis por igual período (art. 152), e é obrigatório para ensejar as penas mais gravosas (art. 146), a saber, suspensão por mais de trinta dias, demissão, cassação de aposentadoria ou disponibilidade, destituição de cargo em comissão.

Na compreensão antiga, a sindicância restringia-se a um "meio sumário de elucidação de irregularidades no serviço para subsequente instauração de processo e punição do infrator" (MEIRELLES, 1989, p. 593). Como expõe Mauro Roberto Gomes de Mattos (1998, p. 104), o próprio Hely Lopes Meirelles, em sua clássica obra, na primeira edição pós-promulgação da Constituição de 1988, entendeu que "a sindicância tem sido desvirtuada e promovida como instrumento de punição de pequenas faltas de servidores, caso em que deverá haver oportunidade de defesa para validade da sanção aplicada". Logo, o instituto evoluiu de uma peça meramente investigativa ou preparatória, na acepção antiga, para também ser apto à punição daquelas infrações consideradas de menor potencial ofensivo, no novo formato. E, por força do princípio constitucional insculpido no art. 5º, LV, da Carta Magna, qualquer processo administrativo, mesmo que sumário e ensejador de pena menos gravosa, deve garantir o contraditório e a ampla defesa.

A Lei nº 8.112/1990 não traça um rito específico para as sindicâncias, dedicando abordagem exclusiva ao PAD, a ser conduzido por comissão composta de três servidores estáveis designados pela autoridade competente (art. 149), cujas fases são: i) instauração, com a publicação do ato que constituir a comissão; ii) inquérito administrativo, que compreende instrução, defesa e relatório; e iii) julgamento. São essas as etapas que devem preceder a imposição de penalidade a um servidor público, destrinchadas entre os arts. 148 e 173 do aludido Estatuto, em respeito à garantia constitucional do devido processo legal.

No mais, o art. 141 da Lei nº 8.112/1990 define as competências para aplicação de penalidade disciplinar: i) se demissão e cassação de disponibilidade de servidor, pela autoridade máxima do Poder, órgão ou entidade ao qual se vincula (Presidente da República, Presidentes das Casas do Legislativo e dos Tribunais Federais e pelo Procurador-Geral da República); ii) se suspensão superior a trinta dias, pelas autoridades de hierarquia imediatamente inferior às anteriores; iii) se advertência ou suspensão até trinta dias, pelo chefe da repartição ou outro, na forma do respectivo regulamento; iv) se destituição de cargo em comissão, pela autoridade que houver feito a nomeação. Quanto à iniciativa de sindicância ou PAD, o art. 143, §3º, permite a sua promoção por autoridade de órgão diverso daquele no qual tenha ocorrido a irregularidade, "mediante competência específica para tal finalidade, delegada em caráter permanente ou temporário pelo Presidente da República", por Presidente de outro Poder, ou pelo PGR, "preservadas as competências para o julgamento que se seguir à apuração".

Nesse particular, fica evidenciada a utilidade do poder regulamentar, pois a dicção da Lei nº 8.112/1990 suscita pontos passíveis de aclaramento quanto à sua aplicabilidade. Para saná-los, o Decreto nº 5.480/2005 criou o "Sistema de Correição do Poder Executivo Federal" e estabeleceu a Controladoria-Geral da União (CGU), por meio da Corregedoria-Geral da União (CRG), como o seu órgão central. Como tal, à CRG compete, dentre outras atribuições, "definir, padronizar, sistematizar e normatizar, mediante a edição de enunciados e instruções, os procedimentos atinentes às atividades de correição" (art. 4º, I, do Decreto nº 5.480/2005).

Também lhe foi permitido instaurar sindicâncias e PAD em razão da inexistência de condições objetivas para sua realização no órgão ou entidade de origem, da complexidade ou relevância da matéria, da autoridade envolvida ou do envolvimento de servidores de mais de um órgão ou entidade (art. 4º, VIII, do Decreto nº 5.480/2005). Outras prerrogativas da CRG são a de avocar sindicâncias e PAD em curso em outras unidades do Poder Executivo, quando verificada qualquer das hipóteses anteriores, inclusive promovendo a aplicação da penalidade cabível, e a de requisitar aqueles julgados há menos de cinco anos por outro órgão ou entidade, para reexame (art. 4º, XII e XIII, do Decreto nº 5.480/2005). O julgamento dos autos em curso na CRG, seja por instauração, avocação ou requisição, recairá ao Ministro de Estado da CGU, nas circunstâncias a envolverem pena de demissão, suspensão superior a trinta dias, cassação de aposentadoria ou de disponibilidade, destituição de cargo em comissão ou função de confiança, e ao Corregedor-Geral da União, quando se impuserem as penas de suspensão de até trinta dias ou de advertência (art. 4º, §4º, do Decreto nº 5.480/2005).

O formato implantado pelo regulamento em questão permitiu, ao Poder Executivo Federal, aquilo que ora se propõe aos municípios: a estruturação de uma coordenação central da atividade de correição. Observe-se que uma das mais importantes atribuições da CRG consiste em padronizar a estrutura correcional do Executivo federal. Nesse contexto, a Instrução Normativa da CGU nº 14, de 14 de dezembro de 2018, delimita os "procedimentos correcionais" (art. 4º), que podem ter natureza "investigativa" – não podem resultar em aplicação de penalidade, sendo prescindível a observância do contraditório e ampla defesa – ou "acusatória" – apuram a responsabilidade de servidor, empregado público federal ou de pessoa jurídica, podem resultar em sanção e exigem a garantia do contraditório e ampla defesa.

Com essa categorização, a IN CGU nº 14/2018 viabiliza a distinção, que não havia ficado clara na redação da Lei nº 8.112/1990, entre uma sindicância para fins de investigação e outra que já possa redundar em punições leves. Há, ainda, uma modalidade de sindicância preparatória específica para a análise patrimonial dos agentes públicos, instituída na Administração Federal pelo Decreto nº 5.483, de 30 de junho de 2005, e definida por Mário Vinícius Claussen Spinelli (2018, p. 335) como o conjunto de atos que tem por objetivo aferir a compatibilidade entre as suas receitas lícitas e o seu patrimônio privado.

Ademais, há uma ampla legislação esparsa que traz especificidades ao processo administrativo para punição de empregados públicos e servidores temporários, afora a própria Lei Anticorrupção, para responsabilização de pessoas jurídicas. A IN CGU nº 14/2018 permite a reunião, em um referencial comum, de todas as matérias relacionadas à atividade de correição, cada qual de acordo com a categoria que lhe é cabível. Como se constatará, a categorização contribui para uma melhor compreensão da finalidade de cada procedimento, além de consolidá-los em um documento único, com remissões às normas-base.

Os "procedimentos correcionais investigativos" são de caráter meramente preparatório, dividindo-se nas seguintes espécies: i) "investigação preliminar" (IP) – investigar o cometimento de ato lesivo contra a Administração Pública por pessoa jurídica, nos termos do art. 5º da Lei nº 12.846/2013, quando a complexidade ou os indícios de autoria ou materialidade não justificarem a instauração imediata de PAR, cujo relatório final deverá ser conclusivo quanto à existência ou não dos referidos indícios (arts. 15 a 18 da IN CGU nº 14/2018); ii) "sindicância investigativa" (SINVE) – investigar falta disciplinar praticada por servidor ou empregado público federal, quando a complexidade ou os indícios de autoria ou materialidade não justificarem a instauração imediata de procedimento acusatório, cujo relatório final deverá ser conclusivo quanto à existência ou não dos referidos indícios (arts. 19 a 22 da IN CGU nº 14/2018); iii) "sindicância patrimonial" (SINPA) – investigar indícios de enriquecimento ilícito, inclusive evolução patrimonial incompatível com os recursos e disponibilidades do servidor ou empregado público federal, na qual a comissão poderá solicitar a quaisquer órgãos ou entidades detentoras de dados, como cartórios, departamentos estaduais de trânsito e juntas comerciais, informações relativas ao patrimônio dos envolvidos, de modo que o relatório final deverá ser conclusivo quanto à existência ou não de indícios de enriquecimento ilícito (arts. 23 a 29 da IN CGU nº 14/2018). IP e SINVE têm prazo de conclusão de sessenta dias, prorrogáveis por igual período; SINPA, de trinta dias, prorrogáveis por igual período.

Os "procedimentos correcionais acusatórios", aos quais se impõem o contraditório e a ampla defesa, subdividem-se em: i) "sindicância acusatória" (SINAC) – apurar a responsabilidade de servidor público federal por infração disciplinar de menor gravidade, com prazo de conclusão de trinta dias (prorrogáveis por igual período), observando-se, no que couberem, as disposições aplicáveis ao PAD na Lei nº 8.112/1990 (arts. 30 e 31 da IN CGU nº 14/2018); ii) "processo administrativo disciplinar" (PAD) – diz respeito ao previsto nos arts. 143 a 178 da Lei nº 8.112/1990, com prazo de conclusão de sessenta dias (prorrogáveis por igual período), podendo resultar em qualquer das penalidades existentes no Estatuto, inclusive as mais gravosas (arts. 32 a 35 da IN CGU nº 14/2018); iii) "processo administrativo disciplinar sumário" – rito especial destinado a apurar a responsabilidade de servidor federal no caso das infrações de acúmulo ilegal de cargos públicos, de inassiduidade habitual ou de abandono de cargo, com prazo para conclusão de trinta dias, prorrogáveis por mais quinze dias, podendo ensejar as penalidades gravosas (arts. 36 e 37 da IN CGU nº 14/2018); iv) "sindicância disciplinar para servidores temporários" – rito especial para apurar infrações disciplinares atribuídas a contratados, nos termos da Lei nº 8.745/1993 (arts. 38 a 40 da IN CGU nº 14/2018); v) "procedimento disciplinar para empregados públicos" – rito especial para apurar infrações de funcionários celetistas, regidos pela Lei nº 9.952/2000, podendo resultar em advertência, suspensão ou rescisão do contrato de trabalho por justa causa (arts. 41 a 44 da IN CGU nº 14/2018); vi) "processo administrativo sancionador relativo aos empregados públicos de estatais" (PAS) – dar-se-á conforme procedimento previsto em norma regulamentar interna, adotando-se, no que couber, o rito contraditório da Lei nº 8.112/1990 (arts. 45 a 48 da IN CGU nº 14/2018); vii) "processo administrativo de responsabilização" (PAR) – destinado à responsabilização administrativa de pessoa jurídica em decorrência de atos lesivos contra a Administração Pública nacional ou estrangeira, definidos no art. 5º da Lei nº 12.846/2013, e a ser conduzido nos termos do Decreto nº 8.420/2015.

Com essas classificações, fica aperfeiçoada a *operacionalidade procedimental* da atividade correcional no Poder Executivo Federal. Não só pelas autoridades do Sistema de Correição ou pelos membros de comissões, mas também por parte de servidores, empregados públicos ou pessoas jurídicas, quando forem exercer o seu legítimo direito de defesa. Especificar procedimentos contribui não só para a consecução da finalidade da lei estatutária: antes de tudo, para a clareza e transparência da correição, objetivos a serem empreendidos por toda a Administração Pública brasileira, incluindo os Poderes Executivos Municipais.

3 Aspectos organizacionais

Para conferir viabilidade a uma configuração correcional que efetivamente espelhe o modelo do Poder Executivo Federal e esteja apta a centralizar a demanda processual descrita no tópico anterior, a Administração Municipal deverá atentar-se a certos elementos básicos, de ordem gerencial, para a estruturação de sua Corregedoria-Geral.

Alguns deles encontram-se delineados no manual "Como implementar uma corregedoria em Municípios", da CGU (BRASIL, 2017). A primeira providência é mapear a exata demanda correcional existente no Poder Executivo Municipal. Isso pode ser quantificado pelo volume médio de notícias de irregularidade (denúncias e representações) recebidas pela prefeitura e pela quantidade de procedimentos de correição em curso. A estrutura da corregedoria deverá ser suficiente para investigação, apuração e punição (nos casos necessários) em tempo razoável, tanto para evitar prescrição quanto para oferecer uma resposta adequada à sociedade (BRASIL, 2017, p. 7).

Com esse diagnóstico quantitativo, ter-se-á o dado indispensável ao planejamento dos recursos humanos, financeiros e administrativos do novo órgão. Por essa razão, estimula-se o formato no qual a corregedoria, em conjunto com as áreas de ouvidoria, auditoria e integridade, seja unidade integrante da controladoria, como no "padrão CGU". A união das "quatro macrofunções" poderá proporcionar redução de custos com o compartilhamento de pessoal capacitado, entre as unidades, e direção superior comum para as atribuições típicas do sistema de controle interno, algo que não seria possível com a montagem isolada de cada setor.

A título exemplificativo, a Corregedoria-Geral da União (CRG) compõe-se de "Gabinete", "Diretoria de Gestão do Sistema de Correição do Poder Executivo Federal",

"Diretoria de Responsabilização de Entes Privados" e "Diretoria de Responsabilização de Agentes Públicos" (art. 2º, II, "c" do Anexo I do Decreto nº 9.681, de 3 de janeiro de 2019). No Anexo II do Decreto nº 9.681/2019, há o quadro demonstrativo dos cargos em comissão e das funções de confiança da CGU, cujos quantitativos referentes à CRG foram consolidados na tabela a seguir. Entre parêntesis, colocou-se a respectiva nomenclatura, que varia entre "DAS" (Direção e Assessoramento Superiores) e "FCPE" (Função Comissionada do Poder Executivo).

TABELA 1

CARGOS EM COMISSÃO E FUNÇÕES DE CONFIANÇA NA CRG/CGU

Gabinete do Corregedor-Geral da União	1 Corregedor-Geral (DAS 101.6), 1 Chefe de Gabinete (DAS 101.4), 3 Coordenadores-Gerais (FCPE 101.4), 1 Coordenador de Apoio ao Gabinete (FCPE 101.3), 6 Chefes de Serviço (FCPE 101.1)
Diretoria de Gestão do Sistema de Correição	1 Diretor (DAS 101.5), 3 Coordenadores-Gerais (FCPE 101.4), 1 Chefe de Divisão (FCPE 101.2), 5 Chefes de Serviço (FCPE 101.1)
Diretoria de Responsabilização de Entes Privados	1 Diretor (DAS 101.5), 2 Coordenadores-Gerais (FCPE 101.4), 1 Chefe de Divisão (FCPE 101.2), 2 Chefes de Serviço (FCPE 101.1)
Diretoria de Responsabilização de Agentes Públicos	1 Diretor (DAS 101.5), 2 Coordenadores-Gerais (FCPE 101.4), 1 Chefe de Divisão (FCPE 101.2), 2 Chefes de Serviço (FCPE 101.1)
TOTAL	1 Corregedor-Geral, 1 Chefe de Gabinete, 1 Coordenador de Apoio, 10 Coordenadores-Gerais, 3 Chefes de Divisão, 15 Chefes de Serviço

Fonte: elaboração própria, com base no Anexo II do Decreto nº 9.681/2019

Nota-se que o Corregedor-Geral da União dispõe de trinta autoridades a si diretamente subordinadas, dentre chefe de gabinete, coordenador de apoio, coordenadores-gerais, chefes de divisão e chefes de serviço. Em cada uma das diretorias de responsabilização (entes privados e agentes públicos), há um coordenador-geral de processos e outro de instrução e julgamento, denotando-se uma oportuna segregação de atribuições. Para a composição dos recursos humanos do órgão, ainda há os servidores públicos nele lotados, como os auditores e técnicos federais de finanças e controle, que constituem a carreira da CGU.

Outro exemplo é a organização adotada no município de São Paulo, no qual a Corregedoria-Geral também é vinculada à Controladoria-Geral. De acordo com o art. 7º do Decreto Municipal nº 59.496, de 8 de junho de 2020, a Corregedoria-Geral do Município – CORR é integrada por: i) Divisão de Gerenciamento de Informações – DGI, à qual compete gerenciar as informações sobre os procedimentos e processos administrativos disciplinares, analisar denúncias e representações, manifestar-se e sugerir a adoção de providências (art. 24 do Decreto nº 59.496/2020); ii) Divisão de Procedimento Comum – DPC, à qual compete conduzir procedimentos administrativos comuns e de apuração de responsabilidade por assédio sexual (art. 25 do Decreto nº 59.496/2020); iii) Divisão de Procedimento Patrimonial – DPP, à qual compete conduzir procedimentos de apuração de enriquecimento ilícito de agentes públicos municipais (art. 26 do Decreto nº 59.496/2020); iv) Divisão de Processo Administrativo de Responsabilização de Pessoa Jurídica – DPAR, à qual compete conduzir o PAR da Lei Anticorrupção (art. 27 do Decreto nº 59.496/2020).

No Anexo Único do Decreto Municipal nº 59.496/2020, destaca-se a "Tabela D – Cargos de provimento em comissão da Corregedoria-Geral do Município – CORR", esquematizados a seguir, com a respectiva simbologia (DAS-9 a DAS-15):

TABELA 2

CARGOS DE PROVIMENTO EM COMISSÃO NA CORR/CGM-SP

Corregedoria-Geral do Município (lotação direta)	1 Corregedor-Geral (DAS-15), 1 Assessor Especial I (DAS-14), 1 Assessor Técnico III (DAS-13), 1 Assessor Técnico II (DAS-12), 4 Assessores Técnicos I (DAS-11), 1 Assessor I (DAS-9)
Divisão de Gerenciamento de Informações	1 Diretor de Divisão Técnica (DAS-12), 1 Coordenador (DAS-10)
Divisão de Procedimento Comum	1 Diretor de Divisão Técnica (DAS-12), 1 Coordenador (DAS-10)
Divisão de Procedimento Patrimonial	1 Diretor de Divisão Técnica (DAS-12), 1 Coordenador (DAS-1)
Divisão de PAR	1 Diretor de Divisão Técnica (DAS-12)
TOTAL	1 Corregedor-Geral, 8 Assessores, 4 Diretores, 3 Coordenadores

Fonte: elaboração própria, com base no Anexo Único do Decreto nº 59.496/2020

Constata-se que, na hierarquia administrativa da Corregedoria-Geral paulistana, a sua autoridade máxima dispõe de quinze cargos em comissão, dentre assessores, diretores e coordenadores. É, exatamente, a metade daquilo que se verificou no âmbito da Corregedoria-Geral da União. A CORR/CGM-SP, ainda, pode contar com outras lotações de servidores públicos, à vista da carreira de "Auditor Municipal de Controle Interno – AMCI", instituída pela Lei Municipal nº 16.193, de 5 de maio de 2015.

Do exame desses recortes organizacionais, percebe-se tendência de setorização das Corregedorias de Poder Executivo segundo as categorias de procedimentos, com a criação de diretorias específicas para cada espécie de correição. Também fica evidente a preocupação em torno do grande fluxo de documentos e informações envolvidos no expediente do órgão. A CRG/CGU, no Gabinete, tem um Coordenador-Geral de Informação Correcional. A CORR/CGM-SP dedica uma Diretoria de Divisão Técnica para os trabalhos de gerenciamento da informação. Eis um ponto para sensível atenção: a estruturação de uma Corregedoria deve envolver a criação de um setor específico para cuidar da demanda documental e informacional comum à rotina de funcionamento de um órgão que centraliza a atividade correcional.

Quando formular a proposição legislativa de criação da Corregedoria-Geral do Município, ao prefeito caberá considerar, após o diagnóstico da demanda de correição existente no Poder Executivo, o melhor arranjo estruturante para o órgão, em consonância com a realidade administrativa da municipalidade e do impacto econômico-financeiro passível de ser suportado, sob os salutares ditames da responsabilidade fiscal. A depender do porte da organização administrativa, não se fará necessária, nem conveniente, a criação de diretorias para as respectivas espécies de procedimentos. Os cargos comissionados e as funções de confiança, nas posições de chefia, direção e assessoramento, justificam-se apenas no que forem imprescindíveis à absorção do volume processual a ser suportado pelo órgão.

Em linhas gerais, a estrutura hierárquica básica de uma Corregedoria Municipal – o mínimo estritamente necessário – pode ser indicada da seguinte forma: i) Corregedor Geral do Município; ii) Chefe de Gabinete da Corregedoria; iii) Diretor de Gestão de Expediente, Documentação e Informações. Assentada essa base, caberá avaliar se implementos far-se-ão necessários, como Corregedor-Geral Adjunto, Diretor de Procedimentos, Chefias de Divisão, ou outros mais, a dependerem das efetivas necessidades e disponibilidade da Prefeitura.

Na ausência de uma carreira especial de controle interno, como aquelas presentes na CGU e na CGM-SP, os recursos humanos do órgão correcional poderão ser providos por Agentes de Administração, ou demais carreiras do quadro de servidores públicos do município. Apenas assevere-se que esses servidores, quando forem removidos à Corregedoria Municipal, deverão ser previamente selecionados, dentre aqueles com experiência prévia em matéria correcional ou com formação jurídica. Uma vez lotados no novo órgão, será indispensável um trabalho contínuo de capacitação, para que sejam aprimoradas as habilidades e conhecimentos em torno de um tema sob inédita configuração naquela organização administrativa. A quantidade de servidores de carreira a serem alocados na Corregedoria também variará de acordo com os fatores demanda, fluxo processual e diretorias existentes.

A CGU ainda recomenda a adoção da figura das "comissões permanentes", isto é, aquelas cujos membros são designados para conduzir as investigações em tempo integral e com mandato certo, de forma que, ocorrendo alguma irregularidade que exija apuração, a comissão sindicante ou processante já estará previamente nomeada (BRASIL, 2017, p. 8). À medida que os seus membros, ao se dedicarem integralmente às atribuições investigativas e apuratórias, tenham tempo hábil para estudar os casos e se especializarem, o processo disciplinar tenderá a ser mais célere, menos sujeito a interferências externas e com menor possibilidade de falhas processuais (BRASIL, 2017, p. 8).

Por fim, recomenda-se que todos os cargos e funções de confiança da corregedoria tenham rigorosos requisitos técnicos para provimento, como critérios de formação superior, experiência comprovada na área, notório saber correcional e reputação ilibada. No intuito de assegurar a necessária independência e autonomia do órgão, uma boa prática é a previsão de mandato para o Corregedor-Geral, bem como aos membros das comissões permanentes.

4 Conclusão

Para estar apto a implementar uma Corregedoria-Geral do Município em sua organização administrativa, o primeiro passo do Poder Executivo local deve ser a proposição legislativa a instituir competência exclusiva, de um órgão especializado, para a coordenação da atividade correcional, com autonomia para instaurar procedimentos, supervisionar sua condução e, até mesmo, julgá-los.

Estabelecida tal competência em lei, caberá ao Prefeito providenciar os atos normativos secundários que darão a sustentação processual ao novo órgão. Com fundamento nas disposições amplas do Estatuto dos Servidores Públicos e de outras normas aplicáveis, um decreto poderá consolidar o referencial comum para o exercício da correição, esclarecendo as tipologias e fluxos de procedimentos. A uniformização a incorporar os padrões federais contribui para a utilidade de materiais didáticos, produzidos pela própria CGU e disponíveis em seu repositório virtual, que podem subsidiar a capacitação de servidores municipais, como o completo e atualizado "Manual de Processo Administrativo Disciplinar" (BRASIL, 2021), além do acervo de "Enunciados em Atividade Disciplinar" (BRASIL, 2021).

Demais aspectos pertinentes, para dar eficácia a comandos nacionais relevantes, consistem em incorporar, nos regulamentos, os parâmetros interpretativos e decisórios balizados pela LINDB, os princípios processuais e meios de prova do CPC, o dever de dar conhecimento ao Ministério Público e Tribunal de Contas, ao constatar possível ato de improbidade administrativa (art. 15 da Lei nº 8.429/1992). Ainda, faz-se oportuno examinar se a municipalidade conta com uma lei geral de processo administrativo nos moldes da Lei Federal nº 9.784/1999.

Tão importante quanto é verificar se houve a devida regulamentação local da Lei nº 12.846/2013 (Lei Anticorrupção). A CGU recomenda que o mesmo órgão a atuar na apuração de irregularidades de servidores públicos também absorva a atribuição de investigar, apurar, processar e celebrar acordos de leniência com entes privados, considerando que muitas das regras e princípios do Direito Sancionador são aplicáveis tanto para pessoas físicas quanto jurídicas (BRASIL, 2017, p. 14). Aliás, a relevância de um adequado regulamento municipal da Lei Anticorrupção ficou reforçada pela Nova Lei de Licitações e Contratos Administrativos – Lei nº 14.133/2021, cujo art. 159 impõe a apuração e julgamento conjuntos, nos mesmos autos, dos atos nela previstos como infrações administrativas que também sejam tipificados como atos lesivos na Lei nº 12.846/2013.

Definidas essas bases jurídico-normativas, a estruturação da Corregedoria-Geral do Município dependerá do volume processual existente no município, a ser aferido em um diagnóstico prévio. Uma vez levantadas as necessidades prementes e as disponibilidades econômico-financeiras da municipalidade, o órgão deverá ter garantida a sua autonomia e independência, com previsão em lei de critérios técnicos para o provimento dos cargos em comissão e funções de confiança, além de mandato para a sua autoridade máxima.

Conforme referências estruturantes apuradas na pesquisa, a Corregedoria Municipal deverá dispor de, no mínimo, comissões permanentes de sindicância de processo disciplinar, uma chefia para auxílio imediato à autoridade máxima e de uma diretoria de gestão da informação diretamente vinculada ao Corregedor-Geral.

Referências

BRASIL. Constituição (1988). *Constituição da República Federativa do Brasil*: promulgada em 5 de outubro de 1988. Brasília: Senado Federal, Subsecretaria de Edições Técnicas, 2020.

BRASIL. Decreto-lei nº 4.657, de 4 de setembro de 1942. *Lei de Introdução às Normas do Direito Brasileiro.* Disponível em: http://www.planalto.gov.br/ccivil_03/decreto-lei/del4657compilado.htm. Acesso em: 27 nov. 2021.

BRASIL. Lei nº 8.112, de 11 de dezembro de 1990. *Dispõe sobre o regime jurídico dos servidores públicos civis da União, das autarquias e das fundações públicas federais.* Disponível em: http://www.planalto.gov.br/ccivil_03/leis/l8112cons.htm. Acesso em: 27 nov. 2021.

BRASIL. Lei nº 8.429, de 2 de junho de 1992. *Dispõe sobre as sanções aplicáveis em virtude da prática de atos de improbidade administrativa, de que trata o §4º do art. 37 da Constituição Federal; e dá outras providências.* Disponível em: http://www.planalto.gov.br/ccivil_03/leis/l8429.htm. Acesso em: 27 nov. 2021.

BRASIL. Lei nº 9.784, de 29 de janeiro de 1999. *Regula o processo administrativo no âmbito da Administração Pública Federal.* Disponível em: http://www.planalto.gov.br/ccivil_03/leis/l9784.htm. Acesso em: 27 nov. 2021.

BRASIL. Lei nº 12.846, de 1º de agosto de 2013. *Dispõe sobre a responsabilização administrativa e civil de pessoas jurídicas pela prática de atos contra a administração pública, nacional ou estrangeira, e dá outras providências.* Disponível em: http://www.planalto.gov.br/ccivil_03/_ato2011-2014/2013/lei/l12846.htm. Acesso em: 27 nov. 2021.

BRASIL. Lei Complementar nº 13.105, de 16 de março de 2015. *Código de Processo Civil.* Disponível em: http://www.planalto.gov.br/ccivil_03/_ato2015-2018/2015/lei/l13105.htm. Acesso em: 27 nov. 2021.

BRASIL. Lei Complementar nº 14.133, de 1º de abril de 2021. *Lei de Licitações e Contratos Administrativos.* Disponível em: http://www.planalto.gov.br/ccivil_03/_ato2019-2022/2021/lei/L14133.htm. Acesso em: 27 nov. 2021.

BRASIL. Decreto nº 5.480, de 30 de junho de 2005. *Dispõe sobre o Sistema de Correição do Poder Executivo Federal, e dá outras providências.* Disponível em: http://www.planalto.gov.br/ccivil_03/_ato2004-2006/2005/decreto/d5480.htm. Acesso em: 27 nov. 2021.

BRASIL. Decreto nº 5.483, de 30 de junho de 2005. *Regulamenta, no âmbito do Poder Executivo Federal, o art. 13 da Lei nº 8.429, de 2 de junho de 1992, institui a sindicância patrimonial e dá outras providências.* Disponível em: http://www.planalto.gov.br/ccivil_03/_ato2004-2006/2005/decreto/d5483.htm. Acesso em: 27 nov. 2021.

BRASIL. Decreto nº 8.420, de 18 de março de 2015. *Regulamenta a Lei nº 12.846, de 1º de agosto de 2013 [...].* Disponível em: http://www.planalto.gov.br/ccivil_03/_ato2015-2018/2015/decreto/d8420.htm. Acesso em: 27 nov. 2021.

BRASIL. Instrução Normativa nº 14 da Controladoria-Geral da União (CGU), de 14 de novembro de 2018. *Regulamenta a Atividade Correcional no Sistema de Correição do Poder Executivo Federal de que trata o Decreto nº 5.480, de 30 de junho de 2005.* Disponível em: https://www.in.gov.br/materia/-/asset_publisher/Kujrw0TZC2Mb/content/id/50484511/do1-2018-11-16-instrucao-normativa-n-14-de-14-de-novembro-de-2018-50484367. Acesso em: 27 nov. 2021.

BRASIL. Decreto nº 9.681, de 3 de janeiro de 2019. *Aprova a Estrutura Regimental e o Quadro Demonstrativo dos Cargos em Comissão e das Funções de Confiança da CGU [...].* Disponível em: http://www.planalto.gov.br/ccivil_03/_ato2019-2022/2019/decreto/D9681.htm. Acesso: 27 nov. 2021.

BRASIL. Controladoria-Geral da União (CGU). *Manual de Processo Administrativo Disciplinar.* Brasília: CGU, 2021. Disponível em: https://repositorio.cgu.gov.br/bitstream/1/64869/6/Manual_PAD_2021_1.pdf. Acesso em: 27 nov. 2021.

BRASIL. Controladoria-Geral da União (CGU). Corregedoria-Geral da União (CRG). *Como implementar uma Corregedoria em Municípios.* Brasília: CGU, 2017. Disponível em: https://www.gov.br/cgu/pt-br/centrais-de-conteudo/publicacoes/transparencia-publica/colecao-municipio-transparente/arquivos/como-implementar-uma-corregedoria-em-municipios_completa.pdf. Acesso em: 27 nov. 2021.

FERREIRA, Sério D'Andreia. *O controle da Administração Pública pelo Judiciário.* Rio de Janeiro: Renovar, 1998.

GOMES DE MATTOS, Mauro Roberto. Direito de defesa em sindicância. In: *Revista de Informação Legislativa*, Brasília, a. 35, n. 138, abr./jun. 1998. Disponível em: https://www2.senado.leg.br/bdsf/bitstream/handle/id/370/r138-10.pdf?sequence=4&isAllowed=y. Acesso em: 27 nov. 2021.

MEIRELLES, Hely Lopes. *Direito Administrativo Brasileiro.* 14 ed. São Paulo: Malheiros, 1989.

RIO DE JANEIRO (município). Lei nº 94, de 14 de março de 1979. *Dispõe sobre o Estatuto dos Funcionários Públicos do Poder Executivo do Município do Rio de Janeiro e dá outras providências.* Disponível em: https://smaonline.rio.rj.gov.br/ConLegis/ato.asp?16488. Acesso em: 27 nov. 2021.

SPINELLI, Mário V. C. A análise patrimonial de agentes públicos como ferramenta de promoção da integridade. *In*: PAULA, Marco A. Borges de; CASTRO, Rodrigo Pironti de (org.). *Compliance, gestão de riscos e combate à corrupção*. Belo Horizonte: Fórum, 2018.

SÃO PAULO (município). Decreto nº 59.496, de 8 de junho de 2020. *Regulamenta o artigo 53 da Lei Orgânica do Município de São Paulo, bem como dispositivos das Leis nº 15.764, de 27 de maio de 2013, e nº 16.974, de 23 de agosto de 2018, dispondo sobre o sistema de controle interno municipal, a organização e o funcionamento da Controladoria Geral do Município [...]*. Disponível em: https://legislacao.prefeitura.sp.gov.br/leis/decreto-59496-de-8-de-junho-de-2020. Acesso em: 27 nov. 2021.

UNGARO, Gustavo Gonçalves. *Controle interno da administração pública sob a Constituição de 1988 e sua eficiência para a transparência e o enfrentamento da corrupção*. Tese de Doutorado. São Paulo: FD-USP, 2019.

UNGARO, Gustavo Gonçalves; PICCINI, Óthon Castrequini. *O controle da Administração municipal e a implementação de uma controladoria*. Artigo de Opinião. São Paulo: Conjur, 2021. Disponível em: https://www.conjur.com.br/2021-ago-28/opiniao-controle-administracao-municipal-controladoria. Acesso em: 1 nov. 2021.

Informação bibliográfica deste texto, conforme a NBR 6023:2018 da Associação Brasileira de Normas Técnicas (ABNT):

PICCINI, Óthon Castrequini. Elementos jurídicos e gerenciais para a estruturação de uma corregedoria no Poder Executivo municipal. *In*: CONTI, José Maurício; MARRARA, Thiago; IOCKEN, Sabrina Nunes; CARVALHO, André Castro (coord.). *Responsabilidade do gestor na Administração Pública*: improbidade e temas especiais. Belo Horizonte: Fórum, 2022. p.315-329. ISBN 978-65-5518-413-6. v.3.

O RELACIONAMENTO ENTRE O CONTROLE INTERNO E O CONTROLE EXTERNO NA LEI Nº 14.133/2021

CHRISTIANNE DE CARVALHO STROPPA

1 Introdução

Quando da promulgação da Lei nº 14.133, no dia 1º de abril de 2021, bradou-se ao longe: "*Habemus legem*! É anunciado ao povo brasileiro que uma nova Lei de Licitações e Contratos Administrativos – LCCA entra em vigor" (BONATTO, 2021).

Nos termos do art. 193, inciso II, da Lei, somente após o transcurso de dois anos da publicação oficial da Lei nº 14.133/2021, é que ocorrerá a revogação integral da Lei nº 8.666/1993, da Lei nº 10.520/2002 e dos arts. 1º a 47 da Lei nº 12.462/2011. Durante esse período, muito embora tenha entrado em vigor na data de sua publicação, como previsto no art. 194, nos termos do contido nos arts. 190 e 191, verificam-se algumas regras de transição: (i) contratos firmados antes de 1º de abril de 2021 continuarão sendo regidos pela Lei vigente no momento de suas formalizações; e (ii) até o dia 1º de abril de 2023 a Administração Pública poderá optar por licitar/contratar diretamente conforme o regime de legislação até então vigente ou a nova, cumprindo indicar, uma dessas duas opções, na instrução pertinente.

Mesmo que classificada como um grande "museu de novidades" (OLIVEIRA, 2021), já que incorporou institutos consagrados em leis especiais – tais como a Lei nº 10.520/2002 (Pregão), Lei nº 12.462/2011 (RDC), Lei nº 13.303/2016 –, instruções normativas federais e orientações do Tribunal de Contas da União, evidente que promoveu importantes alterações no tratamento da duração dos contratos.

A nova lei não foi disruptiva como se pensava, pois manteve a sistemática já existente, não obstante tenha inserido e tratado de outros temas direta e indiretamente relacionados às contratações públicas.[1]

---

[1] "De abrangência nacional, por conter normas gerais (CF/1988, art. 22, XXVII), tem o elevado propósito de organizar toda e qualquer ação que implique em dispêndio do dinheiro público com obras, compras ou contratação de serviços e assegurar sua correta destinação. Fácil constatar que o legislador optou por fazê-lo de maneira didática, daí aproximando-a antes a um manual de procedimento do que propriamente a um estatuto de normas ditas gerais, como enfaticamente anunciado em seu artigo 1º" (RODRIGUES, 2021).

Dentre as inúmeras novidades trazidas pela Lei nº 14.133/2021, destaca-se, com esteio no parágrafo único do art. 11, uma linha mestra baseada na governança das contratações, nos seguintes termos: "A alta administração do órgão ou entidade é responsável pela governança das contratações e deve implementar processos e estruturas, inclusive de gestão de riscos e controles internos, para avaliar, direcionar e monitorar os processos licitatórios e os respectivos contratos, com o intuito de alcançar os objetivos estabelecidos no *caput* deste artigo, promover um ambiente íntegro e confiável, assegurar o alinhamento das contratações ao planejamento estratégico e às leis orçamentárias e promover eficiência, efetividade e eficácia em suas contratações".

Com base no conceito macro de governança pública, o Tribunal de Contas da União elaborou a seguinte definição para a governança das aquisições:

> Governança das aquisições compreende essencialmente o conjunto de mecanismos de liderança, estratégia e controle postos em prática para avaliar, direcionar e monitorar a atuação da gestão das aquisições, com objetivo de que as aquisições agreguem valor ao negócio da organização, com riscos aceitáveis. (Relatório da TC 025.068/2013-0 que deu origem ao Acórdão nº 2.622/2015 – Plenário)

Trata-se de um conceito em construção, cujo escopo vem sendo delineado pelas boas práticas em planejamento e gestão e disseminado por meio de acórdãos e novos normativos infralegais. Em suma, governança nas aquisições refere-se ao conjunto de diretrizes, estruturas organizacionais, processos e mecanismos de controle que visam assegurar que as decisões e as ações relativas à gestão das compras e contratações estejam alinhadas às necessidades da organização, contribuindo para o alcance das suas metas (art. 2º, II, da Resolução TCU nº 247/2011).

Alinhada com a governança, há uma efetiva e real preocupação com o controle das contratações,[2] merecendo, no entanto, ser criticada a falta de uniformidade e de tecnicidade no uso da expressão.

Uma simples pesquisa sobre a expressão "controle" na Lei nº 14.133/2021 indica 34 (trinta e quatro) referências,[3] dentre as quais:

- 28 (vinte e oito) compreensivas do controle interno e controle externo; e
- 9 (nove) específicas de controle interno.

Há também, 4 (quatro) referências expressas a Tribunal de Contas.

Por outro lado, nos temas indicados no inciso I, art. 24 (orçamento não sigiloso); inciso IV, art. 60 (programa de integridade como critério de desempate); §§1º e 2º, art. 141 (descumprimento da ordem cronológica); inciso V, §1º, art. 156 (programa de integridade para dosimetria na aplicação das sanções); §2º, art. 169 (acesso a documentos e informações); §3º, art. 169 (procedimento de controle); e §4º (receber e julgar representação), há uma referência legal tanto ao controle interno quanto ao

---

[2] "Há, inegavelmente, uma preocupação do legislador quanto ao controle preventivo, evitando a deflagração de contratações públicas indesejadas e, até mesmo, ineficientes, razão pela qual a gestão de riscos, naturalmente preponderante quando do planejamento do objeto licitado, deve ocorrer durante toda a fase de contratação pública" (CARVALHO; CABRAL, 2021).

[3] Referências: controle (art. 170, *caput*); controle(s) interno(s) (art. 7º, §2º, art. 8º, §3º, art. 11, parágrafo único, art. 19, inciso IV, art. 116, §3º, art. 140, §1º, art. 168, incisos II e III); órgão de controle externo (art. 24, inciso I); controle prévio (art. 52, "caput" e §4º); controle(s) preventivo(s) (art. 168, *caput*, e §3º, inciso I); órgãos de controle (art. 59, inciso IV, art. 141, §2º, art. 155, §1º, inciso V, art. 170, §2º, art. 169, *caput*, §§2º e 3º, art. 171); órgãos de controle interno (art. 24, inciso I, art. 170, §4º) e controle social (art. 169, *caput*).

controle externo. Ademais, há também uma equiparação de atribuições entre o órgão de assessoria jurídica e o controle interno (§3º, art. 8º; inciso IV, art. 19; e §3º, art. 117), o que também indica uma sensível ampliação das atribuições da assessoria jurídica no tocante ao controle de legalidade das contratações.

Neste sentido, após identificar quem é o controle interno e quem é o controle externo, já que não será abordado o órgão de assessoramento jurídico, importante apontar como se dará o relacionamento entre esses controles no contexto da Lei nº 14.133/2021, bem como os papéis que deverão ser exercidos por cada um desses órgãos, em especial, respeitando-se o princípio da segregação de funções.

2 O controle da Administração Pública

O controle, previsto como princípio fundamental desde o inciso V, art. 6º do Decreto-Lei nº 200/1967, pode ser entendido como o "poder de fiscalização e correção que sobre ela (Administração Pública) exercem os órgãos dos Poderes Judiciário, Legislativo e Executivo, com o objetivo de garantir a conformidade de sua atuação com os princípios que lhe são impostos pelo ordenamento jurídico" (DI PIETRO, 2021, p. 976). Tanto a fiscalização quanto a correção/revisão são elementos básicos do controle. Enquanto se entende ser a fiscalização o:

> [p]oder de verificação que se faz sobre a atividade dos órgãos e dos agentes administrativos, bem como em relação à finalidade pública que deve servir de objetivo para a Administração. A revisão é o poder de corrigir as condutas administrativas, seja porque tenham vulnerado normas legais, seja porque haja necessidade de alterar alguma linha das políticas administrativas para que melhor seja atendido o interesse coletivo. (CARVALHO FILHO, 2021, 1015)

Controlar pode também ser compreendido como adoção de "ações com o propósito de certificar-se de que algo seja cumprido de acordo com o planejado e em conformidade com o disciplinado no ordenamento jurídico" (PELEGRINI, 2021, p. 706).

A Administração Pública, direta ou indireta, assujeita-se a controles internos e externos. O interno é o controle exercido por órgãos da própria Administração, isto é, integrantes do aparelho do Poder Executivo – ou do Poder Legislativo ou do Poder Judiciário, quando estiverem eles agindo no exercício de função atípica administrativa –; por sua vez, o externo, é o efetuado por órgãos alheios à Administração, tais como: Poder Judiciário, Ministério Público e Tribunais de Contas.

Conforme estruturado pelo Constituinte Originário, nos termos dispostos nos arts. 70 e 71 da Constituição Federal de 1988, a fiscalização contábil, financeira, orçamentária, operacional e patrimonial quanto à legalidade, legitimidade, economicidade, aplicação das subvenções e renúncia de receitas é realizada conjuntamente pelo controle externo, titularizado pelo Poder Legislativo (Congresso Nacional no plano federal), e pelo sistema de controle interno de cada poder (FUSCO; FERRAZ, 2021, p. 59).

De maneira geral, a auditoria (como sinônimo de controle) realizada por órgãos e entidades públicas é denominada "auditoria governamental". A denominada interna é aquela realizada dentro da própria organização ou dentro do mesmo poder; por sua vez, a auditoria externa é realizada basicamente pelos Tribunais de Contas (CARVALHO NETO *et al.*, 2019, p. 97-98).

3 O sistema de controle interno

O Código de Contabilidade da União (Decreto nº 4.536/1922) é considerado o embrião da criação do controle interno, ante a referência a um conjunto de estruturas responsáveis pela fiscalização, espalhadas por diversos órgãos, e a Contadoria-Geral da República, órgão de natureza contábil criado em 1921 e vinculado ao Ministério da Fazenda, atuando nos aspectos contábeis. Outras normas relevantes são:

- Lei nº 4.320/1964 – arts. 76 a 80: execução orçamentária (personalidade própria e distinta do controle externo).
- Decreto-Lei nº 200/1967 – Inspetoria-Geral de Finanças.
- Lei Complementar nº 101/2000 – LRF – art. 59.
- Lei nº 10.180/2001 – formaliza o sistema de controle interno.

A Constituição Federal de 1988, por sua vez, nos arts. 31, 70 e 74, estipula a existência e o funcionamento de um sistema, responsável pelo controle interno, a ser mantido de forma integrada pelos três poderes estatais.

O controle interno não é tarefa exclusiva de um único órgão nem pode ser desempenhado isoladamente. Entretanto, embora:

> [a] Constituição de 1988 determine a existência e atuação do controle interno e tenha recepcionado preceitos anteriores relacionados às suas atribuições, tais como os dispositivos da Lei nº 4.320/64, especialmente seus artigos 76 a 80, percebe-se que, exclusivamente para o controle interno, não houve a fixação de um formato previamente definido nem um *modus operandi* específico para o seu exercício, diferentemente do que se deu com o controle externo, a cargo do Parlamento e de um órgão singularmente delineado para a tarefa – o Tribunal de Contas. (UNGARO; SANTOS, 2021, p. 36)

É, portanto, um processo integrado e projetado nas unidades administrativas do Estado, revelado por normas, rotinas e procedimentos, que busca examinar a adequação de um dado comportamento à lei e ao Direito, contribuindo para a melhoria da qualidade do serviço público (MESSA; MESSA, 2021, p. 463).

Em geral, as macrofunções de controle interno compreendem a execução integrada e transversal das seguintes atividades: auditoria, corregedoria, ouvidoria e transparência e combate à corrupção.

4 O sistema de controle externo

O sistema de controle externo pode ser conceituado como o "conjunto de ações de controle desenvolvidas por uma estrutura organizacional, com procedimentos, atividades e recursos próprios, não integrados na estrutura controlada, visando à fiscalização, verificação e correção dos atos" (JACOBY FERNANDES, 2003, p. 24), compreende (i) o controle parlamentar direto; (ii) o controle exercido pelo Tribunal de Contas e (iii) o controle jurisdicional.[4]

---

[4] Odete Medauar (MEDAUAR, 2012, p, 43) destaca que, "desprovido de um ou mais elementos caracterizadores do controle em sentido restrito, poder-se-ia cogitar do chamado controle extraorgânico ou controle social, inserido dentre os controles em sentido amplo, realizado, por exemplo, pelo povo, imprensa etc.".

Nesses termos, os Tribunais de Contas são órgãos constitucionais aos quais compete o exercício do controle externo em auxílio ao Poder Legislativo, nos termos dos arts. 70 a 75 da Constituição Federal de 1988.

Mas, como corolário do *princípio republicano*, a própria Constituição também se encarrega de fixar mecanismos de controle dos poderes uns sobre os outros, dando concreção à teoria dos freios e contrapesos (*checks and balances*). E, assim, estabelece como uma das funções típicas do Poder Legislativo o *controle externo* da Administração Pública sob os *critérios político e financeiro* (CARVALHO FILHO, 2021, p. 1.085) – este último exercido com o auxílio do Tribunal de Contas da União, nos termos do art. 71 da Constituição de 1988.

A toda prova, portanto, para que haja equilíbrio entre os poderes – no exercício do *controle do poder pelo poder* e sem prejuízo da separação harmônica e da independência recíproca que constituem *princípio estruturante* da República Federativa do Brasil –, faz-se imprescindível reconhecer a existência de *núcleos fundamentais* e *intangíveis* nas funções estatais cominadas aos ditos poderes. Daí por que a mesma proteção que confere a inalterabilidade da *coisa julgada* que é fruto da *função típica* do Poder Judiciário, e que torna defeso restringir a decisão do Poder Legislativo acerca da conveniência da *edição de novas leis*, também obsta a incursão no *mérito do ato administrativo*[5] senão pela própria Administração Pública.

É bem verdade, porém, que a intangibilidade do mérito do ato administrativo não é por assim dizer absoluta. A proteção não afasta de toda e qualquer sorte o exame do juízo de conveniência e oportunidade, pois há muito já se reconhece que o controle externo exercido pelo Poder Legislativo com auxílio do Tribunal de Contas, bem como o "controle exercido pelos Tribunais de Contas, com fundamento na própria Constituição e sem qualquer tipo de subordinação ao Legislativo" (MOTTA; NAVES, 2021, 709), pode se dar tanto sob o aspecto de legalidade como de legitimidade[6] e economicidade,[7] que, a rigor, abarcam em certa medida o mérito do ato.

No que diz respeito à *atuação dos Tribunais de Contas no exercício do controle externo* ou, em outras palavras, às competências de controle dos Tribunais de Contas, Carlos Ari Sundfeld e Jacintho Arruda Câmara (SUNDFELD; CÂMARA, 2013, p. 182) destacam que é preciso considerar três noções bastante simples:

a) *Objeto da fiscalização* – como o conjunto de fatos, atos e procedimentos da Administração Pública ou de terceiros que o Tribunal examina e, a seguir, avalia, positiva ou negativamente;

---

[5] "Mérito do ato é o campo de liberdade suposto na lei e que efetivamente venha a remanescer no caso concreto, para que o administrador, segundo critérios de conveniência e oportunidade, decida-se entre duas ou mais soluções admissíveis perante a situação vertente, tendo em vista o exato atendimento da finalidade legal, ante a impossibilidade de ser objetivamente identificada qual delas seria a única adequada" (BANDEIRA DE MELLO, 2021, p. 918). O mesmo não se diga quanto à discricionariedade, porquanto, enquanto exercício de competência administrativa, se sujeita à sindicabilidade.

[6] "*Legitimidade*. Quando se distingue legitimidade de legalidade, é exatamente para sublinhar que aquela concerne à substância do ato o ato legítimo não observa apenas as formas prescritas ou não defesas pela lei, mas também em sua substância se ajusta a esta, assim como aos princípios não jurídicos da boa administração" (FERREIRA FILHO, 1992, p. 125).

[7] "Economicidade. Aqui se autoriza a apreciação se o ato foi realizado de modo a obter o resultado a custo adequado, razoável, não necessariamente ao menor custo possível" (FERREIRA FILHO, Ob. cit.).

b) *Parâmetro de fiscalização* – referência que o Tribunal adota para avaliar positiva ou negativamente certo objeto;

c) *Produto da fiscalização* – os atos que o Tribunal produz em decorrência dos procedimentos que realiza.

Os autores concluem, então, que a fiscalização do Tribunal de Contas é *bem ampla* no que se refere a seu *objeto* e *parâmetro*, mas, de outra sorte, *muito condicionada* quanto a seu *produto*, ou seja, quanto ao seu *poder de comandar*. Por suas palavras:

> (...) a fiscalização do Tribunal pode ter por objeto <u>quase tudo</u> que se relaciona à Administração Pública. É que, além da fiscalização financeira, orçamentária, contábil e patrimonial – matérias sob a jurisdição específica do Tribunal de Contas –, cabe-lhe, no exercício da fiscalização operacional, um exame do todo, do conjunto da atuação administrativa (CF, art. 70, *caput*).
>
> Os parâmetros que o Tribunal pode usar em sua avaliação *também são muito variados*, não se restringindo à legalidade, pois se estendem também, como dita o art. 70, *caput*, da CF, à economicidade e à legitimidade (ou, para usar fórmula mais consagrada no debate internacional, à economicidade, à eficiência e à efetividade). (SUNDFELD; CÂMARA, 2013, p.182) – grifos nossos.

No mesmo diapasão, Helio Saul Mileski (MILESKI, 2003, p. 249) assevera que o controle com base na *legitimidade* pressupõe uma fiscalização pautada não só pelas normas legais, porquanto estruturada na *moralidade*. A legitimidade identificar-se-ia com os valores, princípios e fins que regem a ação administrativa, enfim, com o interesse público. Desse modo, aproxima-se do sentido de justiça, de racionalidade no exercício da atividade financeira.

Carlos Ari Sundfeld e Jacintho Arruda Câmara (SUNDFELD; CÂMARA, 2013, p. 183-184) defendem, ainda, que "os atos de comando que o Tribunal pode produzir são a aplicação de sanções (CF, art. 71, VIII), *a sustação de atos* (CF, art. 71, X, e §1º) e o registro de certos atos de pessoal (CF, art. 71, III). Não lhe cabe dar ordens cogentes em geral às autoridades administrativas, anular diretamente atos ou contratos, nem suspender ou sustar contratos (pois isto é tarefa do Legislativo – CF, art. 71, §1º)".[8] E "esses atos de comando só podem ser editados para *correção ou punição de irregularidades* ('ilegalidades'), em virtude da avaliação do Tribunal de que uma violação de norma jurídica está em curso ou foi cometida (CF, art. 71, VIII e IX)".

Em complemento, vale registrar o que adverte Guilherme Corona Rodrigues Lima (LIMA, 2018, p. 52), para quem o §2º do art. 113 da Lei nº 8.666/1993,

> [...] traz a previsão legal acerca da possibilidade de controle ou exame prévio de editais de licitações, por parte dos Tribunais de Contas, bem como a possibilidade de tais órgãos de controle imporem medidas corretivas ao órgão licitante, que está obrigado, nos limites que se demonstrará, a observá-los na condução do certame.

---

[8] André Luiz Freire ressalta que, embora o "Tribunal de Contas da União possa declarar a ilegalidade de atos administrativos unilaterais e sustar a sua execução, a Constituição de 1988 estabeleceu que, em relação aos contratos administrativos, 'o ato de sustação será adotado diretamente pelo Congresso Nacional, que solicitará, de imediato, ao Poder Executivo, as medidas cabíveis'" (FREIRE, 2008, p. 167).

Assim, embora discutida na doutrina,[9] comungamos do entendimento de que a missão constitucional dos Tribunais de Contas:

> (...) abarca o controle da licitação porque esta culmina em um contrato administrativo e gera despesa. A dicção constitucional 'contratos' deve ser lida com toda a força normativa que a Constituição reservou à função fiscalizatória dos tribunais de contas, devendo abarcar a fase prévia que antecede a conclusão do contrato, as licitações, mormente seu edital, um dos maiores responsáveis pelos desvios administrativos na realização da despesa pública. Não pode controlar a juridicidade de um contrato administrativo se não se puder controlar os atos que o originam (BIM, 2006, p. 363-386).

Por outro lado, destaca-se que o TCU (e as Cortes de Contas num geral) possui grande atuação *a posteriori* no controle dos atos e contratos, por meio de prestações e tomadas de contas dos administradores em especial, assim como em outros mecanismos elencados na Lei Orgânica do TCU (LOTCU) e em seu Regimento Interno (RI), como levantamentos, auditorias e monitoramentos (visto que os três procuram fiscalizar os atos já emitidos e a gestão sendo realizada, então, por este motivo, podemos considerá-los também espécie de controle concomitante ao ato).

Contudo, o interesse está no controle feito antes da atuação administrativa. Em outras palavras, antes da publicação do ato ou, em alguns casos, antes que ele irradie todos os seus efeitos. Portanto, tem-se por controle preventivo aquele com vistas a garantir a lisura do ato ou contrato administrativo tanto pela legitimidade quanto pela economicidade e operacionalidade, para que se evitem, desta forma, desvios de finalidade e danos ao erário.

Em que pese até a Constituição de 1967, "o controle prévio correspondeu ao núcleo do sistema de fiscalização dos atos e contratos (...). Este se baseava no chamado sistema de registro prévio, com base no qual a administração, antes de celebrar atos e contratos, os submetia ao Tribunal de Contas, para que este apreciasse sua legalidade, com especial ênfase na verificação de sua adequação com a lei orçamentária. Como desdobramento desse controle, o ato/contrato poderia ser simplesmente registrado, vetado de forma absoluta, ou registrado sob protesto" (MAGALHÃES JUNIOR *apud* DAL POZZO, 2008, p. 55 e 56). Com o advento do regime militar, todo este controle passou a ser posterior e somente para os atos que eram submetidos ao TCU.

Com a promulgação da CF/1988, o TCU voltou à sua posição de órgão constitucional de relevância para a democracia e para a boa gestão pública. Foi aumentado o rol de atribuições e o escopo de suas fiscalizações, bem como seus deveres-poderes. O controle preventivo voltou a constar no bojo dessas atribuições, permitindo uma atuação mais incisiva por parte da Corte de Contas frente à Administração Pública.

Isto posto, e, como já dito, considerando os procedimentos descritos no item anterior, cabe agora ver quais deles são passíveis de serem utilizados em sede de controle preventivo e como se dará o seu processamento e resultado, bem como as discussões acerca da atuação do TCU nesta espécie de controle.

---

[9] "O exame dos editais pelo Tribunal de Contas tem sido objeto de inúmeros questionamentos. Alguns entendem que, por se tratar de fiscalização a priori, não deveria ser realizada, pois o Tribunal de Contas realizaria, apenas, fiscalização a posteriori – quando as despesas já ocorreram – ou, no máximo, de maneira concomitante, nos casos de inspeções ou auditorias" (BARROS, 2005, p. 542).

5 O modelo das linhas de defesa

O art. 169 da Lei nº 14.133/2021, reforçando o contido no parágrafo único do art. 11, indica que as contratações públicas deverão submeter-se a práticas contínuas e permanentes de gestão de riscos e de controle preventivo, inclusive mediante adoção de recursos de tecnologia da informação, e, além de estar subordinadas ao controle social, sujeitar-se-ão às seguintes linhas de defesa:

- primeira linha de defesa, integrada por servidores e empregados públicos, agentes de licitação e autoridades que atuam na estrutura de governança do órgão ou entidade – tem como função supervisionar as atividades relacionadas com as licitações e contratações;
- segunda linha de defesa, integrada pelas unidades de assessoramento jurídico e de controle interno do próprio órgão ou entidade – vai supervisionar a conformidade e colaborar no desenvolvimento e monitoramento dos controles da primeira linha;
- terceira linha de defesa, integrada pelo órgão central de controle interno da Administração e pelo tribunal de contas – tem uma atuação voltada para a avaliação e adequação dos sistemas de controle interno, visando seu permanente aperfeiçoamento.

Inicialmente idealizado como modelo das Três Linhas de Defesa, atualizado em 2020 para o modelo das Três Linhas,[10] pelo *Instituto of Internal Auditors – IIA,*[11] é uma parte importante do gerenciamento de riscos e controle da organização.[12]

Tem como principal premissa que "o órgão de governança, a gestão e a auditoria interna têm responsabilidades distintas, mas todas as atividades precisam estar alinhadas com os objetivos da organização. A base para uma coerência bem-sucedida é a coordenação, colaboração e comunicação regulares e eficazes".[13]

Além disso, de acordo com o COSO (*Committee of Sponsoring Organizations of the treadway Commission*), o modelo das três linhas constitui "uma forma simples e eficaz de melhorar a comunicação do gerenciamento de riscos e controle por meio do

---

[10] O modelo das três linhas do IIA (2020) está presente no ordenamento jurídico brasileiro por meio de disposições do Decreto-Lei nº 200/1967 (art. 13), da Instrução Normativa MP/CGU nº 01/2016, IN CGU nº 03/2017 e IN CGU nº 08/2017.

[11] De acordo com o Documento de Exposição do IIA, "o modelo das Três Linhas de Defesa surgiu há mais de 20 anos e, desde então, se tornou amplamente reconhecido, principalmente no setor de serviços financeiros, onde foi criado. O The IIA adotou o modelo formalmente na Declaração de Posicionamento 'As Três Linhas de Defesa no Gerenciamento Eficaz de Riscos e Controles', publicada em 2013, e vem promovendo o modelo como uma ferramenta valiosa para os responsáveis pela governança. Seu apelo está na explicação direta e simples dos diversos papéis e atividades que compõem o gerenciamento de riscos e controle (embora não considere a governança de forma mais ampla) e seu valor é ajudar as organizações a evitar confusão, duplicação e lacunas na atribuição de responsabilidades por esses papéis e atividades" (INSTITUTE OF INTERNAL AUDITORS, 2013, 2019, p. 4). Todavia, em 2020 o IIA realizou uma "revisão" no modelo das três linhas de defesa, esclarecendo que "os termos 'primeira linha', 'segunda linha' e 'terceira linha' do modelo original são mantidos para familiaridade. No entanto, as 'linhas' não pretendem denotar elementos estruturais, mas uma diferenciação útil de papéis. Logicamente, os papéis do órgão de governança também constituem uma 'linha', mas essa convenção não foi adotada para evitar confusão. A numeração (primeira, segunda, terceira) não deve ser considerada como significando operações sequenciais. Em vez disso, todos os papéis operam simultaneamente" (INSTITUTE OF INTERNAL AUDITORS, 2020, p. 3).

[12] O TCU, no Acórdão nº 1.171/2017 – Plenário, indica que o Sistema de Controle interno é formado pelas três linhas de defesa; todas elas estão dentro da organização.

[13] Declaração de Posicionamento do IIA. Disponível em: https://iiabrasil.org.br/korbilload/upl/editorHTML/uploadDireto/20200758glob-th-editorHTML-00000013-20082020141130.pdf. Acesso em: 19 nov. 2021.

esclarecimento dos papéis e responsabilidades essenciais. O modelo apresenta um novo ponto de vista sobre as operações, ajudando a garantir o sucesso contínuo das iniciativas de gerenciamento de riscos, e é aplicável a qualquer organização – *não importando seu tamanho ou complexidade*" (COSO, 2015, p. 2).

Importante que, no âmbito de cada organização pública, seja efetuada a distinção institucional entre as atividades de controle interno (segunda linha de defesa) e as de auditoria (terceira linha). A terceira linha de defesa deverá ser realizada por uma unidade central de auditoria, dotada de maior nível possível de independência. "No âmbito do Poder Executivo federal, por exemplo, existem as unidades de controle interno no âmbito de cada órgão ou entidade e que desempenhariam as funções de segunda linha de defesa. Por sua vez, a terceira linha de defesa seria de responsabilidade da Controladoria-Geral da União (CGU). Ocorre que, em especial nos Poderes Legislativo e Judiciário e nos órgãos dotados de autonomia constitucional, há apenas uma unidade de auditoria ou controle interno. Nessa situação, é fundamental distinguir os papéis da segunda e da terceira linhas, e observar a necessária independência da instância que realiza a auditoria" (AMORIM, 2021, p. 105).

De acordo com o Referencial Básico de Gestão de Riscos do Tribunal de Contas da União:

> A abordagem das Três Linhas de Defesa, embora não seja um modelo de gestão de riscos, é uma forma simples e eficaz para melhorar a comunicação e a conscientização sobre os papéis e as responsabilidades essenciais de gestão de riscos e controles, aplicável a qualquer organização – não importando o seu tamanho ou a sua complexidade – ainda que não exista uma estrutura ou sistema formal de gestão de riscos. (TCU, 2018, p. 58).

Mesmo que a função da referência às linhas de defesa tenha sido organizar e orientar a atividade de controle, não se pode olvidar que o Tribunal de Contas não se encontra ao lado da unidade central de controle interno, porquanto, por expressa disposição constitucional, se apresenta como não integrado às rotinas da Administração, com independência para o exercício de suas próprias competências (MOTTA; NAVES, 2021, 709).[14]

Ao que parece, referida inclusão busca atribuir ao Tribunal de Contas uma postura também orientadora em relação à Administração Pública, para além de uma atuação exclusivamente corretiva e punitiva (NOHARA, 2021, 543).

Certo que o "encadeamento contido no artigo 169 já comprova que a Lei nº 14.133/2021 elegeu, inicialmente, a realização do controle interno e, posteriormente, do controle externo, o que fragiliza a tese do 'controle externo preventivo' como regra, prática procedimental comum no âmbito dos tribunais de contas e exposta, pelos defensores, como uma medida de maior eficiência que o controle interno, verdadeiro exercente da função administrativa" (CARVALHO; CABRAL, 2021).

---

[14] "Convém anotar que no desenho original das três linhas a terceira linha de defesa é composta pela auditoria interna, o que de certa forma poderia conduzir à escalação a esta linha do órgão central de controle interno da Administração, como feito pelo art. 169, III, mas não do Tribunal de Contas competente, que, como dito, se encontram formalmente alocados no âmbito do Poder Legislativo, fora do raio de estruturação hierárquica da Administração. Mesmo na metodologia COSO, como se percebe, os auditores externos, reguladores e outros órgãos externos de controle são eventualmente considerados como linhas adicionais de defesa cujas avaliações sugerem fortalecimento dos controles incidentes sobre as organizações em geral" (FERRAZ; MOTTA, 2021, p. 267).

6 O papel dos órgãos de controle na Lei nº 14.133/2021

Sempre reforçando a falta de tecnicidade na referência aos controles interno e externo, certo que somente uma estreita cooperação e a prossecução de um diálogo construtivo entre eles podem promover a gestão eficaz dos recursos do orçamento.

Por outro lado, a preocupação efetiva com a atuação do controle na Lei nº 14.133/2021, a ponto, aliás, de disciplinar o rito processual, bem como o prazo para concessão de cautelares pelos Tribunais de Contas, se pauta pela cultura do "medo" de eventuais excessos do controle.

Sobre essa cultura do medo, em especial do controle tardio feito pelos Tribunais de Contas:

> Ao recentemente apreciar ações diretas de inconstitucionalidade que pediam a suspensão da MP nº 966/20, no entanto, o Ministro Luís Roberto Barroso chamou atenção para uma grave dificuldade envolvida nesse necessário esforço retrospectivo. Utilizando-se de metáfora que inspira o título deste artigo, destacou que a demora na apreciação das decisões administrativas torna inviável a reconstrução das circunstâncias enfrentadas pelo gestor e coloca seus julgadores em um papel de comentaristas de videoteipe.
>
> De fato, o controle das decisões administrativas costuma ocorrer tempos depois de a decisão ser tomada. Não raro, passam-se anos entre o momento da escolha administrativa e a sua análise pelos órgãos competentes.
>
> [...] Ao analisarmos o passado, além disso, costumamos nele projetar percepções e valores da atualidade. Olhamos o passado com as lentes do presente (2). Assim, o controle público pode eventualmente desconsiderar incertezas na interpretação do direito existentes à época da decisão frente a uma posterior pacificação da questão. Corre-se o risco, ainda, de decisões administrativas tomadas em cenários de emergência serem analisadas a partir de um contexto futuro de normalidade institucional, existente quando da apuração da responsabilidade pessoal. (DIONÍSIO, 2020).

Também denominado de "apagão das canetas",[15] o medo da atuação das Cortes de Contas foi objeto de análise de Rodrigo Valgas dos Santos, no sentido de que:

> [a] postura dos tribunais de contas é de orientar o gestor e, a despeito do rigor desmedido do controle externo brasileiro, as cortes de contas por vezes colocam-se no lugar do gestor ao decidir, de certa forma antecipando o que foi consagrado e tornado cogente pelo art. 22, *caput* e §1º, da Lei de Introdução às Normas do Direito Brasileiro – LINDB.
>
> [...] Nos últimos anos assistimos a uma crescente interferência dos tribunais de contas no exercício de função administrativa, especialmente com a expansão de seu poder geral de cautela, o que passa a gerar considerável risco e medo no gestor público [...] (VALGAS, 2020, p. 197 e 200).

Assim, especialmente quando a Lei nº 14.133/2021 coloca esses órgãos de controle interno e externo em situação de paridade, ou seja, quando indica que a competência poderá ser exercida por ambos os órgãos, deve haver uma garantia de que não serão contraditórias as orientações/determinações por eles exaradas.

---

[15] Expressão utilizada no debate da interpretação do direito público, conforme alterações na Lei de Introdução às Normas do Direito Brasileiro – LINDB, feitas pela Lei nº 13.655/2018, em que há a paralisação de decisões por causa do temor da responsabilização.

Nesse contexto:

- A orientação a ser exarada pelos órgãos de controle para o fito de atender o inciso IV, art. 60, isto é, o desenvolvimento de um programa de integridade pelo licitante como critério de desempate, mesmo que seja apenas o quarto critério a ser utilizado,[16] deve ser decorrente de uma atuação conjunta de ambos os controles, evitando-se orientações conflitantes, embora discutível a importância diminuta dada ao fato de a licitante/contratada ter um programa de integridade, certo de que as exigências para sua elaboração devem ser uníssonas, evitando interpretações discrepantes entre controle interno e externo.
- No mesmo sentido, a orientação e normas que servirão como norte para a implementação ou o aperfeiçoamento de programa de integridade (inciso V, §1º, art. 156), quando da dosimetria na aplicação de sanções por parte da Administração Pública contratante. Merece destaque a preocupação do legislador, ao menos em comparação com a Lei nº 8.666/1993 e a Lei nº 10.520/2002, em definir "um elenco de fatos jurídicos que, uma vez verificados, podem dar ensejo à aplicação das pertinentes sanções administrativas" (TORRES, 2021, p. 755). Em acréscimo, a previsão expressa do instituto da dosimetria possibilita uma ampliação da segurança jurídica na aplicação das sanções legais, já que pautadas em critérios objetivos a serem previamente avaliados e considerados pelo gestor público, dentre os quais se destaca o programa de integridade.
- As medidas a serem tomadas quando comunicados de que a ordem cronológica dos pagamentos, nos termos dos §§1º e 2º, art. 141, não foi observada pela Administração Pública também não podem ser contraditórias. Destaca-se a preocupação do legislador em garantir a estrita observância da ordem de pagamento.[17] Assim, referida comunicação "é salutar porque alerta os gestores de que seus atos serão controlados e pode inibir alterações da ordem que, ainda que formalmente apoiadas em um dos incisos do §1º, de fato, resultem de corrupção. Aos órgãos de controle, cumprirá o exame da regularidade da alteração" (FORTINI, 2021, p. 635).
- Quanto ao julgamento das representações contra irregularidades na aplicação da Lei, nos termos do §4º, art. 170, atenta-se não existir a necessidade de esgotamento do controle interno para provocação do controle externo, cabendo ao interessado a escolha do órgão a ser provocado. Entretanto, uma vez que ambos sejam demandados, importante que haja um diálogo interorgânico que possibilite serem as decisões no mesmo sentido.

---

[16] De conformidade com os incisos do art. 60, são eles: (i) disputa final, hipótese em que os licitantes empatados poderão apresentar nova proposta em ato contínuo à classificação; (ii) avaliação do desempenho contratual prévio dos licitantes, para a qual deverão preferencialmente ser utilizados registros cadastrais para efeito de atesto de cumprimento de obrigações previstos nesta Lei; (iii) desenvolvimento pelo licitante de ações de equidade entre homens e mulheres no ambiente de trabalho, conforme regulamento; e (iv) desenvolvimento pelo licitante de programa de integridade, conforme orientações dos órgãos de controle.

[17] "Tais dispositivos, sobre o tempo e a cronologia do pagamento denotam a intenção do legislador de corrigir, de maneira eficaz, a antiga prática administrativa de postergar os pagamentos, não dar a devida publicidade a eles e, algo mais danoso ainda, praticar atos abusivos de rolagem de dívidas cm a inscrição em restos a pagar" (NÓBREGA, 2021, p. 488).

Pertinente, por fim, que ambos os controles fixem, conjuntamente, como se dará a atuação de cada um deles, mantendo-se, assim, íntegra a competência de cada um deles e evitando uma repetição e sobreposição de atuações. Merecendo destaque, no entanto, que "a Lei nº 14.133/2021 marcha no sentido de priorizar o controle interno, permitindo um exame mais efetivo por quem vivencia as peculiaridades idiossincráticas decorrentes de um gerir administrativo cada vez mais complexo e exigente, com contratações sofisticadas não apenas quanto ao objeto, mas, sobretudo, no que diz respeito à forma de realização, envolta num quadro de incertezas e de permanentes mudanças" (CARVALHO; CABRAL, 2021).

7 Conclusão

Com esteio na implementação da governança das contratações, a Lei nº 14.133/2021 comunica seu propósito de afastar a ineficiência e o descontrole através da previsão de vários mecanismos e instrumentos, que evidenciam a preocupação com uma estrutura procedimental adequada, baseada no planejamento, gestão de riscos e controles.

Para tanto, coloca os órgãos de controle interno e externo como atores importantes e relevantes na busca de contratações íntegras e confiáveis. Aliás, merece aplausos a importância dada ao controle interno.

Mesmo que sejam muitas as críticas e discussões relacionadas à falta de tecnicidade da Lei nº 14.133/2021, é possível dela extrair a relevância que os controles interno e externo desempenham em um processo de contratação.

A previsão de competências a ambos os controles apenas reforça a necessidade da ampliação do diálogo entre eles, com o fito de produção de normativos que possibilitem uma atuação independente, em obediência ao princípio da segregação de funções.

O bom relacionamento entre os controles interno e externo é incentivado pela Constituição Federal, não sendo outra a lição a ser extraída da Lei nº 14.133/2021.

Referências

AMORIM, Victor Aguiar Jardim de. *Licitações e contratos administrativos*: teoria e jurisprudência. 4. ed. Brasília: Senado federal, Coordenação de Edições Técnicas, 2021.

BANDEIRA DE MELLO, Celso Antônio. *Curso de direito administrativo*. 35. ed. São Paulo: Malheiros, 2021.

BARROS, Marcio dos Santos. *Comentários sobre licitações e contratos administrativos*. Belo Horizonte: NDJ, 2005.

BIM, Eduardo Fortunato. O Poder geral de cautela dos Tribunais de Contas nas licitações e nos contratos administrativos. *Interesse Público – IP*, Belo Horizonte, n. 36, p. 363-386, mar./abr. 2006.

BONATTO, Hamilton. HABEMUS LEGEM! É o tempo da travessia. Disponível em: https://ronnycharles. com.br/habemus-legem-e-o-tempo-da-travessia/. Acesso em: 10 fev. 2022.

CARVALHO, Guilherme; CABRAL, Flávio Garcia. *Controle das contratações públicas:* diversas linhas de frente. Consultor Jurídico. Disponível em: https://www.conjur.com.br/2021-set-03/licitacoes-contratos-controle-contratacoes-publicas-diversas-linhas-frente. Acesso em: 10 fev. 2022.

CARVALHO FILHO, José dos Santos. *Manual de Direito Administrativo* (livro eletrônico). 35. ed. São Paulo: Atlas, 2021.

CARVALHO NETO, Antonio Alves de et al. *Sistema de Controle Interno da Administração Pública na União Europeia e no Brasil*. Belo Horizonte: Fórum, 2019.

Declaração de Posicionamento do IIA. Disponível em: https://iiabrasil.org.br/korbilload/upl/editorHTML/uploadDireto/20200758glob-th-editorHTML-00000013-20082020141130.pdf. Acesso em: 10 fev. 2022.

DIONISIO, Pedro de Hollanda. O controle público de olho no videoteipe: os desafios da análise retrospectiva dos erros de gestores públicos. Coluna. *Direito do Estado*, ano 2020, n. 465. Disponível em: http://www.direitodoestado.com.br/colunistas/pedro-de-hollanda-dionisio/o-controle-publico-de-olho-no-videoteipe-os-desafios-da-analise-retrospectiva-dos-erros-de-gestores-publicos. Acesso em: 10 fev. 2022.

DI PIETRO, Maria Sylvia Zanella. *Direito administrativo* (livro eletrônico). 34. ed. Rio de Janeiro: Forense, 2021.

Equipe Zênite. Lei nº 14.133/21: a nova Lei de Licitações está vigente e é aplicável. *Blog Zênite*. Disponível em: https://zenite.blog.br/lei-no-14-133-21-a-nova-lei-de-licitacoes-esta-vigente-e-e-aplicavel/. Acesso em: 10 fev. 2022.

FERRAZ, Luciano; MOTTA, Fabrício. Controle das Contratações Públicas. *In:* DI PIETRO, Maria Sylvia Zanella (coord.). *Licitações e contratos administrativos*: inovações da Lei 14.133/21 (livro eletrônico). 1. ed. Rio de Janeiro: Forense, 2021.

FERREIRA FILHO, Manoel Gonçalves. *Comentários à constituição brasileira de 1988*. Vol. II. São Paulo: Saraiva, 1992.

FORTINI, Cristiana. Artigos 141 a 143. *In:* DAL POZZO, Augusto; CAMMAROSANO, Márcio; ZOCKUN, Maurício (coord.). *Lei de Licitações e Contratos Administrativos Comentada*: Lei 14.133/21. 1. ed. São Paulo: Thomson Reuters Brasil, 2021.

FREIRE, André Luiz. *Manutenção e retirada dos contratos administrativos inválidos*. São Paulo; Malheiros, 2008.

FUSCO, Cláudia Costa de Araújo; FERRAZ, Leonardo de Araújo. Apontamentos sobre as Unidades Centrais de Controle Interno e seu mosaico estrutural no Brasil: A experiência da Controladoria-Geral do Município de Belo Horizonte. *In:* FERRAZ, Leonardo de Araújo. INSTITUTE OF INTERNAL AUDITORS. Documento de exposição: três linhas de defesa. [S. l.]: IIA, 2019. Disponível em: https://global. theiia.org/translations/PublicDocuments/3LOD-IIA-Exposure-Document-Portuguese.pdf. Acesso em: 10 fev. 2022.

INSTITUTE OF INTERNAL AUDITORS. Modelo das três linhas do IIA 2020: uma atualização das três linhas de defesa. Lake Mary, FL: IIA, 2020. Disponível em: https://iiabrasil.org.br/korbilload/upl/editorHTML/uploadDireto/20200758glob-th-editorHTML-00000013-20072020131817.pdf. Acesso em: 10 fev. 2022.

LOBO, Luciana Mendes; MIRANDA, Rodrigo Fontenelle de A. (coord.). *Controle Interno Contemporâneo*. Belo Horizonte: Fórum, 2021.

JACOBY FERNANDES, Jorge Ulisses. *Tribunais de Contas do Brasil*. Belo Horizonte: Fórum, 2003.

LIMA, Guilherme Corona Rodrigues. *O controle prévio dos editais de licitação pelos tribunais de contas*. Rio de Janeiro: Lumen Juris, 2018.

MAGALHÃES JUNIOR, Antônio Silvio. O Controle Externo da Administração Pública pelo Tribunal de Contas, p. 13 *apud* DAL POZZO, Gabriela Tomaselli Gonçalves. As Funções do Tribunal de Contas e o Estado de Direito. Tese (Mestrado) – Faculdade de Direito da Pontifícia Universidade Católica de São Paulo. Orientadora: Maria Garcia. São Paulo, 2008.

MEDAUAR, Odete. *Controle da Administração Pública*. 2. ed. São Paulo: Revista dos Tribunais, 2012.

MESSA, Alcione Aparecida; MESSA, Ana Flávia. Fundamentos da transparência no controle interno. *In:* FERRAZ, Leonardo de Araújo. LOBO, Luciana Mendes; MIRANDA, Rodrigo Fontenelle de A. (coord.). *Controle Interno Contemporâneo*. Belo Horizonte: Fórum, 2021.

MILESKI, Helio Saul. *O controle da gestão pública*. São Paulo: RT, 2003.

MOTTA, Fabrício; NAVES, Fernanda de Moura Ribeiro. Artigos 169 a 173. *In:* DAL POZZO, Augusto; CAMMAROSANO, Márcio; ZOCKUN, Maurício (coord.). *Lei de Licitações e Contratos Administrativos Comentada*: Lei 14.133/21. 1. ed. São Paulo: Thomson Reuters Brasil, 2021.

NÓBREGA, Theresa Christine de Albuquerque (coord.). *Comentários à Lei n. 14.133/2021*: desafios, oportunidades e transformações das licitações e contratos administrativos. São Paulo: MP Editora, 2021.

NOHARA, Irene Patricia Diom. *Nova Lei de Licitações e Contratos*: comparada. São Paulo: Thomson Reuters Brasil, 2021.

OLIVEIRA, Rafael Carvalho Rezende. A nova Lei de Licitações: um museu de novidades? *Consultor Jurídico.* Disponível em: https://www.conjur.com.br/2020-dez-23/rafael-oliveira-lei-licitacoes-museu-novidades. Acesso em: 10 fev. 2022.

PELEGRINI, Marcia. Artigos 169 a 173. *In:* DAL POZZO, Augusto; CAMMAROSANO, Márcio; ZOCKUN, Maurício (coord.). *Lei de Licitações e Contratos Administrativos Comentada:* Lei 14.133/21. 1. ed. São Paulo: Thomson Reuters Brasil, 2021.

RODRIGUES, Edgard Camargo. *Nova Lei de Licitações e controle externo:* avanço ou retrocesso? Disponível em: https://www.tce.sp.gov.br/publicacoes/nova-lei-licitacoes-e-controle-externo-avanco-ou-retrocesso-edgard-camargo-rodrigues. Acesso em: 10 fev. 2022.

SANTOS, Rodrigo Valgas dos. *Direito administrativo do medo.* São Paulo: Thompson Reuters Brasil, 2020.

SUNDFELD, Carlos Ary; CÂMARA, Jacintho Arruda. Competências de controle dos Tribunais de Contas – possibilidades e limites. *In:* SUNDFELD, Carlos Ary (org.). *Contratações públicas e seu controle.* São Paulo: Malheiros, 2013.

The Committee of Sponsoring Organizations of the Treadway Commission (COSO). Leveraging COSO across the three lines of defense. Durham (Estados Unidos), 2015. p. 2. Disponível em: https://www.coso.org/Documents/COSO-2015-3LOD.pdf. Acesso em: 10 fev. 2022.

TORRES, Ronny Charles Lopes de. *Leis de licitações públicas comentadas.* 12. ed. rev., ampl. e atual. São Paulo: Juspodvim, 2021.

UNGARO, Gustavo; SANTOS, Ludinaura Regina Souza dos. Redes de conhecimento e controle interno da Administração Pública no Brasil: análise teórico-prática a partir da atuação do CONACI e do Banco Mundial. *In:* FERRAZ, Leonardo de Araújo. LOBO, Luciana Mendes; MIRANDA, Rodrigo Fontenelle de A. (coord.). *Controle Interno Contemporâneo.* Belo Horizonte: Fórum, 2021.

Informação bibliográfica deste texto, conforme a NBR 6023:2018 da Associação Brasileira de Normas Técnicas (ABNT):

STROPPA, Christianne de Carvalho. O relacionamento entre o controle interno e o controle externo na Lei nº 14.133/2021. *In:* CONTI, José Maurício; MARRARA, Thiago; IOCKEN, Sabrina Nunes; CARVALHO, André Castro (coord.). *Responsabilidade do gestor na Administração Pública:* improbidade e temas especiais. Belo Horizonte: Fórum, 2022. p. 331-344. ISBN 978-65-5518-413-6. v.3.

A RESPONSABILIZAÇÃO DOS ÁRBITROS EM ARBITRAGENS PÚBLICO-PRIVADAS

GUSTAVO HENRIQUE JUSTINO DE OLIVEIRA

JOSÉ MARINHO SÉVES SANTOS

1 Introdução

A responsabilização dos árbitros, apesar de importante, é um tema pouco estudado. Raros são os trabalhos que versam sobre o assunto. Ainda mais escassos são os autores e estudiosos que sobre ele se debruçam. Não cabe a este trabalho formular hipóteses para entender o porquê de isto acontecer. O que se busca, aqui, é dar mais um passo na direção do satisfatório preenchimento desta lacuna doutrinária. Espera-se, por meio do presente trabalho, instigar o debate e trazer novos questionamentos sobre o tema.

Foca-se aqui, em especial, na investigação da necessidade de se adaptar os mecanismos de responsabilização dos árbitros às arbitragens envolvendo entes públicos, as quais classificamos como "arbitragens público-privadas".

No cerne do problema endereçado por este trabalho está a premissa, bem trabalhada pelo professor Gustavo Justino de Oliveira,[1] de que as arbitragens público-privadas possuem, em relação aos litígios envolvendo exclusivamente partes privadas, especificidades que devem ser tomadas em conta ao se definirem as regras que regerão o processo arbitral.

Estas especificidades decorrem da necessidade de se amoldar um instituto jurídico de origem eminentemente comercial às prescrições legais e principiológicas que orientam (e limitam) a atuação da Administração Pública. Um exemplo, citado pelo

---

[1] OLIVEIRA, Gustavo Justino de. Especificidades do processo arbitral envolvendo a Administração Pública. Enciclopédia jurídica da PUC-SP. Celso Fernandes Campilongo, Alvaro de Azevedo Gonzaga e André Luiz Freire (coord.). Tomo: *Direito Administrativo e Constitucional*. Vidal Serrano Nunes Jr., Maurício Zockun, Carolina Zancaner Zockun, André Luiz Freire (coord. de tomo). 1. ed. São Paulo: Pontifícia Universidade Católica de São Paulo, 2017. Disponível em: https://enciclopediajuridica.pucsp.br/verbete/49/edicao-1/especificidades-do-processo-arbitral-envolvendo-a-administracao-publica.

professor Justino no já citado verbete redigido para a Enciclopédia Jurídica da PUC-SP, é a necessidade de publicizar os processos arbitrais envolvendo entes públicos. Nisto divergem das arbitragens comerciais, em que a regra é a de confidencialidade dos litígios.

O presente trabalho tem como objetivo, então, responder à pergunta: a necessidade de amoldar as arbitragens às especificidades do regime jurídico que rege a Administração Pública impactam, de alguma maneira, a forma como os árbitros podem ser responsabilizados?

Para isso, se pretende apresentar, no item seguinte, as premissas das quais partiram os autores para a sua análise. Na sequência, se discorre sobre a natureza jurídica dos vínculos criados entre árbitros e partes, em que se argumenta ser ela ambivalente, em parte jurisdicional e em parte contratual. Depois, explora-se a implicação desta ambivalência para a responsabilização dos árbitros. Uma vez fixados estes pontos é que os autores se voltam à pergunta central do trabalho, buscando determinar se existem especificidades no regime de responsabilização dos árbitros quando o litígio envolve entes públicos. Ao cabo desta análise, sumarizam-se as conclusões deste artigo.

2 Premissa: a consolidação da arbitragem e a necessária mudança de foco nos debates acadêmicos

Definida como "um meio privado de solução de conflitos de interesses, pelo qual as partes acordam que um terceiro ou um colegiado terá poderes para julgar e solucionar uma lide, com força de coisa julgada",[2] a arbitragem ocupa uma posição peculiar na história e no desenvolvimento do ordenamento jurídico brasileiro. Embora tenha se feito presente ao longo de toda a sua história, foi raramente empregada em território nacional até a edição da Lei nº 9.307/1996, a Lei de Arbitragem (LArb).[3] Permaneceu, de fato, restrita a poucos litígios internacionais e disputas fronteiriças.

A LArb foi um ponto de virada para a arbitragem no Brasil, principalmente por força da qualidade do arcabouço institucional ali entabulado, que garantiu o florescimento do instituto. Dotou-o, por um lado, de maior eficácia, ao equiparar as sentenças arbitrais a títulos executivos extrajudiciais, tornando despiciendo o moroso procedimento de homologação judicial do regime anterior. Por outro, robusteceu as proteções ao instituto, impossibilitando a revisão do mérito das sentenças pelo Poder Judiciário e restringindo, a um rol taxativo, as possibilidades de interposição de ações anulatórias de sentenças arbitrais.[4]

Nesse sentido, consideramos de supina importância que tanto a arbitragem quanto os demais meios adequados de solução de conflitos sejam constantemente fortalecidos, e que sua utilização seja incentivada e ampliada na prevenção e solução de controvérsias – incluindo aquelas em que o Poder Público é parte.[5] Inclusive, no

---

[2]   OLIVEIRA, Gustavo Justino de; FAIWICHOW, Felipe Estefam. *Curso prático de arbitragem e administração pública.* São Paulo: Thomson Reuters Brasil, 2019, p. 23.

[3]   WALD, Arnoldo; WALD FILHO, Arnoldo. *A OAB, a arbitragem e o acesso à justiça.* Artigo publicado na Revista do Ministério Público do Estado do Rio de Janeiro, disponível em: https://www.mprj.mp.br/documents/20184/1275172/Arnoldo_Wald_Filho.pdf, acesso em: 13 nov. 2021.

[4]   WALD, Arnoldo; BORJA, Ana Gerdau. The New Brazilian Arbitration Law. *U. Miami Inter-American Law-Review,* 21, 02/2016. Disponível em: http://repository.law.miami.edu/umialr/vol47/iss1/5, acesso em: 13 nov. 2021.

[5]   OLIVEIRA, Gustavo Henrique Justino de; SCHIEFLER, Gustavo Henrique Carvalho. A arbitragem na nova lei geral de concessões (LGC): apontamentos sobre o fortalecimento dos meios extrajudiciais de litígios contratuais

que tange à arbitragem em que a Administração Pública é parte, concordamos com o entendimento segundo o qual o instituto faz parte de um contexto de reinvenção do próprio Direito Administrativo, que, sob uma ótica pragmático-consequencialista, passa a ser orientado por parâmetros relativos à consensualidade, à pluralidade e à eficiência.[6]

A nosso ver, o desenrolar do processo histórico de consolidação do instituto deixou uma marca decisiva na produção doutrinária voltada para seu estudo. Com efeito, premidos pela necessidade de demonstrar a licitude, constitucionalidade e eficiência da arbitragem, a literatura especializada passou a enfocar, demasiadamente, as suas vantagens, adquirindo um caráter quase que promocional.

Este posicionamento, sem dúvidas acertado, de um ponto de vista estratégico, quando tomadas em consideração as necessidades daquele momento específico, torna-se, hoje, insuficiente. Com efeito, aproveitando a feliz metáfora de Renata de Freitas Carvalho e Matheus de Souza Ramalho,[7] a arbitragem já conquistou seu espaço e precisa, agora, consolidar os seus domínios.

Este novo momento do instituto exige, da literatura especializada no tema, uma postura mais crítica e analista das bases nas quais ele foi assentado. Somente assim se poderá garantir o seu aprimoramento constante, chave na manutenção do espaço a duras penas conquistado pela arbitragem e pelos arbitralistas.

O presente estudo se posiciona, assim, dentre os trabalhos que, desejosos por participar da consolidação do instituto e em defesa de seu aprimoramento constante, buscam trazer um olhar analítico e crítico para a arbitragem.

O tema selecionado reflete esta prioridade de pesquisa, na medida em que se volta para assunto pouco explorado, ainda que de suma importância. Com efeito, mais do que para as partes, são os próprios árbitros quem mais se beneficiam de rigorosas prescrições normativas e doutrinárias sobre o tema. Como a experiência recente do Direito Administrativo ensina, a vagueza normativa é a porta de entrada para abusos de controle que, no limite, poderiam contribuir para a corrosão do instituto.[8]

Espera-se, assim, que a modesta contribuição oferecida por este trabalho suscite novas indagações sobre o tema e, principalmente, ajude a trazer mais segurança para os usuários da arbitragem – partes, advogados e árbitros. Acredita-se que, desta forma, se dará uma contribuição importante para a estabilidade e consolidação da arbitragem.

---

no novo marco legal dos contratos de concessão de serviços públicos. *In*: TAFUR, Diego Jacome Valois; JURKSAITIS, Guilherme Jardim; ISSA, Rafael Hamze (coord.). *Experiências práticas em concessões e PPP*: estudos em homenagem aos 25 anos da lei de concessões. 1. ed. São Paulo: Quartier Latin, 2021, v. 1, p. 345-358.

[6] OLIVEIRA, Gustavo Henrique Justino de; SCHWANKA, Christiane. A administração consensual como a nova face da Administração Pública no século XXI: fundamentos dogmáticos, formas de expressão e instrumentos de ação. *A&C – Revista de Direito Administrativo & Constitucional*, v. 32, p. 1-2, 2008.

[7] CARVALHO, Renata Freitas e RAMALHO, Matheus Souza. *Arbitragem e Transparência*: um diálogo necessário. Disponível em: https://www.fgvblogdearbitragem.com.br/post/arbitragem-e-transparência-um-diálogo-necessário, acesso em: 14 nov. 2021.

[8] OLIVEIRA, Gustavo Henrique Justino de; SCHIEFLER, Gustavo Henrique Carvalho. Justa causa e juízo de prelibação (admissibilidade) na ação de improbidade administrativa: proteção e preservação dos direitos e garantias dos requeridos frente à busca de maior eficiência judicial no combate à corrupção na era da Operação Lava-Jato. *Revista Jurídica da Procuradoria Geral do Estado do Paraná*. Edição 2018. Disponível em: https://www.pge.pr.gov.br/sites/default/arquivos_restritos/files/documento/2019-10/003justacausaejuizodeprelibacao.pdf.

3 A natureza da relação entre árbitros e partes

A complexidade da natureza jurídica da atuação do árbitro reflete aquela do próprio instituto da arbitragem, que a literatura especializada, ao menos desde o clássico ensaio de Carlos Alberto Carmona,[9] reconhece ser mista, dado que consubstanciada na delegação, pelo Estado, do exercício de função jurisdicional a uma ou mais pessoas que não integram o seu corpo funcional, em deferência a um acordo entabulado entre as partes.

Analogamente, como leciona Carlos Eduardo Stefen Elias,[10] o árbitro tem um estatuto jurídico próprio, composto pelos aspectos contratuais e processuais de sua relação com as partes. Isto porque exerce o poder jurisdicional, prerrogativa tipicamente estatal, com base em: (i) uma convenção estipulada pelas partes, que autoriza o recurso à arbitragem; e (ii) um contrato celebrado entre o árbitro escolhido e a parte, que o reveste de poderes para julgar uma causa específica – ao que Marc Henry se refere como a "bivalência" no estatuto do árbitro.[11]

O caráter híbrido da atuação do árbitro recomenda, como bem ressalta Marcelo dos Santos Barradas Correia,[12] um determinado grau de cautela da parte do aplicador do Direito. Com efeito, precisamente por força das peculiaridades que circundam a sua nomeação, a aplicação irrefletida das prescrições normativas voltadas para a responsabilização dos juízes togados seria precipitada.

Na mesma toada, entendemos que os árbitros não estão sujeitos ao mesmo plexo de hipóteses de responsabilização que, no Direito brasileiro, habitualmente vinculam os contratantes de qualquer espécie. Com efeito, até mesmo para evitar que lhes seja tolhida a liberdade de que necessitam para bem exercer a função jurisdicional a eles atribuída, as especificidades de seu estatuto devem ser devidamente sopesadas.

Parece-nos, assim, que duas são as fontes de deveres que se impõem aos árbitros no exercício de sua função: (i) deveres legais, decorrentes das prescrições da LArb; e (ii) deveres contratuais, que decorrem da arquitetura procedimental estipulada pelas partes na cláusula compromissória e no termo de arbitragem.

A forma de responsabilização do árbitro, assim, deverá variar conforme a espécie de dever violado no caso concreto. Ou seja: haverá uma consequência distinta para a violação de um dever contratual e de um dever legal. Nos casos em que houver sobreposição normativa, a responsabilização poderá se dar por ambas as vias.

Há que se tomar sempre, como já ressaltado, o cuidado de evitar que a possibilidade de responsabilização sirva, a uma parte mal-intencionada, como elemento de pressão sobre o árbitro, restringindo a sua capacidade de julgar o caso de forma isenta e, assim, por via transversa, impedindo-o de corretamente exercer suas funções.

---

[9] CARMONA, Carlos Alberto. Arbitragem e Jurisdição. *Revista de Processo*, vol. 58, p. 33-40, abr./jun. 1990.

[10] ELIAS, Carlos Eduardo Stefen. O árbitro. *In*: LEVY, Daniel; SETOGUTI, Guilherme (org.). *Curso de Arbitragem*. 2. ed. São Paulo: Revista dos Tribunais, 2021. p. 129-172.

[11] "O estatuto do árbitro é bivalente. Ele exerce uma missão de natureza jurisdicional por efeito de uma dupla convenção: a convenção de arbitragem em um primeiro momento e a convenção que liga o árbitro às partes, a contar do momento em que o árbitro aceita a sua missão. (...) Como prestador de serviços, o árbitro é antes de tudo devedor de obrigações: ou seja, devedor da obrigação de executar os serviços que lhe são confiados ao subscrever seu contrato de árbitro." HENRY, Marc. Do contrato do árbitro: o árbitro, um prestador de serviços. *Revista Brasileira de Arbitragem*, n. 6, p. 65-74, arb./jun. 2005.

[12] CORREIA, Marcelo dos Santos Barrada. A Responsabilidade Civil do Árbitro. *Revista Brasileira de Arbitragem*, n. 39, p. 7-24, jul./set. 2013.

Por isso que Emmanuel Gaillard e John Savage referem-se ao "princípio da imunidade"[13] na arbitragem internacional, que limita as hipóteses de responsabilização dos árbitros à violação do dever de revelação e à violação dos deveres que os vinculam na qualidade de julgadores de um determinado caso.

Assim, como entende Carmona,[14] os árbitros não devem ser responsabilizados por *error in judicando*, ou seja, decorrente do resultado das sentenças por eles proferidas, mas sim por *error in procedendo*, cuja origem é uma falha procedimental que gera prejuízo às partes – como, por exemplo, um árbitro que deixe de assinar a sua sentença e, portanto, acabe fazendo com que ela seja anulada.

4 As diferentes formas de responsabilização dos árbitros

4.1 Responsabilidade penal

É a única hipótese de responsabilidade prevista, na LArb, para os árbitros. Nos termos do seu artigo 17, os árbitros equiparam-se a funcionários públicos, quando no exercício de suas funções ou em razão delas cometerem ato ilícito, para fins de legislação penal.

Como bem leciona Joaquim de Paiva Muniz,[15] deste dispositivo depreende-se que os árbitros serão passíveis de punição pelos crimes cujo sujeito passivo somente pode ser funcionário público, como, por exemplo, os crimes de prevaricação (artigo 319 do Código Penal) e concussão (artigo 316 do Código Penal).

Ademais, do sobredito dispositivo também se pode inferir que de crimes cometidos por terceiros, mas cuja configuração dependa do concurso de funcionário público, poderá resultar a condenação do árbitro. É o caso, por exemplo, do crime de tráfico de influência (artigo 322 do Código Penal), cometido por um terceiro que obtém uma vantagem indevida em troca de influenciar na sentença a ser prolatada pelo tribunal arbitral.

Nesse quadrante, importante investigar a possibilidade de responsabilização dos árbitros no que toca aos ilícitos previstos na Lei nº 13.869/2018, conhecida como "Lei de Abuso de Autoridade". Afinal, nos termos de seu art. 1º, ela "define os crimes de abuso de autoridade, cometidos por agente público, servidor ou não, que no exercício de suas funções ou a pretexto de exercê-las, abuse do poder que lhe tenha sido atribuído".

Em tese, assim, dado que os árbitros são equiparados a funcionários públicos quando no exercício de suas atribuições, a Lei de Abuso de Autoridade poderia ser aplicada. Entretanto, destacamos que os crimes ali previstos, em sua maioria, estão direcionados para coibir condutas abusivas de autoridades na condução de procedimentos criminais. Por se tratar de matéria inarbitrável, parece-nos pouco plausível pensar em hipóteses de aplicação concreta do que nela foi disposto.

Além disso, os poucos crimes ali previstos que poderiam ser cometidos por árbitros, como no caso do artigo 10, consubstanciado na condução coercitiva de testemunha manifestamente descabida ou sem prévia intimação, tem como premissa a possibilidade

---

[13] GAILLARD, Emmanuel; SAVAGE, John. *Fouchard, Gaillard, Goldman on International Arbitration*. Kluwer Law International, 1999. p. 589 e 594.

[14] CARMONA, Carlos Alberto. *Arbitragem e Processo*: um comentário à Lei nº 9.307 de 1996. 3. ed. São Paulo: Atlas, 2009. p. 226.

[15] MUNIZ, Joaquim de Paiva. *Curso Básico de Direito Arbitral*. 4. ed. Curitiba: Juruá. 2017. p. 151.

de exercício de poder de império, do qual os árbitros não estão revestidos, porque prerrogativa do Estado e, portanto, de uso exclusivo de seus agentes.

Assim, embora se admita a possibilidade teórica de aplicação da Lei de Abuso de Autoridade a um ou mais árbitros, por ilícitos cometidos na condução de processo arbitral, não se vislumbra hipótese através da qual eles poderiam vir a descumpri-la. Pelo que aqui concluímos, portanto, se tratar de conjectura de interesse exclusivamente acadêmico, de pouca ou nenhuma repercussão para os usuários do instituto.

4.2 Responsabilidade civil por violação de dever legal

A LArb estabelece, para os árbitros, uma série de deveres, dentre os quais a literatura especializada[16] destaca: (i) o dever de revelação; (ii) o dever de discrição; (iii) dever de competência, que abarca, igualmente, o dever de proferir sentença exequível;[17] (iv) o dever de diligência; e (v) o dever de neutralidade, consubstanciado na obrigação, imposta ao árbitro, de manter-se neutro perante as partes no momento de sua nomeação e no curso de todo o processo arbitral.

Dela não decorrem, entretanto, prescrições de qualquer espécie que direcionem a atuação do aplicador do Direito no caso de violação, pelo árbitro, de um destes deveres. Nesse quadrante, vem se consolidando na doutrina, como já previamente fixado ao se abordarem as premissas deste trabalho, que a responsabilização dar-se-á somente nas hipóteses de *error in procedendo*, diante das quais surgirá, para o árbitro ou tribunal arbitral faltosos, o dever de indenizar a parte prejudicada.

É o caso, por exemplo, de tribunal que deixa de assinar a sentença arbitral prolatada ou que a profere sem que dela conste o local em que o fez. São hipóteses que, por força do disposto no artigo 32 da LArb, ensejam a nulidade da sentença arbitral. Configuram uma falta de zelo incompatível com a confiança depositada pelas partes nos árbitros, bem como conduzem à violação dos deveres de diligência e competência.

O montante a ser indenizado, segundo Muniz,[18] varia de acordo com a natureza do erro cometido. Nos casos de erro grosseiro, bem como nas hipóteses em que haja dolo ou culpa grave, haveria necessidade de ressarcimento das perdas e danos incorridos pelas partes. Se, entretanto, verificado que o *error in procedendo* ocorreu sem dolo ou culpa, limitar-se-ia a responsabilidade dos árbitros ao ressarcimento das custas incorridas no processo arbitral, e em eventual nova arbitragem que se faça necessária, bem como a devolução dos honorários percebidos pelos profissionais por força de sua atuação no caso.

Há, aí, uma diferença entre as prescrições doutrinárias e aquelas decorrentes do artigo 143 do Código de Processo Civil, que entabula as hipóteses de responsabilização

---

[16] Foram utilizadas, como fonte para esta seção, especificamente, as seguintes obras: CORREIA, Marcelo dos Santos Barrada. A responsabilidade civil do árbitro. *Revista Brasileira de Arbitragem*, n. 39, p. 7-24, jul./set. 2013; ELIAS, Carlos Eduardo Stefen. O árbitro. *In*: LEVY, Daniel; SETOGUTI, Guilherme (org.). *Curso de Arbitragem*. 2. ed. São Paulo: Revista dos Tribunais, 2021. p. 129-172; e MUNIZ, Joaquim de Paiva. *Curso Básico de Direito Arbitral*. 4. ed. Curitiba: Juruá, 2017.

[17] "A competência diz respeito ao conhecimento, capacitação ou qualificação do árbitro que lhe permitam compreender a integralidade dos argumentos das partes (ainda que com o auxílio de perito ou de assistentes técnicos) e solucionar a disputa, produzindo sentença exequível". ELIAS, Carlos Eduardo Stefen. O árbitro. *In*: LEVY, Daniel; SETOGUTI, Guilherme (org.). *Curso de Arbitragem*. 2. ed. São Paulo: Revista dos Tribunais, 2021. p. 129-172, p. 136.

[18] MUNIZ, Joaquim de Paiva. *Curso Básico de Direito Arbitral*. 4. ed. Curitiba: Juruá, 2017.

dos juízes togados. Segundo o regramento por ele estabelecido, são responsáveis os juízes que procedam, no exercício de suas funções, com dolo ou fraude (art. 143, I); e que se recusem, omitam ou retardem, sem justo motivo, providência que devam ordenar de ofício ou a requerimento da parte (art. 143, II), desde que decorrido o prazo de dez dias após provocação das partes para que o façam.

Esta distinção é, a nosso ver, justificada, pois compatível com as diferenças entre os sistemas processual civil e arbitral, bem como com as diferentes expectativas projetadas, pelos seus usuários, sobre os julgadores em cada um deles. Basta pensar que um árbitro, ainda que culposamente, pode dar margem a um prejuízo muito maior do que poderia um juiz togado – basta retornar ao exemplo hipotético da sentença arbitral não assinada para que se visualize, claramente, esta possibilidade. Não se deveria, assim, restringir a hipótese de responsabilização do árbitro somente aos casos em que age com dolo ou fraude.

A hipótese do artigo 143, II, por sua vez, nos recorda a disciplina prevista pela Lei de Arbitragem para a anulação de sentença por perda de prazo pelo tribunal arbitral, pelo que se poderia defender a responsabilização do tribunal pela anulação nestas hipóteses – o que, de qualquer forma, nos parece ser abarcado pela hipótese de *error in procedendo*, na medida em que vinculado aos deveres de diligência e competência do tribunal arbitral. Despicienda seria, assim, sua aplicação nesta seara.

De outra banda, não nos afigura possível a aplicação do sobredito dispositivo para a prática de outros atos processuais pelos tribunais arbitrais. A uma, porque não se vislumbra prejuízo concreto às partes. A outra, porque poderia ser um prato cheio para o recurso a táticas de guerrilha em processos arbitrais.

De todo modo, este é um problema meramente acadêmico, na medida em que, dada a dinâmica segundo a qual as arbitragens vêm funcionando, na prática, parece-nos remotíssima a possibilidade de que tal hipótese seja configurada na vida real.

4.3 Responsabilização por violação de dever contratual

Como já bem assentado, o árbitro é, em iguais partes, julgador e prestador de serviços,[19] pelo que seus poderes, embora respaldados pela LArb, que o equipara a juiz de direito e de fato, têm origem, necessariamente, em dois instrumentos contratuais: (i) o compromisso arbitral celebrado entre as partes, instrumento por meio do qual declinam da jurisdição estatal e delegam o exercício desta função ao tribunal arbitral; e (ii) o "contrato de árbitro",[20] que decorre do ato específico de sua nomeação pela parte e se aperfeiçoa no momento em que aceita pelo árbitro.

As partes podem, portanto, no exercício de sua autonomia privada, delimitar as lindes dentro das quais os árbitros poderão exercer seus poderes. O fazem não somente por meio do compromisso arbitral, mas também quando da assinatura do termo de arbitragem e da escolha da instituição que administrará o procedimento, cujo regulamento integrará o plexo normativo que o regulamenta e, portanto, também imporá constrições aos poderes dos árbitros.

---

[19] GAILLARD, Emmanuel; SAVAGE, John. *Fouchard, Gaillard, Goldman on International Arbitration*. Kluwer Law International, 1999.

[20] HENRY, Marc. Do contrato do árbitro: o árbitro, um prestador de serviços. *Revista Brasileira de Arbitragem*, n. 6, p. 65-74, arb./jun. 2005.

Além disso, os árbitros também se vinculam aos chamados deveres anexos do contrato e, em especial, à cláusula de boa-fé objetiva, que deverá nortear a sua postura perante as partes ao longo de toda a duração do processo arbitral.

Marc Henry[21] sustenta que a violação de um dever contratual poderia ensejar dois tipos de sanções para os árbitros, a depender do momento em que apurada e da verificação de prejuízo causado às partes: (i) a substituição, que evidentemente poderá ser realizada apenas se a arbitragem ainda estiver em curso; e (ii) a sua responsabilidade, compreendida como o dever de indenizar as partes prejudicadas no valor equivalente ao dano verificado.

Sobre a segunda hipótese, reiteramos as ponderações formuladas no tópico anterior. Com relação à primeira, entretanto, faz-se necessário ressaltar que, inobstante se concorde com o que postula Henry, não existe previsão expressa de substituição de árbitro por descumprimento contratual na LArb.

Com efeito, as hipóteses legais de substituição do árbitro, prescritas em seu art. 16, cingem-se às seguintes possibilidades: (i) recusa da nomeação pelo árbitro; (ii) falecimento do árbitro no curso do procedimento, desde que ocorra após a aceitação do encargo; ou (iii) recusa do árbitro após a sua nomeação pela parte, que interpretamos como sendo aquela decorrente do acolhimento de impugnação apresentada por uma das partes.

Assim, embora nos pareça possível a substituição do árbitro que, no exercício de suas funções, viole os deveres contratuais por ele assumidos, esta possibilidade deverá constar, de forma expressa, do regulamento da instituição responsável pela gestão do procedimento ou do compromisso arbitral entabulado entre as partes.

4.4 Árbitros e a Lei de Improbidade Administrativa

A Lei nº 8.249/1992, recentemente alterada pela Lei nº 14.230/2021 (Lei de Improbidade Administrativa), criou, nos termos de seu artigo 1º, um sistema de proteção à probidade administrativa na organização do Estado e no exercício de suas funções. Os árbitros, por sua vez, são agentes privados encarregados do exercício de função pública (jurisdicional), por meio de delegação das partes.

Neste trecho, se buscam tecer algumas considerações acerca da aplicabilidade da Lei de Improbidade Administrativa aos árbitros, especialmente quando atuam na condução de arbitragens público-privadas, ou seja, aquelas envolvendo entes estatais. É um tema de crescente importância e que dialoga com a literatura especializada, de recorte recente, produzida acerca da prática de atos de corrupção em arbitragens.

O debate é cabível porque, em seu artigo 2º, ao delimitar o seu escopo de atuação, a Lei de Improbidade Administrativa incluiu os agentes que, ainda que não caracterizados como agentes públicos, exerçam funções a eles reservadas ou que possam a eles ser equiparados.

Como já exposto, os árbitros, no exercício de sua função jurisdicional, equiparam-se a funcionários públicos para fins da legislação criminal. Parece-nos razoável, considerando que o escopo da Lei de Improbidade Administrativa é a proteção ao

---

[21] HENRY, Marc. Do contrato do árbitro: o árbitro, um prestador de serviços. *Revista Brasileira de Arbitragem*, n. 6, p. 65-74, arb./jun. 2005.

erário público, interpretar este artigo de modo a autorizar a sua aplicação caso a conduta praticada pelos árbitros se enquadre em um dos tipos previstos para os atos de improbidade.

Ressalvamos, entretanto, que, nestes casos, será necessária a comprovação de dolo do árbitro ou tribunal arbitral em sua atuação. Além disso, pela própria natureza do que dispõe a lei e dos atos de improbidade por ela prescritos, parece-nos improvável que surja, em caso concreto, hipótese que dê ensejo à sua aplicação, sendo este um debate de valor muito mais acadêmico do que prático.

5 Existe um regime diferenciado de responsabilização dos árbitros em arbitragens público-privadas?

A resposta à indagação que intitula este tópico, e norteou a confecção deste trabalho, poderia ser dividida em duas etapas: (i) a primeira, que já se sabe ser positiva, sobre a existência de um regime diferenciado para as arbitragens público-privadas; e (ii) a segunda, que se passa agora a responder, sobre o impacto destas especificidades no regime de responsabilização dos árbitros.

Como visto, a natureza do vínculo entre árbitros e partes é bivalente. Em iguais partes é, portanto, contratual e jurisdicional. Pelo que a formulação que, satisfatoriamente, responde ao problema apresentado neste artigo deve, simultaneamente, considerar ambos os aspectos.

Sob a ótica contratual, não se vislumbra alteração significativa na responsabilização dos árbitros quando o processo arbitral envolver entes públicos. Com efeito, não se verifica um contrato típico do Direito Administrativo, sujeito a um plexo de cláusulas que servem para reforçar prerrogativas da Administração Pública em detrimento do particular.

Com efeito, o processo arbitral se pauta pela verticalidade e tem, como premissa, a igualdade entre as partes. Assim, não se verifica, na relação entre árbitro e ente público, privilégio do segundo que poderia fazer com que seu julgador, em qualquer hipótese, fosse submetido a um regime de responsabilização mais rigoroso do que aquele a que se sujeitam os árbitros em litígios comerciais privados.

Sob a ótica legal, tampouco se verifica uma mudança expressiva no regime de responsabilização dos árbitros. Com efeito, a lei o equipara a juiz do caso (até mesmo por exercer função jurisdicional) e, em decorrência disto, não se pode supor que a sua responsabilização seja diferenciada em relação a litígios de outra natureza. Com efeito, o mérito e as partes da disputa não tornam o juiz togado mais ou menos sujeito a ser responsabilizado e tampouco o deveriam fazê-lo em relação aos árbitros.

Trata-se de premissa que se deve ter em mente, sobretudo para que se possam coibir eventuais abusos do Poder Público, que, irresignado com o resultado de um processo arbitral, poderia se ver tentado a pressionar os seus julgadores através do recurso à máquina estatal. Se assim agir sem base em provas robustas, amparado somente na convicção de ser merecedor de tratamento especial porque tutor do interesse público, tais alegações devem ser rechaçadas em todas as instâncias nas quais apresentadas.

Em última análise, uma postura agressiva e persecutória em face dos árbitros é que milita em desfavor da consecução do interesse público. Isto porque transmite a potenciais parceiros da Administração sinalizações de que contratos não serão respeitados. Considerando-se que a arbitragem se amolda à perfeição aos contratos complexos, como as parcerias público-privadas, que são precisamente aqueles que mais necessitam de suporte de investidores, tais sinalizações, em longo prazo, tenderão a impactar negativamente a capacidade dos gestores públicos de viabilizarem obras de infraestrutura de grande porte.

O rigor na apreciação da responsabilização dos árbitros pelos órgãos de controle, assim, é não somente premissa do saudável desenvolvimento e da estabilidade do instituto, mas também uma ferramenta capaz de preservar o interesse privado em contratos de grande porte celebrados com a Administração Pública. Indiretamente, transmite os incentivos necessários para a consecução de grandes projetos que, nos tempos atuais, não são mais levados a cabo exclusivamente pelo Estado.

6 Conclusões

Ao longo deste breve ensaio, pudemos observar que a natureza jurídica da atividade do árbitro, como a do próprio instituto da arbitragem, é em parte jurisdicional e em parte contratual. Estão, assim, sujeitos a um plexo de obrigações distintas e de variável origem. A violação de qualquer uma delas ensejará a sua responsabilização, cuja consequência será apurada em conformidade com a origem do dever violado.

Assim, à violação de deveres legais corresponderá a possibilidade de indenização, caso algum dano seja causado às partes – como é o caso da sentença que, por erro do árbitro, termina por ser anulada e gera novo procedimento arbitral. A violação de um dever contratual poderá ensejar, se assim pactuado pelas partes ou previsto no regulamento da instituição responsável pela condução da arbitragem, a substituição do árbitro faltoso.

Em qualquer hipótese, para que se preserve a sua liberdade de julgamento, somente poderão ser responsabilizados por *error in procedendo*. Eventual aplicação da Lei de Improbidade Administrativa, por sua vez, somente será possível mediante a comprovação de dolo na atuação do árbitro.

A natureza do litígio, se público ou privado, não impacta no regime de responsabilização a ser observado. De uma banda porque, sob uma ótica estritamente contratual, não se verifica a incidência de cláusulas contratuais implícitas que vinculem o árbitro a um grau diferenciado de zelo ou gerem deveres diferentes daqueles que devem ser observados em arbitragens comerciais. A outra porque, de uma perspectiva jurisdicional, a natureza da função não se altera com as partes ou a matéria objeto do litígio.

Referências

CARVALHO, Renata Freitas; RAMALHO, Matheus Souza. *Arbitragem e Transparência*: um diálogo necessário. Disponível em: https://www.fgvblogdearbitragem.com.br/post/arbitragem-e-transparência-um-diálogo-necessário, acesso em: 14 nov. 2021.

CARMONA, Carlos Alberto. Arbitragem e Jurisdição. *Revista de Processo*, vol. 58, p. 33-40, abr./jun. 1990.

CARMONA, Carlos Alberto. *Arbitragem e Processo*: um comentário à Lei nº 9.307 de 1996. 3. ed. São Paulo: Atlas, 2009.

CORREIA, Marcelo dos Santos Barrada. A responsabilidade civil do árbitro. *Revista Brasileira de Arbitragem*, n. 39, p. 7-24, jul./set. 2013.

ELIAS, Carlos Eduardo Stefen. O árbitro. *In*: LEVY, Daniel; SETOGUTI, Guilherme (org.). *Curso de Arbitragem*. 2. ed. São Paulo: Revista dos Tribunais, 2021. p. 129-172.

GAILLARD, Emmanuel; SAVAGE, John. *Fouchard, Gaillard, Goldman on International Arbitration*. Kluwer Law International, 1999.

HENRY, Marc. Do contrato do árbitro: o árbitro, um prestador de serviços. *Revista Brasileira de Arbitragem*, n. 6, p. 65-74, arb./jun. 2005.

MUNIZ, Joaquim de Paiva. *Curso Básico de Direito Arbitral*. 4. ed. Curitiba: Juruá, 2017.

OLIVEIRA, Gustavo Justino de; FAIWICHOW, Felipe Estefam. *Curso prático de arbitragem e administração pública*. São Paulo: Thomson Reuters Brasil, 2019.

OLIVEIRA, Gustavo Henrique Justino de; SCHIEFLER, Gustavo Henrique Carvalho. A arbitragem na nova lei geral de concessões (LGC): apontamentos sobre o fortalecimento dos meios extrajudiciais de litígios contratuais no novo marco legal dos contratos de concessão de serviços públicos. *In*: TAFUR, Diego Jacome Valois; JURKSAITIS, Guilherme Jardim; ISSA, Rafael Hamze (coord.). (Org.). *Experiências práticas em concessões e PPP*: estudos em homenagem aos 25 anos da lei de concessões. 1. ed. São Paulo: Quartier Latin, 2021, v. 1, p. 345-358.

OLIVEIRA, Gustavo Henrique Justino de; SCHWANKA, Christiane. A administração consensual como a nova face da Administração Pública no século XXI: fundamentos dogmáticos, formas de expressão e instrumentos de ação. *A&C – Revista de Direito Administrativo & Constitucional*, v. 32, p. 1-2, 2008.

OLIVEIRA, Gustavo Justino de. Especificidades do processo arbitral envolvendo a Administração Pública. Enciclopédia jurídica da PUC-SP. Celso Fernandes Campilongo, Alvaro de Azevedo Gonzaga e André Luiz Freire (coord.). Tomo: *Direito Administrativo e Constitucional*. Vidal Serrano Nunes Jr., Maurício Zockun, Carolina Zancaner Zockun, André Luiz Freire (coord. de tomo). 1. ed. São Paulo: Pontifícia Universidade Católica de São Paulo, 2017. Disponível em: https://enciclopediajuridica.pucsp.br/verbete/49/edicao-1/especificidades-do-processo-arbitral-envolvendo-a-administracao-publica.

OLIVEIRA, Gustavo Henrique Justino de; SCHIEFLER, Gustavo Henrique Carvalho. Justa causa e juízo de prelibação (admissibilidade) na ação de improbidade administrativa: proteção e preservação dos direitos e garantias dos requeridos frente à busca de maior eficiência judicial no combate à corrupção na era da Operação Lava-Jato. *Revista Jurídica da Procuradoria Geral do Estado do Paraná*. Edição 2018. Disponível em: https://www.pge.pr.gov.br/sites/default/arquivos_restritos/files/documento/2019-10/003justacausaejuizodeprelibacao.pdf.

WALD, Arnoldo; BORJA, Ana Gerdau. The New Brazilian Arbitration Law. *U. Miami Inter-American Law-Review*, 21, 02/2016. Disponível em: http://repository.law.miami.edu/umialr/vol47/iss1/5, acesso em: 13 nov. 2021.

WALD, Arnoldo; WALD FILHO, Arnoldo. *A OAB, a Arbitragem e o Acesso à Justiça*. Artigo publicado na Revista do Ministério Público do Estado do Rio de Janeiro, disponível em: https://www.mprj.mp.br/documents/20184/1275172/Arnoldo_Wald_Filho.pdf, acesso em: 13 nov. 2021.

Informação bibliográfica deste texto, conforme a NBR 6023:2018 da Associação Brasileira de Normas Técnicas (ABNT):

OLIVEIRA, Gustavo Henrique Justino de; SANTOS, José Marinho Séves. A responsabilização dos árbitros em arbitragens público-privadas. *In*: CONTI, José Maurício; MARRARA, Thiago; IOCKEN, Sabrina Nunes; CARVALHO, André Castro (coord.). *Responsabilidade do gestor na Administração Pública*: improbidade e temas especiais. Belo Horizonte: Fórum, 2022. p. 345-355. ISBN 978-65-5518-413-6. v.3.

ACCOUNTABILITY E OPORTUNISMO LEGISLATIVO

ANDRÉ PASCOAL DA SILVA

1 Introdução

A política brasileira sempre foi marcada pelo viés do patronato, do fisiologismo e da corrupção. Diversos autores debruçaram-se sobre o fenômeno, tais como Raimundo Faoro e Victor Nunes Leal.[1] Poder-se-ia afirmar, na lógica do conceito de Fernand Braudel, inserido na Escola dos Annales, que a corrupção sistêmica é um fator de longa duração na história política nacional. "Longa duração, conjuntura, evento se encaixam sem dificuldade, pois todos se medem por uma mesma escala. Do mesmo modo, participar em espírito de um desses tempos é participar de todos".[2]

Seguindo a mesma linha de raciocínio, em caráter episódico, pode ser afirmado que houve um momento de reação a tal ordem de coisas, a partir do período de democratização. Com a nova Constituição Federal, diversos princípios foram encampados, buscando um maior rigor nas ações políticas que deveriam se nortear por parâmetros de moralidade e impessoalidade nas relações políticas.

Novas legislações foram criadas e foi desenvolvido um complexo sistema de *accountability* para o exercício do controle de eficiência e transparência dos atos praticados pelos agentes públicos e até de particulares que passassem a tratar com a Administração Pública. Longe de ser ideal, conquanto problemático sob diversos aspectos, tal sistema permitiu, pela primeira vez, que políticos de envergadura e renome no cenário nacional respondessem pelos seus atos, não apenas, do ponto de vista político, mas também, perante a opinião pública e a sociedade civil.

Dentro deste sistema de *accountability*, emerge a figura do Ministério Público, como agência responsável pela investigação e persecução da prática dos atos de improbidade administrativa. Este órgão, em virtude da complexidade de sua atuação contra a corrupção em geral, teceu relações até então inusitadas, seja com o público em geral, seja com os mais variados canais da imprensa e da mídia.

Tal atuação repercutiu sobremaneira na forma como o Poder Judiciário dispensou tratamento a tais casos, interferindo sensivelmente no ambiente político nacional, com

---

[1] Nos clássicos e seminais livros "Os donos do poder" e "Coronelismo, enxada e voto", respectivamente.

[2] BRAUDEL, Fernand. *Escritos sobre história*. Tradução: J. Guinsburg *et al.* São Paulo: Perspectiva, 2019, p. 72.

decisões que saíram do constrito ambiente forense e se irradiaram para todo o campo social e político, gerando um fenômeno conhecido como a judicialização da política.

Ocorre que, após diversos casos emblemáticos de corrupção de nossa história, com a responsabilização de agentes políticos que passaram a responder, pela primeira vez, pela prática de atos de improbidade administrativa, com larga repercussão a nível nacional, houve uma contrarreação por parte da classe política, no sentido de limitar não só a atuação da agência responsável pela investigação e persecução de tais atos, mas também pela agência responsável pelo seu julgamento.

Em outras palavras, com base em um discurso populista, assentado no engessamento da governabilidade e nos exageros praticados por seus agentes, a classe política passou a se esforçar para limitar o âmbito de atuação do sistema de *accountability*, ainda que, aparentemente, agindo em conformidade com o sistema constitucional e com o sistema legal, como um todo. A contrarreação, longe de atender ao interesse público, visa apenas ao sufocamento do sistema de controle, à demonização de suas agências e ao desvencilhar das amarras legais para que os políticos passem a atuar com maior liberdade, no suposto campo de sua "discricionariedade", restabelecendo o antigo sistema de corrupção que sempre perpetuou em nossa política.

O presente ensaio pretende percorrer um pouco desta trajetória na qual, em primeiro lugar, buscou-se um sistema mais contundente de controle e *accountability*, a consequente contrarreação política e as consequências para a nossa democracia, como um todo.

2 Democracia e improbidade

Desde o início da democratização, do ponto de vista político, o país foi marcado por diversas mudanças que impuseram um novo perfil no cenário interno e internacional. Com a nova democracia, em pouco tempo, depois de anos de ditadura militar e dissenso eleitoral, foi elaborada uma nova Carta Constituinte que visava resguardar a dignidade da população, resgatando suas garantias fundamentais, então sustadas pelo anterior regime autoritário. Além do mais, a Nova Constituinte pretendia resgatar a justiça social sobre todos os aspectos da vida do cidadão, inclusive do ponto de vista econômico.

Com o papel da cidadania restaurado e com as intercorrências do novo período democrático, é que emergiu uma necessidade, um reclamo popular de se estabelecer, cada vez mais, rigor e moralidade na vida pública, matizada pelos escândalos de corrupção e envolvimento de práticas nefastas que levaram à derrocada da chefia do Poder Executivo,[3] em tão pouco tempo de democracia.

Não se pode deixar de notar uma nova tendência que passou a ser observada no campo jurídico pela emergência de novas legislações que visavam a um maior controle da atividade política e um maior norte aos parâmetros da moralidade administrativa, em um país marcado pelo patronato, pelas negociatas, pela quebra da impessoalidade e pelos escândalos de corrupção.[4]

---

[3] Refiro-me ao *impeachment* do presidente Collor.

[4] Isso pode implicar o fenômeno da legislação descodificada, por meio de leis especiais. De acordo com José Eduardo Faria, muitas vezes, são tantas as legislações que, de certo modo, geram uma espécie de "metástase

Antes mesmo da Assembleia Nacional Constituinte, surgiu a nova Lei da Ação Civil Pública, que inaugurou novos instrumentos jurídicos de investigação e controle das ações dos agentes políticos, com o advento do inquérito civil e da ação civil pública, centralizando o papel do Ministério Público como órgão político responsável pelo manejo de tais institutos inovadores. "Em suma, vencidas essas polêmicas que brotaram quando da sanção da LACP, o legislador ordinário e depois até mesmo o constituinte consagraram a legitimação ativa do Ministério Público para a defesa dos interesses transindividuais (...)".[5]

Posteriormente, com o advento da Constituição de 1988, vários princípios foram encampados pelo artigo 37, *caput*, da Magna Carta, que fazia previsão expressa da salvaguarda dos princípios da moralidade, da probidade, da impessoalidade, da publicidade e eficiência como motrizes que deviam balizar as condutas políticas. A supremacia do interesse público foi reconhecida e estabelecida como patamar de caráter constitucional. Maria Silvia Zanella Di Pietro aponta que tais inovações constitucionais geraram impacto no Direito Público, entre elas, pela:

> introdução do princípio da moralidade entre os de observância obrigatória pela Administração Pública, que deu novo fundamento para a propositura da ação popular e inspirou a promulgação de várias leis infraconstitucionais, como a Lei de Improbidade Administrativa, a Lei da Ficha Limpa, a Lei Anticorrupção, todas voltadas à moralização da Administração Pública e ao combate à corrupção.[6]

Logo depois, foi editada a Lei de Improbidade Administrativa, que, além de especificar as condutas que deviam ser consideradas como ímprobas, estabeleceu um novo procedimento para a persecução em juízo dos atos de improbidade administrativa, revelando a preocupação e a tendência legislativa da época em contemplar novos diplomas que garantissem a moralidade e a honestidade nas práticas pública, "já que o artigo 37, §4º, do texto constitucional falava unicamente em "improbidade administrativa", expressão que teria o seu conceito e sua extensão integrados pelo legislador ordinário, o que permitiria a criação de eficazes mecanismos de corrupção".[7]

Ainda, no início da década de 90, foi editada a nova Lei das Licitações e, no ano de 2000, a Lei de Responsabilidade Fiscal. Conquanto tais legislações não sejam mobilizadas no presente artigo, servem para exemplificar a tendência e a preocupação por parte das legislações especiais, na época, com a lisura dos negócios e com a atuação dos agentes políticos.

---

no sistema jurídico", pela perda da sua identidade doutrinária, programática e sistêmica. Há como que uma inflação das leis especiais: quanto maior o número de leis, maior a crise funcional, menor a certeza jurídica. *In: Corrupção, justiça e moralidade*. São Paulo: Perspectiva, 2019, p. 114.

[5] MAZZILLI, Hugo Nigro. *A defesa dos interesses difusos em juízo*. São Paulo: Saraiva, 2017, p. 415-6.

[6] DI PIETRO, *Tratado de Direito Administrativo*, vol. 1. São Paulo: RT, 2019, p. 145.

[7] GARCIA, Emerson; ALVES, Rogério Pacheco. *Improbidade Administrativa*. São Paulo: Saraiva, 2017, p. 282.

3 Sistema de *accountability*[8]

Mas a nova ordem constitucional e a retomada do processo de democratização conduziram à evolução do sistema de *accountability*, operando sensíveis alterações no paradigma de controle institucional da atividade dos agentes políticos, acentuando a importância e o fortalecimento de instituições que passaram a ter como escopo o controle externo das atividades da gestão pública, agindo como verdadeiras "agências de transparência".[9]

Accountability pode ser definida "como conjunto de instrumentos de controle, fiscalização, responsabilização dos agentes públicos, associada à ideia de prestação de contas e transparência. Implica o controle social (vertical) pelos próprios cidadãos e pela sociedade civil como um todo, como critério de aceitação política; o controle (horizontal) pelas instituições vocacionadas ao papel fiscalizatório da gestão pública".[10]

O controle das atividades estatais pode ser desenvolvido em três eixos básicos: o controle burocrático, o controle judicial e o controle não estatal.[11]

O controle burocrático, mais associado ao Direito Administrativo, é exercido por agências especializadas, nas quais impera a lógica da vigilância. Tal controle pode ser externo ou interno, tratando de modalidade de *accountability* horizontal. A vigilância excessiva tem como ponto negativo o estímulo, ainda que involuntário, de criar maior burocracia, principalmente pelos órgãos de controle interno. Isso pode gerar maior corrupção, como emprego de artifícios para burlar barreiras correcionais ou fiscalizatórias específicas.[12]

O controle judicial civil é mais relacionado com a regularidade das atividades administrativas dos agentes públicos e a ponderação e julgamento da discricionariedade. No âmbito criminal, busca-se a responsabilização penal dos agentes que cometeram atos de improbidade administrativa. Nesse caso, há uma verdadeira sobreposição do controle judicial sobre a burocracia.[13]

Por fim, há o controle não estatal, imposto pelo debate público e editorial mais amplos, com a mais ampla publicidade e transparência possíveis. Seu objetivo principal é acionar o controle interno ou externo estatal, exercendo-se uma verdadeira *accountability* vertical.[14]

No Brasil, podemos considerar como órgãos de controle horizontal de *accountability*: os Tribunais de Contas, as CPIs, a Polícia Federal, o Poder Judiciário e o Ministério Público. A imprensa e a sociedade civil aparecem como agências de controle vertical.[15]

---

[8] No presente artigo, não serão analisadas todas as agências de *accountability*, como as CPIs, os Tribunais de Contas (*accountability* horizontal) e a sociedade civil (*accountability* vertical).

[9] Cf. PORTO, Mauro P. No original, "accountability agencies": "The media and the political accountability". *In: Corruption and democracy in Brazil*. Thimothy J. Power and Mathew M. Taylor editors. 2011: Notre Dame University, Indiana, p. 116.

[10] Cf. RENNÓ, Lúcio R. Corruption and voting. *In:* POWER, Thimothy J.; TAYLOR, Mathew M. *Corruption and Democracy in Brazil*: the struggle for accountability. Notre Dame, Indiana: Notre Dame University, Indiana, 2011, p. 60.

[11] AVRITZEL, Leonardo; FILGUEIRAS, Fernando. *Corrupção e Controles Democráticos no Brasil*. Brasília: CEPAL/IPEA, 2011, p. 14-21.

[12] *Ibidem*, p. 16-17.

[13] *Ibidem*, p. 18-19.

[14] *Ibidem*, p. 19-21.

[15] POWER, Thimothy J.; TAYLOR, Mathew, *op. cit.*, p. 9-20.

3.1 Ministério Público

É inegável que o Ministério Público aparece como o primeiro representante dos órgãos de controle de *accountability*, no âmbito da gestão pública e do combate às práticas ímprobas.

O artigo 129 da Constituição Federal contemplou o Ministério Público com funções que extrapolavam, em muito, seu tímido posicionamento jurídico em nossa tradição legal, reforçando o seu caráter de autonomia e de atuação, em defesa do interesse público, mormente dos interesses difusos e coletivos a serem deduzidos em juízo. Garantiu ao *Parquet* amplos poderes e possibilidades investigatórias, colocando-o como o maior defensor dos parâmetros de lisura e moralidade, no âmbito público.

> A Constituição destina o Ministério Público, de forma prioritária, ao zelo dos mais graves interesses da coletividade, como o respeito aos direitos nela assegurados, os interesses sociais e individuais indisponíveis, o patrimônio público e social, o meio ambiente e outros interesses difusos e coletivos. Em outras palavras, ora o interesse a zelar se relaciona de modo indeterminado com toda a coletividade, ora está ligado a pessoas determinadas, mas a atuação do Ministério Público sempre supõe que com ela se consulte o interesse geral, observada necessariamente a norma de compatibilidade prevista no inc. IX do art. 129 da Constituição da República.[16]

Tal perfil excepcional garantiu ao Ministério Público um destaque exemplar na nova ordem constitucional, sendo o órgão vocacionado para o controle externo das ações dos órgãos públicos, com grande identidade de interesses com o público em geral, buscando maior seriedade e honestidade por parte dos agentes políticos que supostamente representariam estes interesses. Por essa razão, houve quem entendesse que o novo perfil do Ministério Público alçou seus representantes a verdadeira categoria de agentes políticos.[17]

Ora, como todas as instituições e como todos os institutos, a previsão legislativa demora um período de maturação e acomodação perante o sistema jurídico como um todo. Ao lado de uma moderna e sofisticada gama de institutos estabelecidos para salvaguardar a probidade, no âmbito político, fazia-se necessária a evolução e o amadurecimento práticos de tais instrumentos, quando postos à prova, diante das vicissitudes de um sistema político desacostumado ao exercício de tal controle.

Não se pode deixar de levar em consideração que havia uma ânsia enorme em resgatar a confiança no sistema jurídico e uma esperança quase idealista de cumprir, à risca, o elevado papel constitucional que foi conferido a tal instituição. E o Ministério Público ocupou seu espaço, com a instauração de um sem-número de inquéritos civis para aprofundar investigações a respeito da prática de atos de improbidade administrativa, bem como a dedução de um elevado número de ações civis públicas visando ao afastamento de políticos corruptos do cenário político, condenando-os não só ao ressarcimento do prejuízo causado ao erário público como com a perda do mandato político. Além disso, conferiu a possibilidade de responsabilizar pela prática de ato de improbidade administrativa não só os agentes que ocupavam cargos públicos como

---

[16] MAZZILLI, Hugo Nigro. *Regime Jurídico do Ministério Público*. São Paulo: Saraiva, 2013, p. 126.

[17] *Idem.*

também os particulares ou terceiros que, a partir de suas relações espúrias com o Poder Público, aproveitassem algum tipo de vantagem ou experimentassem algum tipo de benefício.

Mas, tão logo tais institutos foram colocados efetivamente à prova, passaram a surgir as mais diversas críticas, principalmente ao uso desmedido de tais instrumentos de forma abusiva.[18] Ainda hoje tal problemática suscita a atenção de diversos estudiosos que alegam existir um verdadeiro "direito administrativo do medo", em virtude das "causas disfuncionais da Administração Pública e os riscos inerentes à atividade decisória no âmbito administrativo", induzindo "o medo do gestor público como consequência da incapacidade de gerir riscos".[19] Recentemente, houve a edição da Lei nº 13.869/2019, que reconheceu como prática de crimes a instauração abusiva de inquéritos civis[20] e a dedução desarrazoada de ação civil pública.[21]

Mas as maiores críticas que foram direcionadas à atuação desmedida do Ministério Publico diziam respeito a uma relação inusitada de seus agentes com a imprensa, o que em tese implicaria a quebra da representatividade política dos agentes políticos com os representados originais.

Pela primeira vez, foi dada visibilidade maior, na mídia, das operações que eram lideradas por representantes do Ministério Público, nas mais diversas unidades federativas, seja no âmbito estadual, seja no âmbito federal. A figura pública dos procuradores e promotores de justiça, com toda a sua carga simbólica, saiu dos manuais de Direito e passou a estampar as primeiras páginas de matérias jornalísticas e ganhar relevante expressão nos meios televisivos de comunicação de massa. Tal visibilidade não foi encarada sem críticas, como meio elegido pelos agentes envolvidos para pressionar os investigados e os demandados, colocando em jogo a opinião pública como fiel da balança no prejulgamento prematuro de condutas que ainda estavam no âmbito investigatório ou no curso de uma demanda. "Por exemplo, notou-se que os promotores veem a imprensa como instrumento essencial para construir sua própria credibilidade e estender sua posição institucional em termos de incentivo e apoio público".[22]

Por outro lado, houve a acusação da quebra de representatividade política, porque os órgãos ministeriais foram acusados de indevida ingerência dos parâmetros da discricionariedade política, por parte dos agentes políticos, fissurando a relação inicial de correspondência com o seu eleitor original, deflagrando certa crise de representatividade instaurada em relação aos agentes políticos envolvidos com o esquema de corrupção.

---

[18] Cf. MATTOS, Mauro Roberto Gomes. Responsabilidade Civil do Poder Público pelo manejo indevido de ação de improbidade administrativa. *In: Revista de Direito Administrativo*, Rio de Janeiro, 238:101-120, out./dez. 2004.

[19] SANTOS, Rodrigo Valgas. *Direito Administrativo do medo*: risco e fuga da responsabilização dos agentes públicos. São Paulo: RT, 2021, p. 33.

[20] Art. 27. Requisitar instauração ou instaurar procedimento investigatório de infração penal ou administrativa, em desfavor de alguém, à falta de qualquer indício da prática de crime, de ilícito funcional ou de infração administrativa:
Pena - detenção, de 6 (seis) meses a 2 (dois) anos, e multa.

[21] Art. 30. Dar início ou proceder à persecução penal, civil ou administrativa sem justa causa fundamentada ou contra quem sabe inocente:
Pena – detenção, de 1 (um) a 4 (quatro) anos, e multa.

[22] PORTO, Mauro P., *op. cit.*, p. 121. No original: "For example, it has been noted that prosecutors see the News media as essential tools to build their own credibility and strengthen their institutional position in terms of funding and public support".

Além do mais, tal postura, por parte dos representantes do Ministério Público, não levaria em consideração o jogo político que deveria ser desenvolvido pelos agentes públicos em atendimento aos imperativos da governança e o alcance dos objetivos políticos e econômicos envolvidos.

Mas o certo é que, com a ampliação dos poderes do Ministério Público decorrente da nova ordem constitucional, os representantes da instituição tiveram que calibrar os seus atos de ofício e se adaptar a um novo ambiente público outrora desconhecido, passando por um necessário período de maturação e desenvolvimento. Em contrapartida, os órgãos investigados e o público em geral tiveram que aceitar e se acostumar com uma nova instituição completamente ingente e remodelada, cujo ápice experimental de atuação foi desenvolvido já nos primeiros anos de início de vigência da nova Constituição Federal.

3.2 Mídia

A imprensa também se desenvolveu como importante agente de exercício e controle da *accountability*, desempenhando um papel crucial como meio de tensão e pressão aos agentes públicos investigados, colocando-se como importante agência de controle, em sentido mais amplo.[23]

Deve ser levado em consideração que, depois do longo período de ditadura militar, em que a imprensa era constantemente incomodada, quando não impedida de atuar pelos fortes órgãos de censura, o período de democratização foi um momento especial de redescoberta, libertação e superação. Mais do que nunca a imprensa passou a exercer um papel de verdadeiro *ombudsman* das relações políticas e econômicas.[24]

Como bem observado por Taylor e Powell, em verdade, a imprensa partiu da premissa de que a população não estaria devidamente preparada para exercer a cidadania, cabendo aos próprios profissionais da comunicação o exercício do importante papel de conscientização e informação de um povo descostumado ao ambiente democrático e aos conflitos decorrentes das disputas públicas e do comportamento dos agentes políticos.[25]

Mais do que nunca, seja com a abertura garantida pelo processo de redemocratização, seja com a nova ordem constitucional que reservava uma posição de excelência dos órgãos de imprensa e da liberdade de expressão, os meios de comunicação tiveram amplas condições e liberdade de investigar e divulgar os mais diversos assuntos de interesses políticos nacionais.

Além do mais, com o avanço das tecnologias e a velocidade com que as notícias passaram a ser veiculadas, superou-se em muito os quadros históricos anteriores. Reputações poderiam ser construídas e destruídas com uma rapidez extraordinária.

Não fosse isso, os órgãos de imprensa passaram a se articular com diversas autoridades de controle, em especial o Ministério Público, para exercer pressão sobre os agentes políticos investigados ou colocados em evidência, em virtude de suas posturas cívicas. Não sem razão, ressalvou-se que se atuação espetaculosa era superlativa na

---

[23] PORTO, Mauro P., *op.* cit., p. 104.

[24] *Idem*, p. 105.

[25] *Idem*, p. 107.

fase das investigações, arrefecia quando o potencial midiático começava a se esvair, no decorrer do tempo, com o curso lento dos processos.[26]

Mas tal papel também não foi isento de críticas, seja por acentuar um viés de manipulação da opinião pública, seja pela relação tida como promíscua com os órgãos investigatórios, seja pela extrema carga de populismo que poderia ser mobilizada, em casos cruciais da política nacional.

3.3 Poder Judiciário

Não poderia ser deixado à margem o próprio papel que o Poder Judiciário passou a exercer com o advento da nova configuração democrática, erigida pela nova ordem constitucional.

Em primeiro lugar, é de ser ver que a hipertrofia da produção legislativa, no que tange à criminalização de condutas, teve como consequência uma maior judicialização da política, com a possibilidade de julgamentos em casos de ações civis públicas, ações populares e pela criação da Súmula Vinculante, por força da EC nº 45.[27]

O Poder Judiciário passou a ser representante funcional da sociedade civil. Ocorreu um verdadeiro deslocamento da representatividade parlamentar para o Poder Judiciário, nem sempre suficiente nos casos de crimes julgados em foro privilegiado.[28]

Ao demais, o Poder Judiciário passou a atuar diretamente em casos de destaque, no mais das vezes em casos de corrupção e improbidade administrativa, cumprindo não só o seu papel de aplicador das leis como também um importante papel integrador da vida pública em geral.

Com a tendência moderna de judicialização da política, segundo o eminente professor José Eduardo Faria, um debate que passa a ganhar relevância é aquele entre magistrados "garantistas", que priorizam os efeitos das decisões judiciais perante o texto estrito das leis, em contraposição aos juízes "consequencialistas", que buscam dar uma interpretação mais ajustada ao corpo de normas, a um determinado contexto histórico e social.[29]

O problema é que em uma sociedade extremamente complexa, com o desenvolvimento veloz dos meios de comunicação, a opinião pública e o clamor público exercem uma pressão e uma influência muito grandes nas decisões judiciais. "Até que ponto um juiz deve decidir conforme o clamor público, valendo-se de intepretações criativas do direito para avançar sobre áreas de atuação do Legislativo e sobre as competências do Executivo?"[30]

É de se ver que o debate é extremamente atual, na medida em que, recentemente, houve anulação dos processos envolvendo o ex-Presidente da República, Luiz Inácio Lula da Silva, nos feitos derivados da operação Lava Jato, instruídos e julgados, em sua maioria, pelo ex-juiz de direito e ex-Ministro de Justiça, Sérgio Moro.[31] O episódio,

---

[26] *Idem*, p. 109.

[27] AVRITZEL, Leonardo; FILGUEIRAS, Fernando, *op. cit.*, p. 25.

[28] *Idem*.

[29] *Ibidem*, p. 113.

[30] *Ibidem*, p. 114.

[31] "STF confirma anulação de condenação do ex-presidente Lula na Lava Jato", 15.0.2021. Portal.stf.jus.br. Disponível em: https://portal.stf.jus.br/noticias.

por si só, deixa clara a mudança de paradigma adotada pelo Poder Judiciário e do próprio juiz do direito, enquanto figura equidistante e isenta na condição de presidir os processos que visem à apuração da prática de atos de improbidade administrativa.

4 Contrarreação

O grande problema é que, com o avanço das agências de *accountability*, como um controle mais incisivo da atividade pública, mormente a jurisdicionalização da política, observa-se que passou a haver uma verdadeira contrarreação a essa ordem de coisas, principalmente por parte do Poder Legislativo, no que se refere à edição de diplomas legais que visam ao estreitamento do seu âmbito de atuação, em especial do Ministério Público, dando maior amplitude e, por que não dizer, liberdade de atuação por parte dos agentes que ocupam cargos eletivos.

Tais tentativas de afastar um controle mais incisivo exercido pela principal agência de transparência e responsabilização, exatamente aquela que promove a persecução dos atos de improbidade administrativa, acabam por enfraquecer o regime democrático como um todo, conquanto por intermédio de procedimentos que se travestem do matiz de legitimidade e de legalidade. As regras normativas do regime democrático não são rompidas, mas seu uso estrito pode levar a um aspecto pernicioso de crise democrática como um todo.

Quando se nomeia o Procurador-Geral da República fora da lista tríplice, não se está burlando nenhuma regra legislativa, mas está enfraquecendo o poder deliberativo e a legitimidade da instituição do Ministério Público como um todo, principalmente no que se refere ao trato com outros Poderes, em especial o Executivo, máxime se consideramos ser ele o órgão legitimado para o ajuizamento de ação civil pública e de ação penal pública contra o Presidente da República. Houve o cumprimento das regras do jogo, mas houve um esvaziamento de uma instituição democrática. Ninguém vai às ruas para repudiar tal postura e clamar por sua reversão, porque revestida de tecnocracia jurídica, de baixo apelo popular.

Quando se observa o devido procedimento legislativo, ainda que para a edição de leis que contrariem o interesse público, enfraqueçam o regime democrático e as instituições, favorecendo práticas políticas espúrias, desde que não haja clara afronta constitucional, o regime democrático em sua estreiteza formal está sendo observado.

O cientista político polonês Adam Przerworski possui um conceito minimalista de democracia, do qual se depreende que, em última instância, sempre que a representatividade política esteja sendo devidamente garantida e que haja a possibilidade de alteração regular do regime democrático, por via eletiva, o regime democrático estará supostamente garantido.

Mas, em contrapartida, em sua análise, ele acentua que, muitas vezes, ainda que as regras jurídicas e constitucionais sejam aparentemente observadas, desde que operem mudanças que possam abalar o sistema político como um todo, distanciando-o dos interesses dos representados primários, poder-se-ia falar de uma crise específica na democracia. É o que queremos dizer com sub-repção: "O uso de mecanismos legais existentes em regimes com credenciais democráticas favoráveis para fins antidemocráticos".[32]

---

[32] PRZEWORSKI, Adam. *Crises da Democracia*. Tradução: Berilo Vargas. Rio de Janeiro: 2019, Zahar, p. 206.

Tais posturas antidemocráticas não ganham forte aderência dos sistemas de controle popular, em virtude da forte tecnicidade dos institutos envolvidos, distanciadas do alcance semântico da opinião pública popular ou da sociedade civil como um todo, obstando-a de exercer parcela significativa de seu controle externo vertical. Pela mesma razão, acabam não despertando a devida atenção dos setores da imprensa, mais preocupados com matérias de maior fundo performático e espetacular. Isso porque sua elevada carga tecnocrata simplesmente não penetra do âmbito da compreensão pública, acerca da devida amplitude que representam tais mudanças legislativas.

Ora, diante disso, é possível falar em certo oportunismo legislativo, seja pelo conteúdo das alterações que albergam as classes que serão beneficiadas pelas mudanças – os políticos e conglomerados econômicos –, seja porque em determinado momento de convulsão ou alienação pontual da atenção da população do país elas não suscitarão o devido repúdio ou revolta por parte da opinião pública. Em outras palavras, simplesmente não se compreende qual a amplitude que as alterações legislativas podem suscitar no enfraquecimento das instituições de controle e no perecimento de interesses públicos relevantes. Isso quando essas alterações também não recebam certa adesão e apoio de determinados setores da própria imprensa, ainda que por motivos não explícitos.

Podemos elencar como primeiro exemplo o pacote anticrime introduzido pela Lei nº 13.964/19, que passou a prever diversas condutas como fatos típicos de crimes específicos, justamente por parte dos representantes das instituições vocacionadas para o exercício do controle externo horizontal, quais sejam o Ministério Público e o Poder Judiciário. O mais curioso é que a lei que previa alterações necessárias e sensíveis, no tocante a institutos processuais de consensualidade e abrandamento do regime de determinadas condutas, acabou por prever, justamente, condutas típicas passíveis de serem praticadas por promotores de justiça e juízes de direito, no exercício de suas funções, como se o interesse destes fosse a leviana perseguição da classe política como um todo e de determinados agentes, em especial. Tecnicamente, é evidente a ausência de pertinência temática entre as matérias contempladas pela nova legislação, constituindo em verdadeiro "jabuti" do ponto de vista jurídico. Mas, por mais que essa pequena astúcia legislativa seja percebida e praticamente reconhecida no ambiente técnico do Direito, jamais desafiará a devida revolta da opinião pública como um todo.

Inclusive aludida legislação enfraqueceu o canal de exercício de *accountability* vertical, por parte dos cidadãos, na medida em que buscou a criminalização contundente aqueles que noticiam condutas espúrias passíveis de investigação às autoridades competentes.[33] O cidadão ficou equiparado a mero sicofanta, em verdadeiro retrocesso histórico e social.

Outra situação peculiar foi a edição das Emendas Constitucionais nºs 106 e 109/2020, logo no início da pandemia, na qual foram empreendidas sensíveis mudanças no sistema de contratações emergenciais, implicando maior elastério e discricionariedade dos setores públicos, assim enfraquecendo, ainda que indiretamente, as agências de controle externo.[34]

Não fosse isso, ainda durante a pandemia, houve a tentativa mais esdrúxula de emplacar a PEC nº 5/21, que apenas não foi aprovada nas casas legislativas pela pífia

---

[33] Pela possibilidade de equiparação à conduta prevista no artigo 30 da Lei nº 13.869/2019. Ver nota 20.

[34] O julgamento da ADI nº 6.357 pelo STF reconheceu a sua aplicação aos Estados, Municípios e Distrito Federal.

e mínima margem de onze votos, com a alteração do regime de controle do Ministério Público, propiciando que agentes políticos interferissem diretamente em investigações, podendo determinar a sua extinção e trancamento, além de exercer controle sobre os atos praticados por membros do *Parquet*. Aludida tentativa foi duramente criticada por juristas da estirpe de José Eduardo Faria:

> Também é por isso que ela é apoiada por agremiações partidárias e diferentes inclinações ideológicas, e cujo único denominador comum é o fato de alguns de seus líderes e governantes eleitos por suas respectivas siglas terem sido condenados por denúncias criminais feitas por promotores e procuradores.
>
> A acusação de que o objetivo dos autores da PEC 05/21 é tentar submeter o MP "aos poderosos de plantão", disseminando insegurança jurídica e prejudicando o combate ao crime organizado, é procedente.[35]

Por fim, golpe certeiro foi a recente sanção da Lei nº 14.230/21, que alterou sensivelmente a Lei de Improbidade Administrativa. De acordo com tal diploma legal, entre outras excrecências:[36] práticas tradicionalmente consideradas como típicas de improbidade administrativa foram afastadas (artigos 10 e 11); foram criadas novas modalidades de prescrição, com prazos mais reduzidos (artigo 23); foi reconhecida a exclusividade do Ministério Público como legitimado para ajuizar ação civil pública por atos de improbidade administrativa (artigo 17); foi estabelecido encurtamento do tempo de investigação, por parte dos órgãos do Ministério Público (artigo 23, §§1º ao 3º).

São, no mínimo, curiosas tais alterações.

Em primeiro lugar, porque afastada a possibilidade de reconhecimento da prática de atos de improbidade administrativa, de diversas condutas atentatórias à moralidade administrativa, contrariando os anseios populares de maior lisura do ambiente político que sempre inspiraram a vocação democrática instituída a partir da democratização e do novo regime constitucional de 1988. Teria sido tal anseio de transparência e reclamo de probidade apenas um evento episódico e conjuntural dentro do quadro de longa duração de fisiologismo, patriarcalismo, corrupção e imoralidade que sempre norteou a nossa política nacional?

Em segundo lugar, por qual razão estipular que o Ministério Público seja o único legitimado a ajuizar a ação de improbidade, justamente o órgão que foi alvo de tamanho repúdio, cuja autonomia foi objetivo de questionamento, por via da malograda PEC nº 5/21? Aliás, reduzindo uma legitimação que contraria frontalmente a Constituição Federal, porque afasta a possibilidade de o ente público lesado buscar o sancionamento do responsável por lesar seu patrimônio. Isso sem levar em consideração a incongruência sistêmica em relação à ampla legitimidade albergada pela Lei de Ação Civil Pública.

Em contrapartida, esse órgão agora exacerbado, pela assunção de novas ações e investigações em curso, diante da nova legitimação exclusiva, terá que correr contra o tempo, diante da limitação do prazo de investigação, com novos lapsos prescricionais que tornam impraticável o aprofundamento de uma complexa investigação que,

---

[35] *In*: A PEC nº 5/21 e seus perigos. Disponível em: https://direito.usp.br/noticia/451098e58d9b-a-pec-521-e-seus-perigos.

[36] Limitar-me-ei a cuidar de apenas alguns aspectos controversos da Lei, de relevância para o ensaio.

no mais das vezes, depende da prévia atuação de órgãos de controle externo, como o Tribunal de Contas.

Todas essas alterações foram levadas a efeito, durante o período excepcional, sem um prazo de *vacatio legis* que pudesse propiciar a devida assimilação e adaptação às novas regras ao sistema jurídico especial, com suas particularidades e nuanças, mormente no que se refere à retroatividade e irretroatividade e à aplicação do *tempus regit actum*.

As razões parecem ser evidentes: 1) um maior número de ações e processos extintos pelas novas previsões legais, beneficiando potencialmente os próprios idealizadores da novel legislação; 2) sobrecarga incomensurável das mais diversas ações sob os auspícios do Ministério Público, obstando uma atuação mais coordenada e seletiva dos casos de maior relevância.[37]

É de se notar que o móvel para tais alterações é temperado por razões de populismo, invertendo a posição de vilanias e heroísmos: os políticos são os injustos perseguidos pelo sistema de justiça como um todo, enquanto os órgãos de persecução são os principais detratores da classe que representa os anseios populares, porque, afinal, foi galgada ao poder por beneplácito eleitoral, vítima de um suposto Direito Administrativo do medo.

O mais triste é observar que tais alterações tiveram tímidas reações em setores mais qualificados da imprensa, quando não muito verdadeiro e lamentável apoio. Como era de se esperar, quase nenhuma reação por parte da opinião pública leiga, que, devido a alta carga de tecnicidade das alterações, não possui acuidade para verificar o grau de profundidade, consequências sociais e políticas derivadas das mudanças trazidas pela nova lei, encerrando um breve período de busca de maior transparência, para um retorno a um controle menos acirrado e um fisiologismo mais devassado, configurando em verdadeiro cenário de retrocesso social.

5 Conclusão

Conforme explicitado, possível observar que, após os avanços ao sistema de *accountability*, trazidos pela nova ordem constitucional, com o período de democratização, diversos casos forram deflagrados e trazidos ao público, em decorrência da prática de atos de improbidade administrativa, com um alcance jamais observado, em nossa história nacional.

Longe de ser ideal, porque dependeu da maturação contínua e racional dos agentes envolvidos, a atuação das agências do novo sistema de *accountability* gerou um descontentamento generalizado na classe política.

Em determinado momento, primeiro de forma velada, agora de modo mais explícito, houve uma contrarreação ao impulso anticorrupção, mobilizado por um discurso populista que conduziu ao oportunismo legislativo que visava engessar a atuação das agências de controle, ainda que sob a aparência de legalidade e respeito ao sistema de freios e contrapesos.

---

[37] Em 17 de novembro de 2021 o Ministério Público do Estado de São Paulo recebeu um grande acervo de ações em curso, deduzidas pela Procuradoria-Geral do Estado. Disponível em: http://mpsp.mp.br/portal/page/portal/noticias/noticia?id_noticia=25341916&id_grupo=118.

Vale lembrar que o populismo é um conceito neutro que se presta a emprestar legitimidade a discursos ideologicamente variados, desde que ganhem assentimento popular, ancorado na sucessão de demandas reprimidas da opinião pública que necessitam de vazão, não podendo "simplesmente diferenciar o "verdadeiro" sentido de um termo, que seria necessariamente permanente, de uma série de imagens a ele associadas num sentido conotativo, pois as redes associativas constituem parte integral da própria estrutura da linguagem".[38]

Em contrapartida, um discurso estritamente técnico, do ponto de vista jurídico, não encontra necessária ressonância popular, sendo incapaz de demonstrar as consequências nefastas que o sufocamento dos canais de controle pode gerar ao interesse público e à perpetuação da cadeia corruptora.

Esse movimento silencioso pode configurar, sob certo aspecto, aquilo que se concebeu como uma subversão sub-reptícia superadora de "obstáculos jurídicos",[39] configurando em verdadeiro golpe à democracia, ainda que de forma velada e legalista, uma vez que implica retrocesso social, oposição aos anseios de moralidade e, em última instância, quebra da representatividade política, em relação à sua matriz originária, arrefecendo a ideia da "metafísica da presença",[40] que considera a perfeita similitude entre o representado e o órgão de representação.

Afinal de contas, em grande parte, o eleitor comum escolhe seus representantes, na esperança de coibir as práticas nocivas que implicam a prática dos mais variados tipos de corrupção – desde o enriquecimento ilícito à imoralidade em sentido amplo –, que passam a ser validadas, na medida em que se estreita ou sobrecarrega a atuação do órgão responsável pela investigação e persecução de tais atos.

Se é possível afirmar que há uma verdadeira polarização política entre idealismos, como comunitarismo e totalitarismo, não é errôneo asseverar que existe uma dicotomia entre aqueles que defendem um controle externo mais contundente, erigido por instituições sólidas e autônomas, e aqueles que insistem em uma discricionariedade desregrada, quase que um cheque em branco para a prática de condutas não calibradas pelo ordenamento e seus princípios básicos.

Necessário se faz aguardar como as instituições irão reagir e maturar tais alterações, como os Tribunais irão reagir a tais mudanças e qual será o comportamento dos principais beneficiados.

Ainda, como a sociedade civil irá se comportar diante de novos casos de corrupção e sua impunidade perante um sistema de controle fragilizado pelas recentes reformas. Como será exercido o controle vertical de *accountability* ou se ainda será possível exercê-lo?

Sobretudo, é imperioso observar se tais mudanças atenderão verdadeiramente ao interesse público, se elas implicam um retorno forçado ao processo de longa duração do cenário político nacional, maculado pela improbidade. Como diria o eminente Ministro do STJ, Antônio Herman Benjamin, acerca das alterações à Lei de Improbidade Administrativa:

---

[38] LACLAU, Ernesto. *A razão populista*. Tradução: Carlos Eugênio. São Paulo: Três Estrelas, 2018, p. 63.

[39] PRZEWORSKI, Adam. *Op. cit.*, p. 202.

[40] Cf. YOUNG, Iris. Representação política, identidade e minorias ser seguidas e quais fins devem ser buscados. *Lua Nova*, São Paulo, p. 160, 2006.

É uma filosofia não revelada. Quem lê a lei vai ver que proteger o pequeno prefeito e o pequeno vereador que pratica uma ilegalidade formal pode ter justificado o objetivo inicial da lei. Seria justo e legítimo. Mas deixamos esse objetivo lá para atrás.

São dezenas de dispositivos que favorecem com nome e sobrenome, as grandes empresas, conglomerados econômicos.[41]

Apenas o tempo irá responder se o período de maior controle, moralização das condutas políticas e imposição de responsabilidade aos governantes consistiu apenas em um evento episódico ou conjuntural, se deitou marcas profundas na sociedade como um todo ou se consubstanciou em mero delírio utópico e efêmero. Afinal, quem sairá vencendo: o interesse público ou a classe política?

Referências

ACKERMAN, S. Rose. *Corruption*. VV.AA., The New Palgrave Dictionary of Economics and the Law, P. Newman comp., New York, p. 517-522, 1998.

ACKERMAN, S. Rose. *Corruption*: A study in political economy. New York, 1978.

ACKERMAN, S. Rose. *Corrupção e Governo*. Causas, consequências e reforma. São Paulo: FGV, 2020.

BRAUDEL, Fernand. *Escritos sobre história*. Tradução: J. Guinsburg *et al*. São Paulo: Perspectiva, 2019.

DOGANIS, Carine. *Aux origines de la corruption*. Paris: Presses Universales de France, 2007.

DI PIETRO, Maria Silvia. *Tratado de Direito Administrativo*, vol. 1. São Paulo: RT, 2019.

FARIA, José Eduardo. *Corrupção, justiça e moralidade*. São Paulo: Perspectiva, 2019.

FILGUEIRAS, Fernando; AVRITZER, Leonardo. Corrupção e controles democráticos no Brasil. *In*: CARDOSO JR., José Celso; BERCOVICI, Gilberto (org.). *República, democracia e desenvolvimento* – Contribuições ao Estado brasileiro contemporâneo. Brasília: IPEA, 2013.

FILGUEIRAS, Fernando; AVRITZER, Leonardo. *Corrupção e Sistema Político no Brasil*. Rio de Janeiro: Civilização Brasileira, 2011.

GARCIA, Emerson; ALVES, Rogério Pacheco. *Improbidade Administrativa*. São Paulo: Saraiva, 2017.

LACLAU, Ernesto. *A razão populista*. Tradução: Carlos Eugênio. São Paulo: Três Estrelas, 2018.

MAZZILLI, Hugo Nigro. O inquérito civil e o enriquecimento ilícito de administradores públicos. *Justitia*, São Paulo, v. 53, n. 156, p.35-38, out./dez. 1991.

MAZZILLI, Hugo Nigro. O Ministério Público depois da Constituição de 1988. *In*: MARTINS, Ives Gandra; REZEK, Francisco (org.). *Constituição Federal* – avanços, contribuições e modificações no processo democrático brasileiro. São Paulo: Revista dos Tribunais e CEU – Centro de Extensão Universitária, 2008.

MAZZILLI, Hugo Nigro. *Regime Jurídico do Ministério Público*. 8. ed. São Paulo: Saraiva, 2014, p. 751.

MAZZILLI, Hugo Nigro. *A defesa dos interesses difusos em juízo*. São Paulo: Saraiva, 2017.

MATTOS, Mauro Roberto Gomes. Responsabilidade Civil do Poder Público pelo manejo indevido de ação de improbidade administrativa. *In: Revista de Direito Administrativo*, Rio de Janeiro, 238:101-120, out./dez. 2004.

PAZZAGLINI FILHO, Marino. *Lei de improbidade administrativa comentada*. São Paulo: Atlas, 2002.

---

[41] *In*: Nova lei de improbidade cria 'bônus-corrupção' e pode gerar caos na Justiça, diz ministro do STJ. Entrevista dada à Folha de São Paulo, em 29 de outubro de 2021. Disponível em: https://www1.folha.uol.com.br/poder/2021/10/nova-lei-de-improbidade-cria-bonus-corrupcao-e-pode-gerar-caos-na-justica-diz-ministro-do-stj.shtml.

DI PIETRO, Maria Sylvia Zanella. *Direito Administrativo*. 27. ed. São Paulo: Atlas, 2014.

POWER, Thimothy J.; TAYLOR, Mathew M. Corruption and Democracy in Brazil: the struggle for accountability. Notre Dame, Indiana: Notre Dame University, Indiana, 2011.

PRZEWORSKI, Adam. *Crises da Democracia*. Tradução: Berilo Vargas. Rio de Janeiro: Zahar, 2019.

SANTOS, Rodrigo Valgas. *Direito Administrativo do medo*: risco e fuga da responsabilização dos agentes públicos. São Paulo: RT, 2021.

YOUNG, Iris. Representação política, identidade e minorias ser seguidas e quais fins devem ser buscados. *Lua Nova*, São Paulo, 2006.

Informação bibliográfica deste texto, conforme a NBR 6023:2018 da Associação Brasileira de Normas Técnicas (ABNT):

SILVA, André Pascoal da. *Accountability* e oportunismo legislativo. *In*: CONTI, José Maurício; MARRARA, Thiago; IOCKEN, Sabrina Nunes; CARVALHO, André Castro (coord.). *Responsabilidade do gestor na Administração Pública*: improbidade e temas especiais. Belo Horizonte: Fórum, 2022. p. 357-371. ISBN 978-65-5518-413-6. v.3.

SOBRE OS AUTORES

Alexandre Jorge Carneiro da Cunha Filho
Mestre e doutor em Direito do Estado. Professor da Escola Paulista da Magistratura. Juiz de Direito em São Paulo.

André Pascoal da Silva
Doutorando em Filosofia e Teoria Geral do Direito – USP. Promotor de Justiça do Patrimônio Público e Social da Capital – Ministério Público do Estado de São Paulo.

Carlos Sérgio Gurgel da Silva
Professor da Faculdade de Direito da Universidade do Estado do Rio Grande do Norte, Campus de Natal/RN. Doutor em Direito pela Universidade de Lisboa e mestre em Direito pela Universidade Federal do Rio Grande do Norte. Especialista em Direitos Fundamentais e Tutela Coletiva pela Fundação Escola Superior do Ministério Público do Rio Grande do Norte. Advogado, geógrafo, Conselheiro Estadual da Ordem dos Advogados do Brasil, Seccional do Rio Grande do Norte, membro-consultor da Comissão Nacional de Direito Ambiental do Conselho Federal da OAB, Conselheiro no Conselho Gestor do Parque das Dunas (Natal/RN), Conselheiro no Conselho Gestor da APA Bonfim-Guaraíras, Conselheiro suplente no Conselho Municipal de Planejamento Urbano e Meio Ambiente (CONPLAM), representando a OAB/RN, Conselheiro titular no Conselho da Cidade de Natal (CONCIDADE), representando a UERN, membro da União Brasileira da Advocacia Ambiental (UBAA), sócio fundador do Instituto de Direito Administrativo Seabra Fagundes (IDASF), membro da Associação de Professores de Direito Ambiental do Brasil (APRODAB), membro do Comitê Científico do Geoparque Seridó, membro titular da Câmara Setorial de Comércio e Serviços do Governo do Estado do Rio Grande do Norte, autor de inúmeros livros, capítulos de livros e artigos nas áreas de Direito Ambiental, Direito Urbanístico e Direito Constitucional.

Cesar Augusto Marx
Mestre em Gestão e Políticas Públicas pela Escola de Administração de Empresas de São Paulo/FGV e mestrando em Direito Financeiro pela Universidade de São Paulo. Bacharel em Direito pela PUC-Minas e em Administração Pública pela Fundação João Pinheiro. Auditor Federal de Finanças e Controle na Controladoria-Geral da União.

Christianne de Carvalho Stroppa
Doutora e mestra em Direito pela Pontifícia Universidade Católica de São Paulo. Assessora de Controle Externo no Tribunal de Contas do Município de São Paulo. Professora de Direito Administrativo da Pontifícia Universidade Católica de São Paulo. Membro associado do Instituto Brasileiro de Direito Administrativo (IBDA), do Instituto de Direito Administrativo Paulista (IDAP), do Instituto dos Advogados de São Paulo (IASP) e do Instituto de Direito Administrativo Sancionador Brasileiro (IDASAN). É sócia do escritório Carvalho Stroppa Sociedade de Advogados. Autora de artigos.

Daniel Falcão
Professor, advogado e cientista social. Doutor e mestre em Direito do Estado e graduado em Direito pela Faculdade de Direito da Universidade de São Paulo (FDUSP). Pós-graduado em Marketing Político e Propaganda Eleitoral pela Escola de Comunicação e Artes da Universidade de São Paulo (ECA/USP). Graduado em Ciências Sociais pela Faculdade de Filosofia, Letras e Ciências

Humanas da Universidade de São Paulo (FFLCH/USP). Professor do Instituto Brasileiro de Ensino, Desenvolvimento e Pesquisa (IDP). Controlador Geral do Município de São Paulo (CGM/SP) e Encarregado pela Proteção de Dados Pessoais da Prefeitura do Município de São Paulo.

Dinorá Adelaide Musetti Grotti
Mestre e doutora em Direito do Estado pela PUC-SP. Professora de Direito Administrativo da PUC-SP. Membro do Grupo de Pesquisa Direito e Corrupção (PUC-SP/CNPQ). Ex-Procuradora do Município de São Paulo. Advogada em São Paulo.

Fábio Zambitte Ibrahim
Doutor em Direito Público pela UERJ. Mestre em Direito Previdenciário pela PUC-SP. Professor da Universidade do Estado do Rio de Janeiro (UERJ). Professor do IBMEC Rio.

Flávio de Azambuja Berti
Doutor em Direito do Estado pela UFPR. Mestre em Direito pela UFSC, pós-graduado em Direito Financeiro e Tributário e pela UFSC. Bacharel em Administração, pela UFPR, e em Direito, pela Faculdade de Direito de Curitiba. Procurador do Ministério Público de Contas do Paraná. Ex-Procurador-Geral nas gestões 2016-17 e 2018-19. Ex-Procurador da Fazenda Nacional, professor titular de Direito Financeiro e Tributário da Universidade Positivo, coordenador da pós-graduação da Universidade Positivo, professor e palestrante da Escola de Gestão Pública do Tribunal de Contas do Estado do Paraná. Autor dos livros *Pedágio: natureza jurídica* (Ed. Juruá), *Curso de Direito Financeiro* (Ed. Dialética), *Reforma tributária estruturante e crise fiscal no Brasil* (Ed. Dialética), *Direito tributário e Princípio Federativo* (Ed. Quartier Latin) e *Impostos: extrafiscalidade e não-confisco* (Ed. Juruá).

Flávio Garcia Cabral
Pós-doutorado pela PUCPR. Doutor e especialista em Direito Administrativo pela PUC-SP. Coordenador e professor da pós-graduação em Direito Público pela EDAMP. Procurador da Fazenda Nacional.

Gabriel Ene Garcia
Advogado na área de Direito Administrativo e Projetos Governamentais em Tozzini Freire Advogados. Mestre em Direito Constitucional pela Universidade de Coimbra. Pesquisador visitante na Universidade de Heidelberg pelo programa Erasmus (2019/2020).

Georges Louis Hage Humbert
Advogado e professor. Pós-doutor em Direito pela Universidade de Coimbra – Portugal. Doutor e mestre em Direito do Estado pela PUC-SP. É presidente do Instituto Brasileiro de Direito e Sustentabilidade (IBRADES). Foi assessor especial do Ministério do Meio Ambiente. Foi assessor especial da Secretaria Geral da Presidência da República. Foi assessor especial da Presidência dos Correios. Foi Superintendente de Políticas Ambientais do Estado de Goiás. Foi, ainda, membro do Conselho Nacional do Meio Ambiente (CONAMA), do Conselho de Respostas a Desastres do Conselho de Governo da Presidência da República, do Conselho de Defesa do Meio Ambiente da OAB/BA, do Conselho de Meio Ambiente da Federação das Indústrias do Estado da Bahia, da Câmara Florestal do Ministério da Agricultura e da Câmara Florestal da Secretaria de Agricultura do Estado da Bahia.

Gustavo Henrique Justino de Oliveira
Professor dos cursos de graduação e pós-graduação da Universidade de São Paulo (USP) e do Instituto Brasiliense de Direito Público (IDP – Brasília). É doutor e mestre em Direito do Estado pela USP. Pós-doutor (*visiting researcher*) em Arbitragem-Internacional pelo Max-Planck -Institut für ausländisches und internationales Privatrecht (Hamburgo-Alemanha), Direito Administrativo

pela Faculdade de Direito da Universidade de Coimbra (Portugal, Bolsa CAPES; 2007-08) e *visiting researcher* no Amsterdam Center for International Law da Universidade de Amsterdam (Holanda, 2017-2018). Tem destacada atuação como advogado e consultor em matéria de Direito Público. Integra a lista de árbitros das principais instituições nacionais e já atuou, nesta qualidade, em diversos procedimentos arbitrais. Justino de Oliveira Advogados (www.justinodeoliveira.com.br).

Gustavo Marinho de Carvalho
Advogado e mestre em Direito Administrativo pela PUC-SP. Especialista em Direito Administrativo pela Universidad de Salamanca e pela PUC-SP. Professor de pós-graduação em Direito.

José Ernesto Furtado de Oliveira
Advogado. Promotor de Justiça aposentado. Mestre em Direito Internacional do Consumidor pela Universidade Católica de Santos (UNISANTOS). Professor da Universidade Santa Cecília (UNISANTA) e da Universidade Metropolitana de Santos (UNIMES). Presidente e Consultor Jurídico da PROCONTRI – Associação de Informação, Orientação, Proteção e Defesa do Contribuinte. Consultor Jurídico da PRÓTRABALHADOR – Associação de Informação e Defesa do Trabalhador. Sócio do Escritório Furtado de Oliveira – Advocacia. Assessor Parlamentar na Câmara Municipal de Santos 2016-2018. Assessor Parlamentar na Assembleia Legislativa do Estado de São Paulo 2018-2021. Assessor Executivo do Governo do Estado de São Paulo – Gerente Regional da Companhia de Desenvolvimento Habitacional e Urbano de São Paulo (CDHU) 2021. Autor do Guia Prático da Probidade Administrativa. Colaborador do Guia Prático do Direito Eleitoral.

José Marinho Séves Santos
Doutorando em Direito do Estado na USP. Mestre em Direito da Regulação pela FGV Direito Rio. Bacharel em Direito pela PUC-Rio. Advogado de Mattos Filho, Veiga Filho, Marrey Jr. e Quiroga Advogados.

José Roberto Pimenta Oliveira
Mestre e doutor em Direito do Estado pela PUC-SP. Professor de Direito Administrativo da PUC-SP, dos cursos de graduação e pós-graduação em Direito. Líder do Grupo de Pesquisa Direito e Corrupção (PUC-SP/CNPQ). Presidente do Instituto de Direito Administrativo Sancionador Brasileiro (IDASAN). Procurador Regional da República na 3ª Região.

Juliana Bonacorsi de Palma
Professora da FGV Direito SP. Coordenadora do Grupo Público da FGV. Mestre e doutora pela Faculdade de Direito da USP. Master of Laws pela Yale Law School.

Kelvin Peroli
Mestrando em Ética e Filosofia Política pelo Instituto de Filosofia e Ciências Humanas da Universidade do Estado do Rio de Janeiro (IFCH/UERJ). Pós-Graduando em Direito Notarial e Registral e graduado em Direito pela Faculdade de Direito de Ribeirão Preto da Universidade de São Paulo (FDRP/USP), com intercâmbio acadêmico na Seconda Università degli Studi di Napoli (Itália). Associado Fundador do Instituto Avançado de Proteção de Dados (IAPD). Assessor Técnico na Controladoria-Geral do Município de São Paulo (CGM/SP).

Luciano Ferraz
Advogado. Professor associado de Direito Administrativo na UFMG. Professor adjunto de Direito Administrativo e Financeiro na PUC Minas (Coração Eucarístico). Mestre e doutor em Direito Administrativo pela UFMG. Pós-doutorado em Direito pela Nova Lisboa (UNL).

Marcelo Zenkner
Sócio de Tozzini Freire Advogados. Doutor em Direito Público pela Universidade Nova de Lisboa, ex-promotor de Justiça, ex-diretor de Governança e Conformidade da Petrobras e ex-secretário de Controle e Transparência do Espírito Santo.

Mateus Assis Nascimento
Mestrando em Direito do Trabalho e Previdenciário pela UERJ. Advogado.

Milene Dias da Cunha
Conselheira Substituta no TCE/PA. Mestre em Ciência Política pela Universidade Federal do Pará (2019), especialista em Direito Público com ênfase em Gestão Pública pelo Complexo Jurídico Damásio de Jesus (2015), especialista em Gestão de Pessoas e Marketing pelo Centro Universitário de Patos de Minas (2004) e graduada em Administração pelo Centro Universitário de Patos de Minas/Universidade Estado de Minas Gerais (2002). Diretora da Associação dos Membros dos Tribunais de Contas do Brasil (ATRICON) (2018 - atual). Vice-Presidente Jurídico Institucional da Associação Nacional dos Ministros e Conselheiros Substitutos dos Tribunais de Contas (AUDICON) (2022 - atual). Docente, autora de artigos e conferencista na área de Controle Externo e Políticas Públicas. E-mail: gabinete.milenecunha@tce.pa.gov.br.

Óthon Castrequini Piccini
Doutorando em Direito Financeiro pela FD-USP. Advogado. Diretor do Departamento de Promoção da Integridade da Controladoria-Geral do Município de Ribeirão Preto/SP.

Paulo Henrique Macera
Doutorando e mestre em Direito do Estado pela Faculdade de Direito da Universidade de São Paulo (USP). Especialista em Direito Público pela Escola Paulista da Magistratura (EPM). Parecerista em revistas de Direito Público. Procurador da Câmara Municipal de Campinas/SP. Advogado atuante na área de Direito Público.

Paulo Vinicius Liebl Fernandes
Advogado sênior no Escritório Braz, Coelho, Campos, Véras, Lessa e Bueno Advogados. Mestre em Direito do Estado pela Universidade de São Paulo. Pós-graduado em Direito Administrativo pelo Instituto Romeu Felipe Bacellar. Graduado em Direito pela Universidade Federal do Paraná.

Raphael Matos de Cardoso
Doutor em Direito do Estado pela Universidade de São Paulo. Mestre e especialista em Direito Administrativo pela PUC-SP. Membro do grupo de pesquisa Direito e Corrupção do Programa de Estudos Pós-Graduados da PUC-SP, credenciado pelo CNPQ. Membro do grupo de pesquisa Contratações Públicas do Programa de Estudos Pós-Graduados da PUC-SP, credenciado pelo CNPQ. Membro da Comissão Especial de Privacidade e Proteção de Dados da OAB/SP. Advogado com experiência em Direito Administrativo e atuação principalmente nos seguintes temas, em trabalhos consultivos e contenciosos: terceiro setor, improbidade administrativa, processo administrativo disciplinar, licitações, contratos, concessões de serviço público, programas de integridade e de proteção de dados. CCO do MZBL - Marzagão e Balaró Avogados. Professor de Direito Administrativo. Diretor de Relações Institucionais do Instituto de Direito Administrativo Sancionador Brasileiro (IDASAN).

Valdir Moysés Simão
Doutorando em Direito pela Universidade de Salamanca e Master Universitário em Direção e Gestão de Sistemas de Seguridade Social pela Universidade de Alcalá. Ex-ministro do Planejamento, Orçamento e Gestão e ex-ministro-chefe da Controladoria-Geral da União. Sócio do escritório Warde Advogados. Professor de pós-graduação em Direito.

Wallace Paiva Martins Junior

25º Procurador de Justiça da Procuradoria de Justiça de Interesses Difusos e Coletivos e Subprocurador-Geral de Justiça Jurídico (MPSP), bacharel em Direito, mestre e doutor em Direito do Estado (USP), professor nos cursos de graduação (Direito Administrativo) e pós-graduação *stricto sensu* (Direito Ambiental) da Faculdade de Direito da Universidade Católica de Santos (Unisantos).

Esta obra foi composta em fonte Palatino Linotype, corpo 10
e impressa em papel Offset 75g (miolo) e Supremo 250g (capa)
pela Gráfica Formato.